TEUBNERS
HANDBUCH DER STAATS- UND WIRTSCHAFTSKUNDE

Staatskunde

Zweiter und dritter Band

Springer Fachmedien Wiesbaden GmbH

ISBN 978-3-663-16706-8 ISBN 978-3-663-17715-9 (eBook)
DOI 10.1007/978-3-663-17715-9

Inhaltsverzeichnis

Zweiter Band

Dritter Band

Grundrechte und Grundpflichten.

Von H. Heller.

I. Geschichte.

Dem Mittelalter war der zentralisierte, nach innen und außen souveräne und über alle Mitglieder gleichmäßig herrschende Staat unbekannt. Dennoch bewegte sich das damalige gesellschaftliche Leben in weit festeren Formen als heute, in Formen, in die der einzelne durch Geburt und Beruf gebunden wurde. Es gab keine freie, nur auf sich selbst gestellte Persönlichkeit, nicht den „Menschen an sich", sondern jeder war und fühlte sich als Glied einer ihn mehr oder weniger schützenden, aber auch beschränkenden Gemeinschaft, die ihm sein äußerliches und innerliches Gepräge verlieh. Der Sensenmann des Holbeinschen „Totentanzes" tritt nicht den Menschen schlechthin an, sondern den Bauern, Bürger oder Edelmann, den Abt, Bischof oder Papst usw. Selbst das wirtschaftliche Leben war durch die Zugehörigkeit zu einem Geburtsstande bestimmt und in Gilden und Zünften verfaßt, die das freie wirtschaftliche Ausleben des Individuums verhinderten. Die verschiedenen Stände lebten unter verschiedenem Recht und Gericht und waren alle, wenn auch in höchst verschiedenem Maße, durch das anerkannte Gesetz der Kirche, des Staates und Standes, der Gilde und Zünfte in der Freiheit ihres Tun und Denkens beschränkt sowie durch Abgaben und Dienste an Höhere in sehr ungleicher Weise belastet. Diese mittelalterliche Welt der vielgestaltigen **Autoritäten** wandelt sich seit der Renaissance immer mehr und auf immer weiteren Gebieten in unsere moderne Welt der individuellen **Autonomie**. Die Autonomie der religiösen Überzeugung, der Moral, wie des Denkens überhaupt und die liberal-demokratische Autonomie in Politik und Wirtschaft sind der Ausdruck ein und derselben Bewegungsrichtung der neuzeitlichen Geschichte, die in den Glaubenskämpfen des 17. Jh. protestantische Freiheit verlangt und die in der Französischen Revolution in den Ruf „Freiheit und Gleichheit" ausbricht, die Kants Staatslehre und seinen kategorischen Imperativ formuliert, durch Herder und Pestalozzi „allgemeine Menschenerziehung" fordert und die schließlich auch die „Menschen- und Bürgerrechte" in der politischen Kultur zu verfassungsmäßiger Anerkennung gebracht hat. Ihr Entstehen verdanken diese letzteren aber nicht einer politischen Revolution, sondern der religiösen Reformation und dem nie erloschenen Bewußtsein von der „teutschen Libertät", der ständischen Freiheit.

Während des ganzen Mittelalters hatten Kirche und Staat um die weltliche Vormacht gekämpft. Im Denken des mittelalterlichen Menschen war aber, wie auch das Märchen „Vom Fischer und seiner Frau" zeigt, die Kirche dank ihrer größeren Kulturbedeutung dem weltlichen Herrscher dauernd übergeordnet. Seit dem 13. Jh. beginnt die kirchliche Macht stetig zu sinken und der absolutistische König errichtet seine Souveränität nach außen gegen Papst und Kaiser, nach innen gegen die Macht der „Stände", dadurch die Voraussetzung für ein gleiches Staatsbürgertum schaffend. In diesem Kampfe kann und will der absolute Monarch selbst vor der im Gewissen der Untertanen eingepflanzten Macht der Kirche nicht haltmachen: insbesondere dann nicht, als sich nach der Reformation die verschiedenen christlichen Glaubensbekenntnisse innerhalb seines Gebietes bekämpften. Gegen den Satz: cujus regio illius religio, empört sich die dem Menschen von Gott oder „Natur" eingeborene Gewissensfreiheit. Der irdischen **Macht** wird die ursprüngliche, vom Staate nicht verliehene, also auch nicht entziehbare Freiheit entgegengehalten, ein allgemeines, angeborenes, unverletzliches „Naturrecht" behauptet. In den Religionskämpfen der englischen und schottischen Kongregationalisten und Independenten wird die religiöse Bekenntnisfreiheit zum erstenmal als Naturrecht gefordert. Rechtlich verwirklicht wurde sie zuerst von den, in eben diesen Kämpfen aus dem Mutterlande vertriebenen nordamerikanischen Kolonisten, die eingedenk des eigenen Schicksals bereits im 17. Jh. in ihren Staaten das allgemeine Menschenrecht der Gewissensfreiheit verkünden. Solche Freiheitsforderung blieb nicht auf das religiöse Gebiet beschränkt. Aus den Notwendigkeiten des gesellschaftlichen Kampfes, den vor allem der aufstrebende Bürger gegen wirtschaftliche Beschränkungen, gegen geburtsständische Vorrechte, gegen den Absolutismus und für seine geistige und gesellschaftliche Autonomie führen mußte, aus dem Kampfe der industriellen gegen die feudale Wirtschaftsverfassung erwuchs die umfassende, vornehmlich von Locke und Blakstone formulierte Lehre von den natürlichen Rechten, die dem Schutze von Leben, Freiheit und Eigentum des Individuums dienen und die der Staatsgewalt unübersteigbare Schranken setzen sollten; es entsteht die geschlossene individualistisch-atomistische Weltanschauung des Naturrechts, die noch in einem zweiten Sinne Freiheit, politische Autonomie forderte. Jene Freiheit des Gewissens, der Meinung, des Eigentums usw. war die gegen den Staat gerichtete Forderung von seiten der Untertanen, die der absolute Monarch beherrschte; die Freiheit der Regierten. Die fast gleichzeitig auftretende zweite Forderung richtet sich unmittelbar gegen das monarchische Prinzip, geht auf die Freiheit, sich selbst zu regieren, Anteil zu haben an der Herrschaft. Die erstere heißt bürgerliche, liberale Freiheit, Freiheit vom Staate, die zweite politische, staatsbürgerliche, demokratische Freiheit, Freiheit über den Staat; die erstere ist nur der Moderne eigentümlich, auf die letztere war schon der Demos von Athen stolz. Auch die demokratische Forderung der Neuzeit hat ihre Wurzeln in der Reformation. Calvin hatte gelehrt, daß die Kirchengewalt in der Gemeinde ruhe, und die Puritaner und Presbyterianer hatten diese Lehre auf das politische Gemeinwesen, auf the common wealth of England angewandt. Die englische Revolution hatte den König demokratisch-parlamentarisch beschränkt und das englische self government begründet, die nach Nordamerika ausgewanderten Puritaner aber hatten die ersten streng demokratischen Republiken der Neuzeit gegründet. Auch diese Freiheit der Mitbestimmung über den Staat wird als dem natürlichen Wesen des Menschen anhaftend, als Menschenrecht behauptet.

Um im politischen Kampfe eine urkundliche Waffe in der Hand zu haben, ließen sich die Engländer ihre überlieferten ständischen Freiheitsrechte in den Bill of Rights (1689) verbriefen. Die neuen Freiheitsrechte der nordamerikanischen Einzelstaaten werden ebenfalls aufgeschrieben (Virginia 1776) und bilden nun den Bestandteil der ersten geschriebenen „Verfassung" im modernen Sinne, die für alle späteren kontinentalen Verfassungsurkunden vorbildlich sind. Die revolutionäre Konstituante, die 1789 die berühmten Menschen- und Bürgerrechte erklärte, war von Lafayette mit den nordamerikanischen Verfassungen bekannt gemacht, den französischen Vorbildern folgte Belgiens Verfassung von 1831, und dieser wurden die Grundrechte der Frankfurter Verfassung von 1849, sowie die PV. von 1850 nachgebildet.

II. Wesen der Grundrechte.

Die das 17. und 18. Jh. beherrschende Weltanschauung des Naturrechts hatte den Gesellschaftsbau gedanklich vom Individuum aus konstruiert. Das logisch, wenn auch durchaus nicht immer geschichtlich Erste war ihr das von Natur freie, mit Rechten begabte Individuum, das sich mit andern zum Staate verbindet und dadurch den Naturzustand verläßt. Die Absolutisten (Hobbes, Rousseau) behaupteten, durch diesen Vertrag hätte sich das Individuum aller seiner ursprünglichen Rechte zugunsten des Monarchen (Hobbes) oder der Gesamtheit

(Rousseau) begeben, die Vertreter der liberalen Idee dagegen behaupteten die Unveräußerlichkeit gewisser Menschenrechte.

Diesem naturrechtlichen Idealismus gegenüber betont unser kritisch-evolutionistisches Zeitalter die geschichtliche Unmöglichkeit des Staatsvertragsgedankens und Naturzustandes der Freiheit. Für das gesamte Naturrecht war die gesellschaftliche Organisation, der Staat eine Beschränkung der ursprünglichen Freiheit gewesen. Unserem Zeitalter erscheint der Staat gerade als die soziale Form, in die der Mensch aus wilden Anfängen durch Jahrtausende der Kultur hineingewachsen ist und durch die Freiheit erst ermöglicht wird. Die Freiheitsrechte erkennen wir deshalb heute nicht mehr als Naturrechte, sondern als Kulturrechte, nicht mehr als ursprünglich dem Individuum anhaftend, sondern als durch die Entwicklung der politischen Kultur ihm von der Gemeinschaft zugewachsen. Erst durch die schützende Macht des Staates wird die gleichmäßige Freiheit der einzelnen gewährleistet. Weil wir nicht mehr das Individuum als allein werthaft anerkennen, vielmehr dem die Generationen überdauernden Staate Eigenwert zuschreiben, gehen wir bei Betrachtung der menschlichen Verbände nicht ausschließlich vom einzelnen aus, kennen wir nicht allein die politischen Grundrechte, sondern auch Grundpflichten des Deutschen von der gleichen Würde.

Die einzelnen Sätze des so überschriebenen Verfassungsteiles haben eine verschiedene juristische Bedeutung. Im ganzen muß dieser Abschnitt als ein „Niederschlag der deutschen Rechtskultur" (Dühringer) aufgefaßt werden, als die programmatische Bekenntnisgrundlage des Deutschen Reichs. Es sollten, wie sich der Berichterstatter bei der Verfassungsberatung ausdrückte, „gewisse elementare Wahrheiten unserer Rechtskultur für würdig gehalten werden, aus dem Alltag der gewöhnlichen Gesetzgebung herausgehoben zu werden an die feierliche Stelle der Verfassung." So kommt es, daß einige dieser Grundrechte tatsächlich „nur" sittliche Grundsätze und kein Recht zum Inhalt haben (z. B. Art. 119, 1, Art. 157); andere sind lediglich Grundsätze für das Handeln des Gesetzgebers, die dem einzelnen an sich noch keinen juristischen Anspruch gegen den Staat verschaffen (Art. 109, 1, Art. 152, 1), wieder andere zwar Grundrechte, die den Gesetzgeber zum Erlaß eines entsprechenden Gesetzes juristisch verpflichten, dem einzelnen aber ebenfalls noch keinen Anspruch darauf gewähren (Art. 109, 5, 6, Art. 121). Der Gesetzgeber aber wird durch einen Verfassungssatz insofern rechtlich verpflichtet werden, als er ein diesem Satz widersprechendes Gesetz ohne Verletzung der Verfassung nur dann erlassen kann, wenn er den erschwerten Weg der Verfassungsänderung beschreitet (Art. 76). Echte Grundrechte und Grundpflichten sind diejenigen, die dem Individuum juristisch Ansprüche auf ein Tätigwerden oder Unterlassen der Staatsgewalt verleihen (sog. subjektive öffentliche Rechte und Pflichten, z. B. Art. 111, 123, 135). Wie eine Verfassungsbestimmung im Einzelfalle juristisch zu bewerten ist, ob sie lediglich eine Anweisung an den Gesetzgeber oder bereits geltendes nur objektives oder subjektives Recht ist, kann zweifelhaft sein. Eine Anzahl von Grundrechten sind nicht nur Rechte der „Deutschen", sondern auch der in Deutschland sich aufhaltenden Ausländer (z. B. Art. 114, 135).

III. Gliederung.

Der zweite Hauptteil der Verfassung bildet die politische Gesinnungsgrundlage des Deutschen Reiches, wie sie im Laufe der geschichtlichen Entwicklung aus den Kämpfen der gesellschaftlichen Ideale und Interessen herausgewachsen ist. Als Ausgleich historisch gewordener Gegensätze sind die Grundrechte einer abstrakt logischen Gliederung nicht zugänglich: Wir können die an ihnen waltende Vernunft nur dadurch erkennen, daß wir ihrem Wege in der Geschichte bescheiden nachgehen. Dann sehen wir in der Entwicklung des modernen Staates seit dem Absolutismus hintereinander vier Ideen, vier Bewegungsrichtungen der Geschichte sich auswirken: die liberale, demokratische, nationale und soziale Idee. Diese nicht transzendenten, sondern der Entwicklung immanenten Ideen sind abzulesen sowohl an ihrer politischen wie wirtschaftlichen, künstlerischen, religiösen, wissenschaftlichen, mit einem Wort gesellschaftlichen Auswirkung; diesen heute lebendigen und in dem Grundrecht zum Ausdruck gelangenden Ideenkreisen sind die Grundrechte einzuordnen.

Die liberale Idee, in ihrer geschichtlichen Auswirkung bereits oben kurz gekennzeichnet, entspricht dem einen Grundzuge der „gesellig-ungeselligen Natur" der Menschen (Kant), seiner individualistisch-kosmopolitischen Tendenz. Die Kultur muß nach einer Richtung aufgefaßt werden als „Prozeß der Umwandlung des Rassenmäßigen zum Reflektierten" (Burckhardt). Der sich von den ursprünglichen Kollektivvorstellungen loslösende, zu autonomem Bewußtsein gelangende Mensch kommt zur Überzeugung, daß seine geklärte Vernunft, sein gereinigtes Gefühl, sein Sittlichkeits- und Rechtsbewußtsein nichts andres als seine Menschennatur sei, menschliche Allgemeingültigkeit besitze. Es entsteht die Vorstellung vom allgemeingültigen Sittengesetz und Naturrecht.

Der liberale Gedanke, die natürliche Freiheit des Individuums vom Staate, meist bürgerliche Freiheit genannt, erfährt seine Verwirklichung wesentlich durch den politischen und wirtschaftlichen Aufstieg des Bürgertums, das sich in Deutschland gegen die bevormundende und nicht selten vergewaltigende Macht des absoluten Polizei- oder Wohlfahrtsstaates zur Wehr setzt und die Beseitigung der Reste der feudalen Gesellschaft und Wirtschaft fordert. Die bürgerliche Gesellschaft, in erster Linie als Wirtschaftsgesellschaft mit ihren revolutionären kapitalistischen Wirtschaftsformen, verlangt Freiheit vom bevormundenden Absolutismus, vom merkantilistischen Staat. Der Staat soll, so lautet die Forderung W. v. Humboldts, des berühmtesten Wortführers der liberalen Idee, die Ordnung des Zusammenlebens grundsätzlich dem „freien Spiel der Kräfte" überlassen und „um keinen Schritt weiter die Freiheit der Individuen beschränken, als zu ihrer Sicherstellung gegen sich selbst und gegen auswärtige Feinde notwendig ist". Es war das Ideal des liberalen Rechtsstaates im Sinne eines Staates, der lediglich Recht setzt, Recht spricht und Schutz nach außen gewährt, alles andere aber der freien Übereinkunft der einzelnen überläßt. Ein Ideal, von dem nur ein kurzer Weg zur Bestreitung der Notwendigkeit auch dieser Staatsaufgaben, zum Anarchismus, führt.

Kraft dieser liberalen Idee ist jeder Mensch als Mensch rechtlich frei. Diese, eine rechtliche Sklaverei ausschließende freie Persönlichkeit ist ein Zustand des Menschen, der die Grundlage aller seiner sonstigen Rechte und Pflichten bildet. Der Liberalismus allerdings forderte nicht absolute Freiheit vom Staate, sondern, wie schon Humboldt sagt, „Sicherheit", „Gewißheit der gesetzmäßigen Freiheit", eine Rechtsschranke gegen willkürliche Gebote oder Verbote der Organe des Polizeistaates; er fordert den Rechtsstaat im Sinne eines Gemeinwesens, in dem alle Organe nur auf Grund eines Gesetzes dem Bürger befehlen dürfen, das sog. Prinzip der Gesetzmäßigkeit der Verwaltung". Wenn die Bindung der Verwaltung an Gesetze eine Freiheitsgarantie bedeuten sollte, dann mußte gefordert werden, daß die gesetzgebende Gewalt an ein anderes Organ zu übertragen sei, wie die Verwaltung, die rechtsprechende Gewalt aber von beiden möglichst unabhängig sein solle. (Montesquieus Gewaltverteilungslehre). Denn alle Freiheitsrechte können den einzelnen immer nur gegen ungesetzliche Eingriffe der Verwaltung und Rechtsprechung schützen, nicht aber gegen den das bestehende Recht (auch Verfassungsrecht durch qualifizierte Majorität) abändernden Gesetzgeber. Allerdings ist die Gewalt des modernen Staates als einheitliche zu denken; ihre drei Funktionen sind aber dem Grundsatze nach an verschiedene Organe verteilt, so daß jeder Bürger einen Anspruch darauf hat, daß die Staatsorgane nur dann und nur soweit in seine persönliche Freiheit eingreifen, als das Gesetz die Organe dazu ermächtigt.

Die liberale Idee ist an sich noch an keine bestimmte Staatsform geknüpft. Eine absolute

Monarchie, die sich streng an den Grundsatz der gesetzmäßigen Verwaltung hält, widerstrebt der liberalen Idee nicht, wohl aber der **demokratischen Idee**, die Freiheit über den Staat, Teilnahme der Regierten am Regiment fordert, der politischen, staatsbürgerlichen, auch Freiheit der Regierten genannt. Diese fordert, um mit ihrem berühmtesten Vertreter, mit Rousseau zu sprechen, daß das Staatsoberhaupt „aus den einzelnen, aus denen es besteht, gebildet wird". Die demokratische Idee findet ihre Verwirklichung in der Volkssouveränität, die im Gegensatz zur monarchischen Idee alle öffentliche Gewalt vom Volke und nicht von einem durch sich selbst berechtigten Monarchen („von Gottes Gnaden") ableitet. Sie fordert die Republik oder zumindest parlamentarische Monarchie, in der ebensowohl die gesetzgebende Gewalt, sei es mittelbar (durch Volksvertreter) oder unmittelbar (Volksentscheid, Volksbegehr), wie die richterliche Gewalt (durch Geschworene, Schöffen oder gar allgemeine Richterwahl) und administrative Gewalt (Beamtenwahl, Selbstverwaltung, Räte) vom Volke ausgeht. Der soziale Träger auch dieser Idee war in Deutschland bis 1848 etwa das Bürgertum, das vom Absolutismus Mitherrschaft verlangt und mit den bisher allein politisch berechtigten adligen Ständen „gleiches Recht" haben will. Nachdem das Bürgertum diese Mitherrschaft wenigstens dem Grundsatz nach erlangt, geht die demokratische Forderung an den vierten Stand, an das Proletariat über.

Die Französische Revolution hatte neben die liberale Freiheit die demokratische Gleichheit und die kosmopolitische Brüderlichkeit auf ihre Fahnen geschrieben, zugleich aber den nationalen Imperialismus eines Napoleon gezeugt, dessen Weltmachtsgelüste den europäischen Völkern, insbesondere den Spaniern, Deutschen und Italienern die Bedeutung des Staates für ihre nationale Kultur hart, aber unwiderlegbar bewiesen. Die **nationale Idee** tritt zum erstenmal in der Geschichte als politische Idee auf, zum erstenmal wird „ein Staat, ein Volk", Nationalsouveränität als politische Freiheit einer Kulturgemeinschaft nach außen gefordert. Die Nation wird nicht mehr als die Summe der einzelnen, sondern als eine Kulturgesamtheit betrachtet, die zu ihrer Selbstbehauptung der rauhen Schale der Staatsmacht bedarf. Diese nationale Idee hat den belgischen, norwegischen, griechischen, die nationalen Staaten der Balkanhalbinsel geschaffen, sie hat Deutschland und Italien geeint, die österreichisch-ungarische Monarchie in Nationalstaaten aufgelöst und Polen, Tschechen und Südslawen zu Staaten verholfen. Sie wirkt im 19. Jh. der liberal-individualistischen Entwicklungsrichtung als der zweite Grundzug der gesellig-ungeselligen Menschennatur entgegen, als **autoritär-gemeinschaftliche** Entwicklungstendenz. Sie bildet im modernen Nationalstaate die sittliche Grundlage aller dem Gliede von der Gesamtheit auferlegten Grundpflichten. Der soziale Träger auch dieser Idee ist in Deuschland das Bürgertum, das dabei in der ersten Jahrhunderthälfte mit dem partikularen Landesherrn und zum Teil auch mit dem Adel, in der zweiten Hälfte mit der Arbeiterschaft in Konflikt gerät.

Die liberale Idee hatte jedem Individuum eine formalrechtliche Freiheit vom Staate, die demokratische Idee wenigstens grundsätzlich jedem die gleiche öffentliche Rechtsmacht zugebilligt, und doch wird das 20. Jh. von der furchtbaren Gefahr der sozialen Revolution bedroht. Das laisser aller, die Freiheit der Wirtschaft vom Staate war als Naturrecht der Vernunft gefordert worden; jedes Wirtschaftssubjekt, meinte man, sollte nur frei seinem Selbstinteresse nachgehen, eine prästabilierte Harmonie garantiere dann schon die Symphonie der Gesellschaft. Was einst Vernunft war, wurde durch die Entwicklung der Maschinenwirtschaft Unsinn, und die einstmalige Wohltat der Freiheit wurde für den wirtschaftlich Schwachen zur Plage. Das Beispiel Frankreichs, das von 1789—1815 zehn verschiedene Verfassungen besessen hatte, ohne die wirkliche Gesellschaft wesentlich zu verändern, lehrte die Erkenntnis, daß die soziale Ordnung weniger durch juristisch-abstrakte Verfassungskämpfe, als im materiell-wirtschaftlichen Machtkampf hergestellt wird. Die proletarisierte Klasse muß nun notwendig darauf ausgehen, wie Lorenz v. Stein zum erstenmal in Deutschland noch vor Marx erkannt hat, „die Staatsgewalt als Mittel für gesellschaftliche Förderung — als Bedingung gesellschaftlicher Freiheit — zu betrachten, um vermöge der Staatsgewalt ihre gesellschaftliche Stellung zu einer nicht mehr abhängigen, das heißt ihre Mitglieder zu Teilnehmern am Kapitale der Nation zu machen". Diese soziale Idee ist die folgerichtige Fortführung der politischen zur wirtschaftlichen Demokratie. Die erstere hat die politischen Stände beseitigt, die letztere wendet sich gegen die wirtschaftlichen Klassen. Der gesellschaftliche Träger dieser Idee ist die Handarbeiterschaft, ihr unmittelbarster politischer Gegner ist die liberale „Nachtwächteridee" des Staates, dessen Zweck die „Bourgeoisie" lediglich darin erblicke, „die persönliche Freiheit des einzelnen und sein Eigentum zu schützen" (Lassalle). Sie will somit den reinen Rechtsstaat zum demokratisch-sozialen Wohlfahrtsstaat dadurch umwandeln, daß sie die „Anarchie der Produktion" durch eine gerechte Ordnung des Wirtschaftslebens zu ersetzen strebt und zu diesem Ziel das Privateigentum möglichst weitgehend beschränkt. In dieser Entwicklung, die durch den „Kriegssozialismus" mächtig gefördert und durch die Revolutionen in Rußland, Österreich und Deutschland ihren ersten verfassungsmäßigen Ausdruck gefunden hat, stehen wir mitten drin.

IV. Die Grundrechte und Grundpflichten der Verfassung.

Diese Ideen, oben als formale Prinzipien dargestellt, bedeuten eigentlich das Geformte, keineswegs nur ideologische Programme, sondern die in der geistigen wie politischen und wirtschaftlichen Wirklichkeit in die äußere Existenz getretenen Formen des gesellschaftlichen Lebens. Als deutlich unterscheidbare und auch historisch sich unterscheidende immanente Formen des gesellschaftlichen Daseins haben sie, je nach der gesellschaftlichen Macht ihrer Träger, im zweiten Hauptabschnitt der Reichsverfassung ihren stärkeren oder schwächeren, in jedem Falle aber erkennbaren verfassungsmäßigen Ausdruck gefunden. Eine Verfassung, die zum Unterschied von einem Parteiprogramm den Ausgleich sich bekämpfender Gruppeninteressen und Ideale erstrebt, wird logischen Ansprüchen nie ganz genügen, am allerwenigsten die vorliegende, die, in einer Zeit der schroffsten Gegensätze geboren, ihre notwendige Kompromißnatur in den oft recht widerspruchsvollen Sätzen der Grundrechte besonders deutlich offenbaren muß (vgl. insbes. Art. 151 ff.). Die Parole der Revolution von 1789 war „Freiheit, Gleichheit, Brüderlichkeit" gewesen. Der Vorspruch der Verfassung von 1919 läßt den geschichtlichen Zusammenhang mit 1789 zwar deutlich erkennen, betont zwar ebenfalls die Freiheit und Volkssouveränität, setzt an die Stelle der Gleichheit aber die Gerechtigkeit und bekennt sich nachdrücklich zur deutschen Einheit, zur nationalen Idee sowie zum gesellschaftlichen Fortschritt, zum sozialen Gedanken.

(Zum folgenden sind die bezüglichen Abschnitte der Kommentare von Anschütz und Giese zu vergleichen.)

1. Die Einzelperson.

Art. 109. Die geschichtliche Tat des Absolutismus hatte es zuwege gebracht, alle Untertanen vor dem persönlichen Monarchen politisch gleichzumachen. Die Demokratie verkündet die Gleichheit aller vor dem unpersönlichen „allgemeinen Willen", vor dem Gesetze, der gleichsam überirdischen volonté générale. Die demokratische Idee „Gleiches Recht für alle" wird auch auf die Frau ausgedehnt. Sie hatte schon vorher grundsätzlich die gleichen bürgerlichen Rechte genossen wie der Mann und wird ihm nun auch hinsichtlich ihrer staatsbürgerlichen Stellung, allerdings nur „grundsätzlich", gleichgestellt; d. h. vorbehaltlich aller Gesetze, die Ausnahmen zulassen. Auf Privatrechte (Ehe) bezieht sich Art. 109 überhaupt nicht.

Eine demokratische öffentliche Rechtsgleichheit gebietet die Beseitigung der letzten Rechte einer geburtsständischen Gesellschaftsordnung, insbesondere der öffentlichen Rechtsvorzüge des Adels einschließlich der vormals regierenden Fürsten; „sind aufzuheben" bedeutet eine Anweisung für den

Gesetzgeber, der er durch Ges. v. 23. 6. 20 entsprochen hat. Der adelige Name ist zwar nicht (wie in Österreich) beseitigt, gewährt aber keinerlei rechtlichen Anspruch (etwa auf Titulierung „Durchlaucht" usw.); er geht nun auch auf das uneheliche Kind einer adeligen Mutter über und darf, ebenso wie Orden und Ehrenzeichen, nicht mehr verliehen werden. Titel, wie Kommerzienrat, Geheimer Hofrat, Justizrat, die weder Amt noch Beruf bezeichnen, dürfen zwar gleich wie alle anderen bisher verliehenen gesellschaftlichen Auszeichnungen von den dadurch Betroffenen weitergetragen werden, sollen aber in Zukunft nicht mehr zur Verleihung kommen.

Art. 110. „Staatsangehörigkeit" ist ein rechtlicher Grundzustand (status), der für eine Reihe von Grundrechten und vor allem für die meisten Grundpflichten die Voraussetzung bildet, aber kein Grundrecht darstellt. Auf Grund des geltenden Reichs- und Staatsangehörigkeitsgesetzes v. 22. 7. 13 erwirbt das eheliche oder legitimierte Kind die Staatsangehörigkeit des Vaters, das uneheliche die der Mutter, die heiratende Frau diejenige ihres Mannes. Durch behördliche Verleihung wird a) ein Reichsdeutscher in einem anderen deutschen Lande als Staatsbürger aufgenommen, b) ein Ausländer im Reiche eingebürgert.

Der landesfremde Reichsangehörige hat die gleichen Pflichten und Rechte (Wahlrechte, Ämterrecht) wie der Angehörige des Aufenthaltslandes. (Hierzu R. Schmidt, Einführung in die Rechtswissenschaft, 1921, S. 101 ff.)

Art. 111. 112. Die feudale und zunftmäßige Wirtschaftsverfassung sowie der absolutistische Merkantilismus hatten die ländliche Bevölkerung an die grundherrliche Scholle, den Erwerb des Bodens oft an einen Geburtsstand (Rittergüter) gebunden; die Ausübung eines städtischen Gewerbes war an die (zuletzt sehr erschwerte) Zugehörigkeit zur öffentlichen Zunft geknüpft, der Untertan durch hohe Auswanderungsabgaben (Nachsteuer, Abschoß) im Staate festgehalten und innerhalb des Staates oft an bestimmte Orte gebunden. Die liberale Idee löst das Individuum aus diesen erstarrten Banden, entreißt es aber auch dem Schutze bäuerlicher und handwerklicher Gemeinschaften.

Art. 111. 112 bilden gegenüber dem vorrevolutionären Rechtszustand keine Neuerung. Die freie Wahl des Aufenthalts- und Erwerbsortes sowie des Berufs ist nur dem Deutschen, nicht dem Ausländer gewährleistet. Die Freizügigkeit ist beschränkt für Willensunfähige, für Unmündige, für die Ehefrau, über deren Aufenthaltsort der Kurator bzw. die Eltern, der Ehemann zu bestimmen hat. Sie ist, je stärker nationale und soziale Ideen verwirklicht sind, desto mehr beschränkt durch die Erfüllung öffentlicher Pflichten (aus Gründen der Lebensmittelversorgung, des Wohnungsmangels, der Armenpflege, der Wehrpflicht).

Die Freiheit der Auswanderung, der Antike und selbst noch dem 18. Jh. unbekannt, war früher nur durch die Wehrpflicht beschränkt. Gegenwärtig ist zur Verhinderung der Steuerflucht im nationalen und sozialen Interesse die Auswanderung von Steuerpflichtigen an eine Sicherheitsleistung für ihre Abgaben gebunden. Die Reichsangehörigkeit erlischt durch einen noch so lange währenden Aufenthalt im Auslande nicht.

Der Deutsche hat das Reich zu schützen und wird durch dieses innerhalb und außerhalb der deutschen Grenzen geschützt. Der Anspruch auf Auslandsschutz gegenüber dem Reiche geht darauf, daß für ein dem Deutschen zugefügtes Unrecht der fremde Staat und durch diesen der schuldige Staatsangehörige zur Verantwortung gezogen werde — ein Schutz, dessen Wirksamkeit gar sehr von der Macht des Reiches abhängt.

Im Anschluß an den alten deutschen Rechtsgedanken eines Treuverhältnisses zwischen Staat und Staatsangehörigen entwickelte sich auf dem Kontinente der Grundsatz der Nichtauslieferung eigener Untertanen (England allerdings liefert Engländer auf Gegenseitigkeit aus!). Diesen Grundsatz bricht Art. 228 des Versailler Friedensvertrages, durch den das Reich gezwungen wird, Deutsche wegen behaupteter Kriegsverbrechen an die Entente auszuliefern (vgl. Art. 178, 2, RV.). Am 13. 2. 20 hat sich die Entente mit einem Verfahren vor dem deutschen Reichsgerichte begnügt unter dem Vorbehalt, daß dieses Verfahren nicht die Wirkung habe „die Angeschuldigten der gerechten Sühne zu entziehen'.

Art. 113. Den Grundsatz des Schutzes fremdsprachiger Volksteile (also nicht nationaler Minderheiten mit deutscher Umgangssprache) bildet schon der Unbestimmtheit des Anspruchsberechtigten wegen noch kein Grundrecht; er steht im Gegensatz zur früheren Polengesetzgebung.

Art. 114. Das Recht der Freiheit der Person ist so weit gefaßt, daß es alle Folgerungen aus der liberalen Idee umschließt, also eigentlich alle „Freiheitsrechte" miteinbegreift. Tatsächlich ist damit gesorgt, daß jeder Mensch (nicht nur Deutscher) Person im Rechtssinne, d. h. Träger von Rechten und Pflichten ist und nicht behandelt werden darf als Sache im Rechtssinne, als Sklave.

Dieses Grundrecht schützt die persönliche Freiheit gegen öffentliche (nicht private) Gewalt, d. h. gegen die von staatlichen Verwaltungsorganen nicht gesetzmäßig verfügten Freiheitsbeschränkungen; dem Gesetzgeber aber, der keine willkürliche Persönlichkeit ist, sondern den „allgemeinen Willen" darstellt, ist die Freiheit der Person ebensowenig „heilig und unverletzlich" wie das Eigentum.

Im 2. Absatz wird das Prinzip der Gesetzmäßigkeit der Verwaltung auf den Spezialfall der Freiheitsbeschränkung, die Entziehung der Freiheit (Haft, Festnahme, Gewahrsam, Schutzhaft usw.) angewandt.

Art. 115. Die Wohnung, der Hausfrieden, ist ein Teil der persönlichen Freiheitssphäre, die verfassungsmäßig gegen jedes, nicht durch Gesetz gestattetes Eindringen eines Staatsorgans geschützt ist. Im Interesse der Rechtssicherheit gestatten Gesetze das Eindringen in zahlreichen Fällen (zum Zwecke der Beschlagnahme, Durchsuchung, Strafverfolgung Wiederergreifung entwichener Gefangener); zur Bekämpfung der Wohnungsnot wird das individuelle Hausrecht durch Zwangseinquartierung beschränkt.

Art. 116. Der Grundsatz nullum crimen nulla poena sine lege ist eine unmittelbare Folgerung aus dem Prinzip des gesetzmäßigen Handelns, also auch Strafens der Staatsorgane, Strafgesetze mit rückwirkender Kraft widersprächen unserm Rechtsempfinden und wären verfassungswidrig (vgl. R. Schmidt, Einführung S. 299).

Art. 117. Das Brief-, Post-, Telegraphen- und Fernsprechergeheimnis verbieten den in diesem öffentlichen Verwaltungszweige angestellten Organen sowohl von der Tatsache wie von dem Inhalt der ihnen anvertrauten (auch offenen) Postsendungen und Ferngespräche selbst eine weitergehende Kenntnis zu nehmen, als es Beförderung oder Betriebseinrichtungen erfordern (Lesen von Adressen, Telegrammen) und 2. Privaten oder Behörden irgendwelche Kenntnis zu geben. Diese auch strafrechtlich gegen die Staatsverwaltungsorgane geschützte Freiheit des Absenders und Empfängers wurde bisher eingeschränkt im Interesse der Strafrechtspflege und des Konkursverfahrens sowie für Kriegszwecke. Auch die revolutionären Volksbeauftragten ließen bereits durch Verordnung vom 18. 9. 18 den Postverkehr mit dem Auslande überwachen.

Gegen private Eingriffe ist jedes verschlossene Schriftstück durch § 299 StGB. geschützt.

Art. 118. Die Freiheit, seine Gedanken ohne obrigkeitliche (kirchliche, staatliche) Erlaubnis kundgeben zu dürfen, hat sich zuerst im Gefolge der Reformationskämpfe, in Deutschland schließlich erst durch die Revolution von 1848 durchgesetzt (Schillers Don Carlos: „Sir, geben Sie Gedankenfreiheit."). Die Präventiv-Zensur, insbesondere für das wichtigste Organ der öffentlichen Meinung, für die Presse, war das vom gebildeten Liberalismus bestgehaßte Machtmittel des vormärzlichen Absolutismus. Noch 1819 verordnet der König von Preußen, nachdem 1813 Pressefreiheit verheißen worden war, daß ohne seine vorherige Genehmigung und schriftliche Erlaubnis der Zensur keine Schrift gedruckt noch verkauft werden dürfe. Auch nach 1848, nachdem die vorbeugende Zensur grundsätzlich beseitigt war, hat die Polizei noch präventiv in die Preßfreiheit (durch Konzessions-, Kautionspflicht) eingegriffen (bis zum Preßgesetz für das Deutsche Reich von 1874).

Wo die Meinungsäußerung, insbesondere durch die gewaltige und oft gefährliche Macht der Presse irgendwelche Gesetze verletzt, hört ihre Freiheit auf. Ausnahmsweise ist die Meinungsäußerung nicht nur gegen ungesetzliche Eingriffe der öffentlichen Gewalt, sondern auch gegen die Verletzung durch gesellschaftliche, private Mächte (Arbeitgeber) grundrechtlich geschützt.

Auch für das Theater, dessen Darsteller keine eigene Meinung äußern, besteht keinerlei Zensur. Völlige Hemmungslosigkeit jeder Meinungsäußerung ist gerade in Zeiten des politischen und sittlichen Überganges höchst gefahrvoll, besonders dann, wenn ein skrupelloser Erwerbssinn lediglich auf die unedlen Instinkte ungefestigter Charaktere spekuliert. Dieser Erkenntnis trägt die Verfassung dadurch Rechnung, daß sie für Kinozensur, Schund- und Schmutzbekämpfung die verfassungsrechtlichen Grundlagen schafft. (Vgl. Handbuch der Politik I S. 180ff.)

2. Das Gemeinschaftsleben.

In diesem 2. Abschnitt werden die Grundrechte des Bürgers in seiner besonderen Eigenschaft 1. als Mitglied der Familie, 2. als Mitglied einer Versammlung und eines Vereins, 3. als Träger der Selbstverwaltung und 4. als öffentlicher Beamter sowie 5. seine wesentlichsten Grundpflichten gegen die politische Gemeinschaft behandelt. Die bisherigen Grundrechte bezogen sich auf das Staatsverhältnis des vereinzelten Individuums, die folgenden auf das vergesellschaftete Individuum in seinem Verhältnis zum Staat.

Die naturrechtliche Aufklärung, auch Rousseau und Kant, hatten stets den „Menschen an sich", das aus jeder familiären, ständischen, nationalen, überhaupt gesellschaftlichen Gemeinschaft gelöste Individuum als abstraktes Atom ohne alle Mittelung der zentralen Staatsgewalt gegenübergestellt und dieser eingeordnet. Im Verlauf der Französischen Revolution hatte Napoleon diese atomistisch-zentralistische Staatsidee des Naturrechts in Frankreich insofern verwirklicht, als er den Bürger durch die fast rechtlose Gemeinde in gerader Linie der Zentrale untergeordnet hatte. Diesem französischen Staatsgedanken gegenüber kommt die deutsche Romantik, kommt vor allem Hegel, Deutschlands größter Staatsphilosoph, zu der bedeutsamen Erkenntnis, daß der wirkliche, in Familie, Wirtschaft, Beruf usw. verwurzelte Mensch dem gesunden wirklichen Staat durch das Mittel einer großen Zahl von Vereinigungen und Gemeinschaften, durch die Kreise der „bürgerlichen Gesellschaft" verbunden sei, welche „organische" Gliederungen auch verfassungsrechtlich zum Ausdruck gebracht werden sollen. „Der konkrete Staat ist das in seine besonderen Kreise gegliederte Ganze" und ein „lebendiger Zusammenhang ist nur in einem gegliederten Ganzen, dessen Teile selbst besonders untergeordnete Kreise bilden"; Familie und Korporation seien die beiden sittlichen Wurzeln des Staates, dessen eigentliche Stärke in den Gemeinden liege. (Hegel.)

In England hatte der Staatszentralismus nie gesiegt. Dort war der altgermanische Gedanke der Verwaltung gewisser politischer Gemeinschaftsaufgaben ohne unmittelbare Mitwirkung von Staatsbehörden, das Selfgovernment erhalten geblieben. Im Gedanken der selbstverwaltenden Korporation erscheinen liberale und demokratische Idee unlöslich verbunden. Die liberale Vereinsfreiheit läßt die einzelnen sich zusammenschließen und durch ihre Vereinigung erlangen sie demokratisch Einfluß auf bestimmte Gebiete des Staatslebens.

Art. 119–122 handeln von den Rechten des Individuums innerhalb der natürlichen Gemeinschaftsformen und versprechen den natürlichen Grundlagen des Gemeinschaftslebens, der Ehe, der Jugend und ihrer Erziehung den verfassungsrechtlichen Schutz. Ausgehend von der Feststellung, daß die Proletarisierung, insbesondere die Fabrikarbeit der Frau, das Familienleben untergraben und die Kindererziehung unmöglich gemacht habe, hatten radikal-sozialistische Gedanken diese Institutionen angegriffen. Als Abwehr und doch als Kompromiß mit der sozialen Idee bestimmt die Verfassung, daß Ehe und elterliche Erziehung zwar geschützt, aber von der übergeordneten staatlichen Gemeinschaft auch beaufsichtigt sind. Soweit diese Bestimmungen nicht sittliche Grundsätze enthalten, sind sie auch sonst kein aktuell anwendbares Recht, sondern enthalten Leitlinien für künftig zu erlassende Gesetze.

Art. 119. Die im 4. Buch des BGB. enthaltenen Bestimmungen über die bürgerliche Ehe sind durch die Verfassung als solche noch nicht verändert. Demnach wird der Mutterschaft, „gleichgültig, ob sie eine uneheliche oder eheliche ist", der Anspruch auf den Schutz und die Fürsorge des Staats zugebilligt. Den leicht „zur Strandung im Kommunismus" führenden Versuch, Mutterschaft und Ehe gleichzustellen, hat die Verfassung zwar durchaus nicht unternommen, verspricht aber den unehelichen Kindern durch zu erlassende Gesetze gleiche Entwicklungsbedingungen zu schaffen wie den ehelichen (z. B. Beseitigung §§ 1589 Abs. 2, 1707 Satz I BGB.). Die Erziehung des Nachwuchses darf der Staat überwachen, übernehmen aber nur dann, wenn Eltern oder Stellvertreter ihre öffentlich-rechtliche Erziehungspflicht vernachlässigen. (Vgl. die lehrreichen Debatten, Stenogr. Ber. Plen. S. 1597—1613, 1624 f., 2126—2134.)

Diesen Richtlinien für die rechtliche Wertung der natürlichen Gemeinschaftsformen folgen Bestimmungen, die der mehr willkürlichen, insbesondere politischen Betätigung des Individuums in in den Gesellschaftsformen der Versammlung, des Vereins, der Wahl, der gemeinsamen Petition Schutz gewähren gegen ungesetzliche öffentliche Eingriffe. Hier haben wir wieder echte aus der liberalen Idee erwachsene bürgerliche Rechte vor uns.

Art. 124. Eine Gesamtheit von Individuen kann leicht der staatlichen Gesamtheit und ihrer Ordnung gefährlich werden, weshalb der absolutistische Staat Versammlungen und Vereinen seine besonders aufmerksame Bevormundung zuteil werden ließ. Die Versammlungsfreiheit, grundsätzlich 1898 durchgesetzt, war zuletzt durch Reichs-Vereins-Gesetz von 1908 geregelt. Die nicht unerheblichen Einschränkungen auch dieses Gesetzes (u. a. Anmeldepflicht für politische Versammlungen, Genehmigungspflicht für Versammlungen unter freiem Himmel, Ausschließung Jugendlicher von politischen Versammlungen und Vereinen, Verbote für Militärpersonen und Beamte) sind durch die Verfassung beseitigt. In Anbetracht der Psychologie einer jeden (auch „gebildeten") Masse ist auf eine gewisse Mindestgarantie der öffentlichen Sicherheit nicht zu verzichten. (Vgl. Le Ban, Psychologie der Masse.) Abgesehen von der Beobachtung der gesundheits-, bau- und feuerpolizeilichen Vorschriften ist durch die Verfassung friedliche und unbewaffnete Teilnahme gefordert. Unter freiem Himmel, wo sich unbeschränkte Massen versammeln und die öffentliche Sicherheit in viel höherem Maße, lediglich durch die Tatsache ihres jedermann, auch Gegnern, sichtbaren Zusammenseins gefährden können, muß die Staatsgewalt zu Sicherheitsvorkehrungen und dann, wenn sie eine Gefahr geradezu kommen sieht, auch zum Verbote die Möglichkeit haben, wobei es gleichgültig bleibt, ob die Sicherheitsgefährdung von den Veranstaltern gewollt ist oder nicht. Innerhalb des „befriedeten Bannkreises" der Gebäude des Reichstages und der Landtage dürfen Versammlungen unter freiem Himmel überhaupt nicht stattfinden.

Art. 124. Durch vorbeugende Maßregeln überhaupt nicht beschränkbar ist die Vereinsfreiheit, soweit sie nicht zu strafgesetzlich verbotenen Zwecken mißbraucht wird.

Eine der wesentlichsten Voraussetzungen für ein wirksames Gemeinschaftshandeln, das freiwillig Aufgaben vollbringt, die über die Kräfte der einzelnen hinausgehen, besteht darin, daß eine vereinigte Mehrzahl so handeln kann wie ein Mensch. Damit ein solcher Personenverband zu einer Verbandsperson werden kann, die durch ihre Organe zu kaufen, zu mieten, Schulden zu machen imstande ist, wodurch nur die abstrakte Verbandsperson und nicht das eine oder andere ihrer wechselnden Mitglieder verpflichtet oder berechtigt wird, dazu muß diesem Personenverband erst von der Rechtsordnung eine rechtliche Einheit zugesprochen, Rechtsfähigkeit verliehen werden, durch welche diese Mehrzahl zu einer „juristischen Person" wird. (Vgl. BGB. § 21, R. Schmidt, Einführung S. 231 ff.) Die dadurch einem Verband zufließende größere gesellschaftliche, vor allem wirtschaftliche Macht kann die Rechtsordnung, d. h. der Staat entweder ganz nach willkürlichem Ermessen verleihen (Konzessionssystem) oder er kann sich dabei an allgemeine Normen binden, die für bestimmte Kategorien von Vereinen den Erwerb der Rechtsfähigkeit gesetzlich festlegen (System der allgemeinen Normativbestimmungen) oder er kann schließlich allgemeine und gleiche Normen für alle Arten von Vereinen aufstellen (System der gleichen Normativbestimmungen). Das erste System befolgte der absolutistische Staat, das zweite der RVG. von 1908, indem es für die Rechtsfähigkeit von Vereinen, die einen politischen, sozialpolitischen oder religiösen Zweck verfolgen praktisch eine Konzession der Verwaltung forderte (gerichtet gegen Sozialisten und katholische Ordensniederlassungen), das dritte System liegt dem Art. 124 zugrunde, wonach nun alle Arten von Vereinen Rechtsfähigkeit durch Eintragung in das Vereinsregister des zuständigen Amtsgerichtes erlangen (E. V. eingetragener Verein). Vereine, deren Zwecke auf einen wirtschaftlichen Geschäftsbetrieb gerichtet sind, erlangen Rechtsfähigkeit durch Eintragung in das Handelsregister (HGB. § 200).

In besonderer Weise ist die Vereinsfreiheit beschränkt durch Art. 177 des Versailler Vertrags, der Vereinigungen jeder Art (namentlich auch an Unterrichtsanstalten) ohne Rücksicht auf das Alter ihrer Mitglieder verbietet, die sich mit militärischen Dingen befassen. Das entsprechende Reichsgesetz vom 31. 8. 1919 bedroht zuwiderhandelnde Vereine und private Unterrichtsanstalten mit der Auflösung.

Art. 125. Für alle Wahlen gilt die Gewährleistung der Wahlfreiheit. Für geheime Wahlen außerdem die des Wahlgeheimnisses. Die Ausführung dieses Schutzes ist einerseits dem Strafgesetze, andererseits den verschiedenen Wahlgesetzen überlassen, z. B. dem Reichstagswahlgesetz vom 27. 9. 1920. (Vgl. oben zu Art. 22 ff., Art. 41 RV.)

Art. 126. Nur als geschichtlich überliefertes Kampfrecht gegen den Absolutismus ist das für ein demokratisches Gemeinwesen eigentlich selbstverständliche Petitionsrecht zu verstehen. Nicht nur der Deutsche, auch der Ausländer kann sich allein oder zusammen mit andern an die zuständigen Behörden und, wenn der Instanzenzug erschöpft ist, an die Volksvertretung wenden, die seine Bitten, Beschwerden annehmen und vorschriftsmäßig erledigen müssen.

Art. 127. Bürokratie und Selbstverwaltung. Bei den Germanen verwaltete die Gemeinde weite Gebiete des öffentlichen Lebens, vor allem Recht und Wirtschaft, selbständig. Erst in den entwickelteren Verhältnissen des Frankenreichs wurde nach römischem Vorbild ein vom König abhängiges Beamtentum (Grafen, missi domini Karls d. Gr.) zur Verwaltung geschaffen, ohne daß den Städten ihr stets wachsendes Selbstverwaltungsrecht genommen worden wäre. Ein vom König besoldetes und unbedingt abhängiges Berufsbeamtentum ist Voraussetzung und dauernde Bedingung erst des neuzeitlichen Absolutismus, der seine ersten Anfänge im wirtschaftlich vorgeschrittenen Italien (Friedrich II. in Sizilien) verwirklicht. Mit Ludwig XIV. in Frankreich, Friedrich d. Gr. in Preußen, Joseph II. in Österreich erreicht der bürokratisch-polizeistaatliche Absolutismus seine Vollendung. Von einer Selbstverwaltung des von den Leiden des 30-jährigen Kriegs nur schwer sich erholenden deutschen Bürgertums sind kaum noch Reste vorhanden. Seit dem 18. Jh. aber gewinnt der Kampf des Bürgertums gegen den Absolutismus notwendig die Form eines Kampfes vornehmlich der Stadtgemeinden gegen die bürokratischen Organe des absoluten Herrschers. Die demokratische Idee der Selbstregierung wird zunächst erhoben als Forderung der städtischen Selbstverwaltung (pouvoir municipal der Französischen Revolution). Napoleon I. beseitigt zwar die revolutionäre Gemeindeselbständigkeit in Frankreich, die Ideen von 1789 im Verein mit dem uralten englischen Selfgovernment werden aber das Vorbild für die großzügig angelegte Staatsreform des Freiherrn vom Stein. Wie in England Selfgovernment das Localgovernment voraussetzt, so gedachte auch Stein mit seiner Städteordnung von 1808 zunächst einmal nur den Grundstein für eine umfassende Umgestaltung des ganzen preußischen Staates zu legen. Durch die Reform sollte eine große Zahl der bezahlten Diener des Fürsten nicht nur in der Stadt, sondern auch in den Landgemeinden und nicht nur in den Gemeinden, sondern auch in Kreis und Provinz durch ehrenamtliche Selbstverwaltungsorgane aus den Regierten ersetzt werden. Der bürokratische Absolutismus sollte der demokratischen Idee des Verfassungsstaats angenähert werden. Stein und sein Nachfolger Hardenberg kamen über die städtische Selbstverwaltung nicht hinaus. In Kreis und Provinz blieb die feudale und bürokratische Macht ungebrochen, und Hardenberg vermochte die Gemeindeselbstverwaltung nicht einmal auf die Landgemeinden auszudehnen. Wirtschaftlich-geographische Verhältnisse, in allererster Linie aber die Macht des preußischen Adels verhinderten die Reformpolitik. Den Geist dieser Mächte zeigt eine der zahlreichen Beschwerdevorschriften aus dem Jahre 1811 der Kreise Lebus, Beeskow und Storkow, worin Hardenberg gefragt wird, ob man das alte ehrliche Preußen in einen neumodischen Judenstaat verwandeln wolle. (Treitschke, Deutsche Geschichte I, 374.)

Selbstverwaltung ist die Grundidee des Genossenschaftsgedankens. Im heutigen Großstaate, in dem die Genossen sich nicht mehr in persönlichen Zusammenkünften selbst regieren können, ist die demokratische Idee der Selbstregierung in der Regel nur mittelbar, nur auf dem Wege der Repräsentation möglich, die demokratische Form der Selbstverwaltung durch grundsätzlich unbesoldete, gewählte, nichtberufliche Ehrenbeamte im heutigen arbeitsteiligen Wirtschaftsstaate immer nur in beschränktem Umfange durchführbar. Je größer die politische Gemeinschaft, desto umfangreicher und verwickelter ihre Aufgaben, desto notwendiger ein sachkundiges, besoldetes Berufsbeamtentum. Andrerseits macht der Groß- und Wirtschaftsstaat aber die Trennung von Regierten und Regierenden in der Form des „Obrigkeitsstaates" zur Unmöglichkeit. Mag man von der Beschränktheit des Untertanenverstandes noch so fest überzeugt sein, das Selbstgefühl der so verschiedenartigen Interessengruppen des heutigen Staates wird es nie vermögen zuzugeben, daß die zentrale Obrigkeit jene Interessen besser zu erkennen und zu verwalten vermag als die unmittelbar Beteiligten. Mit dem Umfang des Staates und seiner Aufgaben muß notwendig entweder die Selbstverantwortung und Selbsttätigkeit seiner Bürger wachsen, oder die eine Hälfte der Einwohner muß schließlich die andere beruflich regieren und verwalten. Wie jeder moderne Großstaat steht deshalb auch das Deutsche Reich vor der schicksalsschweren Frage, die beiden gleich notwendigen Momente der Zentralisation und Dezentralisation (mit Länder-, Kreis- und Gemeindeautonomie), der Berufsbürokratie und des Ehrenbeamtentums in ein elastisches („organisches") Gleichgewicht zu bringen (vgl. 18. Art. RV.).

So geben die deutschen Städteordnungen, für die Preußen vorbildlich wurde, den Bürgern das Recht, ihre eigenen Angelegenheiten durch ihre eigene freie Tätigkeit zu verwalten, indem sie eine Gemeindevertretung, Stadtverordnete mit einem Vorstand (Magistrat, Rat) wählen. Von diesen Bürgerschaften wird einerseits der „eigene Wirkungskreis" verwaltet, andrerseits gewisse, vom Staat zugewiesene Geschäfte, der „übertragene" Wirkungskreis besorgt.

In Preußen fanden die Gemeindewahlen bis 1919 nach dem Dreiklassenwahlrecht statt. Der Entwurf 1920 der neuen Städteordnung sieht außer dem im Art. 22 RV. vorgeschriebenen Wahlrecht vor: Bezirksvorsteher an der Spitze der einzelnen Stadtbezirke, ehrenamtliche, auf 3 Jahre gewählte Stadtverordnete, einen von diesen auf 12 Jahre gewählten Magistrat, dessen Mitglieder teils unbesoldet, teils besoldet sind; zu den letzteren gehören Bürgermeister, Stadtkämmerer und technische Räte (Bau-, Schul-, Medizinalrat) (vgl. Art. 71 PrV.)

Dieses Selbstverwaltungsrecht wird von der Reichsverfassung nicht nur den Gemeinden, sondern auch Gemeindeverbänden, in Preußen also den (Stadt- und Land-) Kreisverbänden und Provinzialverbänden gewährleistet. Dadurch wird diesen Verbänden ein Schutz gegen ungesetzmäßige Staatseingriffe in die Freiheit ihrer Gesamtpersönlichkeit gewährleistet, der im übrigen von der gleichen Art und Wirkung wie der Freiheitsschutz der Einzelpersönlichkeit ist.

Die Bedeutung dieser grundstützenden Verfassungsreform ist keineswegs geringer als jene der Verfassungsrevolution von 1918/19. Verwaltungsreformen geben Verfassungsrevolutionen erst ihre praktische Bedeutung und sind schwieriger und langwieriger durchzuführen als diese. Gegenwärtig ist das große Reformwerk der Demokratisierung der Verwaltung erst im Zustand der Vorbereitung. Endgültig durchgeführt ist bisher lediglich die Provinzialautonomie für Oberschlesien. Art. 70 der Preußischen Verfassung verspricht noch einmal, wie Art. 127 RV., die Selbstverwaltung von Gemeinde und Gemeindeverband und gibt in Art. 72, 73 der Provinzialautonomie greifbarere Gestalt. Danach kommt den Provinzen ein Selbstgesetzgebungsrecht und Selbstverwaltungsrecht zu. Kraft des ersteren sind die Provinzialverbände befugt, auf gewissen Gebieten (z. B. über die Einführung einer zweiten Amts- und Schulsprache in gemischtsprachlichen Gegenden Art. 73 PrV.) selbständig Gesetze zu beschließen, die für alle Bürger und staatlichen Behörden bindend sind. Kraft ihres Selbstverwaltungsrechtes verwalten die Provinzen bestimmte Gebiete durch von ihnen bestellte Organe, die bisher von staatlichen Organisationen verwaltet worden waren. Dabei sind zu unterscheiden 1. „Selbstverwaltungsangelegenheiten", welche die Provinz bis auf eine staatliche Ordnungskontrolle völlig selbständig und selbstverantwortlich als ihre eigenen Angelegenheiten verwaltet (z. B. Chausseebau) und 2. Auftragsangelegenheiten, die staatliche Angelegenheiten bleiben, aber nicht mehr „von unmittelbaren Staatsorganen" (Oberpräsident, Regierungspräsident usw.), sondern unter dem sachlichen Anweisungsrecht und der Verantwortung der Minister von dem in der Provinz bestellten Beamten- und Behördenapparat verwaltet werden" (vor allem Polizeiangelegenheiten mit Ausnahme der eigentlichen Sicherheitspolizei).

(Im übrigen vgl. Preußen im Handbuch der Politik I, S. 266 ff. über die „Entwicklung der kommunalen Selbstverwaltung in Deutschland", ders. „Obrigkeitsstaat und Volksstaat", ferner Stier-Somlo, Preußische Verfassung, S. 211 ff., insbesonders den hier wiedergegebenen „Gesetzentwurf über die Erweiterung der Selbständigkeitsrechte der Provinzen".)

Beamtenrecht. Das „Erfurter Programm" der Sozialdemokratie Punkt 2 fordert ganz allgemein „Wahl der Behörden durch das Volk", also eine Art allgemeinsten Selbstverwaltungsbeamtentums. Vornehmlich zur Beruhigung des Berufsbeamtentums, das durch die Revolution und durch den mit der Parlamentarisierung notwendig verbundenen Einfluß der Parteien auf Gesetzgebung und Verwaltung eine Verletzung seiner wohlerworbenen Rechte fürchtete, hat die Verfassung gewisse Grundrechte der Beamten aufgenommen (vgl. Stenogr. Ber. Plen. 1632 ff.), die durch ein zu erlassendes Reichsgesetz eine nähere Ausführung erhalten sollen. Den praktischen Ausgleich zwischen radikalster Selbstverwaltung und Berufsbeamtentum bildet die formal allgemeine Ämterfähigkeit (Art. 128), die Ansprüche der Beamten an den Staat regelt Art. 129, bürgerliche und staatsbürgerliche Freiheitsrechte und Grundpflichten der Beamten bestimmt Art. 130, während in Art. 131 der Staat verpflichtet wird, für die durch seine Organe pflichtwidrig entstandenen Schädigungen von Privatpersonen aufzukommen.

Art. 128. Die nach Art. 128 allen Staatsbürgern ohne Unterschied entsprechend ihrer Leistungsfähigkeit zukommende Ämterfähigkeit ist eine notwendige unmittelbare Folgerung der demokratischen Idee, derzufolge die Regierten zugleich die Regierenden sein sollen. Die das öffentliche Regiment führenden Beamten (Reichs-, Landes- und Selbstverwaltungsbeamte) sollen nicht einseitig aus bestimmten Geburtsständen (Adel), bestimmten sozialen Klassen (Bürgertum, Proletariat), Parteien, Konfessionen, sondern aus sämtlichen Regierten des Reiches (Art. 110,2 RV.) ausschließlich nach dem Gesichtspunkt verschiedener Leistungsfähigkeit ausgewählt werden. Die Leistungsfähigkeit für ein bestimmtes Amt kann nach Alter (vgl. Art. 41 RV.), Vorbildung (als Richter, Lehrer, Arzt, Techniker, usw.), Beruf (Handelsleute als Handelsrichter) usw. bei Gleichheit aller dieser Bedingungen schließlich bezüglich der persönlichen Begabung verschieden sein. Unter verschiedenen Gleichqualifizierten wählt das zuständige Staatsorgan frei den zukünftigen Beamten. Auch das Versprechen der gleichen Ämterfähigkeit für das weibliche Geschlecht ist nur unter der Bedingung der entsprechenden Befähigung zu verstehen. Das sog. Zölibat (Entlassung der Beamtin infolge Verheiratung) wird durch diese Vorschrift beseitigt, da nur die Mutterschaft und nicht die Heirat an sich die Leistung im Amte zu berühren vermag. Wird durch ein Gesetz eine in der Natur des weiblichen Geschlechts gelegene geringere Leistungsfähigkeit bei der Zulassung zu gewissen Ämtern berücksichtigt (Offizier, Richter usw.), so ist solche Sonderbestimmung nicht als eine Ausnahmebestimmung gegen weibliche Beamte zu betrachten.

Art. 129, 1 spricht sich grundsätzlich für eine lebenslängliche, vermögensrechtlich dauernd gesicherte Anstellung eines Berufsbeamtentums aus; nur das Gesetz, nicht die Verwaltung vermag von diesem Grundsatz Ausnahmen zu machen (z. B. für Gemeindebeamte, Handelsrichter usw.). Gesetzlich sind auch die Bedingungen für die Beendigung des Beamtenverhältnisses, für Bestrafungen usw. bis ins einzelne geregelt (vgl. Art. 79 PrV.). Damit schließt die Verfassung aus einerseits das russische Rätesystem, andererseits jenes spoil-(Beut-)system der Vereinigten Staaten mit seiner Dilettantenverwaltung, wo mit jedem Präsidentenwechsel 300—400000 Beamtenstellen an Parteileute neu vergeben werden. (Über dieses auch in Amerika als unerträglich erkannte System Max Weber, Politik als Beruf. S. 40ff.)

Um dem einzelnen Beamten gegen den Mißbrauch der Vorgesetztenmacht sicherzustellen, ist ihm gegen jede Disziplinarstrafe ein Beschwerdeweg und (in Abänderung des § 117 RBG) die Möglichkeit des Wiederaufnahmeverfahrens eröffnet. Da eine ungünstige Eintragung in die Personalakten des Beamten oft über seine gesamte weitere Laufbahn entscheidet, verbietet die RV. vor ihm geheimgehaltene Personalakten überhaupt und gestattet ungünstige Eintragungen nur, wenn der Beamte zu solchen vorher hat Stellung nehmen können. Einzelne Grundrechte der Beamten sichert die RV. auch dem Berufssoldaten zu, insbesondere steht Offizieren und Mannschaften der Reichswehr der ordentliche Rechtsweg für die Geltendmachung von vermögensrechtlichen Ansprüchen aus ihrem Dienstverhältnis zu.

Art. 130. Gegen die ein spoil-System tragende Gesinnung richtet sich auch der erste ethische Grundsatz des Art. 130. Angesichts der Macht des Arbeitgebers Staat und früherer Staatspraxis, die z. B. Sozialdemokraten vom Beamtentum ausschloß, betont die RV. ausdrücklich, daß den Beamten die Freiheit der politischen Meinungsäußerung (nicht nur „G e s i n n u n g") und der „Vereinigungsfreiheit" (s. unten Art. 159) gewährleistet werden. Ähnlich wie die Arbeiter und Angestellten zur Wahrnehmung ihrer sozialen und wirtschaftlichen Interessen Rätevertretungen bilden, sollen auch die Beamten ihrer besonderen Stellung und Tätigkeit angepaßte Beamtenausschüsse (-kammern) erhalten.

Art. 131. In der Person des Beamten tritt dem Bürger der Staat selbst entgegen. Der Rechtsstaat gibt seinen Mitgliedern bestimmte Rechtssicherheiten dafür, daß sein Organ seine Amtspflichten gegen dritte nicht verletzt, indem er ihnen u. a. Rechtsschutz gegen seine eigenen Beamten gewährt, das Recht gibt, den Beamten in seiner Eigenschaft als Staatsorgan zivilrechtlich und strafrechtlich zu belangen. In vielen Fällen, besonders wenn der Beamte vermögenslos ist, kann seine alleinige Haftung nicht genügen, weshalb außerdem Staatshaftung für den Beamten eintritt bzw. unmittelbar der Staat allein verantwortlich gemacht werden kann. Wenn der Beamte den Staat nur privatrechtlich, etwa bei einem Kauf vertritt, so haftet der Staat wie jeder Verein für seinen Vertreter (§§ 89, 31 BGB.). Durch Art. 131 ist aber die Staatshaftung für Beamte in Ausübung der ihnen anvertrauten öffentlichen Gewalt, also etwa für Richter, Notare, Gendarmen, unter Umständen auch Offiziere verfassungsrechtlich für das Deutsche Reich ausgesprochen, und zwar in der Weise, daß den Staat oder die betreffende Körperschaft (die sich am Beamten schadlos halten können) die Verantwortung grundsätzlich trifft, gesetzliche Ausnahmen also möglich sind.

Art. 132—134. G r u n d p f l i c h t e n. Dem allgemeinen Rechte, den deutschen Staat durch seine Tätigkeit mitzuregieren und mitzuverwalten, entspricht notwendig die Pflicht jedes Deutschen, für diesen seinen Staat mit allen Kräften tätig zu werden. In solchem Gleichmaß eines allgemeinen Rechts und einer allgemeinen Pflicht liegt das sittliche Pathos der Demokratie. Ein Gemeinwesen, in dem alle Staatsgewalt vom Volke ausgehen soll, kennt auch keine Gewalt, die dem Volke die Verantwortung für seinen Staat abnähme. Im Selfgovernment liegt aber zugleich die realpolitische Macht des modernen Staates. „Das Individuum muß in seiner Pflichterfüllung auf irgendeine Weise zugleich sein eigenes Interesse, seine Befriedigung oder Rechnung finden und ihm aus seinem Verhältnis im Staat ein Recht erwachsen, wodurch die allgemeine Sache s e i n e e i g e n e b e s o n d e r e S a c h e wird (Hegel). Aus der Idee der Demokratie, die nach außen sich als Nationalsouveränität darstellt, entspringen die G r u n d p f l i c h t e n des Deutschen, dem Staat allerlei persönliche Dienste zu leisten, ihn zu schützen (Wehrpflicht), Ehrenämter zu übernehmen, dem Staate durch Sachleistungen das materielle Dasein zu ermöglichen und durch Erfüllung der Schulpflicht an seiner Kulturaufgabe mitzuarbeiten. Zu diesen Rechtspflichten, die der Staat gegebenenfalls erzwingt, nennt die Verfassung außerdem folgende, wesentlich sittliche Grundpflichten des Deutschen, die unbeschadet dessen, daß ihnen keine verfassungsrechtliche Strafandrohung zur Seite steht, für den Bestand des Gemeinwesens von grundlegender Bedeutung sind: die elterliche Pflicht, ihre Kinder zur leiblichen, seelischen und gesellschaftlichen Tüchtigkeit zu erziehen (Art. 120), die Pflicht, Eigentum zugleich als Dienst für das gemeine Beste zu gebrauchen (Art. 153) und die in Art. 163 genannte Arbeitspflicht jedes Deutschen.

Der moderne Rechtsstaat beteiligt den Bürger allgemein an der Rechtsprechung, indem er ihn auf der Geschworenenbank und im Schöffengericht Platz nehmen läßt, er läßt ihn Staat und Gemeinde als Stadtverordneter, Kreis-, Provinzial- und Volksvertreter verwalten. Um die Verwaltung dieser Gebiete des Staatslebens auch sicherzustellen, muß durch Gesetz (nicht Verordnung) die Übernahme jener Ehrenämter zur allgemeinen Pflicht gemacht werden (Art. 132). Ebenso ist es Grundpflicht des Deutschen überhaupt, „persönliche Dienste für den Staat und die Gemeinde zu leisten (Art. 133), und zwar vornehmlich im Interesse einer geordneten Rechtspflege (Zeugnispflicht) sowie zu Sicherheits- und anderen Polizeizwecken (Nothilfe bei Unglücksfällen, Feuerwehrpflicht, Hand- und Spanndienste usw.).

Die vornehmste Grundpflicht des Deutschen war die Wehrpflicht, die als eine allgemeine durch Art. 173 des Versailler Friedensvertrags mit seiner Festsetzung eines Söldnerheeres von 150000 Mann aufgehoben wurde. Der Staat besteht nur durch seine Bürger, die ihm persönliche Dienste bieten und ihm die Mittel zur Erfüllung seiner Aufgaben geben. Diese öffentlichen Lasten sollen nach Art. 134 allen Staatsbürgern (grundsätzlich auch Ausländern) gleichmäßig, d. h. im Verhältnis zu ihrer verschiedenen Leistungsfähigkeit und zwar gesetzmäßig auferlegt werden. Sie sind heute ausnahmsweise Naturalleistungen (Einquartierungslast), in der Regel unserer Geldwirtschaft entsprechend sog. öffentliche Abgaben, die in Geld bestehen, die entweder als sog. Gebühren und Beiträge als Entgelt für eine öffentliche Leistung (z. B. des Gerichts) erhoben werden, oder ohne greifbar vorliegende Gegenleistung als Steuern zu zahlen sind.

Im folgenden regelt die RV. das grundsätzliche Rechtsverhältnis des deutschen Staates zu den drei Kulturmächten Religion, Bildungsleben und Wirtschaft, deren gewaltige Bedeutung für das politische Leben des deutschen Volkes durch diese besondere Stellung im grundlegenden Gesetzeswerke anerkannt wird. Religion, Geisteskultur und Wirtschaft bestimmen in dauernder Wechselwirkung den Staat und werden dauernd von ihm bestimmt. Keine dieser Mächte war je in der politischen Geschichte eines Volkes dauernd ohne Bedeutung gewesen, wenn auch in den Lebensabschnitten eines Kulturkreises ein stärkeres oder schwächeres Vorherrschen der einen oder anderen Macht deutlich hervortritt. In ihrer Jugend ist die politische wie alle andere Kultur fast völlig unter der Herrschaft der religiösen Kultur, aus der Wissenschaft, Kunst und weltliche Bildung sich allmählich verselbständigen. Im Verlauf der Kulturentwicklung, mit der vollen Entfaltung des Wirtschaftslebens wird dieses in seiner stets dagewesenen Bedeutung für das Staatsleben erst erkannt und spielt eine immer wachsende politische Rolle. Die revolutionäre Wirkung der kapitalistischen Wirtschaftsverfassung erzeugte die sog. materialistische (richtiger ökonomische) Geschichtsauffassung, welche die wirtschaftliche Produktionsweise als den ausschließlichen Beweger auch der politischen Entwicklung behauptet.

3. Religion und Religionsgesellschaften.

Welche gewaltige Rolle die Religion, selbstverständlich nicht gegen und ohne, sondern nur im Verein mit der Wirtschaftsverfassung auch im modernen Staatsleben gespielt hat, wie stark und tiefgehend gerade sie den modernen Staat revolutioniert hat, ist auf keinem Gebiete so klar erkennbar wie in der oben skizzierten Entwicklungsgeschichte der Freiheitsrechte. Georg Jellinek hat einwandfrei nachgewiesen: „Die Idee, unveränderliche, angeborene, geheiligte Rechte des Individuums gesetzlich festzustellen, ist nicht politischen, sondern religiösen Ursprungs."

Die enge Verbindung von Staat und Religion bzw. Priestertum, wie sie die orientalischen Despotien der Antike zeigten, blieb dem Abendlande zwar unbekannt. Aber auch hier wurde die Kirche nicht nur die fast einzige Trägerin der mittelalterlichen Geisteskultur, sondern organisierte sich auch zu einem irdischen Machtkörper mit großen Besitztümern und gewaltigem politischen Einfluß, der den des Staates von 1100 bis etwa 1400 fast überwältigte. Auf das ihr wesentliche Gebiet der menschlichen Innerlichkeit zurückgedrängt, verleiht sie gerade von diesen Tiefen her allen politischen Ideen und Bewegungen eine Feierlichkeit und Schwungkraft, wie keine andere Geistesmacht. Der Staat muß sie deshalb im Auge behalten (Über die gegenseitige Bedingtheit von Staat und Religion Burckhardt, Weltg. Betr. S. 106 ff., ferner zu diesem Abschnitt Kohl im Handbuch der Politik I, S. 126 ff.).

In der Gesamtentwicklung des Verhältnisses von Staat und Kirche tritt — innerhalb eines Kulturkreises — eine unbezweifelbare Gesetzmäßigkeit klar zutage. Ihr Prinzip ist

„der stetige Gang von anfänglich engster Vereinigung beider Gemeinschaften zu immer mehr sich durchsetzender Unterscheidung. Es versinnbildlicht sich dem geistigen Auge durch die Vorstellung zweier Kreise, die zuerst sich decken, sich weiterhin schneiden, sodann an der Peripherie berühren, um endlich auseinanderzustreben. Die Berührung an der Peripherie mit der Tendenz, sich zu lösen, bezeichnet ungefähr die Lage der Gegenwart. Auch heute noch und trotz der Revolution" (Kahl).

Die Einheit von Staat und Kirche ist denkbar und historisch verwirklicht als Einschließung und Unterordnung der staatlichen unter die kirchliche Organisation (mittelalterliches Kirchenstaatstum) oder umgekehrt als Staatskirchentum, wie es sich vom 14. bis ins 18. Jh. zuerst als Cäsaropapismus, dann als Territorialismus (cujus regio illius religio) entwickelt hat. Dem landesherrlichen Kirchenregimente (Joseph II., Ludwig XIV.) hatte nicht nur der Geist der Reformation widersprochen: „Man soll geistliches und weltliches Regiment sondern, soweit als Himmel und Erde sind" (Luther), sondern es war zur politischen Unmöglichkeit geworden. Nachdem schon der Große Kurfürst und gesetzlich das Allgemeine Landrecht 1794 in Preußen (das in seinen Grenzen Protestanten und Katholiken beherbergte) den paritätischen Staat geschaffen hatten, folgten im Laufe des 19. Jh. die anderen deutschen Staaten diesem System, daß die Kirche in ihrem Innern nicht mehr beherrschte, sondern sich nur in weltlichen Angelegenheiten unterordnete, sich lediglich die schützende und beaufsichtigende Staatskirchenhoheit vorbehielt; es blieb das kirchenpolitische System des Deutschen Reichs bis zur Revolution 1918. Diesem System gegenüber wird die letzte politische Möglichkeit, die Trennung von Staat und Kirche zwar schon von der RV. von 1849 verkündet, blieb aber doch nur die immer dringendere Forderung, während das sog. Koordinationssystem, die katholische, von der deutschen Zentrumspartei verfochtene Lehre von der völkerrechtlichen Gleichordnung von Staat und Kirche als zweier souveräner Gemeinwesen als politisches Prinzip nur von vorübergehender Bedeutung war (frühere Konkordate des Papstes mit Frankreich, Bayern, Österreich, noch heute Gesandtschaftsrecht des hl. Stuhles). Auch die romantische Idee eines interkonfessionellen Staatschristentums, wie sie etwa international von der hl. Alliance, preußisch-national von Stahl, Eichhorn, Bismarck vertreten wurde, war unpolitisch, weil mit dem Rechtsgrundsatz der Glaubensfreiheit unvereinbar.

Individuelle Glaubensfreiheit und gesetzliche Kultusfreiheit sind, wie gezeigt, der Urtypus der liberalen Idee, die historische Wurzel aller anderen „angeborenen", vom Staate nicht verliehenen, deshalb auch nicht entziehbaren Menschenrechte, die Grundvoraussetzung unserer auf Geistesautonomie ruhenden Kultur. Die notwendige Folge der allgemeinen Glaubensfreiheit ist die paritätische Behandlung aller Bekenntnisse und Religionsgesellschaften durch den Staat, der sich folgerichtig weder mit einer besonderen Religion identifizieren, noch einer Kirche unterordnen darf, sondern in jeder Weise sich „entkirchlichen", umgekehrt aber auch die Kirche entstaatlichen muß. Es ist kein Zufall, daß die klassischen Länder der Menschenrechte, die Vereinigten Staaten von Amerika und Frankreich dieses System der Trennung von Staat und Kirche am frühesten und folgerichtigsten durchführten, ebensowenig aber auch zufällig, daß selbst in diesen Ländern die Trennung keineswegs reinlich möglich war. Alles Recht ist nur Ausdruck überlieferter und lebendiger gesellschaftlicher Mächte. Keine Macht durchdringt aber das persönliche und Gesellschaftsleben stärker und dauernder als die Religion, auch in den Vereinigten Staaten kann z. B. gewohnheitsrechtlich kein Katholik Präsident werden, und der Bundeskongreß wird mit Gebet eröffnet.

Kein Wunder deshalb, daß in Deutschland, wo die religiösen Überlieferungen und Kämpfe eines Jahrtausends in Ehe, Schule, Gesellschaft und Staat zahllose religiöse Bindungen und im Verhältnis der beiden großen Kirchen eine sehr verwickelte Rechtslage geschaffen hatten, auch die Revolution von 1919 die Trennung von Kirche und Staat nicht vollständig durchsetzen konnte. Im ganzen ist die gegenwärtige Rechtslage als ein Übergangszustand zwischen dem System der staatlichen Kirchenhoheit und der Trennung beider Organisationen zu bezeichnen.

Art. 135—136. Persönliche Glaubensfreiheit. (Zum folgenden Stenogr. Ber. Plen. 1643ff.) Der Staat läßt, wie schon Friedrich II. wollte, jedermann (nicht nur jeden deutschen Staatsbürger) nach seiner Fasson selig werden, gestattet ihm nicht nur ungestörte Religionsübung, sondern schützt sie sogar entsprechend dem Prinzip der Kirchenhoheit gegen jede Verletzung. Wie alle andern, so hat auch dieses Freiheitsrecht seine Schranke an der Macht des Gesetzes. Verstößt ein Glaubensgesetz oder Kultus gegen ein Staatsgebot (z. B. gegen die Wehrpflicht, eine Polizeivorschrift), so genießt er keine Freiheit. Die religiöse Haltung eines Menschen ist für sein Verhältnis zum Staate ohne jeden Belang, gewährt ihm weder rechtliche Vorteile noch Nachteile, insbesondere nicht bezüglich der Ämterfähigkeit (dadurch aufgehoben z. B. § 4 der Statuten der Universität Halle, der nur Lehrer und Beamte evangelischer Konfession an dieser Universität zuließ). Das Recht der freien religiösen Meinungsäußerung ist schon durch Art. 118 gewährleistet. Jedermann ist aber auch berechtigt, seine religiöse Überzeugung zu verschweigen, und auf die Frage nach seiner äußeren Konfessionszugehörigkeit muß er nur dann antworten, wenn eine Antwort über irgendwelche Rechte oder Pflichten (Kirchensteuern) entscheiden oder einer gesetzlich angeordneten Statistik (z. B. Volkszählung) dienen soll. Niemand (auch kein Schüler, Soldat) darf (auch von seiner Kirche nicht) zu irgendeiner Kultushandlung gezwungen werden; ebenso entfällt der frühere religiöse Eideszwang (vgl. Art. 177 RV.). Andererseits soll jedermann, auch die Soldaten aller Konfessionen, innerhalb der Schranken der allgemeinen Gesetze die Freiheit haben, seinen religiösen Pflichten zu genügen (Art. 140).

Art. 137—141. Gesellschaftliche Kultusfreiheit. Wie die persönliche Bekenntnisfreiheit lediglich ein besonderer Fall der allgemeinen Freiheit der Meinungsäußerung ist und mehr ihrer geschichtlichen Bedeutung wegen als aus logisch-juristischen Gründen in der Verfassung gesondert Behandlung findet, so ist auch die Freiheit der Vereinigung zu Religionsgesellschaften heute grundsätzlich nur noch ein Spezialfall der allgemeinen Vereinsfreiheit. Religiöse Vereine werden, auch was den Erwerb der Rechtsfähigkeit anbelangt, dem Grundsatze nach wie alle anderen Vereine behandelt. Insofern ist keine kirchliche Vereinigung bevorzugt oder benachteiligt; „es gibt keine Staatskirche". Damit ist in einem der wichtigsten Punkte der Grundsatz der Trennung von Staat und Kirche verwirklicht, indem die bis dahin im Landesherrn (in den Hansestädten im Senat) vereinigte kirchliche Regierungsgewalt beseitigt wird. Entsprechend sind die bisher von Staatsbeamten in Unterordnung unter den Monarchen verwalteten Kirchenbehörden (Kultusministerium, Oberkirchenrat, Konsistorien), und zwar durch Landesgesetz aufzuheben. (Über die Bedeutung der Trennung Naumann, StBK. S. 1651, Veidt 1656f.) Im System der Staatskirchenhoheit bedürfte es genauerer Bestimmung, inwieweit der Staat in die Verfassung der Kirche eingreifen darf; heute beaufsichtigt der Staat die Religionsgesellschaften nicht anders wie die übrigen Vereine, überläßt ihnen insbesondere die Verwaltung ihrer Angelegenheiten, Besetzung ihrer Ämter usw. Insoweit ist das Trennungsprinzip streng durchgeführt.

Andrerseits ist es aber aus oben geschilderten Gründen unmöglich gewesen, die Trennung bis zu Ende durchzuführen. Der Staat verleiht auch nach Art. 137, 5 den Religionsgesellschaften eine vor privaten Vereinen bevorzugte Rechtsstellung, gewährt ihnen in mancher Beziehung auch heute noch, wie im System der Kirchenhoheit, Schutz und Förderung (Grundsatz der Advokatie). Solche Vorzugsstellung gewährt er aber nicht mehr nur einzelnen Kirchen (bisher lediglich der katholischen, altkatholischen und evangelischen Landeskirche), sondern allen Religionsgesellschaften und nicht diesen allein, sondern allen Weltanschauungsgemeinschaften (z. B. Monistenbund, Freidenkervereinen). Die bevorzugte Rechtsstellung dieser Vereine besteht darin, daß sie, sofern sie nur durch ihre Verfassung und die Zahl ihrer Mitglieder die Gewähr der Dauer bieten, Körperschaften des öffentlichen Rechts werden können. Damit erkennt der Staat die Macht dieser Vereinigung als eine ihm verwandte an. Als wichtigste Folge dieser Eigenschaft dürfen solche Religionsgesellschaften Steuern erheben, die öffentlichen Behörden müssen ihnen zu diesem Zweck die Steuerlisten zugänglich machen und der Staat leiht ihnen zur Beitreibung dieser Steuern seinen Verwaltungszwang (das bracchium saeculare). Um auf die sehr verwickelten und empfindlichen Rechtsverhältnisse besonders der beiden großen christlichen Kirchen nicht eingehen zu müssen, überläßt die Reichsverfassung die nähere Regelung der Landesgesetzgebung, die diesen Verhältnissen näher steht. Mit der Ausstattung der Religionsgesellschaften mit öffentlichen Körperschaftseigenschaften ist der Trennungsgrundsatz ebenso durchbrochen, wie mit dem gesetzlichen Schutze des Sonntags und der staatlich anerkannten Feiertage (Art. 139).

Nach dem im System der Kirchenhoheit geltenden Grundsatze der Advokatie gewährte der Staat den großen christlichen Kirchen auch materielle Unterstützungen. Im Kultusetat wurden bewilligt Ausgaben für evangelische Kirchenregimentsbehörden, Besoldungen und Pensionen für Geistliche, Zuschüsse für Kirchenbauten usw. Dem Trennungsprinzip entsprechend sind alle diese Leistungen, und zwar durch die Landesgesetzgebung im Rahmen reichsgesetzlicher Grundsätze abzulösen, d. h. der Staat stellt seine Leistungen ein und entschädigt die Kirchen (Art. 139). Bis das Reich das entsprechende Gesetz erläßt, bleibt es bei den bisherigen Staatsleistungen (Art. 173). Das Reich gewährleistet den religiösen Vereinigungen alle ihre Vereinsrechte und lehnt damit Einziehungen kirchlicher Güter, wie man sie seit der Reformation sehr oft, zuletzt der französische Staat 1865 vorgenommen hat, ab. Schließlich ist der Grundsatz der Trennung auch in der Beziehung durchgeführt, daß der Staat die Beteiligung der Kirchen bei Seelsorgetätigkeit im Heer, in Krankenhäusern, Gefangenen- und anderen öffentlichen Anstalten nicht mehr als seine Aufgabe ansieht, den einzelnen Religionsgesellschaften bei dieser Betätigung aber auch nichts in den Weg legt (Art. 141).

4. Schule und Bildung.

Die Aufnahme von Grundsätzen über Geistesleben und Volksbildung in ein (revolutionäres) Verfassungswerk mag dem unpolitisch Denkenden, der Geist und Macht als Gegensätze zu denken pflegt, auffällig sein. Schillers Wort gibt Klärung: „Wer den Geist bildet, dem muß zuletzt die Herrschaft werden." Und daß es keine von Gesellschaftskämpfen losgelöste Geistesentwicklung gibt, beweisen gerade diese Verfassungsbestimmungen, die unter besonders schwierigen Umständen durch Kompromisse zwischen den politischen Parteien zustande gekommen sind. Bildung und Bildungsorganisation, im Mittelalter fast ausschließlich von der Kirche getragen und beherrscht, treten mit der Entstehung des Renaissancestaates, dem Erwachen des Humanismus und der Entwickung bürgerlicher Kultur immer mehr unter den Einfluß der Weltlichkeit, der Städte, vor allem aber des paritätisch über den Kirchen stehenden Staates. Schon 1540 erklärt Joachim II. von Brandenburg es „zur Erhaltung Christlicher Religion und guter Pollicey auffs höchst von nöten, das die jugent in der Schulen unterweiset werde". Aller Geist sucht sich aber dauernd von seiner gesellschaftlichen Bedingtheit loszulösen und hat es sodann in seiner völligen Freiheit, die ihn umgebende Gemeinschaft zu festigen oder zu zersetzen. Der Geist will Freiheit und will sich den machtpolitischen Zwecken des modernen Staates oder gar einer Partei ebensowenig bedingungslos fügen, wie der Macht und dogmatischen Gebundenheit der kirchlichen Organisation. Gegen einen Geist wiederum, der den Bestand irgendeiner, sei es politischen, nationalen oder kirchlichen Gemeinschaft zu gefährden droht, setzt sich der Selbsterhaltungstrieb jener Gemeinschaft zur Wehr. In diesem vernichtenden und zeugenden Widerspiel von Geist und gesellschaftlicher Organisation liegt auch das schwierige Problem Kirche und Staat einerseits und Schule andererseits beschlossen. Die Kirche kämpft um ihre historischen und Gegenwartsrechte auf die Schule, der Staat macht ihr diese Rechte nicht nur streitig, sondern ist es sich überdem selbst oder glaubt es sich schuldig zu sein, in Schule und Bildung beschränkend einzugreifen. Lebendiger Geist will sich aber gegen beide behaupten und nur an freigewollter Gemeinschaft mitbauen.

Die liberale Idee der Freiheit der geistigen Persönlichkeit kämpft hier somit gegen zwei Hauptfronten, gegen Kirche und Staat. Die Frage, ob und welchen Einfluß die Kirche auf Wissenschaft und Bildung haben soll, ist im souveränen Staat der Gegenwart eine Frage der Auseinandersetzung zwischen Staat und Kirche und fällt als solche unter das oben behandelte Trennungsproblem. Der Staat hat der Kirche zuerst ihre ehemaligen Pflichten und schließlich auch ihre gesellschaftlichen Rechte auf Bildung und Schule abgenommen. Er selbst läßt aber heute nicht nur jeden nach seiner Fasson selig werden, sondern in der Hauptsache auch nach seiner Fasson geistig leben und sich bilden. Mit der Verweltlichung tritt also keine völlige Durchstaatlichung der Schule ein, auch gegen die politische Organisation verficht sie ihr liberales Freiheitsrecht, ihre geistige Selbständigkeit.

Nicht nur die liberale, sondern auch die demokratische, nationale und soziale Idee haben die Schulform und den Geist der deutschen Schulbildung in der Reichsverfassung gestaltet. Die liberalen Leitgedanken dieser Gestaltung waren Weltlichkeit, d. h. Unabhängigkeit der Schule gegenüber der Kirche, Selbständigkeit, d. h. Freiheit der Schule von einseitigen Staatseingriffen sowie maßgeblicher Einfluß der Erziehungsberechtigten; die demokratischen Grundsätze forderten allgemeine Schulpflicht und eine für alle gemeinsame Grundschule. Und der sozialen Idee entsprechend muß der Staat materielle Hilfe leisten, damit die demokratischen Einrichtungen dem Unbemittelten zugänglich werden. Im Geiste des deutschen Volkstums soll die Bildung der Jugend geleitet werden. (Vgl. im Handbuch der Politik III S. 127 die Aufsätze von Stutzer, Kerschensteiner, Karstädt, Ziehen, Freund und Goetz.)

Art. 142, 143. Art. 142 gewährleistet die Freiheit der künstlerischen, wissenschaftlichen und Lehrtätigkeit vor nicht gesetzmäßigen Eingriffen seitens der Staatsorgane. Selbstverständlich hat auch diese Liberalität ihre Grenze an den Gesetzen des Staates, für den Hochschullehrer ebenso gut wie für den Volksschullehrer. Art. 142 verspricht aber auch Schutz (z. B. gegen kirchliche Eingriffe) und staatliche Pflege dieser Tätigkeiten. Die Sorge für die Jugendbildung ist Sache der weltlichen Gemeinwesen (jetzt des Reiches, früher ausschließlich der Länder und Gemeinden).

Die Lehrerbildung soll in Zukunft nach akademischen Grundsätzen für das Reich einheitlich geregelt werden. Ob die Lehrer an öffentlichen Schulen durchweg Staatsbeamte, ob sie alle mittelbare oder unmittelbare Staatsbeamte sind (nicht nur deren Rechte und Pflichten haben), ist in Wissenschaft und Rechtsprechung bestritten und wird durch Art. 143, 3 auch nicht entschieden. Nach der überwiegenden Meinung aber sind sie unmittelbare Staatsbeamte.

Art. 144. Die weltliche an Stelle der geistlichen Schulaufsicht war zwar als Ergebnis langer Kämpfe in den meisten deutschen Bundesstaaten (nicht in Lippe-Detmold und Reuß ä. L.) schon vor der Revolution durchgedrungen (z. B. 1872 im preußischen Kulturkampf). In den meisten Ländern hatte aber der Staat nur formell die Aufsicht, indem er sie in seinem Auftrage vom katholischen und evangelischen Klerus nebenamtlich weiter versehen ließ. Nun ist auch in diesem Punkte die Schule verweltlicht.

Art. 145. Der demokratischen Idee entspricht die Umwandlung der bisherigen Schulpflicht (der auch durch den Besuch von Vorschulen und Privatunterricht Genüge geleistet werden konnte, die also eigentlich eine Unterrichtspflicht war) in eine „grundsätzliche" Pflicht zum Besuche einer für alle gemeinsamen Grundschule, d. h. der vier ersten Jahrgänge der öffentlichen Volksschule. Nach dem RG. vom 28. 4. 1920 (RGBl. 851) läßt die zuständige Behörde statt dessen Privatunterricht nur „ausnahmsweise in besonderen Fällen" zu. Nicht nur, wie bisher der Unterricht, sondern auch die Lehrmittel sollen (in Zukunft) von den dazu verpflichteten Gemeinden in den Volks- und Fortbildungsschulen kostenlos bereitgestellt werden. Grundsätzlich soll eben nicht die wirtschaftliche und gesellschaftliche Stellung der Eltern über die Aufnahme des Kindes in eine bestimmte Schule entscheiden, sondern durch öffentliche Mittel dem Minderbemittelten die Ausbildung auch auf mittleren und höheren Schulen ermöglicht werden.

Art. 146. Im ganzen ist dieser Artikel das Ergebnis eines schweren Kampfes um die Konfessionalität der Schule und trägt überall deutlich die Spuren des „Schulkompromisses" (vgl. Sten. Ber. Pl. 2161 ff.); er stellt nur programmatische Richtlinien für eine künftige Gesetzgebung auf. Danach soll die Grundschule grundsätzlich interkonfessionell (nicht bekenntnisfrei!), Simultanschule sein, d. h. eine Schule, die bei der Lehreranstellung und Schüleraufnahme das Religionsbekenntnis unberücksichtigt läßt. Gegen die Weltlichkeit der Simultanschule (die Religionsunterricht erteilen kann) hat aber die Zentrumspartei die Möglichkeit von konfessionellen, Bekenntnisschulen durchgesetzt, welchen die Verfassung Weltanschauungsschulen, die keinen eigentlichen Religionsunterricht erteilen, in dieser Beziehung gleichsetzt (vgl. Art. 174 RV.). Das Freiheitsrecht der Erziehungsberechtigten, ihren Einfluß auf die Geistesbildung der ihnen Anvertrauten auszuüben, wird damit anerkannt.

Art. 147. Mit dem Grundsatz der Demokratisierung der Schule sind absolut unvereinbar die sog. Vorschulen, die (öffentliche und private) nach § 2 des RG. vom 28. 4. 1920 aufgehoben werden. Die mit jenem Prinzip relativ unvereinbaren, durch Art. 146, 2 oder pädagogische Interessen der Unterrichtsverwaltung aber sich als notwendig erweisenden privaten Volksschulen dürfen nicht die Sonderung der Schüler nach den Besitzverhältnissen der Eltern fördern und müssen Gewähr bieten für genügende Ausbildung und soziale Sicherstellung ihrer Lehrkräfte.

Art. 148 stellt für alle Schulgattungen einige allgemeine Lehrziele auf. Abs. 1 und 2 besitzen für den Lehrer schon gegenwärtig verpflichtende Kraft, wobei zu betonen ist, daß Weltbürgertum und in sich gefestigtes politisches Nationalbewußtsein zwar sehr erstrebenswert und durchaus nicht unvereinbar sind, bei der gegenwärtigen Lage des deutschen Volkes aber schwer zusammen bestehen können.

Art. 149. Der liberalen Idee entspricht es, daß der Religionsunterricht zwar für die Schulen (mit Ausnahme der bekenntnisfreien), nicht aber für Lehrer oder Schüler obligat ist; seine didaktische und pädagogische Ausgestaltung ist Sache der staatlichen Schulgesetzgebung, seine Erteilung im Geiste der betreffenden Kirche kann der Staat wem immer, auch der Kirche selbst überlassen, führt aber auch über den Religionsunterricht die Aufsicht. Dafür, daß die Trennung von Staat und Kirche eine unvollständige ist, zeugt die Erhaltung der theologischen Fakultäten an den Hochschulen.

Art. 150 gibt eine nähere Ausführung der in Art. 142, 2 erwähnten Kunstpflege des Staates, der sich der Schutz von geschichtlichen und Naturdenkmälern anreiht. Im nationalen Interesse wurde 1919 die Ausfuhr von Kunstwerken unterbunden.

5. Wirtschaftsleben.

Die individualistische Entwicklung hat aus den Menschen, die vorher in Familie und Heimat, Kirche und Stand, Gilde und Zunft verwurzelt gewesen waren, die Gesellschaft der nach formalem Recht gleichen und freien Individuen geschaffen. „Die bürgerliche Gesellschaft reißt aber das Individuum aus diesem Bande heraus, entfremdet dessen Glieder einander und anerkennt sie als selbständige Personen, sie substituiert ferner statt der äußeren unorganischen Natur und des väterlichen Bodens, in welchem der einzelne seine Subsistenz hatte, den ihrigen und unterwirft das Bestehen der ganzen Familie selbst der Abhängigkeit von ihr, der Zufälligkeit" (Hegel). Diese Revolutionierung des gesamten, durchaus nicht nur wirtschaftlichen Gesellschaftslebens hat auch das Gesellschaftsdenken im 19. Jh. revolutioniert. Nicht mehr als der brutalste Anlaß hierzu war die gedrückte wirtschaftliche Lage der Handarbeiterschaft; die tiefer liegenden Ursachen waren die objektive Unsicherheit der leicht zu Erschütterungen neigenden Produktion, damit in Verbindung die subjektive Unsicherheit der wirtschaftlichen Existenz des Arbeiters, der jeden Tag „auf das Pflaster" geworfen werden konnte, die weitgetriebene Arbeitsteilung, Trennung vom Arbeitsprodukt und Mechanisierung der Arbeit, die alle zusammen wiederum in gegenseitiger Wechselwirkung stehen mit dem seit der Renaissance sich entwickelnden individualistisch-kritischen Denken, das ausnahmslos alle Werte in Wirtschaft, Wissenschaft, Kunst, Politik, Ethik und Religion in Frage stellte. So ist die gesamte gesellschaftliche Gliederung und Machtverteilung ins Wanken geraten, und es ergab sich für diese Verfassung die notwendige Forderung: „Neben der Staatsverfassung soll eine eigene Gesellschaftsverfassung entstehen" (Berichterstatter zu Art. 165, 35. Verf.-Ausschußsitzung). Die politischen Erfolge des individualistisch-rationalistischen Gesellschaftsdenkens waren die Französische Revolution und ihre Folgen. Im Wirtschaftlichen drückten sie sich in den eben gekennzeichneten, unter dem Schlagwort Kapitalismus zusammengefaßten Gestaltungen aus. Die Reaktion gegen den politischen Revolutionarismus geht in Deutschland von Hegel und der Romantik aus. Gegen den das Leben vergewaltigenden subjektiven Verstand wird die objektive Vernunft, die in den Dingen liegt, betont. „Das Recht ist das Aussprechen der bestehenden Verhältnisse" sagt Schleiermacher. Von hier bezieht aber auch die Reaktion gegen die wirtschaftliche Anarchie, die soziale Idee und der sie zum politischen Kampf systematisierende Sozialismus das geistige Rüstzeug.

Das objektive gesellschaftliche Sein bestimmt das Bewußtsein und nicht umgekehrt, behauptet auch der Marxismus und glaubt als das Wesen, als den verhältnismäßig unbewegten Beweger dieses Seins die Wirtschaft zu erkennen. Gesellschaft ist für ihn glattweg Wirtschaftsgesellschaft. Verändert sich diese, so ändert sich zugleich der gesamte Überbau von Staat, Recht,

Religion und Sittlichkeit. Sozialismus ist allerdings nicht identisch mit Marxismus, noch weniger zu verwechseln mit der sozialen Idee, dem Inbegriff der Gestaltungen, die durch ein ordnendes Eingreifen der Staatstätigkeit in die liberale Wirtschaft (durch Sozial- und Wirtschaftspolitik) entstanden sind (z. B. das große Versicherungswerk und die Arbeiterschutzgesetzgebung des sozial-konservativen Bismarckschen Reiches). Sozialismus ist vielmehr diejenige Gesellschaftsauffassung, die im Privateigentum die Wurzel des Übels erblickt und deshalb die Vergesellschaftung des Eigentums erstrebt. Das gegenwärtige Denken der sozialistischen Bewegung wird fast ausschließlich vom Marxismus beherrscht (vgl. Sombart, Sozialismus u. soz. Bewegung[8]).

Die Träger der Revolution von 1918 sind zugleich die Träger des marxistischen Sozialismus. Nach dem oben Gesagten ist es ohne weiteres verständlich, warum in dieser Verfassung ein hochbedeutsamer Abschnitt „Wirtschaftsleben" auftaucht, der in keiner früheren Verfassung vorhanden war, verständlich auch, daß dieser Abschnitt viele ausgesprochen sozialistische Gedanken enthält. Während sich aber die Ideen des Liberalismus und der Demokratie bereits ein äußeres Dasein, Herrschaft in der gesellschaftlichen Wirklichkeit geschaffen hatten, ist die sozialistische Idee bisher wesentlich Ideologie geblieben. Der letzte Verfassungsabschnitt enthält deshalb mehr als alle vorherigen, Sätze, die lediglich Programmsätze und noch kein geltendes Recht sind. Er enthält aber zugleich den springenden Punkt in der durchaus ungeklärten, überaus schwierigen Auseinandersetzung zwischen der individualistischen (kapitalistischen) Wirtschaftsauffassung des Bürgertums und der erstrebten sozialistischen Wirtschaftsreform des Proletariats. Hier sieht noch niemand eine klare Praxis, die sich in klares Recht fassen ließe. Der Geist dieser Auseinandersetzung — soviel steht nach der Verfassung außer Zweifel — ist nicht der des marxistischen Klassenkampfes und der Diktatur, sondern der der Ausgleichung und möglichst zweiseitigen Übereinkunft zum Zwecke einer gerechteren Güterverteilung.

Art. 150—154. So ist es zu erklären, daß dieser Abschnitt am deutlichsten das Gepräge der Unausgeglichenheit der gesellschaftlichen Gegensätze zeigt. Neben deutlich liberalistischen Sätzen stehen ebenso deutliche, ihnen entgegengesetzte sozialistische. So gleich Art. 151; er kündigt die Verwirklichung des ethischen Grundgedankens des Sozialismus an, den Fichte, der erste moderne deutsche Sozialist, mit den Worten ausdrückt: „Der Zweck aller menschlichen Tätigkeit ist der, leben zu können, und auf diese Möglichkeit zu leben haben alle, die von der Natur in das Leben gestellt wurden, den gleichen Rechtsanspruch" (W W. III, 402). Die folgenden Sätze und Art. 153—154 gewährleisten aber gerade die Grundpfeiler der individualistischen Wirtschaft: „wirtschaftliche Freiheit des einzelnen", Handels- und Gewerbefreiheit, Vertragsfreiheit, Privateigentum und Erbrecht. Recht ist eben wesentlich nur „das Aussprechen der bestehenden Verhältnisse". Eine Verfassung kann, soll sie nicht, wie die bolschewistische, nur ein Papier bleiben, keinen neuen Wirtschaftszustand „machen", sondern muß sich damit begnügen, gesetzliche Handhaben zu bieten, durch die die bestehenden Verhältnisse in solche rechtlich übergeführt werden können, die den herrschenden Sittlichkeits- und Rechtsvorstellungen entsprechen. So verfährt unsere Verfassung, indem sie erstens die bestehende Wirtschaftsordnung „nach Maßgabe der Gesetze" gegenüber der Verwaltung bestätigt, d. h. keineswegs ihr Fortbestehen in der Zukunft garantiert, im Gegenteil sogar ihre gesetzliche Umwandlung gemäß den gleich daneben gesetzten Programmen verspricht. Zweitens bietet sie aber auch gleich die verfassungsrechtlichen Hebel zu dieser Umwandlung, indem sie Rahmengesetze schafft, welche die Grundlagen bilden sollen für den Übergang von der Privatwirtschaft zu einer Gemeinwirtschaft. So wird nach der Garantie des Privateigentums sogleich ausgesprochen, daß dieses jederzeit, auch ohne Entschädigung, durch Reichsgesetz enteignet werden kann. Es ist nicht mehr ein grundsätzlich „unverletzliches" „heiliges Recht", wie das liberale Naturrecht; es verpflichtet und soll neben der individuellen Bedürfnisbefriedigung zugleich eine soziale Aufgabe bedeuten. Neben der Garantie des Erbrechts steht sogleich der Anspruch der staatlichen Gemeinschaft auf Anteil daran. Es ist somit die soziale, noch nicht durchaus sozialistische Idee, die sich hier ausdrückt.

Art. 155, 156. Sozialistische Gedanken enthalten die beiden folgenden hochwichtigen Artikel, welche das Verhältnis der staatlichen Gemeinschaft zu den beiden wichtigsten Produktionsmitteln, zum Grund und Boden und zu den wirtschaftlichen Unternehmungen grundsätzlich regeln. Diese „Sozialisierungsartikel" deuten die praktischen Wege zur Gemeinwirtschaft an, wobei Art. 155 im wesentlichen bodenreformerische Grundsätze für den zukünftigen Gesetzgeber enthält, die dieser bereits durch Gesetze zur Behebung der Wohnungsnot, über Kleinpacht, durch das Siedlungsgesetz, durch Gesetze zur Beseitigung von Fideikommissen und von privaten Bergregalen verwirklicht hat. (Vgl. Handbuch der Politik IV, 5. Hauptstück.)

Der Zuführung privatwirtschaftlicher Unternehmungen in Gemeineigentum dient als Rahmen Art 156, der für diesen Zweck folgende rechtliche Formen und Stufen der Sozialisierung vorsieht:

1) Vollkommene Überführung von privaten Unternehmungen in Gemein- (Reichs-, Landes-, Gemeinde-, Kommunalverbands-) Eigentum, die jedesmal ein Reichs- oder Landesgesetz, aber nicht notwendig eine Entschädigung fordert (es sei denn, das Reich sozialisiert Unternehmungen, die Ländern, Gemeinden oder gemeinnützigen Verbänden gehören) (Art. 153, 2).

2) Beteiligung von Reich, Land oder Gemeinde lediglich an der Verwaltung von wirtschaftlichen Unternehmungen oder Verbänden, deren Eigentum nicht auf den Staat übergeht. Für diese Form ist keine Entschädigung und kein Gesetz erforderlich. Nachdem der Verstaatlichungsgedanke allgemein, auch von den Sozialisierungskommissionen abgelehnt wurde, hat man sich bei der Regelung der Kohlen- und Kaliwirtschaft dieser Rechtsform der Sozialisierung zugunsten eines vom Staate mitverwalteten Selbstverwaltungskörpers („Deutsche Kohlengemeinschaft") bedient. Man wollte damit erreichen „die Umgestaltung einer Wirtschaft „freien", aber mehr oder minder vom Staatszwang durchsetzten Geschäftsverkehrs zu einer die Konsumenten und Produzenten zur Mitregierung berufenden, rein wirtschaftlich gehaltenen Demokratie auf dem bisher von privaten Eigentümern beherrschten Gebiete" (Wilbrandt).

3) Einflußnahme „in anderer Weise", insbesondere zum Zweck der Abwehr von Gefahren, die im Kartell- und Trustwesen gelegen sind (gegen übermäßige Preissteigerungen, Stillegungen, Entlassungen).

4) Zusammenschließung wirtschaftlicher Unternehmungen und Verbände auf der Grundlage der Selbstverwaltung — eine Vorstufe für den unter 3) erwähnten Fall. Diese Zwangssyndizierung, die bereits das „Rätesystem" vorsieht und voraussetzt, erfordert ein Gesetz, aber keine Entschädigung (vgl. dazu den Artikel Moellendorfs und das 7. Hauptstück im Handbuch der Politik IV).

Die letzten Artikel der Verfassung sind (mit Ausnahme Art. 164) dem Arbeitsrecht gewidmet (vgl. Schmidt, a. a. O. S. 238ff., Handbuch der Politik IV, 9. Hauptstück).

Art. 157. Einen Schutz der menschlichen Arbeitskraft durch unmittelbares Eingreifen der öffentlichen Gewalt hatte das Reich schon, nachdem der widerstrebende Bismarck gestürzt war, gewährt (Schüßler, Bismarcks Sturz). Eine für das Reich einheitliche Zusammenfassung des zerstreuten und unübersichtlichen Arbeitsrechtes ist in Aussicht genommen.

Art. 158. Den Schutz des Ergebnisses geistiger Arbeit, die heute nicht selten unterschätzt wird, erkennt die Verfassung als im nationalen wie internationalen Interesse liegend, an.

Art. 159. Die wirksamste Waffe der Schwachen ist ihre Vereinigung. Um die Koalationsfreiheit, die Arbeitseinstellungen erst wirksam, weil für die Gesamtwirtschaft gefährlich machten, hat die Handarbeiterschaft am heißesten gekämpft. Sie war vor der Revolution nicht gewährt den Beamten, Landarbeitern, Staatsarbeitern, Eisenbahnarbeitern und Dienstboten. Wenn nun die Verfassung jedermann und allen Berufen die wirtschaftliche Vereinigungsfreiheit gewährleistet und diese auch nicht im Falle des Art. 48 vom Reichspräsidenten antasten läßt, so vermeidet sie absichtlich den Ausdruck Koalitionsfreiheit, die mit Streikfreiheit gleichgesetzt zu werden pflegt, welche letztere die Verfassung keineswegs unter allen, für die Gesamtheit noch so katastrophalen Umständen gewährleisten wollte. Der Reichspräsident kann vielmehr im Falle des Art. 48, 2 ein Streikverbot für lebenswichtige Betriebe erlassen. Ob den Beamten ein Streikrecht zusteht, ist strittig, richtig aber zu verneinen. Im übrigen ist aber dieses Freiheitsrecht für jedermann und gegen jedermann gewährleistet, und entgegenstehende Abmachungen (etwa eines Arbeiters mit einem Unternehmer) sind rechtswidrig.

Art. 160. In der gleichen Weise, also nicht nur gegen staatliche, sondern auch gegen gesellschaftliche Mächte geschützt ist die Wahrnehmung staatsbürgerlicher Rechte und, wenn dadurch keine erhebliche Betriebsschädigung eintritt, die Ausübung öffentlicher Ehrenämter (z. B. als Betriebsrat).

Art. 161. Das gewaltige Werk der vorrevolutionären deutschen Sozialversicherung soll seine Fortsetzung und seinen Ausbau erhalten und die Versicherten dabei demokratisch mitwirken (was bisher allein bei der Krankenversicherung der Fall war).

Art. 162. Für die Internationalisierung des Arbeitsrechts, durch die erst dessen innerpolitische Fortschritte ohne nationale Nachteile dauernd gesichert werden, wird die Reichsregierung erst dann wirksam eintreten können, bis Deutschlands Stimme im Rate der Völker wieder gehört wird.

Art. 163. Der sittlichen, also nicht rechtlichen Pflicht zur Arbeit entspricht das heute nur sehr unvollkommen zu befriedigende Recht auf Arbeit; in Erfüllung dieses Grundsatzes beginnt der Staat Arbeitsnachweis, Arbeitsbeschaffung und Erwerbslosenfürsorge als seine Aufgaben zu übernehmen.

Art. 164 hat den Zweck, den selbständigen Mittelstand, dessen Verschwinden die marxistische Verelendungstheorie behauptet, des staatlichen Schutzes zu versichern.

Art. 165. Der letzte Artikel enthält den originellsten und vielleicht zukunftsreichsten Gedanken der Revolution und Verfassung. Als im November 1918 und im folgenden Halbjahre von Links der Ruf erscholl: „Alle Macht den A. u. S. Räten!" war es nicht ausschließlich das russische Beispiel, das zur Nachahmung lockte. In Rußland waren zuerst in der revolutionären Bewegung 1905 Sowjets entstanden, und als 1917 der Staatsapparat völlig zusammenbrach und keinerlei Organisation (z. B. Gewerkschaften) imstande war, auch nur vorübergehend seine Aufgaben zu übernehmen, da wurden die Räte als Notorgane der Arbeiter in den Fabriken und der Soldaten in den einzelnen Heereskörpern gebildet. „Nichts andres als die Organisationsform der Diktatur des Proletariats" sollten sie nach Lenins Wort und Tat sein.

Mehr als politische Schlagworte es ohnehin zu sein pflegen, ist der Rätegedanke vieldeutig. Wie verschieden er, absichtlich und unbewußt, ausgedeutet wurde, geht daraus hervor, daß er sich vom Kommunismus bis zu den bürgerlichen Parteien, ja bis in die hochkonservativen Kreise (Graf Westarp) Anhänger verschaffte.

Sozialismus ist wirtschaftliche Demokratie, Demokratie aber besteht in der Mitbestimmung der Gemeinschaftsleitung durch die Gemeinschafter, also auch in ihrer Mitverantwortung. Der Kerngehalt des Rätegedankens besteht darin, daß die Räte die Selbstverwaltungsorgane darstellen sollen, durch die das gesamte werktätige Volk an der Leitung der Gemeinschaft mitbeteiligt und für sie mitverantwortlich wird. Die durch bloß äußerliche Momente, weil durch die Mehrheit der Zahl gewählten zentralen Staatsorgane („Formaldemokratie") hält man dazu nicht für fähig, weil sie einerseits in den zu verwaltenden Kreisen nicht selbst drinstehen, andrerseits auch hier schließlich die eine Hälfte der Gemeinschaft, als Bürokratie, die andere Hälfte verwalten müßte (vgl. oben S. 10f.).

Dieser Gedanke der Selbstverwaltung durch Räte kann nun je nach den Trägern und Verwaltungsgebieten folgende Formen annehmen. Überläßt man den Räten die gesamte politische und wirtschaftliche Leitung unter Ausschaltung des politischen Parlaments, so kommt man zu einer berufsständischen Kammer als souveränem Zentralorgan, die als eine von der Gesamtheit des Volkes gewählte, von manchen deutschen Konservativen gefordert, als ausschließlich von Handarbeitern, Soldaten, Kleinbauern und Nichtbesitzenden gewählte von den Bolschewiken eingerichtet wurde. Die ersteren bezweckten mit dem Rätegedanken eine Beseitigung der Demokratie überhaupt, für die letzteren bedeutete die Diktatur eine Überwindung der Formaldemokratie zu einer erhofften wirtschaftlichen Gleichheit. Ein andrer, z. B. von der deutschen Sozialdemokratie und in höchst unklarer Weise vom „Bund für Dreigliederung des sozialen Organismus" vertretener Gedankengang forderte die berufsständische Kammer und daneben auch noch das politische Parlament, wollte also nur die Wirtschaft der demokratisch bestellten Räteverwaltung überlassen.

Die im Art. 165 zustande gekommene „Verankerung des Rätesystems" lehnt den Gedanken der Diktatur, also des gewaltsamen Klassenkampfs ab. Die Mitwirkung der Arbeiter und Angestellten soll gleichberechtigt in Gemeinschaft mit den Unternehmern stattfinden. Sie überläßt den Räten auch keineswegs alle politische und wirtschaftliche Macht, sondern nur ein sehr beschränktes, trotzdem aber höchst bedeutsames Gebiet. Sie sollen lediglich gewisse Kontrollrechte gegenüber der Wirtschaft und nur durch den Reichswirtschaftsrat einen geringen Einfluß auf die Politik ausüben.

Zu diesem Zwecke sollen „korporative Grundlagen" gebildet werden, eine dreistufige Pyramide, bestehend aus Betriebsräten, Bezirksarbeiterräten und Reichsarbeiterrat der Arbeitnehmer, dem als Gegenstück die selbständigen Organisationen der Unternehmer entsprechen sollen. In der untersten Stufe vertritt der Betriebsrat, dessen Rechte durch das zu vergleichende Gesetz vom 4. 2. 1920 geregelt wurden, das Klasseninteresse der Arbeiterschaft und unterhandelt mit dem einzelnen Unternehmer über Lohn- und sonstige Arbeitsverhältnisse, vereinbart mit ihm die Arbeitsordnung, aber immer nur „soweit eine tarifvertragliche Regelung nicht besteht". (Die letztere gehört zu den Vereinbarungen der beiderseitigen Organisationen, der Gewerkschaften und Arbeitgeberverbände, die Art. 165, 2. Satz ausdrücklich anerkennt.) In der zweiten Stufe treten die territorialen Bezirksarbeiterräte mit den organisierten Unternehmern „und sonst beteiligten Volkskreisen" zu Bezirkswirtschaftsräten zusammen, die dritte Stufe bildet der entsprechend zusammengesetzte Reichswirtschaftsrat.

Von diesem Bau, welcher der Reichsgesetzgebung vorbehalten ist, wurde bisher nur die unterste Stufe, der Betriebsrat, und als Notbau der „vorläufige Reichswirtschaftsrat" ausgeführt (Gesetz vom 4. 4. 1920 vgl. oben zu Art. 68, 69 RV.). Politische Aufgaben kommen den Betriebs- und Bezirkswirtschaftsräten überhaupt nicht zu, dem Reichswirtschaftsrat nur im engen Rahmen des Art. 165, Abs. 4.

Literatur.

Zu Abschnitt I: Jellineck: Erklärung der Menschen- und Bürgerrechte. Ders.: Allgemeine Staatslehre. S. 409 ff. Dilthey: Weltanschauung und Analyse des Menschen, bes. S. 296 ff. Ranke: Englische Geschichte im 17. Jh. Burckhardt: Kultur der Renaissance, bes. I, S. 141 ff. Ders.: Weltgeschichtliche Betrachtungen S. 106 ff. Troeltsch: Die Soziallehren der christlichen Kirchen und Gruppen I. Brandenburg: Reichsgründung I. S. 118 ff. Kant: Zum ewigen Frieden. Fichte: Bestimmung des Menschen. Scott: Presbyterianer. Protokolle des Verfassungsausschusses der Nationalversammlung 1919. 32. Sitzung ff.

Zu Abschnitt III: Humboldt: Ideen zu einem Versuch, die Grenzen der Wirksamkeit des Staats zu bestimmen (Reclam). G. Mayer: Die Trennung der proletarischen von der bürgerlichen Demokratie in Deutschland. Rousseau: Gesellschaftsvertrag (Reclam). Meinecke: Weltbürgertum und Nationalstaat. Ritter: Geschichtliche Grundlagen des monarchistischen Staatsgedankens in Preußen-Deutschland. Preuß. Jahrb. Bd. 184, S. 234 ff. Lorenz v. Stein: Geschichte der sozialen Bewegung (Neudruck 1921). Lassalle: Arbeiterprogramm (Reclam). Lenin: Staat und Revolution. Mombert: Soziale und wirtschaftspolitische Anschauungen (Wissenschaft und Bildung). Tönnies: Die Entwicklung der sozialen Frage (Göschen). Ders.: „Bürgerliche und politische Freiheit" im Handbuch der Politik I S. 172 ff. (Vgl. den Abschnitt „Parteien", „Volk und Staat", „Geschichte der Staatstheorien".)

Die politischen Parteien in Deutschland.

Von Veit Valentin.

I. Allgemeines.

Politische Parteien entstehen im Staatsleben erst von dem Zeitpunkte an, da die Einzelpersönlichkeit sich ihrem Staate gegenüber in kritischen Gegensatz stellt. Aus diesem Gegensatz entwickelt sich der Wille zur Veränderung und zur Mitherrschaft; um den einzelnen, den Träger dieses Willens, bilden sich Gruppen, aus Gesinnungsgemeinschaft sowohl wie aus Interessengemeinschaft. Die Parteibildung geht stets vom Führer und der Idee aus, sie endet in der Massenorganisation mit stark wirtschaftlichen Akzenten; ihr Ziel ist Macht im Staate, Leitung des Staates zu einem bestimmten, als überragend notwendig erkannten Zwecke. Die ursprünglichen Parteien sind danach immer Gruppenbildungen der Bewegung, des Fortschreitens, der Reform; sie sind irgendwie Formulierungen eines Volkswillens und Volksinteresses. Sie können sich nur durchsetzen, wo es schon einen Ansatz zur gesetzmäßigen Volksvertretung gibt. Gegenüber den Parteien der Bewegung bilden sich dann die Parteien des Beharrens. Parteien in diesem Sinne kennt die Geschichte seit der englischen Revolution des 17. Jh.; in Deutschland beginnt die Parteibildung erst unter dem Eindruck der großen französischen Revolution. Alle großen Parteikämpfe drehen sich um politische Führerschaft und Verfassungsrechte. Erst durch eine moderne Staatsverfassung wird den Parteien Einfluß auf die Staatsregierung gewährleistet. Den Parteien im Lande, den großen Gesinnungs- und Willensgemeinschaften aller Staatsbürger einer bestimmten Richtung, entsprechen dann die Fraktionen im Parlament, die die Arbeitsgemeinschaften der von Parteien gewählten Abgeordneten darstellen. Durch sie wird unmittelbar der politische Wille der betreffenden Parteien ausgedrückt und für die Bearbeitung der Staatsgeschäfte fruchtbar gemacht.

II. Die Entwickelung der deutschen Parteien im Aufriß.

Die Entwickelung der Parteien in Deutschland läßt sich in vier Perioden einteilen. Die erste ist die der geistigen Vorbereitung, während unserer großen literarischen Epoche. Die französische Revolution erschüttert tief, das alte Reich geht zu Ende. In diesem Chaos schafft der deutsche Geist seine Kunst- und Gedankenwelt. Die Bewegung des Sturmes und Dranges war literarisch im Ausdruck, aber ganz universal in Tendenz und Wirkung. Natur, Freiheit, genialische Kraft der Seele und des Gefühls, urwüchsige Sinnlichkeit, brausende Phantasie werden der Geziertheit und Künstelei, der Verstandeskühle und Spießbürgermoral, der Affektion und eleganten Glätte gegenübergestellt. Überkommenes Recht, überkomme soziale Geltung, Ständebildung, Fürstenherrschaft werden haßerfüllt verneint — eine neue Welt wird gefordert. Aus dem Werke des jungen Schiller ist dieser Geist jedem Deutschen gegenwärtig. Er feiert Rousseau, besingt die Kindesmörderin, schreibt auf seine „Räuber" in tyrannos und vernichtet in Kabale und Liebe den deutschen Kleinfürstenstaat.

Nach diesem Dampfen und Schäumen bringt der Klassizismus die Ruhe, Würde und Größe. Der Deutsche wird Weltbürger, die Alten werden die Lehrer für eine das ganze Innere durchbildende Humanität. Goethe entwickelt sich zum Allmenschen und Allkünstler, der seine sichere Frankfurter patrizische Bürgerwürde als schaffender Staatsdiener fortsetzt und betätigt; Schiller, geläutert und gemäßigt, feiert jetzt die „heilige Ordnung", Kant begründet gedanklich den Rechtsstaat, Wilhelm von Humboldt unternimmt es, dem überkommenen Staate die Grenzen seiner Wirksamkeit zu setzen, der schöpferischen Willenstätigkeit seiner Bürger die Freiheit zu sichern.

Aber die Romantik sieht zuerst wieder die Doppelseitigkeit der Dinge. Sie fragt nach Entwickelung, nach Vergangenheit, nach dem, was ursprünglich und von Anfang war. Die Welt ist ihr nicht mehr System, sondern Geschichte. Alles wird ihr zum Gefühl und Symbol — sie will begreifen, aus Umständen, Voraussetzungen, inneren Notwendigkeiten. Überall sieht sie ein Spiel der Kräfte, alles ist schließlich gleich wahr und gleich falsch. Sie liebt die Dinge, um ihres bloßen reizvollen Daseins willen; wenn Geschichte für sie Leben ist, so ist Kunst für sie Tat. Mittelalter, Christentum, Volksgeist, Deutschtum — das sind ihr die großen Dauerwerte: und so verehrt sie und feiert sie das patriarchalische Königtum, die große alte heilige Kirche, den ständischen Staat.

In den drei großen Bewegungen unserer literarischen Epoche wurzeln die drei Grundrichtungen der deutschen Parteibildung — aus ihnen sind bis heute maßgebende Gedanken und Gefühlsmomente unserer Parteien erwachsen. Der Sturm und Drang ist revolutionär, demokratisch, republikanisch; in ihm hat der politische Radikalismus seinen Ursprung. Der Klassizismus ist human, freiheitlich, weltbürgerlich — der politische Liberalismus hat hier seinen Ursprung; die Romantik ist autoritativ, feudal, christlich — der politische Konservativismus hat hier seinen Ursprung.

In dieser ersten Periode ist alles noch Vorbereitung: Prinzipien und Gedanken werden ausgesprochen, die die Gesamtheit des Lebens und somit auch den Staat betreffen. Die zweite Periode, die von den Freiheitskriegen bis zur Bismarckschen Reichsgründung reicht, wird erfüllt von einem überragenden Problem, dem des deutschen nationalen Gesamtstaates und seiner Verfassung. Nationalstaat und Konstitution werden zunächst prinzipiell verneint von dem österreichischen, preußischen, bayrischen und sonstigen Partikularismus, der von den Dynastien, den Bürokratien, dem Hof- und Militäradel fast durchweg getragen wird und im Grundbesitz sowie einem Teil des Bürgertums seine Basis findet. In dem Österreich Metternichs, in dem Preußen Friedrich Wilhelms III. wird mit der besten Absicht regiert und das Staatswohl wird mit Umsicht und auch mit Erfolg gefördert, aber für die vorwärtsdrängenden Ideen der Epoche, für den nationalen Gedanken und die liberale Verfassungsform gibt es hier fast nur verständnislose Unterdrückung. Dieser verspätete Absolutismus trieb selbst eine so christlich-germanische Bewegung wie die Burschenschaft in die radikale Opposition. Die maßvolle Opposition wird am bedeutendsten durch Dahlmann repräsentiert, den Präzeptor des norddeutschen Liberalismus, der sich nach dem halbverstandenen und kunstreich ausgedeuteten englischen Vorbild den deutschen Staat aufbaut. Auf der andern Seite entwickelt das junge Deutschland am Sturm und Drang weiter, was von Aufklärung in ihm war: kosmopolitisch, ätzend scharf, virtuos in der literarischen Prägung, französelnd, revolutionsgläubig. Die Parteibildung wird also immer konkreter und politischer — in den süddeutschen Kammern entwickelt sich bereits ein, mindestens dem Geiste nach, großes Verfassungsleben.

Die Revolution von 1848/49 hat das alles zur Reife gebracht. Damals sind zuerst für Gesamtdeutschland wirkliche politische Parteien ans Licht der Geschichte getreten, Parteiorganisationen und Fraktionen in einem deutschen Parlament. Schon deshalb ist dieses Jahr ein Epochenjahr höchsten Ranges. Die Geister haben sich geschieden: Kleindeutsche stehen gegen Großdeutsche, Monarchisten gegen Republikaner, Orthodoxe und Klerikale gegen Freidenker, Royalisten gegen Demokraten, österreichische, preußische, bayrische Partikularisten gegen rheinische und südwestdeutsche Nationalisten, historisierende Liberale gegen radikale Rationalisten, romantische Feudale gegen humanistische Kosmopoliten. So bilden sich in der Frankfurter

Paulskirche, in der Berliner Nationalversammlung, im österreichischen Reichstag und so fort die Parteien. Die Entwicklung reißt nun nicht mehr ab. Als die Bismarcksche Reichsgründung die Lösung der Einheitsfrage brachte, traten im ersten Reichstage Parteien auf, deren geistige Herkunft deutlich die Entwicklung seit 1848 vergegenwärtigt. Die Namen dieser Parteien — Konservative, Zentrum, Nationalliberale, Bürgerlich-Radikale der verschiedenen Schattierungen und Sozialdemokraten sind bis zur Revolution von 1918 geblieben, im Wesen der Parteien hat sich aber entscheidendes verändert. Das Epochenjahr ist das Jahr 1878. Bis dahin steht der konstitutionelle Nationalstaat mit dem ganzen Fragenkomplex seines Ausbaues im Vordergrund der politischen Orientierung. Am Ende der siebziger Jahre ist das Bismarcksche Reich gegründet und organisiert, seine Existenz erscheint als solche überhaupt nicht mehr in Frage gestellt werden zu können; wer sollte nun in dem Reiche herrschen? Das wirtschaftliche Moment tritt in den Vordergrund. Die Stellung zur Sozialdemokratie, zu dem grandiosen Machtwillen des Arbeiterstandes wird die Lebensfrage für Regierung und Parteien: um Arbeiterfürsorge, um Schutzzoll, um Reichsfinanzen handelt es sich jetzt. Aus den vielgestaltigen Parteigegensätzen wächst dadurch, daß sich alle wirtschaftlich und sozial orientieren, das Entscheidende heraus: Stadt und Land, Osten und Westen, Agrarstaat und Industriestaat, links und rechts. In diesem Gegensatz werden alle älteren neu lebendig: auf der einen Seite der halbabsolute Militär- und Beamtenstaat, auf der andern Seite das Ideal des Volksstaates mit führenden Kapazitäten; auf der einen Seite die feudale Gesellschaft mit Kasten, Protektion und Vorurteilen, auf der andern Seite die geistesaristokratische Gesellschaft der modernen heutigen Demokratie, die nicht nivelliert, sondern nach Persönlichkeitswerten abstuft; auf der einen Seite die christlich-germanische Kultur, gefühlsmäßig, illusionistisch und pathetisch — auf der andern Seite die humanistische universale Kultur, deren Träger sich einzuordnen wissen in die großen sozialen Organismen: Gesellschaft, Staat und Menschheit.

Diese Gegensätze haben in der Zeit vor dem Kriege und während des Krieges das deutsche Parteileben erfüllt und bestimmt. Zu einer klaren und allseits befriedigenden Lösung ist es nicht gekommen. Die Revolution von 1918 hat das deutsche Parteileben neu gebildet: neue Namen, neue Menschen treten auf, vielfach aber der alte Geist. Mit dieser Revolution beginnt die vierte Periode der deutschen Parteigeschichte, in der wir uns heute befinden.

III. Der Konservativismus.

Bei keiner Partei, außer der Sozialdemokratie, ist es so deutlich, daß sie sich um den Kern einer bestimmten Klasse gebildet hat: das Junkertum. Diese Klasse ist freilich viel älter, als alle politische Parteibildung in Deutschland. Als Träger des alten Lehnsstaates ist das Junkertum selbst ein Stück Staat. In dem klassischen Fall Brandenburg-Preußen konnte der absolute Fürstenstaat ja nur in erbittertem Kampf gegen die Barone aufgebaut werden. Die Barone wurden gedemütigt, geknebelt und in den absoluten Staat als Beamte und Offiziere hineindiszipliniert. Dafür schützte sie aber dieser Staat in ihrer Stellung als Guts- und Patrimonialherren über die hintersässigen Bauern. Im Interesse dieses Adels hielt der Staat den Bauernstand gefesselt; auch der kapitalkräftige Bürger konnte kaum ritterlicher Gutsbesitzer werden. So wurde des Bündnis zwischen Krone und Adel geschlossen; für seinen großen Gewinn leistete der Adel Erhebliches: er starb auf den Schlachtfeldern und führte eine mustergültige Verwaltung. So wurde er der maßgebende und charakteristische Stand, viel mehr als nur die erste soziale Kaste des Landes, er wurde gewissermaßen der nationale Stand Preußens: hart, egoistisch, urwüchsig, kraftvoll, herrschgewohnt und immer bereit, dreinzufahren mit klirrendem Wort oder mit klirrendem Degen. Als aber das alte Preußen des großen Königs zusammengebrochen war, als ein reines und tiefes Geschlecht von warmherzigen, ideenreichen Patrioten ihn neu aufbaute — was hat da das Junkertum getan? Als Typus darf gelten der General Friedrich August Ludwig von der Marwitz, der durch seine Lebenserinnerungen der Chorführer seines Kreises geworden ist. Er war der rechte landeingesessene Edelmann, der sich auch in der neuen Zeit als Lehnsmann des Königs von Preußen fühlte und den fremden „Staatsverbesserern“ menschlich nur Verachtung, politisch aber nur schärfste Opposition entgegenbringen konnte. Er haßt moderne Gleichheitsideale, gelehrte theoretische Bildung, Schematisierung der Verwaltung durch die Bürokraten; er ist tief erfüllt vom elementaren Widerwillen gegen die neue bürgerliche liberale Welt. Liberale Konstitutionen sind ihm der Grundstein allen Übels; die Repräsentation eines zahlenmäßig bestimmten Volksteiles durch einen Abgeordneten erscheint ihm widersinnig. Als Mann der Praxis sträubt er sich gegen alles Begriffliche, gegen alles Ideelle; es bedurfte nur der Zuspitzung und Verallgemeinerung, um aus dem Leben und Handeln dieses Mannes ein Parteischema zu machen. Gültigkeit des Bestehenden, Gebundenheit ans Herkommen, Autorität des Korporativen — das sind die bezeichnenden Momente. Marwitz vertritt mit seinem Kreis das Derbe und Nervenhafte der zukünftigen konservativen Partei.

Die Stimmung, die Weltanschauung, die Verknüpfung mit den lebendigen Kräften der werdenden deutschen Nation stammt von den Frühromantikern. Novalis steht hier in der ersten Reihe, der Mystiker mit dem klaren Verstand, der logische Schwärmer, der sein Leben zum Gedicht, sich selbst zur Märchenfigur gemacht hat. In seinen Aufsätzen und Gedankensplittern bekämpft Novalis den platten Verstand einer früheren Zeit. Die Staaten erscheinen ihm von Grund auf verschieden, ein konstitutioneller Normalstaat französischer Herkunft gilt ihm gegenüber der heimischen Tradition als minderwertig. „Ein wahrhaftiges Königspaar ist für den ganzen Menschen, was eine Konstitution für den bloßen Verstand ist“ — schreibt er einmal. So wird der konservative Gedanke mit dem gefühlsmäßigen, ja, dem künstlerischen verknüpft: „Ein wahrhafter Fürst ist der Künstler der Künstler, das ist der Direktor der Künstler.“ Und die Verbindung mit christlichen Momenten ist der naturgemäße nächste Schritt. Die Formel Thron und Altar stammt von Novalis. In seinem Aufsatz: „Die Christenheit oder Europa“ wird diese ganze Anschauungsweise aus dem christlichen Mittelalter abgeleitet, dessen ungebrochene einheitliche Kultur als höchster, nie wieder erreichter Wert gilt. Neben den schwärmerischen Konservativen tritt endlich als Dritter unter den Vorläufern der realistische Typ Adam Müllers. Als der erste in einem spekulativen Zeitalter hat er die Richtung gefunden zu dem wirklichen greifbaren sozialen Leben. Die Bedingungen des Weltgeschehens haben ihn interessiert, die Freude am geschichtlich Gewordenen, auch die Achtung vor dem Unvernünftigen und Wildgewachsenen haben ihn erfüllt. Dem mechanisch-künstlichen Staatsleben setzt er als das echtere das organisch natürliche Staatsleben gegenüber. Die verschiedenen Staaten in Europa haben nach seiner Auffassung die Vitalität von Persönlichkeiten; der Krieg ist für ihre Entwicklung und Eigenart die große Schule, die Nationalität ist ihr eigentliches Lebensprinzip. Die preußische Nationalität hat Müller besonders interessiert, und er hat ihre Eigenart mit feinem Verständnis erfaßt.

Den Übergang von der Idee zur Praxis bildet für uns die Wirksamkeit Hallers, dessen Hauptwerk: „Die Restauration der Staatswissenschaft“ der ganzen Epoche den Namen gegegeben hat. Darin ist nichts von dem geistigen Schwung des deutschen Idealismus: derb und gradaus werden der Naturrechtslehre die mittelalterlichen Rechtsanschauungen entgegengestellt. Von Natur aus herrscht nur der Mächtige, der Herrscher besitzt die Gewalt über den Boden und die Macht über die Untertanen. Das Volk ist von den Großen geschaffen worden, die Majestät haftet an der Person des Herrschers, wer die Macht hat, der soll sie behalten, es ist Gottes Fügung so, das ganze Weltsystem in seinen Abhängigkeiten und Abstufungen ist gottgewollt. In dieser Lehre wird also der Patrimonialstaat hingestellt als eine transzendentale Notwendigkeit. Niemand hat wohl so wie Haller auf die Zeit nach den

Freiheitskriegen eingewirkt. Der Kreis des preußischen Kronprinzen, späteren Königs Wilhelm IV., ist von ihm abhängig. Von hier aus ist auch der erste Versuch gemacht worden, diese konservativen Grundanschauungen in der Publizistik zu verfechten. Das Berliner „Politische Wochenblatt" erschien 1831—1841 und zählte unter seine Mitarbeiter den General von Radowitz, die Brüder Gerlach, den Historiker Heinrich Leo. Die Wochenblattspartei, zu der auch der junge Bismarck gehörte, wurde aber über alle historischen Konstruktionen und Paradoxien hinaus zusammengehalten durch eine große lebendige Idee: das preußische Machtgefühl. Es ist eben so von Hegel gestützt worden, dem größten, gedankenreichsten Universalisten, wie von Ranke, dem ersten Erkenner und Darsteller geschichtlicher Individualitäten. Beide haben sie die konservative Entwicklung mitbeeinflußt, wenn ihre Gedankenwelt auch weit über Parteitendenzen hinausragt.

Das Jahr 1848 hat dann die Partei als solche ans Licht treten lassen. Vierzehn Tage nach dem Zeughaussturm bildete sich eine konservative Organisation mit ganz bestimmten praktisch-politischen Zielen. Als ihr Organ wurde die Neue Preußische Zeitung gegründet, bald allgemein Kreuzzeitung genannt. Ein Aufruf der Kreuzzeitung sammelte den Adel zur Wahrung seiner von der Revolution bedrohten Interessen. Gegenüber dem alles umkehrenden Radikalismus wurde die organische Anknüpfung an das historisch Gegebene, die Entwicklung wirklich vorhandener Mächte und Triebe empfohlen. Im August 1848 traten Vertreter der neuen Kreuzzeitungspartei in Berlin zusammen. Dieses sogenannte Junkerparlament wünschte Maßregeln „zur Verteidigung des Eigentums", das angesichts der Bewegung bei den Bauern auch für bedroht galt. Verteidigung des ländlichen Besitzstandes, und zwar nicht nur des materiellen Besitzes, sondern der politischen Herrschaft, der Polizei, des Patronats, der Gerichtsbarkeit: das ist seitdem beim konservativen Adel als eine Hauptaufgabe hochgehalten worden. Nichts konnte den Grundgedanken des liberalen Staates stärker verneinen. Gegenüber der mächtigen Bewegung des Bürgertums hatten die Konservativen kein anderes Programm, als das der Ablehnung und rücksichtslosen Vertretung der eigenen Interessen. Von einer Gesamtstaatsform für Deutschland wollten diese Konservativen schon deshalb nichts wissen, weil sie die Existenz eines einheitlichen deutschen Volkes bestritten. „Das deutsche Volk," schrieb die Kreuzzeitung, „ist ein vollständiges Gemisch aus allen wesentlichen indogermanischen Nationen und Semiten." Der nationale Gedanke hat keine schärferen Gegner als die Kreuzzeitungspartei.

Der geistige Vollender des konservativen Gedankens ist der Berliner Universitätsprofessor Friedrich Julius Stahl geworden. Jude von Abstammung, hat er, ein historisch und philosophisch glänzend durchgebildeter Geist, als Redner und Schriftsteller eine tiefe Wirkung ausgeübt. In seinen Vorlesungen über die Parteien in Staat und Kirche unterscheidet er als unversöhnliche Gegner die Parteien der Revolution und die Parteien der Legitimität. Denn Revolution ist bei ihm nicht jede Empörung, sondern die Umkehrung des Herrscherverhältnisses selbst, die Unterordnung der Institutionen unter die Menschenrechte, statt der Bemessung der Menschenrechte nach den Institutionen. Gegebene Autorität, geschichtliches Recht, natürliche Gliederung werden von den Parteien der Legitimität verfochten. Die große historische Leistung von Stahl besteht nun darin, daß er die schroffe Ablehnung des konservativen Adels gegenüber dem Zeitgeist gemildert hat und sowohl den Nationalgedanken wie den Verfassungsgedanken in sein System aufnahm. Stahl ist der Begründer des Konstitutionalismus, dieser spezifisch deutschen Form des Verfassungsstaates, bei der gegenüber der Konstitution doch die Monarchie mit ihrem Beamtentum und ihrer Armee das Hauptgewicht behält. Stahl hat sein System gleichfalls basiert auf den christlichen Glauben. Jede Autorität hat ihre letzte Quelle in Gott, jeder Angriff auf die Autorität ist also Sünde, die Weltanschauung von 1789 trägt den Stempel tiefer Profanität. „Autorität, nicht Majorität" —

mit diesem weltbekannt gewordenen Schlagwort ist Stahls Auffassung in der Tat treffend gekennzeichnet. Stahl hat auch bereits als notwendige Folge des demokratischen Systems den Sieg des Sozialismus nachzuweisen versucht. Durch die Verbindung mit dem protestantischen Pharisäertum ist die Lehre von Stahl eine besonders große Macht geworden. Mit wahrhaft alttestamentlicher Unduldsamkeit und Härte hat Stahl jeden Andersdenkenden als Sünder verdammt.

Während der Reaktionszeit herrschte die Kreuzzeitungspartei in Preußen unumschränkt. Der Versuch einer auch durchaus konservativ gesinnten Gruppe um Bethmann-Hollweg, dem altbrandenburgischen Standpunkt ein neupreußisches Ideal entgegenzusetzen, blieb Episode. Die Wochenblattspartei hat 10 Jahre lang die Kreuzzeitung bekämpft, dann ist aber ihr Organ, das Preußische Wochenblatt, eingegangen. In der Neuen Ära nahm aber der Einfluß der Kreuzzeitungspartei mit großer Geschwindigkeit ab. Als Bismarck seinen Kampf mit der Fortschrittspartei aufnahm, hatten die Konservativen nur 11 Mitglieder.[1]) Die Schlacht bei Königgrätz bedeutete den Wendepunkt. In den Kreisen der Aristokratie wurde es wieder lebendig, sie bekam wieder eine gute Konjunktur. Eine Gruppe von Abgeordneten unter der Führung des Prinzen Karl Hohenlohe trennte sich von den Altkonservativen und nahm den Namen der „Freikonservativen" an; in dem Norddeutschen Reichstag von 1867 nannte sie sich zuerst Deutsche Reichspartei. Sie faßte diejenigen zusammen, die sich auf den Boden der Verfassung stellen wollten und der Bismarckschen Politik zu folgen gewillt waren. Die freikonservative Partei, die bis zur Revolution bestanden hat, hat immer diesen Standpunkt festgehalten: Unbedingte Verfassungstreue, Unterstützung der Regierung. Sie war eine Bismarcksche Partei, die Partei der Botschafter, Oberpräsidenten und schlesischen Magnaten, sie umfaßte immer eine Reihe von angesehenen Titel- und Würdenträgern, denen die Schroffheit der Altkonservativen unsympathisch und nicht weltmännisch genug war. Die Altkonservativen haben ihren starren preußischen Partikularismus bis lange über die Reichsgründung hinaus offfziell bewahrt. Leopold v. Gerlach fand die Ereignisse von 1866 tief unsittlich. Die Kreuzzeitung pflegte von Nationalitätenschwindel zu sprechen. Das Bismarcksche Werk hatte ja etwas durchaus Revolutionäres und verletzte tief die Hauptinteressen des preußischen Staatsgedankens. Alles Zentralistische war den Konservativen unsympathisch, die ganze Reichsgesetzgebung bekämpften sie als schädlich für die Rechtsgewohnheiten der Einzelstaaten. Verschiedentlich wurden Versuche gemacht, die Altkonservativen mit der Bismarckschen Politik zu versöhnen; so hat Bismarcks Bruder eine Gruppe der Neukonservativen gegründet, die sich aber nicht durchsetzen konnte. Von keiner Seite ist Bismarck so infam angegriffen worden, als von der Kreuzzeitung in ihren berüchtigten Äraartikeln. Der große Umschwung, der seit der Mitte der siebziger Jahre deutlich wird, kam dann den Konservativen zu Hilfe. Die Wirtschaftsverhältnisse veränderten sich von Grund auf, eine neue Gesellschaft kam auf, viele gute und ehrliche Elemente der alten Zeit wurden unter die Räder geschleudert. Das Lebensprinzip des Liberalismus hatte offenbar auch nicht die Welt glücklicher und besser machen können. Dazu kam, daß die junge Generation der siebziger Jahre wieder mehr konservativ empfand, einen starken Sinn für staatliche Macht entwickelte sowie alles Militärisch-Preußische und die politische Methode Bismarcks bewunderte. 1876 bildete sich die deutsch-konservative Partei. Der Grundgedanke war, daß alle konservativen Elemente im ganzen deutschen Reiche jetzt vereinigt werden sollten zur Wahrung der Selbständigkeit und Eigenart von Staaten, Provinzen und Stämmen, zur Weiterbildung des öffentlichen und privaten Rechtes auf realen und geschichtlich gegebenen Grundlagen. Das allgemeine Wahlrecht wurde abgelehnt, die kon-

1) Für die Bismarcksche Periode stellt dieser Abriß eine Neubearbeitung der entsprechenden Abschnitte meines Buches „Bismarck und seine Zeit" dar. (Aus Natur und Geisteswelt Nr. 500, 4. Aufl., 1918.)

fessionelle Volksschule gefordert; eine geordnete wirtschaftliche Freiheit sollte durchgeführt werden; darunter wurde der Kampf gegen die Übermacht des großen Geldkapitals ebenso verstanden, wie der Kampf gegen die sozialistischen Irrlehren. Schutz für die Landwirtschaft und Kleingewerbe wurde gefordert. Mit diesen letzten Forderungen beschritt die konservative Partei den Weg zu der jetzt notwendig gewordenen Demokratisierung. Sie bedurfte einer starken Basis in dem Volke selbst, um sich halten zu können. Es war eine Sondergruppe der Gesamtpartei, die den sozialen Gedanken zum maßgebenden Prinzip parteipolitischer Bestrebungen machte. Die christlich-soziale Bewegung geht auf den Hofprediger Stoecker zurück, der den Versuch machte, die Sozialdemokratie praktisch bei der Arbeiterschaft durch Anwendung der Grundsätze des christlichen Glaubens zu bekämpfen. Durch die soziale Fürsorge sollte das werktätige Volk versöhnt werden mit den bestehenden Staatseinrichtungen. Damit Hand in Hand ging der Kampf gegen Ausnutzung der Arbeitskräfte, gegen Unsittlichkeit, der Kampf für Bodenreform und Selbständigkeit der Kirche. Die Christlich-Sozialen haben sehr viel positiv Nützliches geschaffen; einen unerfreulichen Zug bekamen ihre Bestrebungen durch die starke Ausnützung antisemitischer Instinkte. Das Kleinbürgertum, die kleinen Landwirte, Handwerksmeister und Geschäftsleute waren sehr geneigt zu glauben, daß die Juden an der Schwierigkeit ihres Wirtschaftskampfes hauptsächlich schuld seien. In diesen Kreisen fanden sowohl die Christlich-Sozialen wie die spezielle Parteibewegung der Antisemiten oder Deutsch-Sozialen einen starken Wiederhall. Hier wurde zuerst das Verbot der jüdischen Einwanderung und die Stellung der Juden unter fremdes Recht gefordert: die große konservative Partei hat diese schroffen antisemitischen Forderungen nicht vertreten, aber doch, wenn es ihr taktisch paßte, den Antisemitismus für ihren Wahlkampf mitbenutzt.

Bis zur Revolution war für die konservativen Parteien das Tivoliprogramm vom 1892 maßgebend. Es enthält die uns schon bekannten Forderungen: Kampf gegen die Sozialdemokratie durch Sozialistengesetze, starkes Heer, starke Flotte, Kolonialpolitik treten hinzu. Neu ist ferner der wirtschaftliche Teil: Schutz des Handwerks, des Mittelstandes, Kampf gegen den Wucher, und dann besonders Schutz der Landwirtschaft. Das Tivoliprogramm stammt aus der Ära Caprivi und trägt die Züge dieser Kampfzeit in sich, die ja zum Schutz der Landwirtschaft eine besondere große landwirtschaftliche Organisation schuf, den Bund der Landwirte, heute Reichslandbund genannt. Damit wird das alte agrarische Motiv wieder aufgenommen. Die Materialisierung der Zeit zwingt auch die Konservativen, ihre Interessen auf rein wirtschaftlichem Gebiet durch Zusammenschluß zu vertreten. Der Bund der Landwirte, der Nationalismus, Christentum und Kampf gegen die Sozialdemokratie auf seine Fahne schrieb, unternahm es, die Industrialisierung Deutschlands zu bekämpfen, weil von ihr die Gefährdung der körperlichen und sittlichen Gesundheit des Volkes zu befürchten wäre. Der Bund der Landwirte hat es von vornherein als sein Ziel betrachtet, die Gesamtheit der Landwirtschaft zu vertreten, also die bäuerlichen Besitzer zu gefügigen Anhängern der großagrarischen Führer zu machen. Lange hat dieses Bündnis nicht gehalten. 1909 ist der Deutsche Bauernbund begründet worden, der die spezifisch bäuerlichen Interessen, also Aufteilung der Latifundien, Einschränkung der Fideikommisse, Schaffung eines grundbesitzenden ländlichen Arbeiterstandes erstrebt.

Der konservative Parteigedanke ist durch zahlreiche Sondergründungen unterstützt worden. Der Alldeutsche Verband (begründet 1890) und der Reichsverband gegen die Sozialdemokratie (begründet 1904) vertreten Ideale, deren Befürwortung zum guten Teile den konservativ-agrarischen Interessen entspricht. Im ganzen ist es den Konservativen schon vor dem Kriege gelungen, sowohl Arbeiter wie Handwerker, Kleinbürger und Bauern als ihre Gefolgsmannschaft zu gewinnen. Nach der Revolution von 1918 ist diese Tendenz noch schärfer hervorgetreten. In sehr geschickter Weise wurde für die neue konservative Partei der Name der „Deutschnationalen Volkspartei“ gewählt, ein Name, der also zwei Ideale, den Nationalismus und die Demokratie umfaßt, die von den alten Konservativen immer erbittert bekämpft worden sind. Das Programm der Deutschnationalen Volkspartei macht noch eine weitere Konzession; es spricht sich für die parlamentarische Regierungsform aus, die bis zur Revolution von den Konservativen immer im Namen des Konstitutionalismus heruntergesetzt wurde. In der Deutschnationalen Volkspartei haben zunächst die maßvolleren Elemente die Vorherrschaft gehabt, die Christlich-Sozialen und die ihnen verwandten Erscheinungen, während das feudale und das großagrarische Element in der ersten Zeit zurücktrat. Der Antisemitismus ist von der gesamten Partei, besonders aber von der radikalen Rechten, der deutschvölkischen Gruppe, mit aller Schärfe betrieben worden. Dies hat in jüngster Zeit auch zu Unstimmigkeiten innerhalb der Partei, ja zum Ausscheiden von rechtsradikalen Führern geführt. Die Deutschnationale Volkspartei ist als Parteigründung sehr erfolgreich aufgebaut worden auf der großen deutschen geschichtlichen Tradition der vergangenen Zeit. Sie vertritt die monarchische Idee und die schwarzweißrote Fahne, sie nimmt Bismarck und sein Werk im besonderen Grade für sich in Anspruch. So appelliert sie an Gefühle, die vielen Deutschen heute begreiflicherweise noch sehr viel bedeuten. Ob sie als Partei imstande sein wird, an dem Aufbau eines neuen Deutschland positiv mitzuwirken, mag dahingestellt bleiben.

IV. Der Klerikalismus.

Die katholische Kirche erfreute sich vor der großen französischen Revolution in Europa des Besitzes ihrer Privilegien, ihrer Güter und Dotationen: sie war aristokratisch und bodenständig, sie gehörte zu dem alten Staat als ein Teil von ihm. Die geistlichen Kurfürsten des alten Deutschen Reiches waren die Brüder und Vettern der weltlichen Herren, die Domherren waren die Barone des Landes. Diese Kirche war sehr weit entfernt von dem Ideal des Tridentinums, der großen Weltkirche: nicht umsonst wurden die Jesuiten, die energischsten Vorkämpfer dieses Gedankens, aufgehoben. Die französische Revolution mit ihren Folgeerscheinungen in Gesamteuropa hat aus der Kirche etwas völlig Neues gemacht. Sie wurde entwurzelt, verfolgt, ihrer Privilegien und weltlichen Gerechtsame beraubt. Aber je mehr sie an äußeren Stützpunkten verlor, desto stärker wurde ihr Innerstes, der religiöse Gehalt. Die katholische Kirche wurde jetzt wieder römisch, universalistisch und demokratisch. Der Papst ist von dem savoyischen Grafen Josef de Maistre glühend gefeiert worden, als der alleinige und absolute Herr der neuen Kirche, als der Souverän der Souveräne, der Schiedsrichter der Fürsten, als oberste moralische, rechtliche, geistige Instanz, als der unfehlbare Herr der Christenheit; die ganze Zivilisation, das ganze Völkerglück ist im Grunde vom Papst abhängig. So richtet sich ein neues monumentales Gebäude des verjüngten Katholizismus auf, eine geistige Peterskuppel, die die Welt überwölbt, ein glühendes, mit religiösem Fanatismus gepredigtes Glaubenswerk.

Wie fern stand das hellenistische Deutschland Goethes und Schillers der katholischen Kirche! Sie war wie das alte römische Reich etwas Ehrwürdiges, aber nichts Lebendiges, mehr ein literarischer Apparat, als eine seelische Macht. Nun entstand auch in Deutschland eine rückläufige Bewegung. Die Konversion des Grafen Friedrich Stolberg im Jahre 1800 machte das größte Aufsehen. Sie erfolgte in der Schloßkapelle der Fürstin Galitzin bei Münster, einer geistreichen Frau, in deren Kreis die Wiedererweckung der katholischen Idee leidenschaftlich betrieben wurde. Andere Persönlichkeiten folgten: Friedrich Schlegel sagte sich vom Griechentum los und verlangte für die neue romantische Poesie eine neue Religion; statt des Homer und der Tragödie feierte er nun die Bibel und die gotische Kunst. Der ganze Geist des Mittelalters wurde wieder erweckt. Die Heidelberger Bewegung, von Arnim und Brentano geführt, setzte ein, der Kölner Kreis der Gebrüder Boisserée scharte sich um das vielbewunderte Dombild, Wackenroder rühmte die Gläubigkeit als Tochter der Kunst, in Rom vereinigten sich die jungen deutschen Maler in der Villa Malta, im Klosterhof von San Isidoro und schwelgten im Genusse der mittelalterlichen Kunst. Der Name Nazarener wurde das Kennwort der ganzen Geistesrichtung.

Diese große Bewegung stand im engsten Zusammenhang mit den Zeitgedanken: Kampf gegen die Revolution, Kampf gegen die Aufklärung wollte auch sie, Kampf für das Deutschtum, für den Glauben, für das geschichtlich Gewordene wollte sie gleichfalls. Die geistigen Beziehungen zu den Begründern der konservativen Gedankenwelt sind deutlich. Aber der Klerikalismus ist universaler, massiger, vielgestaltiger als der Konservativismus und greift deshalb viel tiefer in die breiten Volksschichten hinein. Eine große Wirkung hat der Rheinländer Josef Görres ausgeübt, der, ursprünglich ein Bewunderer der französischen Revolution, zum Propheten des neuen Deutschtums und zwar eines spezifisch-rheinischen und katholischen Deutschtums im Gegensatz zum nüchternen preußischen Protestantismus wurde. In Mainz, im Priesterseminar, in Tübingen, endlich in München gewann der neue Geist eine geschulte, philosophisch durchgebildete und der praktischen seelsorgerischen Wirksamkeit stark zuneigende Gefolgschaft. Der junge König Ludwig I. von Bayern, der in Rom der Zechgenosse der Nazarener gewesen war, unternahm es, aus seinem München den Mittelpunkt des neuen deutschen Geistes, der eben zugleich ein römischer war, zu machen. Die von Görres gegründeten historisch-politischen Blätter griffen Preußen an und feierten den Bayernkönig als den Vorkämpfer des deutschen Katholizismus. Diese Verbindungen zwischen der neu erstarkenden Weltkirche und einem durch Bayern repräsentierten katholischen Deutschland wurden um so wärmer, je mehr die preußische Regierung zeigte, daß sie mit ihren sehr zahlreichen katholischen Untertanen im Rheinland, in Westfalen und in Preußisch-Polen nicht recht fertig werden konnte. Und sobald im Katholizismus Bewegungen entstanden, die dem neuen Geist der Weltkirche feindlich waren, hielt es der preußische Staat für praktisch, diese Unternehmungen zu unterstützen. Der erste Kulturkampf von 1835 entsprang der Lehre des Bonner Professors Hermes, die nach seinem Tode 1831 vom Papst verdammt wurde, sowie der Frage der gemischten Ehen, in der das preußische Gesetz verlangte, daß die Kinder dem Glauben des Vaters folgen sollten. Der Konflikt zwischen der Preußischen Regierung und der hoher Geistlichkeit am Rhein gestaltete sich schon damals so scharf, daß der Kölner Erzbischof von Droste-Vischering als Gefangener nach Minden abgeführt wurde. Bei der endlichen Schlichtung des Streites mußte in beiden Fällen der Staat klein beigeben. König Friedrich Wilhelm IV. vermittelte den Frieden mit Rom: seine Generation stand der ganzen katholischen Bewegung von der Romantik her seelisch nahe. Nicht umsonst hat sich der geistreiche König um den Kölner Dombau bemüht. Der Kölner Dom wurde in jenen Jahren das Symbol der neuen deutschen Entwicklung: seine Vollendung versinnbildlichte die Vollendung der deutschen Einheit. Die deutschen Katholiken betrachteten natürlich diesen Bau und dieses Ideal als das ihrige, es war ja ihre Gotik, es war ihr Werk, und so sollte es auch ihr Triumph werden. August Reichensperger hat einmal gesagt, der Kölner Dom wäre ein versteinerter Thomas von Aquino. Reichensperger war es, der mit seinen Freunden den Borromaeusverein gründete, mit der Aufgabe, gute Bücher in katholischen Kreisen zu verbreiten. Der Freiburger Professor Alban Stolz gab seine Volkskalender für Zeit und Ewigkeit heraus, der andere Freiburger Professor Franz Josef Buß hat zuerst den Gedanken gefaßt, das katholische Volk in Vereinen zu organisieren: die soziale Fürsorge sollte ein Ferment der neuen Kirche werden. Als 1844 der heilige Rock zu Trier ausgestellt wurde, gestaltete sich dieses Ereignis zu einer Krise des deutschen Katholizismus überhaupt. Der Kampf zwischen Gläubigkeit und Aufklärung wurde zu einem Kampf zwischen ultramontaner Kirche und der Idee einer deutschen Nationalkirche. Ronge rief die Bewegung des Deutsch-Katholizismus ins Leben: die Geister wurden aufgerüttelt und mußten sich entscheiden. Die weit überwiegende Mehrzahl der Katholiken in Deutschland hielt doch an der verjüngten römischen Papstkirche fest und folgte nicht den Reformern, deren Wirksamkeit auf die Dauer mehr eine geistig-politische als eine religiöse wurde.

An der Revolution von 1848 haben die deutschen Katholiken mit besonderem Interesse und Erfolg teilgenommen. Sie fühlten sich ja vielfach als die zurückgesetzten und benachteiligten Staatsbürger; der Gedanke der deutschen Einheit und Freiheit stimmte, wie gezeigt, mit den katholischen Idealen zum guten Teil zusammen. In der Frankfurter Paulskirche gab es keine spezifisch-katholische Partei, aber eine katholische Arbeitsgemeinschaft katholischer Parlamentarier, die bei kirchlichen Fragen zusammenwirkten. Bei der berühmten Debatte über Kirche und Schule in der Paulskirche wurde das katholische Interesse wirksam vertreten. Aber gegenüber der Übermacht des Liberalismus kam doch das spezifisch katholische Interesse in Frankfurt nicht genug zur Geltung. So setzte die Mainzer Katholikenbewegung ein, deren Grundgedanke war, daß das Volk nicht dem Radikalismus überlassen werden dürfte. Die katholischen Vereine, die jetzt gegründet wurden, waren aber in ihrem Kampf gegen Absolutismus und Bureaukratie durchaus demokratisch. Die Mainzer Katholikenversammlung im Herbst 1848 war eine höchst eindrucksvolle Demonstration des neuen Geistes. Seitdem haben jedes Jahr solche Versammlungen stattgefunden, sie sind die Höhepunkte der sehr intensiven katholischen Vereinstätigkeit. Auch die Bischöfe traten im Jahre 1848 in Würzburg zu einer Konferenz zusammen. Das Gesicht der Kirche war 1848 durchaus nach vorn gerichtet. Sie war liberal, denn sie forderte Freiheit vom Staate und Freiheit im Staate, sie trennte sich nicht von dem, was die besten Deutschen wollten. Die Bischöfe fanden warme Worte für die Einheit des Vaterlandes und die zukünftige Größe Deutschlands. Damit verband aber die Kirche sehr glücklich den demokratisch-sozialen Zug, der dem überwiegend kapitalistisch interessierten Liberalismus so fremd war. Ketteler, der westfälische Baron, wurde einer der ersten Seelsorger und Sozialreformer des neuen Katholizismus. Im Mainzer Dom predigte er über die sozialen Probleme des Christentums. Der positivste Erfolg der revolutionären Bewegung, die preußische Verfassung, war für die katholische Kirche außerordentlich günstig. Preußen wurde durch sie zum gelobten Land des Katholizismus, das kirchliche Schwergewicht verschob sich vom Süden nach dem Rheinland; Köln wurde die große geistige Metropole, in Wahrheit das deutsche Rom. Freilich waren diese rheinischen Katholiken genau wie ihre Glaubensgenossen in Süddeutschland großdeutsch gesonnen. Der deutsche Rhein, Rom und Habsburg war eine natürliche und notwendige Verbindung für sie. Sie waren Reichspatrioten und partikularistisch zugleich: der deutsche Ehrgeiz des militärischen und bureaukratischen Preußens erschien ihnen fern und fremd. Das Ergebnis von 1866 war ein schwerer Schlag für diesen großdeutschen Katholizismus. Ketteler, jetzt Mainzer Bischof, richtete an den Kaiser von Österreich ein Schreiben, in dem es hieß: „Ein Deutschland ohne Österreich, ohne das kaiserliche Haus, ist kein Deutschland mehr." Der Katholizismus war jetzt schon eine Volksmacht geworden. Wesentlich dazu mitgeholfen haben unter anderem auch die katholischen Gesellenvereine, durch die das Handwerk organisiert und in Verbindung mit der Kirche gebracht wurde. Ihr Schöpfer ist der Schuhmachergeselle Kolping. In ähnlicher Weise gründete der Freiherr von Schorlemer-Alst die katholischen Bauernvereine, und immer wieder tritt Bischof Ketteler in den Vordergrund: als Prediger, als Publizist, als Organisator. Es war sein großer Traum, durch die christliche Caritas eine Umgestaltung des Wirtschaftsordnung zu bewerkstelligen. Den Liberalen schleuderte er die Wahrheit ins Gesicht, daß der Sozialismus die fatale Konsequenz ihrer alten Philosophie sei. Ketteler hat auch mit Lassalle angeknüpft. Hinter ihm steht die ganze Fülle der katholischen Sozialreformer, die mit der Autorität der Kirche die private Wohltätigkeit und Fürsorge in Bewegung bringen. Priester und Arbeiter reichten sich die Hand; ihr Feind war der aufgeklärte Fabrikant. Die Bauern, die Handwerksgesellen, die Arbeiter standen bald, geführt vom Klerus, zum Kampf bereit da.

Alles war reif zur Bildung einer katholischen Partei. 1852 entstand die erste katholische Gruppe im Preußischen Abgeordnetenhaus, 70 an der Zahl, darunter 17 Priester. Seit 1859 nannte sie sich Zentrum. Schon damals waren ihre Statuten so gefaßt, daß Christen anderer Konfessionen nicht ausgeschlossen wurden. Der große Verfassungskampf in Preußen ließ die spezifisch-katholischen Interessen zurücktreten. Es fanden aber immer neue Zusammenkünfte und Besprechungen statt: die Brüder Reichensperger, Josef Bachem, der 1860 die Kölnische Volkszeitung gegründet hatte, Mallinkrodt waren die führenden Männer.

Die Papstkirche vollendete indessen ihren Neuaufbau. Pius IX., der als liberaler Papst gegolten hatte, wirkte als ein Absolutist ex cathedra wie keiner vor ihm. Während seines Pontifikats ist zuerst das Dogma der unbefleckten Empfängnis Mariä ausgesprochen worden; es folgte die Encyklika quanta cura mit ihrem Anhang, dem Syllabus, dem Katalog der modernen Irrtümer; die Bekrönung war die Erklärung des Unfehlbarkeitsdogmas im Juli 1870. Es war eine beispiellose geistige Hierarchie damit neu begründet, jenseits des modernen Rechtes, des modernen Staates, der modernen Moral, eine Zusammenfassung kultureller, sozialer, politischer und religiöser Kräfte, eine Verbindung mittelalterlicher Seelenbildung mit neuzeitlicher Massenherrschaft, bewußt, einheitlich, logisch, straff, in der Formung ganz weltlich, menschlich, realistisch, im Geist durchglüht von einer faszinierenden Jenseitigkeit. Was das vatikanische Konzil für den modernen Staat bedeutet, haben nur wenige Zeitgenossen vollkommen erfaßt.

Welche Macht damit aufgerichtet war, mußte das junge Bismarcksche Reich bald genug erfahren. Die neue Zentrumspartei ist im Sommer 1870 gegründet worden. Das Soester Programm ist vom 28. 10. 1870 datiert; im Abgeordnetenhaus trat die Fraktion zuerst politisch auf, in den ersten Reichstag 1871 zog sie fertig ein. Der Wahlspruch der Partei lautete: „Für Wahrheit, Freiheit, Recht." Das sehr allgemein gehaltene Programm trat für Föderalismus in der Reichsverfassung, für Garantie der bürgerlichen religiösen Freiheit und für Förderung des moralischen und materiellen Wohles aller Volksklassen ein. Mit Absicht war alles vermieden, was den Beitritt protestantischer Mitglieder hätte erschweren können. Man wünschte eine Organisation des gläubigen Christentums; das Zentrum hat immer ein paar Renommierprotestanten gehabt. Schon damals zeigte es darin seine Eigentümlichkeit, daß es die verschiedensten Elemente in sich vereinigte: konservative Aristokraten aus Bayern und dem Rheinland, Priester und Akademiker, regelrechte Volksmänner vom Handwerk oder der Bauernschaft; ein sehr buntes Bild also, das zusammengefaßt wurde durch den gemeinsamen Zug der Gegnerschaft gegen Preußen, gegen den Protestantismus als politisches Prinzip, gegen Bismarck als den Gründer eines großpreußischen Reiches.

Die Verkündigung des Unfehlbarkeitsdogmas rief in Deutschland die sogenannte Altkatholikenbewegung hervor. Der gelehrte Katholizismus, geführt von dem Münchener Kirchenrechtslehrer Ignaz von Döllinger, wandte sich scharf gegen die neue päpstliche Omnipotenz. Die deutschen Bischöfe unterwarfen sich schließlich, aber in der Priesterschaft gärte es. Der preußische Staat kam den Altkatholiken zu Hilfe, Falk wurde damals preußischer Kultusminister. Es lag sehr in der Stimmung der Zeit, den Kampf gegen die Ansprüche der katholischen Kirche aufzunehmen. Das liberale Bürgertum fand es verständlich, daß der neue Kaiser dem Papst gegenüber trat und, wie in mittelalterlicher Zeit, sich dem Ultramontanismus nicht fügen wollte. Diese historischen Reminiszenzen haben dem Konflikt von vornherein Größe und Wucht gegeben, sie haben aber die Feindseligkeit auf beiden Lagern auch wesentlich verstärken und von dem eigentlich Sachlichen ablenken helfen. Die Altkatholikenbewegung konnte sich schließlich doch nicht so durchsetzen, und darin lag das Moment, das am gefährlichsten für den Staat war. Der Klerus stellte sich letzten Endes doch in der überwiegenden Mehrheit wieder auf seiten des Papstes. Die sogenannten Maigesetze, die in drei aufeinanderfolgenden Jahren, 1873, 1874, 1875 erlassen wurden, stellten den Versuch dar, den preußischen katholischen Klerus zum deutschen Staatsbürgertum zu erziehen, ihn in den modernen Staat hineinzudisziplinieren. Es wurden Grenzen für den Gebrauch der kirchlichen Strafmittel gezogen; die Bekleidung kirchlicher Ämter sollte von einem sogenannten Kulturexamen abhängig gemacht werden; für die theologischen Unterrichtsanstalten wurde staatliche Aufsicht festgesetzt. Der Austritt aus einer Kirche brauchte nur vor dem Richter des betreffenden Wohnorts erklärt zu werden und sollte die Befreiung von sämtlichen kirchlichen Lasten zur Folge haben. Der Klerus erkannte die Maigesetze einfach nicht an, und der Kampf zog immer weitere Kreise. Der Streit um das katholische Dogma war angewachsen zu einem Kampf um die gesamte Weltanschauung, um die Kultur: Virchow prägte damals das Wort „Kulturkampf". Die Orthodoxen aller Art wurden im Namen der geistigen Freiheit, der Wissenschaft, der natürlichen Entwicklung angegriffen. 1874 wurde auch die Zivilehe eingeführt. Nachdem der Papst im Februar 1875 alle neuen preußischen Gesetze als ungültig erklärt hatte, griff der Staat zu seinem äußersten Mittel: das sogenannte Sperrgesetz wurde beschlossen — alle staatlichen Leistungen an die katholische Kirche wurden eingestellt. Und da zeigte es sich nun, wie stark die Organisation der katholischen Bevölkerung schon gediehen war. Sie stellte sich unbedingt auf die Seite der verfolgten Kirche. Trauer, Zorn und Fanatismus wuchsen an. Das neue Reich, die Person Bismarcks wurden erbittert angefeindet. Die Mißstände der Seelsorge empörten die Bevölkerung aufs äußerste, und die Kapläne sorgten dafür, daß die Empörung sich nicht bald abschwächte. Man war nun wirklich im Religionskrieg drin. Im Grunde traten ja unvereinbare Weltanschauungen gegeneinander auf; und es muß als ein Rückfall in frühere Stadien der Staatsentwicklung bezeichnet werden, wenn Bismarck mit den Liberalen den Versuch machte, durch die eine Weltanschauung der anderen etwas aufzuzwängen. Er überschätzte stark die staatlichen Machtmittel und verkannte vollkommen die gewaltige ideelle Herrschaftskraft des Gegners. Bismarcks Mittel sind durch ihren Mißerfolg zu schweren politischen Fehlern geworden. Er hat später die Übertreibungen als Juristenwerk von sich abgeschoben; es bleibt dabei, daß er selbst sehr wesentlich den protestantischen Furor mit ausgelöst hat, und daß durch seine Leidenschaft und persönliche Wucht erst der Konflikt seine ganze Schärfe bekam. So ist denn auch der Irrtum der seine gewesen. Die katholische Partei war der erste Feind, vor dem sich der gewaltige Kanzler beugen mußte. Der Gang nach Canossa blieb auch ihm nicht erspart. Der Wechsel im Pontifikat erleichterte die Versöhnung. Mit Leo XIII. wurde der Friede geschlossen. Das Sperrgesetz wurde aufgehoben, ein Maigesetz nach dem anderen fiel. Geblieben ist schließlich nur das Gesetz über den Zivilpersonenstand und das Jesuitengesetz. Die katholische Kirche triumphierte, das liberale Bürgertum war unterlegen; die frohe Stimmung aus der Anfangszeit der Reichsgründung war aber verflogen, der Konflikt zitterte noch lange Jahre nach.

Das Zentrum als Partei ist durch den schweren Kampf der siebziger Jahre nur konsolidiert worden. Seit der Versöhnung mit Bismarck ist es eigentlich die einflußreichste Partei in Deutschland geworden und geblieben. Während die anderen Parteien in ihren Stärkeziffern immer auf- und abschwanken, ist das Zentrum im wesentlichen stets sich selbst gleich, immer dieselbe schwere, wuchtige, kompakte Masse. Es hat abwechselnd nach rechts und nach links Fühlung gesucht; es ist national, demokratisch, konservativ, fortschrittlich zugleich und nacheinander gewesen. Es hat noch keine dauerhafte Mehrheit in Deutschland ohne Zentrum gegeben. Es ist das Parlament im Parlamente — alle Abschattierungen des Reichstages finden sich in ihm verkleinert wieder. Deshalb war es stets so vorzüglich orientiert über das Notwendige und Mögliche; wie keine Partei sieht es die Dinge im Volke wachsen und werden.

Aus diesem Grunde ist das Zentrum auch so langsam mit seiner Meinung in allen Fragen hervorgetreten — es hat immer abgewartet, denn im Grunde hat es alle Meinungen, und zuletzt immer diejenige, die sich durchsetzt. So bleibt diese Partei immer ruhig und immer bewußt, sie lebt im Reich und mit dem Reich, sie trägt es mit und hält sich dabei auf ihrer Höhe. In allen deutschen Einzellandtagen hat sich das Zentrum eine starke Stellung verschafft. Es ist überall bereit, dem Besonderen, dem Lokalen, dem Hergebracht-Alltäglichen zu dienen — es ist sicher, die Einheit und die Größe doch wieder zu finden durch seine katholisch-christliche Gedankenwelt. So ist das Zentrum recht eigentlich die Partei des soliden zur Philiströsität neigenden Bürgers geworden, der sich mit Zeit und Ewigkeit gut stellt, der die Geschäfte seines kleinen Kreises behaglich treibt und alles Kühne, Neue und Überraschende verdächtig findet. Mit den Rechtsparteien hat es intim zusammenarbeiten können, weil es mit ihnen durch kirchliches Christentum, durch Handwerkswesen, kleinbürgerliche oder landwirtschaftliche Interessen verbunden ist. Mit den Linksparteien hat es in der Arbeiterfürsorge und Arbeiterorganisation sein Gemeinsames. Das katholische Volk ist zum überwiegenden Teil doch immer wieder der Partei gefolgt. Und wenn sich Konflikte im einzelnen ergeben haben, so dürfen sie gerade beim Zentrum nicht überschätzt werden. Von den inneren Konflikten hat das Zentrum eigentlich gelebt, denn es will ja alle Stände und Klassen umspannen und so eine wahre Volkspartei sein. Es hat dem Bismarckschen und Wilhelminischen Deutschland Steuern und Zölle bewilligt, es hat ihm Schiffe gebaut, es war während des Krieges auch zunächst chauvinistisch und annexionistisch: geschadet hat bis jetzt dem Zentrum nichts. Nach der Revolution hat es den neuen Namen „Christliche Volkspartei“ angenommen; aber von allen Parteien hat es sich am wenigsten bis jetzt verändert. In jüngster Zeit betont es wieder stark seinen unkonfessionellen Charakter, es möchte die Gesamtheit des christlichen Bürgertums umfassen. Es ist das eine Wiederaufnahme alter Motive, deren Aussicht auf Verwirklichung doch zweifelhaft sein dürfte. Das Einzige, was dem Zentrum wirklich gefährlich seine würde, wäre das Versagen des Nachwuchses und der Jugend.

V. Der Liberalismus.

Der Liberalismus ist deshalb das verwickeltste Problem der Parteigeschichte, weil seine Vorgeschichte viel weiter zurückgeht als bei den übrigen Parteien und weil das heutige Ergebnis der Entwicklung durchaus zerklüftet erscheint. Der Liberalismus hat die stolzeste und ruhmreichste Vergangenheit, aber die unklarste Gegenwart. Er ist von jeher die Partei der einzelnen gewesen: nirgends soviel Köpfe, soviel Gedankentiefe, aber auch nirgends soviel Eigensinn. Er war und ist die Partei der Führer: jeder macht sich sein eigenes Welt- und Staatsbild, jeder hat seine Arbeit, sein Geschäft und deshalb auch seine Ansicht. Der Liberalismus ist die Partei nicht nur der großen Ideen, sondern auch der großen Worte; nirgends wird das höchste Menschliche so wie bei ihm zur Phrase ausgemünzt. Zumeist fehlt ihm das Urwüchsige und Naive, und damit die brutale Wucht der Masse; er ist bewußt, reflektiert, voller Absicht und voller Finessen; er ist intellektualistisch, und diese Intelligenz hat leicht etwas Eitles; der Liberalismus vereinigt oft den pathetischen Brustton mit der spöttischen Skepsis; er ärgert die Großen und verletzt das Volk. Und dennoch! Wie edel ist seine Herkunft, wie groß ist, was er errungen hat! Es gibt keine Partei und keinen einzelnen, der ihm nicht unendlich viel verdankt. Seine Geschichte ist die Geschichte des Geistes der neuen Zeit; er ist die primäre Partei; unsere ganze Existenz beruht auf ihm und in ihm. Der Konservativismus und Klerikalismus haben sehr viel von ihm gelernt und übernommen. Aus dem Geiste des Liberalismus konnte sich allein der Sozialismus entwickeln und ist in vielem sein direkter Fortsetzer. Die Forderungen des Liberalismus sind in unserem Staat und in unserer Gesellschaft zum größten Teil verwirklicht. Seine erbittertsten Gegner würden ohne ihn nicht da sein.

Der Liberalismus ist eine Blüte der westeuropäischen Kultur; Italien, Frankreich, England, Deutschland haben ihn ausgebildet und zwar als die Weltanschauung des neuen Menschen, des Menschen, der der Menschheit angehört; die erleuchtetsten Köpfe Westeuropas haben dem Geist der gesellschaftlichen Klassifizierung, der wirtschaftlichen Bindung, der rechtlichen Privilegierung, der politischen Unterdrückung, der kirchlichen Bevormundung das große Wort zugerufen: Freiheit. Und sie haben diese Idee der Freiheit in einem qualvollen blutigen Kampfe gegen überragende Mächte verfochten: keine sozialen Klassen, Konventionen, Vorurteile, sondern soziale Gleichheit, freie Sittlichkeit und Menschenwürde, keine Künstelei, keine Feudallasten, keine Monopole, keine Sklaverei, sondern ungehinderte Arbeit, Berufswahl, freier Besitz, freier Verkehr, freier Handel; keine Exemtionen, Bevorrechtigungen, keine Willkür, sondern Gleichheit vor dem Gesetz, ein Recht für alle, gesprochen vom unabsetzbaren Richter; kein Absolutismus, keine Günstlingswirtschaft, kein Polizeiregiment, sondern Selbstverwaltung, gleiche Vertretung der Gesamtheit der Staatsbürger, Verfassungsstaat, Verantwortlichkeit der Beamten; keine Dogmen, keine Priestermacht, keine Kirchenzucht, sondern Glaubens- und Gewissensfreiheit, Freiheit der wissenschaftlichen Forschung und Lehre, Freiheit der künstlerischen Schöpfung und Lebenserfassung, Freiheit des religiösen Empfindens und des philosophischen Denkens.

Die Welt des Liberalismus ist also gegenüber der alten Welt der Bindung etwas völlig Neues; es ist die Welt der freien Persönlichkeit. Die Grundstimmung dieser Welt ist der Optimismus: der Glaube an die Güte des Menschen, an seine ursprüngliche Reinheit, an die Möglichkeit, das von Natur aus Edle und Große in ihm zu verwirklichen, der Glaube an die Liebe der Menschen untereinander, an ihre Bereitwilligkeit, sich zu helfen, zu schützen, zu achten, sich und andere dem Ideale näher zu rücken, der Glaube an die Vernunft, die imstande ist, das Beste zu erkennen und das Gute, das sie erkannt hat, auch zu tun, der Glaube an den Fortschritt im allgemeinsten und größten Sinne, an das Fortschreiten der Menschheit als solcher auf dem Wege des Wahren, des Guten und des Schönen. Das Blinde, der Trieb, der dunkle Wille, die Leidenschaft und die Bosheit — das meint dieser Optimismus niederkämpfen zu können, er meint aus den Menschen besonnene, beherrschte, fleißige und nützliche Wesen zu machen.

Es ist leicht, über die Unentwegtheit des liberalen Glaubens zu lächeln; die großen Führer des Liberalismus bleiben darum doch, was sie sind, sie stammen aus dem Geschlechte, das die Zukunft im warmen Herzen trägt, aus dem Geschlechte der Propheten.

Die Geschichte des Liberalismus ist eine gesamteuropäische Angelegenheit, die bis in das ausgehende Mittelalter zurückführt; für uns hier stellt sich die Frage so: wie ist das deutsche Bürgertum zum guten Teil liberal geworden? Wie sind aus diesem bürgerlichen Liberalismus einzelne Parteien entstanden?

Den Ausgangspunkt bildet auch hier die große Französische Revolution; die Ideen von 1789 sind auch bei uns mit Jubel und Erregung begrüßt worden: inmitten der spießbürgerlichen Verrottung des alten Reiches, inmitten des tyrannischen Konventionalismus des alten Fürstenwesens erschien mit einem Male Morgenrot, Jugend, Freiheit. Unsere große klassische Literatur und Philosophie bildete damals das deutsche Bürgertum, das schüchtern, bevormundet und getreten gewesen war, zu einer geistig-sozialen Schicht von wundervoller Schlichtheit heran. Die Verbindung dieser Bildung mit dem Beispiel der französischen Wirklichkeit hat den ersten deutschen Liberalismus erzeugt. Der Maßstab ist das Vernunftgemäße; aus der Engigkeit des wirklichen Lebens unternimmt der Gedankenflug des deutschen Mittelstandes die Formung eines neuen Lebensideals: Humanität, Kosmopolitismus, Republikanertum, Verachtung alles Philisterhaften und Gebundenen. Der liberale Weltbürger tritt fordernd vor den absoluten Staat, wie Marquis Posa vor König Philipp II., und dies Jahrhundert war nun dem Ideale reif. Ein im Grunde unpolitisches Ideal: freie Worte werden gewagt, aber das Edle und Bleibende der neuen Gedanken ist erhaben über den Moment und über den Alltag. Es ist ein universalistisches Deutschtum, das die anderen Nationen streiten läßt um die materiellen Güter, selbst aber nicht nationalistisch sein will, sondern sich stolz emporreckt in die reine Höhe der Idee. Man kann diesen ersten deutschen Liberalismus Kulturliberalismus nennen. Wilhelm von Humboldt schreibt seine Ideen über einen Versuch, die Grenzen der Wirksamkeit des Staates zu bestimmen: den vielgeschäftigen, neugierigen Polizeistaat lehnt er ab; in die Sphäre des Individuums darf der Staat nicht eingreifen. Was geht ihn Ehe, sittliche Norm, Religion, Erziehung an? Jeder einzelne hat das Recht, sich ungebunden aus sich und seinen Eigentümlichkeiten zu entwickeln. Der Zweck des Staates ist nur, das Glück seiner Bürger zu fördern und das Unglück zu verhindern; tut er mehr, dann uniformiert er die Seelen, dann reglementiert er innerliche Dinge, dann entfernt er sich von der Würde der Menschheit.

In seinen metaphysischen Anfangsgründen der Rechtslehre hat dann Immanuel Kant die revolutionären Theorien umgebogen: der Staat ist ihm eine Vereinigung von Menschen unter Rechtsgesetzen; die Verhältnisse in ihm müssen so geregelt werden, als wenn sie auf einem Vertrage beruhten. Endlich hat der junge Fichte in seinen Grundlagen des Naturrechts direkt an Rousseaus Vertragslehre und Auffassung der Volkssouveränität angeknüpft: der Staat ist ihm die Regulierungsmaschine für die gesellschaftliche Assoziation.

Dieser deutsche Kulturliberalismus, der das werdende Bürgertum durchbildet, wird nun schnell durch das fortschreitende historische Geschehen von der Höhe seiner Spekulation in die praktisch-politische Sphäre hineingezwungen. Napoleon bahnt dem modernen Staatsgedanken in Deutschland den Weg. Das linke Rheinufer wird mit einem Schlage demokratisiert, die süddeutschen Staaten folgen, Preußen selbst muß sich nach seiner Niederlage in der Stein-Hardenbergschen Reform nach den Zeitideen neu aufbauen. In wenigen Jahren hat das alte Reich ein ganz anderes Gesicht: Massenbewegung, neue Staaten, neue Menschen, neue Gedanken. Und das große Erlebnis des Bürgertums, das nun für die Entwicklung des Liberalismus epochemachend wirkt, ist die nationale Erhebung. Das universalistische Deutschtum etwa Schillers wird von der Seite der Frühromantiker her durch ein neues nationalistisches Deutschtum bekämpft. Der ältere Fichte wird zum Sprecher dieses Deutschtums, zum Redner an die deutsche Nation, der Kosmopolit wird Patriot.

Der liberale Gedanke und die nationale Idee treffen also aufeinander. Sie kommen aus entgegengesetzten Lagern: das Problem der deutschen Freiheit und das Problem der deutschen Einheit verbinden sich, reiben sich, suchen sich und stoßen sich wieder ab. Und so spaltet sich der Liberalismus; diese Spaltung ist das Charakteristische seiner Leidensgeschichte im 19. Jh. Ich nenne die beiden Richtungen den dogmatischen und den historischen Liberalismus.

Der dogmatische Liberalismus bleibt revolutionär; er hält fest an den Ideen von 1789, er ist aktiv, drängt vorwärts und wird so zum bewegenden Moment der Restaurationsepoche. Er hat Prinzipien: Demokratie, Parlamentarismus. In seinen Sympathien ist er westeuropäisch, besonders französisch, pariserisch. Die deutsche Burschenschaft, ursprünglich ganz romantisch-nationalistisch, erfüllt sich unter der brutalen Verfolgung der Regierungen immer mehr mit diesem Geist des politischen Radikalismus. Im Rheinland bekommt die liberale Opposition durch den beweglichen kaufmännisch-industriellen Geist einen wirtschaftspolitischen Zug. In Baden werden Rotteck und Welcker, die Schöpfer des Staatslexikons, zum Führer des entschiedenen Liberalismus in einer Kammer, deren Verhandlungen von ganz Deutschland gelesen werden. In Ostpreußen vertritt der Arzt Johann Jacoby diese Richtung, der berühmte Verfasser der vier Fragen eines Ostpreußens. Der dogmatische Liberalismus ist besonders eindrucksvoll durch das sogenannte junge Deutschland zur allgemeinen Geltung gebracht worden. Boerne, der eigensinnige Schwärmer, der ethische Fanatiker, und Heinrich Heine, die viel reichere, verwickeltere Erscheinung, sind zu Propheten der Schule geworden. Mit Jubel hat Heine die Revolution von 1830 begrüßt, ingrimmig richtet er gegen den König von Preußen die Anklage, das Verfassungsversprechen gebrochen zu haben; die Erinnerung an den großen Kaiser, den Märtyrer von St. Helena, erfüllt ihn angesichts der zunehmenden Reaktion mit schwärmerischer Begeisterung, Paris wird ihm die Heilandsstadt, die Franzosen das politische Heilandsvolk der Menschheit. Hinter diesen Führern des dogmatischen Liberalismus steht nun damals die ganze Masse des deutschen Bürgertums: die kleinen städtischen Besitzer, Handeltreibende, Handwerksmeister, der breite Mittelstand, der in der Restaurationszeit so fröhlich biedermeierisch gedeiht: die rheinischen Schoppenstecher sind das Publikum der oppositionellen Zeitungen und Broschüren, bei denen jedes scharfe Wort, jeder kühne Angriff auf bornierte Bureaukraten, auf fürstliche Schmarotzer, auf den Frankfurter Bundestag, besonders aber auf das immer weiter absolutistisch bleibende Preußen begeisterten Beifall findet.

Viel weniger zahlreich waren die Vertreter der anderen Richtung, des historischen Liberalismus; er ist die Synthese von politischer Aufklärung und politischer Romantik. Er weiß, was Staat, Nation, geschichtliche Wucht für die Entwicklung eines Volkes bedeuten, er setzt dem persönlichen Individualismus den nationalen Individualismus gegenüber. Anknüpfen will er, fortbilden, das Gegebene beachten und das Mögliche erreichen. Dahlmann ist der geistige Führer, seine „Politik" das Lehrbuch dieses Denkens. Er will nicht doktrinär konstruieren, sondern als ein praktischer Staatsmann handeln. Er denkt sich eine „lebendige" Verfassung, eine solche also, die dem persönlichen Leben des jeweiligen Staates entspricht. Er verlangt für den modernen Staat eine Konstitution. Die Leuchten der Konstitutionen sollen an die Stelle der Lampen der Kabinette treten; freilich handelt es sich bei ihm um eine gemäßigte Konstitution, mit aristokratischem Oberhaus nach englischer Art.

Das Revolutionsjahr von 1848 ist das Schicksalsjahr des deutschen Liberalismus geworden. Die politischen Kämpfe von damals sind im wesentlichen ein liberaler Bruderkrieg gewesen. Schon beim Vereinigten Landtag von 1847, noch mehr in der Frankfurter Paulskirche und in der Berliner Nationalversammlung wird das deutlich. Der vormärzliche Liberalismus hatte immer etwas Provinziales behalten. Die große hinreißende Volksbewegung vom März 1848 brachte nun mit einem Rucke die Entwicklung vorwärts. Der Liberalismus war überall Sieger, er gab die einzig möglichen Grundlagen des politischen Lebens, er regierte und zwang zur Gefolgschaft. Aber jetzt im Augenblick der Erfüllung, in seinem großen historischen Moment wurde der Liberalismus in zwei tödlich verfeindete Lager zerrissen; die Gegensätze der Stände, der religiösen und kulturellen Bildung, endlich der Stämme verquickten sich damit. Daraus ist die erste Parteibildung in der Frankfurter Paulskirche zu verstehen. Niemals ist der Liberalismus so unbestritten gewesen, wie damals und dort; was sich dort abspielte, war sein Kampf, was dort geschaffen wurde, war sein Werk, und die Niederlage war darum auch seine Niederlage. Eine eigentlich konservative Partei gab es nicht in Frankfurt; auch die Rechte wollte die freiheitliche Einheit Deutschlands, aber auf dem Wege der Vereinbarung und unter Wahrung der geschichtlichen Rechte. Die Professorenpartei Dahlmanns und seiner Freunde wollte den Deutschen Bundesstaat aus eigenem Rechte der Nationalversammlung aufbauen; diesen Vertretern des gemäßigten Liberalismus stehen die Gruppen der Linken als Vertreter des radikalen Liberalismus gegenüber. Seine große historische Aufgabe hat der Liberalismus damals nicht erfüllen können; es hat ihm an Einheit und an Kraft gefehlt, er war zu geistig, zu gewissenhaft, hatte zu viel Ideen und zu wenig politisches Gefühl in seinen Fingern. Mit seiner Niederlage von 1849 ist er freilich keineswegs von der deutschen Bühne abgetreten; aber er ist nicht mehr Protagonist. Als etwas Einheitliches kann man ihn überhaupt nicht mehr fassen; der eine Teil macht das Kompromisseschließen zu seinem Prinzip, er lernt gehorchen, läßt sich imponieren, verbindet Loyalität und bürgerliche Sentimentalität; der andere Teil wird immer eigensinniger, partikularistischer, er spaltet sich mehrfach, aber die schärfsten Oppositionswaffen nimmt ihm die neue Bewegung des Proletariats aus den Händen.

Die klassische Partei des historischen Liberalismus ist nun die nationalliberale Partei geworden, die im Schicksalsjahr 1866 entstanden ist. Von den alten Fortschrittlern spaltete sich ein Teil ab und konstituierte sich selbständig als Fraktion der nationalen Partei; im Reichstage des Norddeutschen Bundes von 1867 nahm diese neue Richtung den Namen Nationalliberale Partei an; Rudolf v. Bennigsen wurde ihr Vorsitzender. Er hat die Partei durch Jahre hindurch geleitet und ihr auch etwas von seinem persönlichen Geist und Wesen gegeben. Als der Nichtpreuße tritt er den Konservativen entgegen, als ruhiger zäher Niedersachse versucht er ein Gegenwicht zu schaffen gegen die Radikalen aus Süddeutschland. Er war einer der Führer des Nationalvereins gewesen, jener Organisation des politischen Deutschtums in den schweren Übergangsjahren nach 1848. Bis zu dem Epochenjahr von 1878 waren die Nationalliberalen die schaffende und aufbauende Kraft im neuen Reich. Alle großen Gesetze der Zeit sind aus ihrem Geist geboren, aus dem Geist der gemäßigten, loyalen, friedlichen bürgerlichen Schicht, in der sich alter Adel, Patriziertum, noblesse de robe, wohlhabende Bourgeoisie und akademische Intelligenz behaglich und mit gegenseitiger Hochachtung zusammenfanden, eine Elitepartei, eine Honoratiorenpartei, sehr respektabel, sehr wohlmeinend, aber nicht imstande, anders als durch die nationale Idee auf die Masseninstinkte einzuwirken. Mit den Nationalliberalen hat Bismarck den Kulturkampf gemacht; über der Schutzzollfrage aber brach die Partei auseinander, um nie wieder den hohen Stand der siebziger Jahre zu erreichen. Sie hat seitdem immer eine vermittelnde Rolle gespielt, mit den Augen nach rechts, mit dem Munde nach links gewandt, in den wirtschaftlichen Fragen erfolgreich mitwirkend, selbst immer mehr von wirtschaftlichen Gesichtspunkten bestimmt, eine Partei, die von ihren Gegnern oft totgesagt worden ist, aber sich mit erstaunlicher Zähigkeit durch alle Gefahren hindurchgewunden hat. An Nationalismus wurde sie bald von der schärferen Rechten, an Liberalismus von der konsequenteren Linken übertroffen, von beiden Seiten deshalb mit besonderer Vorliebe angegriffen; aber gerade als Partei der Mitte hat sie sehr häufig den Ausschlag gegeben, so daß bei ihr das Minus an Gesinnung zu einem taktischen Plus geworden ist. Nach der Revolution hat der Rechtsliberalismus die längste Zeit gebraucht, sich wieder zu sammeln, und er hat als Parteiname eine Firma übernommen, die ein alter Parteiname einer linksliberalen Gruppe gewesen war. Die „Deutsche Volkspartei" hat sich aber dann doch schnell wieder gekräftigt uud spielt in dem nachrevolutionären Deutschland eine beinahe größere Rolle als die alte nationalliberale Partei. Die Bedeutung der wirtschaftlichen Momente ist ihr dabei wieder zugute gekommen.

Der Linksliberalismus, wie wir sahen, die ältere, mächtigere, spezifisch liberale Bewegung ist bis heute der eigentliche Erbe der Ideen von 1848 geblieben. Die alte Fortschrittspartei ist 1861 gegründet worden von den Führern der Preußischen Demokratie: ihr Ziel war die feste Einigkeit Deutschlands mit starker preußischer Zentralgewalt und einer gemeinsamen deutschen Volksvertretung. Die Militärfrage führte dann bekanntlich in Preußen zu dem von Bismarck scharf durchgeführten Verfassungskonflikt, bei dem das formale und auch sachliche Recht zweifellos auf Seite der Partei gewesen ist. Im neuen Reich hat die Partei dann mit Eigensinn die Rolle der ewig Verneinenden gespielt. Eugen Richter ist ihr Führer und ihr Typus geworden, der große Nörgler, der Bismarck ganz speziell aufs Korn genommen hat und mit seiner lebhaften, flüssigen, zugespitzten Rede so maßlos reizte, ein sehr kundiger und deshalb trotz der Negation auch einflußreicher Mann, gefürchtet als Etatkenner, der Meister der Ironie, der Anzapfung, der spöttischen Bekrittelung, der rechte aufgeklärte Individualist, der von dem großen Stil staatlichen Werdens ebensowenig verstand wie von der elementaren Wucht der sozialdemokratischen Bewegung. In den achtziger Jahren teilte sich die Fortschrittspartei in die Freisinnige Volkspartei und die Freisinnige Vereinigung; als Vermittlerin stand zwischen ihnen die alte Deutsche Volkspartei, die Partei der süddeutschen Demokraten, die sich zuerst in Württemberg bildete, um dann in Baden, Frankfurt und im nördlichen Bayern Fuß zu fassen. Einen besonders starken Einfluß auf die Entwicklung des Linksliberalismus hat Friedrich Naumann gehabt, der von der christlichen Caritas ausging, dann in Gegensatz zu Stöcker und den Evangelisch-Sozialen geriet, nach links abschwenkte und den großen Versuch einer Synthese zwischen nationaler Idee und Sozialismus, zwischen Demokratie und Kaisertum machte. Seine national-soziale Partei konnte sich aber parlamentarisch nicht durchsetzen, und so schloß sich Naumann schließlich dem Linksliberalismus an, der im Jahre 1910 sich endlich aus seinen drei Splittern wieder zu einer einheitlichen Partei, der Fortschrittlichen Volkspartei, zusammenfügte. Diese Partei versuchte zur Trägerin der Idee eines modernisierten Deutschen Reichs zu werden. Naumann ist der begeisterte Verfechter der großen deutschen Linken geworden, des Blocks von Bassermann bis Bebel, durch den er hoffte, ein neues Deutschland auf parlamentarischem Wege entwickeln zu können: verantwortliche Reichsministerien, vereinfachter Verwaltungsapparat, Reform des Militärwesens, steuerliche Gerechtigkeit, Völkerannäherung, europäische Interessengemeinschaft. Vieles von diesen Zielen des Linksliberalismus ist in der Weimarer Verfassung verwirklicht worden. Die Deutsche demokratische Partei hatte nach der Revolution von 1918 zweifellos eine große Mission; das meiste der alten liberalen Forderungen stand nun unmittelbar vor der endlichen Verwirklichung. Daß die demokratische Partei als Partei nicht von dieser Durchführung ihrer Ideen soviel Nutzen hatte, wie wohl zu erwarten gewesen wäre, dürfte wohl nicht allein ihre Schuld sein.

VI. Der Sozialismus.

Die Forderungen der Sozialdemokratie stellen gedanklich eine Vereinigung von demokratischen und sozialistischen Elementen dar. Es handelt sich um eine Reihe von Glaubenssätzen wirtschaftlicher, politischer und religiöser Natur, die heute von einem großen Teil der Arbeiterschicht zu Richtlinien ihrer Lebensführung und ihres politischen Wollens gemacht worden sind. Wir haben hier nicht die Entstehung des Sozialismus überhaupt zu untersuchen; uns beschäftigt hier allein die Frage: wie hat sich eine sozialdemokratische Partei nebst ihren verschiedenen Schattierungen bei uns in Deutschland bilden können? Der Sozialismus ist genau wie der Liberalismus eine gesamteuropäische Erscheinung, deren Ursprünge aber nicht so weit zurück, sondern lediglich in den Anfang des 19. Jh. hinein zu verfolgen sind. Die große Tatsache der beispiellosen Bevölkerungszunahme in Europa hat eine neue Wirtschaftsentwicklung hervorgerufen, durch die der alte Gesellschaftsaufbau aus den Fugen gebracht und zwei neue Stände, die Internationale Finanzaristokratie und das Internationale Proletariat, geschaffen wurden. Durch die Internationale Finanzaristokratie ist das kapitalistische Prinzip auf seine äußerste Spitze getrieben worden; und diesem Prinzipe wurde nun die Gesamtheit der Produktion wirtschaftlicher Werte unterworfen. Das alte Handwerk, die alte landwirtschaftliche Betriebsform wurden von Grund auf verändert. Die schweren materiellen und seelischen Erschütterungen, die aus dieser Entwicklung folgten, brachten in England und Frankreich während der Restaurationszeit die ersten sozialistischen Theorien hervor, die eine scharfe Ablehnung der historisch gewordenen Institutionen, Privatrecht, Erbrecht, Familie, Arbeitsvertrag, bedeuten. Demgegenüber wurde eine neue Gesellschaftsorganisation nach den Motiven der Gerechtigkeit gefordert, eine Organisation, die dem Arbeiter einen menschenwürdigen Lebensunterhalt garantierte. Neben die sozialistischen Theorien traten in den dreißiger Jahren die kommunistischen, die in besonders primitiver und massiver Weise die Abschaffung des Privateigentums forderten und auf eine allgemeine und soziale Umwälzung hinzielten. Sozialistische und kommunistische Ideen beherrschten den linken Flügel der demokratischen Partei in Frankreich und in Deutschland schon vor 1848. Schriftsteller, politische Flüchtlinge aller Stände, Arbeiterführer fanden sich in dem Bunde der Gerechten von 1836 zusammen, der sich bald Kommunistenbund nannte; zuerst war sein Sitz in Paris, dann, seit 1840, in London. 1847 veröffentlichte er sein Programm, das weltberühmte kommunistische Manifest, dessen Verfasser zwei Deutsche gewesen sind: Karl Marx und Friedrich Engels. In diesem Manifest wurde die Auffassung vorgetragen, daß die Geschichte aller bisherigen Gesellschaft die Geschichte von Klassenkämpfen gewesen sei; daß die ganze Gesellschaft sich mehr und mehr in zwei große Klassen, Proletariat und Bourgeoisie, spalte und daß die politische Herrschaft, die Gewalt der einen Klasse, die Unterdrückung der anderen bedeute: die Wirtschaft ist über die nationalen Schranken hinausgewachsen, die Überproduktion ist die Folge, das Proletariat ist durch diese Not zu einer internationalen Einheit zusammengeschweißt worden, seine Bewegung stellt im Gegensatz zu allen früheren Bewegungen die Bewegung der ungeheuren Mehrzahl im Interesse der ungeheuren Mehrzahl dar. Als das politische Ziel bezeichnet das Manifest die Organisation der Proletarier zu einer Klassenpartei, die Eroberung der politischen Gewalt durch diese Partei, die Aufhebung des bürgerlichen Eigentums. Der letzte Satz des Manifestes wurde zum geflügelten Worte: „Proletarier aller Länder, vereinigt euch!" Bei der Revolution im Jahre 1848 haben die Sozialisten und Kommunisten bereits wesentlich mitgewirkt, kaum in den Parlamenten, desto mehr aber bei den Putschen auf der Straße. Zu wirklichen Ergebnissen konnte aber die Bewegung, wenigstens in Deutschland noch nicht kommen. Während der Reaktionszeit herrscht zunächst große Stille; 1862 gründet Karl Marx die Internationale Arbeiterassoziation, die ein Mittelpunkt für den Zusammenschluß der Arbeitervereine der verschiedenen Länder sein sollte, und zwar im friedlichen Sinne. Die Internationale hielt jährliche Kongresse ab und formulierte ihre Forderungen; von der Regierung wurde die Bewegung beachtet und nach Möglichkeit unterdrückt, in die Massen wirkte sie nur ganz allmählich. Der russische Anarchist Bakunin, der sich 1868 den Internationalen anschloß, versuchte die Leitung an sich zu ziehen, was schließlich zu schweren Konflikten mit Karl Marx und 1876 zur Auflösung der ersten Internationale führte.

In Deutschland hatte indessen eine ganz andere Entwicklung eingesetzt: Ferdinand Lassalle war zum Schöpfer einer nationalen Sozialistenpartei geworden. Er kam zur rechten Zeit, um der reif gewordenen deutschen Arbeiterschaft den gewaltigen Gedanken entgegenzuschleudern: Bildet eine eigene politische Partei, unabhängig von den bürgerlichen Parteien, und erobert euch die politische Macht! Entrinnt dem ehernen Lohngesetz, kraft dessen ihr nie mehr erwerben dürft als das Existenzminimum! Begründet Produktivgenossenschaften mit Hilfe des Staates und erringt euch diese Staatshilfe durch das allgemeine Wahlrecht! „Sozialdemokrat" hatte sich bereits Friedrich Hecker im Jahre 1848 genannt. Lassalle prägte jetzt den Namen Sozialdemokratie neu; es war seine persönliche Leistung, sozialistische Gedanken und Überlieferungen den Deutschen in jener historischen Stunde mundgerecht zu machen: das Werk eines raffinierten logischen Kopfes und eines blendenden Redners. 1863 gründete er auf dem Leipziger Kongreß den Allgemeinen Deutschen Arbeiterverein; an der Spitze der straff zentralisierten Verwaltung stand er als Präsident auf 5 Jahre. 1864 fiel Lassalle im Duell, und dieser plötzliche tragische Tod brachte seine Gründung ins Schwanken. In Sachsen entstand eine Gegenbewegung, die gegenüber dem Lassalleschen Nationalismus den internationalen Marxismus annahm. Liebknecht ist als der eigentliche Gründer dieser Bewegung anzusehen und somit der Vater der heutigen sozialdemokratischen Partei. Die entscheidende Einwirkung auf die deutsche Parteientwicklung ist erfolgt durch das inzwischen erschienene grundlegende Werk von Karl Marx: „Das Kapital" (erschienen 1867). Seine Grundanschauungen lassen sich in fünf Theorien zusammenfassen: die Konzentrationstheorie (die Entwicklung drängt auf die Alleinherrschaft ganz großer Wirtschaftskörper, die kleinere Unternehmung wird immer durch die größere totgeschlagen); die Sozialisierungstheorie (das kapitalistische Wirtschaftssystem bildet aus sich selbst die Bedingungen zum zukünftigen sozialistischen System aus; an Stelle der privatwirtschaftlichen Leitung tritt immer mehr die kommunistische, der Gegensatz zwischen herrschender und arbeitender Klasse hebt sich selbst auf); die Akkumulationstheorie (der Reichtum wird immer größer, die Zahl der Reichen wird immer kleiner, der Gegensatz zur Masse der Armen wird immer schärfer); die Verelendungstheorie (die Lage des Proletariats wird durch Druck, Knechtschaft, Ausbeutung ständig verschlechtert); die Zusammenbruchstheorie (jede Handelskrise wird schärfer, der Kapitalismus tötet sich selbst durch die immer furchtbarer werdenden Bankerotte der bürgerlichen Gesellschaft).

Die erste Programmfestsetzung der deutschen Sozialdemokratie geschah wesentlich unter dem Einfluß dieser marxistischen Lehren auf dem Eisenacher Kongreß. Das Programm zerfiel in drei Abschnitte: Das politische Ziel der Partei ist die Errichtung eines freien Volksstaats, das wirtschaftliche Ziel ist die Abschaffung der Klassenherrschaft und des Lohnsystems, dafür genossenschaftliche Arbeit mit vollem Arbeitsertrag, die direkten praktischen Forderungen sind allgemeines Wahlrecht, Diäten der Abgeordneten, direkte Gesetzgebung durch das Volk, Aufhebung aller Vorrechte, Volkswehr, Trennung von Kirche und Staat, von Schule und Kirche, Beschränkung der Arbeitszeit, Einschränkung der Frauenarbeit, Verbot der Kinderarbeit, Einführung einer direkten Einkommen- und Erbschaftssteuer. Die Spaltung zwischen Lassalleanern und Marxisten wurde im Jahre 1875 überwunden; damals entstand die neue einheitliche „Sozialistische Arbeiterpartei Deutschlands", deren Programm von Gotha eine kunstvolle Kombination der marxistischen Grundgedanken mit Lassalleschen Formeln darstellt. Es ist das ein höchst bezeichnendes Symptom, daß der Standpunkt der wissenschaftlichen Doktrin verlassen und, unter dem Druck der Not des Tages, ein Kompromiß gewählt wurde, der unmittelbare praktische Arbeit ermöglichte. Im Gegensatz zur straff zentralistischen Organisation trug der Parteiaufbau föderativen Charakter: autonome Ortsgruppen, über denen der alljährlich zusammentretende Parteitag steht, ein Vorstand von 5 Mitgliedern, eine Aufsichtsinstanz von 7 Mitgliedern und als Entscheidungsinstanz zwischen beiden eine Kommission von 18 Mitgliedern. Die deutsche sozialdemokratische Partei war die erste Partei mit sozialistischem Programm in einem Großstaat — ein Ereignis von internationaler Bedeutung, das für andere Länder vorbildlich geworden ist.

Die ersten offiziellen Parteiorgane waren: Der „Volksstaat" uud der „Neue Sozialdemokrat": sie wurden 1876 zu einem einheitlichen Organ, dem „Vorwärts" verschmolzen. Die Anzahl der für die Partei abgegebenen Stimmen vermehrte sich von Mal zu Mal, sehr zum Schrecken des Bürgertums, das glaubte, der roten Revolution entgegenzugehen. Bismarck benutzte die Attentate gegen den alten Kaiser im Jahre 1878, um gegen die Sozialisten einzuschreiten. 12 Jahre lang hat das Sozialistengesetz bestanden und über die Partei eine schwere Krisis gebracht. Fast die gesamte sozialistische Literatur wurde unterdrückt, Versammlungen verboten, Vereine aufgelöst. Tausende von Existenzen sind in der Tat vernichtet worden. Man hat ausgerechnet, daß die Höhe der gerichtlich verhängten Freiheitsstrafen sich auf etwa 1000 Jahre belief, verteilt auf 1500 Personen. Wie so oft in der Geschichte hat die Sozialistenverfolgung das Gegenteil von dem erreicht, was sie beabsichtigte. Das Blatt „Der Sozialdemokrat" wurde in der Schweiz gedruckt und massenweise in Deutschland verbreitet — später mußte es nach London verlegt werden. In der Schweiz und in Kopenhagen fanden die Kongresse statt, die nur bewiesen, daß sich die Partei immer fester zusammenschloß und die im Anfang bestehende Gefahr des Zusammenbruchs überwand. Nach der Entlassung Bismarcks war es nicht mehr möglich, ein Ausnahmegesetz zustande zu bringen; die Umsturzvorlage wurde so gut wie die Zuchthausvorlage abgelehnt. Die Partei konstituierte sich 1890 neu und schuf sich auf dem Erfurter Parteitag das Programm, das bis über die Revolution hinaus, bis 1921, maßgebend geblieben ist. Im Anschluß an die marxistische Lehre wird darin gefordert die Verwandlung des kapitalistischen Privateigentums an den Produktionsmitteln — Grund und Boden, Gruben und Bergwerke, Rohstoffe, Werkzeuge, Maschinen, Verkehrsmittel — in gesellschaftliches Eigentum — und die Umwandlung der Warenproduktion in eine sozialistische, d. h. eine Produktion, die für und durch die Gesellschaft betrieben wird. Diese ganze große Umwandlung bedeutet nach dem Parteiprogramm die Befreiung nicht bloß des Proletariats, sondern des gesamten Menschengeschlechts. Nur die Arbeiterklasse kann sie aber durchführen; deshalb erstrebt sie die politische Macht: sie will die Abschaffung der Klassenherrschaft und der Klassen selbst, also gleiches Recht und gleiche Pflicht aller ohne Unterschied des Geschlechtes und der Abstammung.

Die Partei hat mit diesem Programm einen glänzenden Aufschwung genommen; sie ist schon vor dem Kriege die größte und bestorganisierte aller sozialistischen Parteien gewesen — ein spezifisch deutsches Gebilde, begeistert für ihre großen Führer, tief eingelebt in die Systeme der Parteipropheten, in den ganzen verwickelten Dogmatismus von Karl Marx. Sehr viel kleine Züge des theoretischen Eigensinns haben in der sozialdemokratischen Partei gesteckt; andererseits hat sie viele demokratische Radikale dank des Ungeschickes des alten Liberalismus hinübergezogen.

Die sozialdemokratische Partei vor dem Kriege hat sich mit Stolz eine internationale Partei genannt. An allen Bestrebungen, die Zusammenarbeit der sozialistischen Parteien aller Länder zu fördern, hat sie energischen Anteil genommen. Nach dem Scheitern der ersten Internationale ist vor dem Kriege auf dem Stuttgarter Kongreß 1907 eine zweite Internationale ins Leben gerufen worden, bei der 25 Nationen vereinigt waren. Zu einer wirklich tatkräftigen internationalen Organisation ist es aber nicht gekommen; es blieb bei einem Ideenaustausch und einer mehr theoretischen Interessengemeinschaft.

Die innere Einheit der Partei ist verhältnismäßig frühe, unmittelbar nach Aufhebung des Sozialistengesetzes in Frage gestellt worden. 1891 hat Georg von Vollmar eine Anzahl Reden gehalten, die eine Konzentration der Kraft durch bestimmte Reformen vorschlugen. Daran anknüpfend wurde dann viel debattiert über Revision der Parteianschauungen und Umbildung der Begriffe. Bernstein ist der bedeutendste Führer dieser Richtung, des sogenannten Revisionismus, geworden. Es handelt sich dabei um zweierlei: einmal um die wissenschaftliche Fortarbeit an der Theorie, da sich die besseren Köpfe nicht mit dem dogmatisierten Marxismus zufrieden geben wollten; dann aber um eine Frage, die in der Folge immer mehr in den Vordergrund des Interesses getreten ist, nämlich die Frage: Ob die Sozialdemokraten faktisch an der staatlichen Arbeit teilnehmen dürften. In den süddeutschen Landtagen haben sie bereits vor dem Weltkrieg regelmäßig das Budget bewilligt.

Die Uneinigkeit innerhalb der Partei hat vor dem Kriege nicht zu einer Spaltung geführt; es handelte sich mehr um persönliche Gegensätze, auch um Gegensätze zwischen Norddeutschen und Süddeutschen, zwischen emporgestiegenen Gewerkschaftsführern und akademisch gebildeten Redakteuren. Erst die Kriegsereignisse haben den Bruch zwischen der sozialdemokratischen Hauptpartei, den sogenannten „Mehrheitssozialisten", und der Sezession, den sogenannten „Unabhängigen", herbeigeführt. Die Mehrheitssozialisten haben es für richtig gehalten, das Prinzip der Bewilligung der Kriegskredite im August 1914 konsequent durchzusetzen und das deutsche Vaterland in seinem zunehmenden Unglück nach Möglichkeit zu stützen und zu halten. Die Unabhängigen haben sich zur Opposition gegen das kriegführende

Bürgertum und ihre eigenen Genossen, wenn auch verspätet, entschließen zu sollen geglaubt. Es ist zu den heftigsten Zusammenstößen zwischen den beiden sozialistischen Parteien gekommen.

Zweifellos hat aber die mehrheitssozialistische Partei darin recht gehabt, daß die Interessen der arbeitenden Klassen mit dem Dasein des nationalen Staates tief verkettet waren, daß infolgedessen die Sozialdemokratie nichts anders tun konnte, als möglichst in diesen Staat hineinzuwachsen und ihn mit modernem Geiste zu erfüllen. Eine Niederlage Deutschlands wurde von den sozialistischen Führern als schwerste Gefahr gerade für die arbeitenden Klassen angesehen; durch den Sieg des westeuropäischen und amerikanischen Kapitalismus mußte, so wurde frühzeitig erkannt, jede Aussicht auf Emporsteigen des Proletariats für lange Zeit als ausgeschlossen angesehen werden. Ein Sieg der Entente und ihrer Bundesgenossen mußte Deutschland und seine Verbündeten proletarisieren, den Kapitalismus als Weltprinzip aber ungeheuer verstärken. Die Mehrheitssozialdemokratie hat deshalb alles getan, um einen erträglichen Ausgang des Krieges für Deutschland herbeizuführen. Daß die Weltkriegsereignisse die marxistische Doktrin nicht bestätigten, daß vielmehr die Geschichte ihre eigenen unberechenbaren Wege ging, diese Tatsache versöhnte viele Sozialisten mit dem Leben selbst, entfremdete sie der Ideologie und erzeugte in ihnen den brennenden Wunsch, unter den gegebenen Verhältnissen Nützliches zu schaffen.

Die Unabhängigen und die unter der Einwirkung der russischen Revolution neu entstehende Gruppe der Kommunisten haben eine andere Auffassung der Dinge gehabt.

Sie fanden die Lage für die arbeitenden Klassen durchaus unerträglich, machten das kaiserliche Deutschland allein für den Krieg verantwortlich und wünschten seine Niederlage und seinen Zusammenbruch, in der Hoffnung, daß dann für Deutschland und seine bisherigen Gegner eine neue Periode harmonisch-sozialistischen Zusammenlebens beginnen würde. Die Kommunisten — Spartakusgruppe genannt — arbeiteten von vornherein auf die Revolution hin; auch die Unabhängigen haben das spätestens seit 1917 getan. Rußland war das große Beispiel: Arbeiter- und Soldatenräte, Diktatur des Proletariats, Vernichtung der Bourgeoisie — das waren die Mittel und Ziele, die nun auch in Deutschland zur Anwendung kommen sollten. Die Mehrheitssozialdemokratie hat die Revolution nicht gewollt, sondern eine radikale Veränderung des innerstaatlichen Aufbaues von Deutschland erstrebt, in den letzten Wochen vor dem Zusammenbruch doch auch die Einführung der Republik ins Auge gefaßt. Unter dem furchtbaren, für viele völlig überraschenden Eindruck der endgültigen militärischen Niederlage ist dann die Novemberrevolution von den radikalen sozialistischen Gruppen ins Werk gesetzt, von den Mehrheitssozialisten maßvoll und unblutig durchgeführt, von der Masse des Bürgertums stumpf hingenommen, von den Stützen der alten kaiserlichen Macht ohne irgendeinen ernsthaften Widerstand erlitten worden. Der Fortgang der Revolution wird durch den erbitterten Kampf der sozialistischen Gruppen unter sich gekennzeichnet. Die Mehrheitssozialdemokratie führte den Neuaufbau eines republikanischen Deutschlands zusammen mit den bürgerlichen Mittelparteien durch. Die Unabhängigen konnten das Rätesystem als Verfassungsgrundlage nicht durchsetzen, hatten aber dann erhebliche Wahlerfolge dank der allgemeinen politischen Enttäuschung und des wirtschaftlichen Niederganges. Ihre Spaltung im Juni 1920 lähmte sie entscheidend; der linke Flügel vereinigte sich mit den Kommunisten, der übrig bleibende rechte Flügel hat durch seine unerbittlich wahrhaftige Kritik erheblichen Einfluß ausgeübt, konnte aber zu einem großen Machtfaktor nicht mehr werden. Unter dem Eindruck der Ermordung Rathenaus hat sich dann der lange innerlich vorbereitete Wiederzusammenschluß der Mehrheitssozialisten und der Unabhängigen vollzogen. Eine kleine Gruppe der Unabhängigen hat diese Verschmelzung nicht mitgemacht und führt zwischen der „Vereinigten Sozialdemokratischen Partei“ und den Kommunisten ein bedeutsames Sonderdasein weiter.

Zeittafel.

1816 Hallers Restauration der Staatswissenschaften beginnt zu erscheinen.
1831/41 Das Berliner Politische Wochenblatt (Radowitz und Jarcke).
1832/36 Leopold Rankes Historisch-politische Zeitschrift.
1833 Rotteck und Welcker begründen ihr Staatslexikon.
1838 Görres begründet die Historisch-politischen Blätter in München.
1847 Der Vereinigte Landtag in Preußen.
Begründung der „Deutschen Zeitung" (Gervinus und Häußer).
Versammlung der Radikalen in Offenburg.
1848 Februar: Karl Marx und Friedrich Engels veröffentlichen das kommunistische Manifest.
5. März: Heidelberger Versammlung.
31. März bis 2. April: Vorparlament in Frankfurt.
18. Mai: Beginn der ersten Deutschen Nationalversammlung (Paulskirche in Frankfurt).
22. Mai: Zusammentritt der Preußischen Nationalversammlung (Berlin).
1852 Das Berliner Wochenblatt beginnt zu erscheinen (Partei Bethmann Hollweg).
Bildung der katholischen Fraktion im Preußischen Landtag.
1859 Gründung des Nationalvereins (Rudolf v. Bennigsen).
Die katholische Fraktion nimmt den Namen Zentrum an.
1861 Bildung der Deutschen Fortschrittspartei.
1863 Lassalle begründet den Allgemeinen Deutschen Arbeiterverein.
1864 J. B. v. Schweitzer gibt den „Sozialdemokrat" heraus.
1866 Begründung der Nationalliberalen und der Freikonservativen Partei (Reichspartei).
1867 Das „Kapital" von Karl Marx beginnt zu erscheinen.
1868 Begründung der Deutschen Volkspartei (Süddeutsche Demokratie: Sonnemann, Payer, K. Mayer).
1870 Neubegründung der Zentrumspartei; ihre Verbindung mit der bayrischen Patriotenpartei, den Polen und Welfen.
1872 Begründung der „Neuen konservativen Fraktion".
1874 Bildung der Freien wirtschaftlichen Vereinigung (Schutzzollpropaganda).
1875 Gothaer Programm der Sozialdemokratie.
1876 Begründung der Deutsch-konservativen Partei (v. Helldorf-Bedra).
Bildung des Zentralverbands Deutscher Industrieller (v. Kardorff).
Der „Vorwärts" beginnt zu erscheinen.
1878 Sozialistengesetz.
1880 Spaltung der Nationalliberalen Partei (Sezession).
1884 Begründung der Deutschen Freisinnigen Partei.
Heidelberger Erklärung (Rechtsschwenkung der Nationalliberalen).
1887 Sieg der Kartellparteien bei den Wahlen (Deutsch-Konservative, Freikonservative, Nationalliberale).
1890 Niederlage des Kartells. Nichterneuerung des Sozialistengesetzes.
Bildung der Antisemitischen Parteigruppe (Liebermann v. Sonnenberg).
Begründung des Alldeutschen Verbandes.
1891 Bildung der „Freisinnigen Vereinigung" (Hänel). Die Hauptgruppe der Deutschen Freisinnigen Partei unter Eugen Richter nimmt den Namen Freisinnige Volkspartei an.
Erfurter Parteitag der Sozialdemokratie. Reformvorschläge Georg v. Vollmars.
1892 Das Tivoliprogramm der Konservativen Partei. Vereinigung mit den Antisemiten.
1893 Begründung des Bundes der Landwirte.
1896 Friedrich Naumann begründet den nationalsozialen Verein.
1899 Eduard Bernsteins Schrift: „Die Voraussetzungen des Sozialismus und die Aufgaben der Sozialdemokratie" erscheint.
1903 Vereinigung der Nationalsozialen mit der Freisinnigen Vereinigung.
Wahlbündnis der Freisinnigen Volkspartei mit der Deutschen Volkspartei.
1906 Die Blockpolitik Bülows (Parole gegen das Zentrum; Zurückdrängung der Sozialdemokratie).
1909 Begründung des Hansabundes und des Deutschen Bauernbundes.
1910 Zusammenschluß der linksliberalen Fraktionen zur „Fortschrittlichen Volkspartei".
1914 Kriegsausbruch; Burgfriede.

September: Bildung der Gruppe Internationale (Karl Liebknecht und Rosa Luxemburg), später Spartakusgruppe, zuletzt Kommunistische Partei.

1916 Bildung der „Sozialdemokratischen Arbeitsgemeinschaft", später „Unabhängige Sozialdemokratische Partei Deutschlands".

1918 Novemberrevolution. Begründung der Demokratischen Partei, der Deutschen Volkspartei und der Deutschnationalen Volkspartei. Das Zentrum nimmt den Namen „Christliche Volkspartei" an.

1920 Spaltung der Unabhängigen: Vereinigung des linken Flügels mit den Kommunisten. Absonderung der „Bayrischen Volkspartei" vom Zentrum.

1922 Wiedervereinigung der Mehrheitssozialdemokraten mit der Hauptgruppe der Unabhängigen.

Literatur (Auswahl).

I. Allgemeines. F. Salomon, Die deutschen Parteiprogramme I und II, Leipzig 1912; III Von der Revolution bis zum neuen Reichstag 1918—1920; Leipzig 1920. — Friedrich Naumann, Die politischen Parteien, 1910. — Ludwig Bergsträßer, Geschichte der politischen Parteien, Mannheim 1922, 2. Aufl. — Veit Valentin, Bismarck und seine Zeit, 4. Aufl., 1918.

II. Der Konservativismus. Haller, Restauration der Staatswissenschaft, 6 Bde., Winterthur 1816—1834. — Friedrich Julius Stahl, Die Philosophie des Rechts nach geschichtlicher Ansicht, 2 Bde., 1830/37. — Adam Müller, Elemente der Staatskunst, 1809. — Dr. Walter Schmidt, Die Partei Bethmann Hollweg und die Reaktion in Preußen, 1910. — Leopold v. Gerlach, Denkwürdigkeiten, 1891/92. — H. v. Petersdorff, Kleist-Retzow, 1907. — v. Oertzen, Adolf Stöcker, 1910.

III. Der Klerikalismus. L. Bergsträßer, Studien zur Vorgeschichte der Zentrumspartei, 1910. — Der politische Katholizismus, Dokumente seiner Entwicklung (1815—1870), München 1921, ed. Bergsträßer. — J. B. Kißling, Geschichte des Kulturkampfes im Deutschen Reiche, 3 Bde., 1911/13. — Ketteler, Die Zentrumsfraktion auf dem ersten deutschen Reichstage, 1872. — Martin Spahn, Das deutsche Zentrum, 1905. — Karl Koeber, Der Streit um den Zentrumscharakter, Köln 1912. — C. Bachem, Politik und Geschichte der Zentrumspartei, Köln 1918.

IV. Der Liberalismus. P. Wentzke, Geschichte der Deutschen Burschenschaft, Heidelberg 1919. — Karl Wild, Karl Theodor Welcker, Heidelberg 1913. — Veit Valentin, Die erste deutsche Nationalversammlung, München und Berlin 1919. — Otto Westphal, Welt- und Staatsauffassung des deutschen Liberalismus, München 1919. — E. Brandenburg, Fünfzig Jahre nationalliberale Partei, 1917. — Eugen Richter, Im alten Reichstag I, 1894. — H. Oncken, Bennigsen, 2 Bde., 1912. — Geschichte der Frankfurter Zeitung, 1911. — Oskar Klein-Hattingen, Die Geschichte des deutschen Liberalismus, Berlin 1911.

V. Der Sozialismus. Karl Marx, Das Kapital, 1. Aufl., 1867. — H. Oncken, Lassalle. 3. Aufl., 1920. — Gustav Mayer, Johann Baptist v. Schweitzer und die Sozialdemokratie, 1909. Gustav Mayer, Friedrich Engels, I. Band, 1920. — August Bebel, Aus meinem Leben, 3 Bde., 1910/14. — Eduard Bernstein, Zur Theorie und Geschichte des Sozialismus, 4. Aufl., 1904, — Karl Kautsky, Bernstein und das sozialdemokratische Programm, 1899. — Konrad Hänisch, Die deutsche Sozialdemokratie in und nach dem Weltkriege, Berlin 1916. — Paul Lensch, Die Sozialdemokratie, ihr Ende und ihr Glück, 1916. — Eduard David, Die Sozialdemokratie im Weltkrieg, 1915.

Die Presse.

Von Theodor Heuß.

I. Grundlagen.

Entwicklung. Der Name einer geistigen Erscheinung, einer öffentlichen Macht, eines ganzen Gewerbes bezieht sich auf ein Werkzeug, denn das ist nun eben im eigentlichen Wortsinn die „Presse", die Buchdruckerpresse. Sie hat die Bezeichnung für einen technischen Vorgang, der in vielen Industrien notwendig ist, in eindeutigem und fast ausschließendem Sinn an sich gerissen. Jede Betrachtung dieser Tatsache bleibt deshalb aber auch an die technische Erfindung gebunden. Der Begriff bezieht sich aber nicht auf alles, was gedruckt wird, also nicht auf Bücher und Verwandtes, sondern auf diejenigen Druckerzeugnisse, die einen einheitlichen, regelmäßigen, „periodischen" Charakter haben, die entstehen und abgenommen werden vorzugsweise auf Grund eines Lieferungsvertrags (Abonnement) zwischen Hersteller und Bezieher. In erster Linie handelt es sich um die „Zeitung", die je nach dem Stand der Entwicklung wöchentlich einigemale (so in kleinen Orten ein Teil der Lokalblätter), oder täglich einmal, zweimal, dreimal erscheint. Ihr Kern ist die regelmäßige Berichterstattung, das Nachrichtenwesen. Neben ihr steht die „Zeitschrift", wöchentlich, halbmonatlich, monatlich, je nachdem — ihr Zweck ist nicht so sehr die Mitteilung als die Beurteilung, Belehrung, Unterhaltung.

Technische Voraussetzungen. Für das Wesen der Presse sind noch (neben dem Stand des öffentlichen Bewußtseins, neben der Qualität der Journalisten und der soziologischen Struktur der Leserschichten) eine Reihe ganz äußerer technischer Probleme von Gewicht. Bis zu einem gewissen Grad läuft ihre Entwicklung parallel der Lösung rein technischer Dinge – sie ist gebunden an die Ausbreitung von Fernsprecher, Telegraph, Post, Eisenbahn, Automobil, sie ist eine Teilgeschichte aus dem Bezirk der Durchbildung der Drucktechnik.

Briefliche Übermittelung mit der Postkutsche, Handsatz, Flachdruck hatten ein anderes Tempo als das Zeitalter des Funkspruchs, der Flugpost, des Fernschreibers, des Diktaphons, der Setzmaschine, der Stereotypie, der Rotationsmaschine, der Filialstellen mit rascher Massenverbreitung. Alle diese Dinge wirken kräftig genug ein auf den ganzen Rhythmus, nach dem eine Zeitung entsteht – eine ganze Anzahl von geistigen Tätigkeiten und Handreichungen greifen täglich ineinander, bis die Zeitung fertig ist, das Verfahren in der Schriftleitung, der Druckerei, der Expedition arbeitsteilig aufs letzte durchgebildet und jede Teilarbeit zeitlich knapp gebunden, auf rasche Zweckmäßigkeit abgestellt.

Eine sehr wesentliche Ausweitung hat die moderne Presse bekommen durch die Fortschritte in der graphischen Technik der Bildreproduktion. Diese, an sich schon lange in einem hohen Grad entwickelt, ist jetzt ein Element auch in der großen Tagespresse geworden. Bei der Mehrzahl der illustrierten Beilagen steht freilich die hohe Technik der Ausführung in einem mitunter peinlichen Gegensatz zu der unerheblichen Gleichgültigkeit des gezeigten Stoffes.

Der Zeitungsverlag. Man mag Zeitungen und Zeitschriften darnach betrachten, ob sie als geschäftliches Erwerbsunternehmen oder um einer Idee willen gegründet wurden, vom Verleger, der in ihnen Verzinsung und Einnahmen, vom Publizisten, der mit ihnen Gedankenverbreitung und geistige Wirkung suchte. Ist das Blatt einmal geschaffen, so hat es gemeinhin seine Eigenlebigkeit, und die verlegerischen Funktionen scheiden sich von den journalistischen. Das ist an sich nicht notwendig: in zahlreichen Fällen der kleinen Presse deckt sich der Beruf des Verlegers mit dem des Redakteurs, und auf der anderen Seite gibt es, vorab in der Zeitschriftenliteratur, eine Anzahl sehr prägnanter Fälle, da Herausgeber, Redakteur und Verleger durch eine Persönlichkeit dargestellt wurden.

Das Verlagsgeschäft hat sich, zumal in Deutschland, sehr lange seinen persönlichen Charakter bewahrt, wenn wir von den Verbands- oder Parteizeitungen im engeren Sinne absehen. Die gesellschaftliche Unternehmungsform tritt erst verhältnismäßig spät in größerem Ausmaße auf. Es ist im Zeitungswesen, wie ja auch im Verlagsbuchhandel, viel familiäre Überlieferung als aktive Kraft mit verpflichtender Bindung wirksam geworden. Erst die letzten Zeitläufte haben den kapitalistisch-gesellschaftlichen Charakter in großen Konzernbildungen zur Vervollkommnung gebracht, der in Amerika (Hearst-Presse), aber auch in kleinerem Umfang schon in England vorgebildet war.

Die verlegerische Situation in Deutschland ruht auf zwei wesentlichen Eigentümlichkeiten: die Zeitung wird überwiegend „abonniert", d. h. auf Grund eines Lieferungsvertrages bezogen, bei dem die Post den billigen Mittler spielt, sofern der Verlag keine eigene Verbreitungsorganisation besitzt, und sie hat dem Nachrichtenteil einen Inseratenteil angegliedert, der das Rückgrat der Geschäftseinnahmen bildet. Doch hat sich auch bei uns für die Großstädte das System durchzusetzen begonnen, das für London und Paris schon länger charakteristisch ist — freier, zufälliger Kauf, Straßenkauf („Boulevard"-Presse) — damit ist diese Seite der Geschäftskalkulation ungewisser geworden. Und zum andern fehlen heute, in einer Ära der Preisrevolutionen, die sicheren Aufstellungen, wie innerhalb eines normalen Zeitungsbetriebes die verschiedenen Aktiv- und Passiv-Posten figurieren. Immerhin ist der vom Text gesonderte, ausführliche Anzeigenteil in solchem Umfang eine deutsche Sonderart, die zu mancherlei Erörterungen Anlaß gab. Denn das Anzeigenwesen war lange Zeit hindurch Staatsmonopol gewesen und hat sich erst nach dem mählichen Durchbruch der Gewerbefreiheit mit dem eigentlichen Zeitungswesen so enge verschlungen. Den Gegenstand der Diskussion bildet die Frage: wie weit kann durch den Inseratenteil, durch seine Subventionierung, ein Einfluß auf den redaktionellen Teil genommen werden?

Bei großstädtischen Skandalblättern hat dies ja öfters eine Rolle gespielt, ob die Begebung von Inseraten als Schweigegelder zu bewerten sei. Oder, um ein Beispiel zu nehmen, das auf der Hand liegt: das fleißige Inserieren der Kinotheater kann als Druckmittel benutzt werden, auch im redaktionellen Teil eine filmfreundliche Atmosphäre zu schaffen oder doch eine kritische zu verhindern. Derlei Möglichkeiten liegen vor, die sich natürlich noch ins Große steigern lassen. Aber gegen den Einwurf, daß so das Inserat der Umweg zur illegitimen Abhängigkeit der Presse werde, läßt sich mit guten Gegengründen sagen: nein, im Ganzen gesehen ist das Inserat der Weg, um die Presse in ihren wesentlichen Aufgaben unabhängig zu erhalten. Der Einzelfall wird von der Auffassung des Verlegers und dem Charakter des Redakteurs geprägt sein. Grundsätzlich aber mag wohl dies gelten: wenn schon der Bezugspreis nicht die Spesen für Papier, Druck, Verbreitung und Gehälter trägt, sondern ein Überschuß aus dem Anzeigenteil regelmäßig den theoretisch errechenbaren Abmangel zu decken hat, dann ist ein solches Deckungsverfahren, das in seinen Quellen der öffentlichen Kontrolle stets unterbreitet vorliegt, immer noch besser, als das andere: die Presse muß Anlehnung an Kapitalgruppen suchen, wie etwa in Paris, wodurch sie für den uneingeweihten Leser unsichtbaren Kräften sachlich unterworfen ist.

Auch das Anzeigengeschäft hat sich, ähnlich wie die Nachrichtenbeschaffung, zu einem gesonderten Hilfsgewerbe des Pressewesens ausgewachsen. Die kleine Tagesanzeige, vor allem persönlichen Charakters, bleibt natürlich ortsgebunden, Einzelbeziehung zwischen Interessent und Zeitung, aber das moderne Reklamewesen bedient sich großer geschäftlicher Organisationen („Annoncen-Expeditonen", etwa Rudolf Mosse, Ala usf.); diese sind aus dem heutigen deutschen Pressebetrieb als die Leitungssysteme für das finanzielle Leben der Blätter garnicht wegzudenken. Sie haben auch in dem „Acquisiteur" einen ganz besonderen Typus des Pressehilfsarbeiters herausgebildet.

Nachrichtendienst. Ein wesentlicher Teil der Zeitungen wird durch die Tatsache charakterisiert, daß sie dem Staat, einer Wirtschaftsgruppe, einer Partei ihre Dienste zur Verfügung stellen, von ihnen benutzt werden. Daneben steht nun die große Presse, die von sich sagt, daß sie an begrenzten Zielen und Wünschen uninteressiert sei und nur der Nachrichtenübermitteilung, dem wahren Beruf und eingeborenen Sinn der Zeitung, sich widme; sie ist „farblos", „parteilos" oder gibt sich wenigstens so. Diesem Typus sind sehr viele der mittleren und kleineren Lokalblätter zuzurechnen; in den bedeutenderen Exemplaren haben sie das Verdienst, an der Entwicklung eines sachlich orientierenden Nachrichtenwesens stark mitgewirkt zu haben. Ist für die politische Presse, ihr Gesicht, ihren Einfluß der Artikel entscheidend, Stellungnahme und Urteil, so für das eigentliche Nachrichtenblatt die Schnelligkeit und Zuverlässigkeit der Berichterstattung. Natürlich ist auch die Verbindung beider Typen nicht nur denkbar, sondern in wichtigen Zeitungen Tatsache.

Die Berichterstattung läuft, bis sie zum Leser kommt, je nachdem, durch mannigfache Kanäle. Im Hintergrund des sichtbaren Zeitungswesens hat sich heute ein eigenes Hilfsgewerbe, die Sammlung, Formulierung und Verbreitung von Nachrichten, herausgebildet, und, neben den allgemeinen Bureaus für solchen Zweck, spezialisiert (Kunst, Sport, Handel, Juristisches usf.). Der Hersteller der Zeitung kann selber nur in geringem Umfang für die Nachrichten sorgen; er wählt aus, sichtet, bewertet. In den größeren Zeitungen stützt sich die Redaktion auf einen hauptamtlichen oder nebenamtlichen Stab von Berichterstattern, sei es für politisch-geographische Bezirke, sei es für Sachgebiete; diesen „Korrespondenten", sofern sie als gehobene Mitarbeiter zu bewerten sind, obliegt, vorab im Politischen, nicht die bloße Übermittelung des greifbar Tatsächlichen, sie sind durch Urteil und Wille an der bestimmten Gesinnungsbildung beteiligt. Von ganz überragender Bedeutung ist in diesem Betracht die Stellung des ausländischen Korrespondenten, dessen Takt und Tatsachensinn, Beobachtung und zweckmäßige Behandlung der politischen und sozialen Vorgänge in seinem Gebiet, zum Guten und zum Schlimmen, das Gewicht unmittelbarer politischer Aktionen haben kann.

Wer schafft Nachrichten? Die Nachricht schafft sich selber ihren Autor, dort wo sie an irgendeinen Vorgang anknüpft und den „Augenzeugen" braucht. In diesem weitesten Sinn ist die Quelle für die Zeitung unbegrenzt. Aber Explosionen, Katastrophen, Stechereien, Demonstrationen usf., die, wenn ihre Darstellung nicht Schwindel oder Erfindung ist, auf irgendeinem Bericht irgend eines Beteiligten fußen müssen, sofern sie pressereif sein wollen, sind nicht das regelmäßige Leben der Zeitung. Sie braucht ihre zuverlässigen Zuleitungen. Behörden und Ämter, Parteien und Verbände, Wirtschaftsgruppen und Kulturvereinigungen überfluten die Zeitungen direkt oder auf dem Weg über vorhandene „Korrespondenzen" mit mehr oder weniger Wissenswertem; dies, daß druckfertiger Berichtstoff in Massen an die Zeitungen herangetragen wird von allerhand Interessenten, ohne daß die Zeitung sich selber umsehen müßte, hat sich vor allem im Ablauf des letzten Jahrzehnts ungeheuer gesteigert.

Im Mittelpunkt des Nachrichtenverkehrs arbeiten die großen nationalen Korrespondenzbureaus, deren Dienst für eine Mehrzahl von Zeitungen schlechthin entscheidend ist und die, soweit nicht Sondervertretungen vorhanden, auch die Nachrichtenübermittelung im internationalen Austausch erledigen. Nebeneinander stehen die amtlichen Schöpfungen und die bloß amtlich gebrauchten Institute, die dadurch, daß sie von den Regierungen benutzt werden, für viele Nachrichten einen Monopolcharakter besitzen und mit ihm eine offiziöse Färbung annehmen. In Deutschland wird diese Stellung von dem Wolffschen Telegraphen-Bureau eingenommen, in England von Reuter, in Frankreich von der Agence Havas, in Italien von der Agenzia Stefani, im heutigen Rußland von der Rosta usf. Die großen Bureaus hatten in Verträgen den Austausch ihrer Nachrichten eingerichtet und in der Nachrichtensammlung sozusagen die Welt untereinander verteilt — die Wirkung, wie sehr dadurch wir in Deutschland bestimmte außereuropäische Vorkommisse durch die englische oder französische Brille sahen, war uns gar nicht recht zum Bewußtsein gekommen, und es bedurfte fast des Weltkriegs, um zu verdeutlichen, wie sehr die Art, Fassung, Färbung von Nachrichten eine Angelegenheit der Politik ist.

Der Journalist. Verlage und Zeitungen erhalten durch ihre Geschichten eine bestimmte Atmosphäre: die „Kreuzzeitung", das „B. T.", der „Vorwärts" „schreibt" usf. Um Zeitungsnamen hängt sich nicht nur das Wissen von dieser oder jener politischen Richtung, sondern auch das Gefühl für eine ganz bestimmte Art der journalistischen Haltung. Die journalistische

Differenzierung ist deutlich auch zwischen Blättern gleicher politischer Richtung, etwa „Kreuzzeitung" und „Deutscher Tageszeitung", „Berliner Tageblatt" und „Frankfurter Zeitung", „Germania" und „Kölnischer Volkszeitung". Zeitungen bilden ihre eigene Physiognomie aus, die sie nur schwer und unter dem Einfluß dezidierter Persönlichkeiten ändern; in ihrem geistigen Charakter wirken, geradezu konservativ, oft Anregungen, Anschauungen weiter von Menschen, die längst gewesen sind.

Seltsam genug, wie der Redakteur, der Zeitungsschreiber fast unbekannt zwischen seinen Lesern steht oder stand, eine Macht, gefürchtet und doch heimlich gesucht, beschimpft und doch unentbehrlich. Von wenigen Ausnahmen abgesehen, die durch den literarischen Grad ihrer Publizistik oder durch Einflußkraft, die vom bedruckten Papier nicht abhing, hervorragten, haben in Deutschland die Journalisten sehr lange gebraucht, um als soziale Schicht mit eigenem Gepräge sich durchzusetzen. Das hängt mit der historischen Lage des deutschen Pressewesens schlechthin zusammen dessen Weg ein Emanzipationskampf gegen den, die soziale Bewertung wesentlich monopolisierenden Staat gewesen. Für die Vorstellung vom Tagesschriftsteller ist lange Zeit wohl auch die Typenschilderung wesentlich gewesen, die Freytag in seinen „Journalisten" gab; Ibsen hat mehrfach so vor allem im „Volksfeind", einen Typus festgelegt und Schnitzler in seinem „Fink und Fliederbusch" eine Journalistenkomödie gegeben.

Das eigentümlichste Gebot der journalistischen Arbeit ist die Raschheit. Jeden Tag drängt sich einmal, zweimal die Entscheidung, was in das Blatt hereinkommt, in kurze Stunden, ja Viertelstunden und Minuten zusammen. Aber dies, Anordnung, Übersicht, Auswahl des Wichtigen, Charakteristischen ist vielleicht nur äußerliche Funktion der redaktionellen Technik. Der geistige Nachdruck ruht in dem Zwang der sofortigen Stellungnahme, der schlagenden Formulierung. Natürlich gibt es hier Stufungen. Bei den großen Redaktionen, wo ein Stab von Spezialisten zur Verfügung steht und die technische Leitung in besonderen Händen ruht, liegt das Gewicht der Redaktionsarbeit in der Disponierung, die höchste Arbeitsintensität wird dort verlangt, wo in einer Entscheidung gleichzeitig die technische Überwachung und die geistige Führung ruht.

Der gute Journalist muß allerhand Voraussetzungen mitbringen — er soll diskret sein, denn vielerlei fließt ihm zu, und zugleich offenherzig, denn sein Beruf ist die Aussage. Er muß Spürsinn besitzen, um in den Hintergrund der Dinge zu kommen, und verschlagen-kühl, um seine Gewährsmänner nicht bloßzustellen. Er soll gründlich sein, um sich nicht durch nachträgliche Berichtigungen zu blamieren, und doch zugleich unterhaltend, um sein Blatt frisch und lebendig zu machen. Er muß immer auf dem Qui vive sein, denn die Geschichte richtet sich nicht nach seinem Ruhebedürfnis, er muß beschlagen sein, über ein Gedächtnis verfügen, in dem sich rasch blättern läßt, er muß Phantasie und Kombinationsgabe besitzen, und, sofern er politischer Publizist, einen Führerwillen. Das ist nicht wenig, und wenn man noch hinzusetzt, daß er auch ein gutes, nicht zu eintöniges und doch in seiner Gliederung durchsichtiges Deutsch schreiben soll, so kommt eine etwas idealisierte Erscheinung heraus. Aber im wahren Journalisten begegnen sich diese Eigenschaften.

Journalist ist eben nun einmal kein Beruf, den man mit Studienlaufbahn und Prüfung erreicht — man gerät irgendwie in ihn hinein, wenn man den Ruf dorthin hört. Wollte man's pathetisch ausdrücken, wozu aber wenig Anlaß, dann könnte man sagen: Journalistik sei weniger ein Beruf als eine Berufung. Wie wenige gibt es, die Journalistik als unmittelbares Lebensziel vor sich sehen — mustert man die Presseleute durch, so hat man Mediziner neben Pfarrern, Arbeiter neben Juristen, Offiziere neben Kaufleuten, und man merkt bald, es ist ziemlich gleichgültig, wo sie herkamen, wenn sie nur der eigentümlichen Forderung dieser Arbeit genügen.

Die Ausdehnung der Presse, die den Menschenbedarf gesteigert hat, mußte natürlich auch den Blick auf den „Ersatz" lenken. Die Journalisten, nicht gerade zur Masse, aber doch zur Vielheit geworden, in der ein neues Standesbewußtsein wurzeln konnte, begannen sich umzusehen, ob und was für Voraussetzungen die ihrer Arbeit gemäßen seien. Denn sie sahen selber, daß der wilde Zuwachs zu ihrem Stande, der allen offen steht, die schreiben können, manche unerfreuliche Begleiterscheinungen mit sich bringt. Die sonderliche Berufsausbildung für Journalisten bewegt deshalb die Fachkreise, auch die Verleger, denn die Erfahrung muß oft genug gemacht werden, wie schwierig es ist, geeignete Kräfte zu finden. Nach unserer Meinung ist das Problem einer vollkommenen Berufsausbildung nicht lösbar — diese wird nie von der Theorie, sondern nur von der Praxis gegeben und durch die Bewährung bestätigt.

Ein größtmögliches Maß an historischem, ökonomischem, kulturpolitischem Wissen soll den Journalisten auszeichnen; aber er soll frei sein, wo, wie, auf eigene Gefahr er es erwirbt. Indem man den Typus des Pressemenschen systematisiert, verdirbt man sein Bestes. Was man ihm gewähren muß, sind die Möglichkeiten, außerhalb seiner Tagesarbeit die Sammlung zur Vertiefung seiner Kenntnisse.

Dieser Beruf gibt verführerische Macht über Geister und Seelen; aber er ist auch von starker Resignation begleitet. Arbeit „für den Tag" – morgen verweht, von neuem abgelöst. Wie vielen gelingt es, die Stimmführung so zu halten, daß sie über Wochen, Monate, Jahre hinaus im Ohr klingt. Arbeiten leidenschaftlichster Anteilnahme versinken oder das Schicksal will es, daß sie binnen kurzem als Torheit, Dummheit, des Verlachens wert dastehen — denn die Dinge sind anders gegangen.

Für die Situation des Journalisten, gegenüber der Zeitung wie dem Leser, ist nicht unwichtig die Frage der Anonymität. Sie ist in Deutschland sehr lange die überwiegende Übung gewesen, im Unterschied etwa von Frankreich, wo der Publizist mit seinem Namen zeichnete. Wir haben jetzt noch eine Reihe großer Zeitungen (etwa die „Kölnische" und die „Frankfurter"), wo die aus der Redaktion selber hervorgegangenen Arbeiten meist nicht gezeichnet werden (damit die geschlossene Tradition der Zeitung selber wirke und nicht die Privatmeinung eines einzelnen); mählich dringt durch, daß die einzelnen Redakteure durch eine Chiffre kenntlich gemacht werden. Im ganzen aber ist die Entwicklung über die Anonymität der Aufsätze hinweggeschritten, und das ist aufs Ganze gesehen ein Gewinn, für die sachliche Verantwortung wie für die sprachliche Zucht. Natürlich gibt es Fälle genug, wo die Anonymität der Beiträge sachlich erklärt und gerechtfertigt ist — man erinnert sich der Gelegenheiten, da Redakteure gezwungen werden sollten, ihre Mitarbeiter zu nennen, und wegen Verweigerung des Zeugnisses ins Gefängnis gesetzt wurden. Die Wahrung des „Redaktionsgeheimnisses" ist ein nicht selten mit Opfern bezahltes selbstverständliches Gebot der journalistischen Berufsehre.

Ein Kapitel für sich bildet die Wirkung der Presse auf die Entwicklung der Sprache und des Sprachgefühls. Sie ist natürlich außerordentlich groß, und man würde unerlaubte Schönfärberei treiben, wollte man sie günstig nennen. Neben den Begriff „Juristen-Deutsch" hat sich das „Zeitungs-Deutsch" gestellt — es ist die Mischung von abgegriffenen Schlagworten, mit denen gemeinhin auch die offizielle Vereinsrederei bestritten wird. Im Handels- und Sportsteil hat sich dieses Deutsch mit den entsprechenden Fachausdrücken zu einer durch ihre Gespreiztheit oft lächerlich wirkenden Geheimsprache ausgebildet. Und mit dem platten Phrasentum eines geringen Wortschatzes kontrastiert dann allzuscharf jene aufgeregte Schreiberei, die in jedem Satz eine verblüffende Pointe unterbringen will und durch eitle Selbstdarstellung die sachliche Klarheit eines Wollens verwirrt. In früheren Zeiten, da nicht die Technik von Telegraph und Rotationsmaschine, nicht der Zwang der Konkurrenz und der hohen Auflageziffer dem Journalisten im Nacken saß, ist in den Zeitungen besser geschrieben worden — schließlich sind sie selber nur ein Spiegel der Zeit auch in solchem Betracht.

Der Leser. Man kennt das alte Wort, daß der Abonnent einer Zeitung deren eigentlicher Redakteur sei. Das ist ironisch gemeint und will besagen: wenn die Bezieher einer Zeitung ihren Unwillen durch Abbestellung ausdrücken, wird der Redakteur (oder der Verleger) schon dafür sorgen, daß sie sich wieder befriedigt fühlen werden. Sachlich liegt es so, daß, von der Presse abgesehen, die „man" eben aus örtlichen Gründen lesen „muß", selbstverständlich zwischen Redaktion und Leserkreis eine Wechselbeziehung eintritt, die fruchtbar genug sein kann. Deutlicher als bei der Tageszeitung wird dies bei der Zeitschrift sein, aber es kann auch im ersten Fall sich herausgestalten.

Der naive Leser glaubt und folgt „seiner" Zeitung, der Gutwillige ist sogar stolz darauf, daß in „seiner" Stadt solch eine Zeitung erscheint. Er kann eine andere Zeitung gar nicht in die Hand nehmen, er findet sich in ihr nicht zurecht, und wenn er im fremden Blatt findet, daß „seiner" Zeitung ein Leid angetan wird, so fühlt er sich mitbeleidigt. Er hat vor dem Wissen „seiner" Redaktion einen gehörigen Respekt und verschwendet an die andere Mißtrauen und Verachtung.

Man lernt aus einer Zeitung nicht nur ihren Redakteur, sondern auch ihren Leser kennen.

Das gilt natürlich nur cum grano salis. Aber die Höhenlage, die in der Behandlung von Bildungsfragen etwa genommen wird, oder die Wahl der Probleme aus dem Bereich der Wirtschaft geben den Rückschluß auf das Publikum, an das gedacht wird. Große Verlage vereinen in sich mehrere Blätter, die auf verschiedene Leserschichten eingestellt sind. Es kommt nun natürlich sehr darauf an, was dieser Kreis von seinem Blatt erwartet und wie weit der Redakteur willens und in der Lage ist, diese Erwartungen, seien sie hoch oder niedrig, zu erfüllen. Am eindeutigsten ist das Problem bei konfessioneller Färbung oder bei wirtschaftlicher Zwecksetzung beider Gruppen, der Gebenden und der Empfangenden. Verwickelter wird es, vor allem gegenüber der gewürfelten Struktur städtischer Bevölkerungen, wieweit der Redakteur Führer oder Geführter ist. Wird an ein festes, an ein fluktuierendes Publikum gedacht? Im ersten Fall wird der Redakteur selber auf die Psychologie seiner Leser wirken können, im anderen wird er unsicher und etwas grob diese Leser an sich ziehen wollen. Wir haben erlebt, wie vor allem während des Krieges, da eindrucksvolle Tagesnachrichten alle Teilnahme der Bevölkerung auf sich sammelten, die äußere „Aufmachung" der deutschen Blätter sich wandelte — die dicken Überschriften, für den flüchtigen Straßenpassanten als Lockung gedacht, mit den wichtigsten Ereignissen — head lines nach dem englischen Beispiel — die Großstadtzeitungen sind dem Verfahren treu geblieben und vielfach dann, wenn „ruhige Zeit" ist, dem Zwang unterworfen gewesen, törichte Belanglosigkeiten sensationell zu übertreiben. Ein Prüfstein für das Verantwortungsgefühl der Redaktionen ist die quantitative Bedeutung, die sie irgendwelchen „Sensationsprozessen" beimessen — hier läßt sich am raschesten feststellen, wie sie ihr Publikum taxieren, das am interessiertesten ist, wenn es private Vorgänge, deren Möglichkeit es selber sozusagen täglich benachbart ist, mit breiter Intimität genießen kann.

Gewiß ist dies, daß es für die Presse selber ein Gewinn ist, nicht bloß gläubige, sondern kritische Leser zu besitzen. Wenn sich die Masse ihr unterwirft, so begibt sie sich in Abhängigkeiten, die gefährlich werden können. Wer um die Selbständigkeit eines polischen Urteils bemüht bleiben will, wird die Presse verschiedener, ja gegensätzlicher Artung verfolgen müssen; indem er sieht, wie schon nach räumlicher Behandlung, wie nach Urteil und Tonlage sich Ereignisse im Bunterlei spiegeln, kommt er dazu, das Materiel für eigene Einsicht und Willensbildung zu gewinnen.

II. Presse und Politik.

Presse und öffentliche Meinung. Die Stellung der Presse im öffentlichen Bewußtsein läßt sich nicht auf ein paar einfache Formeln bringen; sie ist Wandlungen und Wechselfällen unterworfen. Der Krieg etwa, der sie mit Einengung und Vorschrift sozusagen uniformierte, ist ihr in der allgemeinen Bewertung nicht gut bekommen — die Redaktionen haben selber teilweise durch Druck und Aufsicht in ihrem Selbstbewußtsein gelitten, die Leser aber haben einen Teil ihrer Enttäuschungen auf die Organe übertragen, die die Vermittler für ihre Illusionen waren oder sein mußten.

Wie entsteht die „öffentliche Meinung", wer vertritt sie, wo wird sie formuliert? Am Stammtisch, in der Volksversammlung, im Gespräch der Straße, vor dem Tintenfaß des Journalisten? Sitzt sie in dem Tintenkolben und wird vom Schreibenden nur zu Buchstaben geformt, wird sie in seinem Gehirn fabriziert? Was ist sie? Der Journalist ist ihr Diener oder ihr Herr, je nach dem Kaliber, das er darstellt. Sie summiert sich aus Eindrücken, Empfindungen, Wünschen, Ängsten, Suggestionen, die unter der Schwelle der skeptischen Kritik des Verstandes bleiben — man kann sie verachten, aber sie ist doch vorhanden, und sie ist eine Macht des öffentlichen Lebens. Gewiß ist sie nicht einheitlich — denn in den politischen Kämpfen sehen wir, wie sie sich zerreibt, aber über die Parteigegensätze hinweg steckt sie doch als Fluidum im Bewußtsein einer Zeitspanne.

Mit ihr muß der Journalist sich auseinandersetzen. Er mag sich von ihr tragen lassen, wenn er innerlich mit ihr schwingt, und dann wird er der Mund eines dumpfen Gefühlslebens sein; er mag mit ihr kämpfen, wenn er sein Selbst reinlich behaupten will, sofern sein Verstand sich gegen sie wehrt. Hier kann er zum Erzieher oder zum grotesken Monologredner werden. Aber dem Konflikt darf er nicht ausweichen, wenn er nicht selbst sich verlieren will. Vielleicht wird er dann vor der Geschichte einmal als Fratze, vielleicht als Seher dastehen — dies Urteil aber verbirgt die Geschichte dem Zeitgenossen, dessen Arbeit in der Zeit verfließt.

Presse und Parteien. Der politische Wille eines Volkes formiert sich in den Parteien. Er bedarf zu seinem Ausdruck, zur Werbung und zur Rechtfertigung neben dem Apparat des Flugblatts, der Parlaments- und Versammlungsrede, des Mundes der Presse. Steht sie ihm zur Verfügung und unter welchen Voraussetzungen? Zwei Zwecke überschneiden sich oft genug: die Presse als Erwerbsquelle und die Presse als Machtmittel. Wer bestimmt im entscheidenden Augenblick die Stellungnahme eines Blattes: die kommerzielle Rücksicht oder das politische Bekenntnis? Es ist ja bei der Parteipresse, die im privaten Besitz sich befindet, das normale, daß wohl auch der Verleger innerlich der Partei zugetan ist, der die Redaktion zugehört oder nahesteht, oder er glaubt doch, mit solcher Haltung des Blattes auf seine Kosten zu kommen — wie nun aber, wenn das nicht der Fall ist? Hier lauern Konflikte, die schon hundertfach akut geworden sind, Konflikte, die sich zwischen Redaktion und Verlag entscheiden mögen, die aber natürlich auch die Parteien angehen, wenn sie etwa vor der Gefahr stehen, von heute auf morgen wegen anderer Geschäftsdisposition eines Verlags ihr Sprachrohr zu verlieren.

Diese parteimäßig eingestellten, aber finanziell von Parteien unabhängigen Zeitungen (zu denen in Deutschland etwa die Mehrzahl der großen liberalen und demokratischen Zeitungen gehören), betonen gerne diese ihre Unabhängigkeit und sind deshalb vielfach mächtiger als die eigentlichen Parteiorganisationen, deren Bekenntnis ja wesentlich durch ihren Mund lebt. Es liegt deshalb in der Natur der Sache, daß, innerhalb aller Gruppen, Zeitungen geschaffen wurden als Besitz politisch einheitlicher Konsortien, mit mannigfacher Abstufung, in begrenzter Zahl der Teilhaber, mit werbender Gebärde an die Gesamtheit einer Partei. So verdankt die „Kreuzzeitung" im Jahre 1848 ihre Geburt der Initiative einiger konservativer Adliger, die dem preußisch-monarchischen Gedanken eine Pflegestätte erhalten wollten; so ist die Mehrzahl der mittleren Parteiblätter irgendwie von einem engeren Kreis Gleichgesinnter gegründet oder getragen.

Die breiteste Form des Besitzrechtes, um vor „kapitalistischer" Beeinflussung vom Einzelinteresse geschützt zu sein und das sicherste Werkzeug des Willens zu schaffen, hat die sozialistisch-proletarische Bewegung gewählt; sehr viele der sozialdemokratischen Blätter sind auf kleinen Anteilscheinen aufgebaut und bis zu ihrer Sicherung figurieren Zuschüsse aus den allgemeinen Parteigeldern in ihren Bilanzen. Die Partei bestellt dabei zumeist als ihre Vertretung gegenüber den Redakteuren besondere „Presse-Kommissionen". Daß dieses System, zumal in Zeiten der Gärung und inneren Gegensätze, eine Gewähr für reibungslose Parteiarbeit gewesen sei, kann nach den Erfahrungen der letzten Jahrzehnte niemand sagen, selbst beim „Vorwärts" sind plötzliche Kündigungen der leitenden Redakteure durch die Pressekommission vorgekommen. Die Zersplitterung der sozialistischen Bewegung charakterisiert sich in vielen Einzelfällen geradezu als ein Kampf um den Besitz der Presse, der bis zu Gerichtsentscheidungen führte; daneben ist der Zufall der Redaktionsbesetzung für das politische Gesicht ganzer Bezirke entscheidend gewesen.

Für die moderne Demokratie ist das Vorhandensein einer großen Parteipresse geradezu ein Lebenselement und für alle Länder gleich charakteristisch. Freilich ist in Deutschland das

Ineinanderweben von Presse und Partei wohl stärker als anderwärts, weil durch die geschichtliche Entwicklung das Parteiwesen eine besonders starre und ausgeprägte Form erhalten hat. Blickt man etwa nach England, so wird man außer der eigentlichen Arbeiterpresse wenige Blätter im engeren Sinn als Parteiblätter bezeichnen können, wenn auch ihr allgemeiner Charakter feststeht. Sie machen weniger die Politik einer Partei als sie versuchen, zu erreichen, daß die Parteien ihre Politik machen. So ist etwa der Konzern der Northcliffe-Presse innerpolitisch schwer in ein festes Schema zu pressen. Für England gilt ähnliches wie für Frankreich und Italien: Die Blätter stehen weniger einer Parteimaschine als einem Staatsmann zur Verfügung (Westminster Gazette und Grey, Daily Chronicle und Lloyd George, Matin und Poincaré, Stampa und Giolitti usf.). Den geschlossensten Typus, neben der sozialistischen, hat die klerikale Presse.

Presse und Wirtschaft. Die Wirtschaft hat sich mit dem Problem einer regelmäßigen Publizität in mannigfacher Weise auseinandergesetzt. Da ist zunächst das fast unübersehbare Gebiet der wirtschaftlichen Fachpresse, die, zumeist gestützt auf berufliche und fachliche Verbände, der Darstellung der internen Fragen zugewandt ist, nach der rechtlichen, ökonomischen, technischen Seite, zugleich aber auch die Bedeutung eines Gewerbes, eines Standes im Rahmen der Allgemeinheit abzugrenzen und zu heben versucht. Es genügt, an die Masse der agrarischen und gewerkschaftlichen, der industriellen und handwerkerlichen Organe zu erinnern, die Zeitschriften der Beamtenkategorien, der Hausbesitzer und Mieter, der freien Berufe — hier steht die Presse im eindeutigen Dienst sozialwirtschaftlicher Interessen, den sie gelegentlich mit wissenschaftlicher Dekoration umrahmen mag. Etwas anders liegt es bei der Tagespresse. Auch sie ist mehr und mehr dazu übergegangen, die wirtschaftlichen Fragen abzusondern und aus der Überfülle das Wichtigste, berichtmäßig oder kritisch, ihren Lesern vorzusetzen — nach der Überlieferung heißt dieser Abschnitt gemeinhin „Handelsteil", wenn sein Inhalt auch längst über solche Beschränkung hinausgegriffen hat. Hier ist die Stelle, an der der Gang der Wirtschaft zu studieren ist. Die Staatsfinanzen erscheinen nicht in der Beleuchtung parteimäßigen Urteils, sondern in sachlicher Nacktheit — Notenumlauf der Reichsbank. Der internationale Stand der Valuten wird regelmäßig notiert, die Preisbewegung der wichtigsten Warenmärkte festgestellt, der lärmende Börsenverkehr ist in schweigsamen steilen Zahlenreihen eingefangen. Die wichtigsten Unternehmungen, soweit ihre Geschäftsgebarung Publizität verlangt, werden in ihrem Stand besprochen, die Ziffern des Arbeitsmarkts, des Geschäftsgangs, des internationalen Warentausches geben das Bild der allgemeinen wirtschaftlichen Lage. Es gilt als ein besonderer Stolz der deutschen Presse, daß sie in diesem Gebiet, von dem aus sie auf privatwirtschaftliche Interessen stark einwirken könnte, reinliche Verhältnisse erhalten hat — dem Leserkreis wird die Möglichkeit geboten, wirtschaftlich denken zu lernen.

Wenn es sich bei diesem Zustand um eine Entwicklung handelt, die dem eingeborenen Interesse der Zeitung selber ihr Entstehen dankt, so gibt es daneben noch die andere Form, daß Wirtschaftsgruppen ihrerseits, offen oder versteckt, auf Tageszeitungen Einfluß zu gewinnen suchen, durch Subventionierung oder Kauf. Für einen Teil der großen Pariser Presse ist der intime Zusammenhang mit kapitalistischen Gruppen charakteristisch; in Deutschland ist er eine verhältnismäßig neue Erscheinung. Neben der kapitalistischen Konzentration innerhalb des Zeitungsgewerbes, die verschiedene Zeitungen in eine finanzielle Verwaltung legt und durch innere Ersparnis sie ertragreicher machen will, tritt der Trustgedanke: die Zeitungsherstellung als eine Endleistung der Maschinen-, der Zellstoff- und Papierindustrie zu begreifen und sie, mit kalkulatorischer Überlegung, einem solchen System anzuschließen. (Der Zeitungsankauf von Hugo Stinnes.) Daß solche geschäftlich aufgezogenen und begründeten Transaktionen öffentliche Machtgewinnung in sich zu schließen vermögen, liegt auf der Hand.

Der „Verleger"-Beruf in seinem herkömmlichen Sinn als Selbstzweck wird dadurch nebenbei verschoben und gefährdet.

Presse und Staat. Das Verhältnis zwischen Staat und Presse liegt geschichtlich in den verschiedensten Abwandelungen vor, jeweils bestimmt durch die Struktur des staatlichen Lebens, durch die allgemeine Atmosphäre der öffentlichen Politik, denen beide Teile als wesentliche Stücke zugehören. Daß der autoritäre Staat die neue Macht mit Argwohn betrachtete und behandelte, darf uns nicht dazu verleiten, die moderne Presse in ihrem Werdegang lediglich als ein Kind der „Opposition" anzusehen; gewiß wird ihre Entfaltung von dem optimistischen „Freiheits"-Gedanken der Aufklärungszeit gespeist, aber der Staat selber begreift frühe genug, welches Mittel ihm selber, mit der Einflußnahme auf und durch „gutgesinnte" Blätter zu Verfügung steht. Nun erledigt sich freilich dies nicht nach einem eindeutigen Schema. Der Staat kann, mit einer eigenen Zeitung als Verleger auftreten (die verschiedenen Beispiele der „Staatsanzeiger"), er kann einzelne Blätter durch Nachrichtenerteilung privilegieren oder sie teils als freiwillige, teils als vertraglich irgendwie gehaltene Sprechorgane seines Willens benutzen, er kann Zeitungen oder Journalisten, des eigenen oder eines fremden Landes, durch finanzielle Zuweisungen unterstützen (Welfenfond der Bismarckschen Zeit, allseitige verdeckte Propagandagründungen während des Krieges), er kann durch Anzeigenbegebung oder -verweigerung einen wirtschaftlichen Druck ausüben; dies letzte gilt vor allem für „halbamtliche" Publikationsorgane (Kreisblätter). Wenn man den Zustand ausspricht, wie er ist, erübrigt sich die moralische Verurteilung, die dafür üblich — Politik ist ein System von Machtkämpfen.

Nun wird aber natürlich das weitschichtige Kapitel: Staat und Presse mit der Aufzählung von ein paar Möglichkeiten nicht erschöpft (das ja nebenher ergänzt werden müßte durch die technische Pflege, die der Staat mit gewissen Erleichterungen im Postbetrieb der Presse zuwendet). Die Beziehungen werden mit bestimmt durch Art und Charakter eines Staates, seine politischen Methoden und Traditionen. Je früher, vollkommener und dauerhafter das Bemühen der formalen Staatsrepräsentation ist, mit den Strömungen des Volkswillens sich zu verbinden, sie zu schaffen, leiten, umzubilden, von ihnen sich stärken zu lassen, desto reibungsloser werden sich die Auseinandersetzungen vollziehen. Dafür gibt es keine fertigen Rezepte, wie sie heute bei uns so übermäßig ausgeboten werden, sondern nur Schulung, die auf Vorsicht, Vertrauen, Verantwortung ruht. Wenn bei uns in Deutschland, ungeachtet eines in vielem recht hochstehenden Pressewesens, gerade in großpolitischen Fragen ein Mangel an Takt und Sicherheit häufig genug festgestellt werden muß, eine Mengung etwa parteitaktischer und außenpolitischer Gesichtspunkte, dann deshalb, weil die Presse (wie auch die Parteien) eine zu zähe Vergangenheit als Monologredner hinter sich haben. Es wird eines langen Prozesses bedürfen, bis hier ein glattes Zusammenspiel möglich ist; wo es vorkam, ruhte es nicht im System, sondern in der eindeutigen Situation. Das liegt auf der Hand, daß die Situation einer Regierung, die vom „Volkswillen" abhängt (gleichviel, wie man sich den zustandegekommen denkt), auch in der Beziehung zur Presse ganz anders ist als die einer „autoritären". So kommt es, daß in den parlamentarischen Demokratien die Zeitungen ein viel aktiverer Faktor der Politik sind als anderwärts; intensiver von der Regierung benutzt, stärker durchgebildet im politischen Sinn und Machtbewußtsein der Redakteure. Die französische Regierung hat nicht ohne Grund einige der hervorragendsten diplomatischen Stellen mit Journalisten besetzt, im Inland und Ausland (Tardieu, Delcassé, Barrère), weil sie damit rechnen konnte, daß bei diesen das Organ für die Witterung der öffentlichen Meinung und für deren Beeinflussung besonders ausgebildet sei.

Die Presse als Ausdruck und Mittler gesellschaftlicher Strömungen ist für den Staat nicht nur ein mögliches Instrument seiner eigenen Ziele, sondern zugleich ein Lehrmittel, ein Buch mit täglich neuen Seiten, das er immerzu studieren soll. Von hier aus gesehen hat der Staat, der stark ist, das eigenste Interesse an der möglichsten Bewegungsfreiheit der öffentlichen Organe. Durch sie erfährt er am unmittelbarsten, welche Fragen die Massen bewegen. Wie das? Ist der Redakteur die Masse? Wir haben von seinem Verhältnis zum Leser schon gesprochen. Gewiß ist er in den zahlreichsten Fällen der Former von Massengedanken, sei es, daß er die anonymen weckt und ihnen Gestalt gibt, sei es, daß er selber sie persönlich denkt und zum wirksamen Gemeingut macht. Wenn der Staat nur zögernd diese Seite der Beziehung, da er nicht Machthaber, sondern Schüler sein soll, in sein Bewußtsein aufnimmt, dann steht er nicht allein; es ist noch nicht lange her, da erst die Zeitungen als Quellen geschichtlich-psychologischer und soziologischer Erkenntnisse von der Wissenschaft entdeckt und anerkannt wurden.

Die deutlichste Anerkennung der politischen Bedeutung der Presse geschah während des Krieges durch die Schaffung eines besonderen „Propagandaministeriums" unter Lord Northcliffe, dem britischen Pressemagnaten. Im übrigen haben sich die Regierungen allerorts ihre besonderen Presse-Ämter angegliedert. In Deutschland hat dieses Bedürfnis, zwischen Behörden und Presse zu engeren Verbindungen zu kommen, geradezu zu einer Hypertrophie geführt, insofern als sich die meisten Reichsämter und Landesministerien ihre besonderen „Pressereferate" schufen. Das Ergebnis war nun aber keineswegs eine einheitliche, sondern eine ressortmäßig gefärbte Beeinflussung und Unterrichtung der Öffentlichkeit (Kampf um die Stellung des Kriegspresseamtes). Der Zustand ist noch nicht völlig abgebaut, insofern eine Reihe der Dienststellen ihre regelmäßigen Pressedezernenten aufrecht erhalten haben. Für die Vertretung der Reichspolitik gegenüber der Presse ist das Amt des „Pressechefs bei der Reichsregierung" vorhanden, der Reichskanzlei unterstellt, aber zugleich mit der Vertretung von Funktionen des auswärtigen Dienstes betraut.

Die gesetzliche Regelung. Wenn man nach den geschichtlichen Quellen des modernen Zeitungswesens Umschau hält, wird man billig alle Erscheinungen der Publizistik vor der Erfindung der Buchdruckerkunst vernachlässigen können. Dann greift man als erstes das „fliegende Blatt", das, an Ereignisse oder an Zwecke anknüpfend, in die Welt flattert und seine Leser sucht. Zur „Zeitung" wird dies fliegende Blatt, wenn es von der Zufälligkeit der Erscheinungszeit und des Anlasses befreit, einen regelmäßigen, einen periodischen Charakter annimmt; die entwickelten Städte des deutschen Westens, Straßburg, Köln, Frankfurt sind die Stellen, wo in den ersten Jahrzehnten des 17. Jh. die frühesten Zeitungen auftraten als die Erzeugnisse privaten Unternehmersinns.

Sie stießen bereits auf eine Rechtsordnung, die sich mit den Druckerzeugnissen auseinandersetzte. Denn kaum hatte die Buchdruckerkunst ihre ersten Schritte getan, so fand sie die öffentlichen Gewalten auf ihrem Wege. Zunächst die kirchlichen, denn um kirchliche Fragen geht in jenen Zeitläuften, die die Reformation einleiten und erleben, der Geisterstreit. 1475 wird in Köln die erste bischöfliche Zensurkommission eingesetzt, die die Schriften vor ihrer Drucklegung zu prüfen hat. Eine Bulle des Papstes Alexander VI. macht die Kontrolle zur allgemeinen Auflage und enthält den notwendigen Katalog kirchlicher und weltlicher Strafen. Den Höhepunkt erreicht diese kritische und mißtrauische Abwehrstellung der Kirche 1558 mit dem index librorum prohibitorum, durch den nicht nur die Herstellung, sondern auch Besitz und Lesen bestimmter Schriften unter Strafe gestellt werden.

Auch die weltlichen Gewalten sahen sich früh genug veranlaßt, sich um die „Schmähschriften und Schandgemälde" zu kümmern; die Reichsabschiede von 1524, 1529 und 1530 befassen sich mit ihrer Aufsicht. Der letzte verlangt grundsätzlich die Angabe von Druckort und Drucker, eine Bestimmung, die in die künftige Gesetzgebung eingegangen ist, und spricht das Recht der Hausvisitation aus; 1548 wird die Bedingung der besonderen Druckerlaubnis eingeführt und die Nennung des Autoren verlangt. All dies reicht nicht aus. Deshalb wird

1570 die Konzessionspflicht für das Buchdruckgewerbe angeordnet — zuständig sind die Fürsten, Universitäten und die „ansehnlichen Reichsstädte". Die Konzession wird als Privileg behandelt und ist deshalb von einer Taxe abhängig. Seit 1569 besteht in dem damaligen Zentrum des Büchermarkts, in Frankfurt a. M., eine kaiserliche Aufsichtsbehörde.

Das sind Maßnahmen des Reiches; das Schwergewicht ihrer Ausführung und ihrer ferneren gesetzlichen Interpretation geht an die Einzelstaaten über, und deren verschiedene Praxis beeinflußt denn auch den Charakter der weiteren Entwicklung. Man beginnt da und dort die positive Seite der Buch- und Presse-Erzeugnisse einzusehen — ihre Behandlung geht aus dem Polizei-Ressort teilweise zu dem der Bildung über, und die Zensur wird „Sachverständigen" anvertraut. Immerhin, das Zensurrecht bleibt unbestritten, wenn auch Friedrich der Große anordnet: „Gazetten, wenn sie interessant sein sollen, müssen nicht geniret werden".

Ist Deutschland auch die Heimat der Presse, so hat sie sich als öffentliche Macht zuerst in England mit seinen günstigeren politischen Verhältnissen entfaltet. In Frankreich brachte die Revolution die Freiheit der Publizistik, die auf dem ganzen Kontinent weiter wirkte; Napoleon hat sie dann nach seinem Bedürfnis gemodelt, aber er hatte zugleich den lebhaftesten Sinn für die politische Bedeutung der Presse. Denn lange bevor das Wort von den „kommandierenden Generälen" in den großen Redaktionen gesprochen war, meinte er, daß vier Zeitungen ihm gefährlicher sein könnten als 100000 Mann.

Die deutsche Entwicklung im 19. Jh. vollzog sich in Zuckungen; während die zentrale Gewalt, der deutsche Bund, unter Metternichs Leitung im Jahr 1819 durch ein Bundespreßgesetz die Zensur bestätigte (die Wiener Bundesakte hatte die Pressefreiheit angekündigt) und im Lauf der Jahrzehnte noch durch Verordnungen verschärfte, blieb die Verwaltungspraxis der Bundesglieder verschieden genug, eine Quelle von Beschwerden und Mißhelligkeiten. Die Grundrechte von 1848 postulierten dann die vollkommene Pressefreiheit. Aber die Landesgesetze folgten ihnen darin nicht. Sie übernehmen im wesentlichen die Tendenzen des wiedererstandenen Bundes, die Konzessionspflicht mit der Leistung bestimmter Kautionen als Unterlage des Presse-Gewerbes wählen. Erst nachdem die Reichsverfassung von 1871 diese ganze Frage zu den einheitlichen Gesetzesaufgaben des Reiches gezählt hat, erfolgt ihre zusammenfassende Regelung durch das Reichspressegesetz vom 7. 5. 1874.

In ihm ist der Zensurgedanke gefallen, aber die staatliche Gewalt hebt eine Reihe von Fällen heraus (Eingreifen in ein schwebendes Rechtsverfahren usf.), in denen sie die Publikationsfreiheit beschränkt. Sie nennt bestimmte Voraussetzungen (Verletzung der Sittlichkeit), unter denen die Verbreitung von Druckschriften polizeilich verboten werden kann. Sie spricht den Berichtigungszwang aus. Für außerordentliche Fälle (Krieg) können neue, begrenzende, zentrale Rechtsvorschriften erlassen werden (Verbot der Mitteilung von Truppenbewegungen usf.). Wie sehr in der Praxis die Interpretation militärischer Zweckmäßigkeiten flüssig ist, haben wir während des Weltkriegs deutlich genug erlebt, nicht wir allein, sondern alle beteiligten Völker. Es muß um der historischen Vollständigkeit halber angemerkt werden, daß von 1879 bis 1890 die sozialdemokratische Publizistik unter einem Ausnahmerecht stand, das ihr glattes Verbot auf deutschem Gebiet in sich schloß.

Die Weimarer Verfassung hat in ihrem Artikel 118 sich über das Problem mit folgenden Sätzen grundsätzlich ausgesprochen:

> „Jeder Deutsche hat das Recht, innerhalb der Schranken der allgemeinen Gesetze seine Meinung durch Wort, Schrift, Bild oder in sonstiger Weise frei zu äußern. An diesem Rechte darf ihn kein Arbeits- oder Anstellungsverhältnis hindern, und niemand darf ihn benachteiligen, wenn er von diesem Recht Gebrauch macht.
>
> Eine Zensur findet nicht statt. (Folgen Einschränkungen betr. Lichtspiele und Jugendschutz.)"

Die Verfassung gibt nur eine theoretische Lösung, denn die Regierung selber hat sich oft genug getrieben gesehen, mit wechselndem Anlaß und verschiedener Begründung, die Pressefreiheit praktisch einzuschränken oder aufzuheben.

Presse und Kultur. Erscheint die Presse, neben ihrer primitiven Aufgabe der Nachrichtenverbreitung, vom Staat, der Gesellschaft, den Parteien, der Wirtschaft aus betrachtet, vorzugsweise als ein Werkzeug für Machtgewinnung und Machtbehauptung, so muß doch noch in wenigen Worten einer letzten Funktion gedacht werden: ihrer Bedeutung für „neutrale“, für geistig-kulturelle Angelegenheiten. Nennen wir das die Aufgabe der Unterhaltung und Belehrung. Auch sie hat sich, außerhalb der Tagespresse, ihre periodischen Organe, Wochenschriften, Monatsschriften, Vierteljahrshefte, Jahrbücher geschaffen — das reicht von dem Witzblatt über die „Familienzeitschrift“ zur wissenschaftlichen Revue und sondert sich in die vielfältigsten Spielarten. Am wichtigsten aber bleibt doch, wie diese Seite der gesellschaftlichen Typen, des „kulturellen“ Lebens in der Tageszeitung sich ausdrückt. Sie wird in einem zum Kulturspiegel wie zum sehr bedeutsamen Instrument der kulturpolitischen Einwirkung, durch ihr positives und ihr negatives Verhalten. Die Sprache der Zeitung hat für diesen Aufgabenkreis an dem etwas peinlichen Begriff „Feuilleton“ festgehalten, zu dem nun Theater und Dichtung, bildende Kunst und Musik, Religion und Wissenschaft gehört. Von der Verantwortung, die hier auf der Presse ruht, kann nicht groß genug gedacht werden; aber es ist ohne Zweifel, daß sie gerade auch hier, als Gesamterscheinung, ihre schwächsten Seiten hat. Am sinnenfälligsten wird dies Urteil, wenn man die Übung betrachtet, die von den meisten Zeitungen aufgenommen wurde: in jeder Nummer fortlaufend Erzählungen zu bringen.

Die ganze Kunstpflege ist heute auf Publizität eingerichtet. Man kann sich etwa den modernen Konzertbetrieb ohne die Pressebegleitung kaum vorstellen; junge Künstler konzertieren im Grunde für die paar Kritiker, die gekommen sind, und sehen deren Worte als Wegweiser ihres Schicksals. Mit dem Theater und der bildenden Kunst ist es nicht viel anders. Wo die kritische Arbeit von klugen Männern gehandhabt wird, trägt sie eine doppelte Absicht: dem Künstler zu helfen, damit er in seinen Zielen sicherer werde, dem Leser den Weg zum Begreifen zu erleichtern oder ihn zu warnen. Daß die Versuchung außerordentlich groß ist, auf Kosten des Künstlers wie des Publikums im eigenen Witz sich zu gefallen, wissen wir aus den Zeugnissen der hervorragendsten „Feuilletonisten“.

Schüchterner ist der Weg der eigentlichen Wissenschaft und der Religion in die Spalten der Tagespresse, und ohne Zweifel, sie ist hier etwas einsam und frierend, wenn sie als Feiertagsgast geladen wird. Immerhin ist es charakteristisch, daß auch sie sich dem Zwang der modernen Publizität gebeugt hat und nach Formen strebt, einen Hörerkreis in der anonymen Masse der Zufallsleser zu suchen, der vielleicht den eigenen Weg zu ihr verloren oder nie besessen. Umgekehrt ist es nicht erstaunlich, wenn auch gelegentlich etwas durch Umfang und Wichtigkeit verblüffend, wie der neuzeitliche Sportgeist sich in der Tagespresse breiten und immer breiteren Raum erkämpft hat.

Wer moderne Kulturgeschichte lesen und lernen will, hat das Lehrbuch in den Jahrgängen der Presse aufzuschlagen; nicht nur ihr Inhalt ist für ihn belangreich, sondern auch dessen Verteilung, der Tonfall der Sprache, die geistige Haltung. Wer in die Kulturpolitik seiner Zeit selber einen Willen einsenken will, kann dieses mächtigsten Mittels im öffentlichen Bewußtsein der Zeit gar nicht entraten.

Übersicht über die wichtigste politische Tagespresse.

Deutschland: Eine Statistik der Zeitungen ist heute völlig unmöglich, da, neben wenigen Neugründungen, mit der wirtschaftlichen Notlage im Druckereigewerbe ein großes Zeitungssterben eingesetzt hat. Es können deshalb in der nachfolgenden Übersicht nur wenige der hervorragenderen Organe genannt werden; auch der Versuch, Auflageziffern festzustellen, ist gegenwärtig aussichtslos.

Um mit der politischen Presse der Rechten zu beginnen, so ist an ihrer Spitze immer noch die „Neue Preußische (Kreuz-) Zeitung" zu nennen, 1848 von einem Kreis preußischer Adliger gegründet, lange Jahre von Hermann Wagener geleitet, das Blatt des theoretischen Monarchismus und christlich gefärbten Konservativismus. Neben ihr der „Reichsbote" (1873), in dem das christliche Element noch stärker betont wird, und die „Deutsche Tageszeitung" (1893), journalistisch lebhafter gehalten, das Organ des Bundes der Landwirte; in ihr hat die agrarische Bewegung ihr stärkstes publizistisches Sprachrohr. Von konservativen Zeitungen der Provinz haben überlokale Bedeutung die „Schlesische Zeitung" (1741) in Breslau, die „Hamburger Nachrichten" (1792), an denen Bismarck Mitarbeiter gewesen, die „Leipziger Neuesten Nachrichten" (1892), die „Süddeutsche Zeitung" (1913) in Stuttgart und die „München-Augsburger Abendzeitung", die aus einem ehemals rechtsliberalen Blatt (1627) hervorgegangen ist. Die „Tägliche Rundschau" in Berlin (1882—1922) stand, ohne engere Parteibindung, zwischen der deutschnationalen und deutschen Volkspartei, wie auch etwa die „parteilosen" Unternehmungen des Scherlschen Verlages, „Berliner Lokalanzeiger" (1883) und „Tag" (1901).

Der Rechts-Liberalismus hat sich für Berlin erst 1921 in der „Zeit" ein eigenes Parteiblatt geschaffen; ihm steht die „Deutsche (früher Norddeutsche) Allgemeine Zeitung" (1861) nahe, ein Blatt, das ehemals durch Staatsvertrag „offiziöses" Organ der preußischen (und Reichs-) Regierung gewesen war. Die führenden Blätter dieser Richtung, freilich nicht mit einheitlicher Tönung, erscheinen außerhalb der Reichshauptstadt; vor allem die „Kölnische Zeitung" (1805), das große Blatt des rheinischen Liberalismus, die „Magdeburgische Zeitung" (1626), die „Weserzeitung" (1844), Bremen, und der „Schwäbische Merkur" in Stuttgart (1785). Ein Zwischenrolle zur Demokratie hin nehmen die „Münchener Neuesten Nachrichten" (1848) ein.

Die bürgerliche Demokratie wird in Berlin vertreten, freilich keineswegs gleichlaufend, durch das „Berliner Tageblatt" (1871) und die „Vossische Zeitung" (1704); sie hat ihre Stütze in einer Reihe größerer Organe vor allem an der Wasserkante: „Hamburger Fremdenblatt" (1828), „Königsberger Hartungsche Zeitung" (1640). Für den deutschen Süden und Westen ist ihr wichtigstes Organ die von L. Sonnemann gegründete „Frankfurter Zeitung" (1856), deren Geschichte vor allem auch für den Ausbau journalistischer Wirtschaftspolitik bedeutungsvoll wurde.

Das Zentrum besitzt in der Berliner „Germania" (1871) sein eigentliches Parteiblatt; von politisch größerem Gewicht aber ist, vor allem für den Westen, die „Kölnische Volkszeitung" (1860). Daneben kommen in Frage vor allem der „Bayrische Kurier" (1856) in München und die „Augsburger Postzeitung" (1686), die mittlere und kleinere Zentrumspresse ist in den katholischen Bezirken sehr ausgedehnt.

Ebenso verfügt die Sozialdemokratische Partei über eine sehr große Anzahl mittlerer Blätter ziemlich einheitlichen Charakters (infolge der zentralen Versorgung mit Material). Ihr Hauptorgan ist der Berliner „Vorwärts" (1883); neben ihm erscheinen als Zeitungen mit eigener Tradition etwa das „Hamburger Echo" (1887), die „Münchener Post" (1886), die „Frankfurter Volksstimme" (1890).

Bei der Spaltung der Partei ist die Mehrzahl der Blätter im Besitz der „Mehrheitler" geblieben, sodaß die „Unabhängigen" noch kein so ausgebautes Pressewesen benutzen konnten. Von den großen Organen stellte sich ihnen nur die „Leipziger Volkszeitung" (1894) zur Verfügung; 1918 schufen sie sich in Berlin als Zentralblatt die „Freiheit" (bis 1922).

Die „Kommunistische Partei" gibt in Berlin die „Rote Fahne" (1918) heraus; Blätter gleichen Namens erscheinen auch an verschiedenen anderen Stellen.

Von Zeitungen, die in der innerdeutschen Geschichte eine Rolle spielten, heute aber verschwunden sind, mögen noch genannt werder die Münchener „Allgemeine Zeitung", die durch Jahrzehnte das Blatt der deutschen Bildung gewesen, die „Nationalzeitung", die den gemäßigten Berliner Liberalismus repräsentierte, und die freikonservative „Post", die gelegentlich auch von Bismarck gebraucht worden war.

England: Das durch Alter, Tradition und Einfluß immer noch wichtigste Blatt sind die „Times", 1785 von J. Walter gegründet, seit 1908 im Besitz von Lord Northcliffe (Alfr. Harmsworth, gest. 1922), ursprünglich liberal, seit den vierziger Jahren mehr konservativ, Träger des britischen Imperialismus, großer Nachrichtendienst bei finanzieller und organisatorischer Verbindung mit Blättern fremder Länder, der Regierung gegenüber unabhängig als eigene politische Macht. Im gleichen Konzern die von Harmsworth 1895 gegründete „Daily Mail", das Chauvinistenblatt für den Mann von der Straße. Harmsworth besaß neben diesen beiden einflußreichsten Zeitungen noch eine Reihe von Zeitschriften. Die wichtigeren konservativen Blätter Englands sind noch die „Morning Post" (1772) und der „Daily Telegraph" (1855), die erstere scharf imperialistisch und von je ausgesprochen franzosenfreundlich. Von den liberalen Blättern vertritt „Daily Chronicle“ (1855) die Politik Lloyd Georges, während die „Westminster Gazette“ (1893) das Blatt Greys gewesen. Die altliberalen, teilweise pazifistischen Ideale werden noch gepflegt von den „Daily News“ (1846, Hauptmitarbeiter A. G. Gardiner) und dem „Manchester Guardian“ (1821), dem bedeutenden Provinzorgan, dem Keynes nahesteht. „Labour Leader“ (1889) ist das einzige sozialistische Organ von Rang, das Parteiblatt der „Independent Labour Party“.

Frankreich: Die politische Presse ist hier fast noch mehr als über dem Kanal in der Hauptstadt konzentriert. Die wichtigsten Blätter, nach ihrer geistigen Struktur, sind der „Temps“ (1861), republikanisch, und das „Journal des Débats“ (1789), gemäßigt konservativ, das erstere auch wirtschaftlich wichtig, das zweite mehr literarisch-wissenschaftlich. Der „Figaro“ (1854) nationalistisch und klerikal, hat von seiner früheren Bedeutung viel verloren; neben ihm sind, teilweise mit royalistischer Färbung, die wichtigeren klerikal-konservativen Blätter der „Gaulois“ (1868), „Croix“ (1880), „Action française“ (1908). Die „Boulevardpresse“ war ursprünglich parteilos: „Journal“, „Petit Journal“ (1863), „Petit Parisien“ (1876), „Echo de Paris“ (1883), „Matin“ (1884), haben aber während des Krieges an politischer Wirkung sehr gewonnen, vor allem die beiden letzteren, indem sie Sprachrohr und Träger der nationalistischen Tendenzen wurden. Von diesen hat sich, mit der Ausnahme der „Victoire“ (1906) von G. Hervé, noch am ehesten die sozialistische Presse frei gehalten: „Humanité“ (1904), „Oeuvre“ (1904); sie erreicht bei der Schwäche der französischen Sozialdemokratie nur einen verhältnismäßig kleinen Leserkreis. Von den Provinzzeitungen haben noch am ehesten eigenes Gepräge die beiden bürgerlich-radikalen Blätter: „Progrès de Lyon“ (1860) und „Dépêche de Toulouse“ (1870).

Italien: Das wichtigste Organ Italiens, was die Verbindung politischer und wirtschaftlicher Tendenzen anlangt, ist der gemäßigt liberale „Corriere della Sera“ (1883) in Mailand, neben dem die lombardische Hauptstadt noch den stark franzosenfreundlichen „Secolo“ (1866) besitzt. Mehr konservativ ist die Turiner „Stampa“ (1866), die als Giolittis Blatt gilt. In der römischen Presse steht an oberster Stelle das „Giornale d'Italia“, von Sonnino 1901 begründet und beeinflußt; neben ihm die „Tribuna“ (1882), gemäßigt liberal, und der radikale „Messagero“ (1878). Die katholische Bewegung hat in dem römischen „Corriere d'Italia“ (1906) ihr Hauptorgan, die nationalistische in der „Idea Nazionale“ (1911), beide in Rom erscheinend, während das repräsentative Blatt der Sozialisten „Avanti“ (1897) in Mailand herauskommt. Seit 1915 Popolo d'Italia als Organ des Faszistenführers Mussolini.

Vereinigte Staaten: In der nordamerikanischen Presse ist der geschäftlich-kapitalistische Charakter des großen Nachrichtenunternehmens besonders ausgeprägt: so in der „World“ (1860), „New York Times“ (1851), „Chicago Tribune“, den Hearst-Blättern „N. Y. Evening Journal“ (1896) und „N. Y. American“ (1882). Ausgesprochen seriös politischen Charakter haben, mit kleinerem Wirkungskreis, „N. Y. Evening Post“ (1801) und „Washington Post“ (1877). Der „New York Herald“ (1885) ist um seiner Pariser Ausgabe willen in Europa bekannter als seiner amerikanischen Bedeutung entspricht. Das führende Blatt der Deutsch-Amerikaner ist die „New-Yorker Staatszeitung“ (1834).

Schweiz: Die eigentümliche Situation der Schweizer Presse zeigte sich während des Krieges: von einem kleinen Territorium aus ist die Wirkung in ein großes fremdstaatliches Sprachgebiet möglich. Die Schweiz allein würde, wäre sie ein Sprachbezirk für sich, kaum eine andere als eine mittlere Presse tragen; ihre Lage hat es möglich gemacht, daß eine Anzahl großer und politisch einflußreicher Blätter in ihr entstanden. Von den deutschsprachigen Zeitungen sind die wichtigsten die „Basler Nachrichten“ (1844) und die „Neue Züricher Zeitung“ (1780), beide innenpolitisch liberal, während des Krieges betont neutral, das letztere Blatt, das literarisch führend ist, stark pazifistisch; daneben der Berner „Bund“ (1840), der teilweise als offiziöses Blatt gilt. Die mittlere Presse ist in der Schweiz stark verbreitet. Die Westschweiz hat in dem „Journal de Genève“ (1834) und in der „Gazette de Lausanne“ (1798) ihre beiden repräsentativen Tageszeitungen.

Skandinavien: Stärkere Bedeutung hat in Dänemark nur die Kopenhagener Presse, „Nationaltidende“ (1876) als führendes Blatt der Konservativen, „Politiken“ (1884) mit starker Auslandsverbreitung, als Organ der „Radikalen“. „Sozialdemokraten“ (1871) erhebt sich über das bloße Parteiblatt. „Berlingske Tidende“ (1748) vertritt wesentlich Handelsinteressen. — Von den norwegischen Zeitungen sind die wichtigsten: „Tidens Tegn“ (1910), freisinnig, und „Morgenbladet“ (1818), konservativ. Das älteste Blatt des Landes ist der gemäßigt liberale „Intelligenssedler“ (1762), alle in Kristiania. — Aus der ziemlich zahlreichen Stockholmer Presse ragen durch Verbreitung und Bedeutung hervor: „Dagens Nyheter“ (1864), linksliberal,

„Aftonbladet“ (1830), rechtsliberal, „Nya dagligt Allehanda“ (1859) und „Dagblad“ (1824), konservativ; unter Brantings Leitung „Social-Demokraten“ (1885).

Holland: Der „Nieuwe Rotterdamsche Courant“ (1843) ist als Handelszeitung das fast einzige repräsentative Blatt des Landes; daneben in Amsterdam „Allgemeen Handelsblad“ (1827) und „Tijd“ (1846), katholisch-klerikal.

Spanien: Das verbreiteste Blatt des Landes ist „A. B. C.“ (1905); neben ihm „La Correspondencia“ (1849) und „Liberal“ (1879).

Österreich: Das für Wien charakteristische Blatt, das eine Macht im Staat darstellt, ist die „Neue freie Presse“ (1864), nicht nur politisch, sondern auch kulturell einflußreich; neben ihr „Journal“ (1893) und „Fremdenblatt“ (1846), als Parteiorgan der Christlich-Sozialen die „Reichspost“ (1894), der Sozialdemokraten die „Arbeiterzeitung“ (1895). Von den Zeitungen des Landes sind die wichtigsten die „Innsbrucker Nachrichten“ (1854) und die „Grazer Tagespost“ (1857).

Literatur.

Robert Brunhuber: „Das moderne Zeitungswesen“ 1908. Ders.: „Das deutsche Zeitungswesen“ 1916. — H. Diez: „Das Zeitungswesen“ 1910. — Ludwig Kantorowicz: „Die sozialdemokratische Presse Deutschlands“ 1922. — F. Salomon: „Geschichte des deutschen Zeitungswesens“ — „Geschichte der Frankfurter Zeitung“. — Mitteilungen des „Reichsverbands der deutschen Presse“ und „Der Zeitungsverlag“, Organ des Verbandes deutscher Zeitungsverleger.

Die Staatserziehung.

Von Gertrud Bäumer.

Inhalt. Die Stellung des Staates zur staatsbürgerlichen Erziehung in der Vorkriegszeit. Die neue Demokratie und die Idee der Staatsbürgerbildung. Mittel der staatsbürgerlichen Erziehung zur Weckung des Staatsbewußtseins. Die Durchführung dieser Aufgaben in den verschiedenen Schulgattungen. Die Volksschule. Die Fortbildungsschule. Die höheren Schulen. Die Hochschule. Die Lehrerbildung.

Die Stellung des Staates zur staatsbürgerlichen Erziehung in der Vorkriegszeit.

Das Problem der Erziehung des Staatsbürgers kann als ein politisches angesehen werden, d. h. als ein solches der Staatskunst. Dann heißt die Frage: wie behandle ich dieses Volk als Objekt der Staatstätigkeit am zweckmäßigsten? Damit es gehorche, arbeite, Steuern zahle, Kinder zeuge, gute Soldaten stelle. Wie zähme ich die Bestie „Masse", damit sie fromm im Geschirr läuft?

Etwas von dieser Art Politik ist fast durchweg maßgeblich, wo in offiziellen Lehrplänen am Anfang des 20. Jh. zum erstenmal bestimmte Forderungen staatsbürgerlicher Bildung auftauchen. Beispiel: die folgende Bemerkung zum Geschichtsunterricht aus den preußischen Bestimmungen für die Neuordnung des höheren Mädchenschulwesens von 1908:

„Besonders wichtig und notwendig ist auf diesen höheren Stufen des Unterrichts neben einem kurzen Überblick über die geistige und künstlerische Entwicklung wenigstens des deutschen Volkes eine genauere Einführung in das Verständnis der wirtschaftlichen, sozialen und staatsrechtlichen Verhältnisse der Gegenwart. Sie erfordert sicheren Takt und große Umsicht in der Auswahl und Behandlung des Stoffes. Je sachlicher hierbei unter Vermeidung jeder Tendenz die geschichtliche Entstehung der betreffenden Verhältnisse dargestellt und berechtigte soziale Forderungen der Gegenwart anerkannt werden, um so nachhaltiger werden die Schülerinnen die Verderblichkeit aller Versuche erkennen, die auf gewaltsame Änderung sozialer Ordnung gerichtet sind; um so bedeutsamer werden ihnen auch die Verdienste des preußischen Staates und des Deutschen Reiches auf dem Gebiete sozialpolitischer Maßnahmen erscheinen."

Ähnliches steht in den Lehrplänen für die höheren Lehranstalten für Knaben. Noch deutlicher war der Geschichtsunterricht in den preußischen Lehrerseminaren auf die Bekämpfung der Sozialdemokratie eingestellt.

Diese Bestimmungen sind in hohem Maße charakteristisch für die Stellung des Staates selbst zur Aufgabe der staatsbürgerlichen Bildung seiner Bürger. Ebenso bewegt durch das Aufsteigen gewisser politischer und sozialer Gefahren, wie aus vertrauensvoller schöpferischer pädagogischer und politischer Initiative haben die Unterrichtsverwaltungen sich der Notwendigkeit einer systematischeren staatsbürgerlichen Bildung erschlossen. Was aber aus solcher negativen Einstellung entsteht, ist immer unfruchtbar. Es ermangelt nicht nur der Einheit der Zielsetzung, sondern auch des Schwungs und der Überzeugungskraft, die nur aus dem inneren Einswerden mit der Aufgabe entsteht.

Die vor dem Weltkrieg in Deutschland vorhandenen Ansätze staatsbürgerlicher Bildung spiegeln das, was Bethmann Hollweg „die Unfertigkeit unserer Zustände" genannt hat. Wir hatten verfassungsmäßig eine Demokratie, aber wir hatten kein Vertrauen zu ihr und füllten ihre Formen mit einem ihr fremden Geist. So fehlte ihrem Körper die belebende Seele. Der Fluch derer, die die Hand an den Pflug legen und zurückschauen, lag über dieser halben Demokratie. Sie entband durch das allgemeine Wahlrecht die im Obrigkeitsstaat ganz gefesselten Kräfte, aber sie wagte nicht, Freiheit und Verantwortung als sittliche Mächte anzurufen und die politische Volkserziehung diesen Mächten anzuvertrauen. So gab das allgemeine Wahlrecht der Volksmasse nur die Macht zu staatsfeindlicher Opposition, aber nicht die Möglichkeit positiver Mitarbeit. Die staatsbürgerliche Bildung als Rezept gegen den Umsturz fiel auch insoweit auf unfruchtbares Land, als ihr Inhalt aus gutem Samen bestand. Ihre tatsächliche Schulung gewann die Masse im Klassenkampf; hier erwarb sie — in einem Klima von Leidenschaft, Energie und Interessentrotz — ihre Vertrautheit mit dem Staat als Rüstzeug für den Kampf. „Wissen ist Macht" war der Wahlspruch, unter dem diese Aufklärung stand. Es war ein schwerer psychologischer Irrtum zu denken, daß gegen diesen, mit allen Leidenschaften des Interesses verknüpften staatsbürgerlichen Drill des Klassenkampfes die Abwehr einer offiziellen Aufklärung etwas ausrichten könnte, zumal wenn sie ohne einen positiven Glauben, eine positive Idee durchgeführt wurde, die geeignet gewesen wäre, den politischen Volkswillen zu veredlen, statt ihn zu unterdrücken.

Diese Auffassung der Aufgaben staatsbürgerlichen Unterrichts enthüllte aber noch eine andere Tatsache: die Gleichsetzung des Staates mit b e s t i m m t e n Gesellschaftsschichten und ihren Interessen. Eine zum Teil ganz unbewußte Gleichsetzung, die aber darum für das Staatsbewußtsein umso gefährlicher war. Es gab kein die Massen ü b e r w ö l b e n d e s Staats- und Volksbewußtsein. Es gab ein Staatsbewußtsein der herrschenden Klassen, das mit ihren gesellschaftlichen Anschauungen und wirtschaftlichen Interessen vielfach — vollkommen naiv — zusammenfiel, statt diese geistigen und wirtschaftlichen Egoismen an einer höheren Einheit und Verpflichtung begrenzt zu finden. Daraus ergab sich der ebenso naive Anspruch, daß des Staates vornehmste Aufgabe sei, diese Gesinnungen und Interessen zu verkörpern und zu schützen — und die Konsequenz e contrario, daß ein Staat, der darin versage, nichts wert sei und keine Achtung mehr verdiene. Die Art, wie in Deutschland die Kriegslasten aufgebracht wurden, das Verhalten der führenden Wirtschaftsschichten innerhalb der Kriegswirtschaft, die Stellung der alten Gesellschaft zum neuen Staat ist dafür bezeichnend, daß ein naives „der Staat bin ich" vielfach das höhere Nationalbewußtsein überdeckte.

Das ungeheure Selbstbewußtsein einer Wirtschaft, die in sich einen großen Teil der Intelligenz und der geistigen Führerkräfte der Nation aufgenommen hatte und zugleich eine riesige tatsächliche M a c h t darstellte, drückte den Staat da in den Schatten, wo er fordernd oder begrenzend in irgendeinen Gegensatz zu den wirtschaftlichen Interessen trat. Die Wirtschaft schätzte den Staat als Werkzeug, sie pfiff auf ihn, wenn er sich versagte. Man kann diese Behauptung auch im Präsens ausdrücken. Sie gilt jetzt noch und bezeichnet eine der stärksten Hemmungen der nationalen Erhebung.

Die neue Demokratie und die Idee der Staatsbürgerbildung. Deutschland ist durch die Weimarer Verfassung eine wirkliche Demokratie geworden. Damit erst hat die Idee der Staatsbürgerbildung ihre wahre politische Heimat gefunden. Denn n u r die Demokratie kann ein Programm der Staatsbürgerbildung aufstellen, das dem Wesen und der Würde des Bildungsgedankens überhaupt entspricht. Nur ein grundsätzlich demokratischer Staat bietet die Möglichkeit einer Staatsbürgerbildung, die nicht in sich einen Bruch zwischen Zweck und Idee aufweist. Denn jede politische Bildung, die nicht von der Berufung jedes einzelnen Menschen zur Freiheit ausgeht, erniedrigt, im Sinne Kants gesprochen, den Menschen zum Mittel. Das widerstreitet dem Wesen der Bildung an sich. Es ist, in der Sprache des 18. Jh. gesprochen, „Polizierung" der Bürger, modern ausgedrückt etwa: „politische Zivilisierung", aber nicht politische Bildung, und kein seiner Würde bis in ihre Würzeln hinein bewußter Erzieher dürfte sich zu solcher Abrichtung hergeben. Nur im Zeichen der Demokratie können — der Idee nach — Geist und Politik, Ethik und Politik, Kultur und Politik, Pädagogik und Politik eine innerlich reine und feste Verbindung eingehen. Dieser unlösliche innere Zusammenhang zwischen Demokratie und staatsbürgerlicher Bildung enthält zugleich die Beantwortung der Frage, warum die bisherigen Ansätze staatsbürgerlicher Erziehung unfruchtbar blieben und stellt die große neue Aufgabe.

Die Erziehung des Staatsbürgers in einer Demokratie ist eine Aufgabe der Willensbildung und der Erkenntnisschulung. Ziel der Willensbildung ist das aktive politische Verantwortungsbewußtsein als Glied des Ganzen. Ziel der Erkenntnisschulung ist das Verständnis für Daseinsbedingungen, Ordnung und Leben des Staates.

Das absolute Ziel solcher Erziehung ist klar. Methoden und Stoffe bestimmen sich einerseits von hier aus und andrerseits von den besonderen Hemmungen und Fehlerquellen her, die das Leben im Staate der Gegenwart der Selbsterziehung des Staatsbürgers entgegenstellt. Denn jede solche Schulung, in das Ganze des Lebens eingestellt, ist Ersatz, Ergänzung, Korrektur für Lücken und Einseitigkeiten, die innerhalb der dem einzelnen von selbst zufließenden Erfahrung bleiben.

Um staatsbürgerliche Bildung stofflich und methodisch richtig aufzubauen, muß man sich klar sein, worin im heutigen Staat die besonderen Schwierigkeiten für die Entstehung eines pflichtvollen Staatsbewußtseins liegen.

Es ist auf folgendes hinzuweisen:

Der moderne Großstaat ist für den einzelnen seiner Millionen Bürger ungemein schwer übersehbar und sehr abstrakt. Die Volksgemeinschaft, die im Staat ihr politisches Handeln formt, heute dem einzelnen zum Erlebnis zu bringen, ist sehr schwer. Der Zentralismus, der von der großbetrieblichen Technik bis zur Verwaltungsorganisation alle gesellschaftlichen Ordnungen beherrscht, erfordert nicht nur einen hohen Grad von Intelligenz, um ihn zu verstehen, er bietet dem einfachen Menschen auch wenig Gelegenheit, die Zusammengehörigkeit mit dem Ganzen durch Sinne und Gefühl zu fassen. Unmittelbar erlebt der einzelne Bürger den Zusammenhang mit den politischen Gemeinschaften in eindringlicher Form wohl nur noch in Dorf und Stadt bis zur kleinen Mittelstadt. Schon nicht mehr in der Großstadt. Und die Staats- und Reichsgemeinschaft im alltäglichen Verlauf des Lebens auch nicht. Nur fragmentarisch reicht die Staatstätigkeit in das Schicksal des einzelnen hinein, in besonderen Auswirkungen, die er je nachdem als Steuern, Polizei, Sozialversicherung oder irgend etwas anderes angenehm oder lästig empfindet und geneigt ist, von seinem Interessenstandpunkt aus nicht nur zu werten, sondern von vornherein einseitig aufzufassen. Das Zentralproblem der Staatsbürgerbildung ist in der Beschaffenheit des Großstaats begründet, dieses bis in die letzten Verzweigungen hinein durchrationalisierten, höchst komplizierten Gebildes, gestützt durch eine unübersehbare Reihe unverständlicher Gesetze, in Tätigkeit erhalten durch einen ebenso komplizierten Verwaltungsapparat, und in der konkreten Erfahrung des einzelnen immer nur fragmentarisch, zusammenhangslos zugänglich.

Diese Tatsache, daß das Ganze so schwer erlebbar ist, erhöht das natürliche Übergewicht der Interessen noch durch die Schwierigkeit, die Gegengewichte überhaupt auf die Wagschale des Einzelbewußtseins zu bringen. Die Interessen, in immer lückenloserem System den einzelnen mit ihrer Organisation umspannend, sind die Gemeinschaft, auf die sein Auge wie auf die Wände seines Hauses zuerst fällt, wenn es sich nach außen richtet. Die verschiedenen berufsständischen Organisationen, Gewerkschaften, Kartelle, Syndikate haben eine Verbandsmoral und Verbandsdisziplin ausgebildet, die durch die Unmittelbarkeit und Eindringlichkeit ihrer Bedeutung für den einzelnen ihn stärker bindet und beherrscht als das Staatsbewußtsein.

Es kommt hinzu, daß diese Interessen sich im öffentlichen Leben stärker und lebhafter zur Geltung zu bringen vermögen als der Staat. Sie erfüllen mit ihrem Für und Wider den Schauplatz, von ihnen tönt die Presse und die Versammlung, die Straße wider. Sie scheinen die überragende, wesentlichste Realität, das an sich Begreiflichste, das auch noch mit aller Kraft der Propaganda und Reklame inszeniert wird. So wird das öffentliche Leben selbst in gewissem Maße der Feind oder die Gefahr des Staates, indem es ihn überschreit und verdeckt.

Mittel der staatsbürgerlichen Erziehung zur Weckung des Staatsbewußtseins. Wie kann die staatsbürgerliche Erziehung gegen diese Widerstände dem Staat im Einzelbewußtsein genügenden Nachdruck geben?

Sie muß zunächst orientieren. Sie muß die Gehirne schulen, den Staat zu denken, ihn geläufig machen, an seine Einrichtungen gewöhnen, ihm die Fremdheit und Schwierigkeit nehmen, in der er dem Begriffsvermögen spröde gegenübersteht. Mit einem Wort: es muß viel mehr vom Staat der Gegenwart die Rede sein. Er muß lebendig sein, ehe der materielle Lebenskampf ihn wieder in den Hintergrund drängt, und immer wieder im Kampf mit den näheren Eindrücken und engeren Interessen lebendig gemacht werden. Das heißt, daß die Orientierung über den Staat keine nüchterne Gesetzeskunde sein darf, sondern den Staat als lebendige, wirkende, ordnende Rechts- und Verwaltungsgemeinschaft hinstellen muß. Es gehört zu kaum einem Fach so viel schöpferische Phantasie wie zur Staatsbürgerkunde, so viel lebendige Beobachtungsgabe und plastische Darstellungskraft, so viel psychologische Kunst, die Gefühlskräfte, durch welche der Mensch zum zoon politikon bestimmt ist, zu packen und den Willen dadurch in Bewegung zu setzen, durch den er erst zum „politischen Wesen" wird.

So lebendig machen kann nur der Lehrer, der ganz im Staat zu Hause ist, der sehr viel, sehr vielerlei weiß und der kombinieren und Zusammenhänge erfassen kann. Darum ist die wesentliche Voraussetzung der staatsbürgerlichen Erziehung diese lebendige Vertrautheit des Lehrers mit der ganzen Welt der bürgerlichen Gemeinschaft. Von Natur aus — so scheint es wenigstens — fehlt dem Deutschen der Zug zu diesen Wirklichkeiten. Ihn fesselt mehr die tatferne Erkenntnis, ihn bewegt mehr die Welt des Herzens, er baut lieber auf dem Grunde der Phantasie als der spröden und unfreundlichen Wirklichkeit, er handelt lieber auf eigene Faust als im Zusammenhang und der Ordnung des Ganzen, die für ihn leichter Objekt der Kritik als der Gestaltung wird. Darum brauchen wir starke Anstöße, viel Aufwand an planmäßiger Arbeit, um diese Hemmungen zu überwinden.

Angesichts dieser Forderung wird aber auch klar, daß der wissenschaftliche Unterbau für eine so gestaltete Staatsbürgerkunde fehlt. Denn es handelt sich nicht nur um die Zusammenstellung von Fragmenten aus Staatsrecht, Volkswirtschaft, Sozialpolitik u. a. Es handelt sich um mehr: diese Lebensgemeinschaft der Nation als Ganzes und als Einheit zu verstehen, das Miteinander von Recht, Verwaltung, Wirtschaft, Kultur, so wie sie einander bedingen und durch gemeinsame Struktur bedingt sind, zu erfassen. Die wissenschaftliche Grundlage der Staatsbürgerkunde liegt zwischen den Fakultäten und ist infolgedessen bisher wenig gefestigt. Heute hat die Schule sich die Wissensstoffe der verschiedenen Gebiete zusammenzutragen und die Synthese für ihren Bedarf selbst herzustellen.

Daß ihr dies gelinge, ist aber um so notwendiger, weil nur ein Bild der Volksgemeinschaft, das dauernd durch die lebendige Wirklichkeit bestätigt und erhellt wird und das mit allen natürlichen Gefühlsmächten des Volkslebens verknüpft ist, die Macht haben kann, gegenüber der machtvollen Enge der Interessen ein das Handeln bestimmendes Motiv zu werden. Es kommt darauf an, die tatsächliche Solidarität, die große Schicksalsgemeinschaft der Volksgenossen nicht nur der Erkenntnis zugänglich zu machen (solche Bildungseinsichten verblassen im Kampf um das Dasein hernach sehr schnell wieder), sondern sie als etwas Gewaltiges, Lebendiges und Segenspendendes der Jugend buchstäblich „zu Gemüte zu führen". Vereinfachen, die großen Linien zeigen, ohne dabei abstrakt und theoretisch zu werden, das ist das Geheimnis. Nur wenn diese Frage praktisch gelöst wird, kann eine staatsbürgerliche Ethik wirklich lebendig werden — mehr werden als der schnell vergessene Katechismus einer äußerlichen Bürgermoral. Es muß darauf hingewiesen werden, daß wir in unserem Bildungswesen ein System bürgerlicher Ethik nicht durchgeführt haben. Die Tatsache, daß Mittelpunkt und Quell aller ethischen Belehrung der Schule der Religionsunterricht war, daß die Ethik der Schule die religiöse Ethik des Christentums ist, hat es mit sich gebracht, daß Ordnungen und Beziehungen des politischen Gemeinschaftslebens ohne grundsätzliche sittliche Durchleuchtung geblieben sind. Denn dieses Gebiet sittlich zu formen aus seinem eigenen Wesen heraus lehnt das Christentum ja grundsätzlich ab. Und mit dem Satz: Gebt dem Kaiser, was des Kaisers ist, oder dem: Wer nicht arbeitet, soll auch nicht essen, läßt sich die Ethik des Staats, insbesondere in seiner gegenwärtigen konfliktreichen Aufgabe und Ordnung tatsächlich nicht erfassen. Es ist notwendig — nicht in einer banausischen Lebenskunde einen bürgerlichen Katechismus einzutrichtern — aber die gewaltigen Fragen der Freiheit und Verantwortung, der Persönlichkeit und Gemeinschaft, des Rechtes und der Barmherzigkeit in ihrer einfachen und alltäglichen wie in ihrer großen geschichtlichen Erscheinung am lebendigen Stoff des Volksschicksals zu beleuchten. Durch alle stoffliche Belehrung hindurch, nicht von ihr losgelöst, muß sich ein solches unsichtbares System einer Tugendlehre hindurchziehen, in dem alle stoffliche Belehrung willensmäßig in sicherer und einheitlicher Weise lebendig wird. Das ist, durch alle Stufen und Gattungen des Bildungswesens hindurchgesponnen, eine Aufgabe, die noch in gar keiner Weise auch nur in Angriff genommen ist.

Sache des Schullebens und seiner Verfassung und Gestaltung ist es sodann, diesen unsichtbaren Grundriß der staatsbürgerlichen Sittlichkeitslehre auch in lebendigen ethischen Aufgaben zur Erscheinung zu bringen. Es gibt im wesentlichen zwei Formen, eine große Gemeinschaft sittlich zu erleben. Die eine Form ist das Erlebnis der Ordnung, des Gesetzes, die andere Form ist das unmittelbare Gefühlserlebnis der Zusammengehörigkeit und des Verbundenseins. Die Schule muß dafür sorgen, daß die Jugend als Mitgestalter und Miterhalter ihrer eigenen Gemeinschaftsordnung die Notwendigkeit nicht nur, sondern auch die Schönheit und Größe der „Gerechtigkeit" erlebt — das Wort hier in dem ganz umfassenden Sinne Platos von der Gerechtigkeit als der Idee des Staates genommen. Es gehört zu der Undurchsichtigkeit des gegenwärtigen Staates ebenso sehr wie zu der Zwietracht der Interessen, daß unser Volk heute ein sehr reizbares Rechtsgefühl mit einem sehr unklaren Rechtsbewußtsein verbindet. Es gibt kaum sittliche Beziehungen im heutigen Gemeinschaftsleben, über die so verwirrte und trübe Begriffe herrschen wie über Recht und Pflicht des einzelnen dem Staat gegenüber. Die hemmungslose Interessenpolitik aller Schichten hat hier seit Jahrzehnten eine beinahe hoffnungslose Gefühlsverwirrung und Gewissensversumpfung angerichtet, der gegenüber die Erziehung zur Gerechtigkeit beinahe alles zu tun hat.

Schwerer noch bieten sich heute im Schulleben Gelegenheiten für das unmittelbare Gemeinschaftserlebnis. Unser Volk ist äußerlich und innerlich zerschlagen. Der Gedanke an Staat und Volksgemeinschaft ist nahezu bei jedem unheilvoll verbunden mit bitteren, feindseligen, parteilichen Gefühlen. Ehe wir nicht unser Volksbewußtsein von dieser giftigen Beimischung gereinigt haben, hat es keinen Sinn, nationale Feste zu feiern, denen sich die gesuchte Erhebung doch versagt. Umso mehr muß versucht werden, wo die Schule irgendwie ungetrübte Vorbedingungen dazu bietet, dieses Gemeinschaftsgefühl zu beschwören. Dazu gehört viel Phantasie und Gefühlskraft. Durch Verordnungen und Dienstvorschriften läßt sich das nicht herbeizerren.

Die Durchführung dieser Aufgaben in den verschiedenen Schulgattungen ist abhängig einerseits von dem Reifegrad, andererseits von dem natürlichen Vorstellungs- und Erlebniskreis des Kindes. Jede Verfrühung ist schlimmer als Zeit- und Kraftverschwendung, denn sie tötet oft die Möglichkeit, dieselbe Sache zur geeigneten Zeit lebendig zu machen.

Andererseits gibt es kein Gebiet, auf dem der Lehrer zur erfolgreichen Arbeit einer ganz sicheren Beherrschung des Vorstellungskreises der Kinder bedarf, als dieses. Zwischen der früheren Wasserscheu der Schule vor dem wirklichen Leben und vor den noch nicht in das Buch eingegangenen Wirklichkeiten und der bei den Reformern vielfach eingerissenen läppischen „Kindertümelei" im Umgang mit der Wirklichkeit muß der Weg einer ernsten, sachlichen und doch plastischen Vermittelung gesucht werden.

Die Volksschule. In der Volksschule gibt der Unterricht vom ersten Schuljahr an mannigfache Möglichkeiten staatsbürgerlicher Belehrung. Was der württembergische Lehrplan für das zweite bis vierte Jahr der Grundschule vom 4. April 1922 sagt, läßt sich durchaus verwirklichen: „Auch das Gemeinschaftsleben in Familie, Schule, Kirche, Gemeinde und Bezirk soll bis zu einem gewissen Grade in ihren Gesichtskreis treten, den Gemeinsinn wecken und dadurch den ersten Grund zur staatsbürgerlichen Erziehung legen." In der Volksschule wird sich im übrigen Inhalt und Art der staatsbürgerlichen Belehrung schlecht durch bestimmte Aufzählungen von Stoffen, die bearbeitet werden müssen, wiedergeben lassen. Solche Aufzählung wird immer entweder zu dürftig oder überladen erscheinen. Denn es ist einerseits richtig, daß in die Volksschule volkswirtschaftliche und sozialpolitische Belehrungen über Arbeit, Landwirtschaft, Gewerbe und Handel, Geld- und Kreditwesen, Verwaltungs- und Rechtswesen hineingehören — eine Erwähnung dieser Gebiete in einem Stoffplan würde jedoch keine Vorstellung von dem Was und Wie geben, das für ihre Behandlung maßgebend ist. Die Mehrzahl der vorhandenen Lehrpläne, sofern sie schon die neuen Aufgaben der staatsbürgerlichen Bildung auf der Grundlage der Reichsverfassung ins Auge gefaßt haben, entsprechen etwa den Grundsätzen der preußischen Unterrichtsverwaltung in ihren Richtlinien zur Aufstellung von Lehrplänen für die oberen Jahrgänge der Volksschule. Hier wird durchweg die Staatsbürgerkunde mit dem Geschichtsunterricht verbunden: es wird jedoch für das letzte Schuljahr eine dritte Wochenstunde angesetzt, die zur Bewältigung des in folgenden Sätzen aufgestellten Programms die Möglichkeit geben soll: „Die ausführlich und möglichst anschaulich zu gestaltende Darstellung der gegenwärtigen staatlichen Verhältnisse bildet den Abschluß des Unterrichts. Bei dieser Unterweisung sind die Verfassungen des Reichs und des Freistaats Preußen ausreichend zu berücksichtigen. Dem letzten Schuljahr werden neben der abschließenden Staatsbürgerkunde insbesondere auch zusammenfassende Betrachtungen über die Entwicklung einzelner Zweige des wirtschaftlichen und gesellschaftlichen Lebens wie der Landwirtschaft, des Handwerks und der Technik, des Verkehrswesens, des Handels, des Bürger-, Bauern- und Arbeiterstandes zuzuweisen sein. Auch die Heimatgeschichte, die möglichst in allen Klassen zur Geltung kommen muß, findet hier Zusammenfassung und Abschluß."

Im übrigen gilt für die Volksschule besonders, daß der staatsbürgerliche Unterricht nicht Staatslehre, sondern Gemeinschaftskunde ist. Allerdings liegt in dieser begrifflichen Erweiterung seiner Grenzen, die ihn zugleich dem kindlichen Gemeinschaftserlebnis näher bringen will, auch eine gewisse Gefahr: daß er substanzlos wird, daß die Angst vor stofflicher Überladung und vor der Fixierung von Zielen, die einen Teil der Reformer heute beherrscht, auch das ernsthafte Erarbeiten staatsbürgerlicher Grundlagen verdrängt. Es ist darum zweifellos notwendig, sich klar zu machen, was der abgehende Volksschüler vom Staat ganz einfach *wissen* und darum lernen muß. Die Verbindung eines solchen Mindestprogramms der Tatsachen, mit denen die Volksschule den Schüler bekannt machen muß, mit dem Lehrplan der einzelnen Fächer ist dann eine Frage für sich, die verschieden gelöst werden kann. Es wird richtig sein, daß, jedenfalls ehe dem Lehrer die Staatserziehung als Hintergrund der gesamten Schultätigkeit selbstverständlich geworden ist, im letzten Volksschuljahr eine besondere Stunde für Zusammenfassung und Befestigung des staatsbürgerlichen Wissens angesetzt werden muß. Erst dadurch wird der neue Stoff so ausdrücklich hervorgehoben, daß er nicht unter den Tisch fallen kann.

Die Fortbildungsschule. Während die deutschen Unterrichtsverwaltungen über Umfang und Behandlung der Staatsbürgerkunde in der Volksschule verschiedene Anschauungen vertreten — in Bayern z. B. sie noch ganz aus der Volksschule herauslassen — liegt die Frage für die Fortbildungsschule (Berufsschule) viel eindeutiger. Und zwar das Was? sowohl wie das Wie?

Den Berufs-, Fortbildungs- und Fachschulen[1]) fällt für die volksschulentlassene Jugend der entscheidende Teil der staatsbürgerlichen Bildung zu. Altersstufe und Erfahrungskreis der Schüler stellen die Aufgabe vollkommen neu. Das Alter — in dem unter oft unzulänglichen häuslichen Erziehungseinflüssen, in früher Selbständigkeit, in einer Arbeit von vielfach geringem Bildungswert, das Kind durch die Entwicklungskrise zur Individualität geht — stellt, ganz abgesehen von der Rücksicht auf den Staat, rein aus Gründen der persönlichen Bildung die Aufgabe, das unruhige, expansive Selbstgefühl, die neuen Energien eines zur Selbstbestimmung drängenden Ichs, die Kräfte und den Willen der selbständigen geistigen Eroberung der Welt in den Prozeß einer fruchtbaren Selbstbildung überzuleiten. Das kann nur geschehen, wenn diese Jugendkräfte von innen her der Verwilderung entzogen werden, in der Verwirklichung selbstgewählter Ideale, der Hingabe an selbstgesteckte Ziele. Im Maße, als dies geschieht, formt sich zugleich der Staatsbürger. Die staatbürgerliche Bildung muß den Jugendlichen helfen, die Wirklichkeit, die ihnen Feld der Selbstbehauptung und des Tatendrangs wird, richtig zu sehen, das Gefüge von Verantwortungen und Pflichten, auf denen sie beruht, zu erfassen und die richtige Stelle der richtigen Einordnung des eigenen Lebens zu finden.

Dabei hat sie einen neuen Erfahrungskreis der Jugendlichen als Hintergrund: den Beruf, durch den sie dem Gemeinschaftsleben nun in bestimmter Form eingeordnet sind. An ihn hat die staatsbürgerliche Bildung anzuknüpfen. Sie ist also hier mehr als in jeder anderen Schulgattung wirtschaftlich orientiert. In dieser Anknüpfung liegen Vorzüge: die Gegebenheit der konkreten Beziehungen und Tatsachen, die staatserziehlich zu durchleuchten sind. Aber auch Gefahren: daß die bürgerkundlichen Belehrungen eine banausische Beantwortung der banausischen Frage werden: wie finde ich mich zurecht? wie setze ich mich durch? Diese Gefahren liegen sowohl in der Einstellung des Schülers wie in dem für die Kürze der Zeit sehr umfangreichen Stoff notwendig praktischer Belehrung begründet. Bei sechs Wochenstunden, in denen Berufskunde, Deutsch, Rechnen betrieben werden soll, und die zur allgemeinen Orientierung des jungen Menschen in seinen Berufsverhältnissen sehr viel zu leisten haben, besteht die Versuchung der Verengung des Stoffs auf das unmittelbar Praktische. Eine eigene Stunde für Staatsbürgerkunde wird daher kaum zu gewinnen sein, sondern erst bei Überschreitung der sechs Stunden (dann aber unbedingt). Um so wichtiger ist die richtige Verknüpfung mit dem Gesamtunterricht. Dabei wird die staatsbürgerliche Betrachtungsweise der Berufskunde den höheren und weiteren Sinn geben und der Lebenskunde, die leicht in ein verschwommenes Moralisieren über hohe und banale Dinge versandet, das festere Rückgrat. In mustergültiger Weise ist diese Form gefunden in dem Leitfaden der Staatsbürgerkunde für technische Lehranstalten von Wende.

Ein besonderes Problem entsteht hier für die Mädchen. Für sie bietet das Leben selbst zwei Erfahrungskreise, aus denen Staatserziehung entwickelt werden kann: die Familie und

---

1) Unter Berufsschulen versteht man in Preußen die ehemalige Fortbildungsschule, in Sachsen eine Fachschule mit einjährigem Tagesunterricht vor der Lehre und zehn Wochenstunden im folgenden Jahr neben der Lehre, in manchen Ländern bezeichnet man die fachlich gegliederte Fortbildungsschule als Fachschule.

den Beruf. Wenn schon durch diese zweifache praktische Anknüpfung und Zielsetzung die gesamte pädagogische Aufgabe der weiblichen Fortbildungsschule ungemein schwierig wird und eigentlich nur kompromißlich, aber nicht ideal gelöst werden kann, so gilt das in ganz besonderm Maße für die Aufgabe der Staatserziehung der Mädchen. Denn die Gemeinschaftsethik der Familie ist eine grundsätzlich andere als die Gemeinschaftsethik des Staats- und Wirtschaftslebens. Dieser innere Zwiespalt will aber nicht nur überwunden werden in den Gebieten, um die es sich handelt, sondern auch in der persönlichen Einstellung der Mädchen selbst zur Gemeinschaft. Zweifellos kommen da andere Gefühlsmächte in Frage als bei den Knaben. Und wenn Staatsbürgerkunde nur dann lebendig wird, wenn sie nicht allein den Intellekt, sondern auch Phantasie und Gefühl erfaßt hat, so weist diese Tatsache darauf hin, daß die staatsbürgerliche Erziehung in diesem natürlichen Gefühlsleben der Mädchen ihre psychologischen Grundlagen suchen muß. Allerdings muß man sich dabei darüber klar sein, daß gewisse Seiten des Staatsbürgertums, besonders da, wo es auf dem Berufsleben fußt, überhaupt für die Mädchen ein spröder Stoff sein und bleiben werden.

Die höheren Schulen. In den höheren Schulen treten beide Seiten der Staatsbürgerbildung mit ihrem Ineinander und Nebeneinander stärker hervor: einerseits der neue Stoff, andererseits das neue Prinzip. Zweifellos ist heute die Gesamtarbeit des höheren Schulwesens, soweit in ihr eine einheitliche Bildungsidee überhaupt erkennbar ist, stärker von dem alten Humanismus bestimmt als von der neueren Idee einer Gemeinschaftskultur. Das hängt mit der Tiefe, Klarheit und Kraft dieser alten und der Unfertigkeit der neuen Idee zusammen. Darum bedeutet Staatserziehung als Prinzip des höheren Schulwesens in der Tat eine starke Umstellung der gesamten inneren Zielsetzung des Unterrichts. Dieser Umstand aber und die Betonung dieser Umstellung als der eigentlich wesentlichen Sache bringt es mit sich, daß auch viele Anhänger des staatsbürgerlichen Erziehungsgedankens ein besonderes Fach Staatsbürgerkunde im Lehrplan der höheren Schulen ablehnen. Sie meinen, daß die Verweisung staatsbürgerlicher Belehrungen in ein besonderes Fach ihre Ausschaltung aus anderen Fächern bedeuten würde und daß überdies in der Einführung eines besonderen Fachs die wesentliche Bedeutung der staatsbürgerlichen Bildung als Prinzip der gesamten Bildungsaufgabe der Schule verwischt werden würde. Es ist dagegen einzuwenden, daß dies nicht Sinn und Wirkung der Einführung der Staatsbürgerkunde zu sein brauchte, daß vielmehr im Gegenteil die Einführung besonderer Stunden bei richtiger Behandlung den Sinn haben müßte, die in Geschichte, Geographie, Deutsch und anderen Fächern vorbereiteten Einsichten zusammenzufassen und zu befestigen. Gerade bei der bisher unzulänglichen Einstellung der Lehrerschaft der höheren Schulen auf das neue Bildungsprinzip wird es notwendig sein, der Staatsbürgerbildung Rückhalt und Heimat in einem besonderen Fach zu geben. Dabei kann die juristische Frage offen bleiben, ob die Reichsverfassung Staatsbürgerkunde als Fach oder als Prinzip meint. Es ist selbstverständlich, daß das Fach in engster, auch personeller Verbindung mit dem Geschichtsunterricht stehen muß.

Für den Aufbau des Lehrplans ist zunächst die Tatsache maßgebend, daß viele Schüler die höhere Schule mit der Untersekunda verlassen, und der Abschluß der Untersekunda somit auch der Zeitpunkt ist, an dem ihnen auf Grund des Artikels 148 ein Exemplar der Reichsverfassung übergeben werden soll. Es ist daher im Aufbau der Lehrpläne der meisten höheren Schulen in dieser Klasse eine Besprechung der Reichsverfassung als Abschluß eines im Geschichtsunterricht durchgeführten Lehrplans vorgesehen, in verschiedenen Staaten durch besondere Stunden. Die zweite Zusammenfassung erfolgt dann in der Oberprima mit dem Abschluß einer Prüfung der Abiturienten in der Staatsbürgerkunde, die jetzt in den meisten Ländern eingeführt ist. Sicher ist freilich wohl, daß die Praxis mit den Anordnungen der Unterrichtsverwaltungen vielfach in einem absichtlichen Widerspruch steht. Ein großer Teil der Lehrerschaft lehnt mit dem neuen Staat auch sein Prinzip der Staatserziehung ab und entzieht sich der lehrplanmäßigen Aufgabe, um so dem inneren Konflikt aus dem Wege zu gehen.

Die Abgrenzung des Stoffs der Staatsbürgerkunde in der höheren Schule ist nicht einfach. Es handelt sich zunächst um eine Erweiterung des Geschichtsunterrichts. Dabei tauchen verschiedene Grenzfragen auf: wie weit ist die Kenntnis der Staatszustände des Auslandes einzubeziehen? Wie weit das materielle bürgerliche Recht? Wie weit die politischen und gesellschaftlichen Theorien? Eine Kommission, die vom Reichsministerium des Innern kürzlich zusammenberufen ist, hat in ihrem Unterausschuß für die höheren Schulen folgendes gefordert.

Die Staatsbürgerkunde der höheren Schulen führt ein in politische, wirtschaftliche und soziale Fragen.

a) Politisches. 1. Grundzüge der Reichs- und Landesverfassung unter besonderer Berücksichtigung der Pflichten und Rechte des Staatsbürgers.

2. Überblick über die Verwaltung von Reich, Land und Gemeinde. Das Wichtigste aus dem Rechtsleben.

3. Das Ausland und seine Verfassung zum Zweck des Vergleichs und zur Erzielung eines tieferen Verständnisses der deutschen Gegenwart. Das Auslandsdeutschtum.

4. Deutschland unter den Weltvölkern.

5. Einführung in die wichtigsten politischen Theorien und in das Parteileben der Gegenwart.

b) Wirtschaftliches. 1. Einführung in die bedeutsamsten volkswirtschaftlichen Begriffe (Faktoren und Zweige der Gütererzeugung), Wirtschaftsstufen, Geld- und Kreditwesen.

2. Grundzüge der modernen Entwicklung von Landwirtschaft, Gewerbe und Handel unter Berücksichtigung weltwirtschaftlicher Zusammenhänge. Die Bedeutung von Kolonien für die Wirtschaft.

c) Soziales. 1. Die soziale Schichtung des deutschen Volkes als Grundlage des Gemeinschaftslebens.

2. Die wichtigsten sozialen Probleme und ihre gesetzgeberische Behandlung.

3. Bedeutsame gesellschaftliche Theorien.

Philosophisch-ethische Grundlegung des Staatsbürgertums.

Diesem Plan lag eine Gesamtanschauung von der Arbeit der höheren Schulen zugrunde, die in folgendem Satz niedergelegt ist: „Der gesamte Unterricht muß getragen sein von einem Verantwortungsgefühl für das Volks- und Staatsganze, das den Staat als eine lebendige und geschlossene Einheit erkennen lehrt, zum Staatserlebnis hinleitet und eine kommende geistige Führerschaft vorbereitet.“ Von dieser Zielsetzung wird sowohl (wie übrigens schon in der bisherigen Behandlung der geschichtlichen Gegenwart) das historische Verständnis für den gegenwärtigen Staat aus seinem Werden heraus betont, wie aber auch (und das ist das Neue) die philosophisch-ethische Grundlegung der Gemeinschaftsfragen stark herausgearbeitet. Diese letzte Form, das Staatsbürgertum zu erfassen, kommt zweifellos einem Bedürfnis der Jugend heute entgegen, birgt allerdings die Gefahr unrealistischer Meditationen in sich. Man wird aber zugeben müssen, daß angesichts der gegenwärtigen Erschütterung und Verwirrung der sittlichen Begriffe diese Vertiefung unvermeidlich ist. Die anderen vorhin aufgeworfenen Fragen beantworten sich aus dieser inneren Zielsetzung heraus dahin, daß sowohl Belehrungen über Verhältnisse des Auslandes wie auch die Behandlung des materiellen Rechtes und volkswirtschaftlicher Fragen in der Schule nie aus einem fachwissenschaftlich erfaßten Selbstzweck heraus, sondern immer nur mit dem Ziel getrieben werden dürfen, die eigene Staats- und Volksgemeinschaft in ihrem Wesen, ihren Daseinsbedingungen, dem Zusammenwirken ihrer Kräfte nach Maßgabe dessen, was ein Schüler an Wissen bewältigen kann, lebendig zu machen.

Die Hochschule. Jede Erörterung der neuen Staatserziehung führt zu dem Punkt zurück, daß die wesentlichsten Voraussetzungen dafür auf der Hochschule und in der Gestaltung der Lehrerbildung geschaffen werden müssen. Die Aufgabe der Hochschule zerfällt in zwei Teile: die staatsbürgerliche Bildung der gesamten Akademikerschaft und die Ausbildung der Lehrer, und hier wiederum in zwei Teilaufgaben: die Ausbildung des Fachlehrers der Staatsbürgerkunde und die aller übrigen Lehrer für die im Rahmen ihrer eigenen Fächer und ihrer erziehlichen Praxis liegenden Anforderungen der Staatserziehung. Die staatsbürgerliche Allgemeinbildung der gesamten Studentenschaft stößt bisher auf große praktische Schwierigkeiten. Eine etwas zünftlerische Betrachtung einer solchen Aufgabe als außerhalb des Rahmens der wissenschaftlichen Lehre und Forschung verhindert bisher, daß sich Hochschullehrer ihr zur Verfügung stellen. Diese Abneigung besteht sogar insofern, als eine Vorlesung über Staatsbürgerkunde im streng juristischen Sinne in Betracht kommt. Die Schwierigkeit wird aber noch größer, wenn die Aufgabe weiter gefaßt wird im Sinne einer Durchleuchtung der Struktur und des Lebens der Volksgemeinschaft. Im Grunde ist es aber diese umfassendere Betrachtungsweise, zu der die Hochschule führen müßte. So wenig sich aber der Hochschullehrer findet, der gewissermaßen zwischen den Fakultäten die Staats- und Volksgemeinschaft als lebendige Einheit behandelt, so wenig ist auch damit zu rechnen, daß innerhalb der volkswirtschaftlichen, geschichtlichen, philosophischen Fachvorlesungen diese weiteren Beziehungen und Zusammenhänge behandelt werden. Vorläufig sind es erst einzelne wissenschaftliche Persönlichkeiten, die sich dieser Aufgabe mit Überzeugung und ethisch-politischer Initiative angenommen haben. Der Unterausschuß für Hochschulen der eben schon erwähnten Kommission hat für die Pflege der staatsbürgerkundlichen Allgemeinbildung folgende Forderung gestellt:

„Dem Zwecke einer wissenschaftlich vertieften staatsbürgerkundlichen Allgemeinbildung dient eine Vorlesung über Staatsbürgerkunde (wissenschaftliche Politik), neben der unter Zusammenfassung zu einer einheitlichen Vorlesung Einführungen in die Wirtschaftswissenschaften und in die auswärtige Politik erforderlich sind. Lehrstoff sind die Grundgedanken, die systematischen und geschichtlichen Grundtatsachen und die Lebensbedingungen der Verfassung, Verwaltung und der Wirtschaft in stetem Hinblick auf die Pflichten und Rechte der Staatsbürger; dabei ist das Auslandsdeutschtum zu würdigen, das Ausland vergleichend heranzuziehen und die zwischenstaatliche Rechtsordnung zu berücksichtigen. Der Vortragende soll das Parteiwesen zur Darstellung bringen, sich aber eigener parteipolitischer Stellungnahme streng enthalten."

Die Lehrerbildung. Für die Lehrerbildung ist neuerdings sowohl die Möglichkeit einer Fachprüfung für Staatsbürgerkunde wie auch die Prüfung aller Kandidaten in der Staatsbürgerkunde in mehreren Staaten eingeführt. Die preußische Prüfungsordnung vom Februar 1923 gibt hier ein gutes Muster. Ihre Bestimmungen stellen der Universität die Aufgabe, in ihrem Rahmen für die Möglichkeit zu sorgen, daß die „Lehrer-Studenten" in einer für sie angemessenen Form eine Einführung in die Rechtswissenschaft und Rechtsgeschichte, Staatslehre und Staatsrecht, Verwaltungslehre, Völkerrecht, theoretische und praktische Volkswirtschaftslehre und Finanzwissenschaft bekommen. Die Aufzählung dieser Gebiete gibt einen Eindruck von der Schwierigkeit, sie in einer Form zu behandeln, die das Vielerlei des juristischen oder nationalökonomischen Fachstudiums vermeidet, ihren wissenschaftlichen Charakter jedoch bewahrt.

Verhältnismäßig am meisten ist bis jetzt durch Reich, Länder und pädagogische Fachverbände geschehen, um die Fortbildung der schon im Amt befindlichen Lehrer durch Kurse und berufspädagogische Arbeitsgemeinschaften zu fördern.

Faßt man jedoch alle hier liegenden hochschulmäßigen Aufgaben ins Auge, so zeigt sich, daß ihre Einfügung in die bisherige Art des Lehrbetriebs der Universitäten sehr schwierig und kaum restlos möglich ist. Aus dieser Erkenntnis ist im Jahre 1920 die „Hochschule für Politik“ in Berlin geschaffen worden, als ein Institut für Lehre und Forschung, das der besonderen Art, in der in der wissenschaftlichen Grundlegung der Staatserziehung Wissenschaft und Praxis miteinander verbunden sind, grundsätzlich angepaßt sein soll. Ihre Aufgabe ist eine dreifache: 1. Wissenschaftliche Pflege der Politik und insofern Ergänzung der wissenschaftlichen Aufgaben der Hochschulen in Forschung und Lehre; 2. Ausbildung für die Politik als Beruf im Rahmen der Parteien, der großen Wirtschaftsverbände, der Presse; 3. Förderung der allgemeinen politischen Volksbildung.

Diese dritte Aufgabe leitet über zu einer letzten Frage, die noch kurzer Erörterung bedarf: die staatsbürgerliche Fortbildung der gesamten Bevölkerung außerhalb des Parteilebens. Das Volksbildungswesen und die Volkshochschule wird ohne Zweifel staatsbürgerkundliche Fragen in ihren Rahmen ziehen. Sie ist allerdings dabei vollkommen abhängig von der Richtung des Interesses, das ihr die Bevölkerung selbst entgegenbringt. Hier wird sich ein gewisses Widerstreben gegen staatsbürgerkundliche Stoffe zeigen. Das politische Bildungsstreben der Bevölkerung wird von vornherein stark durch die Parteien eingefangen und hier mißtrauisch gemacht gegen die Möglichkeit und den Versuch rein objektiver Belehrung. Andrerseits wendet sich dieses Bildungsstreben aus Veranlagung des deutschen Volkes und Überdruß der politischen Kämpfe vorwiegend anderen Stoffen zu. Die Aufgabe eines planmäßig durchgeführten Volksbildungswesens wird also darin liegen müssen, alle Stoffe aus den Gesichtspunkten der Gemeinschaftspflege und Gemeinschaftskultur heraus zu behandeln und diese Behandlung immer aus der Enge des Fachs oder des Individuums hinauszuführen in die Weite des Volks und der Volksidee. Auf dieser Grundlage muß die Volkshochschule ja überhaupt aufbauen und sie muß ihr da dienen, wo sie ihrer Idee allein im vollen Umfange und reiner Form entsprechen kann: im Volkshochschulheim, das seine Schüler für kürzere oder längere Zeit in einer Lebensgemeinschaft vereinigt.

So wie erst die Demokratie das Ineinanderaufgehen von Staat und Bildung der Idee nach ermöglicht, so bedarf auch der demokratische Staat, zumal wenn er ein Volk zu schwerstem Wiederaufbau zusammenfassen soll, des geistigen Unterbaus einer planvollen Staatserziehung des ganzen Volkes. Darin liegt die politische Lebenswichtigkeit der Schule. Sie muß die Jugend eines zerbrochenen Volkes zu einem neuen einheitlichen Volksbewußtsein und zugleich zu der Reife führen, die eine zur materiellen Entsagung verurteilte Generation instand setzt, für Staat und Vaterland „bedingte Arbeit dieses Tags zu vollbringen und sie dem Traum von morgen zu vermählen“.

Verfassung und Verwaltung des Reichs und der Länder.

Von Walter Jellinek.

I. Verfassung und Verwaltung des Reichs.

A. Geschichtliche Grundlagen.

Ein Deutsches Reich gab es von 843 bis 1806. Als Einheitsstaat begann es. Spätestens mit dem Westfälischen Frieden von 1648 erstarkten die Territorien zu Staaten. Von da an war das Deutsche Reich ein zusammengesetzter Staat, und zwar, da die Territorien im Reichstag Anteil an der Reichsgewalt hatten, ein Bundesstaat. Nach der Niederlegung der Kaiserkrone durch Franz II. am 6. August 1806 war das Reich nur noch ein bloßes Nebeneinander von selbständig gewordenen Staaten.

Ein Deutsches Reich gibt es wieder seit 1871. Dazwischen liegt die Zeit des Deutschen und des Norddeutschen Bundes.

1. Der Deutsche Bund und die Verfassung der Paulskirche. Der Deutsche Bund wurde auf dem Wiener Kongreß ins Leben gerufen. Er umfaßte das Gebiet des Deutschen Reichs vor Ausbruch des Weltkrieges, doch ohne Ost- und Westpreußen, Posen, Schleswig, Helgoland und Elsaß-Lothringen; andererseits bildeten Österreich, Luxemburg, Lichtenstein und Limburg Teile von ihm. Seine Grundgesetze waren die Bundesakte vom 8. Juni 1815 und die Wiener Schlußakte vom 15. Mai 1820. Diese nennt ihn im Art. I einen „völkerrechtlichen Verein der deutschen souveränen Fürsten und freien Städte zur Bewahrung der Unabhängigkeit und Unverletzbarkeit ihrer im Bunde begriffenen Staaten und zur Erhaltung der innern und äußern Sicherheit Deutschlands" und zeichnet damit seine wesentlichen Züge. Die 1806 selbständig gewordenen Staaten waren nur völkerrechtlich, nicht staatsrechtlich miteinander verbunden; nur ihr Dürfen war beschränkt, nicht auch ihr Können, denn es gab keinen Staat über ihnen, der sich aus eigener Macht unmittelbar an den Bürger gewandt und ihm verboten hätte, bundeswidrige Landesgesetze zu befolgen. Der Deutsche Bund war ein Staatenbund, kein Bundesstaat. Seine Geschäfte führte ein ständiger Gesandtenkongreß in Frankfurt a. M., die Bundesversammlung, bekannter unter dem Namen „Bundestag". Die Bundestagsgesandten gaben ihre Stimmen nicht nach freier Überzeugung ab, sondern nach Weisungen, die sie von ihren Regierungen erhielten. Der Bundestag war also wie der Reichstag des alten Reichs in der letzten Zeit seines Bestehens, wie der spätere Bundesrat und wie der heutige Reichsrat eine Versammlung von Regierungsvertretern. Eine Volksvertretung gab es im Bunde nicht.

Der Deutsche Bund dauerte bis zum Jahre 1866. Schon achtzehn Jahre vorher schien er sein Ende nehmen zu wollen, als die **Frankfurter Nationalversammlung** daranging, ein deutsches Kaiserreich zu gründen. Die beiden Hauptfehler des Bundes waren die geringe Einheitlichkeit und die geringe Freiheitlichkeit in seiner Organisation sowohl wie in seinen Taten. Dem suchte die Nationalversammlung zu begegnen, die, unter dem Eindruck der revolutionären Bewegung vom Bundestage selbst berufen, am 18. Mai 1848 in der **Paulskirche** zu Frankfurt a. M. zusammentrat. Die Sehnsucht des deutschen Volkes nach Freiheit fand ihren Ausdruck in den „Grundrechten des deutschen Volkes", die von der Nationalversammlung am 21. Dezember 1848 beschlossen, am 27. Dezember als Reichsgesetz verkündet wurden. Man hat der Nationalversammlung zum Vorwurf gemacht, daß sie sich zuerst mit der Freiheit vom Staate beschäftigte, noch ehe der zu gründende Staat da war. Zu Unrecht. Denn da waren die deutschen Einzelstaaten, und ihnen gegenüber hatten die Grundrechte ohne weiteres Bedeutung. Erst drei Monate darauf, am 28. März 1849, wurde die Verfassung des Deutschen Reiches verabschiedet. Neben den Grundrechten des deutschen Volkes, die im 6. Abschnitt abermals aufgeführt werden, enthält sie Bestimmungen über die Organisation des neu zu gründenden Deutschen Reiches. Die höchsten Organe sind der Reichstag und das Reichsoberhaupt. „Der Reichstag besteht aus zwei Häusern, dem Staatenhaus und dem Volkshaus" (§ 85). „Die Würde des Reichsoberhauptes wird einem der regierenden deutschen Fürsten übertragen" (§ 68). „Das Reichsoberhaupt führt den Titel: Kaiser der Deutschen" (§ 70). Die höchste Gewalt liegt aber in Wahrheit beim Reichstag; denn Reichsgesetze, selbst verfassungsändernde, werden nach Beschlußfassung durch den Reichstag in drei sich unmittelbar folgenden Sitzungsperioden verbindlich, auch wenn der Kaiser seine Zustimmung versagt (§§ 101, 196). Der Reichstag wiederum ist zum überwiegenden Teil Volksvertretung. „Das Volkshaus besteht aus den Abgeordneten des deutschen Volkes" (§ 93). „Die Mitglieder des Staatenhauses werden zur Hälfte durch die Regierung und zur Hälfte durch die Volksvertretung der betreffenden Staaten ernannt" (§ 88). Einen maßgebenden Einfluß auf die Abstimmung haben jedoch die Staaten nicht. Denn „die Mitglieder beider Häuser können durch Instruktionen nicht gebunden werden" (§ 96).

Am Tage der Verabschiedung, am 28. März 1849, wählte die Nationalversammlung König Friedrich Wilhelm IV. von Preußen zum **Kaiser**. Der König **lehnte** am 28. April 1849 endgültig **ab**. Die Verfassung war nach seiner und nach vieler anderer Fürsten Meinung zu wenig bundesstaatlich und zu sehr demokratisch. Zu wenig bundesstaatlich: denn ohne Mitwirkung der deutschen Staaten war sie entstanden, griff zu stark in deren Befugnisse ein und gab ihnen keinen genügenden Anteil an der Reichsgewalt. Zu sehr demokratisch: denn der Kaiser ist kein wirklicher Monarch; „dem so isoliert und in scheinbar einziger Machtvollkommenheit hingestellten Reichsoberhaupte ist durch die Annahme des (bloß) suspensiven Veto und die Ausdehnung desselben selbst auf die Verfassungsänderungen in Wahrheit eine Stellung gegeben, bei der weder die Würde, noch die zum Heile des Ganzen wie der Einzelnen erforderliche Macht gewahrt werden kann" (preußische Depesche vom 28. April 1849). Damit war das Schicksal der Verfassung besiegelt. Sie trat nie in Kraft, lebte aber als Idee weiter. Als auch der Versuch Preußens, eine den tatsächlichen Verhältnissen besser Rechnung tragende Verfassung, die sog. Erfurter Unionsverfassung, ins Leben zu rufen, gescheitert war, nahm der deutsche Bundestag seine Tätigkeit wieder auf. Die erste Sitzung fand am 2. September 1850 statt. Preußen, das sich anfänglich fern hielt, beteiligte sich erst am 14. Mai 1851 wieder an den Sitzungen.

Der deutsche Bund endigte im Jahre 1866 am Streite Österreichs und Preußens um Schleswig-Holstein. Als Preußen zur Wahrung seiner Rechte an Holstein in dieses von Österreich verwaltete Land einrückte, beantragte Österreich im Bundestag die Mobilmachung aller nicht zur preußischen Armee gehörigen Armeekorps des Bundesheeres. Am 14. Juni 1866 beschloß der Bundestag trotz Preußens Verwahrung demgemäß. Hierauf erklärte der preußische Gesandte, „daß Preußen den bisherigen Bundesvertrag für gebrochen und deshalb nicht mehr verbindlich ansieht, denselben vielmehr als erloschen betrachten und behandeln wird". Preußen zog damit eine Folgerung aus dem Umstande, daß der deutsche Bund nach dessen eigenen Grundgesetzen ein völkerrechtlicher Verein war: bei völkerrechtlichen Verträgen berechtigt nämlich Vertragswidrigkeit des einen Teils den andern Teil zum Rücktritt vom Vertrage. Unter dem Eindrucke der Kriegsereignisse und der Friedensverhandlungen beschloß der Bundestag am 24. August 1866, seine Tätigkeit endgültig einzustellen. Damit hatte der Deutsche Bund auch förmlich sein Ende gefunden. Die deutschen Staaten waren wieder frei von allen Bindungen, wie es die nicht zum Rheinbunde gehörigen Staaten von 1806 bis 1815 gewesen waren.

Kaum ein Jahr später, am 1. Juli 1867, waren die deutschen Staaten ohne Österreich und ohne Bayern, Württemberg, Baden und den südlichen Teil von Hessen zum Norddeutschen Bunde vereinigt, und doch liegt eine Welt zwischen dem Ende des Deutschen und dem Beginn des Norddeutschen Bundes. Der Deutsche Bund befriedigte den Drang der Deutschen nach Einheit so wenig, daß er im Jahre 1848 für einige Zeit verschwand, um anderen Einheitsbestrebungen Platz zu machen; der Norddeutsche Bund dagegen war im großen und ganzen schon eine Erfüllung der Einheitsbestrebungen; er war ein naher Vorbote des Deutschen Reichs von 1871, dessen Verfassung fast wörtlich mit der seinigen übereinstimmt. Der Mann aber, dem dieses Einigungswerk gelang, war Bismarck.

2. Der Norddeutsche Bund. Vorbereitet wurde die Gründung des Norddeutschen Bundes durch einen Bündnisvertrag zwischen den meisten norddeutschen Staaten, der auf Preußens Betreiben am 18. August 1866 in Berlin zustande kam, und dessen Artikel 5 lautete: „Die verbündeten Regierungen werden gleichzeitig mit Preußen die auf Grund des Reichswahlgesetzes vom 12. April 1849 vorzunehmenden Wahlen der Abgeordneten zum Parlament anordnen und letzteres gemeinschaftlich mit Preußen einberufen. Zugleich werden sie Bevollmächtigte nach Berlin senden, um . . . den Bundesverfassungsentwurf festzustellen, welcher dem Parlament zur Beratung und Vereinbarung vorgelegt werden soll." Die beiden Hauptfehler der Bundesakte von 1815 und der Reichsverfassung von 1849 wurden also vermieden: jene war ohne Beteiligung des Volkes zustande gekommen, diese über die Köpfe der Regierungen hinweg beschlossen worden, der Norddeutsche Bund sollte durch gemeinsame Arbeit von Regierung und Volk gegründet werden.

Bismarck arbeitete den Entwurf einer Verfassung des Norddeutschen Bundes aus und legte ihn den zum 15. Dezember 1866 nach Berlin berufenen Vertretern der 22 norddeutschen Regierungen vor. Die Regierungsvertreter berieten den Entwurf durch, änderten ihn in verschiedenen Punkten und nahmen den geänderten Entwurf am 7. Februar 1867 an. Der so festgestellte Entwurf sollte dem im Bündnisvertrage genannten Parlament vorgelegt werden.

Das Parlament war nach dem Bündnisvertrag vorerst ein Programm. Damit es Wirklichkeit wurde, mußten in den einzelnen Staaten zunächst Wahlgesetze ergehen. Dies geschah in Preußen durch das „Wahlgesetz für den Reichstag des Norddeutschen Bundes" vom 15. Oktober 1866, das im § 1 bestimmte: „Zur Beratung der Verfassung und der Einrichtungen des Norddeutschen Bundes soll ein Reichstag gewählt werden." Ebenso ergingen Wahlgesetze in den übrigen Staaten. Wer genauer zusieht, merkt, daß hiermit das Programm des Bündnisvertrages nur zum Teile verwirklicht wurde. Nach dem Bündnisvertrag sollte der Reichstag den Verfassungsentwurf beraten und vereinbaren. Nach den Wahlgesetzen sollte der Reichstag nur für die Beratung zuständig sein. Braunschweig allein ermächtigte seine Abgeordneten zur Mitwirkung schlechthin.

Die Wahlen fanden am 12. Februar 1867 statt. Am 24. Februar trat der Reichstag in Berlin zusammen. Er beriet den Regierungsentwurf durch und hat ihn vielfach verbessert. So war es der Reichstag, der, einem Antrage v. Bennigsens entsprechend, dem Bundeskanzler die Stellung eines verantwortlichen Reichsministers gab. Am 16. April wurde der geänderte Entwurf angenommen, tags darauf stimmten ihm auch die verbündeten Regierungen zu.

Nach einer Vereinbarung der verbündeten Regierungen sollte die Verfassung am 1. Juli in Kraft treten. Damit dies möglich wurde, war aber noch ein Akt der Gesetzgebung in jedem einzelnen Staate, Braunschweig ausgenommen, nötig, da ja die Staaten ihre Abgeordneten nur zur Beratung, nicht auch zur Vereinbarung der Verfassung ermächtigt hatten. Auch dies Erfordernis wurde erfüllt, in Preußen durch das Publikationspatent vom 24. Juni 1867, in den übrigen Staaten durch entsprechende Gesetze. Damit waren alle Hindernisse hinweggeräumt, die dem Inkrafttreten der Verfassung im Wege standen. Der „Allerhöchste Erlaß vom 14. Juli 1867, betreffend die Ernennung des Präsidenten des Staatsministeriums und Ministers der auswärtigen Angelegenheiten, Grafen von Bismarck-Schönhausen, zum Bundeskanzler des Norddeutschen Bundes" war die erste Tat, durch die der Norddeutsche Bund seine Wirklichkeit bekundete.

Im Gegensatze zum D. B. war der Norddeutsche Bund ein Staat, und zwar ein Bundesstaat, nicht wie jener ein bloß auf völkerrechtlichen Bindungen beruhender Staatenbund. Während sich die sog. Bundesgesetze des Deutschen Bundes nur an die einzelnen Staaten richteten und gegen widersprechende Landesgesetze nichts vermochten, übte der Norddeutsche Bund nach Art. 2 der Verfassung „das Recht der Gesetzgebung nach Maßgabe des Inhalts dieser Verfassung und mit der Wirkung aus, daß die Bundesgesetze den Landesgesetzen vorgehen. Die Bundesgesetze erhalten ihre verbindliche Kraft durch ihre Verkündigung von Bundeswegen, welche vermittelst eines Bundesgesetzblattes geschieht". Im Deutschen Bunde konnte nach Art. 7 der Bundesakte bei „Abänderung der Grundgesetze ... weder in der engeren Versammlung, noch in Pleno ein Beschluß durch Stimmenmehrheit gefaßt werden". Art. 78 der Norddeutschen Bundesverfassung dagegen bestimmte: „Veränderungen der Verfassung erfolgen im Wege der Gesetzgebung, jedoch ist zu denselben im Bundesrate eine Mehrheit von zwei Dritteln der vertretenen Stimmen erforderlich". Eine Verfassungsänderung wäre vor allem auch die Auflösung des Norddeutschen Bundes gewesen; auch sie war nur auf dem Wege der Bundesgesetzgebung möglich. Der Deutsche Bund dagegen als völkerrechtlicher Verein konnte durch Übereinkunft sämtlicher Regierungen aufgelöst werden, ohne daß zu diesem Zwecke der Bundestag zusammentrat; ja er konnte, wie Preußens Vorgehen 1866 lehrte, durch einseitige Erklärung eines seiner Mitglieder aufgelöst werden, wenn dies

Mitglied in der Lage war, den andern Mitgliedern einen schweren Bruch des Bundesvertrages vorzuwerfen.

Die Gründung des neuen Staates „Norddeutscher Bund" war auf völlig gesetzlichem Wege vor sich gegangen. Trotzdem war die rechtliche Beurteilung des Hergangs Gegenstand lebhafter Meinungsverschiedenheiten. Da die Beurteilung der Staatsumwälzung von 1918 ähnlichen Schwierigkeiten begegnet, sei hierüber ein kurzes Wort gesagt. Schwierigkeit bereitete die Frage, wie überhaupt aus dem übereinstimmenden Willen mehrerer Staaten ein neuer Gesamtstaat entstehen kann. Kraft wessen Willens besteht der neue Staat? Kraft des Willens der Einzelstaaten? Dann müßte er durch den übereinstimmenden Willen der Einzelstaaten, also durch gleichlautende Landesgesetze wieder aufgelöst werden können. Das konnte er aber nicht. Oder kraft Völkerrechts? Das Völkerrecht beschränkt aber nur das Dürfen der Staaten, nie ihr Können den eigenen Bürgern gegenüber. Der Norddeutsche Bund aber konnte Gesetze erlassen, die den einzelstaatlichen Gesetzen vorgingen, widersprechende Landesgesetze also ungültig machten. Oder kraft Bundesrechts? Hiergegen wandte man ein, daß erst der Norddeutsche Bund da sein mußte, ehe es ein Norddeutsches Bundesrecht gab, daß aber gerade die Gründung des Norddeutschen Bundes bewiesen werden solle.

Über all diese Schwierigkeiten hilft eine einfache Erwägung. Wann sprechen wir überhaupt von einem Staate? Wenn Menschen unter einer ursprünglichen, d. h. auf sich selbst gestellten Gewalt zusammenleben. Wie diese Gewalt entsteht, ob durch Eroberung oder durch freiwillige Unterwerfung, ist für das Wesen des Staates gleichgültig. Überall, wo eine auf sich selbst gestellte Gewalt vorhanden ist, sprechen wir eben von einem Staate. Eine solche auf sich selbst gestellte Gewalt besaß aber der Norddeutsche Bund. Das norddeutsche Gesamtvolk, dargestellt durch den verfassungberatenden Reichstag, die norddeutschen Regierungen und die norddeutschen Landtage waren damit einverstanden, daß unter dem Präsidium Preußens von nun an ein Bundesrat und ein Reichstag eine neue Staatsgewalt ausüben sollten. Auf dieser Grundlage traten die neuen Organe in Tätigkeit, auf dieser Grundlage vermochten sie sich durchzusetzen. Für das weitere Bestehen des Norddeutschen Bundes war es aber unwesentlich, ob einzelne Staaten und deren Einwohner ihm fernerhin gehorchen wollten oder nicht. Einmal entstanden, war der Norddeutsche Bund losgelöst von dem Willen seiner Gründer. Er war auf sich selbst gestellt, und deshalb war er ein Staat.

3. Die Reichsgründung. Bismarcks größte Tat, die Gründung des Deutschen Reiches, vollzog sich in ähnlichen Formen wie die des Norddeutschen Bundes, nur daß der Norddeutsche Bund als Gesamtmacht und nicht die einzelnen norddeutschen Staaten bei der Gründung mitwirkten. Durch den Zoll- und Handelsverein wirtschaftlich und organisatorisch mit dem Norden verbunden, durch Schutz- und Trutzbündnisse aus dem Jahre 1867 Preußen verpflichtet, nahmen die süddeutschen Staaten Bayern, Württemberg, Baden und Hessen auch mit seiner südlichen Gebietshälfte am Kriege gegen Frankreich teil. In der zweiten Hälfte des Oktobers 1870 traten Vertreter sämtlicher süddeutschen Staaten in Versailles zusammen, um über die Gründung eines „Deutschen Bundes" zu verhandeln. Nicht weniger als vier Verträge wurden geschlossen: einer in Versailles am 15. November zwischen dem Norddeutschen Bunde, Baden und Hessen; einer in Berlin am 25. November zwischen dem Norddeutschen Bunde, Baden und Hessen einerseits und Württemberg andererseits; einer in Versailles am 23. November zwischen dem Norddeutschen Bunde und Bayern; endlich einer in Berlin am 8. Dezember 1870 zwischen dem Norddeutschen Bunde, Bayern, Württemberg, Baden und Hessen. Nach diesen Verträgen wurde die Norddeutsche Bundesverfassung mit einigen Änderungen und Vorbehalten zu einer Verfassung des „Deutschen Bundes" umgestaltet; die Verfassung sollte am 1. Januar 1871 in Wirksamkeit treten; die Vertragsparteien erteilten „sich deshalb gegenseitig die Zusage, daß sie unverzüglich den gesetzgebenden Faktoren des Norddeutschen Bundes, bzw. Badens und Hessens (Württembergs, Bayerns), zur verfassungsmäßigen Zustimmung vorgelegt und, nach Erteilung der Zustimmung, im Laufe des Monats Dezember ratifiziert werden" sollte. Der Norddeutsche Bund, Württemberg, Baden und Hessen kamen dem Versprechen pünktlich nach; die Verträge wurden vor dem 1. Januar 1871 von den verschiedenen Volksvertretungen und dem Bundesrat des Norddeutschen Bundes genehmigt und darauf von den Regierungen ratifiziert. Nur in Bayern machte der Landtag Schwierigkeiten. Erst am 21. Januar 1871 genehmigte die zweite Kammer den Vertrag mit 102 gegen 48 Stimmen — einer sehr geringen Mehrheit, da der Beschluß eine Zweidrittelmehrheit erforderte. Am 29. Januar 1871 ratifizierte Bayern.

Noch vor dem 1. Januar 1871 hatte der Bundesrat im Einverständnis mit den süddeutschen Regierungen beschlossen, dem Deutschen Bunde den Namen „Deutsches Reich", und dem Präsidium des Bundes den Namen „Deutscher Kaiser" zu geben. Eine entsprechende Gesetzesvorlage ging dem Reichstag unter dem 9. Dezember 1870 zu und wurde am 10. Dezember angenommen.

In der Erinnerung des Volkes lebt als Gründungstag des Deutschen Reiches der 18. Januar 1871 fort, der Tag der Kaiserproklamation in Versailles, und diese volkstümliche Auffassung verdient hier vor der rein rechtlichen den Vorzug. Denn der Jurist müßte zwischen zwei Gründungstagen schwanken: dem 1. Januar 1871, an dem die Reichsverfassung eigentlich in Kraft treten sollte, und dem 29. Januar 1871, an dem sie wirklich in Kraft trat, da Bayern so lange mit der Ratifikation gezögert hatte.

Alsbald nach der Reichsgründung mußte der Text der Reichsverfassung einer einheitlichen Durchsicht unterzogen werden, da er vorerst auf den verschiedenen Verträgen vom Spätherbst 1870 beruhte. Es geschah dies durch das Gesetz, betreffend die Verfassung des Deutschen Reiches vom 16. April 1871. Unter diesem Datum hat die Verfassung trotz vielfacher Änderungen bis zum 9. November 1918 bestanden.

Ehe Bismarcks Verfassung geschildert wird, sei auf einige Bücher hingewiesen, die ein genaues Eindringen in die neuere deutsche Verfassungsgeschichte ermöglichen. Der Staatsrechtslehrer Georg Meyer gibt in seinem Lehrbuch des deutschen Staatsrechts (7. Aufl., bearbeitet von Anschütz, 1919) eine ausführliche Geschichte des deutschen Staatsrechts von der Zeit des alten Deutschen Reiches an (§§ 19ff.). Noch umfassender ist die „Deutsche Verfassungsgeschichte vom 15. Jahrhundert bis zur Gegenwart" des Historikers Fritz Hartung (2. Aufl., 1922). Die Zeit von 1866 bis 1871 wird geschildert u. a. in dem berühmten Werke über Bismarcks Staatsrecht, dem „Staatsrecht des Deutschen Reiches" von Paul Laband (1. Bd., 5. Aufl., 1911, §§ 1ff.). Die lebhafteste Anschauung von der Vergangenheit empfängt man jedoch durch das Studium der Quellen. Bis zur Wiener Schlußakte von 1820 reicht die „Quellensammlung zur Geschichte der deutschen Reichsverfassung in Mittelalter und Neuzeit" von Karl Zeumer (in den Quellensammlungen zum Staats-, Verwaltungs- und Völkerrecht, herausg. von Triepel, 2. Aufl., 1913). Von der Rheinbundsakte über die deutsche Bundesakte, die Wiener Schlußakte, die Einheitsbestrebungen von 1848—50, die Gründung des Norddeutschen Bundes und des Deutschen Reichs bis zur Verfassungsurkunde vom 16. April 1871 mit ihren späteren Änderungen führen die „Deutschen Staatsgrundgesetze in diplomatisch genauem Abdrucke", herausgegeben von Binding, Heft III 1893, Heft II, 4. Aufl., 1914, Heft I (Größere Ausgabe), 6. Aufl., 1912. Das Wirken des Deutschen Bundes tritt uns lebendig entgegen im Corpus Iuris Confoederationis Germanicae, herausg. von Ph. A. Guido von Meyer, ergänzt von Zoepfl (2 Teile, 3. Aufl., 1858/59, 3. Teil, 1869), während die „Quellensammlung zum deutschen öffentlichen Recht seit 1848" von P. Roth und H. Merck (2 Bände 1850/52) und die „Quellen und Aktenstücke zur deutschen Verfassungsgeschichte" von C. Weil (1850) das Zwischenspiel der Jahre 1848—50 beleuchten. Seit 1860 aber erscheint der „Europäische Geschichtskalender" von H. Schultheß, der es dem Leser gestattet, längst vergangene Zeiten wie durch das Lesen einer Zeitung als nahes Geschehen zu erleben. Ihm nachgebildet ist der seit 1904 erscheinende „Deutsche Geschichtskalender". Für die Gründungsgeschichte seien noch erwähnt v. Bismarck, Gedanken und Erinnerungen (Bd. 1 u. 2, 1898), L. Hahn, Zwei Jahre preußisch-deutscher Politik 1866—1867 (Berlin 1868), E. Bezold, Materialien zur deutschen Reichsverfassung (3 Bände 1872/73) und E. Brandenburg, Die Reichsgründung (2 Bände, 1915/16) nebst Untersuchungen und Aktenstücken zur Geschichte der Reichsgründung (1916). Für das Staatsrecht der Bismarckschen Verfassung endlich genüge der Hinweis auf die schon erwähnten Lehrbücher von G. Meyer-Anschütz und Laband, von welch letztem auch eine kleinere Ausgabe unter dem Titel „Deutsches Reichsstaatsrecht" (7. Aufl., 1919) besteht, ferner auf das „Deutsche Staatsrecht" von Albert Haenel (1. Bd., 1892), das „Staatsrecht des Deutschen Reiches" von Ph. Zorn (2. Aufl., 1. u. 2. Bd., 1895—1897), das „Deutsche Staatsrecht" von Anschütz (in der Enzyklopädie der Rechtswissenschaft, 7. Aufl., Bd. IV, 1914), den „Commentar zur Verfassungs-Urkunde für das Deutsche Reich" von Max von Seydel (2. Aufl., 1897), die „Quellensammlung zum Deutschen Reichsstaatsrecht" von H. Triepel (2. Aufl., 1907) und des gleichen Verfassers lehrbuchartige Einzeluntersuchung „Die Reichsaufsicht" (1917).

4. Die Verfassung Bismarcks. Daß Bismarck die Einigung Deutschlands zu einem mächtigen Reiche gelang, war seinem glücklichen Wirklichkeitssinne zu danken. Selten wohl war eine Verfassung so sehr der Ausdruck der in einem Gemeinwesen tätigen Kräfte, Einrichtungen und Bestrebungen wie Bismarcks Reichsverfassung. Allerdings mutet ihre äußere Form nicht sonderlich an, hierin ist ihr die Weimarer Verfassung sicher überlegen. Dafür gibt es in ihr nicht jenes Auseinanderfallen von Idee und Wirklichkeit, das der Weimarer Verfassung eigentümlich ist.

Die Kräfte, Einrichtungen und Bestrebungen, die Bismarck zu berücksichtigen hatte, waren der Unitarismus, der Föderalismus und der Partikularismus einerseits, der monarchische Gedanke und die Demokratie andererseits. Der Unitarismus, das Streben nach dem Einheitsstaate, lag der Bewegung von 1848/49 zugrunde; ebenso kam die Demokratie, die Herrschaft des Volkes, in der Allgewalt des Reichstags der Verfassung von 1849 zum Ausdruck. Neben diesen Bestrebungen gab es aber noch die altangestammte Monarchie in den Königreichen, Großherzogtümern, Herzogtümern und Fürstentümern, also in allen deutschen Staaten außer den freien Städten, die zwar durch Landtage beschränkt, aber trotzdem den Landtagen übergeordnet war und daher eine Unterordnung unter einen demokratischen Reichstag nicht ertragen hätte. Die monarchische Staatsform begünstigte den Partikularismus, d. h. das bekannte Bestreben der deutschen Stämme, ganz ihrer Eigenart zu leben. War diese deutsche Eigentümlichkeit zu schonen, so waren doch die partikularen Kräfte zur gemeinsamen Arbeit zusammenzufassen, indem jedem Staate Anteil an der Reichsgewalt gegeben wurde. Bei dieser Zusammenfassung der deutschen Staaten zu bundesmäßiger Betätigung (Föderalismus) mußte jedoch auf die Bedeutung der einzelnen Staaten Rücksicht genommen werden. Der weitaus größte und mächtigste Staat, Preußen, mußte auch verfassungsrechtlich die übrigen Staaten überragen; diese Führerschaft Preußens, die preußische Hegemonie, war also eine weitere Frage, die in der Verfassung zu lösen war.

Die eben geschilderten Kräfte, Einrichtungen und Bestrebungen fanden ihren Ausdruck in den obersten Reichsorganen und in dem Verhältnis des Reichs zu den Einzelstaaten.

Unter den obersten Reichsorganen versteht man die Reichsorgane, die an der Bildung des höchsten Reichswillens mitzuwirken berufen sind. Die Erscheinungsform des höchsten Reichswillens aber ist das Gesetz, das Verfassungsgesetz insbesondere. Ein Reichsgesetz kam nach Bismarcks Verfassung dadurch zustande, daß Bundesrat und Reichstag es übereinstimmend beschlossen und der Kaiser mit Gegenzeichnung des Reichskanzlers es ausfertigte und verkündete. Also waren oberste Reichsorgane der Bundesrat, der Kaiser, der Reichstag und der Reichskanzler.

Der Bundesrat bestand „aus den Vertretern der Mitglieder des Bundes" (Art. 6). Er war eine Versammlung von Regierungsvertretern und ähnelte darin außerordentlich dem alten Bundestag in Frankfurt a. M. Jeder Staat führte mindestens eine Stimme, die größeren Staaten führten deren mehrere; doch war durch eine geschickte Ausnutzung einer historischen Erinnerung dafür gesorgt, daß Preußen nur 17 Stimmen von 58 führte, obgleich ihm nach seiner Größe mehr als die Hälfte aller Stimmen zukam, eine politische Unmöglichkeit, da Preußen die übrigen Staaten dann jedesmal überstimmen konnte. Bayern führte sechs Stimmen, Sachsen und Württemberg je vier, Baden und Hessen je drei, Mecklenburg-Schwerin und Braunschweig je zwei, die übrigen Staaten je eine Stimme. Die Bundesratsbevollmächtigten stimmten nach Weisungen ihrer Regierungen ab, die Stimmen eines Staates konnten nur einheitlich abgegeben werden. Die Staaten selbst stimmten also im Bundesrat ab; dadurch unterschied sich der Bundesrat wesentlich vom Staatenhaus der Verfassung von 1849; eben dadurch kam im Bundesrat in vollendeter Form der *Föderalismus* zum Ausdruck, jenes Beteiligtsein der Einzelstaaten an der Bildung des gesamtstaatlichen Willens. Den Vorsitz im Bundesrat führte Preußen, vertreten durch den Reichskanzler (Art. 15); bei Verhinderung Preußens sollte Bayern den Vorsitz führen (Schlußprotokoll des Versailler Vertrags vom 23. Nov. 1870 Ziff. IX).

Die *Beratung* und *Abstimmung* im Bundesrat war genau wie im Frankfurter Bundestage geheim. Auch die Protokolle wurden nicht veröffentlicht. Die Anträge wurden von den einzelnen Staaten gestellt, Anträge des Reichs kannte die Verfassung nicht (Art. 7 Abs. 2), doch bildete sich allmählich die Einrichtung der kaiserlichen Initiativanträge aus, d. h. von Anträgen, die die Reichsregierung, nicht Preußen stellte, eine Wandlung der Verfassung im unitarischen Sinne. Bei der Abstimmung entschied von Rechts wegen in der Regel die Mehrheit; auch Preußen also konnte überstimmt werden und wurde z. B. am 28. Februar 1877 überstimmt bei der Frage, ob das Reichsgericht seinen Sitz in Leipzig oder in Berlin haben sollte. Tatsächlich kamen allerdings Mehrheitsbeschlüsse selten vor, da es Bismarcksche Tradition war, Gegensätze im Bundesrat möglichst durch gütliche Vereinbarungen zu überbrücken und auf diese Weise zu einstimmigen Beschlüssen zu gelangen. War dies föderalistisch gedacht, so offenbarte sich in andern Bestimmungen die *Hegemonie Preußens* und der *Partikularismus* namentlich der süddeutschen Staaten. Wenig besagt es, daß bei Stimmengleichheit Preußen den Ausschlag gab (Art. 7 Abs. 3). Gegen Preußens Stimme konnte aber auch kein Gesetzentwurf über das Militärwesen, die Marine, die Zölle und die Verbrauchssteuern und keine Verordnung über die beiden zuletzt genannten Gegenstände durchgehen (Art. 5 Abs. 2, Art. 37). Auch Verfassungsänderungen scheiterten am Widerspruche Preußens; denn Verfassungsänderungen waren abgelehnt, wenn sie im Bundesrate 14 Stimmen gegen sich hatten (Art. 78 Abs. 1); Preußen verfügte aber über 17 Stimmen. Allerdings war dies kein Vorrecht Preußens, auch andere Staaten, z. B. die drei anderen Königreiche, konnten vereint eine Verfassungsänderung zum Scheitern bringen, aber eben nur vereint, während Preußens Nein den Versuch einer Verfassungsänderung ohne weiteres erledigte. Nur bei den Sonderrechten eines Staates, von denen die meisten zurückbehaltene Rechte aus der Zeit vor der Reichsgründung, sog. *Reservatrechte*, waren, machte Art. 78 Abs. 2 eine Überstimmung selbst des kleinsten Staates unmöglich. „Diejenigen Vorschriften der Reichsverfassung," heißt es dort, „durch welche bestimmte Rechte einzelner Bundesstaaten in deren Verhältnis zur Gesamtheit festgestellt sind, können nur mit Zustimmung des berechtigten Bundesstaates abgeändert werden." Gedacht war an die Rechte Bremens und Hamburgs auf einen Freihafen, vor allem aber an das Recht der süddeutschen Staaten auf eigene Besteuerung des Biers und des Branntweins, an die Sonderstellung der bayerischen und der württembergischen Post und an die weitgehenden Sonderrechte Bayerns auf dem Gebiete des

Heerwesens. Dieser partikularistischste Artikel der Reichsverfassung konnte es sogar zweifelhaft machen, ob das Reich wirklich souverän war, wie die Mehrheit der Staatsrechtslehrer annahm. Die Frage dürfte trotzdem zu bejahen sein, da über die Vorfrage, ob ein Sonderrecht, ja auch ob eine Verfassungsänderung vorlag, der Bundesrat nach der Überlieferung des Frankfurter Bundestags mit einfacher Mehrheit zu entscheiden hatte (Bundesakte Art. VII Abs. 1).

Zuständig war der Bundesrat vor allem auf dem Gebiete der Gesetzgebung. Er beschloß „über die dem Reichstage zu machenden Vorlagen und die von demselben gefaßten Beschlüsse" (Art. 7 Abs. 1 Ziff. 1). Er hatte also bei Gesetzesvorlagen immer das letzte Wort, ob sie nun aus der Mitte des Reichstags oder von ihm selbst im Reichstag eingebracht waren. Man nannte dies sein Sanktionsrecht. Außerdem erließ er die zur Ausführung der Reichsgesetze erforderlichen Verwaltungsvorschriften und war auch an der Verwaltung im einzelnen, namentlich an der Finanzverwaltung, beteiligt. Auch bei der Ausübung der Reichsaufsicht über die Einzelstaaten lag der Schwerpunkt in seiner Tätigkeit (Art. 7 Abs. 1 Ziff. 3, Art. 19). Da erhebt sich naturgemäß die Frage, wem der Bundesrat für seine Handlungen und Unterlassungen verantwortlich war; denn nur das absolute Königtum kennt eine Regierung, die niemand Rechenschaft schuldig ist; der Bundesrat aber war Reichsregierung, wenigstens ein wichtiger Zweig von ihr, und einem absoluten Staate glich das Deutsche Reich angesichts des Reichstags sicher nicht. Da die Bundesratsmitglieder nach Weisungen abstimmten, schied eine Verantwortlichkeit dem Reichstag gegenüber ohne weiteres aus. Also hafteten die Bundesratsbevollmächtigten zunächst ihren Auftraggebern gegenüber wegen Innehaltung der Weisungen. Auftraggeber aber waren die einzelstaatlichen Minister, und diese waren für den Inhalt der Weisungen ihrem Landtage gegenüber verantwortlich. So kam es, daß die Politik des Reichs vielfach in den Landtagen kritisch besprochen, gelobt und getadelt wurde. Auch das Volk in den einzelnen Ländern war auf diese Weise mittelbar an der Bildung des Reichswillens beteiligt.

Der Kaiser. Neben der bundesrätlichen Regierung gab es die des Kaisers. Bedenkt man, daß die Verfassung des Norddeutschen Bundes und zunächst auch die mit den süddeutschen Staaten vereinbarte des „Deutschen Bundes" nur ein „Präsidium" kannte, und die Benennung des Präsidiums mit dem Namen „Deutscher Kaiser" (Art. 11) sachlich nichts ändern konnte und wollte, so wird man es begreiflich finden, daß man in der Wissenschaft dem Deutschen Kaiser die Bedeutung eines Reichsmonarchen fast durchweg absprach. Selbstverständlich war der Deutsche Kaiser als König von Preußen Monarch im echten Sinne des Wortes, aber nicht als Deutscher Kaiser. Denn dem Kaiser stand nur „die Ausfertigung und Verkündigung der Reichsgesetze" zu; vom Bundesrat und vom Reichstag beschlossene Gesetze mußte er ausfertigen und verkünden; es war nicht seinem Ermessen anheimgegeben, dem Gesetzentwurf die Sanktion zu erteilen oder zu versagen. Selbst Verfassungsgesetze machten keine Ausnahme. Hatte er ihnen als König von Preußen im Bundesrat zugestimmt, so war er als Deutscher Kaiser an sie gebunden, und gerade dies vertrug sich nicht mit der Stellung eines Monarchen. Wenn der Kaiser trotzdem für das Volksbewußtsein mehr war als der Vorsitzende eines Fürstenbundes, so hing dies mit dem Namen „Kaiser", wesentlich aber auch mit dem Glanze zusammen, den ihm die Krone Preußens verlieh. Der Deutsche Kaiser war notwendig zugleich König von Preußen (Art. 11), hinter ihm stand also der mächtigste Staat des Deutschen Reiches. Es war daher eine verfassungsrechtliche Unmöglichkeit, wenn Wilhelm II. im November 1918 gesonnen war, als Deutscher Kaiser abzudanken, nicht aber als König von Preußen.

So gering die Beteiligung des Kaisers am Zustandekommen eines Reichsgesetzes war, so wichtig waren seine sonstigen Befugnisse. Dem Kaiser stand es zu, „den Bundesrat und den Reichstag zu berufen, zu eröffnen, zu vertagen und zu schließen" (Art. 12). Während der Bundesrat sehr bald eine ständige Versammlung wurde, behielt der Kaiser die genannten Befugnisse dem Reichstag gegenüber bis zuletzt. Zur Auflösung des Reichstags war „ein Beschluß des Bundesrates unter Zustimmung des Kaisers erforderlich" (Art. 24). Vermochte der Kaiser auf diese Weise die Gesetzgebung mittelbar zu beeinflussen, so konnte er in das bestehende Recht unmittelbar durch Verhängung des Kriegszustandes (Art. 68) und dort eingreifen, wo ihm die Gesetze ein Verordnungsrecht einräumten. Vor allem aber waren die kaiserlichen Befugnisse bedeutend auf dem Gebiete der Verwaltung. Der Kaiser ernannte die Reichsbeamten (Art. 18). Die auswärtige Verwaltung, die Marine und das Heer waren ihm ausschließlich unterstellt (Art. 11, 53, 63), das Heer allerdings mit einigen partikularistischen Ausnahmen. Auch die obere Leitung der Post- und Telegraphenverwaltung gehörte dem Kaiser an (Art. 50). In Reichsangelegenheiten übte er das Begnadigungsrecht aus (Strafprozeß-O. a. F. § 485). An der Handhabung der Reichsaufsicht gegenüber den Einzelstaaten war er neben dem Bundesrat beteiligt (Art. 17, 19).

Nach Art. 43 der Preußischen Verfassungsurkunde war die Person des Königs unverletzlich. Obgleich die Reichsverfassung keine entsprechende Bestimmung für den Kaiser enthielt, war es doch selbstverständlich, daß der Kaiser nicht zur Verantwortung gezogen werden konnte; es wurde nicht einmal für zulässig gehalten, im Reichstag den Kaiser zum Gegenstande der Erörterungen zu machen. Die notwendige Folge davon war die Schaffung einer Stelle, die für die Handlungen des Kaisers die Verantwortung übernahm: des Reichskanzlers. Nach Art. 17 bedurften die „Anordnungen und Verfügungen des Kaisers ... zu ihrer Gültigkeit der Gegenzeichnung des Reichskanzlers, welcher dadurch die Verantwortlichkeit übernimmt". Der Kaiser konnte also keinen Regierungsakt vornehmen, ohne daß der Reichskanzler seine rechtlich freie Zustimmung dazu gab. Zwei Willen waren erforderlich; nur bei Unterlassungen entschied der Kaiser allein. Aus dieser Gebundenheit löste sich aber der Kaiser in seiner Eigenschaft als Oberster Kriegsherr. Wenn der Kaiser als höchster Offizier etwas anordnete, würde es den preußischen Überlieferungen widersprochen haben, wenn ihm ein Zivilist, der doch der Reichskanzler war, darein geredet hätte. Wenn sich daher der Reichstag über eine militärische Angelegenheit ereiferte, etwa die Bevorzugung der Adeligen bei den Offiziersernennungen, so wurde ihm erwidert, dies sei eine Angelegenheit der Allerhöchsten Kommandogewalt, für die weder der Reichskanzler noch seine Gehilfen noch sonst jemand verantwortlich sei. Erst wenige Tage vor der Revolution, am 28. Oktober 1918, wurde der Gegenzeichnungszwang auch für militärische Akte eingeführt. Während des Krieges bestand noch die schrankenlose, an die Zeiten des absoluten Staates erinnernde Befehlsgewalt des Kaisers über Heer und Marine, die einen nicht sehr willensstarken Reichskanzler zur Ohnmacht gegenüber der Obersten Heeres- und Marineleitung und gegenüber den Kommandierenden Generälen im Innern verurteilte.

Der Reichstag. Im Deutschen Kaiser verkörperte sich der Föderalismus, der Unitarismus, die preußische Hegemonie und der monarchische Gedanke in einer Person. Das rein unitarische und zugleich demokratische Organ des Deutschen Reichs war der Reichstag. Wohl wurde bei der Einteilung des Reichs in Wahlkreise auf die Landesgrenzen Rücksicht genommen, in jedem Staate wurde eine bestimmte Zahl von Abgeordneten, mindestens einer, gewählt (Art. 20, Wahlgesetz vom 31. Mai 1869 § 5), doch waren die Mitglieder des Reichstags „Vertreter des gesamten Volkes und an Aufträge und Instruktionen nicht gebunden" (Art. 29). Die Wahlen zum Reichstag waren allgemein, direkt und geheim; sie waren auch gleich, obwohl dies in der Verfassung nicht ausdrücklich stand. Allgemein: alle Deutschen, die das 25. Lebensjahr zurückgelegt hatten, konnten wählen, doch wählten die Frauen nicht, auch die geistig, gesellschaftlich und sittlich Belasteten waren vom Wahlrecht ausgeschlossen. Gleich: jeder Wähler hatte das gleiche Stimmgewicht, niemand konnte mehr als eine Stimme abgeben, tatsächlich allerdings waren die Wähler in den dichter bevölkerten Wahlkreisen benachteiligt, da der Einfluß des einzelnen Wählers auf das Wahlergebnis hier rechnerisch geringer war als in den Wahlkreisen mit geringerer Bevölkerungszahl. Direkt: die Wähler gaben ihre Stimme unmittelbar für den Abgeordneten ab, nicht für einen Wahlmann, der dann später zusammen mit den übrigen Wahlmännern den Abgeordneten gewählt hätte. Geheim: die Stimme wurde schriftlich in einem Umschlage abgegeben. Die Reichstagswahl war also in vielem ein Gegenstück zur preußischen Landtagswahl, die, auf dem Dreiklassenwahlrecht beruhend, zwar auch allgemein war, aber weder gleich, noch direkt, noch geheim. Die Wahl war ferner Einzelwahl und Mehrheitswahl. In jedem Wahlkreis wurde nur ein Abgeordneter gewählt, und nur der war gewählt, der mehr als die Hälfte der abgegebenen Stimmen auf sich vereinigte. Hatte kein Bewerber diese Mehrheit auf sich vereinigt, mußte eine Stichwahl zwischen den beiden aussichtsreichsten Bewerbern stattfinden. Dies System hatte den Vorzug, daß sich der Wähler für die Person des künftigen Abgeordneten, wenn auch als eines Parteimannes, erwärmte und nicht bloß für eine Parteiliste abstimmte, wie dies heute der Fall ist.

Auf dem Reichstage der Verfassung von 1849 sollte die gesamte Macht des Deutschen Reiches ruhen, eingeschränkt durch Bestimmungen, die der Reichstag selbst wieder beseitigen konnte. So demokratisch war der Reichstag der Bismarckschen Verfassung nicht und sollte es auch nicht sein. Nach der Verfassung lag das Schwergewicht beim Bundesrat und beim Kaiser. Ohne den Kaiser konnte der Reichstag nicht zusammentreten, der Kaiser eröffnete, vertagte und schloß ihn, im Verein mit dem Bundesrat konnte er ihn vorzeitig auflösen, so oft er wollte. Bei der Gesetzgebung allerdings war die Mitwirkung des Reichstags unbedingt erforderlich, aber auch hier war, wie gezeigt, der Bundesrat insofern bevorzugt, als er das letzte Wort hatte. Vor allem konnte der Reichstag fast nie unmittelbar nach außen wirken. Selbst wenn er für die Prüfung seiner eigenen Wahlen einen Zeugen vernehmen wollte, mußte er sich an das Reichsamt des Innern wenden, das das Nötige veranlaßte; unmittelbar vor die Wahlprüfungskommission laden konnte er den Zeugen nicht. Wenn der Reichstag trotzdem tatsächlich nicht einflußlos war, so hing dies damit zusammen, daß er als Volksvertretung weit volkstümlicher war als der im öffentlichen Leben wenig beachtete Bundesrat und daß er durch allerlei Mittel der Regierung recht unangenehm werden konnte.

Der Reichskanzler. Das Bindeglied nämlich zwischen dem Reichstag und der kaiserlichen Regierung bildete der Reichskanzler, der dem Reichstag verantwortliche Minister des Kaisers, der Minister des Reichs, nicht ein Minister unter vielen. Obgleich die Stellung des Reichskanzlers als Minister ursprünglich gar nicht in der Absicht Bismarcks lag, vielmehr erst jenem Antrage v. Bennigsens im verfassungberatenden Norddeutschen Reichstage ihr Dasein verdankt, war doch der Reichskanzler der Bismarckschen Verfassung ganz auf die überragende Persönlichkeit Bismarcks zugeschnitten. Der Reichskanzler hatte keine Kollegen, seine Gehilfen, die Staatssekretäre, standen unter ihm. Allerdings schuf das Reichsgesetz vom 17. März 1878 die Einrichtung des Vizekanzlers und der Sonderstellvertreter mit der Befugnis zur gültigen Gegenzeichnung. Aber ohne Antrag des Reichskanzlers konnte kein Stellvertreter ernannt werden, und dem Reichskanzler blieb vorbehalten, „jede Amtshandlung auch während der Dauer einer Stellvertretung selbst vorzunehmen" (§ 3). Da der Reichskanzler zugleich preußischer Bevollmächtigter im Bundesrate war, war er kein rein unitarisches Organ des Reiches. Andererseits war er aber nicht notwendig preußischer Minister, so daß eine von der preußischen Politik losgelöste Reichspolitik, wenn nur der Kaiser zustimmte, sehr wohl möglich war.

Durch die Gegenzeichnung übernahm der Reichskanzler, in erster Linie dem Reichstage gegenüber, die Verantwortung für die kaiserlichen Regierungshandlungen. Über die Art der Geltendmachung dieser Verantwortung schwieg die Verfassung, schwiegen auch die späteren Gesetze. Die Anklage vor einem Staatsgerichtshof war nicht vorgesehen. Auch den Sturz des Reichskanzlers durch ein Mißtrauensvotum des Reichstags kannte weder die geschriebene, noch die ungeschriebene Verfassung. Als im Falle „Zabern" der Reichstag Anfang Dezember 1913 ein, wenn auch nicht ausdrückliches, Mißtrauensvotum beschloß, konnte sich der Reichskanzler mit einer ironischen Bemerkung darüber hinwegsetzen. Erst die nicht mehr in Kraft getretene Verfassungsänderung vom 28. Oktober 1918 bestimmte, daß der Reichskanzler zu seiner Amtsführung des Vertrauens des Reichstags bedürfe. So beschränkte sich die Befugnis des Reichstags auf die Einbringung großer und kleiner Anfragen; vor allem aber hatte es der Reichstag in der Hand, bei der Genehmigung des Reichshaushalts Schwierigkeiten zu machen und auf diese Weise einen Druck auf den Reichskanzler und dessen Gehilfen auszuüben.

Das Reich und die Einzelstaaten. Außer der Organisation des Reichs mußte das Verhältnis zwischen Reich und Einzelstaaten einen wichtigen Teil der Verfassung bilden.

Auf dem Gebiete der Gesetzgebung lag die Vollgewalt im Zweifel bei den Einzelstaaten. Wenn die Verfassung schwieg, war der Einzelstaat zuständig, einen Gegenstand durch Gesetz zu regeln; dem Reiche fehlte die Zuständigkeit. Daher mußten die Gegenstände der Reichsgesetzgebung in der Verfassung ausdrücklich aufgezählt werden (Art. 4), während sich die Gegenstände der Landesgesetzgebung von selbst verstanden. Allerdings waren wichtige Gebiete im Interesse der Einheitlichkeit dem Reiche zugewiesen, so vor allem das gesamte Justizrecht; aber auch der Einzelstaat behielt seine Zuständigkeit in wichtigen Angelegenheiten, so auf dem Gebiete der Verfassung und inneren Verwaltung, des Kirchen- und Schulwesens, des Beamtenrechts, des Siedelungswesens. Freilich stand dem Reiche eine Befugnis zu, die geeignet war, alle einzelstaatlichen Zuständigkeiten zu beseitigen: die Befugnis, durch Verfassungsänderung weitere Zuständigkeiten an sich zu ziehen, in unschöner Weise „Kompetenz-Kompetenz" genannt. So war dem Reich im Art. 4 Ziff. 13 ursprünglich nur die Befugnis zur gemeinsamen Gesetzgebung über das Obligationenrecht anvertraut; durch verfassungsänderndes Gesetz vom 20. Dezember 1873 wurde diese Befugnis auf das gesamte bürgerliche Recht ausgedehnt. Aber eben nur ein verfassungsänderndes Gesetz konnte solche Ausdehnungen anordnen, und Verfassungsänderungen gegen den Willen Preußens waren unmöglich. Der preußische Partikularismus konnte jede Zuständigkeitsverschiebung verhindern.

Auf dem Gebiete der Verwaltung und der Justiz waren die Zuständigkeiten zwischen Reich und Einzelstaaten so verteilt, daß es im vollen Umfange reichseigene Verwaltungszweige nur wenige gab; die Regel bildete die Vollzuständigkeit des Landes mit einem Überbau von Reichsbehörden in einigen Fällen. Reichseigen war die auswärtige Verwaltung; das Auswärtige Amt, die Gesandtschaften und die Konsulate waren Reichsbehörden; am Gesamtbild ändert auch nichts der Umstand, daß es den Einzelstaaten unbenommen war, eigene Gesandtschaften zu unterhalten. Reichseigen war die Kriegsmarine; Offiziere und Mannschaften waren kaiserlich, die Marinebeamten waren Reichsbeamte. Reichseigen war im wesentlichen die Post- und Telegraphenverwaltung; doch erstreckte sich diese Verwaltung nicht auf Bayern und — trotz der Briefmarkengemeinschaft — nicht auf Württemberg. Eine Reichseisenbahn gab es nur in Elsaß-Lothringen. Im übrigen lag der Schwerpunkt der Staatstätigkeiten bei den Einzelstaaten. Dies gilt namentlich für die Gebiete der Polizei, des Agrarwesens, der Kirchen und Schulen, der Finanzen, des Heerwesens und der Justiz. Das Reich hatte keine eigene Finanzverwaltung. Zwar wurden die reichsrechtlich eingeführten Zölle und Steuern für Rechnung des Reiches erhoben, aber eben nur für Rechnung des Reiches von Landesbehörden, nicht vom Reiche selbst. Neben diese äußerliche Abhängigkeit des Reichs von den Einzelstaaten trat noch eine viel schwerer wiegende sachliche: das Reich beschränkte sich dank einer zum Grundsatz gewordenen Überlieferung auf die Zölle und einen Teil der indirekten Steuern; jedenfalls verblieben die wichtigsten direkten Steuern: die Einkommen- und die Vermögenssteuer den Einzelstaaten. Kraft dieser Regelung war das Reich zur Deckung seines Bedarfs auf Beiträge der Einzelstaaten, sog. Matrikularbeiträge, angewiesen, die Jahr für Jahr durch den Reichshaushaltsplan, also im Wege der Gesetzgebung, unter unumgänglicher Beteiligung der im Bundesrate vertretenen Regierungen, bewilligt werden mußten. Ja, durch die sog. Franckensteinsche Klausel — Reichsges. vom 15. Juli 1879 § 8 — wurden die Einzelstaaten sogar an den Einnahmen des Reichs aus den Zöllen und der Tabaksteuer beteiligt, so daß das Reich auch bei günstiger Entwicklung seiner eigenen Einnahmen auf die Hilfe der Einzelstaaten angewiesen war. Das Reich hatte ferner kein eigenes Reichsheer, vielmehr bestand das Heer aus den Kontingenten der Einzelstaaten. Da die meisten Einzelstaaten ihre Kontingente durch Militärkonventionen dem preußischen angegliedert hatten, gab es ein preußisches, ein bayerisches, ein sächsisches und ein württembergisches Kontingent, das bayerische besonders selbständig, aber auch dieses im Kriege dem Oberbefehl des Kaisers unterstellt. Die Kosten des Heeres trug allerdings das Reich, es gab daher auch einen Reichsmilitärfiskus, daneben nur noch einen bayerischen Militärfiskus. Das Reich hatte endlich, um nur noch einen Punkt zu erwähnen, in den unteren Instanzen keine eigene Gerichtsbarkeit. Die Amtsgerichte, Landgerichte, Oberlandesgerichte waren, und sind noch heute, einzelstaatliche Gerichte. Allein das Reichsgericht übte ordentliche Gerichtsbarkeit des Reiches aus, in den meisten Fällen als oberste Rechtsmittelinstanz gegen Urteile der Oberlandesgerichte, Strafkammern und Schwurgerichte, nur in den Fällen eines gegen Kaiser oder Reich verübten Hoch- oder Landesverrats und des Verrats militärischer Geheimnisse als erste und zugleich letzte Instanz. Nur in eben diesen letztgenannten Fällen stand das Begnadigungsrecht dem Kaiser zu, während sonst der Landesherr, in den freien Städten der Senat, begnadigte.

Das Verhältnis zwischen Reich und Einzelstaat mußte endlich in der Reichsaufsicht zum Ausdruck kommen. Soweit sich die Zuständigkeit des Reichs zur Gesetzgebung erstreckte, soweit erstreckte sich auch seine Zuständigkeit zur Aufsicht über die Einzelstaaten (Art. 4). Von praktischer Bedeutung wurde diese Zuständigkeit namentlich dort, wo das Reich von seiner Befugnis zur Gesetzgebung bereits Gebrauch gemacht hatte und es sich darum handelte, die Durchführung des Reichsgesetzes zu sichern. Das Reichsvereinsgesetz vom 19. April 1908 z. B. setzte für das ganze Reichsgebiet die Vereinsfreiheit fest. Eine Ortspolizeibehörde verbietet unrechtmäßigerweise die Bildung eines Lotteriespielvereins. In welcher Form konnte das Reich seinem Gesetze Geltung verschaffen? Das einfachste wäre eine unmittelbare Weisung an die Ortspolizeibehörde gewesen. Diese unmittelbare Aufsicht wurde jedoch von der Verfassung abgelehnt, vielmehr mußte sich das Reich an die Regierung des Landes wenden, konnte also nur mittelbar auf jene Landesbehörde einwirken. Der Gang des Aufsichtsverfahrens war folgender: Der Reichskanzler ersuchte im Auftrage des Kaisers (Art. 17) die Landesregierung um Abstellung des reichsgesetzwidrigen Zustands. War die Landesregierung der Ansicht, hierzu nicht verpflichtet zu sein, und konnte sie den Reichskanzler von dieser Auffassung nicht überzeugen, so entschied der Bundesrat (Art. 7 Abs. 1 Ziff. 3). Beugte sich die Landesregierung auch nicht unter diese Entscheidung, so konnte der Bundesrat die „Exekution" beschließen (Art. 19). Durchzuführen war die Exekution vom Kaiser (Art. 19). Das Mangelhafte dieser Regelung springt in die Augen: das Reich war schwach, der Einzelstaat rechtlos. Da die Entscheidung beim Bundesrat lag, waren es die Einzelstaaten, die über die Reichsaufsicht maßgeblich beschlossen, und da der Kaiser zugleich König von Preußen war, war die Handhabung der Reichsaufsicht Preußen gegenüber schwer denkbar. Andrerseits war der Einzelstaat nur durch das Pflichtbewußtsein der Mitglieder des Bundesrats geschützt; er konnte kein Gericht anrufen, das ihn vor einer Vergewaltigung durch die Mehrheit des Bundesrats schützte. Allerdings darf man nicht den von Bismarck gepflegten Geist der Eintracht unterschätzen, der einen Konflikt zwischen Reich und Einzelstaat und zwischen Einzelstaat und Bundesratsmehrheit schwer aufkommen ließ.

5. Revolution und Neuordnung. Bismarcks Verfassung dauerte bis zum 9. November 1918. Die vier ersten Jahre des Weltkrieges hatte sie ausgehalten. Allerdings war in den Machtverhältnissen der höchsten Organe während des Krieges ein Wandel eingetreten. Dem Bundesrat war durch das Ermächtigungsgesetz vom 4. August 1914 ein Notverordnungsrecht eingeräumt worden, das ihn in die Lage versetzte, die gesamte Kriegswirtschaft ohne Mitwirkung des Reichstags zu regeln. Der Reichstag tagte deshalb nur selten und kurz. Da aber von ihm die Bewilligung der Kriegskredite abhing, da er ferner die organisierte öffentliche Meinung Deutschlands darstellte, war sein Einfluß groß, so groß, daß es ihm im Juli 1917 gelang, den Reichskanzler zu stürzen und so die parlamentarische Regierungsform vorzubereiten, die dann noch kurz vor der Revolution, am 28. Oktober 1918, Gesetz wurde. Der Kaiser hatte als oberster Kriegsherr in militärischen Angelegenheiten eine unbeschränkte Machtvollkommenheit, die in dem bedeutenden Einfluß der Obersten Heeresleitung auch auf Fragen der Politik zum Ausdruck kam. Gerade dadurch büßte der Reichskanzler an Macht ein; es war wie ein Vorzeichen des nahenden Endes der Bismarckschen Verfassung, daß die Reichskanzler von 1914—1918 so gar nicht die Stellung einnahmen, die eines Bismarck würdig gewesen wäre.

Hungersnot, Krankheit, feindliche Übermacht, Mißerfolge im Westen, Ungeschicklichkeiten bei der Reform des preußischen Wahlrechts führten zum Zusammenbruch im November 1918. Eine Matrosenmeuterei in Kiel machte den Anfang. Die Bewegung dehnte sich rasch aus und ergriff am 9. November 1918 auch die Reichshauptstadt. Durch eine den Tatsachen voraneilende Bekanntmachung über den Entschluß des Kaisers und Königs, dem Throne zu entsagen, suchte der Reichskanzler, Prinz Max von Baden, das preußische Königtum und die deutsche Kaiserkrone zu retten. Auch schien es einen Augenblick, als ob die Sozialisten, Ebert an der Spitze, die Leitung der Reichsgeschäfte im Rahmen der Verfassung übernehmen wollten. In der Tat nannte sich Ebert nach Übertragung der Reichskanzlergeschäfte auf ihn zunächst „Reichskanzler". Aber schon am 10. November war der Bruch mit dem Vergangenen endgültig vollzogen. Ohne Mitwirkung der „unabhängigen" Sozialisten wäre in jenen Tagen eine Regierung kaum möglich gewesen. Die „Unabhängigen" aber machten ihren Eintritt in die Regierung davon abhängig, daß außer ihnen und den gemäßigten Sozialisten, den sog. „Mehrheitssozialisten", niemand in der Regierung saß und daß die politische Gewalt in den Händen der nach russischem Vorbild allerorten in Tätigkeit getretenen Arbeiter- und Soldatenräte lag. Mit dieser letzteren Forderung wurde bewußt der Zusammenhang mit dem Alten, der gesetzmäßige Übergang der Reichsgewalt auf die neuen Machthaber abgelehnt. Der Gedanke eines ursprünglichen Rechtes der Revolution kam in ihr zum Ausdruck. Die Mehrheitssozialisten gaben nach. Es wurde eine sechsköpfige Regierung gebildet, von der drei — Ebert, Scheidemann, Landsberg — den Mehrheitssozialisten, die drei anderen — Haase, Dittmann, Barth — den unabhängigen Sozialisten angehörten. Die Regierung wurde noch am 10. November von der Vollversammlung der Berliner Arbeiter- und Soldatenräte bestätigt und nannte sich von nun an „Rat der Volksbeauftragten" oder „Reichsregierung".

Mit der Bildung des Rates der Volksbeauftragten hatte die Revolution im Reiche ihren vorläufigen Abschluß gefunden. Vom Rate der Volksbeauftragten führte die Entwicklung in gerader Linie zur Nationalversammlung, von da zur vorläufigen und von hier zur endgültigen Reichsverfassung. Die Entwicklung wurde an keiner Stelle entscheidend unterbrochen. Mannigfache Versuche, die Regierung Ebert-Haase und später die Regierung Ebert-Scheidemann mit Gewalt zu stürzen, mißlangen. Das Deutsche Reich hatte, verfassungsrechtlich betrachtet, bis zur Weimarer Reichsverfassung nur eine Revolution, und diese Revolution war am 10. November 1918 beendet.

Erkennt man die Revolution an, so bereitet die Frage der Rechtsgültigkeit der Weimarer Verfassung keine Schwierigkeiten. Aber gerade zwischen dem 9. und 10. November 1918 klafft für viele eine unüberbrückbare Kluft. Woher nahmen die neuen Machthaber das Recht, im Widerspruche mit Bismarcks Verfassung neues Recht zu schaffen? Die Revolution war — begreiflicherweise — in Bismarcks Verfassung nicht vorgesehen oder, wenn sie vorgesehen war, doch nur als strafbarer Hochverrat (Art. 74). Wie kann aber eine strafbare Handlung vollgültiges Recht schaffen? Die Frage drängt sich jedem Denkenden auf, mag er nun die Neuordnung bekämpfen oder nicht.

Die Frage der Rechtsgültigkeit der neuen Verfassung. Die Frage beantwortet sich einfach aus dem Wesen der Staatsgewalt. Wie an anderer Stelle gezeigt, ist das charakteristische Merkmal der Staatsgewalt deren Ursprünglichkeit. Wie eine neue Staatsgewalt entsteht, ist ganz gleichgültig; sobald eine, wenn auch revolutionär entstandene, ursprüngliche Gewalt da ist, ist sie auch Staatsgewalt; und umgekehrt: sobald die bisher vorhanden gewesene Staatsgewalt machtlos geworden ist, hat sie aufgehört, Staatsgewalt zu sein. So wie man sich zu der Vorstellung bequemen muß, daß 1866 mit der Eroberung Hannovers die Staatsgewalt Hannovers durch die Preußens ersetzt wurde und damit Hannover aufhörte, ein Staat zu sein, so liegt es nahe, die Revolution als eine Eroberung der alten Staatsgewalt durch eine neue aufzufassen.

Und doch bleibt ein Stachel zurück. „Entworfen bloß ist's ein gemeiner Frevel, Vollführt ist's ein unsterblich Unternehmen; Und wenn es glückt, so ist es auch verziehn.“ Aber warum: „verziehn“? Die Antwort des Dichters: „Denn aller Ausgang ist ein Gottes-Urtel“ befriedigt nur den Abergläubischen. Auch die Lehre von der Volkssouveränität überzeugt nicht. Darnach läge die Staatsgewalt immer und begriffsnotwendig beim Volke, auch in der Monarchie, auch im monarchischen Bundesstaat. Die Revolution wäre demgemäß nur eine besondere Äußerung des unbedingt maßgeblichen Volkswillens gewesen. Allein im Deutschen Reiche, dem Hort der echten monarchischen Staatsform, war das Volk zu wenig aktiv an der Ausübung der Staatsgewalt beteiligt, als daß man von einem souveränen Volkswillen hätte sprechen können. Der überlieferte Wille zum Gehorsam den Befehlen des Monarchen gegenüber ist sicher keine Äußerung des höchsten Staatswillens gewesen. Besser zum Ziele gelangt man durch Betrachtung der Staatszwecke. Einer der am sichersten anerkannten Staatszwecke ist die Herstellung und Aufrechterhaltung der Ordnung im Staatsinnern. Die mißglückte Revolution gefährdet und stört die alte Ordnung und ist deshalb als Hochverrat strafbar. Die geglückte Revolution zerstört die alte Ordnung, setzt aber an deren Stelle eine neue. Kann sich die alte Ordnung nicht mehr halten, so rettet die revolutionäre Gruppe, indem sie die Macht an sich reißt, den Staat sogar vor der völligen Auflösung. Bejaht man also den Staat und stellt ihn als Hüter der Ordnung höher als seine zufällige Staatsform, so kann man getrost das durch eine Revolution geschaffene Recht anerkennen, mag man die Revolution selbst noch so sehr bedauern. Völlig befriedigt allerdings auch diese Lösung nicht. Die Reichsbeamten hatten doch dem Kaiser Treue geschworen, und nun verließen sie ihn und gehorchten den neuen Machthabern. Zwar entband sie Wilhelm II.

am 28. November 1918 der Treuepflicht. Aber dies war sein freier Wille und behebt nicht die quälenden Zweifel für die ersten Wochen der Revolution. Aus dieser Schwierigkeit gibt es eine Lösung nur für den nicht, der nichts vom Zusammenstoß zweier sich ausschließender sittlicher Pflichten gehört hat. Wenn ich meinem Freunde sage: „Spring ins Wasser, ich rette dich, wenn du untersinkst!", und er sinkt unter, im gleichen Augenblicke aber sehe ich, daß mein Vater am Ertrinken ist, so wird es mir niemand verdenken, wenn ich meinen Vater rette und den Freund ertrinken lasse. In einem ähnlichen Gewissenskonflikt befand sich der Deutsche im November 1918. Sollte er den Treueid halten, selbst wenn das Vaterland darüber zugrunde ging? Man darf ihn nicht tadeln, wenn er die Pflicht dem Vaterlande gegenüber höher einschätzte als den geschworenen, durch die Umordnung überdies seines Sinnes beraubten Treueid.

Der Rat der Volksbeauftragten begann seine Wirksamkeit mit einem Aufruf an das deutsche Volk vom 12. November 1918. Der Aufruf enthält eine Anzahl unmittelbar geltender Rechtssätze und eine Reihe von Verheißungen. Die wichtigste Verheißung war die, daß die „Konstituierende Versammlung, über die nähere Bestimmung noch erfolgen wird" nach dem gleichen, geheimen, direkten, allgemeinen Wahlrecht „auf Grund des proportionalen Wahlsystems" von allen mindestens 20 Jahre alten männlichen und weiblichen Personen werde gewählt werden.

Die Fertigstellung des Wahlgesetzes für die Verfassunggebende Versammlung verzögerte sich bis Ende November. Dadurch entstand eine große Beunruhigung bei der bürgerlichen Bevölkerung, da man befürchtete, die Regierung habe nicht die feste Absicht, ihre Diktatur in gesetzliche Bahnen zu lenken. Verstärkt wurde die Beunruhigung durch einen berühmt gewordenen Ausspruch, den der Vorsitzende des Vollzugsrats des Arbeiter- und Soldatenrats Groß-Berlin in einer Versammlung am 19. November tat: „Der Weg zur Konstituante wird über meine Leiche führen". Erst am 30. November 1918 erschien die „Verordnung über die Wahlen zur verfassunggebenden deutschen Nationalversammlung (Reichswahlgesetz)", die die Verheißung vom 12. November in allen Punkten erfüllte. Als Wahltag war ursprünglich der 16. Februar 1919 vorgesehen. Dem hauptsächlich von Mehrheitssozialisten beschickten ersten Allgemeinen Kongreß der Arbeiter- und Soldatenräte Deutschlands, der vom 16. bis zum 19. Dezember 1918 in Berlin tagte, ist es zu danken, daß der Wahltag auf den 19. Januar 1919 vorverlegt wurde. An diesem Tage fanden die Wahlen auch wirklich statt. Über dreißig Millionen Wähler beteiligten sich an ihnen. Zwei Tage nach den allgemeinen Wahlen beriefen die Volksbeauftragten die Nationalversammlung auf den 6. Februar nach Weimar. Dort trat sie am festgesetzten Tage im Theater zusammen. Volksbeauftragter Ebert eröffnete die Sitzung mit einer Ansprache. Darauf übernahm der Alterspräsident den Vorsitz. Am nächsten Tage wählte die Nationalversammlung ihren Präsidenten und die Vizepräsidenten. Tags darauf, am 8. Februar, erledigte sie einen Gesetzentwurf über die vorläufige Reichsgewalt in erster, am 10. Februar in zweiter und dritter Lesung. Die Nationalversammlung fühlte sich so sehr als den souveränen Inhaber der Staatsgewalt, daß ihr Präsident das Gesetz ohne Mitwirkung der Regierung und ohne Bestätigung der Länder am gleichen Tage ausfertigte und am 11. Februar im Reichsgesetzblatt bekanntgab. Die sich souverän fühlende Nationalversammlung setzte sich sogar über den sonst bei Gesetzen üblichen Verkündigungszwang hinweg. Denn in Kraft trat das Gesetz nach § 10 bereits mit seiner Annahme durch die Nationalversammlung.

Der **Inhalt** des Gesetzes war kurz folgender: Die verfassunggebende Gewalt ruht ausschließlich bei der Nationalversammlung; die zu verabschiedende endgültige Reichsverfassung soll also nicht der Bestätigung der Länder bedürfen, eine politische Kurzsichtigkeit, da in den größeren Ländern noch sehr beachtliche Kräfte lebendig waren, die sich nicht einfach totschweigen ließen. Die gewöhnliche Gesetzgebung dagegen wird von der Nationalversammlung in Gemeinschaft mit dem Staatenausschuß, einer Versammlung von Ländervertretern, ausgeübt. Die Geschäfte des Reichs werden im übrigen von einem Reichspräsidenten geführt, der von der Nationalversammlung mit absoluter Stimmenmehrheit zu wählen ist. Für die Führung der Reichsregierung beruft der Reichspräsident ein Reichsministerium, dessen Mitglieder der Nationalversammlung verantwortlich sind und zu ihrer Amtsführung des Vertrauens der Nationalversammlung bedürfen.

Mit Annahme des Gesetzes über die vorläufige Reichsgewalt war das Deutsche Reich nach drei Monaten der „Diktatur des Proletariats" wieder ein Verfassungsstaat geworden. Der Geburtstag der demokratischen Republik im Deutschen Reiche ist der 10. Februar 1919. Der Rat der Volksbeauftragten zog die Folgerungen daraus, indem er sofort nach Annahme des Gesetzes seine Macht in die Hand der Nationalversammlung legte. Am Tage darauf wurde einer von ihnen, Ebert, mit 277 gegen 51 Stimmen bei 51 Stimmenthaltungen zum Reichspräsidenten gewählt.

Trotz der Revolution zeigte die vorläufige Verfassung unverkennbar ihre Verwandtschaft mit der Verfassung Bismarcks. Die Nationalversammlung entsprach dem Reichstag, der Staatenausschuß dem Bundesrat, der Reichspräsident dem Kaiser, das Reichsministerium dem Reichskanzler. Es konnte daher nicht überraschen, wenn das Übergangsgesetz vom 4. März 1919 diese Parallelen für die Auslegung älterer Gesetze ausdrücklich zog. Deutlich kam hierbei zum Ausdruck, daß sich die stärkste Änderung in der Stellung des Reichskanzlers vollzogen hatte; an die Stelle des einen Reichsministers war ein Kollegium von Ministern getreten, von denen jeder für seinen Geschäftsbereich selbständig handelte.

Die Nationalversammlung. Hauptaufgabe der Nationalversammlung war die Beratung und Verabschiedung der endgültigen Verfassung. Der erste, halbamtliche Verfassungsentwurf erschien am Tage nach den Wahlen zur Nationalversammlung, am 20. Januar 1919, im Reichsanzeiger. Er stammte aus der Feder des früheren Professors Dr. Preuß, den der Rat der Volksbeauftragten am 15. November zum Staatssekretär ernannt und mit der Ausarbeitung eines Verfassungsentwurfs betraut hatte. Als Demokrat Anhänger der 48er Ideen und somit Vorkämpfer des deutschen Einheitsstaates, als Schüler Otto v. Gierkes Vertreter der sogenannten organischen Staatstheorie, d. h. der Auffassung vom Staate als einem natürlichen Organismus, und daher Gegner aller nach seiner Ansicht unnatürlichen Staatenbildungen und -vergrößerungen, suchte Preuß in seinem Entwurfe den Bundesstaat Bismarckscher Prägung in einen Einheitsstaat zu verwandeln und die Zerlegung des größten deutschen Einzelstaats, Preußens, in dessen natürliche Bestandteile zu begünstigen. Wie die Aufnahme des Verfassungsentwurfs in der Presse bewies, hatte aber Preuß die Kraft der deutschen Einzelstaaten unterschätzt. In einer Besprechung von Staatenvertretern, die am 25. Januar in Berlin begann, wurde denn auch der Entwurf stark bundesstaatlich, ja partikularistisch umgestaltet und nach nochmaliger Beratung in dem inzwischen ins Leben getretenen Staatenausschuß in dieser umgestalteten Form am 21. Februar der Nationalversammlung vorgelegt. Trotz der bedeutenden Änderungen des ursprünglichen Entwurfs hat Preuß als Vertreter der Regierung weiterhin an den Verfassungsberatungen bis zur Verabschiedung der Verfassung teilgenommen, zunächst als Reichsminister des Innern und nach seinem Rücktritt anläßlich der Annahme des Friedensvertrages als „Vertreter des Reichsministeriums".

Die Nationalversammlung beriet den Entwurf in erster Lesung vom 24. Februar bis zum 4. März und überwies ihn an diesem Tage einem Ausschuß von 28 Mitgliedern, der sich aus Vertretern sämtlicher Parteien zusammensetzte und unter dem Vorsitze des demokratischen Abgeordneten Haußmann noch am gleichen Tage die Beratung begann. Die erste Beratung im Verfassungsausschuß dauerte vom 4. März bis zum 2. Juni, die zweite vom 3. bis zum 18. Juni. Der Ausschuß arbeitete hingebend und gewissenhaft, trotzdem waren die Beratungen nicht frei von Irrtümern und Ungenauigkeiten. Das Ergebnis war eine Umgestaltung des Regierungsentwurfs im unitarischen Sinne und ein starker Ausbau des Abschnitts über die Grundrechte und die Grundpflichten. Unter Zugrundelegung des Entwurfs des Verfassungsausschusses begann die Nationalversammlung die zweite Beratung im Plenum am 2. Juli und beendete sie am 22. Juli, ohne den Entwurf stark zu ändern. Die dritte Beratung im Plenum dauerte vom 29. bis zum 31. Juli. An diesem Tage wurde die Verfassung in namentlicher Abstimmung mit 262 gegen 75 Stimmen bei einer Stimmenthaltung angenommen. Dagegen stimmten die Deutschnationalen, die Deutsche Volkspartei, die Unabhängigen Sozialisten, der Bayerische Bauernbund und ein Mitglied der Bayerischen Volkspartei.

Die so beschlossene Verfassung, bekannt unter dem Namen der Weimarer Reichsverfassung, bedurfte nach § 6 Abs. 5 des Gesetzes über die vorläufige Reichsgewalt nur noch der Verkündung durch den Reichspräsidenten. Einer Zustimmung des Staatenausschusses oder der einzelnen Länder bedurfte es nach dem Gesetze nicht, da sich die Nationalversammlung bewußt als die, und zwar die einzige, verfassunggebende Macht des Deutschen Reiches fühlte, ohne die kritische Frage aufzuwerfen, ob dieses Gefühl den tatsächlichen Machtverhältnissen entsprach. So war es ein Glück, daß die Länder wenigstens hinter den Kulissen des Weimarer Theaters zu Worte gekommen waren, vor allem in der sog. Weimarer Verfassungsvereinbarung über die Gestaltung der künftigen deutschen Heeresmacht.

Es vergingen mehrere Tage, bevor ein einwandfreies gedrucktes Stück der Reichsverfassung für die Unterschrift hergestellt war. So kommt es, daß der Reichspräsident erst am 11. August 1919 unterschrieb. Das ganze Reichsministerium gegenzeichnete. Verkündet wurde die Reichsverfassung in Nr. 152 des Reichsgesetzblattes von 1919. Sie trat nach Art. 181 mit dem Tage der Ausgabe des Reichsgesetzblattes in Berlin, am 14. August 1919, in Kraft. Mit dem gleichen Tage waren die Verfassung Bismarcks und das Gesetz über die vorläufige Reichsgewalt aufgehoben.

Welches ist also der Geburtstag der Weimarer Reichsverfassung? Für den Juristen ist es der 14. August, der Tag des Inkrafttretens; für den Verfechter des Gedankens der Volkssouveränität der 31. Juli, der Tag der Annahme der Verfassung durch die Nationalversammlung. Beide Daten haben einen tieferen Sinn. Ganz allgemein gilt aber als Verfassungstag der 11. August, der Tag der Unterzeichnung, obgleich der Reichspräsident verpflichtet war, den endgültig beschlossenen Entwurf, so wie er ihm vorlag, zu unterzeichnen. Diese Bevorzugung des 11. August hängt mit der Datierung unserer Gesetze überhaupt zusammen. In der Überschrift erhält das Gesetz immer das Datum der Unterschrift. So war es unter der Herrschaft der alten Verfassung, so ist es bis heute geblieben. Daher lautet die Überschrift der Weimarer Verfassung: „Die Verfassung des Deutschen Reichs. Vom 11. August 1919." Dieser Äußerlichkeit ist es zuzuschreiben, daß ein so nebensächlicher Tag, wie der Tag der Unterzeichnung, die Ehre erlangt hat, als Verfassungstag zu gelten.

Die Weimarer Verfassung ist bis heute im wesentlichen unverändert geblieben. Sie hat auch die bisher stärkste Kraftprobe, den Kapp-Putsch vom März 1920, siegreich überstanden. Andererseits haben es die Machthaber nicht immer verstanden, die Verfassung vor Unbotmäßigkeiten und Verhöhnungen zu schützen.

Literatur. Über die Revolution, das Werden der Reichsverfassung und deren Grundgedanken berichtet die Abhandlung des Verfassers „Revolution und Reichsverfassung" im Jahrbuch des öffentlichen Rechts, Bd. IX, 1920, S. 1—128. — Als Kommentare zur Weimarer Verfassung seien die von Poetzsch (2. Aufl., 1921), Anschütz (1921), Giese (5. Aufl., 1923) und Bühler (1922), als Lehrbücher des neuen Staatsrechts die von Hubrich (Das demokratische Verfassungsrecht des Deutschen Reiches, 1921), Giese (Grundriß des Reichsstaatsrechts, 3. Aufl., 1923), Meißner (Das Staatsrecht des Reichs und seiner Länder, 2. Aufl., 1923), Hatschek (Deutsches und Preußisches Staatsrecht, 2 Bände, 1922/23), Finger (Staatsrecht des Deutschen Reichs, 1923) und Stier-Somlo (Deutsches Reichs- und Landesstaatsrecht I, 1924) hervorgehoben. Eine umfassende Würdigung der Verfassung bringt Wittmayer, Die Weimarer Reichsverfassung (1922), eine stark kritische Beleuchtung Frhr. v. Freytagh-Loringhoven, Die Weimarer Verfassung in Lehre und Wirklichkeit (1924), kurze Einführungen Nawiasky, Die Grundgedanken der Reichsverfassung (1920), und Zorn, Die alte und die neue Reichsverfassung (1924). — Auch für die Kenntnis des geltenden Staatsrechts kann nicht dringend genug das genaue Studium von Textausgaben empfohlen werden. Als solche kommen vor allem in Betracht: Sartorius, Sammlung von Reichsgesetzen staats- und verwaltungsrechtlichen Inhalts (5. Aufl., 1921), Triepel, Quellensammlung zum deutschen Reichsstaatsrecht (3. Aufl., 1922), Freiherr Marschall von Bieberstein, Verfassungsrechtliche Reichsgesetze und wichtige Verordnungen (1924).

B. Die Weimarer Verfassung.

I. Einleitung. Reich und Länder.

1. Namen und Symbole. Die zwei großen Wandlungen vom monarchischen Bundesstaate zur demokratischen Republik und vom Föderalismus mit preußischer Hegemonie und süddeutschem Partikularismus zum Unitarismus kommen zum Teil in Äußerlichkeiten zum Ausdruck.

„Das Deutsche Reich ist eine Republik" (Art. 1). Es ist eine Republik, heißt aber nicht „Deutsche Republik", obgleich der Gedanke zu dieser Benennung im Laufe der Beratungen auftauchte. „Reich" ist ursprünglich eine monarchische Bezeichnung, da das Wort mit „rex, regnum" zusammenhängt, doch war diese verschollene Bedeutung dem Verfassungsgesetzgeber nicht zum Bewußtsein gekommen. Dagegen ist durch eine Reihe von Verordnungen die Bezeichnung gewisser Behörden als „Kaiserlicher" beseitigt worden.

Die deutschen Einzelstaaten heißen jetzt „Länder" (Art. 2), eine gewisse Herabsetzung, da man unter Ländern außer Staaten auch Halbstaaten, wie die früheren österreichischen Kronländer, das Reichsland Elsaß-Lothringen, das frühere Finnland, das frühere Island und ähnliche gehobene Provinzen verstand, die Bezeichnung es also jetzt im Dunkeln läßt, ob die deutschen Länder noch Staaten sind oder nicht.

Die Absicht der Väter der Verfassung, einen Strich zwischen der Verfassung Bismarcks und der Weimarer Verfassung zu ziehen und dafür die Verbindung mit der Bewegung von 1848 und 1849 aufzunehmen, kommt in dem viel umstrittenen Flaggenwechsel des Art. 3 zum Ausdruck. Die Reichsfarben sind jetzt wie die von 1848/49 schwarz-rot-gold. Das schwarz-weiß des Führerstaates Preußen ist also aus den Reichsfarben verschwunden. Nur für die See hat die Verfassung aus Gründen der Sichtbarkeit die alten Farben beibehalten, indem sie bestimmt: „Die Handelsflagge ist schwarz-weiß-rot mit den Reichsfarben in der oberen inneren Ecke", ein Trost für die vielen, die durch die Preisgabe der alten Farben in ihrem Innern schwerer verletzt wurden als durch den ganzen Umsturz und die sonstige Neuordnung. Nach der Verordnung des Reichspräsidenten vom 11. April 1921 ist auch die Reichskriegsflagge, die Gösch und die Dienstflagge der Reichsbehörden zur See schwarz-weiß-rot, ein scheinbarer Widerspruch mit der Verfassung, in Wirklichkeit aber ein Beispiel für die sinngemäße Auslegung einer lückenhaften Verfassungsbestimmung, da der Zweck der Ausnahmevorschrift für die Handelsflagge — bessere Sichtbarkeit auf hoher See — bei der Kriegsmarine genau so zutrifft wie bei der Handelsmarine.

Eine ähnliche symbolische Bedeutung hatte die Änderung des Reichswappens. Das kaiserliche Wappen war der schwarze einköpfige Adler, „auf dem Brustschilde den mit dem

Hohenzollernschilde belegten preußischen Adler, über demselben die Krone in der Form der Krone Karls des Großen" (Erl. v. 3. August 1871). Als neues Wappen wurde ein anders gestalteter Adler gewählt, bei dem jedes monarchische Symbol und jeder Hinweis auf eine Vormachtstellung Preußens fehlt (Bek. v. 11. November 1919).

Der Übergang von der Monarchie zur Republik findet ferner in dem Kampfe gegen die Kaiserbilder und die Kaisergeschichten in den Schulbüchern seinen Niederschlag. Doch hat die Reichsverfassung keinen Anteil daran. Es sind durchweg Verordnungen und Verfügungen der Länder, die sich mit diesem Gegenstande beschäftigen.

Die Zerrissenheit des deutschen Volkes spiegelt sich in der Wahl des Nationalfeiertags, denn bis heute hat man sich auf einen solchen Feiertag gesetzlich nicht einigen können. Der 9. November verletzt das Bürgertum, ebenso der 1. Mai, der für das Jahr 1919 als allgemeiner Feiertag festgesetzt wurde (Ges. v. 17. April 1919). Da der 18. Januar nicht nur an 1871 erinnert, sondern auch an die Krönung des ersten preußischen Königs, können sich die Republikaner, insbesondere die Sozialisten, nicht für ihn erwärmen. So ist es denn üblich geworden, den Tag der Unterzeichnung der Weimarer Verfassung, den 11. August, als Nationalfeiertag zu begehen. Ein Gesetzentwurf, der diesen Brauch gesetzlich festlegen will, ist dem Reichstag zu wiederholten Malen zugegangen, aber noch nicht verabschiedet. Kraft Landesverordnung gilt der 11. August als Feiertag in Baden.

Symbolische Bedeutung hat endlich das Verhältnis zwischen Offizier und Mann, das nicht unterschätzt werden darf, da doch die Revolution einer Matrosenmeuterei ihren Ursprung verdankte. Das heutige Verhältnis ist demokratischer als früher, insofern gewisse Bevorzugungen der Offiziere oder Offizierdiensttuer weggefallen sind. Der Mann trägt heute dieselbe Kokarde wie der Offizier, der Mann grüßt jetzt auch im Stehen genau wie der Offizier durch Anlegung der Hand an die Kopfbedeckung, der Mann hat heute einen unbedingten Anspruch auf Gegengruß, auch wenn ihm mehrere Offiziere begegnen, während in einem solchen Falle früher nur der älteste Offizier dankte, selbst wenn einer der Begleiter den Mann persönlich kannte oder gar sein unmittelbarer Vorgesetzter war.

2. Unitarismus. Die Rechtsnatur des Reichs. Die Weimarer Verfassung wurde bewußt unitarischer gestaltet als die Verfassung Bismarcks. In vielen Beziehungen zeigt sich dieser Zug zum Einheitsstaat. So haben die Länder zwar nach wie vor ihre Gebietshoheit. Doch kann heute unter Umständen ein einfaches, auf alle Fälle ein verfassungsänderndes Reichsgesetz den Gebietsbestand eines Landes selbst gegen dessen Willen ändern (Art. 18). Geblieben ist auch die besondere Landesangehörigkeit der deutschen Staatsbürger. Auch heute noch ist es die Regel, daß man Preuße oder Bayer oder Sachse usw. ist und erst durch Vermittelung der Landesangehörigkeit Reichsdeutscher. Aber „jeder Deutsche hat in jedem Lande des Reichs die gleichen Rechte und Pflichten wie die Angehörigen des Landes selbst" (Art. 110).

Die Verfassung Bismarcks kannte nur ein rein unitarisches oberstes Reichsorgan: den Reichstag. Die Weimarer Verfassung kennt deren drei: den Reichstag, den Reichspräsidenten, die Reichsregierung. Nur der Reichsrat erinnert an den bundesstaatlichen Charakter des Reiches. Im Gegensatze zum Bundesrat fehlt aber im Reichsrat die Vorherrschaft Preußens und fehlen die süddeutschen Reservatrechte. Vor allem ist der Reichsrat kein unentbehrliches Organ, da Gesetze, selbst verfassungsändernde, zustande kommen können, ohne daß er sich zu rühren braucht.

Das Reich hat ferner eine umfassendere Zuständigkeit zur Gesetzgebung als früher. Die Zuständigkeit erstreckt sich jetzt namentlich auch auf das Landesverfassungsrecht, das Kirchen-, Schul-, Beamten- und Bodenrecht, alles Gebiete, die früher den Ländern so gut wie völlig vorbehalten waren.

Die reichseigene Verwaltung hat an Bedeutung zugenommen. Die auswärtige Verwaltung ist jetzt, von geringen Resten abgesehen, ausschließlich Sache des Reichs (Art. 78). Das Heer ist ein Reichsheer, nicht mehr die Zusammenfassung mehrerer selbständiger Landeskontingente. Die Reichspost- und die Reichstelegraphenverwaltung erstrecken sich auch auf Bayern und Württemberg. Dem Reiche gehören die wichtigeren Eisenbahnen und die größeren Wasserstraßen. In seinen Finanzen ist das Reich nicht mehr auf Matrikularbeiträge angewiesen, sondern erhebt in weitestem Umfange Steuern, die es durch eigene Behörden, nicht, wie bisher, durch Landesbehörden verwalten läßt.

Endlich zeigt sich der unitarische Zug auch in der Ausgestaltung der Reichsaufsicht, insofern deren Handhabung heute ausschließlich reinen Reichsorganen, nämlich der Reichsregierung, dem Reichspräsidenten und dem Staatsgerichtshof für das Deutsche Reich, anvertraut ist und daher im Gegensatze zu früher, wenigstens theoretisch, auch ein Einschreiten gegen Preußen möglich macht.

Angesichts dieser Stärkung des Reichs durch die Vorschriften der Verfassung erhebt sich die Frage, ob die deutschen Länder noch Staaten sind oder nicht, ob mithin das Reich als Einheitsstaat oder als Bundesstaat aufgefaßt werden muß. Die Frage hat juristische Bedeutung, für den Fall etwa, daß ein Gesetz oder ein völkerrechtlicher Vertrag von „Staaten" spricht und es zweifelhaft ist, ob die deutschen Länder darunter verstanden sind oder nicht. Darüber hinaus ist aber die Beantwortung der Frage auch wichtig für die Ehre der einzelnen Länder; denn Staat-sein ist ehrenvoll, und der öffentlichen Meinung zum mindesten in den größeren deutschen Ländern ist es nicht gleichgültig, ob das Land zur bloßen Reichsprovinz herabgewürdigt worden ist oder noch die Merkmale des Staates in sich trägt.

Souverän sind die Länder sicher nicht. Wäre Souveränität, d. h. Innehabung der höchsten Gewalt, ein notwendiges Merkmal des Staates, so wären die deutschen Länder keine Staaten, wären es aber dann auch nicht unter Bismarcks Verfassung gewesen, denn auch vor 1918 lag die höchste Gewalt beim Reiche und nicht bei den einzelnen Ländern. Bei nichtsouveränen Gebietskörperschaften lautet die Frage: was würde sein, wenn man sich den über ihnen stehenden Staat wegdächte? Würde die Gebietskörperschaft durch den Wegfall des übergeordneten Staates ihrer bisherigen Macht entkleidet werden und entweder in Anarchie auseinanderfallen oder gezwungen sein, sich wie bei Revolutionen und Staatengründungen neu zu organisieren, dann war sie eine Gemeinde, eine Provinz, ein Nebenland, aber kein Staat. Würde dagegen die Gebietskörperschaft ohne unregelmäßigen Bruch mit der Vergangenheit in ihrer bisher in Kraft gewesenen Verfassung weiter bestehen, so würde dies ein Zeichen dafür sein, daß die Landesgewalt nicht von Reiches Gnaden war; die Gebietskörperschaft wäre ein Staat gewesen.

Hieran gemessen sind die Länder Staaten. Denn trotz Revolution und unitarischer Neuordnung ist eine ursprüngliche, sogar, wie Bayern zeigt, oft überschäumende Gewalt in ihnen lebendig geblieben. Wenn heute das Reich fortfiele, würden Preußen, Bayern, Sachsen usw. sofort souveräne Staaten sein. Folglich sind sie auch jetzt Staaten, wenn auch nicht souveräne.

Überhaupt wird der Unterschied zwischen heute und früher leicht übertrieben. Auch unter Bismarcks Verfassung konnte der Gebietsbestand eines Einzelstaates gegen dessen Willen vom Reiche geändert werden, zum mindesten beim Friedensschlusse. Auch unter Bismarcks Verfassung bestand eine, wenn auch nicht vollkommen durchgeführte, Gleichstellung der einzelnen deutschen Staatsangehörigen untereinander. Auch unter Bismarcks Verfassung war die Staatsform nicht dem Willen der Einzelstaaten überlassen; die monarchische Staatsform wurde bei ihnen, abgesehen von den Hansestädten, als selbstverständlich vorausgesetzt, in

Preußen war sie unbedingt nötig. Und doch gab es kaum jemand, der den Einzelstaaten den Staatscharakter absprach.

Die Länder sind ferner wie vordem vermöge ihrer Vertretung im Reichsrat an der Bildung des Reichswillens beteiligt. Allerdings hat der Reichsrat keine unbedingte Möglichkeit, das Zustandekommen eines Gesetzes zu verhindern; aber er kann durch Erzwingung des Volksentscheids das Schicksal eines Gesetzentwurfs wesentlich beeinflussen (Art. 74, 76).

Da also das Reich ein Staat ist, zusammengesetzt aus ihm unterworfenen anderen Staaten, die an der Bildung des Reichswillens beteiligt sind, ist das Reich auch heute noch ein Bundesstaat. Die von Bayern gegen den Unitarismus der Weimarer Verfassung gerichteten Bestrebungen können daher nur den Zweck haben, den bundesstaatlichen Charakter des Reiches wieder stärker auszuprägen, und nicht, den deutschen Bundesstaat neu zu schaffen.

3. Reichszuständigkeiten zur Gesetzgebung. Man pflegt drei Staatstätigkeiten zu unterscheiden: Gesetzgebung, Verwaltung und Rechtspflege. Es wäre denkbar, daß die Zuständigkeiten im Bundesstaate so verteilt würden, daß die Zuständigkeit zur Gesetzgebung die Zuständigkeiten zur Verwaltung und Rechtspflege ohne weiteres nach sich zöge. Dies ist in den Vereinigten Staaten von Amerika der Fall. Auch im Deutschen Reiche kommen solche Zuständigkeitsverteilungen vor, z. B. auf dem Gebiete der Reichssteuern, die durch Reichsgesetz beschlossen und von Reichsbehörden erhoben werden und bei denen Reichsfinanzgerichte und der Reichsfinanzhof über die im Einzelfalle bestrittene Zulässigkeit der Erhebung entscheiden. Doch bildet diese Art der Zuständigkeitsverteilung nicht die Regel. Vielmehr ist die Zuständigkeit des Reichs zur Gesetzgebung umfassender als die Zuständigkeit zur Verwaltung und Rechtspflege. Wenn von den Zuständigkeiten des Reichs schlechthin gesprochen wird, denkt man daher nur an die Zuständigkeit zur Gesetzgebung.

Da das Deutsche Reich durch den Zusammenschluß souveräner Staaten entstanden ist, spricht auch heute noch die Vermutung für die Zuständigkeit der einzelnen Länder. Die Zuständigkeit der Länder bedarf daher im Einzelfalle keines Beweises, vielmehr muß umgekehrt das Reich seine Zuständigkeit durch Hinweis auf Bestimmungen der Verfassung dartun. Diese Bestimmungen finden sich vor allem in den Listen der Artikel 6 u. ff., aber auch zerstreut an sonstigen Stellen der Verfassung, so im Art. 150 Abs. 2, der es für Sache des Reichs erklärt, die Abwanderung deutschen Kunstbesitzes in das Ausland zu verhüten. Hierbei entscheidet in erster Linie, aber nicht unbedingt der Wortlaut der Verfassungsbestimmung, denn auch auf diesem Gebiete ist vernünftige Gesetzesauslegung zulässig. Wenn z. B. Art. 6 Ziff. 7 dem Reiche die Gesetzgebung über das Telegraphenwesen zuweist, so kann das Reich über den Wortlaut hinaus auch Bestimmungen über das Legen von Lichtkabeln treffen, sofern der Strom in den Telegraphendrähten vom Strome in den Lichtkabeln beeinflußt wird. Neben diese Einzelzuständigkeiten tritt aber auch noch eine allumfassende Zuständigkeit, nämlich die, durch Verfassungsänderung dem Reiche weitere Zuständigkeiten beizulegen, die schon unter Bismarcks Verfassung dem Reiche zugestandene sog. Kompetenz-Kompetenz, die aber heute mehr bedeutet als früher, da der Schwerpunkt der Verfassungsänderung jetzt im unitarischen Reichstag liegt und nicht wie vordem im föderalistisch-partikularistischen Bundesrat. Darüber hinaus kann sogar ein einfaches Gesetz die Zuständigkeiten des Reichs erweitern, da ein solches Gesetz zwar nicht ergehen darf, aber einmal ergangen, anders als in Amerika, nach herrschender Ansicht wie ein verfassungsmäßiges Gesetz verbindlich ist.

Die dem Reiche nach den Artikeln 6 ff. beigelegten Zuständigkeiten unterscheiden sich deutlich durch verschiedene Stärkegrade. In den Gegenständen des Art. 6 hat das Reich die ausschließliche Gesetzgebung. Wenn also dort die Beziehungen zum Ausland, das Kolonialwesen, die Staatsangehörigkeit, die Freizügigkeit, die Ein- und Auswanderung, die Auslieferung, die Wehrverfassung, das Münzwesen, das Zoll-, das Post-, Telegraphen- und Fernsprechwesen genannt werden, so heißt dies, daß nur das Reich und nicht daneben auch ein Land Gesetze über die genannten Gegenstände erlassen kann, dies selbst dann, wenn das Reich von seiner Befugnis zur Gesetzgebung noch keinen Gebrauch gemacht hat. Würde also z. B. heute Preußen das niederländische Auslieferungsgesetz nachahmen und durch Gesetz bestimmen, daß Ausländer nur dann ausgeliefert werden dürfen, wenn eine vertragliche Pflicht zu deren Auslieferung besteht, so würde das Gesetz ungültig sein, obgleich ein Reichsauslieferungsgesetz noch nicht erlassen ist. Dagegen hindert die ausschließliche Reichszuständigkeit nicht das Fortbestehen älterer landesrechtlicher Bestimmungen, sofern sie dem Reichsrecht nicht widersprechen. Fraglich ist, ob in Fällen der ausschließlichen Reichszuständigkeit ein Reichsgesetz den Landesgesetzgeber ermächtigen kann, nach freiem Ermessen von sich aus Bestimmungen zu treffen. Der Reichsgesetzgeber bestimmt z. B., daß es den Landesgesetzen überlassen bleiben soll, die Einwanderung zu verbieten oder zu gestatten. Der Verfassungsausschuß war der Ansicht, daß eine solche Übertragung der Gesetzgebungsgewalt auf den Landesgesetzgeber zulässig sei. Da diese Meinung auch für Bismarcks Verfassung vertreten wurde, mag man sie als dem Sinne der Verfassung entsprechend gelten lassen, obgleich der Wortlaut stark für die gegenteilige Auffassung spricht. Art. 7 und 8 nennen dann die Gegenstände der unbedingten einfachen Reichszuständigkeit, d. h. die Gegenstände, die gleichmäßig zur Zuständigkeit des Reichs und zur Zuständigkeit der Länder gehören, mit der Maßgabe allerdings, daß das einmal erlassene Reichsgesetz dem auf gleichem Gebiete erlassenen Landesgesetz vorgeht. Beispiele für Reichsgesetze über Gegenstände des Art. 7 sind das Bürgerliche Gesetzbuch, das Reichsstrafgesetzbuch, die Zivil-, die Strafprozeßordnung, das Paß-, das Preß-, das Jugendfürsorgegesetz, das Reichsseuchen-, das Viehseuchengesetz, die Reichsversicherungsordnung, die Gewerbeordnung, das Lichtspielgesetz und viele wichtige Gesetze mehr. Nach Ziff. 12 z. B. könnte ein einheitliches Reichsenteignungsgesetz erlassen werden. Dies ist noch nicht geschehen. Folglich können die Länder, anders als bei den Gegenständen der ausschließlichen Reichszuständigkeit, nach eigenem Gutdünken Enteignungsgesetze erlassen, bis das Reich von seiner Zuständigkeit umfassenden Gebrauch gemacht hat.

Nur bedingt zuständig ist das Reich in den Fällen des Art. 9, d. h. auf dem Gebiete der Wohlfahrtspflege und des Schutzes der öffentlichen Ordnung und Sicherheit; das Reich hat hier die Gesetzgebung nur, „soweit ein Bedürfnis für den Erlaß einheitlicher Vorschriften vorhanden ist". Da die Bedürfnisfrage nach dem Willen des Gesetzes meist eine Ermessensfrage ist, darf man annehmen, daß auch hier nach dem Willen der Verfassung die Frage, ob ein solches Bedürfnis vorliegt, dem Ermessen des Reichsgesetzgebers überlassen werden sollte, sofern nur der Gesetzgeber eine einheitliche, also mindestens über die Grenzen eines einzelnen Landes hinausreichende Regelung zu treffen gedenkt. Endlich überträgt die Verfassung in den Artikeln 10 und 11 auf gewissen Gebieten dem Reiche die sog. Grundsatzgesetzgebung, d. h. das Reich kann über die Rechte und Pflichten der Religionsgesellschaften, das Schulwesen, das Beamtenrecht, das Bodenrecht und verwandte Gegenstände, das Bestattungswesen und das Landesabgabenrecht im Wege der Gesetzgebung nur Grundsätze aufstellen, nicht Einzelheiten anordnen. Auch hier ist dem freien Ermessen bei der Beantwortung der Frage, ob etwas eine bloß grundsätzliche oder eine schon ins einzelne gehende Regelung bedeutet, ein großer Spielraum gegeben, jedoch kein größerer als bei der Abgrenzung anderer im Rechtsleben vorkommender unbestimmter Begriffe wie „Treu und Glauben", „gute Sitten", „Menschenmenge". Es gibt ganz sicher eine Linie, bei der man mit Bestimmtheit erklären kann: hier handelt es sich nicht mehr um eine bloß grundsätzliche Regelung. Würde das Reich z. B. sein Reichsbeamtengesetz in vollem Umfange auf die Landesbeamten ausdehnen wollen, so würde man mit Recht erklären können, daß dies ohne Verfassungsänderung nicht geht.

Betrachtet man die Zuständigkeit des Reichs im ganzen, so gibt es kaum mehr einen wichtigen Gegenstand, den das Reich nicht im Wege der Gesetzgebung ganz oder doch in den Grundsätzen regeln könnte. Vor allem die Gegenstände der Grundsatzgesetzgebung und einzelne Regelungen in der Verfassung selbst zeigen den Fortschritt zum Einheitsstaat. Nach früheren Darlegungen war das Landesverfassungs-, das Landesbeamtenrecht, das Kirchen- und Schulwesen, das Landwirtschaftswesen und das Landesfinanzrecht so gut wie ausschließlich Sache des Landesgesetzgebung. Nach der Weimarer Verfassung hat sich das Reich auch auf diesen Gebieten betätigt und kann sich weiter auf ihnen betätigen.

4. Reichsaufsicht. Die Zuständigkeit des Reichs zur Gesetzgebung umfaßt, wie gezeigt, nicht ohne weiteres auch die Zuständigkeit zur Handhabung der Gesetze im Einzelfall. „Die Reichsgesetze werden durch die Landesbehörden ausgeführt, soweit nicht die Reichsgesetze etwas anderes bestimmen" (Art. 14). Dadurch entsteht die Möglichkeit eines Auseinanderfallens von Reichswillen und Landeswillen. Um diesem Übelstande abzuhelfen, räumt die Verfassung der Reichsregierung wenigstens die sog. Reichsaufsicht ein oder nach den Worten der Verfassung (Art. 15) „die Aufsicht in den Angelegenheiten . . ., in denen dem Reiche das Recht der Gesetzgebung zusteht", eine Einrichtung, die auch der Bismarckschen Verfassung wohlbekannt war. Am wichtigsten wird diese Aufsicht dann sein, wenn das Reich von seiner Gesetzgebungsbefugnis schon Gebrauch gemacht hat. Das Reich räumt z. B. jedem Deutschen die Befugnis ein, sich an beliebigem Orte des Reichs niederzulassen (Art. 111, Freizügigkeitsgesetz), ein süddeutscher Staat aber weist in einer Anzahl von Fällen Norddeutsche aus seinem Gebiet aus. Hier kann die Reichsregierung im Wege der Aufsicht gegen die süddeutsche Regierung vorgehen. Da das Reich die Durchführung eines Reichsgesetzes verlangt, kann man diese Art von Aufsicht gesetzesvollziehende Aufsicht nennen. Daneben gibt es aber noch die von Triepel so genannte selbständige Aufsicht in allen Angelegenheiten, die das Reich zwar durch Gesetz regeln könnte, aber noch nicht geregelt hat, z. B. in Enteignungssachen. Die Tatsache ist angesichts des Wortlauts der Verfassung unbestreitbar, der Umfang der Aufsicht aber nicht ganz einfach zu bestimmen. Keinesfalls geht die selbständige Aufsicht so weit wie die gesetzesvollziehende, namentlich fehlt hier der Reichsregierung die Befugnis, im Verhalten der Landesregierung oder sonstiger Landesorgane in bindender Weise einen Mangel festzustellen, den die Landesregierung verpflichtet wäre zu beseitigen. Denn mangelhaft sein kann ein Verhalten nur gemessen an einer Norm, und die fehlt hier gerade. Allerdings besteht für die Länder der allgemeine Satz, in ihrem Tun und Lassen das Interesse des Reichs zu berücksichtigen; aber wie Art. 12 Abs. 2 lehrt, bedarf es immer einer besonderen gesetzlichen Grundlage, wenn das Reich auf Grund einer Interessengefährdung gegen ein Land soll einschreiten dürfen; sonst würde auch der von der Verfassung selbst gewollte Unterschied zwischen selbständiger und gesetzesvollziehender Aufsicht hinfällig, da dann alle Aufsicht gesetzesvollziehende Aufsicht wäre. So bleiben denn für die selbständige Aufsicht nur Maßnahmen weniger einschneidender Art übrig. Die Reichsregierung kann Anfragen an die Landesregierungen richten, und diese sind verpflichtet zu antworten; sie kann auch Maßnahmen anregen, auf Übelstände hinweisen, deren Beseitigung nahelegen, ohne daß die Landesregierung berechtigt wäre, dies als Einmischung oder gar als unfreundlichen Akt zurückzuweisen. Gibt die Landesregierung nicht nach, so steht es der Reichsregierung ja frei, die Reichsgesetzgebung in Bewegung zu setzen; ohne ein solches Gesetz zwingen kann sie nicht. Der sog. Grundsatz von der Gesetzmäßigkeit der Verwaltung, d. h. die Unzulässigkeit eines Eingriffs in die Rechtssphäre des einzelnen, es sei denn auf Grund eines Gesetzes, gilt auch im Verhältnis zwischen Reich und Ländern.

Nach dem Verfassungsentwurfe des Reichsministers Dr. Preuß sollte die Reichsaufsicht eine unmittelbare Aufsicht sein. Der Reichsregierung sollte es freistehen, sich unmittelbar an den Beamten zu wenden, der das Reichsgesetz unrichtig gehandhabt hatte, also z. B. unmittelbar an den Bezirksamtmann, der die Bestimmungen über die Freizügigkeit verletzt hatte. Die Weimarer Reichsverfassung unterscheidet: Beschränkt sich die Reichsregierung darauf, die richtige Ausführung durch allgemeine Anweisungen, z. B. über die Auslegung des Begriffs „Freizügigkeit", „Presse", „Gewerbe", zu gewährleisten, so kann sie sich an alle Landesbehörden, auch die mittleren und unteren, wenden, also unmittelbare Aufsicht ausüben. Allerdings bedarf sie hierzu nach dem sehr unglücklich zum Ausdruck gekommenen Willen der Verfassung (Art. 15 Abs. 2, Art. 77) der Zustimmung des Reichsrats, in dem die Landesregierungen vertreten sind, so daß von einer völlig unmittelbaren Aufsicht auch hier nicht gesprochen werden kann. Die von bedeutenden Juristen vertretene Gegenmeinung, daß nämlich hier die Zustimmung des Reichsrats nicht erforderlich sei, beruht entweder auf einer mißverstandenen Verwertung der Verfassungsberatungen oder führt zu dem unannehmbaren Ergebnis, daß die Zustimmung des Reichsrats zu den allgemeinen Anweisungen der Reichsregierung erforderlich ist, solange kein Anlaß zur Rüge besteht, aber nicht erforderlich, sobald eine falsche Handhabung des Reichsgesetzes zutage getreten ist. Den Gegensatz zu diesen allgemeinen Anweisungen bildet die Rüge im Einzelfall. Ein preußischer Amtsvorsteher untersagt z. B. Laienreden am Grabe. Die Reichsregierung ist der Ansicht, daß das Verbot nicht im Einklang mit der reichsrechtlich gewährleisteten Versammlungsfreiheit steht. In diesem Falle ist die Reichsaufsicht mittelbare Aufsicht. Die Reichsregierung darf sich nicht unmittelbar an den Amtsvorsteher wenden, sondern nur an die preußische Landesregierung. Denn nach Art. 15 Abs. 3 sind nur „die Landesregierungen ... verpflichtet, auf Ersuchen der Reichsregierung Mängel, die bei der Ausführung der Reichsgesetze hervorgetreten sind, zu beseitigen". Sache der Landesregierung ist es dann, in geeigneter Weise gegen den Amtsvorsteher vorzugehen.

Das Verfahren bei Ausübung des Aufsichtsrechts gestaltet sich sehr einfach, wenn die Landesregierung sofort nachgibt oder die Reichsregierung von der Unbegründetheit ihres Einschreitens überzeugt. Im Interesse des inneren Friedens wird es meist liegen, wenn über den Streitpunkt auf die eine oder die andere Weise eine Einigung erzielt wird, sofern nur die Reichsregierung nicht durch Nachgeben wider bessere Überzeugung die Würde des Reichs und des Rechts verletzt. Wie aber, wenn eine Einigung nicht erzielt wird? Während in solchen Fällen Bismarcks Verfassung eine Entscheidung des Bundesrats vorsah, überträgt die Weimarer Verfassung die Entscheidung einer unparteiischen Stelle: dem Staatsgerichtshof für das Deutsche Reich. Hat auch dieser zuungunsten des Landes entschieden und gibt das Land auch jetzt nicht nach, so ist es am Reichspräsidenten, gegen das Land zwangsweise vorzugehen, etwa durch die Entsendung eines Reichskommissars, durch Absetzung der Landesregierung, schlimmstenfalls durch Einschreiten mit der bewaffneten Macht (Art. 48 Abs. 1). Bei Gefahr im Verzuge braucht allerdings der Reichspräsident den Spruch des etwa anzurufenden Staatsgerichtshofs nicht abzuwarten, bewährt vielmehr die Überordnung des Reichs und dessen Staatsnatur gerade darin, daß er sofort gegen das widerspenstige Land vorgehen kann unbeschadet der Befugnis des Landes, nachträglich den Staatsgerichtshof für das Deutsche Reich anzurufen (Art. 48 Abs. 2, Art. 19) und so die Reichssouveränität mit dem Rechtsstaatsgedanken wieder zu versöhnen.

5. Beziehungen zwischen Reichsgewalt und Landesgewalt außerhalb der Reichsaufsicht. Die Staatsgewalt wird ausgeübt durch Staatsorgane. Eine bezeichnende Eigenart des Bismarckschen Reiches war es gewesen, daß Reichsorgane vielfach mit preußischen Landesorganen zusammenfielen. Diese durch Preußens Vormachtstellung erklärlichen Personalunionen zeigten sich am sichtbarsten an der Spitze, da der König von Preußen zugleich Deutscher Kaiser war. Der Reichskanzler war zugleich preußischer Bevollmächtigter zum Bundesrat, die Preußische Oberrechnungskammer zugleich Rechnungshof des Deutschen Reichs, die Preußische Hauptverwaltung der Staatsschulden zugleich Reichsschuldenverwaltung. All diese Verquickungen haben aufgehört. Reichspräsident und Reichskanzler sind von Preußen völlig losgelöst, der Rechnungshof für das Deutsche Reich steht seit der Reichshaushaltsordnung vom 31. Dezember 1922, die Reichsschuldenverwaltung seit der Reichsschuldenordnung vom 13. Februar 1924 ganz auf eigenen Füßen. Allerdings kann nun umgekehrt der Reichsschuldenverwaltung die Verwaltung der preußischen Staatsschulden übertragen werden (VO. v. 13. 2. 24 § 39). Damit wird aber die Reichsschuldenverwaltung dem Lande Preußen nicht organisatorisch angegliedert, sie wird keine preußische Behörde, sowenig der Amtsvorsteher dadurch zu einer Reichsbehörde wird, daß er die Reichsgewerbeordnung zur Ausführung bringt.

Die Staatsorgane betätigen sich in Gesetzgebung, Verwaltung und Rechtspflege. Es frägt sich, ob und welche Beziehungen zwischen Reich und Ländern bei Ausübung dieser drei Tätigkeiten bestehen.

Die wichtigste, wenn auch nicht einzige Beziehung zwischen Reichsgesetzgebung und Landesgesetzgebung ist die des Konflikts, der Unvereinbarkeit. Ein Landesgesetz steht im Widerspruch mit einem Reichsgesetz. Die Reichsverfassung z. B. bestimmt, der ordentliche Rechtsweg dürfe bei Schadensersatzansprüchen wegen Amtspflichtverletzungen nicht ausgeschlossen werden (Art. 131). Ein preußisches Gesetz sieht die Vorentscheidung des Oberverwaltungsgerichts vor. Was ist Rechtens? Von den drei Möglichkeiten: „Landrecht bricht Reichsrecht", „das spätere Gesetz gilt" und „Reichsrecht bricht Landrecht" hatte schon Bismarcks Verfassung die letztgenannte gewählt, und die Weimarer Verfassung hat sie übernommen (Art. 13). Also auch die älteste Vorschrift des Reichsrechts, und wäre sie nur in Form einer gültigen Reichsverordnung ergangen, ist stärker als eine widersprechende Vorschrift des Landesrechts, selbst wenn solche in neuester Zeit von den höchsten Landesorganen, etwa als Landesverfassungssatz, erlassen wurde. Reichsrecht bricht Landrecht. Es besteht nicht etwa nur die Pflicht des Landes, die reichswidrige Vorschrift zu beseitigen, vielmehr ist die reichswidrige Vorschrift von sich aus nichtig, darf daher von niemand, insbesondere nicht vom Richter, angewandt werden. Nun kann es aber unter Umständen sehr zweifelhaft sein, ob das Landesgesetz gültig ist oder nicht, so zweifelhaft, daß verschiedene Gerichte zu verschiedenen Ergebnissen kommen, vielleicht sogar dasselbe Gericht seine Meinung im Laufe der Zeit ändert. Gegen diesen Mißstand gab es früher kein Heilmittel. Selbst wenn das Reich ericht einmal eine landesrechtliche Vorschrift, etwa über Schlägermensuren, für ungültig erklärte, waren die Gerichte und sonstigen Behörden an die Entscheidung nur für den gerade zur Aburteilung gelangten Fall gebunden, konnten aber in einem anderen Falle die Gültigkeit der landesrechtlichen Vorschrift bejahen. Diesen Übelstand der Rechtsunsicherheit beseitigt die Weimarer Verfassung dadurch, daß sie die Anrufung eines obersten Gerichtshofs des Reichs durch die zuständige Reichs- oder Landeszentralbehörde gestattet, wenn Zweifel oder Meinungsverschiedenheiten darüber bestehen, ob eine landesrechtliche Vorschrift mit dem Reichsrecht vereinbar ist (Art. 13 Abs. 2). Dieser Gerichtshof entscheidet dann ausschließlich über die Rechtsfrage unabhängig von jeglichem Tatbestand. Durch Reichsgesetz vom 8. April 1920 wurde das Reichsgericht mit dieser Aufgabe betraut; nur über die Gültigkeit landesrechtlicher Steuerbestimmungen entscheidet nach § 6 Abs. 1 des Finanzausgleichsgesetzes vom 23. Juni 1923 der Reichsfinanzhof in München. „Die Reichsregierung hat die Entscheidung ohne Begründung im Reichsgesetzblatt zu veröffentlichen. Die Entscheidung hat Gesetzeskraft." Gerade darin liegt die große Neuerung. Ihre Wichtigkeit zeigte sich vor kurzem in der oben berührten Frage, ob bei Geltendmachung eines Schadensersatzanspruchs gegen den Staat wegen Schädigung durch schuldhaft rechtswidriges

Verhalten eines Beamten der Richter verpflichtet sei, die Vorentscheidung der Verwaltungsbehörden oder -gerichte abzuwarten oder nicht. Das Reichsgericht hatte im gewöhnlichen Verfahren unter Hinweis auf RV. Art. 131 mehrmals verneint, der preußische Gerichtshof zur Entscheidung der Kompetenzkonflikte mehrmals bejaht. Nach früherem Rechte wäre es unmöglich gewesen, diesen für das Rechtsbewußtsein sehr gefährlichen Zwiespalt zu beseitigen. Von einer Zufälligkeit hing es ab, ob der Prozeß so oder so entschieden wurde, nämlich davon, ob die zuständige preußische Behörde rechtzeitig den sog. Kompetenzkonflikt erhob oder ob es dem Kläger gelang, den Prozeß ungestört bis ans Reichsgericht zu bringen. Der Ausfall des Prozesses war also eine reine Glückssache. Diesem unwürdigen Zustande hat der Beschluß des Reichsgerichts vom 20. Februar 1923, abgedruckt im Reichsgesetzblatt I S. 292, ein Ende gemacht. Diesmal entschied das Reichsgericht gemäß Art. 13 Abs. 2 die Rechtsfrage für sich mit Gesetzeskraft. Von nun an ist dem preußischen Gerichtshof zur Entscheidung der Kompetenzkonflikte jede Möglichkeit genommen, seine abweichende Meinung zur Geltung zu bringen. Darüber hinaus wird es aber in Zukunft zu einem solch hartnäckigen Kampfe zwischen dem Reichsgericht und einer anderen Behörde immer seltener kommen, da das Reichsgericht, wie gezeigt, mit Leichtigkeit in die Lage versetzt werden kann, seine Rechtsmeinung mit Gesetzeskraft auszustatten.

Die Anrufung des Reichsgerichts hat aber ihre in der Verfassung nicht ausdrücklich genannten, dennoch selbstverständlichen Grenzen. Nur dann kann das Reichsgericht nach Art. 13 Abs. 2 entscheiden, wenn die etwa zu erwartende Ungültigkeitserklärung des Landesgesetzes imstande ist, den Streitfall zu erledigen. Dies ist aber nur dann der Fall, wenn an die Stelle des für ungültig erklärten Landesgesetzes eine eindeutige Reichsnorm tritt, nicht auch dann, wenn eine Lücke entsteht, die erst wieder nach mehrdeutigen Bestimmungen des Reichsrechts durch einen Akt der Landesgesetzgebung ausgefüllt werden muß. Nach Art. 17 z. B. dürfen die Wahlen zur Volksvertretung in den einzelnen Ländern nicht anders vor sich gehen als nach den Grundsätzen der Verhältniswahl. Man nehme an, ein Land führe ein Wahlsystem ein, das nach Ansicht der Reichsregierung den Grundsätzen der Verhältniswahl nicht entspricht. Darf das Reichsgericht das Landeswahlgesetz gemäß Art. 13 für ungültig erklären? Die Folge wäre ein Chaos, namentlich, wenn der Beschluß des Reichsgerichts nach Auflösung des Landtags und vor der Neuwahl erginge. Denn es gibt kein eindeutig bestimmbares Verhältniswahlsystem, das an die Stelle des für nichtig erklärten Landeswahlgesetzes treten könnte, sondern deren sehr viele, unter denen das Land die Wahl hat. Also würde das Land dann überhaupt kein Wahlgesetz haben, ein Zustand, der mit der Reichsverfassung ebenfalls nicht im Einklang steht. Folglich muß sich in derartigen Fällen das Reichsgericht für unzuständig erklären; es liegt dann eine solche Streitigkeit zwischen Reich und Land vor, über die nach Art. 19 der Staatsgerichtshof für das Deutsche Reich entscheidet.

Der Satz „Reichsrecht bricht Landrecht", auf Justiz und Verwaltung übertragen, würde bedeuten, daß ein Justiz- oder Verwaltungsakt des Reiches einem solchen des Landes immer vorgeht. Dies ist aber nicht ohne weiteres der Fall. Pfändet eine preußische Steuerbehörde einen Schmuckgegenstand, und pfändet eine Reichssteuerbehörde denselben Gegenstand tags darauf, so wird aus dem Versteigerungserlös in erster Linie der Landesfiskus und dann erst der Reichsfiskus befriedigt. Nur wo die Reichsbehörde der Landesbehörde im Instanzenzuge übergeordnet ist, hat die Reichsbehörde nach Maßgabe der besonderen gesetzlichen Bestimmungen die Befugnis, Akte der Landesbehörden aufzuheben. Im allgemeinen sind aber die Beziehungen zwischen Reich und Ländern namentlich auf dem Gebiete der Verwaltung anderer Art.

Die wichtigste dieser Beziehungen ist die Verwendung der Landesjustiz und der

Landesverwaltung für Reichszwecke. Denn das amerikanische System der „reichseigenen“ Verwaltung gilt noch immer nicht als Regel. „Die Reichsgesetze werden durch die Landesbehörden ausgeführt, soweit nicht die Reichsgesetze etwas anderes bestimmen“ (Art. 14). So sind es preußische, bayerische Amtsgerichte, Landgerichte und Oberlandesgerichte, die das Bürgerliche Gesetzbuch oder das Reichsstrafgesetzbuch zur Anwendung bringen, preußische, bayerische Verwaltungsbehörden, die die in der Reichsgewerbeordnung vorgesehenen Genehmigungen erteilen. Wie die Konflikte Bayerns mit dem Reich lehren, wird in Bayern gerade auf diese Vollziehungshoheit entscheidendes Gewicht gelegt. Das Reich hat in solchen Fällen nur die Befugnis der mittelbaren Aufsicht von Regierung zu Regierung, sofern sich die Beziehungen zwischen Reich und Ländern nicht ausnahmsweise zur Unterstellung der Landesjustiz und -verwaltung unter die Reichsjustiz und -verwaltung verdichtet haben. Dies ist z. B. der Fall auf dem Gebiete der ordentlichen Gerichtsbarkeit. Das Reichsgericht kann Urteile der preußischen, bayerischen Oberlandesgerichte aufheben; soweit das Reichsgericht, ohne in der Sache selbst zu entscheiden, die Sache an das Oberlandesgericht zurückverweist, ist dies Gericht an die Auffassung des Reichsgerichts gebunden. Deutlicher noch kommt die Unterordnung bei der Staatsanwaltschaft zum Ausdruck. „In den Sachen, für welche das Reichsgericht in erster und letzter Instanz zuständig ist, haben alle Beamten der Staatsanwaltschaft den Weisungen des Oberreichsanwaltes Folge zu leisten“ (Gerichtsverf.-Ges., Fass. v. 22. März 1924, § 146 Abs. 2). Ähnlich „kann das Reichskriminalpolizeiamt ausnahmsweise ... allen Polizeibehörden Weisungen erteilen, wenn es sich um Einzelfälle handelt, durch die Interessen des Reichs unmittelbar berührt werden“ (Reichskriminalpolizeiges. v. 21. Juli 1922 § 7 Abs. 3). Doch bilden solche Möglichkeiten unmittelbarer Weisungen die Ausnahme. Eine dritte Beziehung zwischen Reich und Ländern wird hergestellt durch die Aufstellung von Organisationsnormen für die Landesbehörden seitens des Reichsgesetzgebers. So sind die Amtsgerichte, Landgerichte, Oberlandesgerichte zwar Gerichte der einzelnen Länder, aber ihre Organisation beruht auf reichsrechtlichen Normen. Das gleiche gilt von der Staatsanwaltschaft, den Gewerbe- und Kaufmannsgerichten, den unteren und mittleren Behörden der sozialen Versicherung, der Militärversorgung, der Jugendwohlfahrtspflege u. a. m. Die Einwirkung des Reichs kann sich hierbei so verflüchtigen, daß es nur das Dasein gewisser Behörden anordnet, deren nähere Ausgestaltung aber den Ländern überläßt, so die Anordnung von Verwaltungsgerichten nach Art. 107.

6. Die Rechte der Länder und deren Schutz. Zur Vervollständigung des Bildes vom Verhältnis zwischen Reich und Ländern gehört noch die Darstellung des Schutzes, den die Reichsverfassung den Rechten der Länder angedeihen läßt. Diese Rechte können eine innere Angelegenheit der Länder sein oder sich nach außen richten, sei es gegen einen fremden Staat oder ein deutsches Land oder das Deutsche Reich.

Im eigenen Lande ist das Land Staat genug, um seine Rechte selbst zu schützen. Eine Klage der Landesregierung vor einer Reichsinstanz, die Bürger zum Gehorsam anzuhalten, würde uns lächerlich erscheinen. Bei erheblicher Störung oder Gefährdung der öffentlichen Sicherheit und Ordnung wird die Landesregierung, wenn sie nicht mehr Herrin der Lage ist, den Reichspräsidenten bitten, nach Art. 48 Abs. 2 einzuschreiten, oder wird sie die Wehrmacht um Hilfeleistung ersuchen (Wehrgesetz v. 23. März 1921 § 17). Die Rolle des Klägers wird in der Regel dem Bürger überlassen bleiben (Art. 107). Nicht für die inneren Rechte eines Landes stellt das Reich seinen gerichtlichen Schutz zur Verfügung, sondern unter Umständen für das innere Recht eines Landes, nämlich für das Landesverfassungsrecht, wenn eine Verfassungsstreitigkeit entsteht und das Land für deren gerichtliche Erledigung keine Vorsorge getroffen hat. Hier entscheidet auf Antrag eines der streitenden Teile in der

Regel der Staatsgerichtshof für das Deutsche Reich. Verfassungsstreitigkeit ist jede Streitigkeit über einen Punkt der Landesverfassung, streitende Teile können aber nicht „einzelne" sein, sofern für deren Schutz die Verwaltungsgerichte nach Art. 107 bestimmt sind, sondern höchste Staatsorgane oder Teile von ihnen, also z. B. Regierung und Landtag, Regierung und preußischer Staatsrat, Landtagsminderheit und Landtagsmehrheit, Antragsteller zum Volksbegehren und Regierung. So hat der Staatsgerichtshof für das Deutsche Reich am 29. September 1923 in einer von der deutschnationalen Fraktion des sächsischen Landtags gegen die Regierung des Freistaates Sachsen erhobenen Verfassungsstreitigkeit für Recht erkannt: „Es wird festgestellt, daß die §§ 6 und 11 des sächsischen Gesetzes über den Staatsrechnungshof vom 4. Juli 1922 mit Art. 48 der Sächs. Verf. in Widerspruch stehen." Derartige Entscheidungen kann aber der Staatsgerichtshof nur in Landesverfassungsstreitigkeiten fällen, während für Verfassungsstreitigkeiten des Reichs eine streitentscheidende Stelle seltsamerweise nicht vorgesehen ist.

Rechte eines Landes gegen einen fremden Staat, etwa vertragsmäßige Rechte auf Beseitigung von Störungen der Schiffahrt, gehören dem Völkerrecht an. Da nach Art. 78 die „Pflege der Beziehungen zu den auswärtigen Staaten ausschließlich Sache des Reichs" ist, ist das in seinen Rechten verletzte Land unbedingt auf den Schutz des Reiches angewiesen, das durch seinen Gesandten die Regierung des fremden Staates auf ihre Verpflichtung aufmerksam machen und den Streitfall nötigenfalls einem internationalen Schiedsgericht unterbreiten wird.

Streitigkeiten nichtprivatrechtlicher Art zwischen verschiedenen deutschen Ländern entscheidet nach Art. 19 „auf Antrag eines der streitenden Teile der Staatsgerichtshof für das Deutsche Reich, soweit nicht ein anderer Gerichtshof des Reichs zuständig ist." Nichtprivatrechtlich sind alle Streitigkeiten, die dem Völkerrecht angehören würden, wenn die deutschen Länder souverän wären. Kauft der sächsische Fiskus in einer Versteigerung vom preußischen Forstfiskus Holz und entsteht hierüber eine Streitigkeit, so entscheidet das zuständige Amts- oder Landgericht. Schließt aber Preußen mit Oldenburg einen Vertrag über die Gestattung des Lotteriespiels in den beiderseitigen Gebieten, so liegt ein öffentlichrechtliches Rechtsverhältnis vor, über das im Streitfalle der Staatsgerichtshof entscheidet. Nichtprivatrechtlicher Art sind vor allem auch Streitigkeiten aus dem ungeschriebenen Nachbarrecht der Gebietshoheit, so der Streit zwischen Württemberg und Baden über die angebliche Pflicht Badens, die Versinkung der Donau auf badischem Gebiet zu verhindern, und die angebliche Pflicht Württembergs, der natürlichen Versinkung der Donau auf württembergischem Gebiete nicht entgegenzuwirken, oder die Frage, ob Preußen berechtigt ist, die auf preußischem Gebiete fließende untere Geeste zu vertiefen, selbst wenn dadurch das auf bremischem Gebiete liegende rechte Ufer einzustürzen droht. Die streitenden Länder sind aber nicht gezwungen, den Staatsgerichtshof anzurufen, sie sollten sicher nicht schlechter gestellt werden als Privatpersonen. Wie aber diese an die Stelle des Gerichts durch freie Vereinbarung ein Schiedsgericht setzen können, so ist auch die zwischen den Ländern sei es vor, sei es nach der Weimarer Verfassung vereinbarte Schiedsgerichtsklausel gültig und geeignet, die Zuständigkeit des Staatsgerichtshofs auszuschließen.

Endlich gibt es Rechte nichtprivatrechtlicher Art, die den Ländern gegen das Reich zustehen. So wie der einzelne Rechte gegen den Staat haben kann, obgleich der Staat dem einzelnen übergeordnet ist, so können auch dem Lande Rechte gegen das übergeordnete Reich zustehen. Allerdings kann ein verfassungsänderndes Reichsgesetz heute alle diese Rechte beseitigen. Man muß daher die Stärke der Rechte näher betrachten. Denkbar sind Rechte mit bloßer Verordnungskraft; eine Reichsverordnung billigt den einzelnen Ländern einen Anspruch auf Reichsleistungen geldlicher Art zu, eine Reichsverordnung aber ist es auch, die diesen Anspruch wieder beseitigen kann. Wichtiger sind die Rechte mit Gesetzeskraft. So bestimmt § 20 des Finanzausgleichsgesetzes vom 23. 6. 23/14. 2. 24: „Das Aufkommen an Einkommensteuer und Körperschaftssteuer erhalten die Länder vom 1. Februar 1924 an in Höhe von 90 vom Hundert." Hiermit ist den Ländern ein Anspruch gegen das Reich gewährt, aber nur gegen das Reich, vertreten durch die unter dem Gesetzgeber stehenden Organe, also vor allem den Reichsfinanzminister, nicht gegen das Reich, vertreten durch den Gesetzgeber. Denn ein Reichsgesetz kann das ganze Finanzausgleichsgesetz und damit innerhalb des weiten Rahmens des Art. 8 der Reichsverfassung das Recht der Länder auf Beteiligung an den Reichssteuern beseitigen. Soll das Recht auch vor gesetzlichen Eingriffen geschützt werden, muß es ein Recht mit Verfassungskraft sein. Ein solches Recht ist z. B. das Recht auf Beibehaltung eines bestehenden Freihafens. Denn nach Art. 82 Abs. 4 kann für Freihäfen der Ausschluß aus dem Zollgebiete „nur durch ein verfassungsänderndes Gesetz" aufgehoben werden. Die Aufhebung durch gewöhnliches Gesetz wäre eine Verfassungsverletzung und zugleich Verletzung des einem Lande zustehenden Rechtes. Aber ein verfassungsänderndes Gesetz kann auch ein solches Recht beseitigen, und es fragt sich, ob es nicht eine noch höhere Stufe von Länderrechten gibt, nämlich Rechte, die nicht einmal durch Verfassungsänderung gegen den Willen des berechtigten Landes aufgehoben werden können. Derartige Sonderrechte gab es unter Bismarcks Verfassung namentlich zugunsten der süddeutschen Staaten, vor allem Bayerns, auf dem Gebiete des Heerwesens, des Verkehrwesens, der Verbrauchssteuern; ihre Eigenart kam zum Ausdruck im Art. 78 Abs. 2 der Bismarckschen Verfassung, wonach „diejenigen Vorschriften der Reichsverfassung, durch welche bestimmte Rechte einzelner Bundesstaaten in deren Verhältnis zur Gesamtheit festgestellt sind, . . nur mit Zustimmung des berechtigten Bundesstaates abgeändert werden" konnten. Die Weimarer Verfassung kennt aber solche Sonderrechte nicht mehr, wenigstens das geschriebene Recht nicht, während allerdings das ungeschriebene Recht sich seiner engen Beziehung zur Macht entsinnen und, um nicht seinen eigenen Bestand durch einen ohnmächtigen Versuch zu gefährden, undurchführbare Eingriffe in die Sphäre des widerstrebenden Landes verbieten muß.

Die Rechte aber, die den Ländern im einzelnen zustehen, sind entweder Freiheiten mit Ansprüchen auf Unterlassung oder Ansprüche auf Leistungen oder Beteiligungsrechte. Die Länder haben einen Anspruch darauf, daß das Reich in ihre Interessen nur nach Maßgabe der Verfassung und der Gesetze eingreift. Gegen weitergehende Eingriffe haben sie einen Anspruch auf Unterlassung. So haben die Länder einen Anspruch darauf, daß die Reichsregierung Einzelanweisungen nur an die Landesregierung richtet und nicht unmittelbar an die örtlichen Verwaltungsbehörden, oder daß das Reich nicht auf dem Wege der einfachen Gesetzgebung ein Gesetz erläßt, zu dem die verfassungsmäßige Zuständigkeit fehlt. Beispiele für Ansprüche auf Leistungen finden sich vor allem in dem soeben erwähnten Finanzausgleichsgesetz. „Von dem Aufkommen an Umsatzsteuer erhalten die Länder . . . 20 vom Hundert" (§ 38); das bedeutet einen Anspruch der Länder gegen das Reich auf Überweisung von Geldbeträgen. Auch der Rechtsschutzanspruch gehört hierher. Bei Streitigkeiten nichtprivatrechtlicher Art zwischen zwei deutschen Ländern hat, wie gezeigt, jedes Land einen Anspruch auf Tätigwerden des Staatsgerichtshofs für das Deutsche Reich, also auf eine Leistung des Reichs. Das wichtigste Beteiligungsrecht der Länder ist ihre Mitwirkung im Reichsrat; hier üben die Länder unmittelbar Reichsgewalt aus und haben ein Recht, es zu tun. Sie haben insbesondere ein Recht auf verfassungsmäßige Wertung ihrer Stimme, z. B. das Recht, bei Verfassungsänderungen nicht anders überstimmt zu werden als mit Zweidrittelmehrheit.

Ein Recht ist unvollkommen, wenn es nicht geschützt ist. Unter Bismarcks Verfassung bestand kein geordneter Rechtsschutz. So konnte es fraglich sein, ob der Bundesrat berechtigt war, den Herzog von Cumberland von der Regierung in Braunschweig auszuschließen; allein, kein unabhängiger Richter war da, der die Frage hätte entscheiden können. Selbst die Frage des Bestehens oder des Umfangs eines Sonderrechts wurde letzten Endes von einer so wenig richterlichen Stelle wie dem Bundesrat entschieden. Hier zeigt die Weimarer Verfassung einen bedeutenden Fortschritt in rechtsstaatlicher Richtung. Auch „über Streitigkeiten nichtprivatrechtlicher Art . . . zwischen dem Reich und einem Lande entscheidet auf Antrag eines der streitenden Teile der Staatsgerichtshof für das Deutsche Reich, soweit nicht ein anderer Gerichtshof des Reichs zuständig ist" (Art. 19). Die Zuständigkeit des dem Bundesrat entsprechenden Reichsrats ist hiermit ausgeschlossen, aber nur bei Streitigkeiten „rechtlicher" Art, also solchen, die nach dem Willen des Gesetzes eindeutig entschieden werden sollen. Betraut daher der Gesetzgeber, wie im Finanzausgleichsgesetz, den Reichsrat mit der Entscheidung von Streitigkeiten, die wegen der Unbestimmtheit der gesetzlichen Vorschriften an sich verschiedene Lösungen zulassen, so muß man, statt die Bestimmung für verfassungswidrig zu erklären, lieber die Streitigkeiten als Ermessensangelegenheiten ansehen. Stünde im Finanzausgleichsgesetz § 3: „Landessteuern . . . sollen nicht erhoben werden, wenn nach Ermessen des Reichsrats überwiegende Interessen der Reichsfinanzen entgegenstehen", so würde niemand Bedenken gegen die Zuständigkeit des Reichsrats haben. Dies ist aber der Sinn der Bestimmung, wenn auch nicht ihr Wortlaut.

Nach dieser Darstellung des Verhältnisses zwischen Reich und Ländern betrachten wir das Reich in seiner Eigenschaft als Staat. Zu einem Staate gehört aber dreierlei: das Gebiet, die Bevölkerung und die Staatsgewalt. Wir richten daher unsere Aufmerksamkeit zunächst auf das Reichsgebiet.

II. Das Reichsgebiet.

1. Umfang und Änderung. Der Umfang des Reichsgebiets bestimmt sich nach dem Friedensvertrag von Versailles und dem, was auf Grund des Friedensvertrages inzwischen geschehen ist. Im Verhältnis zu 1914 hat das Reich verloren die Kolonien, Elsaß-Lothringen, Moresnet, Eupen und Malmedy, Nordschleswig, das Memelgebiet, Danzig, Teile von Posen, Westpreußen, Ostpreußen und von Schlesien. Die Gebietshoheit über das Saargebiet hat das Reich nur der Ausübung nach und nur auf Zeit und bedingt verloren. Die so festgelegten Grenzen bilden in der Regel eine unveränderliche geometrische Linie. Nur bei Wassergrenzen erleidet die Regel Ausnahmen, so beim Meere, wenn sich die Küste vorschiebt oder überflutet wird, oder bei Grenzflüssen, wenn nicht eine feste Linie, sondern, wie beim Rhein zwischen Baden und Elsaß-Lothringen, der steten Änderungen unterworfene Talweg als Grenze vereinbart worden ist. Die Grenzverhältnisse am Bodensee sind bestritten. Am meisten für sich hat die auch neuestens vom Reichsgericht vertretene Ansicht, daß der See durch eine feste „Mittellinie" unter den Uferstaaten geteilt ist, während andere den mittleren Teil des Sees für staatenlos erklären oder eine Mitherrschaft der Uferstaaten über den mittleren Teil oder den ganzen See annehmen.

Nach Art. 2 besteht „das Reichsgebiet . . . aus den Gebieten der deutschen Länder". Es gibt kein Reichsland mehr. Ein verfassungsänderndes Reichsgesetz wäre nötig, wenn etwa Preußen seine Staatlichkeit aufgeben und unmittelbares Reichsgebiet werden wollte.

Über Gebietsveränderungen enthält die Verfassung an zwei verschiedenen Stellen Bestimmungen (Art. 2 u. 78), die in ihrem Verhältnis zu einander nicht ohne weiteres klar sind, außerdem aber den Gegenstand nicht erschöpfend regeln, sondern auch noch Platz für Sätze des ungeschriebenen Rechtes lassen. So muß man zunächst unterscheiden Gebietsveränderungen bei einem Friedensschluß und solche in Friedenszeiten. Da der Frieden durch Reichsgesetz geschlossen wird (Art. 45 Abs. 2), ist für jede Gebietsveränderung bei Friedensschluß ein gewöhnliches Reichsgesetz erforderlich und genügend. Es bedarf also keines verfassungsändernden Gesetzes, auch wenn ein Gebiet als Reichsland erworben wird, es bedarf auch nicht der Zustimmung des von der Gebietsveränderung betroffenen Landes, selbst wenn das ganze Land abgetreten oder, unter dem Zwange der Friedensbedingungen, ein etwa im Tausche erworbenes Gebiet einem bestimmten Lande einverleibt wird. In Friedenszeiten sind die Regeln viel mannigfaltiger. Hier gilt zunächst der ungeschriebene Grundsatz, daß für eine Gebietsveränderung ein verfassungsänderndes Reichsgesetz ergehen muß. Die Verfassung sieht z. B. nicht die Loslösung eines Landes oder Landesteils zwecks Erlangung staatlicher Selbständigkeit vor, auch nicht die Abtretung eines Gebietes ohne Zustimmung des hiervon betroffenen Landes; für diese und andere nicht vorgesehene Fälle bedarf es eines verfassungsändernden Reichsgesetzes. Im übrigen unterscheidet die Verfassung Gebietsabtretungen und Gebietserwerbungen. Gebietsabtretungen ohne Verfassungsänderung sind auf Grund einer Vereinbarung des Reichs mit einem fremden Staate nach Zustimmung des beteiligten Landes zulässig. In welcher Form die Zustimmung erteilt wird, richtet sich nach der Landesverfassung. Handelt es sich um bloße Berichtigung der Grenzen unbewohnter Gebietsteile, so genügt auf seiten des Reichs die Mitwirkung des Reichspräsidenten und des Reichsministers des Auswärtigen (Art. 45, 50). Bei Abtretung bewohnter Gebiete dagegen bedarf es der Mitwirkung der Volksvertretung in der Form eines Reichsgesetzes. Das gleiche gilt für Gebietserwerbungen, doch sieht die Verfassung hier noch einen weiteren Fall vor. Fremde Gebiete können nämlich „durch Reichsgesetz in das Reich aufgenommen werden, wenn es ihre Bevölkerung kraft des Selbstbestimmungsrechts begehrt“ (Art. 2). Vergißt man die Fesseln des Friedensvertrags von Versailles, so bedeutet dies z. B., daß das Deutsche Reich ohne Vereinbarung mit Österreich und ohne die Form der Verfassungsänderung durch einfaches Reichsgesetz das Reichsgebiet durch ein neues Land „Tirol“ vergrößern darf, wenn die Tiroler Bevölkerung durch Volksabstimmung den Anschluß an das Deutsche Reich begehrt.

2. Gliederung. Bei Inkrafttreten der Reichsverfassung bestand das Reich aus den Ländern der Bismarckschen Verfassung, doch so, daß Elsaß-Lothringen fehlte und die beiden Reuß ein einziges Land bildeten. Inzwischen haben sich Koburg mit Bayern, Pyrmont mit Preußen, die Länder Sachsen-Weimar-Eisenach, Sachsen-Meiningen, Sachsen-Gotha, Sachsen-Altenburg, Reuß und die beiden Schwarzburg zum Lande Thüringen vereinigt. Es gibt also nur noch die Länder Preußen, Bayern, Sachsen, Württemberg, Baden, Thüringen, Hessen, Hamburg, Mecklenburg-Schwerin, Oldenburg, Braunschweig, Anhalt, Bremen, Lippe, Lübeck, Mecklenburg-Strelitz, Waldeck, Schaumburg-Lippe. Während aber Bismarcks Verfassung die Länder mit Namen bezeichnete, findet sich in der Weimarer Verfassung keine Aufzählung der Länder, und zwar mit Absicht nicht, da die Weimarer Verfassung in dem vielumstrittenen Art. 18 mit einer Änderung der inneren Landkarte Deutschlands rechnet. „Die Gliederung des Reichs in Länder soll unter möglichster Berücksichtigung des Willens der beteiligten Bevölkerung der wirtschaftlichen und kulturellen Höchstleistung des Volkes dienen.“ Über die Ausführung dieses Programms trifft Art. 18 und das Reichsgesetz vom 8. Juli 1922 nähere Bestimmungen. Darnach gilt zunächst der wichtige Grundsatz, daß ohne Zustimmung des Reichs die Änderung des Gebiets von Ländern und die Neubildung von Ländern ausgeschlossen ist. Selbst wenn sich also die Bevölkerung Hannovers in einer Volksabstimmung für Loslösung von Preußen aussprechen sollte, so könnte doch der Reichsgesetzgeber mit Rücksicht etwa auf das Interesse des Reichs an einem starken Preußen seine Zustimmung versagen und damit die hannöversche Bewegung ersticken. Will das Reich zu einer Neugliederung seine Zustimmung geben, so bedarf es hierzu in der Regel der Form eines verfassungsändernden Reichsgesetzes. Obgleich Art. 18 ursprünglich gerade gegen Preußen gemünzt war, ist es daher sehr schwer, Preußen etwas anzuhaben, wenn Preußen einig bleibt. So wird es Hamburg kaum gelingen, sich auf Kosten Preußens gegen dessen Willen zu vergrößern. Denn bei einheitlicher Abgabe der preußischen Regierungs- und Provinzialstimmen im Reichsrat kann Preußen, falls der Reichstag kraft seiner parteimäßigen Einstellung das verfassungsändernde Gesetz beschließen sollte, hiergegen den Volksentscheid im ganzen Reiche anrufen, da Preußen mit seinen zwei Fünfteln Stimmen über mehr als ein Drittel der Reichsratsstimmen verfügt und schon eine Minderheit von mehr als einem Drittel den Volksentscheid erzwingen kann (Art. 76). Aus einem Volksentscheide aber wird ein einigermaßen einiges Preußen immer als Sieger hervorgehen, da Preußens Bevölkerung doppelt so stark ist als die des übrigen Deutschen Reichs zusammengenommen.

Ein einfaches Reichsgesetz genügt, wenn die unmittelbar beteiligten Länder zustimmen. In dieser Form wurde z. B. Pyrmont mit Preußen vereinigt.

„Ein einfaches Reichsgesetz genügt ferner, wenn eines der beteiligten Länder nicht zustimmt, die Gebietsänderung oder Neubildung aber durch den Willen der Bevölkerung gefordert wird und ein überwiegendes Reichsinteresse sie erheischt" (Art. 18 Abs. 3). Die Tragweite und Bedeutung dieser vielumkämpften Bestimmung, die von der einen Seite als Sicherheitsventil gepriesen, von der andern Seite als Sprengpatrone bekämpft wird, läßt sich am besten durch ein praktisches Beispiel veranschaulichen. Hamburg hat Interesse an der Erwerbung Altonas, Preußen ist nicht gewillt, Altona abzutreten, ein Teil der Einwohner Altonas aber ist für die Einverleibung Altonas in Hamburg. Diese Freunde eines Groß-Hamburg können sich zusammentun und, wenn sie 5000 Stimmberechtigte zählen, einen Zulassungsantrag beim Reichsminister des Innern stellen. Der Reichsminister des Innern ordnet hierauf eine Vorabstimmung in Altona darüber an, ob über die Abtretung Altonas an Hamburg eine Volksabstimmung stattfinden soll. Erklärt sich bei dieser Vorabstimmung wenigstens ein Drittel der in Altona ansässigen Reichstagswähler für die Volksabstimmung, so ordnet der Reichsminister die endgültige Abstimmung in ganz Schleswig-Holstein an. Denn nach Art. 18 Abs. 5 hat auch das Hinterland mitzureden, und zwar in Preußen der ganze Regierungsbezirk, dem der abzutrennende Teil angehört, d. i. für Altona der Regierungsbezirk Schleswig-Holstein. Die Abstimmung ist aber noch dadurch erschwert, daß die Abtrennung erst dann als bejaht gilt, wenn mindestens drei Fünftel der abgegebenen Stimmen, die zugleich mehr als der Hälfte aller schleswig-holsteinischen Reichstagswähler entsprechen müssen, für die Abtrennung abgegeben worden sind. Aber selbst in diesem unwahrscheinlichen Falle ist das Schicksal Altonas noch nicht besiegelt, da der Reichsgesetzgeber seine Zustimmung versagen kann, etwa weil er Wert auf ein starkes Schleswig-Holstein als Vorposten gegen Dänemark legt und daher ein überwiegendes Reichsinteresse für eine Schwächung dieser Provinz zugunsten Groß-Hamburgs verneint.

3. Gebietshoheit im Reiche. Wenn es richtig ist, daß zu einem Staate dreierlei gehört: ein Gebiet, ein Volk, eine Staatsgewalt, so muß die Staatsgewalt zum Gebiete in ganz bestimmten Beziehungen stehen; diese Beziehungen nennt man Gebietshoheit. Kraft der Gebietshoheit kann der Staat die Einwirkung einer andern Macht auf das Gebiet ausschließen und innerhalb des Gebietes alles anordnen, was menschenmöglich ist. Hierbei scheiden die persönlichen Beziehungen zwischen dem Staat und seinen Staatsangehörigen aus, da sie unabhängig vom Aufenthalt auf dem Gebiete sind; daher kommt die Gebietshoheit am reinsten zum Ausdruck im Verhältnis zu den Ausländern und zu den auf dem Gebiete befindlichen Sachen, deren sich der Staat jederzeit bemächtigen kann, also im Fremdenrecht und im Enteignungsrecht.

Den Schutz der Gebietshoheit gegen Störungen hat das Reich übernommen, einmal in der Abwehr des Hochverrats, dann in der Abwehr kriegerischer Angriffe. Das Reichsstrafgesetzbuch stellt unter Strafe jedes Unternehmen, das darauf abzielt, das Reichsgebiet

„ganz oder teilweise einem fremden Staate gewaltsam einzuverleiben oder einen Teil desselben vom Ganzen loszureißen" (§ 81 Ziff. 3), oder „das Gebiet eines Bundesstaats ganz oder teilweise einem andern Bundesstaate gewaltsam einzuverleiben oder einen Teil desselben vom Ganzen loszureißen" (§ 81 Ziff. 4). Das Reich schützt dadurch sowohl die Gebietshoheit des Reichs als auch die der Länder, allerdings mit dem Unterschied, daß es die Aburteilung des Hochverrats gegen das Reich dem Reichsgericht vorbehält, also selbst in die Hand nimmt, die des Hochverrats gegen ein Land aber den Gerichten der Länder überläßt. Ebenso ist es ausschließlich das Reich, das seine eigene Gebietshoheit und die der Länder vor kriegerischen Störungen beschirmt. Denn „Kriegserklärung erfolgt durch Reichsgesetz" (Art. 45 Abs. 2), und: „Der Reichspräsident hat den Oberbefehl über die gesamte Wehrmacht des Reichs" (Art. 47).

In engem Zusammenhang mit der Gebietshoheit steht das E n t e i g n u n g s r e c h t, nicht etwa, wie das noch in der Bezeichnung „Kondominat" für „Mitherrschaft" zum Ausdruck kommt, das Eigentum, denn theoretisch kann ein Staat die Gebietshoheit haben, ohne Eigentümer eines einzigen Grundstücks seines Gebietes zu sein. Es genügt, daß er jedes Grundstück seines Gebietes dem Eigentümer zwangsweise nehmen kann. Daß diese Enteignungsbefugnis ein Ausfluß der Gebietshoheit ist, zeigt sich darin, daß sie nur bis zur Grenze des Gebietes reicht. Wenn daher das eine oder das andere deutsche Land nach der Revolution sein Fürstenhaus enteignete, so hatte die Enteignung, ihre Gültigkeit im übrigen vorausgesetzt, nur Wirkung im eigenen Lande, und Art. 357 des Versailler Friedens enthält eine unter Umständen unmögliche Bestimmung, wenn verlangt wird, daß das Deutsche Reich an Frankreich Docks, Lagerhäuser u. dgl. abtrete, „die deutsche Reichsangehörige oder deutsche Gesellschaften im Hafen von Rotterdam am 1. August 1914 besaßen". Denn wenn die deutschen Eigentümer die Hafenanlagen dem Reiche nicht freiwillig zur Verfügung stellen und das Reich die Eigentümer nicht durch Zwangsmittel, wie Entziehung der Staatsangehörigkeit, zum Nachgeben veranlassen kann, ist die Verpflichtung unerfüllbar. Nur der niederländische Staat könnte enteignen, ist aber nicht verpflichtet und nach Maßgabe seiner inneren Gesetze wohl nicht einmal berechtigt, es auf Antrag des Deutschen Reichs zu tun.

Neben dem Enteignungsrecht ist es das F r e m d e n r e c h t, in dem die Gebietshoheit zum Ausdruck kommt. Denn der Hauptunterschied zwischen Inländern und Ausländern besteht darin, daß die Inländer ein Recht auf Aufenthalt im Reichsgebiete haben (Art. 111), während den Ausländern das Betreten des Reichsgebiets und das Verweilen im Reichsgebiet untersagt werden kann. Daraus, daß im Reiche zwei Gebietshoheiten nebeneinander bestehen, die des Reichs und die der Länder, ergeben sich Fragen und Schwierigkeiten bei der Abweisung, der Ausweisung und der Auslieferung.

Kraft ungeschriebenen Rechtes steht jedem Staate, also auch einem solchen, der noch kein Fremdengesetz erlassen hat, das Recht der A b w e i s u n g zu. Unbestrittenermaßen kann also jedes deutsche Land jedem nach seiner Ansicht „lästigen" Ausländer die Einreise in sein Gebiet untersagen, gleichgültig, ob der Ausländer aus dem Auslande oder aus einem andern deutschen Lande kommt. Das Reich kann die Einreise zum mindesten erschweren, indem es durch Verordnung nach § 9 des Paßgesetzes vom 12. 10. 1867/24. 2. 1923 die Paßpflicht für die Einreise einführt. Ob das Reich darüber hinaus ohne besondere gesetzliche Grundlage und ohne Verhängung des sog. Ausnahmezustands nach Art. 48 einen Ausländer an der Reichsgrenze abweisen kann, erscheint zunächst fraglich. Denn das Reich hat zwar die Gesetzgebung über die Fremdenpolizei (Art. 7 Ziff. 4), aber nicht die Fremdenpolizei selbst. Auch stünden ihm für die reichseigene Abweisung praktisch nur die Reichszollbeamten und die Reichswehr zur Verfügung. Trotzdem muß man auch dem Reiche das Recht der körperlichen Abweisung zubilligen. Denn man vergesse nicht, daß das Reich ein S t a a t ist und daher an dem ungeschriebenen Rechte aller Staaten teilnimmt, einen Fremden von seinem Gebiete fernzuhalten. Auf die mit der Abweisung nahe verwandte Versagung der Einbürgerung hat freilich das Reich nach dem aus föderalistischer Zeit stammenden Reichs- und Staatsangehörigkeitsgesetz vom 22. Juli 1913 keinen maßgebenden Einfluß. Der Reichsminister des Innern stellt allerdings durch Rundfrage fest, ob gegen die in einem Lande geplante Einbürgerung eines Ausländers von einem andern Lande Bedenken erhoben werden; ist dies der Fall, so beschließt der Reichsrat über die Bedenken. Aber der Reichsminister selbst hat kein Einspruchsrecht; wenn alle Länder mit der Einbürgerung einverstanden sind, muß er sie geschehen lassen, eine ungewollte Schwächung des Reichs gegen früher, da vor der Revolution dem Reiche tatsächlich-politisch, wenn auch nicht rechtlich, die preußische Regierung beisprang und so einen Reichseinspruch ermöglichte.

Ähnliche Fragen erheben sich bei der Ausweisung. Auch ohne besondere gesetzliche Grundlage kann jedes Land einen lästigen Ausländer aus seinem Gebiete ausweisen, aber nur aus seinem Gebiete, nicht aus dem Reichsgebiet. Die Reichsverweisung steht den Ländern nur kraft reichsrechtlicher Anordnung zu. So kann der unter Polizeiaufsicht gestellte, der der Landespolizeibehörde überwiesene, der wegen gewerbsmäßigen Glückspiels verurteilte Ausländer von der Landespolizeibehörde aus dem Reichsgebiet gewiesen werden, da das Reichsstrafgesetzbuch (§§ 39, 362, 285 a) die Landespolizeibehörde hierzu ausdrücklich ermächtigt. Die Frage, ob auch das Reich, ohne Erlassung eines Reichsgesetzes, zur Reichsverweisung befugt ist, ob es also z. B. im Notfalle einen gefährlichen Kommunisten durch die Reichswehr über die Grenze bringen lassen kann, ist aus den gleichen Gründen wie bei der Abweisung zu bejahen, da eben das Reich ein Staat ist und als solcher das ungeschriebene Recht hat, sein Gebiet von reichsfremden Elementen freizuhalten.

Steht es dem Ausländer bei der Ausweisung frei, wohin er sich begeben will, so ist die Auslieferung die körperliche Übergabe des ausländischen Verbrechers an die für seine Verurteilung zuständigen ausländischen Gerichtsbehörden. Für die Zukunft ist das Auslieferungswesen dem Reiche unbedingt vorbehalten, da das Reich die ausschließliche Gesetzgebung über die Auslieferung hat (Art. 6 Ziff. 3) und die Pflege der Beziehungen zu den auswärtigen Staaten ausschließlich Sache des Reichs ist (Art. 78 Abs. 1), doch gelten die von den Ländern früher geschlossenen Auslieferungsverträge vorläufig fort und ist die Ausführung der Auslieferung nach wie vor Sache der Länder (Art. 14). Vor anderweiter Regelung durch das in der Verfassung vorgesehene Auslieferungsgesetz bleibt es auch bei der ungeschriebenen Regel, daß die Auslieferungsverträge ohne sachliche Beschränkung abgeschlossen werden können, also für alle Straftaten, die politischen eingeschlossen, und daß die Auslieferungsverträge nur das Mindestmaß an Auslieferungsmöglichkeiten festsetzen, dem Reiche also freie Hand lassen, im einzelnen Falle durch Auslieferung über das Maß der Verpflichtung hinaus einer fremden Macht einen Gefallen zu erweisen. Dies zu betonen liegt nahe angesichts der viel rechtsstaatlicheren Regelung in den Niederlanden. Dort dürfen Auslieferungsverträge nur im Rahmen des Auslieferungsgesetzes abgeschlossen werden, und über das Maß der vertraglichen Verpflichtung ist eine Auslieferung ausgeschlossen. Diese Regelung war es, die es der niederländischen Regierung gestattete, das Ansinnen der Entente auf Auslieferung Wilhelms II. als rechtswidrig zurückzuweisen.

III. Die Reichsangehörigen.

1. Inhalt der Reichs- und Landesangehörigkeit. Kraft der Gebietshoheit herrscht das Reich über alle Menschen, die sich auf seinem Gebiete befinden. Sie alle sind seine augenblicklichen Untertanen. Reichsangehörige aber sind nur solche Menschen, die der Befehlsgewalt des Reichs auch außerhalb des Reichsgebiets unterworfen sind, andrerseits ein Recht auf Aufenthalt im Reichsgebiete haben. So ergibt sich die Zweiteilung der Menschen in Inländer und Ausländer. Inländer ist, wer die Reichsangehörigkeit besitzt, Ausländer, wer sie nicht besitzt, gleichgültig, ob er einem fremden Staate oder überhaupt keinem Staate angehört. Neben der Gesetzesunterworfenheit im Auslande und dem Rechte auf Aufenthalt im Inland ist der Inländer durch die Begabung mit politischen Rechten, wie Wahlrecht, Stimmrecht, Ämterfähigkeit vor dem Ausländer ausgezeichnet (Str. G. B. § 4 Ziff. 2; Reichsverf. Art. 111, 112, 17, 20).

Bei der bundesstaatlichen Gestaltung des Deutschen Reichs entsteht zunächst die Frage nach dem Verhältnis der Reichsangehörigkeit zur Landesangehörigkeit. Sie wird beantwortet durch das Reichs- und Staatsangehörigkeitsgesetz vom 22. Juli 1913 § 1: „Deutscher ist, wer die Staatsangehörigkeit in einem Bundesstaat (= Lande) oder die unmittelbare Reichsangehörigkeit (§§ 33—35) besitzt." Es gibt also keine Landesangehörigkeit ohne gleichzeitige Reichsangehörigkeit (s. auch RV. Art. 110), wohl aber eine Reichsangehörigkeit ohne gleichzeitige Landesangehörigkeit. Die erste Form der Reichsangehörigkeit, die sog. mittelbare Reichsangehörigkeit, bildet die Regel. Man ist zunächst Preuße, Bayer, Sachse, Württemberger usw. und erst hierdurch Reichsangehöriger. Die unmittelbare Reichsangehörigkeit war in erster Linie eine Einrichtung für unsere Kolonien. Sie kommt auch heute noch vor, doch so selten, daß, wer Umschau unter seinen Bekannten hält, kaum einen unmittelbaren Reichsangehörigen unter ihnen entdecken wird.

Schwieriger zu beantworten ist die Frage nach dem Verhältnis der einzelnen Landesangehörigkeiten zueinander. Hat es heute noch irgendwelche Bedeutung, daß man Preuße ist und nicht Sachse oder Württemberger und nicht Bayer? Schon in Bismarcks Verfassung waren die Landesangehörigkeiten durch das sog. Indigenat des Art. 3 einander sehr genähert, aber nur in den Punkten, die dort ausdrücklich genannt waren, wie Zulassung zum Wohnsitz, zum Gewerbebetrieb, zu öffentlichen Ämtern, nicht dagegen z. B. bei der Ausübung des Landtagswahlrechts. Die Weimarer Verfassung geht noch bedeutend weiter, wenn sie bestimmt: „Jeder Deutsche hat in jedem Lande des Reichs die gleichen Rechte und Pflichten wie die Angehörigen des Landes selbst" (Art. 110 Abs. 2). Unterscheidet sich diese Meistbegünstigungs- und -belastungsklausel überhaupt noch von der durchgängigen Einführung der unmittelbaren Reichsangehörigkeit, wie sie während der Verfassungsberatung wirklich geplant war? Sehr viel bleibt für die Landesangehörigkeit in der Tat nicht übrig, und doch ist es, wie im folgenden angedeutet werden mag, auch heute nicht gleichgültig, welchem Lande man angehört. Da sind einmal die Zuständigkeitsbestimmungen. Der Preuße kann einen Antrag auf Entlassung aus dem Staatsverbande nur bei der preußischen Behörde stellen, nur die preußische Behörde kann ihm gegebenenfalls die preußische Staatsangehörigkeit einseitig entziehen, über das Bestehen oder Nichtbestehen der bayerischen Staatsangehörigkeit entscheidet ausschließlich der bayerische Verwaltungsgerichtshof. Auch die örtliche Zuständigkeit der Finanzbehörden richtet sich unter Umständen nach der Staatsangehörigkeit, insofern nach Reichsabgabenordnung § 51 Abs. 2 bei mehrfachem Wohnsitz der Wohnsitz im Heimatstaate maßgebend ist. Jener Artikel der Reichsverfassung verbietet ferner nicht die Erheblichkeit der Landesangehörigkeit in privatrechtlicher Beziehung. Der bayerische Erbonkel z. B. kann seine preußischen Neffen von der gesetzlichen Erbfolge ausschließen, und nach wie vor ist in Ermangelung sonstiger gesetzlicher Erben „der Fiskus des Bundesstaats, dem der Erblasser zur Zeit des Todes angehört hat, gesetzlicher Erbe" (BGB. § 1936). Kraft ausdrücklicher Anordnung der Verfassung hat weiterhin die Landesangehörigkeit Bedeutung für den Dienstsitz der Reichsbeamten (Art. 16). „Die mit der unmittelbaren Reichsverwaltung in den Ländern betrauten Beamten sollen in der Regel Landesangehörige sein" — ein Zugeständnis an die Eigenbrötelei des Deutschen, der sich ungern von einem eine andere Mundart sprechenden Deutschen regieren läßt, aber eine an diesem ihrem Zwecke gemessen unvollkommene Bestimmung, da sie nicht die Versetzung eines Berliners nach Sigmaringen verhindert. Zu einer öffentlichrechtlichen Unterscheidung der Landesangehörigen gelangt man auch durch eine enge Auslegung des Gleichstellungsartikels selbst. „Jeder Deutsche hat in jedem Lande des Reichs die gleichen Rechte und Pflichten wie die Angehörigen des Landes selbst“; also nur innerhalb des Landes gilt die Gleichsetzung, nicht außerhalb der Landesgrenzen. Gültig ist daher § 4 Abs. 3 der Württembergischen Verfassung vom 25. September 1919, die lautet: „Durch Gesetz kann das Stimm- und Wahlrecht auch solchen württembergischen Staatsbürgern verliehen werden, die ihren Wohnsitz nicht im Lande haben.“ Für die Wahlen im Lande gewährt die Verfassung das Stimm- und Wahlrecht notgedrungen allen deutschen Staatsbürgern (§ 4 Abs. 2). Endlich zeigt sich kraft ungeschriebenen Rechts auch ein Rest fremdenrechtlicher Anschauung bei Betrachtung der deutschen Landesangehörigkeiten. Auch ein Deutscher ist nämlich innerhalb der Reichsgrenzen vor Ausweisungen nicht sicher. Ein Württemberger z. B., der in Preußen innerhalb der letzten zwölf Monate wegen wiederholten Bettelns bestraft worden ist, kann nach einer weitverbreiteten Auslegung des Freizügigkeitsgesetzes vom 1. November 1867 § 3 Abs. 2 aus Preußen, nach dem klaren Wortlaut der Bestimmung außerdem aus allen andern deutschen Ländern ausgewiesen werden. Da er aber nicht des Reiches verwiesen werden darf, muß es ein Land geben, das ihn aufnimmt; dies kann vernünftigerweise nur sein Heimatland Württemberg sein.

2. Erwerb der Reichs- und Landesangehörigkeit. „Die Staatsangehörigkeit im Reiche und in den Ländern wird nach den Bestimmungen eines Reichsgesetzes erworben und verloren“ (Art. 110). Dieses auch heute noch geltende, aber vielfach nicht mehr passende Reichsgesetz ist das „Reichs- und Staatsangehörigkeitsgesetz“ vom 22. Juli 1913. Daneben gibt es noch völkerrechtliche Verträge, namentlich auch Bestimmungen des Versailler Friedens, auf deren Inhalt aber nicht näher eingegangen werden soll.

Die Landes- und damit die mittelbare Reichsangehörigkeit wird entweder kraft Gesetzes, d. h. ohne darauf gerichteten staatlichen Verwaltungsakt, oder durch staatliche Verleihung erworben.

Beim Erwerb der Landesangehörigkeit kraft Gesetzes frägt es sich zunächst, welchem Lande der Mensch bei der Geburt angehört. Von den verschiedenen Möglichkeiten, entweder die Staatsangehörigkeit der Eltern oder deren Wohnsitz oder den Ort der Geburt entscheiden zu lassen, hat der deutsche Gesetzgeber die erste gewählt. „Durch die Geburt erwirbt das eheliche Kind eines Deutschen die Staatsangehörigkeit des Vaters, das uneheliche Kind einer Deutschen die Staatsangehörigkeit der Mutter“ (§ 4 Abs. 1). Da nach dem neuen Gesetz und bei Eintragung in die Konsularmatrikel auch nach dem Gesetze von 1870 die deutsche Staatsangehörigkeit durch Aufenthalt im Auslande nicht verloren geht und ging, ist es denkbar, daß irgendwo in Südamerika deutsche Staatsangehörige leben, obgleich weder sie noch ihre Eltern noch ihre Großeltern je deutschen Boden betreten haben. Umgekehrt ist es möglich, daß jemand in Deutschland als Ausländer geboren wird, obwohl schon sein Urgroßvater aus der Schweiz nach Deutschland eingewandert war. Wenn die ausländische Gesetzgebung nicht genau mit der deutschen übereinstimmt, oder wenn nicht durch Verträge etwas anderes festgesetzt wird, wird daher die Häufung der Staatsangehörigkeit in einer Person (sog. „sujet mixte“) und die Staatenlosigkeit (sog. „Apolid“ = Mensch ohne πόλις) unter Umständen zur Notwendigkeit. Ob der Vater oder die Mutter oder deren Vorfahren Deutsche waren, bestimmt sich nach den früheren Gesetzen, also zunächst nach dem Gesetze des Norddeutschen Bundes vom 1. Juni 1870, dann nach den älteren Gesetzen der deutschen Länder. Läßt sich so der genaue Nachweis der deutschen Staatsangehörigkeit nicht führen, ein Fall, der gerade dann eintreten wird, wenn die Familie schon seit unvordenklichen Zeiten in Deutschland lebt, so bleibt nichts übrig, als tatsächliche Vermutungen zu Hilfe zu nehmen und auf diesem Umwege den Wohnsitz der Vorfahren in Deutschland als Beweis für deren deutsche Staatsangehörigkeit anzuerkennen. Bei einem Findelkinde hat der Gesetzgeber selbst die widerlegbare Vermutung aufgestellt, daß es als Kind eines Angehörigen des Landes gilt, in dem es gefunden wurde.

Nach der Geburt kann die Landesangehörigkeit durch Legitimation und durch Eheschließung erworben werden. „Eine nach den deutschen Gesetzen wirksame Legitimation durch einen Deutschen begründet für das Kind die Staatsangehörigkeit des Vaters" (§ 5). Hat also ein Preuße ein uneheliches Kind von einer Dänin und heiratet er die Mutter oder erwirkt er dessen Ehelichkeitserklärung beim preußischen Justizminister, so erlangt das Kind die preußische Staatsangehörigkeit. Dabei darf als selbstverständlicher Wille des Gesetzes angenommen werden, daß dieser Erwerbsgrund nur für das minderjährige Kind gilt. Ebenso erwirbt kraft Gesetzes und ohne die Möglichkeit eines Vorbehalts „durch Eheschließung mit einem Deutschen . . . die Frau die Staatsangehörigkeit des Mannes" (§ 6).

Außer diesen kraft Gesetzes wirkenden Erwerbsgründen kennt das Gesetz die Verleihung der Landesangehörigkeit durch staatlichen Verwaltungsakt. Die Verleihung an einen Deutschen, also z. B. die Verleihung der preußischen Landesangehörigkeit an einen Sachsen, nennt das Gesetz „Aufnahme", die Verleihung an einen Ausländer „Einbürgerung" (früher „Naturalisation"). Die Wirkungen der beiden Akte sind völlig gleich, der Preuße kraft Einbürgerung ist ebensogut Preuße wie der Preuße kraft Aufnahme. Wenn daher einmal in Preußen versehentlich ein Ausländer „aufgenommen" oder ein Deutscher „eingebürgert" wird, wie dies schon vorkam, so sind die beiden doch Preußen geworden. Auch die Rechtsnatur der beiden Akte ist gleich; in beiden Fällen handelt es sich um zweiseitige Verwaltungsakte, nicht um Verträge, denn die Verleihung der Landesangehörigkeit hat immer die Vermutung der Gültigkeit für sich, selbst wenn behauptet wird, es sei kein rechtswirksamer Antrag gestellt worden, aber doch um zweiseitige Verwaltungsakte, da der Akt nichtig ist, wenn der Nachweis gelingt, daß ein rechtswirksamer Antrag nicht vorlag. Was die beiden Akte unterscheidet, sind lediglich ihre Voraussetzungen.

Für die Aufnahme gilt der Satz, daß sie einem Deutschen von jedem Lande, in dessen Gebiet er sich niedergelassen hat, auf seinen Antrag erteilt werden muß, wenn er nicht aus armen- oder polizeirechtlichen Gründen ausgewiesen werden kann (§ 7). Der Deutsche hat also in diesem Falle einen Anspruch auf Aufnahme. Er hat so die Möglichkeit, allmählich alle deutschen Landesangehörigkeiten auf sich zu vereinigen, denn mit dem Erwerb einer neuen Landesangehörigkeit geht die alte nicht verloren. Darüber hinaus bleibt es aber dem einzelnen Lande unbenommen, einem Deutschen, auch wenn er sich nicht auf dem Gebiete des Landes niederläßt, die Landesangehörigkeit auf Antrag zu verleihen, nur daß in diesem Falle dem Antragsteller kein Anspruch auf die Verleihung zusteht.

Im Gegensatze zur Aufnahme ist die Einbürgerung im Normalfalle (§ 8) immer ein Akt des freien Ermessens. Der Ausländer, der nicht besondere Beziehungen zum Reiche, wie ehemalige Reichsangehörigkeit, Reichsdienst u. dgl. (§§ 10ff.) nachweisen kann, hat nie einen Anspruch auf Einbürgerung. Die Landesregierung kann der für die Einbürgerung zuständigen Behörde sogar, ohne damit das Reichsrecht zu verletzen, ganz allgemein verbieten, irgendeinen Ausländer oder bestimmte Arten von Ausländern einzubürgern. Ist die Behörde hier somit in der Richtung frei, in der sie bei der Aufnahme gebunden ist, so ist sie andrerseits gebunden, wo bei der Aufnahme Freiheit herrscht. Sie darf nämlich nur dann einbürgern, wenn der Antragsteller einen unbescholtenen Lebenswandel geführt, sich im Lande niedergelassen und am Orte seiner Niederlassung eine eigene Wohnung oder ein

Unterkommen gefunden hat und an diesem Orte sich und seine Angehörigen zu ernähren imstande ist. Die Einbürgerung eines Österreichers z. B., der seinen Wohnsitz in Wien beibehält, ist unzulässig. Während also die Aufnahme manchmal erteilt werden muß und immer erteilt werden kann, gilt für die Einbürgerung, daß sie niemals erteilt werden muß und manchmal erteilt werden kann. Nur dann nähert sich die Einbürgerung der Aufnahme, wenn, wie schon angedeutet, der Ausländer besondere Beziehungen zum Reiche nachweist. So haben unter gewissen Voraussetzungen einen Anspruch auf Einbürgerung die Witwe oder die geschiedene Ehefrau eines Ausländers, die zur Zeit ihrer Eheschließung eine Deutsche war (§ 10), der ehemalige Deutsche, der als Minderjähriger die Reichsangehörigkeit durch Entlassung verloren hat, wenn er den Antrag auf Einbürgerung innerhalb zweier Jahre nach der Volljährigkeit stellt (§ 11), der Ausländer, der mindestens ein Jahr wie ein Deutscher im Heere oder in der Marine aktiv gedient hat (§ 12), der Ausländer, der im Reichsdienst angestellt wird, ein Diensteinkommen aus der Reichskasse bezieht, aber seinen dienstlichen Wohnsitz im Ausland hat (§ 15), der ehemalige Deutsche, der nach früherem Rechte die Reichsangehörigkeit durch Aufenthalt im Ausland verloren und sich wieder in Deutschland niedergelassen hat (§ 31), der zu Unrecht für fahnenflüchtig Erklärte (§ 26). In andern Fällen besteht zwar kein Anspruch, aber ausnahmsweise die Möglichkeit der Einbürgerung trotz fehlender Niederlassung im Inland, so beim ehemaligen Deutschen oder dem Abkömmling eines solchen, wenn er einen gültigen Antrag stellt und sich gut geführt hat (§ 13), und beim Ausländer, der im Reichsdienst — etwa als Wahlkonsul — angestellt wird, ohne ein Diensteinkommen aus der Reichskasse zu beziehen, und seinen dienstlichen Wohnsitz im Ausland hat (§ 15).

Zuständig für die Aufnahme wie für die Einbürgerung ist die „höhere Verwaltungsbehörde", in Preußen z. B. der Regierungspräsident. Vor der Einbürgerung ist die Gemeinde des Niederlassungsortes zu hören. Vor allem aber darf die Einbürgerung in einem Lande regelmäßig erst dann vollzogen werden, nachdem durch den Reichsminister des Innern festgestellt worden ist, daß keines von den übrigen Ländern Bedenken dagegen erhoben hat; erhebt ein Land Bedenken, so entscheidet der Reichsrat (§ 9). Der Grund für diese erst seit dem Gesetze vom 22. Juli 1913 geltende Bestimmung wird klar, wenn man den berühmten Fall kennt, der offenbar den Anlaß für sie gegeben hatte. Ein Russe sollte als lästiger Ausländer aus Preußen ausgewiesen werden. Er bat um Aufschub, den er erhielt, reiste nach Gotha, ließ sich dort naturalisieren und kehrte mit der Naturalisationsurkunde in der Tasche nach Preußen zurück. Als man jetzt mit der Ausweisung Ernst machen wollte, legte er der erstaunten Behörde die sachsen-koburg-gothaische Naturalisationsurkunde vor. Obgleich das sachsen-koburg-gothaische Staatsministerium auf Anregung Preußens die Naturalisation für nichtig erklärte, erkannte das preußische Oberverwaltungsgericht an, daß der Russe Deutscher geworden und geblieben sei, und erklärte seine Ausweisung für unzulässig. Nach heutigem Rechte würde sich der Fall so nicht mehr ereignen können. Denn Preußen würde schon vor der Einbürgerung Einspruch erheben und hierdurch die thüringische Regierung veranlassen, von der Einbürgerung abzusehen, oder Preußen würde doch wenigstens den Fall vor den Reichsrat bringen können.

Die Form, in der die Aufnahme oder Einbürgerung sich vollzieht, ist die Aushändigung einer von der höheren Verwaltungsbehörde hierüber ausgefertigten Urkunde (§ 16). Die Aushändigung ist ein empfangsbedürftiger Verwaltungsakt, wird also nur wirksam, wenn der Empfänger geschäftsfähig ist, also z. B. nicht bei Geisteskrankheit des Empfängers. Der Aufnahme oder Einbürgerung wird gleichgesetzt „die von der Regierung oder der Zentral- oder höheren Verwaltungsbehörde eines Landes vollzogene oder bestätigte Anstellung im unmittelbaren oder mittelbaren Staatsdienst, im Dienste einer Gemeinde oder eines Gemeindeverbandes, im öffentlichen Schuldienst oder im Dienste einer von dem Lande anerkannten Religionsgemeinschaft ..., sofern nicht in der Anstellungs- oder Bestätigungsurkunde ein Vorbehalt gemacht wird" (§ 14). Auch der im Reichsdienste angestellte Ausländer erlangt nicht die unmittelbare Reichsangehörigkeit, sondern die Landesangehörigkeit des Landes, in dem er seinen dienstlichen Wohnsitz hat (§ 15). Voraussetzung für eine derartige Ersatzaufnahme oder Ersatzeinbürgerung ist aber immer die Aushändigung der Anstellungsurkunde (§ 16). Ein Sachse also, der gegen Ende des Krieges preußischer aktiver Leutnant wurde, aber sein Patent nicht mehr ausgehändigt erhielt, hat die preußische Staatsangehörigkeit nicht erworben.

Die Wirkung der Aufnahme und der Einbürgerung ist die, daß die Landesangehörigkeit dauernd, unwiderruflich, unvernichtbar verliehen wird. Selbst wegen Erschleichung oder sonstiger Fehler kann sie nicht zurückgenommen werden, da die Gründe für den Verlust der Landesangehörigkeit im § 17 erschöpfend aufgezählt sind, die Zurücknahme sich aber nicht darunter befindet. Ein entgegengesetzter Wille des Gesetzgebers hätte, wie in der Schweiz, klar zum Ausdruck kommen müssen, zumal das preußische Oberverwaltungsgericht in jener Entscheidung über die Ausweisung des naturalisierten Russen die Zulässigkeit der Zurücknahme verneint hatte. Persönlich erstreckt sich die Aufnahme oder Einbürgerung, sofern nicht in der Urkunde ein Vorbehalt gemacht wird, „zugleich auf die Ehefrau und auf diejenigen Kinder, deren gesetzliche Vertretung dem Aufgenommenen oder Eingebürgerten kraft elterlicher Gewalt zusteht. Ausgenommen sind Töchter, die verheiratet sind oder verheiratet gewesen sind" (§ 16). Ob dem Einzubürgernden die elterliche Gewalt zusteht, entscheidet sich hierbei nach dem Zeitpunkt im Augenblicke vor der Einbürgerung, also nach ausländischem Rechte.

Für den Erwerb der unmittelbaren Reichsangehörigkeit gelten ähnliche Regeln wie für den Erwerb der Landesangehörigkeit. Das eheliche Kind eines unmittelbaren Reichsdeutschen wird mit der Geburt unmittelbarer Reichsdeutscher, ebenso das uneheliche Kind einer unmittelbaren Reichsdeutschen. Die Vorschriften über Legitimation und Eheschließung gelten entsprechend. Als Verleihung der unmittelbaren Reichsangehörigkeit kommt nur die Einbürgerung vor, nicht die Aufnahme, da der Preuße, Bayer, Sachse bereits Reichsangehörige sind und daher kein Interesse an nochmaliger Verleihung der Reichsangehörigkeit haben. Der wichtigste, für die Abkömmlinge und für die Eheschließung auch heute noch bedeutungsvolle Fall war früher die Verleihung der Reichsangehörigkeit an einen Ausländer, der sich in einem deutschen Schutzgebiete niedergelassen hatte, oder an einen Eingeborenen in einem deutschen Schutzgebiete. Heute kommt die Verleihung der unmittelbaren Reichsangehörigkeit noch vor bei ehemaligen Deutschen und deren Abkömmlingen, die sich nicht im Inland niedergelassen haben, und bei Ausländern, die im Reichsdienst angestellt werden und ihren Wohnsitz im Ausland haben (§§ 33—35).

3. Verlust der Reichs- und Landesangehörigkeit. Der Verlust der Reichs- und Landesangehörigkeit tritt ähnlich wie der Erwerb entweder kraft Gesetzes oder kraft eines darauf gerichteten staatlichen Verwaltungsaktes ein.

Kraft Gesetzes verliert die Landesangehörigkeit ein uneheliches Kind durch Legitimation seitens seines ausländischen oder einem anderen deutschen Lande angehörigen Vaters, doch, wie man auch hier annehmen muß, nur ein minderjähriges Kind (§ 17 Ziff. 5). Wichtiger ist, daß die Landesangehörigkeit unbedingt und ohne die Möglichkeit eines Vorbehalts für eine Deutsche verloren geht, die sich mit dem Angehörigen eines anderen Landes oder mit einem Ausländer verheiratet (§ 17 Ziff. 6). So unglaublich es klingt, es kann also eine Badnerin, die heiratet, ohne zu ahnen, daß ihr Ehemann ein Schweizer ist, als lästige Ausländerin ausgewiesen werden. Ebenso führt der freiwillige Erwerb einer ausländischen Staatsangehörigkeit mit gewissen Maßgaben den Verlust der Landesangehörigkeit kraft Gesetzes herbei, wenn der die ausländische Staatsangehörigkeit Erwerbende im Inland weder seinen Wohnsitz noch seinen dauernden Aufenthalt hat (§ 25). Endlich verliert ein fahnenflüchtiger Deutscher, der im Inland weder seinen Wohnsitz noch seinen dauernden Aufenthalt hat, seine Landesangehörigkeit mit dem Ablauf von zwei Jahren nach Bekanntmachung des Beschlusses, durch den er für fahnenflüchtig erklärt worden ist (§ 26), eine Bestimmung, die trotz der veränderten Wehrverfassung auch heute noch gilt.

Der Verwaltungsakt, durch den die Landesangehörigkeit verloren geht, ist entweder die Entlassung auf Antrag oder der einseitige Ausspruch der Behörde. Die Entlassung auf Antrag ist, wie die Aufnahme und die Einbürgerung, ein zweiseitiger, nur bei Vorliegen eines gültigen Antrags wirksamer Verwaltungsakt. So kann weder ein Minderjähriger noch eine verheiratete Frau einen gültigen Antrag stellen (§§ 18, 19). Liegt ein gültiger Antrag vor, so muß ihm in Friedenszeiten in der Regel entsprochen werden. Das Reich zwingt grundsätzlich niemand, Bürger seines Heimatlandes zu bleiben; die in der Verfassung festgelegte Auswanderungsfreiheit (Art. 112) kommt in dem jedem Deutschen zustehenden Anspruch auf Entlassung zum Ausdruck. Der Anspruch besteht unbedingt, wenn der Antragsteller nur beabsichtigt, sich einer oder einiger von vielen deutschen Landesangehörigkeiten zu entledigen, aber mindestens eine Landesangehörigkeit behält (§ 21). Aber auch wenn der Antragsteller die Reichsangehörigkeit gänzlich ablegen will, hat er in Friedenszeiten einen Anspruch auf Entlassung, sofern er nicht zu den Mannschaften des aktiven Heeres oder der aktiven Marine gehört oder aktiver Beamter oder Offizier ist (§ 22 Ziff. 2 u. 5). „Die Entlassung wird wirksam mit der Aushändigung einer von der höheren Verwaltungsbehörde des Heimatstaats ausgefertigten Entlassungsurkunde" (§ 23 Abs. 1). Doch bleibt die Wirkung der Entlassung, wenn sie ohne Vorbehalt einer anderen Landesangehörigkeit geschieht, also die Entlassung aus der Reichsangehörigkeit ein Jahr lang in der Schwebe. Denn „die Entlassung gilt als nicht erfolgt, wenn der Entlassene beim Ablauf eines Jahres nach der Aushändigung der Entlassungsurkunde seinen Wohnsitz oder seinen dauernden Aufenthalt im Inland hat" (§ 24). Die Wirkung der Entlassung ist nach ausdrücklicher Bestimmung des Gesetzes umfassender, als man an sich annehmen dürfte. Die Entlassung aus der Landesangehörigkeit in einem Lande bewirkt nämlich gleichzeitig die Entlassung aus der Landesangehörigkeit in jedem anderen Lande, falls nicht ein Vorbehalt gemacht wird (§ 20). Der Sachse, der durch Anstellung im preußischen Staatsdienst zu der sächsischen noch die preußische Landesangehörigkeit erworben hat und nach Aufgabe seiner Reichsangehörigkeit auswandern will, braucht also, um auch die sächsische Landesangehörigkeit aufzugeben, nur beim zuständigen preußischen Regierungspräsidenten zu beantragen, aus dem preußischen Staatsverbande entlassen zu werden; mit Aushändigung der Entlassungsurkunde verliert er beide Landesangehörigkeiten. Persönlich erstreckt sich die Entlassung nur auf den Antragsteller selbst, es sei denn, daß die Ehefrau oder die Kinder des Antragstellers mit Namen in der Entlassungsurkunde aufgeführt werden (§ 23). Die Entlassung ist also im Interesse der Erhaltung des Deutschtums anders geregelt als die Aufnahme und die Einbürgerung, bei denen sich die Erstreckung des Verwaltungsakts auf die Angehörigen von selbst versteht (§ 16).

Die unfreiwillige Entziehung der Reichsangehörigkeit durch Ausspruch der Behörde ist, wenn auch nicht Strafe im eigentlichen Sinne, so doch als strafähnliche Maßnahme gedacht. Das Gesetz unterscheidet drei Fälle. „Ein Deutscher, der sich im Auslande aufhält, kann seiner Staatsangehörigkeit durch Beschluß der Zentralbehörde seines Heimatstaats verlustig erklärt werden, wenn er im Falle eines Krieges oder einer Kriegsgefahr einer vom Reichspräsidenten angeordneten Aufforderung zur Rückkehr keine Folge leistet" (§ 27). Man nennt dies den militärischen Landesverrat im Gegensatze zum sog. diplomatischen Landesverrat, der die gleichen Folgen nach sich zieht und der vorliegt, wenn ein Deutscher, der ohne Erlaubnis seiner Regierung in ausländische Staatsdienste getreten ist, einer Aufforderung seiner Regierung zum Austritt nicht Folge leistet (§ 28). Eine dritte Möglichkeit wurde vorübergehend durch das Gesetz gegen die Steuerflucht vom 26. Juli 1918 § 23 geschaffen. Auch Deutsche, die wegen Steuerflucht rechtskräftig verurteilt sind, können ihrer Landesangehörigkeit durch Beschluß der Zentralbehörde ihres Heimatlandes verlustig erklärt werden. In allen drei Fällen wirkt der Ausspruch der Behörde auf alle etwa vorhandenen Landesangehörigkeiten und erstreckt sich, im Gegensatze zur Entlassung auf Antrag, mit gewissen Maßgaben auch auf die Familienangehörigen, unter Umständen eine große Härte gegen die Ehefrau und die minderjährigen Kinder, die auf diese Weise Strafe für ein fremdes Tun und Lassen erleiden, das sie nicht beeinflussen konnten.

Für den Verlust der unmittelbaren Reichsangehörigkeit gelten die Vorschriften über den Verlust der Landesangehörigkeit entsprechend (§ 35).

4. Streitigkeiten über die Reichs- und Landesangehörigkeit. Streit kann es geben über das Bestehen oder Nichtbestehen der Reichs- und Landesangehörigkeit und über den Anspruch auf Aufnahme, Entlassung und in Sonderfällen auf Einbürgerung.

Die Frage nach dem Vorhandensein der Reichs- und Landesangehörigkeit wird kaum streitig werden, wenn der Bürger, um den es sich handelt, eine Bescheinigung seiner Landesangehörigkeit vorlegen kann. Ein solcher „Staatsangehörigkeitsausweis" ist im Gesetze ausdrücklich vorgesehen (§ 39) und wird z. B. in Preußen vom Regierungspräsidenten nach Prüfung des Sachverhalts ausgestellt. Er begründet aber nur die Vermutung für das Vorhandensein der preußischen Landesangehörigkeit, hat also keine unbedingte Beweiskraft. Trotz des Ausweises, vor allem aber dann, wenn kein Ausweis vorliegt und der Regierungspräsident Bedenken trägt, ihn auszustellen, können Zweifel über das Vorhandensein der preußischen Landesangehörigkeit entstehen. Ergibt sich eine solche Meinungsverschiedenheit zwischen Preußen und einem andern deutschen Lande, z. B. bei einer Ausweisung nach dem Freizügigkeitsgesetze, so entscheidet, soweit nicht etwa der Gothaer Vertrag vom 15. Juli 1851 zur Anwendung kommt, nach RV. Art. 19 der Staatsgerichtshof für das Deutsche Reich über das Recht zur Ausweisung und damit auch über die Vorfrage der bestrittenen Landesangehörigkeit. Entsteht der Streitfall zwischen dem Deutschen Reiche und einer auswärtigen Macht, so gehört der Fall vor ein internationales Schiedsgericht. Am häufigsten wird der Fall zwischen dem Bürger und seinem angeblichen Heimatlande streitig werden. Bildet die Landesangehörigkeit dabei nur die Vorfrage für eine andere Frage, z. B. die Zulässigkeit der Ausweisung, so entscheiden die für die Hauptfrage zuständigen Stellen, in der Regel die Verwaltungsgerichte, auch über die Vorfrage. Dies geschah, wie gezeigt, in jenem berühmten Falle des Russen, der die sachsen-koburg-gothaische Staatsangehörigkeit erschlichen hatte, nach Nichtigerklärung der Naturalisation aus Preußen ausgewiesen wurde und nun den Schutz des preußischen Oberverwaltungsgerichts anrief. Der einzelne kann aber auch ein Interesse haben, noch vor einem solchen bedrohlichen Zusammenstoß mit der Staatsgewalt seine Landesangehörigkeit einmal für allemal festgestellt zu sehen. Diese Möglichkeit ist ihm jedoch nicht überall gegeben, da das Reich die Frage überhaupt nicht geregelt hat und die Verwaltungsrechtspflegegesetze der Länder in der Zulassung der Feststellungsklage weit auseinandergehen. In Preußen z. B. gibt es eine solche verwaltungsgerichtliche Feststellung der preußischen Landesangehörigkeit nicht, während in Bayern „über den bestrittenen Besitz der bayerischen Staatsangehörigkeit" in erster Instanz die Bezirksverwaltungsbehörde, in letzter Instanz der Verwaltungsgerichtshof entscheidet. Das Vorhandensein der Landesangehörigkeit kann endlich zwischen zwei Privatpersonen streitig werden oder sonstwie den Nebenpunkt irgendeines vor den ordentlichen Gerichten auszutragenden Prozesses bilden. A verkauft und übereignet z. B. ein Grundstück an B und behauptet später die Nichtigkeit der Übereignung, da B Ausländer und daher nach gewissen landesrechtlichen Bestimmungen gar nicht fähig sei, Grundeigentum zu erwerben. Oder X wird vom Schwurgericht verurteilt und ficht das Urteil wegen unvorschriftsmäßiger Besetzung des Gerichts an, da ein Geschworener als Österreicher geboren und trotz Ernennung zum preußischen Reserveoffizier die preußische Landesangehörigkeit nicht erworben habe. In allen derartigen Fällen entscheidet das ordentliche Gericht auch über das Vorhandensein der Landesangehörigkeit, im Strafverfahren nach dem Buchstaben des Gesetzes unbedingt, im Zivilprozeß mit der Möglichkeit, das Verfahren bis zur Entscheidung des zuständigen Verwaltungsgerichts auszusetzen. Allerdings wird hierdurch die Landesangehörigkeit weder einmal für allemal festgestellt, noch einmal für allemal abgesprochen. Auch wenn das Reichsgericht das schwurgerichtliche Urteil bestätigt, da der Geschworene Deutscher sei, kann der Geschworene als lästiger Ausländer ausgewiesen werden, wenn die Polizeibehörde der Rechtsansicht des Reichsgerichts nicht beitritt und das zuständige Verwaltungsgericht die Klage des angeblichen Ausländers abweist. Anders, wenn der bayerische Verwaltungsgerichtshof, „über den bestrittenen Besitz der bayerischen Staatsangehörigkeit" angerufen, das Vorhandensein dieser Staatsangehörigkeit verneint hat. Da die Anrufung des Verwaltungsgerichtshofs gerade den Zweck hat, endgültig Klarheit über den Besitz der bayerischen Landesangehörigkeit zu schaffen, ist der Ausspruch des Verwaltungsgerichtshofs für alle Behörden bindend.

Außer der Reichs- und Landesangehörigkeit selbst kann der Anspruch auf Aufnahme, Einbürgerung oder Entlassung streitig werden. Das Gesetz sieht für diesen Fall eine förmliche Beschwerde, den sog. „Rekurs", vor, läßt aber der Landesgesetzgebung freie Hand in der Ausgestaltung des Rechtsmittels (§ 40). Die Landesgesetzgebung ist denn vielfach weitergegangen und hat für die bezeichneten Ansprüche das verwaltungsgerichtliche Verfahren eröffnet, so in Preußen durch Gesetz vom 18. Juni 1914.

IV. Die Organisation der Reichsgewalt.

1. Das Reichsvolk als höchstes Reichsorgan. In den monarchischen deutschen Landesverfassungen vor 1918 fand sich fast überall die Wendung: „Der König (Großherzog usw.) ist das Oberhaupt des Staats, vereinigt in sich alle Rechte der Staatsgewalt und übt sie unter den von ihm gegebenen in der gegenwärtigen Verfassungsurkunde festgesetzten Bestimmungen aus" (so bayer. Verf. v. 26. Mai 1818 Tit. II § 1). Diesem sog. „monarchischen Prinzip" setzt die Weimarer Reichsverfassung den Grundsatz der Volkssouveränität entgegen, wenn sie im Art. 1 bestimmt: „Das Deutsche Reich ist eine Republik. Die Staatsgewalt geht vom Volke aus." Damit ist das deutsche Volk zum Inhaber der höchsten Staatsgewalt erklärt im Gegensatze nicht nur zu den Dynastien, sondern auch zu der Gesamtheit der deutschen Länder, die unter Bismarcks Verfassung als Inhaber der Reichsgewalt angesehen werden konnten. Einer wissenschaftlichen Prüfung hält allerdings die Theorie von der Volkssouveränität ebensowenig stand wie die frühere vom monarchischen Prinzip. Auch das Volk ist wie früher der König nur Diener des Staates. Der in einem Volksentscheid zum Ausdruck gebrachte und dann Gesetz gewordene Wille der Abstimmenden ist Staatswille genau wie eine königliche Verordnung früher Staatswille war, und nicht nur Wille des Volks oder des Königs. Auch das Volk ist, anders ausgedrückt, ein Organ des Reiches oder der Länder. Nach Art. 5 wird „die Staatsgewalt . . in Reichsangelegenheiten durch die Organe des Reichs auf Grund der Reichsverfassung, in Landesangelegenheiten durch die Organe der Länder auf Grund der Landesverfassungen ausgeübt". Sollte die Reichsverfassung hiermit eine Unterscheidung zwischen dem Volke, das die Reichsgewalt in deren Fülle zu eigen besitzt, und dem Reichstag, dem Reichspräsidenten und anderen Stellen bezweckt haben, die die Reichsgewalt nur als Organe ausüben, so würde dem nicht beigepflichtet werden können, da auch das Volk die ihm anvertraute Reichsgewalt nur als Organ des Reiches ausübt.

Das Reichsvolk als Organ des Reichs macht nur einen Teil des Reichsvolkes im weiteren Sinne aus; es fällt, kurz gesagt, zusammen mit der Gesamtheit der Reichstagswähler und soll daher erst im Zusammenhang mit der Darstellung der Reichstagswahl näher umgrenzt werden. Obgleich so eine große Anzahl von Deutschen, vor allem die noch nicht zwanzig Jahre alten, von der Aktivbürgerschaft ausgeschlossen sind, ist doch die Umgrenzung des Reichsvolks so demokratisch wie möglich, da fast ohne Ausnahme alle über 20 Jahre alten deutschen Männer und Frauen zum Reichsvolk gehören, der im wesentlichen einzige, wenn man will, aristokratische Zug also in der Bevorzugung der über 20 Jahre alten Deutschen vor den jüngeren liegt.

Die Reichsgewalt des Volks äußert sich in den regelmäßigen Wahlen, der Wahl nach Auflösung des Reichstags, der Abberufung des Reichspräsidenten, dem Volksentscheid und dem Volksbegehren.

Das Reichsvolk wählt regelmäßig alle vier Jahre den Reichstag (RV. Art. 22, 23), alle sieben Jahre den Reichspräsidenten (Art. 41, 43). Auf die Ernennung der Mitglieder der Reichsregierung hat das Volk keinen unmittelbaren Einfluß. Immerhin ist es der vom Volke gewählte Reichspräsident, der den Reichskanzler und die Reichsminister ernennt und entläßt, und der vom Volke gewählte Reichstag, der durch ein Mißtrauensvotum die Reichsregierung oder einzelne ihrer Mitglieder zum Rücktritt zwingen kann. Kräftiger als durch diese formalen Beziehungen wird allerdings das Volk durch die öffentliche Meinung die Zusammensetzung und die Politik der Reichsregierung beeinflussen. Der Reichsrat endlich entzieht sich der rechtlichen Einwirkung durch das Reichsvolk völlig, doch besteht ein mittelbarer Zusammenhang zwischen ihm und dem Volke der einzelnen Länder. Denn der Reichsrat setzt sich aus Mitgliedern der Landesregierungen oder deren Stellvertretern zusammen, die Mitglieder der Landesregierungen werden von den Landtagen insgesamt oder teilweise gewählt und können insgesamt vom Landtag zum Rücktritt gezwungen werden, der Landtag aber geht aus Volkswahlen hervor. Auch bei den von den preußischen Provinzialverwaltungen bestellten Reichsratsmitgliedern lassen sich ähnliche Zusammenhänge mit dem Volke aufweisen.

Die Reichstagswahl nach Auflösung des Reichstags muß als Äußerung des Volkswillens neben den regelmäßigen Reichstagswahlen besonders hervorgehoben werden, weil das Volk hier, wenn der Reichstag nicht nur wegen Überalterung oder Unfähigkeit zu politischer Arbeit aufgelöst wird, zu einem zwischen Reichstag und Reichsregierung ausgebrochenen Streit Stellung nimmt (Art. 25). Die Reichstagsauflösung hat die Bedeutung eines Appells an das Volk, das so zum Schiedsrichter zwischen Reichstag und Reichsregierung angerufen wird. Eine ähnliche Bedeutung hat die Wiederwahl des Reichspräsidenten durch Ablehnung seiner Absetzung (Art. 43), indem sich hier das Volk im Streite zwischen Reichstag und Reichspräsidenten für diesen entscheidet.

Der Streit zwischen Reichstag und Reichspräsident ist der einzige Fall, in dem dem Reichsvolke ein Abberufungsrecht nach Art des amerikanischen „Recall" gegeben ist, und selbst hier kann der Reichspräsident vorzeitig durch Volksabstimmung nur auf Antrag des Reichstags abgesetzt werden (Art. 43). Es fehlt also dem Volke die Befugnis zur Abberufung aus eigener Initiative, wenn auch nicht vergessen werden darf, daß das Volk durch Volksbegehren und Volksentscheid eine Verfassungsänderung und in der Form einer Verfassungsänderung auch die Abberufung des Reichstags und des Reichspräsidenten erzwingen kann. Die vom Reichstag herbeigeführte Volksabstimmung über Absetzung des

Reichspräsidenten enthält zugleich eine mittelbare Ermächtigung zur Abberufung des Reichstags; denn die Ablehnung der Absetzung „hat die Auflösung des Reichstags zur Folge".

Während sich das Reichsvolk bei den Wahlen und bei der Abstimmung über die Absetzung des Reichspräsidenten nur an der Bestellung und der Rückberufung oberster Reichsorgane beteiligt, handelt es beim Volksentscheid als Gesetzgeber. Der Reichspräsident kann jedes vom Reichstag beschlossene Gesetz vor dessen Verkündung binnen eines Monats zum Volksentscheid bringen (Art. 73 Abs. 1). Bei Meinungsverschiedenheiten zwischen Reichstag und Reichsrat kann der Reichspräsident dies binnen dreier Monate tun (Art. 74 Abs. 3) und muß es auf Verlangen des Reichsrats bei Verfassungsänderungen (Art. 76 Abs. 2) tun, ferner auf Volksbegehren, das nicht in normaler Weise Gesetz wird (Art. 73 Abs. 3), und auf Antrag eines Zwanzigstels der Stimmberechtigten bei Gesetzen, deren Verkündung auf Antrag von mindestens einem Drittel des Reichstags ausgesetzt ist (Art. 73 Abs. 2).

Anders als beim Volksentscheid, wo das Reichsvolk nur auf Befragen tätig wird, kann es endlich beim Volksbegehren aus eigenem Antrieb einen Gesetzentwurf einbringen (Art. 73 Abs. 3). Erst das Volksbegehren in Verbindung mit dem Volksentscheid ermöglicht es dem Volke, seinen Willen unbedingt, selbst gegen den Reichstag, den Reichsrat, den Reichspräsidenten und die Reichsregierung, zum Gesetze zu erheben, erst hierdurch wird es zum höchsten Gesetzgeber und bewahrheitet den Satz von der Volkssouveränität. Das Beispiel eines solchen übermächtigen Volkswillens bot vor kurzem die schweizerische Eidgenossenschaft, als das Volk die Einführung der Verhältniswahl durch „Volksanregung (Initiative)" und Volksabstimmung gegen den Willen der Bundesversammlung erzwang.

Diese umfassende Ausstattung des Reichsvolkes mit unmittelbarer Reichsgewalt legt die Frage nach dem Grunde der Erscheinung nahe. Auch in der Demokratie verlangt doch eine vernünftige Politik, daß die Besten regieren, auch die Demokratie hat in der Auslese des Tüchtigsten einen aristokratischen Einschlag. Erlesen aber sind die Gewählten, also die Reichstagsabgeordneten und der Reichspräsident, mittelbar auch die Reichsregierung und die Mitglieder des Reichsrats. Wie kommt es da, daß man in außerordentlichen, also besonders wichtigen Fällen das Volk mit seiner Durchschnittsbegabung zum Schiedsrichter und Gesetzgeber über die Auserlesenen eingesetzt hat? Der Grund mag einmal ganz allgemein in dem mystischen Zauber liegen, den wir mit der Vorstellung „Volk" verbinden, jener Quelle alles Schönen, Guten und Weisen, dann aber in dem Werte, den man dem Unverbildetsein des Volkes beilegt. Der Reichstag handelt fast ausschließlich nach Parteigrundsätzen, das natürliche Gefühl tritt beim einzelnen Abgeordneten so gut wie völlig zurück. Das Volk dagegen ist lange nicht so stark parteimäßig eingestellt wie die Abgeordneten, es entscheidet politische Fragen nach seiner natürlichen Anschauung. Es ist also eine Art „Rückkehr zur Natur", die dem Verfassungsgesetzgeber bei der Einführung der Volksabstimmung, dem Volksentscheid und dem Volksbegehren vorgeschwebt haben mag.

Eine weitere Frage, die sich aufdrängt, ist die, ob der Gedanke der Volkssouveränität in der Weimarer Verfassung wirklich restlos durchgeführt ist, oder ob, wie es Scheinmonarchien gibt, auch der Souverän „Volk" im Deutschen Reiche nur scheinbar mit der höchsten Machtvollkommenheit ausgestattet ist. Wodurch unterscheidet sich der echte König vom Scheinkönig? Doch dadurch, daß gegen den Willen des echten Königs dessen Befugnisse nicht geschmälert werden können, während der Scheinkönig durch ein ohne seine Mitwirkung zustandekommendes verfassungsänderndes Gesetz gestürzt werden kann. So hätten wir im Deutschen Reiche nur eine scheinbare Volkssouveränität, in Wirklichkeit aber eine Parlamentssouveränität, wenn dem Volke alle Befugnisse zur unmittelbaren Ausübung der Reichsgewalt gegen seinen Willen genommen oder geschmälert werden könnten, wenn also z. B., wie kurz vor dem Kapp-Putsch geplant, die Wahl des Reichspräsidenten vom Volke auf den Reichstag übertragen werden könnte, ohne daß das Volk hierzu seine Zustimmung zu geben brauchte. Dies ist aber in der Tat Rechtens. Verfassungsänderungen können zwar zum Volksentscheid gebracht werden, brauchen es aber nicht, wenn Reichstag und Reichsrat, Reichspräsident und Reichsregierung einer Meinung sind. Es fehlt im Reiche das in Amerika und in der Schweiz übliche sog. obligatorische Verfassungsreferendum, d. h. die Unzulässigkeit einer Verfassungsänderung ohne Befragung des Volkes; nicht einmal Neuwahlen sind für die Beschlußfassung über ein verfassungsänderndes Gesetz vorgesehen. Und doch ist die Volkssouveränität im Deutschen Reiche mehr als eine Scheinsouveränität, und doch ist der Reichstag auch bei Einigkeit mit den übrigen gesetzgebenden Organen nicht unbedingt souverän. Denn wie der Reichstag durch verfassungsänderndes Gesetz das Volk entthronen kann, kann umgekehrt auch das Volk durch Volksbegehren und Volksentscheid den Reichstag seiner verfassungsmäßigen Befugnisse entkleiden. Allerdings ist das Volk dem Reichstag gegenüber im Nachteil, nicht so sehr wegen der Abhängigkeit des Volksbegehrens von einer Zulassungsentscheidung des Reichsministers des Innern (§ 30 Ges. v. 27. Juni 1921), der bei Erfüllung der Voraussetzungen gar nichts anderes tun kann, als das Volksbegehren zuzulassen, als wegen der Schwerfälligkeit des Verfahrens bei der unmittelbaren Volksgesetzgebung. Beim Wettrennen der beiden „Souveräne" wird immer der Reichstag als erster durchs Ziel gehen. Eine andere Frage ist, ob der Reichstag es wagen wird, den Kampf mit dem Volke aufzunehmen. Daher läßt sich über das tatsächliche Stärkeverhältnis zwischen Reichstag und Volk kein sicheres Urteil abgeben, und es bleibt bei der rechtlichen Erkenntnis, daß im Deutschen Reiche weder eine reine Volks-, noch eine reine Parlamentssouveränität besteht, sondern eine eigentümliche Art wechselseitiger Souveränität zwischen Reichsvolk und normalem Verfassungsgesetzgeber, insbesondere Reichstag

2. Der Reichstag. Da von allen Staatsbetätigungen die Gesetzgebung die vornehmste ist und da an der Gesetzgebung der Reichstag den vornehmsten Anteil hat, ist das nächst dem Volke höchste Staatsorgan der Reichstag. Seine Tätigkeit und seine Zusammensetzung führen auf zwei allgemeine Erscheinungen des staatlichen Lebens: die politischen Parteien und das parlamentarische Wahlrecht.

a) Die politischen Parteien. Die politischen Parteien sind eine, wie die Erfahrung lehrt, notwendige Einrichtung des in der Volksvertretung sich abspielenden staatlichen Lebens. Mag es vom theoretischen Standpunkte aus noch so wünschenswert erscheinen, daß in einer Versammlung der bedeutende Einzelne durch seine Persönlichkeit und die Überzeugungskraft seiner Gründe Wirkungen ausübt, so läßt sich doch nicht verhindern, daß sich Gruppen bilden, die bei Abstimmungen geschlossen für oder gegen die eingebrachten Anträge stimmen. Der Tatsache kann man sogar die gute Seite abgewinnen, daß auf diese Weise wenigstens eine teilweise Einigkeit erzielt und die Geschäftsbehandlung erleichtert wird, da sich nicht jeder einzelne verpflichtet fühlt, das Wort zu ergreifen, sondern zufrieden ist, wenn ein Parteifreund im Namen der ganzen Partei gesprochen hat. Auch erleichtert das Vorhandensein großer Parteien die Berechenbarkeit des künftigen Verhaltens der Volksvertretung. Ebenso ist schon von vielen Seiten darauf hingewiesen worden, daß das Fehlen jeglichen Parteigegensatzes der Volksvertretung alle Lebendigkeit nehmen würde. Andrerseits hat man namentlich in Deutschland die Schattenseiten des Parteiwesens gründlich kennen gelernt. Die Einschachtelung in Parteien nimmt den Abgeordneten die Unbefangenheit bei der Abstimmung. In einer Fraktionssitzung wird beschlossen, wie sich die Partei verhalten soll, und darnach, nicht nach dem natürlichen Gefühle des einzelnen, wird gesprochen und abgestimmt. An sich würde diese an das Militärische erinnernde Parteidisziplin noch nicht einmal Bedenken erregen, wenn der einzelne sein natürliches Gefühl dem natürlichen Gefühle oder dem überlegenen Verstande eines überragenden Führers unterordnete. In Wirklichkeit ist der

Führer meist keine geniale Persönlichkeit, sondern ein blutleeres Parteidogma, dem das lebendige Gefühl des einzelnen geopfert wird. Die Partei gleicht so einem Manne, der seine starren Grundsätze hat und gegenüber diesen Grundsätzen die Stimme des Herzens nicht aufkommen läßt. Bedenkt man noch die dem Deutschen eingewurzelte Neigung zur Uneinigkeit, die sich in der Parteizersplitterung und in der maßlosen Heftigkeit der Parteigegensätze offenbart, so versteht man den Widerwillen, den breite Schichten des Volkes gegen das Parteiwesen überhaupt hegen. Und doch ist das Parteiwesen eine tatsächlich notwendige, seit Einführung der Verhältniswahl sogar rechtlich vorausgesetzte Erscheinung des staatlichen Lebens.

Manche Partei verdankt einer Zufälligkeit ihre Entstehung und verschwindet auch wieder bei irgendeiner Gelegenheit. Für die meisten großen Parteien Deutschlands läßt sich aber ein ganz bestimmtes Verhältnis des einzelnen zum Staate feststellen. Der einzelne befindet sich in einem Pflichtverhältnis zum Staate, da er dem Staatswillen zu gehorchen hat, er ist aber dem Staate gegenüber auch berechtigt. Die Rechte wiederum sind entweder Beteiligungsrechte oder Freiheiten oder Ansprüche auf Staatsleistungen. Das Beteiligungsrecht, z. B. das Wahlrecht, gibt dem einzelnen unmittelbaren Anteil an der Staatsgewalt, das sog. Freiheitsrecht schützt ihn vor gesetzwidrigen Eingriffen, z. B. Verhaftungen und Haussuchungen, der Anspruch auf Staatsleistungen verpflichtet den Staat, zugunsten des einzelnen tätig zu sein, z. B. den eingereichten Antrag zu genehmigen, die Beamtenbesoldung auszuzahlen. Die Parteirichtung nun, die die möglichste Freiheit vom Staate betont, doch ohne den Staat zu verneinen, ist der Liberalismus, in Deutschland von der Deutschen Volkspartei vertreten. Artet der Liberalismus in eine Verneinung des Staates aus, so verdichtet er sich zum Anarchismus. Dagegen verlangt die Demokratie eine möglichst umfassende Beteiligung des Volkes an der Staatsgewalt, also Freiheit im Sinne einer Selbstregierung des Volkes. Freiheit im liberalen und Freiheit im demokratischen Sinne sind demnach wesentlich verschieden. Mit der größten Freiheit im demokratischen Sinne ist ein völliger Mangel an Freiheit im liberalen Sinne verträglich, wie die Geschichte gewisser antiker Staaten und die Staatstheorie Rousseaus beweisen, und umgekehrt ist Freiheit im liberalen Sinne auch in einem Staate denkbar, dem umfassende demokratische Einrichtungen fehlen, so die Religionsfreiheit in Preußen vor Einführung der Verfassung von 1848/50. Es war also eine völlige Verkennung des Wesens der beiden Freiheiten, wenn vor und nach der Verabschiedung der Weimarer Verfassung gelegentlich behauptet wurde, der zweite Hauptteil der Verfassung mit seiner Aufzählung einer großen Reihe von Grundrechten sei angesichts des demokratischen Charakters der Verfassung überflüssig. Vielmehr bedarf es auch im „Freistaat" eines Schutzes der „Freiheit" des einzelnen gegen Übergriffe der die Mehrheit bildenden Parteien. Im Gegensatze zur Partei der Liberalen und der Demokraten betont die konservative Partei den Gedanken der Pflicht gegenüber dem Staate in Erinnerung an das absolute Königtum, das in erster Linie Gehorsam verlangte. In diesem Punkte trifft sich, wie Spengler in seiner Schrift „Preußentum und Sozialismus" richtig erkannt hat, die konservative Partei merkwürdigerweise mit der sozialistischen, da der Sozialismus auf dem Gebiete der Produktion die freie Wirtschaft durch die nach einheitlichen Gesichtspunkten geregelte Zwangswirtschaft ersetzen will. Umgekehrt verlangt der Sozialismus auch die Fürsorge des Staates für den einzelnen, so daß sich bei ihm der Gedanke der Pflicht mit dem des Anspruchs auf Staatsleistungen verbindet. Kommt noch die Forderung hinzu, daß die Staatsgewalt vom Volke ohne Unterschied der Person oder der Klasse, also demokratisch, gehandhabt werde, so haben wir einen wesentlichen Teil des Programms der Sozialdemokratischen Partei Deutschlands. Anders als die genannten vier Hauptparteien widerstrebt die fünfte, das Zentrum, einer solch einfachen Orientierung am Staate, da sie im wesentlichen eine kirchliche, keine staatliche Gruppe bildet. Immerhin hat das Zentrum mit der konservativen

Partei die Betonung des Gehorsams gemein, allerdings nicht dem Staate, sondern der katholischen Kirche gegenüber, mit den Liberalen verlangt das Zentrum eine möglichste Freiheit der Kirche vom Staat, läßt es sich aber andrerseits gefallen, wenn der Staat die Kirche durch Geldleistungen unterstützt, und nimmt endlich in Gestalt einer mächtigen Partei gerne Anteil an der Staatsgewalt. Es gibt daher keine große Partei, mit der das Zentrum sich nicht für kürzere oder längere Zeit verbinden könnte. Eine besondere Note erhalten endlich die Parteien, je nachdem sie bei Stellungnahme zum Staate gerade nur ihren Staat oder den Staat schlechthin im Auge haben. Unter diesem Gesichtspunkte findet man unter den Parteien ausgesprochen nationale Parteien (wie die Deutschnationalen) und ausgesprochen internationale (wie die sozialistischen und kommunistischen).

Die Gründe, die den einzelnen bewegen, sich dieser oder jener Partei anzuschließen, können sehr mannigfach sein. Nur bei wenigen ist es eine wissenschaftlich begründete Überzeugung, bei andern wirken Abstammung und Erziehung mit, andere wieder schließen sich der Partei an, die ihnen in ihrer Zusammensetzung gesellschaftlich am meisten behagt, viele wählen die Partei, von der sie die Befriedigung ihrer nächsten wirtschaftlichen Interessen erhoffen, manche aus Ärger über irgendeine Kränkung die Partei, die durch ihre scharfe Gegnerschaft zu den Regierungsparteien bekannt ist. Angesichts dieser mannigfachen Beweggründe darf man sich nicht wundern, daß die Stärke des Parteizugehörigkeitsgefühls innerhalb der einzelnen Parteien sehr abgestuft ist. Mit Leib und Seele der Partei verschrieben sind nur die politischen Führer und die ihnen ergebenen Mitglieder des Zentralvorstands und der örtlichen Parteivorstände. Diese hauptsächlich sind es, die die Propaganda übernehmen, in ruhigen Zeiten zwischen den Wahlen Vorträge veranstalten, die Zeitungen bearbeiten, die Vorbereitungen zu den Wahlen treffen. Eine verhältnismäßig treue, aber meist kaum noch als aktiv zu bezeichnende Anhängerschaft bilden dann die eingeschriebenen Mitglieder, deren Hauptaufgabe in der Aufbringung der für das Tätigwerden der Partei nötigen Geldmittel besteht. Den der Zahl nach vielfach überwiegenden Rest stellen die Mitläufer dar, Leute ohne kräftiges politisches Wollen, die bei geringen Anlässen von einer Partei zur andern übertreten oder sich aus Interesselosigkeit der Stimme enthalten. Die Herrschaft der Parteien ist also bei Lichte besehen die Herrschaft verhältnismäßig kleiner Gruppen von Menschen, denen es Freude macht, in der Politik tätig zu sein.

b) Das parlamentarische Wahlrecht. Da das Volk nur in seltenen Fällen seinen Willen in unmittelbarer Abstimmung äußert, ist es eine wichtige Frage, auf welchem Wege die Volksvertretung gewählt werden soll. Eine ganze Reihe von Schwierigkeiten ist hierbei zu lösen.

Zunächst begegnet die Frage, ob das Wahlrecht mit einer Wahlpflicht verbunden werden soll oder nicht. Unter Wahlrecht versteht man hierbei nur das sog. aktive Wahlrecht, das Recht zu wählen, nicht das fälschlicherweise so benannte passive Wahlrecht, d. h. die Fähigkeit, nicht etwa das Recht, gewählt zu werden. Man darf gegen die Wahlpflicht, wie sie z. B. in Belgien besteht, nicht einwenden, sie sei unlogisch, da ein Recht aufhöre, ein Recht zu sein, wenn der Berechtigte nicht die Freiheit habe, von seinem Rechte Gebrauch zu machen. Vielmehr zeigt sich gerade in der Verbindung des Wahlrechts mit der Wahlpflicht die Doppelstellung des einzelnen bei der Wahl. Der einzelne ist Teil eines Staatsorgans, nämlich der Wählerschaft, und als solcher wie alle Staatsorgane verpflichtet, für den Staat tätig zu sein. Zugleich ist er aber auch ein Einzelrechtssubjekt und als solches berechtigt, Teil des Staatsorgans „Wählerschaft" zu sein. Wenn man sich trotzdem im Deutschen Reiche entschlossen hat, es beim Wahlrecht bewenden zu lassen und das Vorhandensein einer Wahlpflicht nicht durch besondere Strafen zu verdeutlichen, so mag dies in der Erwartung geschehen sein, daß der Bürger sich aus Pflichtgefühl an den Wahlen beteiligen oder ein solch geringes Interesse am öffentlichen Leben haben werde, daß auf seine Mitwirkung an der Wahl ohne Schaden für die Allgemeinheit verzichtet werden kann.

Bedeutend wichtiger ist die Frage, ob das Wahlrecht allgemein oder beschränkt sein soll. Für den demokratischen Staat gibt es nur die Möglichkeit eines allgemeinen Wahlrechts. Was aber als „allgemeines" Wahlrecht zu gelten hat, entscheidet sich nicht nach eindeutigen, sich stets gleichbleibenden Regeln, sondern nach allgemeinen, stetem Wandel unterworfenen politischen Anschauungen. „Allgemeines" Wahlrecht heißt zunächst Wahlrecht aller Staatsbürger. Die menschliche Natur aber bringt es mit sich, daß Kinder und Jugendliche nicht wählen können. Also muß das Wahlrecht mit einem bestimmten Lebensalter beginnen, aber mit welchem? Unter Bismarcks Verfassung wählte erst der Fünfundzwanzigjährige, heute steht das Wahlrecht schon dem Zwanzigjährigen zu, beide Wahlrechte nannten sich aber „allgemein". Sicher hat aber auch die Festsetzung des Wahlalters seine Grenzen; bei Heraufsetzung des Wahlrechts auf vierzig Jahre würde man sicher nicht mehr von einem „allgemeinen" Wahlrecht sprechen können. Die Neuheit des Frauenstimmrechts hat weiter zur Folge, daß ein Wahlrecht auch dann noch als allgemein gilt, wenn es die Frauen vom Wahlrecht ausschließt; daher mußte es in den Artikeln 17 und 22 der RV. ausdrücklich genannt werden. Auch die Ausschließung derer, denen die bürgerlichen Ehrenrechte aberkannt sind, vom Wahlrecht verwandelt das allgemeine Wahlrecht noch nicht zu einem beschränkten. Wohl aber muß nach heutigen Begriffen der Ausschluß des der Armenpflege Anheimgefallenen und des Konkursschuldners vom Wahlrecht als Verstoß gegen die Allgemeinheit des Wahlrechts angesehen werden, da zwischen dem Wahlrecht des Bismarckschen Reichs, das diesen Ausschluß anordnete, und dem „allgemeinen" Wahlrecht der Weimarer Reichsverfassung die Revolution von 1918 liegt, deren Zweck es gerade war, den wirtschaftlich Schwachen zu helfen. Vor allem verbietet die Allgemeinheit des Wahlrechts die Bevorzugung oder die Ausschließung gewisser Gesellschaftsklassen, Rassen, Stände, insbesondere auch die Einführung eines sog. Zensus, sei es eines Steuerzensus, demzufolge nur die Steuerzahler oder nur gewisse Steuerzahler wahlberechtigt sind, sei es eines Bildungszensus, der etwa alle Analphabeten von der Wahl ausschließt.

Das allgemeine Wahlrecht kann entweder gleich oder ungleich sein. Beim gleichen Wahlrecht hat jeder Wähler denselben Einfluß auf das Wahlergebnis wie ein anderer Wähler. Obschon die Ungleichwertigkeit der Menschen von keinem Vernünftigen geleugnet wird, ist doch das gleiche Wahlrecht mit den geringsten Willkürlichkeiten verbunden. Es berücksichtigt zwar auch nicht die Bedeutung der menschlichen Gruppen für den Staat, sondern sieht in der mannigfach gegliederten Gesellschaft nur Einzelne, aber diese objektive Ungerechtigkeit ist doch wenigstens frei von dem Verdachte irgendwelcher subjektiven Einseitigkeit, da sie ohne Ansehn der Person wirkt. Im Gegensatze dazu bevorzugt oder benachteiligt das ungleiche Wahlrecht einzelne Personen oder Gruppen von Personen. Dies geschieht einmal durch relative Vermehrung des Stimmgewichts bestimmter Wähler, so wenn vermöge einer unrichtigen Wahlkreiseinteilung („Wahlkreisgeometrie") der eine Wahlkreis stärker bevölkert ist als der andere und in beiden Wahlkreisen die gleiche Anzahl von Abgeordneten zu wählen ist, oder wenn die Wähler nach ihrer Steuerleistung derart in mehrere Gruppen geteilt werden, daß die Höchstbesteuerten, die ein Drittel der direkten Steuern aufbringen, einen Abgeordneten oder Wahlmann wählen, die Nächstbesteuerten, die das zweite Drittel der Steuern zahlen, ebenfalls einen Abgeordneten oder Wahlmann wählen und ebenso alle Niedrigstbesteuerten oder Unbesteuerten (preußisches „Dreiklassenwahlrecht"). Das Wahlrecht kann aber auch ungleich gemacht werden durch absolute Vermehrung des Stimmgewichts einzelner Wähler, nämlich durch Zuweisung einer, zweier, dreier Zusatzstimmen an gereifte, gebildete, vermögende Personen (z. B. früheres sächsisches und hessisches Mehrstimmen- oder Pluralstimmenrecht). Eine dritte Art des ungleichen Wahlrechts entsteht durch die Einräumung des Rechts an bevorzugte Einzelne, sich an verschiedenen Wahlen zu beteiligen, so an den Wahlen zur ersten und zur zweiten Kammer oder auch an den Wahlen zu einer einzigen Kammer in der „allgemeinen Wählerklasse" und außerdem in der „Wählerklasse des großen Grundbesitzes" (Österreich 1896—1907).

Eine weitere Frage ist die, ob das Wahlrecht unmittelbar oder mittelbar sein soll. Beim unmittelbaren Wahlrecht wird der Abgeordnete durch das Volk selbst gewählt, beim mittelbaren Wahlrecht durch die vom Volke gewählten Wahlmänner. Obgleich der mittelbaren Wahl der Gedanke einer verfeinerten Auslese zugrunde liegt, gehört sie in Deutschland wohl endgültig der Vergangenheit an, zumal sie im preußischen Dreiklassenwahlrecht durch häufige Unterdrückung der dritten Klasse verbitternd gewirkt hatte. Tatsächlich, nicht rechtlich, besteht die mittelbare Wahl allerdings bei der Aufstellung der zu wählenden Kandidaten, da der Kandidat vom Parteivorstand benannt zu werden pflegt, der Parteivorstand aber seinerseits einer Wahl seine Stellung verdankt.

Neben einer Reihe weiterer Einzelfragen, unter denen die bedeutendste, ob öffentlich oder geheim gewählt werden soll, durchweg im Sinne der geheimen Wahl beantwortet wird, bleibt noch das Hauptproblem: In welcher Weise soll aus der Summe der abgegebenen Stimmen der Abgeordnete ermittelt werden? Soll die Mehrheit allein siegen oder soll auch die Minderheit vertreten sein?

Das Mehrheitssystem oder Majoritätsprinzip würde in seiner brutalsten Form darin bestehen, daß das ganze Land einen einzigen Wahlkreis bildete, die Abgeordneten einzeln hintereinander oder zusammen auf einer Liste gewählt würden und als gewählt ausnahmslos die Abgeordneten gälten, die die meisten Stimmen erhalten haben. Die Folge würde sein, daß bei straffer Parteidisziplin eine einzige Partei sämtliche Sitze bekäme, ein Ergebnis, das nur durch das Erfordernis der absoluten Mehrheit gemildert werden könnte. Bei der Mehrheitswahl unterscheidet man nämlich die einfache Mehrheit, auch relative Mehrheit genannt, und die absolute Mehrheit. Die einfache Mehrheit hat der Kandidat, der mehr Stimmen auf sich vereinigt als ein anderer, die absolute Mehrheit der Kandidat, der mehr als die Hälfte aller abgegebenen gültigen Stimmen erhalten hat, also bei geraden Zahlen eine Stimme, bei ungeraden Zahlen eine halbe Stimme über die Hälfte. Verlangt nun das Gesetz absolute Mehrheit, so kommt es, wenn keine Partei die absolute Mehrheit hat, zur Stichwahl zwischen den beiden oder mehreren meistbegünstigten Bewerbern. Hierbei ist die Mehrheitspartei auf die Wahlhilfe einer anderen Partei angewiesen, die aber nur gewährt werden wird, wenn die Mehrheitspartei auch der anderen Partei zu einer Reihe von Abgeordnetensitzen verhilft.

In dieser brutalen Form ist jedoch das Mehrheitssystem nirgends verwirklicht, vielmehr werden die Abgeordneten, wie in den Reichstagswahlen vor 1918, in einzelnen Wahlkreisen gewählt. Im einzelnen Wahlkreis kommt die Minderheit allerdings auch hier nicht zu Worte. Da jedoch die Parteien nicht an allen Orten im Verhältnis zueinander gleich stark vertreten sein werden, ist es leicht möglich, daß das Gesetz der großen Zahl einen gewissen, ja sogar einen vollständigen Ausgleich schafft. Angenommen, es gäbe zwei Parteien mit einer Gesamtstärke von 6000 und 4000 Stimmberechtigten, die im ganzen 100 Abgeordnete in 100 Wahlkreisen zu wählen haben, so ist es zwar möglich, daß immer etwa 60 Wähler der Partei A 40 Wählern der Partei B gegenüberstehen und so die Partei A sämtliche Sitze erhält. Viel wahrscheinlicher aber ist es, daß auch die Partei B in einigen Wahlkreisen die Mehrheit hat. Man nehme nur den einfachen Grenzfall, daß die Parteien geographisch reinlich getrennt auftreten, so hat die Partei A in 60 Wahlkreisen je 100 Wähler hinter sich, die Partei B in 40 Wahlkreisen ebenfalls je 100 Wähler, die Minderheit würde also hier vollkommen ihrer Stärke entsprechend vertreten sein. Man muß dies besonders betonen, weil dem früheren Reichstagswahlrecht der Vorwurf gemacht wird, es habe die Minderheiten überhaupt nicht berücksichtigt. Man vergißt dabei das Gesetz der großen Zahl und die statistisch zu erhärtende Tatsache, daß in den früheren Reichstag auch kleine Parteien gewählt wurden. Daß gewisse Parteien, wie die Sozialdemokraten, unverhältnismäßig schlecht, andere, wie die Konservativen, unverhältnismäßig gut vertreten waren, lag weniger am Mehrheitssystem als an der durch Unterlassung einer neuen Wahlkreiseinteilung verschuldeten Wahlkreisgeometrie, kraft deren das schwach bevölkerte platte Land zu viel, die in starker Bevölkerungszunahme begriffenen Städte zu wenig Abgeordnete zu wählen hatten. Die Behauptung von der Erdrosselung der Minderheit durch das frühere Wahlrecht wird vollends Lügen gestraft, wenn man bedenkt, daß durch eigentümliche Zahlenkombinationen die Minderheiten sogar in die Lage versetzt werden konnten, im Reichstag als Mehrheit zu erscheinen. Man nehme im oben genannten Beispiel den Grenzfall, daß Partei B in achtzig Wahlkreisen mit je 50 Wählern, Partei A in den gleichen Wahlkreisen mit je 49 Wählern und in den übrigen zwanzig Wahlkreisen mit je 104 Wählern vertreten ist, so erhält Partei B 80 Sitze und Partei A nur 20 Sitze, obgleich ihr verhältnismäßig 120 Sitze, also sechsmal soviel, zuständen.

Zugunsten des Mehrheitssystems lassen sich eine Reihe von Gründen ins Feld führen. Gewählt wird in erster Linie nicht unbedingt die Partei, sondern die Persönlichkeit; denn da die Wahl Einzelwahl ist, ist der zu wählende Führer nicht mit einer Liste unbedeutender Parteigenossen verkoppelt; er tritt als einzelner den Wählern gegenüber und veranlaßt viele Wähler, ihn als den Tüchtigsten zu wählen, selbst wenn sie sonst Mitläufer einer anderen Partei sind. Außer dem Vorzug der Führerauslese hat die Einzelwahl nach dem Mehrheitssystem noch die Bedeutung einer Berücksichtigung der menschlichen Gruppen. Der Wahlkreis fällt vielfach ganz oder annähernd mit gewissen natürlichen oder politischen Bezirken zusammen. Ist dies z. B. eine größere Stadt, so hat die Stadt den Abgeordneten gewählt, und es ist nur recht und billig, daß die überstimmte Minderheit unberücksichtigt bleibt, da sie auch bei anderen Willensäußerungen der Stadt nichts zu sagen hat. Bei einer Zusammenzählung sämtlicher Stimmen der Minderheiten im ganzen Reiche würde eine Macht vorgetäuscht, die gar nicht besteht, da die zerstreut vorkommende Minderheit eben bedeutend schwächer ist als die zahlenmäßig gleiche geschlossene. Die Einzelwahl nach dem Mehrheitssystem ermöglicht endlich eine Ersatzwahl bei Wegfall eines Abgeordneten durch Tod oder Verzicht im Laufe der Wahlperiode, während bei der Listenwahl der nächste auf der Liste stehende, bisher unberücksichtigt gebliebene Parteifreund mechanisch nachrückt, vermutlich eine weniger bedeutende Persönlichkeit, da sie an so später Stelle auf der Liste steht. Die Ersatzwahlen haben namentlich die Bedeutung eines Barometers für einen zu erwartenden oder nicht zu erwartenden Umschwung der Volksstimmung während der Wahlperiode und sind insofern wichtig für die Entschlüsse der von der öffentlichen Meinung stark abhängigen Regierung.

Trotzdem wiegen die Zahlenwillkürlichkeiten und die Zahlenüberraschungen, die das Mehrheitssystem mit sich bringt, so schwer, daß immer lauter die Forderung nach einem System erhoben wurde, das die Minderheit und, wie wir nach obigem hinzusetzen müssen, auch die Mehrheit vor Vergewaltigungen schützt. Sieht man von den unbeholfenen Systemen der Minderheitsvertretung durch beschränkte Stimmgebung und durch Stimmenhäufung ab, so läßt sich die Forderung nur durch die Einführung der **Verhältniswahl** (Proportionalwahl) befriedigen.

Die frühesten Systeme der Verhältniswahl stammen aus der Mitte des vorigen Jahrhunderts. In Deutschland verwirklicht war die Verhältniswahl vor der Revolution z. B.

bei den Staatswahlen in Württemberg und Hamburg, den Gemeindewahlen in Bayern und Baden, den Wahlen zu den Vertreterschaften der Arbeiterversicherung und zu den Gewerbe- und Kaufmannsgerichten. Auch für die Reichstagswahlen in den großen Städten war die Verhältniswahl wenige Monate vor der Revolution eingeführt worden.

Die erste Frage bei der Verhältniswahl lautet: wieviel Abgeordnetensitze erhalten die einzelnen Parteien? oder, da wenigstens in neuerer Zeit immer Listen von Bewerbern gewählt werden, wieviele Abgeordnetensitze sind den einzelnen Listen zuzuweisen? Nach dem für die Listenwahl umgeänderten System des Engländers Hare (1859) lautet die Antwort sehr einfach so: Die Gesamtzahl der abgegebenen Stimmen wird durch die Zahl der zu wählenden Abgeordneten geteilt; man erhält so den Wahlquotienten oder die Verteilungszahl. Teilt man die für die einzelnen Listen abgegebenen Stimmen durch den Wahlquotienten, so erhält man die Zahl der auf die einzelnen Listen entfallenden Abgeordneten. Wird — wie fast immer — auf diese Weise nicht die Gesamtzahl der Abgeordnetensitze verteilt, so erhalten die Listen mit den größten bei der Division verbliebenen Resten je einen weiteren Abgeordneten, bis die Zahl der Abgeordneten voll ist. Es seien z. B. zehn Abgeordnete zu wählen, die Liste A hat 4160 Stimmen erhalten, die Liste B 3380, die Liste C 2460. Da im ganzen 4160 + 3380 + 2460 = 10000 Stimmen abgegeben sind, beträgt die Verteilungszahl 10000 : 10 = 1000. Teilt man diese Zahl in die für die einzelnen Listen abgegebenen Stimmen, so erhält Liste A vier Abgeordnete mit einem Rest von 160 Stimmen, Liste B drei Abgeordnete mit einem Rest von 380 Stimmen, Liste C zwei Abgeordnete mit einem Rest von 460 Stimmen. Gewählt wären also nur 4 + 3 + 2 = 9 Abgeordnete, folglich erhält die Liste mit den meisten Reststimmen, also Liste C, einen weiteren Abgeordneten. Dies System gilt heute z. B. für die Wahlen zu den preußischen Provinziallandtagen und Kreistagen (preuß. Ges. v. 3. Dez. 1920 §§ 8, 20) und zum sächsischen Landtag (Ges. v. 4. Sept. 1920 § 27). Aber gerade das Beispiel zeugt von einem rechnerischen Bedenken, das frühzeitig gegen das System Hare erhoben werden mußte. Das System ist zwar völlig einwandfrei, wenn es keine Reste gibt, und auch bei vorkommenden Resten kann es einwandfrei sein, nur führt es hier leicht zu einer ungerechten Begünstigung der kleinen Parteien. Im oben genanntem Beispiel hat die Partei C den letzten Abgeordneten, also im ganzen drei Abgeordnete erhalten. Auf einen Abgeordneten der Partei C entfallen demgemäß 2460 : 3 = 820 Stimmen. Hätte man den letzten Sitz der Partei B zuerkannt, so wäre die durchschnittliche Stimmenzahl für einen Abgeordneten der Partei B 3380 : 4 = 845 gewesen und bei Partei A 4160 : 5 = 832. Bei wirklich gerechter Verteilung hätte also Partei B einen weiteren Sitz erhalten müssen und nicht Partei C, vielmehr hätte Partei C sogar auch noch hinter Partei A zurücktreten müssen, da es offenbar gerechter ist, daß auf je 845 Stimmen der Partei B und auf je 832 Stimmen der Partei A ein Abgeordneter kommt, als auf je 820 Stimmen der Partei C. Diesen Mißstand vermeidet das System des Belgiers d'Hondt (1882). Während das Haresche System nur das Verhältnis der Parteien zur gesamten Wählerschaft im Auge hat, berücksichtigt d'Hondt ausschließlich das Verhältnis der Parteien zueinander. Nach d'Hondt soll keine Partei einen Sitz oder einen weiteren Sitz erhalten, wenn sie den Sitz mit einer geringeren Stimmenzahl erkaufen würde als eine andere Partei, falls man dieser den Sitz zuwiese. Um diesen beim Hareschen System leicht vorkommenden Fehler zu vermeiden, werden die für die einzelnen Parteien abgegebenen Stimmen zunächst durch 1, dann durch 2, 3, 4 usw. geteilt. Man erhält so die Stimmenzahl, mit der die Parteien einen Abgeordneten durchbringen, je nachdem ihnen ein, zwei, drei, vier usw. Sitze zugeteilt werden. Ordnet man die so gewonnenen Zahlen nach der Größe und bezeichnet sie nach der Liste, der sie angehören, und bricht man die Reihe ab, sobald die Zahl der zu wählenden Abgeordneten erreicht ist, so kann man unmittelbar ablesen, wieviel Abgeordnete auf die einzelnen Listen fallen. Im oben genannten Beispiel würde also die Rechnung sich folgendermaßen gestalten:

	Liste A	Liste B	Liste C		Liste A	Liste B	Liste C
:1	4160	3380	2460	:4	1040	845	615
:2	2080	1690	1230	:5	832	676	492
:3	$1386\,^2/_3$	$1126\,^2/_3$	820	:6	$693\,^1/_3$	$563\,^1/_3$	410.

Die zehn größten Zahlen sind 4160 (A), 3380 (B), 2460 (C), 2080 (A), 1690 (B), $1386\,^2/_3$ (A), 1230 (C), $1126\,^2/_3$ (B), 1040 (A), 845 (B). Liste A erhält demnach vier Sitze, Liste B ebenfalls vier Sitze, Liste C zwei Sitze. Der Sinn der Rechnung ist der, daß, wenn A viermal unter den größten Zahlen erscheint, A viermal so viel Stimmen erhalten hat, als die letzte von den vier Zahlen angibt ($4 \cdot 1040 = 4160$), und daß gerechterweise A vier Sitze zugeteilt werden müssen, ehe B mit $4 \cdot 845$ Stimmen einen vierten Sitz erhält oder C mit 820 Stimmen einen dritten. Ganz befriedigt diese Lösung allerdings auch nicht, denn es ist schwer einzusehen, warum Liste B, die noch nicht einmal das ein-und-einhalbfache der Stimmenzahl der Liste C auf sich vereinigt hat, nicht etwa die einundeinhalbfache, sondern sogar die doppelte Zahl von Abgeordneten erhält als Liste C. Der Fehler wird noch deutlicher, wenn z. B. drei Abgeordnete zu wählen sind und Liste A 2000, Liste B 1400, Liste C 900 Stimmen erhalten haben. Dann entfallen auf Liste A zwei und auf Liste B ein Abgeordneter, Liste C geht leer aus. Liste A und Liste B erhalten also, mathematisch ausgedrückt, unendlich mal soviel Abgeordnete als Liste C, obgleich sie zusammen noch nicht einmal viermal soviel Stimmen auf sich vereinigt haben als Liste C. Trotz dieser leicht in die Augen springenden Bedenken erfreut sich das d'Hondtsche System großer Beliebtheit. Die Wahlen der Reichsversicherungsordnung werden fast durchweg nach ihm vorgenommen, es galt für die Wahlen zur verfassunggebenden deutschen Nationalversammlung und zur verfassunggebenden preußischen Landesversammlung von 1919 und gilt heute z. B. für die Wahlen zum preußischen Staatsrat (Ges. v. 16. Dez. 1920 § 18). Eine Unannehmlichkeit hat das System allerdings, wenn viele Abgeordnete zu wählen sind; die Rechnung ist dann ziemlich umständlich, auch kann man sich leicht bei der Ordnung der Zahlen nach der Größe irren. Diesem Mangel sucht das System des Basler Professors Hagenbach-Bischoff abzuhelfen, das im Endergebnis mit dem d'Hondtschen übereinstimmt, in der Ausrechnung aber zunächst dem System Hare folgt. Selbst wenn nämlich das Haresche System bei der Verteilung der Reste zu ungerechten Ergebnissen führt, so bringt es doch zunächst, d. h. vor der Restverteilung, eine brauchbare Annäherung. Das Haresche System wird ferner nur in ganz seltenen, bei großen Zahlen völlig unwahrscheinlichen Fällen sofort alle Sitze zur Verteilung bringen, da hierfür der Wahlquotient in alle Zahlen restlos aufgehen müßte. Wahrscheinlich wird bei der Division mindestens ein Sitz übrig bleiben. Auf dieser Erwägung beruht die erste Vorschrift des Hagenbach-Bischoffschen Systems, daß nämlich zur Ermittelung des Wahlquotienten die Zahl der abgegebenen Stimmen nicht durch die Zahl der Sitze, sondern durch die um eins größere Zahl geteilt wird. Es wird also so verfahren, als ob ein Abgeordneter mehr gewählt werden soll, weil dann mit einiger Wahrscheinlichkeit die sämtlichen Sitze auf den ersten Hieb verteilt werden. Das trifft z. B. in dem Falle zu, daß drei Abgeordnete zu wählen sind und Liste A 2000, Liste B 1100 und Liste C 800 Stimmen erhalten hat. Der Wahlquotient ist $(2000 + 1100 + 800) : (3 + 1) = 975$. $2000 : 975 = 2$, $1100 : 975 = 1$, $800 : 975 = 0$. Wie beim d'Hondtschen System erhält also Liste A zwei Sitze, Liste B einen Sitz, während Liste C leer ausgeht. Wie aber, wenn trotz dieser Verkleinerung des Wahlquotienten ein Sitz oder mehrere Sitze übrig bleiben? Dies wäre etwa im ersten der oben genannten Beispiele der Fall, da auch bei einem Wahlquotienten 10000 : 11 = 910 (aufgerundet) Liste A vier, Liste B drei und Liste C zwei, zusammen also nur neun Sitze erhalten. Hier macht sich Hagenbach-Bischoff den d'Hondtschen Gedanken zu eigen. Es wird untersucht, was gerechter ist: daß Liste A einen fünften oder daß Liste B einen vierten oder daß Liste C einen dritten Sitz bekommt. Da sich nach der Rechnung: 4160 : 5 = 832, 3380 : 4 = 845, 2460 : 3 = 820 ergibt, daß ein Abgeordneter die verhältnismäßig größte Zahl von Wählern hinter sich hat, wenn man der Liste B den letzten Sitz zuweist (845 gegen 832 und 820), so erhält Liste B einen vierten Sitz. In dieser Weise müßte auch verfahren werden, wenn noch ein weiterer Sitz zur Verteilung käme. Der Sitz dürfte nicht ohne nähere Prüfung der Liste A zugewiesen werden, sondern es müßte erst geprüft werden, ob es nicht gerechter wäre, Liste B mit einem fünften Sitze zu bedenken. Da 3380 : 5 nur 676 ergibt, würde in diesem Falle allerdings der elfte Sitz auf Liste A fallen. In der Schweiz erdacht, wurde dies System Hagenbach-Bischoff vor allem in der Schweiz in die Tat umgesetzt, so bei den Wahlen zum Nationalrat seit 1919.

Schon konnte man glauben, die Erfindungen von Verhältniswahlsystemen seien zum Abschluß gelangt, als man in Deutschland ein Verfahren erdachte, das sich durch Einfachheit auszeichnet und würdig neben dem englischen, dem belgischen und dem schweizerischen System bestehen kann: das sog. automatische Verfahren. Bisher war man von einer festen Zahl von Abgeordnetensitzen ausgegangen, die auf die einzelnen Listen zu verteilen waren. Beim automatischen Verfahren dagegen hängt die Zahl der Abgeordneten von der Stärke der Wahlbeteiligung ab. Das Verfahren wurde zuerst für die badischen Landtagswahlen eingeführt (Verfassung § 25) und dann für die Reichstagswahlen und die preußischen, thüringischen, mecklenburg-schwerinschen und oldenburgischen Landtagswahlen übernommen. Jede Partei erhält auf je 10000 (Baden) oder 60000 (Reich) oder 40000 (Preußen) der für ihre Liste abgegebenen Stimmen einen Abgeordneten. Reste werden wie eine volle Zahl berücksichtigt, wenn sie mehr als die Hälfte (Reich, Preußen) oder mehr als drei Viertel (Baden) der vollen Zahl betragen. Das Verfahren hat also eine gewisse Ähnlichkeit mit dem Hareschen Verfahren, nur daß der Wahlquotient nicht von Fall zu Fall ermittelt wird, sondern vom Gesetzgeber ein für allemal festgesetzt ist.

Die zweite Hauptfrage bei der Verhältniswahl lautet: wie werden die den einzelnen Listen zugewiesenen Abgeordnetensitze auf die Bewerber verteilt? Welche Bewerber gelten als gewählt? Die einfachste Antwort hierauf gibt das System der streng gebundenen Liste, nach dem ausschließlich die Reihenfolge auf der Liste entscheidet. Hat also Liste A mit den Bewerbern A_1, A_2 usw. fünf Sitze erhalten, so sind die Bewerber $A_1 - A_5$ gewählt. Scheidet einer von den Abgeordneten später aus, so rückt mechanisch A_6 nach, vielfach zum großen Erstaunen der Wähler, die es nicht begreifen können, daß z. B. ihr Führer A_1 durch eine Mittelmäßigkeit ersetzt wird. Dies System herrscht z. Zt. in Deutschland. Eine etwas größere Freiheit wird dem Wähler beim System der einfach gebundenen Liste eingeräumt. Er ist zwar auch hier an die Namen der Liste insofern gebunden, als er keinen neuen Namen einsetzen darf, doch kann er einzelne Namen streichen und die Reihenfolge der Namen ändern. Früher verteilte man die Abgeordnetensitze einfach nach der Stimmenzahl. Da es aber auf diese Weise für Böswillige ein leichtes war, durch Abgabe von Stimmzetteln der Partei mit Streichung der an erster Stelle genannten Bewerber die Liste zu verschlechtern, sie zu „köpfen", die Partei ihrer Führer zu berauben, mußte ein Verfahren erdacht werden, das diesen Fehler vermeidet und nicht nur berücksichtigt, wie oft ein Kandidat überhaupt, sondern wie oft er an erster, zweiter usw. Stelle genannt wird. Dies geschieht im System des jetzigen Oberbürgermeisters von Nürnberg Luppe, das er als Magistratssyndikus in Frankfurt a. M. für die Wahlen zum Frankfurter Kaufmanns- und Gewerbegericht entworfen hat. Darnach gilt an erster Stelle als gewählt, wer die meisten Stimmen an erster Stelle erhalten hat, an zweiter Stelle, wer von den übrigen Bewerbern die meisten Stimmen an erster und zweiter Stelle zusammen erhalten hat usw. Noch größer ist die Freiheit des Wählers beim sog. Panaschieren (= Sprenkeln). Der Wähler kann die Namen aus mehreren Wahlvorschlägen nehmen und so eine eigene Liste zusammenstellen. Verbunden ist diese Freiheit vielfach mit der des Kumulierens, d. h. der Befugnis, den Namen eines bevorzugten Bewerbers auf Kosten anderer Bewerber mehrmals zu nennen. Beim Verhältniswahlsystem mit Panaschierungsfreiheit wird jede für einen Bewerber abgegebene Stimme sowohl dem Bewerber als auch der Vorschlagsliste gutgeschrieben, auf der er ursprünglich stand. Sind also für die Vorschlagsliste A mit den Bewerbern A_1 A_2 A_3 100 Stimmen abgegeben, für die Vorschlagsliste B mit den Bewerbern B_1 B_2 B_3 150 Stimmen und für eine daraus zusammengestellte Liste A_1 B_2 B_3 80 Stimmen, so hat Bewerber A_1 100 + 80, A_2 100, A_3 100, mithin Liste A 380 Stimmen erhalten, Bewerber B_1 150, B_2 150 + 80, B_3 150 + 80, mithin Liste B 610 Stimmen. Von drei zu verteilenden Abgeordnetensitzen erhält demnach Liste A einen, Liste B zwei. Bei der Unterverteilung ist klar, daß A_1 gewählt ist. Ob dagegen von der Liste B die Bewerber B_1 und B_2 oder die Bewerber B_2 und B_3 gewählt sind, hängt davon ab, ob das System Luppe zur Anwendung kommt oder nach altem System ausschließlich die Zahl der von den einzelnen Bewerbern auf sich vereinigten Stimmen entscheidet. Das Panaschieren war z. B. bei den Wahlen zur Hamburgischen Bürgerschaft nach dem Gesetze vom 5. März 1906 gestattet und findet sich neuerdings im schweizerischen Bundesgesetz, betreffend die Wahl des Nationalrates, vom 14. Februar 1919.

Während die streng gebundene Liste den Wähler einer kleinen Gruppe von Parteidiktatoren ausliefert, räumt ihm die einfach gebundene Liste, vor allem aber das System des Panaschierens einen bescheidenen Einfluß auf die Auslese des Führers ein. Damit wird der wunde Punkt der Verhältniswahl nach den heute üblichen Verfahrensarten berührt. Über der mathematisch-technischen Seite der Verhältniswahl hat man ihr wichtigstes Problem vernachlässigt: **Verhältniswahl und Führerauslese.** Bei der Mehrheitswahl stehen sich Persönlichkeiten als Bewerber gegenüber, über sie entbrennt der Streit und endet vielfach mit dem Siege des Tüchtigsten. Bei der Verhältniswahl der typischen Art dagegen stehen sich farblose Parteidogmen gegenüber, verbrämt durch eine Liste ziemlich willkürlich zusammengestellter Namen, ein Mangel, den man allmählich stark empfindet, und auf den in wissenschaftlicher Weise vor allem Smend hingewiesen hat (Festgabe für Bergbohm 1919). Und doch ist dies kein Fehler der Verhältniswahl als solcher, sondern nur ihrer noch ganz in den Kinderschuhen steckenden Systeme. Es läßt sich nämlich ein Verfahren andeuten, das die Vorzüge der Mehrheitswahl mit den Erfordernissen der verhältnismäßigen Vertretung vereinigt und daher die Führerauslese in gleichem Maße begünstigt wie die Mehrheitswahl. Wie oben gezeigt, ist es eine Übertreibung, der Mehrheitswahl die notwendige Unterdrückung der Minderheit vorzuwerfen. Die Mehrheitswahl kann auch zu einer Unterdrückung der Mehrheit führen. Zwischen diesen beiden Polen liegt die Möglichkeit einer verhältnismäßigen oder annähernd verhältnismäßigen Vertretung aller Parteien, und diese Möglichkeit ist, weil in der Mitte liegend, wahrscheinlicher als der Eintritt der beiden Extreme. Wird die Verhältnismäßigkeit nicht erreicht, so gibt es zwei Mittel, um das Wahlergebnis „stimmend" zu machen. Entweder ergänzt man die zu schwach berücksichtigten Parteien durch Zuweisung von Abgeordnetensitzen an Bewerber, die zwar unterlegen sind, aber mit den knappsten Mehrheiten geschlagen wurden oder die verhältnismäßig meisten Wähler hinter sich hatten. Oder man nimmt den zu stark vertretenen Parteien die Bewerber, die mit der knappsten Mehrheit gesiegt haben oder der verhältnismäßig kleinsten Wählerzahl ihren Sieg verdanken. Auch an eine Verbindung des Ergänzungs- und des Kürzungsverfahrens wäre zu denken. Wie sich das System im einzelnen gestaltet, ist nebensächlich. Daß aber die Entwicklung zu dieser oder einer ähnlichen Lösung drängt, darf man als sicher annehmen. Dann würden wieder die großen Wahlkreise verschwinden, die kleinen Wahlkreise hätten beim System der Ergänzung immer, beim System der Kürzung meist ihren eigenen Vertreter, unter Umständen deren zwei; es würde wieder um Persönlichkeiten gerungen werden, der Führer käme in das Parlament, der mißliebige Abgeordnete würde nicht wieder gewählt werden, während es heute kein Mittel gibt, den verhaßten Abgeordneten an der Rückkehr ins Parlament zu hindern. Auch Ergänzungswahlen, jene politischen Barometer, wären wieder möglich, wenigstens für solche ausgeschiedenen Abgeordneten, die bei der Wahl die Mehrheit hinter sich gehabt hatten, während die durch das Ergänzungsverfahren für gewählt erklärten Abgeordneten nach eben diesem Ergänzungsverfahren ersetzt werden müßten.

c) **Das geltende Reichstagswahlrecht.** Obgleich das heute geltende Wahlrecht nach dem soeben Gesagten vermutlich bald geändert werden wird (vgl. den durch die Reichstagsauflösung vom 20. Oktober 1924 zunächst erledigten Regierungsentwurf vom 21. August 1924, Drucksachen des Reichstags Nr. 445), sei es doch in seinen Grundzügen hier dargestellt.

Die Quellen des Reichstagswahlrechts sind die Verfassung, das Reichswahlgesetz vom 27. April 1920/6. März 1924 und die Verordnung vom 14. März 1924 über Reichswahlen und -abstimmungen (Reichsstimmordnung).

Reichstagswähler ist jeder männliche und weibliche Reichsangehörige, der am Wahltag zwanzig Jahre und darüber alt ist (Art. 22, Ges. § 1). Obgleich die Verfassung das allgemeine Wahlrecht vorschreibt, ist es nach früher Gesagtem zulässig, daß durch das Wahlgesetz vom Wahlrecht ausgeschlossen wird, „wer entmündigt ist oder unter vorläufiger Vormundschaft oder wegen geistigen Gebrechens unter Pflegschaft steht", ferner „wer rechtskräftig durch Richterspruch die bürgerlichen Ehrenrechte verloren hat". Für die Soldaten „ruht" die Ausübung des Wahlrechts während der Dauer der Zugehörigkeit zur Wehrmacht, eine Ausdrucksweise, die der Ehre des Soldaten nicht zu nahe tritt und ihm außerdem die Wählbarkeit beläßt. Gewisse unfreie Personen endlich, wie Straf- und Untersuchungsgefangene, sind in der Ausübung ihres Wahlrechts behindert, haben also keinen Anspruch auf Urlaub zwecks Abgabe der Stimme.

„Wählbar ist jeder Wahlberechtigte, der am Wahltag fünfundzwanzig Jahre alt und seit mindestens einem Jahre Reichsangehöriger ist" (§ 4), also auch Angehörige der Wehrmacht und die an der Ausübung des Wahlrechts nur behinderten Personen. Von der Unwählbarkeit zu scheiden ist die Unvereinbarkeit. Die einzige der Reichsverfassung bekannte Unvereinbarkeit ist heute die zwischen Reichspräsidentschaft und Abgeordneteneigenschaft (Art. 44). Die Vereinbarkeit der Eigenschaft eines Abgeordneten mit der eines Beamten und eines Angehörigen der Wehrmacht wird ausdrücklich durch die Bestimmung anerkannt, daß diese Personen zur Ausübung ihres Amtes als Mitglieder des Reichstags keines Urlaubs bedürfen (Art. 39). Vor allem fehlt heute eine Bestimmung, die der früheren Unvereinbarkeit der Mitgliedschaft im Reichstag und im Bundesrat entspräche und die die Ernennung eines im Reichstage verbleibenden Reichstagsabgeordneten zum Reichskanzler oder Reichsminister unmöglich machte. Vielmehr ist es heute sogar das Gegebene, daß Reichskanzler und Reichsminister zugleich Mitglieder des Reichstags sind. Die Unvereinbarkeit unterscheidet sich von der Unwählbarkeit dadurch, daß die auf einen unwählbaren Kandidaten abgegebenen Stimmen ungültig sind, während im Falle der Unvereinbarkeit nur verlangt wird, daß sich der Kandidat für eines der beiden Ämter entscheidet. Die Frage hat zur Zeit allerdings ihre Bedeutung weniger für die Reichstagswahlen als für die Wahl des Reichspräsidenten.

Die räumlichen Grundlagen der Wahl bilden der Wahlkreis, der Wahlkreisverband, das Reich einerseits, die Wahlbezirke andererseits. Räumliche Einheit für die Berechnung der den einzelnen Parteien zuzuweisenden Abgeordnetensitze ist zunächst der Wahlkreis, der etwa zehnmal so groß ist als ein Wahlkreis der Bismarckschen Verfassung. Ganz Schleswig-Holstein, ganz Württemberg, ganz Baden bilden z. B. je einen Wahlkreis. Es gibt deren im ganzen fünfunddreißig. Der größte umfaßt 2589000, der kleinste 871000 Einwohner. Auf das Wahlergebnis hat die Verschiedenheit der Größe keinen wesentlichen Einfluß, da die unverbrauchten Reststimmen auf die Wahlkreisverbände und schließlich auf das Reich übertragen werden können. Für die Verwertung der Reststimmen werden nämlich je zwei oder drei benachbarte Wahlkreise zu — im ganzen sechzehn — Wahlkreisverbänden vereinigt. So bilden Württemberg und Baden zusammen den Wahlkreisverband XVI, die drei Wahlkreise Dresden-Bautzen, Leipzig und Chemnitz-Zwickau den Wahlkreisverband XV (Sachsen). Darüber baut sich das Reich als der größte Verband für die Verwertung der weder in den Wahlkreisen noch in den Wahlkreisverbänden zur Geltung gekommenen Stimmen auf. Im Gegensatze dazu ist der Wahlbezirk nur eine Einrichtung zur bequemen Abgabe der Stimmzettel. „Für die Stimmabgabe wird jeder Wahlkreis in Wahlbezirke geteilt, die möglichst mit den Gemeinden zusammenfallen" (§ 9). Zerlegung großer Gemeinden und Zusammenlegung kleiner Gemeinden ist zulässig.

Der Wahlbezirk ist zugleich die räumliche Grundlage für die Führung der Wählerliste, die jetzt auch in der Form der Wahlkartei zulässig ist. Nach § 11 des Gesetzes wird in jedem Wahlbezirke für die dort wohnhaften Wähler eine Wählerliste geführt. Für die an der Grenze im Auslande wohnenden Wahlberechtigten ist nach deren Bestimmung eine benachbarte deutsche Gemeinde zuständig. Die Eintragung geschieht nach Prüfung der Wahlberechtigung mit Rücksicht auf eine bestimmte Wahl. Es gilt also das System der Liste von Fall zu Fall, nicht das der dauernden Liste, die immer auf dem laufenden gehalten wird. Wenn die alten Listen tatsächlich der Neuaufstellung zugrunde gelegt werden, so ist dies eine rechtlich gleichgültige Tatsache. Die maßgebliche Prüfung erstreckt sich doch immer auf die ganze Liste, nicht nur auf die Zugänge und Abgänge. Daraus erklärt sich die zunächst befremdliche Erscheinung, daß für die Frage der Zulassung zur Wahl jedenfalls von Reichswegen der Rechtsweg nicht eröffnet ist, denn da die Liste von Fall zu Fall, also kurz vor der Wahl, zusammengestellt wird, bleibt kaum Zeit für ein geordnetes gerichtliches Verfahren. Was möglich ist, ist nur die Nachprüfung in einem eiligen, ziemlich formlosen Verwaltungsverfahren. Die Listen werden nämlich zur allgemeinen Einsicht öffentlich ausgelegt (Ges. § 13). Der Reichsminister des Innern bestimmt die Auslegungsfrist und den Tag, von dem ab die Listen auszulegen sind, und die Gemeindebehörde macht vor der Auslegung der Listen in ortsüblicher Weise bekannt, wo, wie lange und zu welchen Tagesstunden die Listen zu jedermanns Einsicht ausgelegt werden, sowie in welcher Zeit und in welcher Weise Einsprüche gegen sie erhoben werden können (RStimmO. § 18). Einspruch kann jeder erheben, der die Liste für unrichtig oder unvollständig hält, also nicht nur der unmittelbar Betroffene, vor allem der Übergangene. Wird der Einspruch nicht ohne weiteres für begründet erachtet, so bedarf es einer förmlichen Entscheidung des Magistrats oder der sonstigen zuständigen Verwaltungsbehörde; in Lübeck entscheidet das Verwaltungsgericht in einem von ihm nach freien Ermessen zu regelnden Verfahren. Die Entscheidung muß spätestens am vorletzten Tage vor der Wahl gefällt und den Beteiligten bekanntgegeben sein (RStimmO. § 19). Über die Bedeutung der so berichtigten Liste läßt sich soviel mit Sicherheit sagen, daß, vorbehaltlich der Vorschriften über die Wahlscheine, niemand wählen kann, der nicht in einer Liste eingetragen ist, und daß der Wähler nur in dem Wahlbezirke wählen kann, in dessen Liste er eingetragen ist (Ges. §§ 3, 14). Neben dieser negativen hat die Wählerliste zum mindesten die eine positive Bedeutung, daß nach Ablauf der Auslegungsfrist als stimmberechtigt Eingetragene nur auf rechtzeitig angebrachte Einsprüche gestrichen werden können (RStimmO § 20). Dagegen ist es eine nach wie vor vom Gesetzgeber ungelöst gelassene Frage, ob die unanfechtbar gewordene fälschliche Eintragung dem Eingetragenen das Stimmrecht verleiht oder nicht. Ein Ausländer z. B. ist versehentlich eingetragen. Kann er wegen „Wahlbetrugs" bestraft werden, wenn er das ihm angeblich zustehende Wahlrecht ausübt? Das Reichsgericht bejaht in solchen Fällen, während das preußische Oberverwaltungsgericht der Wählerliste Unüberprüfbarkeit zubilligt. Man wird fragen müssen, ob über die Wahlberechtigung im Einspruchsverfahren entschieden wurde oder nicht. Liegt eine förmliche Entscheidung des Landrats, Magistrats usw. vor, die die Wahlberechtigung bejaht, dann kann die Ausübung des Wahlrechts keine strafbare Handlung sein. War aber der angeblich Wahlberechtigte versehentlich in die Liste aufgenommen worden, ohne daß es zu einer Beanstandung kommt, dann teilt die Liste die Eigenschaft der erdrückenden Mehrzahl aller Beurkundungen: sie hat zwar die Vermutung der Gültigkeit für sich, läßt aber den Beweis des Gegenteils zu. Im Wahlprüfungsverfahren allerdings wird die Wahlberechtigung unter allen Umständen nachgeprüft werden dürfen, da nicht anzunehmen ist, daß das Wahlprüfungsgericht durch die Entscheidungen des Landrats, Magistrats usw. gebunden werden sollte.

Während die Wählerliste den Wähler örtlich bindet, ermöglicht ihm die Einrichtung der Wahlscheine die Abgabe der Stimme in jedem beliebigen Wahlbezirk des Deutschen Reichs. Der Wahlschein ist in der Regel eine Ausfertigung aus der Wählerliste; er wird einem Wähler auf Antrag nur erteilt, wenn er sich am Wahltag während der Wahlzeit aus zwingenden Gründen außerhalb seines Wahlbezirks aufhält, oder wenn er nach Ablauf der Einspruchsfrist seine Wohnung in einen anderen Wahlbezirk verlegt, oder wenn er infolge eines körperlichen Leidens in seiner Bewegungsfreiheit behindert ist und durch den Wahlschein die Möglichkeit erhält, einen für ihn günstiger gelegenen Wahlraum aufzusuchen. Nur in ganz seltenen Fällen erhält der Wähler einen Wahlschein, ohne in der Wählerliste eingetragen zu sein, nämlich wenn er nachweist, daß er ohne sein Verschulden die Einspruchsfrist versäumt hat, oder wenn er Soldat war, aber nach Ablauf der Einspruchsfrist aufgehört hat, es zu sein, oder wenn er Auslandsdeutscher war und seinen Wohnort nach Ablauf der Einspruchsfrist in das Inland verlegt hat (Ges. § 12).

Für die Abwickelung des Wahlgeschäfts bedarf es einer Organisation der Wahlbezirke und der höheren Einheiten. Für jeden Wahlbezirk wird vom Landrat, Magistrat, Bürgermeister, Bezirksamt, Amtshauptmannschaft, Oberamtmann usw. ein Wahlvorsteher und ein Stellvertreter ernannt. Der Wahlvorsteher beruft unter Berücksichtigung der verschiedenen Parteien drei bis sechs Beisitzer aus den Wählern seines Wahlbezirks und einen Schriftführer aus den Wählern seines oder eines anderen Wahlbezirkes. Die Übernahme dieser und der sonstigen bei den Wahlen vorkommenden ehrenamtlichen Tätigkeiten kann nur aus besonderen Gründen abgelehnt werden. Der Wahlvorsteher, sein Stellvertreter, die Beisitzer und der Schriftführer bilden den Wahlvorstand (Ges. §§ 10, 38ff., RStimmO. § 35). Für jeden Wahlkreis werden vom Oberpräsidenten, Regierungspräsidenten usw. ein Kreiswahlleiter und ein Stellvertreter ernannt (Ges. § 16). Der Kreiswahlleiter beruft nach Anhörung der Parteileitungen aus den Wählern vier bis acht Beisitzer, die zusammen mit ihm als Vorsitzenden den Wahlausschuß bilden (Ges. § 21). Ebenso wird für jeden Wahlkreisverband ein Verbandswahlleiter und ein Stellvertreter ernannt und im Bedarfsfall ein Verbandswahlausschuß gebildet, der aus dem Verbandswahlleiter als Vorsitzenden und vier Beisitzern besteht, die dieser aus den Wählern beruft (§§ 16, 22). Endlich ernennt der Reichsminister des Innern zur Vorprüfung und Feststellung der Wahlergebnisse im ganzen Reichsgebiet einen Reichswahlleiter und einen Stellvertreter; der Reichswahlleiter ist zugleich Vorsitzender des Reichswahlausschusses, der außer dem Vorsitzenden aus sechs von ihm aus den Wählern zu berufenden Beisitzern besteht (§§ 8, 23).

Die Wahlhandlung selbst bedarf eines Anstoßes von „oben", das Volk hat nicht die Möglichkeit, sich selbst als Wählerschaft zu organisieren. Den Tag der Hauptwahl bestimmt der Reichspräsident (Ges. § 6). Der Wahltag muß ein Sonntag oder öffentlicher Ruhetag sein (RV. Art. 22). Die Neuwahl muß spätestens am sechzigsten Tage nach dem normalen Ablauf der Wahlperiode oder nach der Auflösung stattfinden (Art. 23, 25). Die Wahlhandlung läßt sich kurz kennzeichnen als Verhältniswahl nach dem automatischen System mit streng gebundener Liste und mit Zählung der Stimmen zunächst im Wahlkreis, dann im Wahlkreisverband, dann im Reiche. Sie beginnt mit Einreichung von Kreiswahlvorschlägen beim Kreiswahlleiter (§ 15). Die Vorschläge müssen von mindestens fünfhundert Wählern des Wahlkreises unterzeichnet sein, doch genügt die Unterschrift von zwanzig Wählern, wenn, kurz gesagt, glaubhaft gemacht wird, daß hinter ihnen eine Partei von mindestens fünfhundert Wählern steht. Mit Rücksicht auf die strenge Gebundenheit der Liste müssen die Namen der Bewerber in erkennbarer Reihenfolge aufgeführt sein. Um spätere Ablehnungen möglichst zu vermeiden, bestimmt das Gesetz, daß in den Wahlvorschlag nur aufgenommen werden darf, wer seine Zustimmung dazu erklärt hat. Sowohl der Wahlvorschlag als auch die Zustimmungserklärung müssen spätestens am siebzehnten Tage vor dem Wahltag beim Kreiswahlleiter eingereicht sein. In ähnlicher Weise können beim Reichswahlleiter spätestens am vierzehnten Tage vor der Wahl Reichswahlvorschläge eingereicht werden, die von mindestens zwanzig Wählern zu unterzeichnen sind (§ 17). In jedem Kreis- und Reichswahlvorschlage muß ein Vertrauensmann und ein Stellvertreter bezeichnet werden; fehlt die Bezeichnung, so gilt der erste Unterzeichner als Vertrauensmann, der zweite als sein Stellvertreter (§ 18). Spätestens am zwölften Tage vor dem Wahltag können innerhalb eines Wahlkreisverbandes mehrere Kreiswahlvorschläge, die keinem oder dem gleichen Reichswahlvorschlag angeschlossen sind, dadurch miteinander verbunden werden, daß die beteiligten Vertrauensleute übereinstimmend dem Verbandsleiter die Verbindung schriftlich erklären (§ 16). Ebenso kann für die Kreiswahlvorschläge von den Vertrauenspersonen erklärt werden, daß die Reststimmen einem Reichswahlvorschlage zuzurechnen sind. Die Erklärung muß spätestens am achten Tage vor dem Wahltag beim Kreiswahlleiter eingereicht sein (§ 19). Hierauf werden die Wahlvorschläge nebst Verbindungs- und Anschlußerklärungen von den Wahlausschüssen geprüft, im Benehmen mit den Vertrauensleuten berichtigt, verworfen oder zugelassen. Die Wahlvorschläge können nach ihrer Festsetzung nicht mehr geändert oder zurückgenommen werden (§§ 21, 23). Der Reichswahlleiter veröffentlicht die Reichswahlvorschläge so, wie sie zugelassen sind, spätestens am elften Tage vor dem Wahltag in fortlaufender Nummernfolge (§ 23). Während dies nur eine Soll-Vorschrift ist, muß der Wahlkreisleiter spätestens am vierten Tage vor der Wahl die Kreiswahlvorschläge samt Verbindungserklärungen sowie solche Reichswahlvorschläge öffentlich bekanntgeben, denen sich Wahlvorschläge aus dem Wahlkreis angeschlossen haben. Spätestens am Tage darauf macht die Gemeindebehörde in ortsüblicher Weise die Abgrenzung der Wahlbezirke, die Lage des Abstimmungsraumes und Tag und Stunde der Wahl bekannt (RStimmO. § 47).

Die Abstimmungszeit läuft in der Zeit vom 1. April bis 30. September von 8 Uhr vormittags bis 5 Uhr nachmittags, sonst von 9 Uhr vormittags bis 6 Uhr nachmittags (RStimmO. § 112). Die Stimmzettel, mittels deren gewählt wird, werden seit dem Gesetze vom 31. 12. 1923 ähnlich wie in Belgien und Amerika durch die Landesregierungen für jeden Wahlkreis amtlich in der Weise hergestellt, daß die Stimmzettel alle zugelassenen Kreiswahlvorschläge unter Angabe der Partei und Hinzufügung der Namen je der ersten vier Bewerber enthalten. Durch ein auf den Stimmzettel gesetztes Kreuz oder auf andere Weise macht der Wähler kenntlich, welchem Kreiswahlvorschlag er seine Stimme geben will (Ges. § 25). Während die Wahlhandlung und die Ermittelung des Wahlergebnisses öffentlich sind, also nicht bei verschlossenen Türen vor sich gehen (Ges. § 26), ist die Abgabe der Stimme nach Vorschrift der Verfassung (Art. 22), wie schon nach Bismarcks Verfassung, aber im Gegensatze zum früheren preußischen Wahlrecht, geheim. Dem Wahlgeheimnis dienen eine Reihe zum Teil sonderbarer, in ihrem Sinne nur dem Kenner übler Wahlmachenschaften verständlicher Vorschriften. So werden die Stimmzettel in amtlich gestempelten Umschlägen abgegeben (Ges. § 27), da nur durch amtliche Lieferung äußere Gleichmäßigkeit und Undurchsichtigkeit gewährleistet wird (RStimmO. § 45). Aus eben diesem Grunde werden Stimmzettel zurückgewiesen, die in einem mit einem Kennzeichen versehenen Umschlag abgegeben werden oder denen ein durch den Umschlag deutlich fühlbarer Gegenstand beigefügt ist (RStimmO. § 117 Abs. 8). Dem gleichen Zwecke dienen die Vorschriften über die Stimmurnen. Die Stimmzettel werden in Stimmurnen gesammelt. „Es sind rechteckige, mit einem Deckel versehene Gefäße, deren innere Höhe mindestens 90 cm und bei denen der Abstand von einer Wand zur gegenüberliegenden Wand mindestens 35 cm betragen muß. Im Deckel hat die Stimmurne einen bis zu 2 cm breiten Spalt." Vom Beginn der Abstimmung bis zum Schluß darf die Urne nicht geöffnet werden. Der Tisch, auf den die Stimmurne gestellt wird, muß von allen Seiten zugänglich sein (RStimmO. §§ 42, 114). Wozu sind diese bis ins einzelne gehenden Vorschriften gut? Wäre die Urne schmal, so würden sich die Umschläge in der Reihenfolge des Einwurfs auftürmen; nach dem Öffnen könnte also ein aufmerksames Mitglied des Wahlvorstands feststellen, von welchem Wähler der dritte, der achte, fünftletzte Wahlumschlag herrührt. Die gleiche Gefahr bestünde bei einer zwar breiten, aber flachen Urne, während bei einer 90 cm hohen Urne eine sich etwa bildende Säule bald einstürzt. Ein Spalt ferner, der breiter ist als 2 cm, gestattet unter Umständen einem Mitglied des Wahlvorstands in einem unbewachten Augenblick mit der Hand in die Urne zu dringen und einen von den zuletzt hineingeworfenen Umschlägen mit einem unscheinbaren Knick zu versehen, der später erkennen läßt, wie ein bestimmter Wähler gestimmt hat. Die Aufstellung der Urne auf einem von allen Seiten zugänglichen Tisch endlich soll verhindern, daß die dem Beschauer abgekehrte Seite der Urne aus Glas oder offen ist. Auch sonst ist die Abgabe der Stimme genau geregelt (RStimmO. § 117). Wenn der Wahlberechtigte den Abstimmungsraum, meist ein Schulzimmer, betritt, erhält er Umschlag und Stimmzettel. Er begibt sich hiermit in einen Nebenraum oder an einen mit einer Vorrichtung gegen Sicht geschützten Nebentisch, kennzeichnet auf dem Stimmzettel durch ein Kreuz oder Unterstreichen oder in sonst erkennbarer Weise, welchem Kreiswahlvorschlag er seine Stimme geben will, und legt den Stimmzettel in den Umschlag. Danach tritt er an den Vorstandstisch, nennt seinen Namen und auf Erfordern seine Wohnung, weist sich auf Erfordern dem Wahlvorstande über seine Person aus und übergibt, sobald der Schriftführer den Namen in der Stimmliste oder Stimmkartei aufgefunden hat, den Umschlag mit dem Stimmzettel dem Wahlvorsteher, der ihn ungeöffnet sofort in die Stimmurne legt. Inhaber von Stimmscheinen nennen ihren Namen und übergeben den Stimmschein dem Wahlvorsteher, der ihn nach Prüfung dem Schriftführer weiterreicht. Der Schriftführer vermerkt die Stimmabgabe des Stimmberechtigten neben dessen Namen in der Wählerliste (Kartei) und sammelt die Stimmscheine (§ 118). Um 5 Uhr, vom 1. Oktober bis 31. März um 6 Uhr nachm. erklärt der Wahlvorsteher die Wahl für geschlossen. Doch werden die in diesem Zeitpunkt im Abstimmungsraum anwesenden Wahlberechtigten noch zur Wahl zugelassen (§ 119).

Hierauf folgt die bis ins einzelne geregelte Ermittelung des Abstimmungsergebnisses im Wahlbezirke durch den Wahlvorstand, im wesentlichen eine bloße Zählarbeit, aber doch auch eine Rechtshandlung insofern, als über die Gültigkeit der einzelnen Stimmen vorbehaltlich der Nachprüfung im Wahlprüfungsverfahren der Wahlvorstand entscheidet (Ges. § 28). Die Abstimmungsergebnisse werden auf schnellstem Wege, sei es unmittelbar, sei es über eine Sammelstelle dem Kreiswahlleiter mitgeteilt (RStimmO. § 124), der sie vorläufig zusammenstellt, das vorläufige Ergebnis spätestens um 8 Uhr abends am Tage nach der Wahl dem Reichswahlleiter mitteilt und ihn so in die Lage versetzt, zunächst eine halbamtliche Mitteilung über das Wahlergebnis im Reichsanzeiger zu veröffentlichen. Die endgültige Feststellung des Wahlergebnisses ist Sache der Wahlausschüsse und des Reichswahlausschusses (Ges. §§ 29ff.). Sobald der Eingang sämtlicher Abstimmungsniederschriften zu erwarten ist, beruft der Kreiswahlleiter den Wahlausschuß. Zur Ermittelung des Wahlergebnisses stellt der Wahlausschuß fest, wieviel gültige Stimmen abgegeben sind und wieviel davon auf jeden Kreiswahlvorschlag entfallen. Jedem Kreiswahlvorschlage werden soviel Abgeordnetensitze zugewiesen, daß je einer auf 60000 für ihn abgegebene Stimmen kommt. Reststimmen werden dem Reichswahlausschusse zur Verwertung überwiesen. Der Reichswahlausschuß zählt zunächst die in den Wahlkreisverbänden auf die verbundenen Kreiswahlvorschläge gefallenen Reststimmen zusammen. Auf je 60000 in dieser Weise gewonnenen Reststimmen entfällt ein weiterer Abgeordnetensitz. Diese Sitze werden den Kreiswahlvorschlägen nach der Zahl ihrer Reststimmen zugeteilt. Doch werden zersplitterte Reststimmen nicht berücksichtigt, nämlich dann nicht, wenn nicht wenigstens auf einem der verbundenen Kreiswahlvorschläge 30000 Stimmen abgegeben sind, eine Beherzigung der Tatsache, daß die räumlich zerstreut auftretende Partei eine geringere Bedeutung für den Staat hat als die geschlossen auftretende. Die bei der Verrechnung der Reststimmen in den Wahlkreisverbänden nicht verbrauchten oder nicht berücksichtigten Reststimmen werden ihrem Reichswahlvorschlag überwiesen. Sodann zählt der Reichswahlausschuß die in allen Wahlkreisen oder Wahlkreisverbänden auf die Reichswahlvorschläge gefallenen Reststimmen zusammen und teilt jedem Reichswahlvorschlag auf je 60000 Reststimmen einen Abgeordnetensitz zu. Erst hier wird ein Rest von 30000 Stimmen vollen 60000 gleichgeachtet. Der Gedanke einer Bevorzugung der geschlossen auftretenden Parteien gegenüber den räumlich zerstreut vorkommenden wird auch hier verwirklicht, da einem Reichswahlvorschlag höchstens die gleiche Zahl der Abgeordnetensitze zugeteilt werden kann, die auf die ihm angeschlossenen Kreiswahlvorschläge entfallen sind. Nach alledem wird es Sache der Wahrscheinlichkeitsrechnung sein, festzustellen, ob eine Partei besser daran tut. ihre Führer auf einen Kreiswahlvorschlag oder auf den Reichswahlvorschlag zu setzen. Am sichersten ist die nach § 17 Abs. 3 zulässige Verbindung beider Möglichkeiten. Will die Partei das nicht, so wird ihr zu raten sein, ihre bedeutendsten Leute als Spitzenkandidaten auf sichere Kreiswahlvorschläge zu setzen, da die Tücke der Zahl das Ergebnis zeitigen kann, daß überall nur verschwindende Reste übrigbleiben, die auch vereinigt keinem oder nur wenigen Kandidaten der Reichsliste zum Siege verhelfen.

Die Entstehung der Abgeordneteneigenschaft ist bedingt durch die förmliche Zuweisung eines Sitzes an den Gewählten. Da das System der streng gebundenen Liste gilt, werden die Abgeordnetensitze auf die Bewerber nach ihrer Reihenfolge in den Wahlvorschlägen verteilt (Ges. § 33). Für die Kreiswahlvorschläge geschieht dies durch den Kreiswahlausschuß, für die Reichswahlvorschläge durch den Reichswahlausschuß. Hierauf benachrichtigt der Kreiswahlleiter, bei den Reichslistenbewerbern der Reichswahlleiter, die Gewählten und fordert sie auf, sich binnen einer Woche nach Zustellung der Nachricht beim Reichswahlleiter über die Annahme oder Ablehnung der Wahl zu erklären. Während vor 1918

Schweigen als Ablehnung galt, gilt jetzt die Wahl als angenommen, wenn innerhalb dieser Woche keine Erklärung eingeht (RStimmO. §§ 139, 144).

Das Wahlverfahren läßt sich mit einem Prozesse vergleichen. In einem Prozesse können sich Fehler einschleichen, die unter Umständen zur Anfechtung und Vernichtung des Verfahrens führen. Dies gilt in erhöhtem Maße für einen so leidenschaftlichen Akt wie den Wahlakt. Es muß also Vorsorge für eine Überprüfung des Verfahrens, die sog. **Wahlprüfung**, getroffen werden. Eine Wahlprüfung ist aber nur möglich, wenn außer den Tatsachen die Rechtsnormen feststehen, nach denen sich die Gültigkeit oder Ungültigkeit einer Wahl richtet, sonst wird die Wahlprüfung ein Akt der Willkür. Es erhebt sich also zunächst die Frage nach den Ungültigkeitsgründen einer Wahl, das Wort „Ungültigkeit" nicht im Sinne von „Nichtigkeit", sondern von „Aufhebbarkeit" gebraucht. Denn der vom Wahlleiter für gewählt Erklärte ist zunächst Abgeordneter, auch leidet die Gültigkeit eines Reichstagsbeschlusses nicht unter der Mitwirkung ungültig Gewählter. Erst mit der Ungültigkeitserklärung wird, und zwar ohne rückwirkende Kraft, die Wahl ihrer Wirksamkeit beraubt.

Die Reichsstimmordnung regelt ausdrücklich und genau ein Teilgebiet der ungültigen Wahl: die Ungültigkeit der Stimmzettel (§ 123). Ein Stimmzettel ist, kurz gesagt, ungültig, wenn er gegen das Wahlgeheimnis verstößt oder den Willen des Wählers nicht unzweifelhaft erkennen läßt oder mit Vermerken oder Vorbehalten versehen ist. Weniger genau ist die Ungültigkeit der Wahl im ganzen — sei es im Wahlbezirk, sei es im Wahlkreis — geregelt. Das Gesetz spricht nur von einer „nicht ordnungsgemäß vorgenommenen" Wahl, insbesondere von der „Verhinderung der ordnungsgemäßen Wahlhandlung" (§ 37). Zu solchen Ordnungswidrigkeiten gehören vor allem Verstöße gegen das Wahlgesetz und die Reichsstimmordnung, z. B. Zulassung von Ausländern zur Wahl, Schluß der Abstimmung schon um 1 Uhr nachmittags. Es gehören auch sicher Verstöße gegen Strafrechtsnormen hierher, so die gewaltsame Verhinderung an der Wahl, die Wahlfälschung und der Stimmenkauf (StrGB. §§ 107—109). Außerdem gibt es nach altem, zu Gewohnheitsrecht verdichtetem Herkommen noch einen wichtigen Ungültigkeitsgrund des ungeschriebenen Rechts: die amtliche Wahlbeeinflussung. Sollte der Oberbürgermeister, der Polizeipräsident, der Landrat usw. in amtlicher Eigenschaft, nicht als Privatmann, einen Aufruf zugunsten einer bestimmten Partei oder gegen eine bestimmte Partei erlassen haben, so würde dies kraft alter, auf die heutigen Verhältnisse allerdings nicht ganz passender Überlieferung als Ungültigkeitsgrund angesehen werden. Andere, vom Gesetze nicht ausdrücklich verbotene Machenschaften beeinflussen die Gültigkeit der Wahl nicht. Der Pfarrer frägt z. B. seine Bauern, wen sie wählen wollen. „Die demokratische Liste." „Dann vergeßt ja nicht, euren Namen auf den Stimmzettel zu schreiben, damit euer Abgeordneter weiß, wem er die Wahl zu verdanken hat." Wenn die Bauern den Rat befolgen und in ihrer Torheit ungültige Stimmzettel abgeben, liegt ein Grund für die Ungültigkeit der ganzen Wahl nicht vor. Auch bei zweifellosen Verstößen gegen das Gesetz kommt es übrigens auf die Erheblichkeit des Fehlers an. Sind z. B. nach Überzeugung des Wahlprüfungsgerichts 100 Stimmen gekauft worden, so wird die Wahl doch nicht für ungültig erklärt, wenn sich das Wahlergebnis auch durch Zuweisung der Stimmen an eine andere Liste nicht ändern würde.

Endgültig über die Gültigkeit oder Ungültigkeit einer Wahl entscheidet das Wahlprüfungsgericht. Alle andern Entscheidungen sind vorläufig. Vorläufig ist die Entscheidung des Wahlvorstandes über die Gültigkeit der Stimmzettel (Ges. § 28). Vorläufig ist auch die Anordnung der Wiederholungswahl durch den Reichsminister des Innern. Ist nämlich die Verhinderung der ordnungsgemäßen Wahlhandlung, z. B. durch Gewalt oder durch Naturereignisse, in einzelnen Wahlbezirken zweifelsfrei festgestellt, so kann schon vor Entscheidung des Wahlprüfungsgerichts, aber vorbehaltlich der Nachprüfung durch das Wahlprüfungsgericht, der Reichsminister des Innern auf Antrag des Kreiswahlausschusses und mit Zustimmung des Reichswahlausschusses dort die Wiederholung der Wahl innerhalb sechs Monaten nach der Hauptwahl anordnen (Ges. § 37). Die Einrichtung des Wahlprüfungsgerichts bedeutet gegenüber dem früheren Zustande einen Fortschritt im rechtsstaatlichen Sinne, denn früher entschied über die Gültigkeit der Wahlen der Reichstag selbst, trotz aller Versuche unparteiisch zu sein doch seinem Wesen nach ein parteiischer Richter. Auch heute allerdings besteht das Wahlprüfungsgericht aus Mitgliedern des Reichstags, die dieser für die Wahlperiode wählt, außerdem aber aus Mitgliedern des Reichsverwaltungsgerichts, an dessen Stelle bis zu dessen Errichtung das Reichsgericht tritt (RV. Art. 31, 166). Das Wahlprüfungsgericht erkennt auf Grund öffentlicher mündlicher Verhandlung durch drei Mitglieder des Reichstags und zwei richterliche Mitglieder. Es tagt im Reichstag. Außerhalb der Verhandlungen vor dem Wahlprüfungsgericht wird das Verfahren von einem Reichsbeauftragten geführt, den der Reichspräsident ernennt. Im übrigen wird das Verfahren durch die vom Wahlprüfungsgericht gemäß Art. 31 der Verfassung erlassene Wahlprüfungsordnung vom 8. Oktober 1920 (Reichsgesetzbl. S. 1773) geregelt. Darnach bedarf das Verfahren keines Anstoßes von außen. Das Wahlprüfungsgericht kann die Gültigkeit einer Wahl nachprüfen, auch wenn sich nur innerhalb des Gerichts „Bedenken ergeben". Die Regel wird allerdings sein, daß der Reichswahlleiter anläßlich der Vorprüfung (RStimmO. § 152) Bedenken zu den Akten gibt oder daß eine Partei, ein Reichstagsmitglied, ein Wähler oder sonst irgend jemand einen „Widerspruch" erhebt, der weder an eine Form, noch an eine Frist gebunden ist. Das Gericht kann die nötigen Beweise selbst erheben oder durch den Reichsbeauftragten herbeiführen lassen. Die deutschen Gerichte und Verwaltungsbehörden sind dem Wahlprüfungsgericht und dem Reichsbeauftragten zur Rechtshilfe verpflichtet. Das Urteil wird vom Vorsitzenden unter Mitteilung der wesentlichen Gründe verkündet. Es wird mit seiner Verkündung rechtskräftig. Eine Wiederaufnahme des Verfahrens ist nicht zulässig. Über den möglichen Inhalt des Urteils gibt das Reichswahlgesetz nur spärliche, für die Verhältniswahl unzulängliche Vorschriften. Geregelt ist nur der Fall der Nachwahl und der Wiederholungswahl. Das WPrGer. kann die Wahl eines ganzen *Wahlkreises* für ungültig erklären, z. B. wegen Wahlbeeinflussung seitens des Oberpräsidenten; dann ordnet der Reichsminister des Innern eine „Nachwahl" an, die eine völlig neue Wahl mit neuen Wahlvorschlägen bedeutet, wenn auch die technischen Einrichtungen der Hauptwahl in gewissem Umfange bestehen bleiben (§ 36) „Ist lediglich in einzelnen *Wahlbezirken* die Wahlhandlung nicht ordnungsgemäß vorgenommen worden, so kann das WPrGer. dort die Wiederholung der Wahl beschließen (Wiederholungswahl). Der Reichsminister des Innern hat den Beschluß alsbald auszuführen." „Bei der Wiederholungswahl wird nach denselben Kreiswahlvorschlägen und auf Grund derselben Wahllisten und Wahlkarteien wie bei der Hauptwahl gewählt." Sie darf nicht später als sechs Monate nach der Hauptwahl stattfinden (§ 37).

Außer diesen beiden Fällen gibt es sicher als dritten noch die *Gültigerklärung* der Wahl. Unzulässig dagegen wäre nach altem Brauche ein Urteil, das sich nicht mit einer Ungültigerklärung begnügte, sondern an Stelle der kraft Ungültigerklärung ausscheidenden Abgeordneten andere Bewerber als gewählt erklärte. Dieser Brauch hat auch seine guten Gründe, da das Urteil des WPrGer. unumstößlich ist, es also keine Möglichkeit gäbe, die Wahl der für gewählt Erklärten anzufechten. Zwischen Gültigerklärung und völliger Ungültigerklärung mit der Notwendigkeit einer Nachwahl oder einer Wiederholungswahl gibt es aber eine Reihe von Zwischenmöglichkeiten, von denen das WPrGer. Gebrauch machen muß unter dem Gesichtspunkte, daß die Wahl aus verschiedenen Verfahrensabschnitten besteht und ein fehlerfreier Abschnitt nicht durch die Ungültigkeit eines späteren Abschnitts beeinflußt werden darf, ferner daß eine Teilungültigkeit nicht notwendig die Gesamtungültigkeit nach sich zieht. Hat demnach der Wahlausschuß aus der Liste A die Bewerber A_1 A_2 A_3 A_4 für gewählt erklärt und ist A_3 ein Ausländer, also nicht wählbar, so wird nur dessen Wahl für ungültig erklärt, und Sache des Wahlausschusses ist es, das Wahlergebnis durch Zuweisung eines Sitzes an A_5 zu berichtigen. Ebenso brauchen nur der Wahl-, vielleicht auch der Reichswahlausschuß, nicht aber die ganze Wählerschaft ihre Tätigkeit zu wiederholen, wenn der Wahlausschuß falsch gerechnet oder wenn er — gebunden durch den Beschluß des Wahlvorstands — eine für das Ergebnis erhebliche Anzahl von Stimmzetteln als ungültig behandelt hat und das WPrGer. die Stimmzettel für gültig erklärt. Auch bei unzulässigen Verbindungs- und Anschlußerklärungen kann es zu derartigen Teilungültigkeiten kommen. Ist nach Lage des Falles das WPrGer. der Ansicht, daß mit der Ungültigkeitserklärung die Angelegenheit erledigt sei, wie bei der Streichung von Reststimmen, so bedarf es überhaupt keiner Wiederholung des Verfahrens. Zweifelhaft kann es sein, wie der Fall des ungültigen Wahlvorschlags zu behandeln ist. Das WPrGer. ist der Ansicht, daß ein Kreiswahlvorschlag verspätet eingereicht wurde und daher hätte zurückgewiesen werden müssen. Wenn dieser Fehler nach Ansicht des WPrGer. den Wahlvorschlag ungültig macht, so liegt es nahe, nur den Wahlvorschlag und nicht die ganze Wahl für ungültig zu erklären, und doch wäre diese Lösung bedenklich. Denn der Fehler liegt vor der Wahl, nämlich in der Irreführung der Wähler, die in den Glauben versetzt wurden, für den Wahlvorschlag stimmen zu dürfen, und die bei Kenntnis der Rechtslage sicher anders gestimmt hätten. Ist daher die Zahl der für den ungültigen Wahlvorschlag abgegebenen Stimmen so groß, daß bei deren Verteilung auf den einen oder den andern gültigen Wahlvorschlag das Wahlergebnis sich ändert, so bleibt nichts übrig, als die Wahl im ganzen Wahlkreis für ungültig zu erklären.

d) **Wahlperiode und Tagung.** Die Tätigkeit des Reichstags vollzieht sich nach dem Wortlaut der Verfassung innerhalb von Wahlperioden und Tagungen.

Die Wahlperiode, früher Legislaturperiode genannt, ist die Zeit von der Hauptwahl bis zur Beendigung der durch die Wahl geschaffenen Rechtslage. Sie beginnt mit dem Wahltag, nicht etwa mit dem ersten Zusammentritt des Reichstags, und endigt mit dem vierten Jahrestage der Wahl (Art. 23). An die Stelle der ursprünglich drei-, dann fünfjährigen Wahlperiode der Bismarckschen Verfassung ist also die vierjährige Wahlperiode getreten. Außer der Endigung durch Zeitablauf gibt es noch die durch Auflösung, sei es, daß der Reichspräsident in der Form der Reichstagsauflösung an das Volk appelliert (Art. 25), sei es, daß das Volk durch Ablehnung des Antrags des Reichstags auf Absetzung des Reichspräsidenten die Auflösung des Reichstags herbeiführt (Art. 43). Das hiernach mögliche Reichstagsinterregnum wird dadurch gemildert, daß die Neuwahlen spätestens am sechzigsten Tage nach dem regelmäßigen Ablauf der Wahlperiode oder nach der Auflösung des Reichstags stattfinden müssen, daß zwischen zwei Wahlperioden Präsident und Stellvertreter der letzten Tagung ihre Geschäfte fortführen und daß der Reichstag für diese Zeit zur Wahrung der Rechte der Volksvertretung gegenüber der Reichsregierung einen ständigen Ausschuß sowie einen solchen für auswärtige Angelegenheiten zu bestellen hat (Art. 23, 25, 35). Immerhin muß es vom Anhänger der Volksherrschaft als Lücke empfunden werden, daß bei Säumigkeit des Reichspräsidenten das Volk nicht selbst den Wahltag bestimmen kann und daß vor Zusammentritt des neuen Reichstags keine Möglichkeit besteht, den Reichspräsidenten und den schuldigen Reichsminister aus diesem Grunde nach Art. 59 vor dem Staatsgerichtshof anzuklagen. Für den Geschäftsgang hat das Ende der Wahlperiode oder die Auflösung des Reichstags kraft alten Herkommens die Bedeutung der Erledigung aller noch nicht zum Abschlusse gelangten parlamentarischen Arbeiten. Ein Gesetzentwurf z. B., der in zweiter Beratung angenommen ist und kurz vor der letzten Beratung steht, muß im neuen Reichstag neu eingebracht und noch einmal in dreifacher Lesung durchberaten werden. Man nennt dies den Grundsatz der „Diskontinuität" der Wahlperioden.

Im Gegensatze zur Wahlperiode ist die Tagung, auch „Sitzungsperiode" (Art. 37) oder — früher — „Session" genannt, der durch Eröffnung und Schließung des Reichstags eingerahmte Teil einer Wahlperiode. Berufen wird der Reichstag zu Beginn der ersten Tagung vom Präsidenten des alten Reichstags, den Beginn der zweiten und der folgenden Tagungen bestimmt der Reichstag selbst (Art. 24 Abs. 2). Bei der ersten Berufung nach der Hauptwahl ist der Reichstagspräsident durch die Bestimmung gebunden, daß der Reichstag spätestens am dreißigsten Tage nach der Wahl zusammentritt (Art. 23 Abs. 2). Versäumt der Reichstagspräsident die Berufung innerhalb der Frist, so ergibt vernünftige Auslegung der Verfassung, daß der Reichstag sich am 30. Tage nach der Wahl selbst versammelt. Dies Selbstversammlungsrecht, das dem Reichstag vor 1918 fehlte, wird ihm im Art. 24 ausdrücklich mit den Worten gewährt: „Der Reichstag tritt in jedem Jahre am ersten Mittwoch des November am Sitze der Reichsregierung zusammen". Der Satz kann sich nicht auf den Beginn der ersten Tagung beziehen, da hierfür die Sonderregelung der Dreißig-Tage-Frist gilt, der Satz zudem eine Unmöglichkeit z. B. für den Fall enthielte, daß die Hauptwahl erst am Sonntag vorher oder gar an einem Sonntag darauf stattfindet. Da andererseits der Reichstag den Beginn der zweiten, dritten und folgenden Tagung bestimmt, so wird der Satz in der Regel nur eine Schranke für dies Bestimmungsrecht des Reichstags bedeuten und zu einer Selbstversammlung nur dann führen, wenn der Reichstag es unterlassen hatte, den Tag des Wiederzusammentritts zu bestimmen. Nur für diesen Fall gilt auch dem Wortlaute nach die Vorschrift, daß der Reichstagspräsident den Reichstag früher berufen muß, wenn es der Reichspräsident oder mindestens ein Drittel der Reichstagsmitglieder verlangt (Art. 24). Doch ist der Satz sinngemäß auf alle Fälle des Nichtversammeltseins des Reichstags, also auch auf den Fall des Vertagtseins auszudehnen. Der Schluß der Tagung hat ähnliche Wirkungen wie der Schluß der Wahlperiode: Geschäftsführung des alten Präsidenten und seiner Stellvertreter, Tätigwerden des ständigen Ausschusses, Tätigbleiben des Ausschusses für auswärtige Angelegenheiten, Grundsatz der Diskontinuität gelten auch hier. Vor allem endet in der Regel die sog. Immunität der Abgeordneten mit jeder Sitzungsperiode, da nach Art. 37 der Abgeordnete nur während der Sitzungsperiode wegen einer mit Strafe bedrohten Handlung nicht zur Untersuchung gezogen oder verhaftet werden kann.

Mit Ausnahme der Bestimmung über das Zusammentreten des Reichstags nach der Hauptwahl scheinen indessen alle Vorschriften der Verfassung über Tagung oder Sitzungsperiode papierene Vorschriften bleiben zu sollen. Denn weder die Nationalversammlung von 1919/20 noch der erste Reichstag von 1920/24 hat sich in Tagungen gegliedert. Beide hatten nur je eine Tagung, deren Ende mit dem Ende der Wahlperiode zusammenfiel. Da auch die Geschäftsordnung für den Reichstag vom 12. Dezember 1922 es augenscheinlich geflissentlich vermeidet, die Einteilung der Wahlperiode in Tagungsabschnitte zu erwähnen, muß solche als zur Zeit totes Recht bezeichnet werden. Der Reichstag hilft sich vielmehr mit bloßen Vertagungen, d. h. tatsächlichen Unterbrechungen der Vollsitzungen, die rechtlich ohne Bedeutung sind, namentlich nicht die Immunität der Abgeordneten berühren, auch nicht die „Diskontinuität" der Verhandlungen zur Folge haben.

e) **Organisation, Geschäftsgang, Handhabung der Ordnung.** Die Rechtsquellen für die Organisation des Reichstags, seinen Geschäftsgang und die Handhabung der Ordnung sind die Verfassung selbst, Gesetze und vor allem die Geschäftsordnung. Die Verfassung enthält Bestimmungen über die Wahl des Reichstagspräsidenten, seiner Stellvertreter und der Schriftführer, über das Amt des Präsidenten, die Öffentlichkeit der Verhandlungen, Abstimmung und Beschlußfähigkeit, Anwesenheit der Mitglieder der Reichsregierung und der Länder im Reichstag, Einsetzung gewisser Ausschüsse (Art. 26—29, 32—35). Ein Geschäftsordnungsgesetz, das an sich denkbar wäre und in einigen anderen Staaten verwirklicht war oder ist, gibt es im Deutschen Reiche nicht. Immerhin ist die Handhabung der Ordnung, auch im Gebäudeinnern, durch ein Einzelgesetz, das Reichsgesetz über die Befriedung der Gebäude des Reichstags und der Landtage vom 8. Mai 1920, näher geregelt worden. Die eingehendsten Bestimmungen aber sind in der Geschäftsordnung für den Reichstag vom 12. Dezember 1922 (Reichsgesetzbl. 1923 II S. 101) enthalten. Ihre Rechtsnatur ergibt sich aus ihrer Entstehung, ihrem Inhalt und ihrem Verhältnis zur Verfassung. Nach Art. 26 gibt sich der Reichstag seine Geschäftsordnung, nach Art. 32 wird die Beschlußfähigkeit durch die Geschäftsordnung geregelt, nach Art. 34 regelt die Geschäftsordnung das Verfahren des Untersuchungsausschusses und bestimmt die Zahl seiner Mitglieder. Die Geschäftsordnung beruht also auf Ermächtigung durch die Verfassung und enthält Regeln, die von einer staatlichen Stelle, dem Reichstag, ausgehen, ohne zugleich Gesetz zu sein. Würde sie z. B. vom Reichspräsidenten erlassen worden sein, so würde niemand Bedenken tragen, sie als Verordnung anzusprechen. Eine Verordnung ist sie aber auch so, obgleich der Reichstag gewöhnlich keine Verordnungen erläßt, und zwar ein Gemisch von Verwaltungs- und Rechtsverordnung, letzteres jedenfalls insofern, als § 98 die Beschlußfähigkeit des Reichstags und damit die Voraussetzungen für das gültige Zustandekommen eines Gesetzes regelt. Wie jede Verordnung ist daher die Geschäftsordnung an gewisse Schranken gebunden. Sie darf nicht gegen die Verfassung oder ein Gesetz verstoßen, z. B. den Ausschluß der Öffentlichkeit anders regeln als im Art. 29. Sie darf nicht die üblichen Grenzen der Geschäftsordnungsgewalt überschreiten; so kann sie zwar die Entfernung widerspenstiger Abgeordneter aus einzelnen Sitzungen anordnen, nicht aber zulassen, daß ein Abgeordneter eines Sitzes dauernd für verlustig erklärt werde. Sie muß endlich allgemein sein, ohne Ansehen der Person ergehen; es wäre ein Mißbrauch der Geschäftsordnungsgewalt, wenn der Reichstag in der Form einer Änderung der Geschäftsordnung einen Abgeordneten maßregeln wollte, gegen den nach der allgemeinen Geschäftsordnung nicht eingeschritten werden kann. Dieser rechtsstaatliche Gedanke kommt in der Geschäftsordnung selbst zum Ausdruck, wenn § 114 bestimmt: „Abweichungen von den Vorschriften der Geschäftsordnung können im einzelnen Falle durch Beschluß des Reichstags zugelassen werden, wenn keines der in der Sitzung anwesenden Mitglieder widerspricht."

Zur Organisation des Reichstags gehören die Mitglieder, die Fraktionen, der Ältestenausschuß, der Vorstand und die Ausschüsse. Die Organeigenschaft der Mitglieder zeigt sich u. a. in ihrer Pflicht, an den Arbeiten des Reichstags teilzunehmen. Urlaub bis zur Dauer einer Woche erteilt der Präsident, für längere Zeit der Reichstag. Für jede Sitzung des Reichstags wird eine Anwesenheitsliste aufgelegt. Mitglieder sind alle für gewählt Erklärten, gleichgültig, ob ihre Wahl beanstandet ist oder nicht. Auch wenn das Wahlprüfungsgericht ihre Wahl für ungültig erklärt, verlieren sie ihren Sitz doch nur für die Zukunft, nicht mit rückwirkender Kraft. Fraktionen sind Vereinigungen von mindestens 15 Mitgliedern, also nur die größeren Parteien. Nach ihrer Stärke bestimmt sich ihre Reihenfolge und ihr Anteil an den Stellen des Ältestenrats, des Vorstands, der Ausschüsse, der Ausschußvorsitzenden und deren Stellvertreter. Darnach werden auch bei Wahlen im Reichstag und in den Ausschüssen ihre Vorschläge berücksichtigt. Der Gedanke der Verhältniswahl hat also Eingang in den Reichstag selbst gefunden. Daher findet sich hier auch etwas der Listenverbindung Entsprechendes, insofern sich für die Bemessung des Stellenanteils Fraktionen zusammentun und fraktionslose Mitglieder sich einer Fraktion anschließen können. Über das anzuwendende Verhältniswahlsystem enthält die Geschäftsordnung keine Vorschrift; angesichts der kleinen hierbei in Betracht kommenden Zahlen wird das d'Hondtsche System das Gegebene sein. Der Ältestenrat, früher unter dem Namen Seniorenkonvent eine tatsächliche, nicht geschäftsordnungsmäßige Einrichtung, besteht aus dem Reichstagspräsidenten, seinen Stellvertretern und 21 Mitgliedern, die die Fraktionen schriftlich dem Präsidenten benennen. Er hat die Aufgabe, den Präsidenten bei der Führung der Geschäfte zu unterstützen und insbesondere eine Verständigung zwischen den Fraktionen über den Arbeitsplan des Reichstags herbeizuführen. Auch verteilt er die Stellen der Ausschußvorsitzenden und ihrer Stellvertreter. Darüber hinaus entscheidet vielfach der Ältestenrat über die Annahme oder Ablehnung einer dem Reichstag gemachten Vorlage, da er in seiner Zusammensetzung ein ziemlich getreues Spiegelbild des Reichstags darstellt und in der Regel die Parteiführer zu seinen Mitgliedern zählt.

Das für die Führung der Reichstagsgeschäfte wichtigste Organ aber ist der Vorstand. Wenn der Reichstag nach einer Neuwahl zusammentritt, führt den Vorsitz das an Lebensjahren älteste und, wenn es ablehnt, das nächstälteste Mitglied, bis der neugewählte Präsident oder ein neugewählter Stellvertreter das Amt übernimmt (sog. Alterspräsident). Nach vorläufiger Ernennung vierer Mitglieder zu Schriftführern, nach Namensaufruf und Feststellung der Beschlußfähigkeit läßt der Alterspräsident den Vorstand wählen. Der Vorstand besteht aus dem Präsidenten, seinen Stellvertretern und den Schriftführern. Er wird, da es eine Einteilung der Wahlperiode in Tagungen tatsächlich nicht mehr gibt, für die Dauer der Wahlperiode gewählt. Wenn kein Widerspruch erhoben wird, können die Vorstandsmitglieder durch Zuruf gewählt werden, die Regel bildet aber die Wahl mit Stimmzetteln. Der Präsident und seine zur Zeit drei Stellvertreter werden in besonderen Wahlhandlungen mit verdeckten Stimmzetteln gewählt. Gewählt ist, wer die Mehrheit der abgegebenen gültigen Stimmen erhält. Ergibt sich keine solche Mehrheit, so kommen die beiden Anwärter mit den höchsten Stimmzahlen in die engere Wahl. Hierbei wird der Stellenanteil der Fraktionen meist in der Weise berücksichtigt, daß der Präsident aus der für sich oder durch Zusammenschluß stärksten Fraktion genommen wird, die Stellvertreter aus den nächststarken Fraktionen. Doch fällt bei der Auswahl des Präsidenten auch die Parteizugehörigkeit des Reichspräsidenten und vor allem des Reichskanzlers ins Gewicht, da man nach Möglichkeit eine allzu starke Bevorzugung einer einzigen Partei vermeidet. Das Amt des Präsidenten, dessen Führung viel Takt und große Geschicklichkeit erfordert, wird von der Reichsverfassung im Art. 28 folgendermaßen umschrieben: „Ihm untersteht die Hausverwaltung; er verfügt über die Einnahmen und Ausgaben des Hauses nach Maßgabe des Reichshaushalts und vertritt das Reich in allen Rechtsgeschäften und Rechtsstreitigkeiten seiner Verwaltung." Nach § 19 GeschO. hat er u. a. „die Würde und die Rechte des Reichstags zu wahren und seine Arbeiten zu fördern, besonders die Verhandlungen gerecht und unparteiisch zu leiten und die Ordnung im Hause zu handhaben." Die Schriftführer sind, kurz gesagt, die Adjutanten des Präsidenten. Sie haben die Schriftstücke vorzulesen, die Verhandlungen zu beurkunden, die Rednerliste zu führen, die Namen aufzurufen, die Stimmen zu sammeln und zu zählen u. dgl. mehr. Sie werden, zur Zeit acht an der Zahl, in einem einzigen Wahlgang nach relativer Stimmenmehrheit gewählt. Der diensttuende Präsident und die diensttuenden Schriftführer bilden zusammen den Sitzungsvorstand, früher Bureau genannt. Der Sitzungsvorstand als Kollegium entscheidet u. a. über die Beschlußfähigkeit und über das Ergebnis einer Abstimmung nach Maßgabe der §§ 99 und 104 GeschO.

Ein weiteres Organ des Reichstags sind endlich die Ausschüsse. Die Geschäftsordnung unterscheidet ständige Ausschüsse, die, fünfzehn an Zahl und durch den Reichstag vermehrbar, nach den Vorstandswahlen eingesetzt werden, und Sonderausschüsse für einzelne Angelegenheiten. Die Zahl der Mitglieder der Ausschüsse wird vom Reichstag, die Person der Ausschußmitglieder und ihrer Stellvertreter von den Fraktionen bestimmt. Die Ausschüsse wählen ihre Vorsitzenden und deren Stellvertreter nach Vereinbarungen im Ältestenrat. Im Gegensatze zu den Vollsitzungen sind die Sitzungen der Ausschüsse, abgesehen von denen der Untersuchungsausschüsse, nicht öffentlich. Unter diesen Ausschüssen nehmen zwei ständige Ausschüsse und ein Sonderausschuß eine außerordentliche Stellung ein: der Ausschuß für auswärtige Angelegenheiten, der Ausschuß für die Wahrung der Rechte der Volksvertretung und ein etwa eingesetzter Untersuchungsausschuß. Ihre Eigenart besteht einmal darin, daß die Verfassung sie ausdrücklich vorsieht (Art. 34, 35), dann in ihren weitgehenden, auch nach außen wirkenden Befugnissen. Besonderes Interesse beanspruchen die in Art. 34 genannten Untersuchungsausschüsse. Darnach hat der Reichstag das Recht und auf Antrag von einem Fünftel seiner Mitglieder die Pflicht, Untersuchungsausschüsse einzusetzen. Die Ausschüsse erheben in öffentlicher Verhandlung die Beweise, die sie oder die Antragsteller für erforderlich halten. Auf die Erhebungen der Ausschüsse und der von ihnen ersuchten Behörden finden die Vorschriften der Strafprozeßordnung sinngemäße Anwendung. Der erste Untersuchungsausschuß dieser Art war der am 20. August 1919 von der Nationalversammlung über die Kriegsursachen, die Friedensmöglichkeiten und die Kriegführung eingesetzte Untersuchungsausschuß, der sich in mehrere Unterausschüsse gliederte, und dessen zweiter Unterausschuß vom 21. Oktober bis 18. November 1919 tagte und in dieser Zeit v. Bethmann-Hollweg, Graf Bernstorff, v. Hindenburg, Ludendorff und Helfferich vernahm. Die Neuheit dieser Einrichtung zeigte sich in einem heftigen Zusammenstoß zwischen einem Mitglied des Ausschusses und dem Zeugen Helfferich, der bei dieser Gelegenheit zu einer Geldstrafe verurteilt wurde. Vor allem aber wurden damals Zweifel darüber rege, ob der Reichstag befugt war, gerade über die Fragen des Krieges einen Untersuchungsausschuß einzusetzen, da die Einrichtung der Untersuchungsausschüsse den selbstverständlichen Zweck habe, den Reichstag innerhalb seiner Zuständigkeiten zu unterstützen, es aber nicht einzusehen sei, wie der Reichstag in die Lage kommen könne, die Ergebnisse der Untersuchungen für seine eigenen Aufgaben zu verwerten. An diesen Bedenken war so viel richtig, daß es dem Reichstag in der Tat nicht gestattet sein kann, aus rein historischen Gründen einen Untersuchungsausschuß einzusetzen, irgendeine Beziehung zwischen dem möglichen Ergebnis der Untersuchung und der Tätigkeit des Reichstags muß allerdings gegeben sein. Eine solche Beziehung ließ sich aber damals ohne Künsteleien leicht finden, sei es, daß der Reichstag ein Interesse hatte zu wissen, welchen Männern er bei einer künftigen Ministerschaft Vertrauen entgegenbringen dürfe, sei es, daß er entschlossen war, für die einzuschlagende eigene Politik aus der jüngsten Vergangenheit zu lernen.

Der so organisierte Reichstag erledigt seine Angelegenheiten in einem genau geregelten Geschäftsgang. Im Gegensatze zu früher ist die Frage der Öffentlichkeit der Verhandlungen und des Ausschlusses der Öffentlichkeit jetzt genau geregelt (Art. 29): „Der Reichstag verhandelt öffentlich. Auf Antrag von fünfzig Mitgliedern kann mit Zweidrittelmehrheit die Öffentlichkeit ausgeschlossen werden." Bei der Beratung der Vorlagen unterscheidet die Geschäftsordnung gewöhnliche Vorlagen einerseits, Gesetzentwürfe, Haushaltsvorlagen und Staatsverträge andrerseits (§ 36). Den Gesetzentwürfen werden Vorlagen und Anträge der Reichsregierung oder des Reichsrats, auch wenn sie einen Gesetzentwurf nicht enthalten, gleichgestellt (§ 52). Die gewöhnlichen Vorlagen werden in einer Beratung, die übrigen in drei Beratungen erledigt. Der übliche Gang einer Gesetzesberatung beim Reichstag ist kurz folgender. Die Gesetzesvorlage wird gedruckt und an die Mitglieder des Reichstags verteilt. Frühestens am dritten Tage darauf beginnt die erste Beratung, die nur in einer Besprechung der Grundsätze der Vorlage, sog. Generaldebatte, besteht. Am Schlusse der ersten Beratung wird die Vorlage meist einem Ausschuß überwiesen, der sie gründlich berät und das Ergebnis der Beratung in einem Bericht an die Vollversammlung oder einem Antrag niederlegt. Frühestens am zweiten Tage nach Verteilung des Ausschußberichts oder -antrags beginnt die zweite Beratung im Reichstag in der Form einer Einzelbesprechung (sog. Spezialdebatte). Die dritte Beratung beginnt frühestens am zweiten Tage nach Verteilung der Drucksache über die in zweiter Beratung gefaßten Beschlüsse oder, falls keine Änderungen der Vorlage beschlossen sind, nach Schluß der zweiten Beratung. Sie beginnt mit einer allgemeinen Besprechung über die Grundsätze der Vorlage, an die sich unmittelbar die Einzelberatung anschließt. Am Schlusse der dritten Beratung wird über die Annahme oder Ablehnung der Vorlage abgestimmt. Die Fristen zwischen den verschiedenen Beratungen können unter gewissen Voraussetzungen verkürzt oder aufgehoben werden, doch können die drei Beratungen nur dann für denselben Tag auf die Tagesordnung gebracht oder an ihm vorgenommen werden, wenn kein Mitglied widerspricht (§ 47). Bis zur dritten Beratung bedürfen Änderungsanträge keiner Unterstützung, bei der dritten Beratung ist eine Unterstützung von 15 Mitgliedern, also einer Fraktion, nötig (§ 44). Es gilt also hierfür die gleiche Regel wie für die von Reichstagsmitgliedern eingebrachten selbständigen Anträge, die nach § 49 mindestens 15 Unterschriften tragen müssen.

Besonders wichtig für die Verhandlungen sind dann die Vorschriften über die Tagesordnung und die Redeordnung (§§ 69ff., 81ff.). Vor Schluß jeder Sitzung verkündet der Präsident Zeit und Tagesordnung der nächsten Sitzung. Widerspricht ein Mitglied, so entscheidet der Reichstag. Gegenstände, die nicht auf der Tagesordnung stehen, dürfen, von geschäftsordnungsmäßig geregelten Ausnahmen abgesehen, nur beraten werden, wenn kein Mitglied widerspricht. Bei der Festsetzung der Tagesordnung ist der Präsident und, sofern auch nur 30 Mitglieder widersprechen, auch der Reichstag an gewisse Regeln gebunden. Die Reihenfolge der Beratung richtet sich nämlich bei Ausschußberichten nach dem Tage der Feststellung, bei anderen Gegenständen nach ihrer Einbringung. Einen unbedingten Vorzug genießen nur die sog. schleunigen Anträge; sie sind vor anderen auf die nächste Tagesordnung zu setzen. Schleunige Anträge sind solche, die die sog. Immunität der Abgeordneten (Art. 37) oder die Aufhebung des Ausnahmezustands (Art. 48) betreffen, andere Anträge kann der Ältestenrat als schleunige bezeichnen. Eine weitere Schranke bilden die Interpellations- und die sog. Schwerinstage. Erklärt sich nämlich die Reichsregierung zur Beantwortung einer Interpellation in einer bestimmten Sitzung bereit, so wird die Interpellation auf die Tagesordnung dieser Sitzung gesetzt (§ 56). Die sog. Schwerinstage aber verdanken ihre Entstehung und ihren Namen dem Abgeordneten Grafen Schwerin-Putzar aus dem alten Reichstag. Der Schwerinstag ist ein bestimmter Wochentag, herkömmlicherweise der Mittwoch, der darauf verwendet wird, Anträge von Mitgliedern des Reichstags und Ausschußberichte über Petitionen zu erledigen. Hiervon kann nur im Einvernehmen mit dem Ältestenrat abgewichen werden. Jeder dritte von diesen Tagen ist in erster Linie der Erledigung von Petitionen vorzubehalten (§ 79). Zu der auf diese Weise zustande gekommenen Tagesordnung gibt es drei Arten von rein tagesordnungsmäßigen Beschlüssen: Absetzung von der Tagesordnung, Übergang zur Tagesordnung und Vertagung der Sitzung vor Erledigung der Tagesordnung. Die vom Reichstag zu beschließende Absetzung von der Tagesordnung (§ 72) hat keine andre Wirkung, als wenn der abgesetzte Punkt überhaupt nie auf der Tagesordnung gestanden hätte. Der Übergang zur Tagesordnung bedeutet den Entschluß des Reichstags, sich mit einem Punkte der Tagesordnung sachlich nicht zu befassen. Bei Petitionen hat dies Fallenlassen des Gegenstands der Beratung die Bedeutung einer Ablehnung. Auch sonst macht der Antrag auf Übergang zur Tagesordnung sachlich den Eindruck eines Antrags auf Ablehnung, hat aber nicht die rechtliche Bedeutung eines solchen. Der Antrag auf Übergang zur Tagesordnung kann jederzeit bis zur Abstimmung gestellt werden und bedarf keiner Unterstützung. Wird er abgelehnt, so darf er im Laufe derselben Beratung nicht wiederholt werden. Die Vertagung der Sitzung vor Erledigung der Tagesordnung endlich bedeutet Anberaumung eines neuen Sitzungstages zwecks Erledigung der unerledigt gebliebenen Punkte der Tagesordnung. Für den Beschluß ist ein Vorschlag des Präsidenten oder ein Antrag von 30 anwesenden Mitgliedern erforderlich.

Für die Redeordnung gilt die allgemeine Schranke, daß kein Mitglied sprechen darf, wenn ihm der Präsident nicht das Wort erteilt hat. Mitglieder, die zur Sache sprechen wollen, haben sich bei dem Schriftführer, der die Rednerliste führt, zum Worte zu melden, andere Wortmeldungen können durch Zuruf erfolgen (§ 81). Über die Reihenfolge der Redner enthält die Verfassung ein wichtiges Vorrecht für die Vertreter der Reichsregierung, insofern sie jederzeit auch außerhalb der Tagesordnung zu hören sind (Art. 33). Das Recht, die Unterbrechung des gerade sprechenden Redners zu verlangen, steht den Vertretern der Reichsregierung aber nicht zu. Auch die Vertreter der Landesregierungen, die meist zugleich Reichsratsbevollmächtigte sind, und die Mitglieder des Reichswirtschaftsrats sind auf ihr Verlangen während der Beratung, die Mitglieder des RWR. allerdings nur bei Vorlagen des RWR., zu hören (Art. 33, 165), doch genießen sie nach der Verfassung hierbei keine andern Vorrechte gegenüber den Reichstagsmitgliedern, als daß sie unbedingt gehört werden müssen. Die Geschäftsordnung allerdings stellt die Reichsratsbevollmächtigten den Vertretern der Reichsregierung völlig gleich (§§ 96 f.). Im einzelnen unterscheidet die Geschäftsordnung das Wort zur Sache, das Wort zur Geschäftsordnung, persönliche Bemerkungen und die Abgabe von Erklärungen. Das Wort zur Sache muß jedem, der sich meldet, erteilt werden, es sei denn, daß der Reichstag auf Vorschlag des Ältestenrats die Zeitdauer für die Besprechung des Gegenstandes begrenzt hat (§ 88), doch bestimmt der Präsident die Reihenfolge nach zweckmäßigem Ermessen (§ 82). Tatsächlich hält er sich bei wichtigen Gegenständen an die im Ältestenrat getroffene Vereinbarung. Antragsteller und Berichterstatter können sowohl zu Beginn wie nach Schluß der Beratung das Wort verlangen. Das Wort zur Geschäftsordnung wird nur nach freiem Ermessen des Präsidenten erteilt (§ 83). Der heute in vielen Versammlungen geübte Brauch, der Wortmeldung zur Geschäftsordnung den Vorrang vor allen übrigen Wortmeldungen einzuräumen, ist vom Reichstag schon im Jahre 1902 aufgegeben worden. Wird einem Redner das Wort erteilt, so dürfen seine Ausführungen die Dauer von fünf Minuten nicht überschreiten. Zu persönlichen Bemerkungen wird das Wort erst nach Schluß oder Vertagung der Beratung erteilt. Hierbei darf der Redner nur Angriffe, die in der Aussprache gegen ihn vorgekommen sind, zurückweisen oder eigene Ausführungen richtig stellen (§ 84). Von solchen persönlichen Bemerkungen sind die „tatsächlichen oder persönlichen Erklärungen" zu unterscheiden. Zu solchen Erklärungen kann der Präsident außerhalb der Tagesordnung das Wort erteilen. Die Erklärung ist ihm vorher schriftlich mitzuteilen (§ 85). Da bis zum 1. Januar 1923 nach der alten Geschäftsordnung „faktische Bemerkungen" unzulässig waren, läßt sich die Tragweite der Bestimmung noch nicht völlig übersehen. Gemeint sind wohl in erster Linie Erklärungen über Vorfälle im Reichstag oder zwischen Reichstagsabgeordneten, etwa über die Herausforderung eines Abgeordneten durch einen andern zum Zweikampf (Sitzung vom 5. März 1924). Die Form der Rede ist der freie Vortrag. Die Redner sprechen von der Rednertribüne oder von ihrem Platze, die Berichterstatter von der Rednertribüne oder dem Berichterstattersitze (§ 86). Die Rededauer darf, wenn der Reichstag nicht ausnahmsweise eine Verlängerung beschließt, eine Stunde nicht überschreiten. Spricht ein Mitglied über die Redezeit hinaus, so entzieht ihm der Präsident nach einmaliger Mahnung das Wort.

Voraussetzung für die Abstimmung ist Beschlußfähigkeit des Reichstags. Eigentümlicherweise hat die Verfassung die Regelung der Frage der Beschlußfähigkeit, außer für Verfassungsänderungen, dem Reichstag selbst überlassen. Der Reichstag hat jedoch in der Geschäftsordnung nichts anderes bestimmt, als was schon nach Art. 28 der Verfassung Bismarcks geltendes Recht war: „Der Reichstag ist beschlußfähig, wenn mehr als die Hälfte der Mitglieder anwesend ist" (§ 98). Für Verfassungsänderungen verlangt die Verfassung die Anwesenheit von zwei Dritteln der gesetzlichen Mitgliederzahl und Zustimmung von zwei Dritteln der Anwesenden. Demgemäß bestimmt die Geschäftsordnung, einem allmählich entstandenen Brauche folgend: „Bei Beschlüssen des Reichstags auf Abänderung der Verfassung hat der Präsident durch ausdrückliche Erklärung festzustellen, daß zwei Drittel der Mitglieder anwesend sind und wenigstens zwei Drittel der Anwesenden zustimmen" (§ 98). Die Beschlußfähigkeit wird vermutet. Geprüft wird sie nur, wenn sie angezweifelt wird. Wird sie in diesem Falle vom Sitzungsvorstande weder einmütig bejaht noch verneint, so ist darüber durch Auszählung oder Namensaufruf zu entscheiden. Um den Fraktionen jedoch die Möglichkeit zu geben, ihre säumigen, im Reichstagsgebäude anwesenden Mitglieder in den Sitzungssaal zu rufen, bestimmt die Geschäftsordnung, daß der Präsident die Abstimmung auf kurze Zeit aussetzen kann (§ 99). Bei Beschlußunfähigkeit hat der Präsident die Sitzung sofort aufzuheben und Zeit und Tagesordnung der nächsten Sitzung zu verkünden (§ 100). Vielfach wird in solchen Fällen die nächste Sitzung auf denselben Tag, eine Stunde oder eine halbe Stunde später anberaumt. Bei der Abstimmung stellt der Präsident die Fragen so, daß sie sich mit Ja oder Nein beantworten lassen. Abgestimmt wird in der Regel durch Aufstehen oder S i t z e n b l e i b e n. Ist der Sitzungsvorstand über das Ergebnis der Abstimmung nicht einig, so wird die Gegenprobe gemacht. Bleibt er auch nach ihr uneinig, so werden die Stimmen gezählt. Zu diesem Zwecke verlassen die Abgeordneten auf Aufforderung des Präsidenten den Saal, und die Türen werden bis auf drei geschlossen, je eine rechts und links vom Vorstandstische und eine gegenüber. Auf das Glockenzeichen des Präsidenten treten die Mitglieder, je nachdem sie stimmen, durch die Ja-Türe (rechts), durch die Nein-Türe (links), und die sich der Stimme enthalten wollen, durch die Mitteltüre in den Saal ein und werden von den Schriftführern laut gezählt (§ 104). Man nennt diese Art der Abstimmung den H a m m e l s p r u n g, vermutlich weil auch eine Schafherde nur dann genau gezählt werden kann, wenn man die Tiere hintereinander durch eine enge Öffnung gehen läßt. Eine dritte, bei unwichtigen Gegenständen (§ 106) unzulässige Form der Abstimmung ist endlich die n a m e n t l i c h e A b s t i m m u n g (§ 105). Namentliche Abstimmung kann bis zur Eröffnung der Abstimmung beschlossen werden, wenn es 50 anwesende Mitglieder beantragen. Auch für die B e r e c h n u n g d e s A b s t i m m u n g s e r g e b n i s s e s enthält die Geschäftsordnung wichtige Regeln. Stimmenthaltungen und ungültige Stimmen zählen mit bei Feststellung der Beschlußfähigkeit, nicht aber bei Berechnung der Mehrheit (§ 100), eine Vorschrift, die nur für gewöhnliche Abstimmungen gelten kann, nicht für die Abstimmungen über Verfassungsänderungen, da hier die Verfassung ausdrücklich die Zustimmung von zwei Dritteln der Anwesenden verlangt. Abgesehen von Verfassungsänderungen und abgesehen von gewissen Beschlüssen über die Geschäftsordnung selbst, die schon am Widerspruche eines Abgeordneten oder von 15 Abgeordneten u. dgl. scheitern, entscheidet die M e h r h e i t der abgegebenen Stimmen. S t i m m e n g l e i c h h e i t verneint die Frage (§ 103). Aus dieser letzten Regelung scheint zu folgen, daß es unter Umständen von der positiven oder der negativen Fassung des Antrags abhängt, ob er sachlich in diesem oder in jenem Sinne entschieden wird. Lautet der Antrag z. B.: „Der Reichstag entzieht der Regierung das Vertrauen", so bedeutet — könnte man meinen — Stimmengleichheit ein Vertrauensvotum, lautet er aber: „Der Reichstag billigt das Verhalten der Regierung", so käme Stimmengleichheit als Ablehnung eines

Vertrauensvotums einem Mißtrauensvotum gleich. Dem ist aber nicht so, da die Ablehnung eines Antrags durchaus nicht notwendigerweise die Annahme seines Gegenteils bedeutet, vielmehr liegt zwischen Billigung und Mißbilligung die Möglichkeit, weder billigen noch mißbilligen zu wollen, also die Möglichkeit der Unentschlossenheit, und diese Möglichkeit ist in beiden Fällen gleichermaßen verwirklicht, ob nun der Antrag positiv oder negativ gefaßt war.

Dem reibungslosen Verlauf der Sitzungen, überhaupt dem ungestörten Arbeiten des Reichstags dienen eine Reihe von Ordnungsbestimmungen. Die Verfassung unterscheidet die Polizeigewalt, das Hausrecht und die Ordnungsgewalt des Reichstagspräsidenten. „Der Präsident übt ... die Polizeigewalt im Reichstagsgebäude aus" (Art. 28). Damit ist zweierlei gesagt, einmal: der Präsident hat im Reichstagsgebäude die gleichen Befugnisse wie die preußischen Polizeibehörden, er ist gleichsam Polizeipräsident im Sprengel „Reichstagsgebäude"; dann: die preußischen Polizeibehörden, insbesondere der Polizeipräsident von Berlin, sind für den Sprengel „Reichstagsgebäude" örtlich unzuständig; nur auf Ersuchen des Reichstagspräsidenten oder in Fällen der Not mit dessen vermutlichem Einverständnis und nachträglicher Genehmigung darf der Polizeipräsident von Berlin Schutzpolizeimannschaften in das Reichstagsgebäude entsenden. Außer der Polizeigewalt übt der Präsident „das Hausrecht... im Reichstagsgebäude aus" (Art. 28). Diese Bestimmung richtet sich gegen die Nicht-Abgeordneten, gegen das Publikum. Wer das Reichstagsgebäude betritt, ist schon durch diese Tatsache der vom Präsidenten erlassenen Hausordnung (zur Zeit Anordnung v. 18. Juni 1921) und den Einzelanordnungen des Präsidenten unterworfen. Das Reichsgesetz vom 8. Mai 1920 über die Befriedung der Gebäude des Reichstags und der Landtage stellt die vorsätzliche Übertretung der Anordnungen des Präsidenten über das Betreten des Gebäudes und über das Verhalten in dem Gebäude sogar unter strafrechtlichen Schutz. Ebenso sind die Maßnahmen des Präsidenten zur Aufrechterhaltung der Ordnung auf den Zuhörertribünen Ausfluß seines Hausrechts. „Wer auf Zuhörertribünen Beifall oder Mißbilligung äußert oder Ordnung und Anstand verletzt, kann auf Anordnung des Präsidenten sofort entfernt werden. Der Präsident kann eine Zuhörertribüne wegen störender Unruhe räumen lassen" (Geschäftsordnung § 94). Die Ordnungsgewalt des Präsidenten endlich bezieht sich nur auf die im Sitzungssaale anwesenden Reichstagsmitglieder und die Regierungsvertreter, sowohl die des Reichs wie die der Länder (Art. 33 Abs. 4). Die Unterstellung der Regierungsvertreter unter die Ordnungsgewalt des Präsidenten ist eine bewußte Neuerung gegen früher. Im Bismarckschen Reichstage konnten der Reichskanzler und die sonstigen Regierungsvertreter nicht zur Ordnung gerufen werden. Kam von ihrer Seite einmal eine Entgleisung vor, so drückte sich der Reichstagspräsident in bedingter Form aus: „Hätte ein Abgeordneter diesen Ausdruck gebraucht, so würde ich ihn zur Ordnung gerufen haben." Heute kann der Präsident einen Reichsminister, auch wenn er nicht Mitglied des Reichstags ist, ohne Umschweife zur Ordnung rufen. Gewisse, nicht ausdrücklich genannte Vorrechte haben die Regierungsvertreter allerdings auch heute noch. Von der Sitzung ausgeschlossen werden kann z. B. ein Regierungsvertreter nicht. Bevor der Präsident von seiner Ordnungsgewalt Gebrauch macht, wird er, soweit tunlich, den Abgeordneten auf das Unparlamentarische seiner Ausdrücke oder seines Verhaltens gelinde aufmerksam machen. Genügen solche Mahnungen nicht, so stellt die GO. dem Präsidenten zunächst den Sach- und Ordnungsruf zur Verfügung. „Der Präsident kann Redner, wenn sie vom Verhandlungsgegenstand abschweifen, zur Sache verweisen und sie und andere Mitglieder, wenn sie die Ordnung verletzen, mit Nennung des Namens zur Ordnung rufen" (§ 89). Das nächste dem Präsidenten und dem Reichstag zustehende Zwangsmittel ist die Wortentziehung. „Ist ein Redner dreimal in derselben Rede zur Sache oder zur Ordnung gerufen und beim zweiten Male auf die Folgen eines dritten Ordnungsrufs hingewiesen worden, so kann ihm das Haus auf Antrag des Präsidenten das

Wort entziehen" (§ 90). Die schärfste Form nimmt die Ordnungsgewalt des Präsidenten bei der zeitlichen Ausschließung eines Mitglieds an. „Wegen gröblicher Verletzung der Ordnung kann der Präsident ein Mitglied von der Sitzung ausschließen. Es hat den Sitzungssaal sofort zu verlassen. Tut es das trotz der Aufforderung des Präsidenten nicht, so wird die Sitzung unterbrochen oder aufgehoben und das Mitglied zieht sich dadurch ohne weiteres den Ausschluß für die folgenden acht Sitzungstage zu. Weigert es sich wiederholt, den Anordnungen des Präsidenten zu folgen, so tritt der Ausschluß an zwanzig Sitzungstagen ein" (§ 91). Da das Fernbleiben von einer Reichstagssitzung auch geldliche Nachteile für den Abgeordneten hat (Ges. v. 10. Juli 1920 § 3), wirkt der Ausschluß gleichzeitig wie eine Geldstrafe. Über die bei böswilliger Obstruktion wichtige Frage, ob das hartnäckige Mitglied auch mit körperlicher Gewalt, etwa durch zugezogene Schutzpolizeileute, entfernt werden kann, schweigt die Geschäftsordnung. Da derartige Bestimmungen nicht außergewöhnlich wären, hätte die Geschäftsordnung sie treffen können. Gerade deshalb muß ihr Schweigen im Sinne der Unzulässigkeit der körperlichen Gewalt gedeutet werden. Vor allem wirkt die Anwendung von Gewalt in einer Versammlung der Erlesenen des Volkes so außerordentlich peinlich, daß die Geschäftsordnung Gewaltanwendung ausdrücklich hätte zulassen müssen, wenn solche hätte zulässig sein sollen. Auch unter dem Gesichtspunkte der Notwehr gegen einen strafbaren Hausfriedensbruch läßt sich nur die gewaltsame Abweisung des Abgeordneten an der Türe, nicht aber seine gewaltsame Entfernung rechtfertigen, da die Geschäftsordnung das Ausschließungsrecht erschöpfend geregelt hat und eben von Gewaltanwendung gegen Abgeordnete im Sitzungssaale augenscheinlich nichts wissen will. (So ausdrücklich Präsident Wallraf im Falle Schwarz am 22. August 1924, Abendsitzung, anders drei Tage darauf im Falle Grube und Genossen, seit Bestehen des Reichstags dem ersten Falle, in dem gegen Abgeordnete Gewalt angewendet wurde.) Auch ein Geschäftsordnungsbeschluß ad hoc wäre unmöglich, da Abweichungen von den Vorschriften der Gesch.-O. im Einzelfalle nur beschlossen werden können, wenn kein Mitglied widerspricht (§ 114). Gegen den Ordnungsruf oder den Ausschluß kann das Mitglied bis zum nächsten Sitzungstage schriftlich Einspruch erheben. Der Reichstag entscheidet ohne Besprechung (§ 92). Richten sich die bisher genannten Ordnungsbestimmungen gegen den einzelnen Abgeordneten, so kennt die Geschäftsordnung auch ein Mittel gegen allgemeine Unruhen im Sitzungssaale. „Wenn im Reichstag störende Unruhen entstehen, so kann der Präsident die Sitzung auf bestimmte Zeit aussetzen oder ganz aufheben. Kann er sich kein Gehör verschaffen, so verläßt er den Präsidentenstuhl. Die Sitzung ist alsdann auf eine Stunde unterbrochen" (§ 93). Früher bedeckte der Präsident sein Haupt als Zeichen für die Unterbrechung der Sitzung.

Die Geschäftsordnung enthält endlich noch Vorschriften über die Beurkundung der Verhandlungen. Sie unterscheidet die Sitzungsberichte und die Beurkundung der Beschlüsse. Die Sitzungsberichte sind stenographisch aufgenommene wörtliche Berichte über den Verlauf einer jeden Sitzung. Allerdings fehlt ihnen in ihrer endgültigen Form die unbedingte geschichtliche Wahrheit, nicht sowohl wegen der fast völlig ausschaltbaren Aufnahmefehler, als wegen der jedem Redner zustehenden Befugnis, die Niederschrift seiner Rede zu berichtigen (§ 109). Schon die dem Redner vorgelegte Niederschrift pflegt stilistisch überarbeitet zu sein, so daß der Redner mit Genugtuung glaubt annehmen zu dürfen, daß er in gutem Deutsch und in gelungenen Satzwendungen gesprochen habe. Aber auch diese Niederschrift darf er noch berichtigen, nur darf keine Berichtigung den Sinn der Rede ändern. Wird die Berichtigung beanstandet und keine Verständigung mit dem Redner erzielt, so ist die Entscheidung des Präsidenten oder seines Stellvertreters einzuholen (§ 110). Die stenographischen Berichte werden gedruckt und sind zusammen mit den „Drucksachen" im Buchhandel erhältlich. Neben diesen amtlichen Berichten gibt es noch die der großen Zeitungen, die für den Historiker unentbehrlich sind, da sie die Verhandlungen zwar verkürzt, aber, weil nicht der Berichtigung unterworfen, unter Umständen genauer wiedergeben als die amtlichen. Auf sie vor allem bezieht sich die Verfassungsbestimmung, daß wahrheitsgetreue Berichte über die Verhandlungen in den öffentlichen Sitzungen des Reichstags, eines Landtags oder ihrer Ausschüsse von jeder Verantwortlichkeit frei bleiben (Art. 30). Wahrheitsgetreu sind die Berichte auch dann, wenn sie die Verhandlungen in gekürzter Form wiedergeben, aber nicht, wenn sie durch ungleichmäßige Streichungen oder durch absichtliche Hervorhebung einzelner Teile, etwa der beleidigenden oder landesverräterischen Stücke einer Rede, ein Zerrbild vom Gange der Verhandlungen geben. Im Gegensatze zu den Sitzungsberichten hat die Beurkundung der Beschlüsse den Charakter eines knappen Protokolls, das vom Präsidenten mit den diensttuenden Schriftführern vollzogen, während der nächsten Sitzung zur Einsicht ausgelegt wird und als genehmigt gilt, wenn bis zum Schlusse dieser Sitzung kein Einspruch gegen sie erhoben wird (§ 111).

f) Zuständigkeiten des Reichstags. Wenn man in den modernen Verfassungen überhaupt von einem höchsten Organe sprechen darf, so sollte nach dem offenbaren Willen des Verfassungsgesetzgebers der Reichstag dieses höchste Organ sein. Dennoch ist der Reichstag weit davon entfernt, alle Zuständigkeiten in sich zu vereinigen, wie dies früher beim Monarchen angenommen wurde. Vielmehr hat auch der Reichstag nur die Zuständigkeiten, die ihm die Verfassung überträgt. Allerdings wird nach mutmaßlichem Willen der Verfassung bei einer Verfassungslücke der Reichstag einzuspringen haben. Bei Verhinderung des Reichspräsidenten und aller für ihn als Stellvertreter in Betracht kommenden Personen (Art. 51) z. B. wird nichts anderes übrig bleiben, als daß der Reichstag den Stellvertreter des Reichspräsidenten wählt, um wenigstens das Vertretungsgesetz erlassen zu können.

Trotz dieser seiner bevorzugten Stellung sind die Hauptzuständigkeiten des Reichstags nicht unmittelbar nach außen gerichtet, selbst bei der Gesetzgebung nicht, da ein Gesetzesbeschluß des Reichstags zunächst nur den Reichspräsidenten zur Verkündung verpflichtet. Neben der Gesetzgebung hat der Reichstag insofern Anteil an der Verwaltung, als gewisse Akte der Verwaltung, wie Kriegserklärung und Friedensschluß, Festsetzung des Haushaltsplans und Ausgabe von Reichsanleihen der Form des Reichsgesetzes oder, wie der Abschluß völkerrechtlicher Verträge, der Zustimmung des Reichstags bedürfen. Das Verlangen des Reichstags nach Außerkraftsetzung der außerordentlichen nach Art. 48 verfügten Maßnahmen gehört zur Gesetzgebung oder zur Verwaltung, je nachdem die aufzuhebende Maßnahme einen Gesetzgebungs- oder einen Verwaltungsakt darstellt. Akte der Rechtspflege stehen dem Reichstag nach Übertragung der Wahlprüfung auf das Wahlprüfungsgericht nicht mehr zu. Außer diesen Zuständigkeiten bei Ausübung der drei Staatstätigkeiten gibt es eine Reihe wichtiger Beziehungen zwischen dem Reichstag und den anderen höchsten Reichsorganen. Der Reichstag kann beim Volke Absetzung des Reichspräsidenten beantragen (Art. 43), er kann die Anwesenheit des Reichskanzlers und jedes Reichsministers verlangen (Art. 33), die Ministerverantwortlichkeit durch Anfragen, Interpellationen, Mißtrauensvotum geltend machen (Art. 50, 54), den Reichspräsidenten, den Reichskanzler und die Reichsminister vor dem Staatsgerichtshof für das Deutsche Reich anklagen (Art. 59), der Reichsregierung wegen Verwendung der Reichseinnahmen Entlastung erteilen oder verweigern (Art. 86). Einzelheiten hierüber werden an anderer Stelle zu erörtern sein. Hier sei nur auf das Charakteristische dieser Beziehungen hingewiesen. Der Reichstag nimmt durch sie nicht positiv Anteil an der Regierung, sondern nur überwachend, hemmend, hindernd. Während der preußische Landtag auch die „Grundsätze für die Verwaltung der Staatsangelegenheiten aufstellt" (Preuß. Verf. Art. 29), fehlt dem Reichstag diese Einwirkungsmöglichkeit.

Unmittelbar nach außen gerichtete Zuständigkeiten hat der Reichstag nur wenige. Als Vollversammlung nimmt er Bitten und Beschwerden (Petitionen) der Staatsbürger entgegen (Art. 126) und teilt den Einsendern die Art der Erledigung der Petition mit (GeschO. § 66). Durch seinen Präsidenten nimmt er private Rechtsgeschäfte und Verwaltungsakte vor. So stellt der Reichstagspräsident die Reichstagsbeamten an und versetzt sie in den Ruhestand (GeschO. § 19). Auch sonst vertritt er das Reich in allen Rechtsgeschäften und Rechtsstreitigkeiten seiner Verwaltung (Reichsverf. Art. 28). Vor allem verkehren die vom Reichstag eingesetzten Untersuchungsausschüsse, der Ausschuß für auswärtige Angelegenheiten und der Ausschuß für die Wahrung der Rechte der Volksvertretung unmittelbar mit der Außenwelt, da sie in öffentlicher Verhandlung die Beweise erheben, die sie oder die Antragsteller für erforderlich erachten, und da hierauf die Vorschriften des strafgerichtlichen Verfahrens sinngemäße Anwendung finden (Art. 34, 35).

g) Die Reichstagsabgeordneten. Zum Abschluß des Bildes vom Reichstag bedarf es noch einer Darstellung der persönlichen Verhältnisse der Reichstagsabgeordneten.

Die Abgeordneteneigenschaft beginnt mit der Annahme der Wahl durch Erklärung dem Reichswahlleiter gegenüber. Der Annahme steht einwöchiges Schweigen auf die Benachrichtigung seitens des Kreis- oder des Reichswahlleiters gleich (RStimmO. §§ 139, 144). Die Abgeordneteneigenschaft endigt für alle Abgeordneten mit dem regelmäßigen Ende der Wahlperiode und mit der Auflösung des Reichstags, doch dauert sie für den Präsidenten und seine Stellvertreter, sowie für die Mitglieder des Ausschusses für auswärtige Angelegenheiten und des Ausschusses für die Wahrung der Rechte der Volksvertretung bis zum Zusammentritt des neuen Reichstags fort (Art. 27, 35). Sie endigt für den einzelnen Abgeordneten durch Verzicht, der dem Reichstagspräsidenten zu erklären und unwiderruflich ist, durch nachträglichen Verlust des Wahlrechts, etwa kraft Verlustes der Reichsangehörigkeit, durch strafgerichtliche Aberkennung der Rechte aus öffentlichen Wahlen, durch Ungültigerklärung der Wahl oder sonstiges Ausscheiden beim Wahlprüfungsverfahren, endlich durch nachträgliche Änderung des Wahlergebnisses, nämlich bei Nachwahlen oder Wiederholungswahlen (Reichswahlgesetz § 5). Vermöge der Unvereinbarkeit verliert der Reichstagsabgeordnete seinen Sitz auch durch Annahme der Wahl als Reichspräsident (Art. 44). Dagegen ist, anders als in Bismarcks Verfassung, die Ernennung eines Reichstagsabgeordneten zum besoldeten Beamten oder seine Beförderung in ein höheres Amt ohne Einfluß auf die Abgeordneteneigenschaft.

Die Abgeordneten haben als solche besondere Pflichten, Freiheiten und positive Ansprüche. Der Pflichten ist in Verfassung, Gesetz und Geschäftsordnung zuhammenhängend nicht gedacht. Sie erschöpfen sich im wesentlichen in der Anwesenheitspflicht, der Arbeitspflicht, der Pflicht nach bestem Gewissen zu reden und abzustimmen (Art. 21) und der Pflicht zum parlamentarischen Verhalten. Die Freiheiten sind bekannt unter dem Namen der „Immunität", doch gehört mehr dazu, als was unter dieser Bezeichnung begriffen zu werden pflegt. Die Abgeordneten sind zunächst frei von ihren Wählern; sie sind „an Aufträge nicht gebunden" (Art. 21). Dies Verbot des sogenannten imperativen Mandats wird allerdings den einzelnen Abgeordneten nicht hindern, sich moralisch für verpflichtet zu achten, das eine oder das andere vor den Wahlen abgegebene Versprechen nach Kräften zu erfüllen. Für die Abgeordneten gilt ferner unbedingte Abstimmungs- und Äußerungsfreiheit. „Kein Mitglied des Reichstags (oder eines Landtags) darf zu irgendeiner Zeit wegen seiner Abstimmung oder wegen der in Ausübung seines Berufs getanen Äußerungen gerichtlich oder dienstlich verfolgt oder sonst außerhalb der Versammlung zur Verantwortung gezogen werden" (Art. 36). Die Bestimmung trifft vor allem die im Reichstag ausgesprochenen Beleidigungen. Der Beleidigte pflegt daher dem Abgeordneten nahezulegen, seine Äußerungen außerhalb des Reichstags als Privatmann zu wiederholen, damit ein Gericht angerufen und in die Lage versetzt werden kann, die Begründetheit der Beleidigung zu prüfen. Doch beschränkt sich die Äußerungsfreiheit nicht auf das Reichstagsgebäude. Auch wenn der zum Berichterstatter in einer Reichtagssache bestimmte Abgeordnete auf einer Informationsreise, etwa anläßlich der Besichtigung eines Betriebs, eine beleidigende Äußerung fallen läßt, ist er von jeder Verantwortung frei, und zwar unbedingt frei, d. h. es liegt nicht in seinem Willen, ob er seine „Immunität" geltend machen soll oder nicht, denn die Äußerungsfreiheit ist im öffentlichen Interesse festgesetzt worden. Außer der gerichtlichen und der dienstlichen Verfolgung ist auch jedes sonstige Zur-Verantwortung-Ziehen verboten. So wäre der Beschluß einer Berufsvertretung, z. B. der Ärztekammer, ein Mitglied, das Reichstagsabgeordneter ist, zu einer Äußerung wegen einer Reichstagsrede aufzufordern, verfassungswidrig. Über diese Abstimmungs- und Äußerungsfreiheit hinaus gewährt die Verfassung dem Abgeordneten eine weitgehende Freiheit von Verhaftung und strafgerichtlicher Verfolgung. „Kein Mitglied des Reichstags (oder eines Landtags) kann ohne Genehmigung des Hauses, dem der Abgeordnete angehört, während der Sitzungsperiode wegen einer mit Strafe bedrohten Handlung zur Untersuchung gezogen oder verhaftet werden, es sei denn, daß das Mitglied bei Ausübung der Tat oder spätestens im Laufe des folgenden Tages festgenommen ist. Die gleiche Genehmigung ist bei jeder anderen Beschränkung der persönlichen Freiheit erforderlich, die die Ausübung des Abgeordnetenberufs beeinträchtigt" (Art. 37 Abs. 1 u. 2). Gemeint ist mit dem letzten Satze vor allem die sogenannte Schutzhaft, aber auch die als Zwangsmittel verhängte Haft des Zivilprozesses, der persönliche Sicherheitsarrest des Zivilprozesses und des Steuerrechts, die polizeiliche Verwahrung zwecks gesundheitlicher Untersuchung und ähnliche Beschränkungen gehören hierher. Auch für diese Fälle gilt aber sinngemäß die für die Festnahme „bei Ausübung der Tat" vorgesehene Ausnahme. In diesem Sinne befindet sich auch der choleraverdächtige Abgeordnete in „Ausübung der Tat" und kann ohne Genehmigung des Reichstags in einem Krankenhause untergebracht werden. Ist ein Reichstagsabgeordneter einmal zu Recht verhaftet oder sonstwie in seiner persönlichen Freiheit beschränkt, oder ist gegen ihn einmal zu Recht ein Strafverfahren eröffnet worden, etwa vor seiner Wahl zum Reichstagsabgeordneten, so geht das Verfahren seinen gesetzlichen Gang. Doch hat der Reichstag auch in diesen Fällen die Befugnis, durch einen Beschluß die Aufhebung des Verfahrens oder der Freiheitsbeschränkung für die Dauer der Sitzungsperiode zu erzwingen (Art. 37 Abs. 3). Die Wahl eines auf Festung befindlichen gefährlichen politischen Strafgefangenen zum Reichstagsabgeordneten nützt also dem Gefangenen an sich nichts, sondern nur, falls sich unwahrscheinlicherweise im Reichstag eine Mehrheit findet, die seine Freilassung verlangt. Daß die Sitzungsperiode heute nach tatsächlich geübtem Brauche mit der Wahlperiode zusammenfällt, wurde schon hervorgehoben. Soweit die Abgeordneteneigenschaft über das Ende der Wahlperiode hinaus dauert, wie beim Präsidenten, verlängert sich nach dem mutmaßlichen Willen der Verfassung auch die Immunität des Abgeordneten. Neu ist endlich das Zeugnisverweigerungsrecht der Abgeordneten. „Die Mitglieder des Reichstags (und der Landtage) sind berechtigt, über Personen, die ihnen in ihrer Eigenschaft als Abgeordneten Tatsachen anvertrauen oder denen sie in Ausübung ihres Abgeordnetenberufs solche anvertraut haben, sowie über diese Tatsachen selbst das Zeugnis zu verweigern. Auch in Beziehung auf Beschlagnahme von Schriftstücken stehen sie den Personen gleich, die ein gesetzliches Zeugnisverweigerungsrecht haben" (Art. 38). Der letzte Satz bedeutet im Zusammenhang mit §§ 95, 97 StPO. grundsätzliche Unzulässigkeit der Beschlagnahme bei einem Reichstagsabgeordneten, es sei denn, daß er einer Teilnahme, Begünstigung oder Hehlerei verdächtig ist.

Außer den genannten Freiheiten stehen den Abgeordneten positive Ansprüche zu, die im Art. 40 und im Reichsgesetz über die Entschädigung der Mitglieder des Reichstags vom 10. Juli 1920 und dessen späteren Abänderungen näher geregelt sind. „Die Mitglieder des

Reichstags erhalten: 1. für die Dauer ihrer Zugehörigkeit zum Reichstag und die folgenden acht Tage das Recht zur freien Fahrt auf allen deutschen Eisenbahnen, 2. von dem Tage vor dem ersten Zusammentritte des Reichstags an bis zu dem Ende des Monats, in dem der Reichstag aufgelöst wird oder seine Wahldauer abläuft, eine Aufwandsentschädigung von monatlich 25 vom Hundert des Grundgehalts der Besoldungsgruppe B 6" d. h. das Viertel eines Ministergehalts ohne Ortszuschlag. Es ist Vorsorge getroffen, daß die Ausschußmitglieder, wenn sie während einer Unterbrechung der Vollsitzungen des Reichstags an Ausschußsitzungen teilnehmen, besonders entschädigt werden, daß andrerseits für säumige Mitglieder die Aufwandsentschädigung gekürzt wird. „Ein Verzicht auf die Aufwandsentschädigung ist unzulässig" (§ 6). Durch diese Bestimmung soll vermieden werden, daß die wirtschaftlich gut gestellten Abgeordneten durch einen Verzicht auf die Entschädigung einen gesellschaftlichen Druck auf die wirtschaftlich schwachen Kollegen ausüben, ihrem Beispiel zu folgen.

3. **Der Reichspräsident.** Bei der Frage nach der Organisation des Staatshaupts in der neuen deutschen Republik konnten die Väter der Verfassung zwischen verschiedenen Möglichkeiten wählen. Sie konnten ein kollegiales Ministerium einsetzen und eben dies Ministerium zum obersten Regierungsorgan erklären, wie es in den deutschen Ländern geschehen ist (Ministerratsverfassung). Sie konnten über das Ministerium noch ein zweites Kollegium setzen (Direktorialverfassung). Sie konnten endlich dem Ministerium statt eines Kollegiums einen einzigen überordnen (Präsidentschaftsverfassung). Diese letzte Möglichkeit wurde verwirklicht. Dabei war zu erwägen, in welchem Maße der Präsident vom Willen des Reichstags abhängig sein sollte. Amerika bot das Beispiel eines von der Volks- und Staatenvertretung völlig unabhängigen Präsidenten, da der amerikanische Präsident vom Volke, nicht vom Kongreß, gewählt wird und ohne verantwortliches Ministerium regiert. In Frankreich dagegen befindet sich der Präsident in doppelter Abhängigkeit von den Kammern, da er von den Kammern in gemeinsamer Sitzung gewählt wird und außerdem nur gemeinsam mit einem Ministerium arbeiten kann, das die Mehrheit der Deputiertenkammer hinter sich hat, eine Abhängigkeit, die so weit geht, daß Präsident Millerand 1924 sogar sein Amt niederlegen mußte, als die neugewählte Deputiertenkammer ihm die Bildung eines Kabinetts unmöglich machte. Die Väter der Verfassung konnten sich weder zu dem einen noch zum andern System vorbehaltlos entschließen, sondern wählten einen Mittelweg zwischen dem amerikanischen und dem französischen System. Von Amerika übernahmen sie den volkgewählten (sog. plebiszitären) Präsidenten, von Frankreich die Wahl auf sieben Jahre und die mittelbare Abhängigkeit des Präsidenten von der Volksvertretung durch Einschiebung eines Ministeriums zwischen Präsident und Reichstag, das vom Vertrauen des Reichstags abhängig ist, und ohne dessen Mitwirkung der Präsident keinen Regierungsakt vornehmen kann. Die Erinnerung an das persönliche Regiment des letzten deutschen Kaisers war eben zu lebendig, als daß man dem deutschen Volke die Kraft zutraute, einen Präsidenten von der Selbständigkeit des amerikanischen zu ertragen. Trotzdem hat sich in den schweren Krisen der letzten Jahre gezeigt, daß der Reichspräsident vermöge seiner persönlichen Unabhängigkeit eine für die Stetigkeit des Staatslebens kaum entbehrliche Einrichtung ist, obwohl der erste deutsche Reichspräsident nicht vom Volke, sondern von der Nationalversammlung gewählt wurde, allerdings drei Wochen nach den Wahlen zur Nationalversammlung, so daß die Wahl Eberts einer mittelbaren Volkswahl nach Art der amerikanischen Präsidentenwahl sehr nahe kommt.

Die Wählbarkeit wird von der Verfassung jedem Deutschen zuerkannt, der das fünfunddreißigste Lebensjahr vollendet hat (Art. 41). Nicht verlangt ist also deutsche Staatsangehörigkeit von Geburt. Auch ohne daß es in der Verfassung steht, wird man Stimmen, die für einen Entmündigten oder einen der bürgerlichen Ehrenrechte für verlustig Erklärten abgegeben werden, für ungültig ansehen müssen. Dagegen sind Stimmen, die für eine Frau abgegeben werden, gültig. Auch die Unvereinbarkeit zwischen dem Amte des Reichspräsidenten und der Mitgliedschaft im Reichstag hat auf die Gültigkeit der für einen Reichstagsabgeordneten abgegebenen Stimmen keinen Einfluß. Die Wahl selbst ist eine unmittelbare und geheime Volkswahl, bei der jeder Wähler eine Stimme hat. Wahlberechtigt ist, wer das Wahlrecht zum Reichstag hat (§ 1 des Gesetzes über die Wahl des Reichspräsidenten vom 4. Mai 1920 in der Fassung vom 6. März 1924). Wiederwahl ist zulässig. Ob sich wie in Amerika der Brauch entwickeln wird, keinen Präsidenten mehr als zweimal hintereinander zu wählen, läßt sich nicht voraussagen. Einer Neuwahl steht es gleich, wenn der Antrag des Reichstags auf Absetzung des Reichspräsidenten durch Volksabstimmung abgelehnt worden ist (Art. 43). Den Wahltag bestimmt der Reichstag; er muß wie bei den Reichstagswahlen ein Sonntag oder öffentlicher Ruhetag sein (Wahlgesetz § 2). Gewählt ist, wer mehr als die Hälfte aller gültigen Stimmen erhalten hat. Ergibt sich keine solche Mehrheit, so findet ein zweiter Wahlgang statt, bei dem gewählt ist, wer die meisten gültigen Stimmen erhalten hat. Bei Stimmengleichheit entscheidet das Los, das der Reichswahlleiter zieht (§ 4). Das Wahlgesetz kennt also keine Stichwahlen. Die Stimmen werden zunächst in den Reichstagswahlkreisen gezählt und das Ergebnis dem Reichswahlleiter mitgeteilt. Wie schon hieraus ersichtlich, gelten für die Wahl des Reichspräsidenten in weitgehendem Maße die organisatorischen Vorschriften des Reichswahlgesetzes. Der Reichswahlausschuß stellt das Wahlergebnis im Reiche fest (§ 6). Näheres hierüber enthält die Reichsstimmordnung vom 14. März 1924 §§ 147ff. Abweichend von den Reichstagswahlen gilt Schweigen des Anwärters auf die Aufforderung des Reichswahlleiters, sich über die Annahme der Wahl zu erklären, als Ablehnung der Wahl (RStimmO. § 148). Hat der Anwärter die Wahl angenommen und ist er darauf vom Reichswahlausschuß für gewählt erklärt worden, so wird die Wahl, auch wenn keine Beanstandung vorliegt, vom Wahlprüfungsgericht nachgeprüft und entweder für gültig oder für ungültig erklärt. Die Präsidentschaft beginnt aber schon mit der endgültigen Erklärung des Reichswahlausschusses, falls in diesem Augenblick die Amtszeit des alten Präsidenten abgelaufen ist. Für die **Endigung der Präsidentschaft** gibt es mehrere Gründe. Der gewöhnliche Fall wird Ablauf der siebenjährigen Amtsperiode sein; die Amtsperiode Eberts endigt nach einem Sondergesetz vom 27. Oktober 1922 am 30. Juni 1925. Ein Amtsverzicht des Reichspräsidenten ist nicht ausdrücklich vorgesehen, doch wird man ihn, ähnlich wie den Thronverzicht eines Monarchen, für zulässig erklären müssen. Der Verzicht wird dem Reichstage gegenüber zu erklären sein als der Vertretung des deutschen Volkes, aus dessen Hand der Präsident seine Würde empfangen hat, zumal der Reichspräsident bei Amtsübernahme den Verfassungseid vor dem Reichstag ablegt. Ein dritter Endigungsgrund ist die Absetzung durch Volksabstimmung (Art. 43). Mit Absicht hat die Verfassung dem Reichstag nicht die Befugnis gegeben, den Reichspräsidenten durch ein Mißtrauensvotum zu Fall zu bringen. Aber wie der Reichspräsident bei der Reichstagsauflösung das Volk zum Schiedsrichter zwischen seiner Politik und der des Reichstags anruft, so kann auch der Reichstag das Volk zu einer Kundgebung für oder gegen den Reichspräsidenten veranlassen. Der Beschluß des Reichstags, den Antrag auf Absetzung des Reichspräsidenten durch Volksabstimmung zu stellen, erfordert Zweidrittelmehrheit. Durch den Beschluß ist der Reichspräsident an der ferneren Ausübung des Amtes verhindert (Art. 43). Auf die Volksabstimmung findet das Gesetz über den Volksentscheid vom 27. Juni 1921 Anwendung (§ 2). Ohne das Vorliegen eines Antrags des Reichstags steht dem Volke ein Rückberufungsrecht nach der Verfassung nicht zu, doch hat, wie schon erwähnt, das Volk es in der Hand, durch Volksbegehren und Volksentscheid ein verfassungsänderndes Reichsgesetz herbeizuführen, das den Präsidenten seines Amtes enthebt. Die gerichtliche Absetzung nach Art. 59 bildet den vierten Endigungsgrund. „Der Reichstag ist berechtigt, den Reichspräsidenten, den Reichskanzler und die Reichsminister vor dem Staatsgerichtshof für das Deutsche Reich anzuklagen, daß sie schuldhafterweise die Reichsverfassung oder ein Reichsgesetz verletzt haben. Der Antrag auf Erhebung der Anklage muß von mindestens hundert Mitgliedern des Reichstags unterzeichnet sein und bedarf der Zustimmung der für Verfassungsänderungen vorgeschriebenen Mehrheit." Gedacht ist hierbei offenbar an Handlungen oder Unterlassungen des Reichspräsidenten als Reichsorgans, nicht als Privatperson, also z. B. Nichtausfertigung eines Reichsgesetzes, zweimalige Auflösung des Reichstags aus dem gleichen Anlaß. „Der Staatsgerichtshof kann den Schuldigen, wenn er sich noch im Amte befindet, seines Amtes verlustig erklären" (§ 12 Abs. 2 R.-Ges. vom 9. Juli 1921). Neben dieser Sondergerichtsbarkeit besteht auch für den Reichspräsidenten die ordentliche Gerichtsbarkeit der Strafgerichte. An sich ist es also möglich, wenn auch nicht sehr wahrscheinlich, daß der Reichspräsident sein Amt durch strafgerichtliche Verurteilung, insbesondere durch Aberkennung der bürgerlichen Ehrenrechte oder der bekleideten öffentlichen Ämter verliert. Allerdings bedarf es zu seiner strafrechtlichen Verfolgung der Zustimmung des Reichstags (Art. 43 Abs. 3). Der letzte Endigungsgrund ist die Ungültigkeitserklärung der Wahl seitens des Wahlprüfungsgerichts. Auch in diesem Falle ist der Gewählte Reichspräsident gewesen, der Ausspruch des Wahlprüfungsgerichts hat keine rückwirkende Kraft.

Die dem Reichspräsidenten in der Verfassung eingeräumten Zuständigkeiten stehen unter einer allgemeinen Beschränkung: dem Gegenzeichnungszwang. „Alle Anordnungen und Verfügungen des Reichspräsidenten, auch solche auf dem Gebiete der Wehrmacht, bedürfen zu ihrer Gültigkeit der Gegenzeichnung durch den Reichskanzler oder den zuständigen Reichsminister" (Art. 50). Die Verfassung hebt die militärischen Anordnungen besonders hervor, um die Abkehr von der Praxis des kaiserlichen Deutschlands zu betonen. Dieser Gegenzeichnungszwang ist die logische Folge davon, daß der Reichspräsident für die Zweckmäßigkeit seiner Amtshandlungen nicht verantwortlich ist, wenn man davon absieht, daß er sich bei groben Fehlern dem Absetzungsverfahren nach Art. 43 aussetzt. Man wird daher den Umfang der gegenzeichnungspflichtigen Amtshandlungen ausdehnend auslegen und in Erinnerung an gewisse Mißstände des kaiserlichen Deutschland verlangen müssen, daß auch politische Kundgebungen, insbesondere Reden, im Konzepte von einem Minister gegengezeichnet werden. In dieser Gebundenheit liegt eine unleugbare Schwäche des Reichspräsidenten, die noch stärker in die Augen fällt, wenn man bedenkt, daß Reichskanzler und Reichsminister, sei es einzeln, sei es als kollegiale Reichsregierung, vielfach selbständig, ohne Mitwirkung des Reichspräsidenten zu handeln berufen sind. Reichskanzler und Reichsminister sind also in vielen Fällen auf sich gestellt und nur manchmal an die Mitwirkung des Reichspräsidenten gebunden, während der Reichspräsident keinen einzigen Regierungsakt ohne Mitwirkung des Reichskanzlers oder eines Reichsministers vornehmen kann. Und doch gibt es ein wichtiges Gebiet, auf dem der Wille des Reichspräsidenten allein entscheidet: das Gebiet der Unterlassungen. Der Reichspräsident kann zu keiner Handlung gezwungen werden. Sein Entschluß z. B., den Volksentscheid zugunsten eines Reichstagsbeschlusses nicht herbeizuführen, bedarf nicht der Zustimmung eines Ministers. Allerdings wird in wichtigen Fällen dieser Art der Minister, der mit seiner Meinung nicht durchgedrungen ist, um seine Entlassung bitten.

Der Schwerpunkt der Zuständigkeiten des Reichspräsidenten im einzelnen liegt auf dem Gebiete der Verwaltung. In alle Verwaltungszweige ragt hinein seine Befugnis zur Ernennung und Entlassung der Reichsbeamten einschließlich der Mitglieder der Reichsregierung (Art. 46, 50). Insbesondere ist auf dem Gebiete der Justizverwaltung die Befugnis des Kaisers zur Ernennung der Mitglieder des Reichsgerichts auf ihn übergegangen. Auf dem

Gebiete der Militärverwaltung ernennt der Reichspräsident die Offiziere und entläßt sie (Art. 46); er hat den Oberbefehl über die gesamte Wehrmacht des Reichs (Art. 47), eine Sonderbestimmung, aus der zu schließen ist, daß er im übrigen nicht Vorgesetzter der Beamten ist, auch nicht der Reichsminister (Gesch.-O. d. Reichsregierung v. 3. Mai 1924 § 15). Dem Reichspräsidenten steht ferner die oberste Leitung der auswärtigen Verwaltung zu. Er vertritt das Reich völkerrechtlich und schließt im Namen des Reichs Bündnisse und andere Verträge mit auswärtigen Mächten. Er beglaubigt und empfängt die Gesandten (Art. 45). In Finanzsachen ist ihm von der Verfassung keine besondere Zuständigkeit gegeben. Dagegen besitzt er auf dem Gebiete der inneren Verwaltung in Fällen der Not eine fast schrankenlose Machtvollkommenheit, da er bei erheblicher Störung oder Gefährdung der öffentlichen Sicherheit und Ordnung die zu deren Wiederherstellung nötigen Einzelmaßnahmen treffen, erforderlichenfalls sogar mit Hilfe der bewaffneten Macht einschreiten kann (Art. 48 Abs. 2). Von seiner Befugnis zur Reichsexekution (Art. 48 Abs. 1) war schon bei Erörterung der Reichsaufsicht die Rede. Zur Justiz rechnet das Begnadigungsrecht, das der Reichspräsident für das Reich ausübt (Art. 49). Dem Reiche steht aber das Begnadigungsrecht nur in solchen Fällen zu, in denen das Reichsgericht oder allgemeiner ein Reichsgericht in erster Instanz erkannt hat, also namentlich in Fällen des Hochverrats, des Landesverrats und des Kriegsverrats gegen das Reich, sowie des Verrats militärischer Geheimnisse. Im übrigen hat der Reichspräsident vermöge des Grundsatzes der Trennung von Justiz und Verwaltung keine Befugnisse auf dem Gebiete der Rechtspflege. Endlich hat der Reichspräsident einen beschränkten Einfluß auf die Gesetzgebung. Kein Reichsgesetz erlangt Gesetzeskraft, das der Reichspräsident nicht ausgefertigt und im Reichsgesetzblatt verkündet hätte (Art. 70). Zur Ausfertigung und Verkündung verfassungsmäßig zustandegekommener Reichsgesetze ist der Reichspräsident verpflichtet, ähnlich wie der Kaiser hierzu verpflichtet war; eine Zustimmungsbefugnis, die Sanktion des Gesetzes, steht also dem Reichspräsidenten sowenig zu wie früher dem Kaiser. Und doch steckt in der Ausfertigung heute, anders als früher, mehr als eine bloße Bezeugung des verfassungsmäßigen Zustandegekommenseins des Gesetzes; denn der Reichspräsident kann bei jedem vom Reichstag beschlossenen Gesetze, statt es auszufertigen, binnen Monatsfrist bestimmen, daß es zum Volksentscheid zu bringen sei (Art. 73 Abs. 1). Bei Meinungsverschiedenheiten zwischen Reichstag und Reichsrat steht ihm diese Befugnis sogar drei Monate zu (Art. 74 Abs. 3). Beharrt nämlich der Reichstag trotz Einspruchs des Reichsrats auf seinem ursprünglichen Beschlusse mit einfacher Mehrheit, so hat der Reichspräsident binnen drei Monaten die Wahl zwischen Nicht-Verkündung und Volksentscheid, tut der Reichstag es mit Zweidrittelmehrheit, so besteht für den Reichspräsidenten die Wahl zwischen Verkündung und Volksentscheid. Dies bedeutet im ersten Falle ein unbedingtes Veto in der Hand des Reichspräsidenten, sogar, da das Veto durch Schweigen ausgeübt wird, ein vom Gegenzeichnungszwange freies Veto. Eine weitere Möglichkeit des Einflusses auf den Gang der Gesetzgebung bietet dem Reichspräsidenten die Auflösung des Reichstags (Art. 25). Bei völkerrechtlichen Verträgen mit Gesetzeskraft endlich ist die Mitwirkung des Reichspräsidenten unerläßlich (Art. 45 Abs. 3). Außer an der formellen Gesetzgebung ist der Reichspräsident am Erlasse von Verordnungen beteiligt. Hier begegnet in erster Linie wieder die Befugnis des Reichspräsidenten aus Art. 48 Abs. 2. Während die in Fällen der Not zu treffenden Einzelmaßnahmen zweckmäßigerweise den Verwaltungsbefugnissen des Reichspräsidenten beigezählt wurden, enthält Art. 48 vor allem auch ein umfassendes Notverordnungsrecht, das sogar bis zur Außerkraftsetzung einer Reihe von Grundrechten reicht. Außerdem kann der Reichspräsident kraft Übergangsrechts und kraft alter gesetzlicher Ermächtigung alle jene Verordnungen erlassen, deren Erlaß früher dem Kaiser zustand. Neuere Gesetze vermehren die Verordnungsbefugnis. Als oberster Dienstherr kann er für die ihm unterstellte Wehrmacht auch Verwaltungsverordnungen erlassen. Aus seiner Befugnis zur Ernennung der Reichsminister hat der Reichspräsident endlich die Befugnis zum Erlasse von Organisationsverordnungen abgeleitet. Jedenfalls ist es ständiger Brauch, daß die Neuschaffung von Ministerien und deren Auflösung durch Verordnung des Reichspräsidenten bekanntgegeben wird. Da hierbei die Befugnis des Reichstags zur Bewilligung der nötigen Geldmittel gewahrt zu werden pflegt, ist gegen diesen Brauch nichts einzuwenden, zumal er bei ähnlicher Gesetzeslage unter Bismarcks Verfassung auch vom Kaiser geübt worden war.

Über die Stellvertretung des Reichspräsidenten bestimmt die Verfassung, daß er im Falle seiner Verhinderung zunächst durch den Reichskanzler vertreten wird. Dauert die Verhinderung voraussichtlich längere Zeit, so ist die Vertretung durch ein Reichsgesetz zu regeln. Das gleiche gilt für den Fall einer vorzeitigen Erledigung der Präsidentschaft bis zur Durchführung der neuen Wahl (Art. 51). Da der Reichspräsident auf Vorschlag des Reichskanzlers einen Reichsminister als Vizekanzler zu bestellen pflegt, und da mangels einer solchen Bestellung der Reichskanzler durch den der Reichsregierung am längsten ununterbrochen angehörenden Reichsminister vertreten wird (GeschO. d. Reichsregierung vom 3. Mai 1924 §§ 7, 29), ist für die Vertretung des Reichspräsidenten mehrfach gesorgt. Wer über das Vorliegen des Verhinderungsfalles entscheidet, wird in der Verfassung nicht gesagt. Der Fall liegt einfach, wenn sich der Reichspräsident selbst für verhindert erklärt, oder — wie bei Gefangennahme durch Aufständige — kein Zweifel besteht, daß er sich selbst verhindert fühlt. Wer aber entscheidet, ob sich der Reichspräsident im Zustande beginnender Geisteskrankheit befindet? Ein Machtspruch des Reichskanzlers oder der Reichsregierung scheidet ebenso aus wie ein solcher des Reichstags. Da dem Staatsgerichtshof für das Deutsche Reich die Zuständigkeit zur Entscheidung reichsrechtlicher Verfassungsstreitigkeiten fehlt, bleibt im Notfall nichts übrig als ein Antrag des Reichstags auf Absetzung des Reichspräsidenten durch Volksabstimmung. Der Reichskanzler als Stellvertreter des Reichspräsidenten teilt dessen Machtbefugnisse und dessen Beschränkungen. Insbesondere kann er, der bloße Stellvertreter, nicht mehr Befugnisse in sich vereinigen als der Reichspräsident selbst. Er kann daher nicht neben den Befugnissen des Reichspräsidenten auch noch die des Reichskanzlers ausüben, wird vielmehr als Reichskanzler durch einen Reichsminister vertreten. Vor allem ist er daher nicht gegenzeichnungsfrei. Die vom Vizekanzler Schiffer in Vertretung des Reichspräsidenten gezeichnete, von v. Seeckt in Vertretung des Reichswehrministers gegengezeichnete Verordnung vom 19. März 1920 anläßlich des Kapp-Putsches beweist, daß diese Ansicht auch in Regierungskreisen vorherrscht.

Die persönlichen Pflichten des Reichspräsidenten kommen im Eide zum Ausdruck, den er bei der Übernahme des Amtes vor dem Reichstag leistet (Art. 42): „Ich schwöre, daß ich meine Kraft dem Wohle des deutschen Volkes widmen, seinen Nutzen mehren, Schaden von ihm wenden, die Verfassung und die Gesetze des Reichs wahren, meine Pflichten gewissenhaft erfüllen und Gerechtigkeit gegen jedermann üben werde." Besonders hingewiesen sei auf seine Pflicht zur Gerechtigkeit. Sie bedeutet, daß er über den Parteien zu stehen hat, selbst wenn er vor der Wahl ausgesprochener Vertreter einer Partei gewesen war. Deshalb darf eine Partei, die die Todesstrafe verwirft, gegen den Reichspräsidenten, der aus ihren Reihen hervorging, keinen Vorwurf erheben, wenn er einem Todesurteil gegenüber von seinem Begnadigungsrecht keinen Gebrauch macht. Von Rechten des Reichspräsidenten ist in der Verfassung kaum die Rede, doch müssen ihm sinngemäß mindestens die den Reichstagsabgeordneten zustehenden Vorrechte, wie Freiheit von jeder Verhaftung, zugebilligt werden, obgleich die Verfassung ausdrücklich nur bestimmt, daß er ohne Zustimmung des Reichstags nicht strafrechtlich verfolgt werden kann (Art. 43 Abs. 3). Bei der Neufassung der Straf- und der Zivilprozeßordnung wurde es denn auch als selbstverständlich angesehen, daß der

Reichspräsident in seiner Wohnung zu vernehmen ist, also sogar ein Vorrecht genießt, das früher nur dem Landesherrn und den Mitgliedern der landesherrlichen Familien zustand (StPO., Fass. v. 22. 3. 24, § 49; ZPO., Fass. v. 13. 5. 24, §§ 219, 375, 479). Ein Gesetz über die Besoldung des Reichspräsidenten gibt es nicht. Doch wird ihm durch den Haushaltsplan ein Diensteinkommen gewährt, das jeweils das Doppelte der Dienstbezüge des Reichskanzlers beträgt, mit der Maßgabe, daß das Diensteinkommen je zur Hälfte auf Gehalt und Aufwandsgelder entfällt. Im Reichshaushaltsplan 1925 sind hierfür insgesamt 101 880 Reichsmark ausgeworfen. Ferner stehen „zur Verfügung des Reichspräsidenten" weitere 30 000 Reichsmark. Endlich hat er Anspruch auf freie Dienstwohnung mit Geräteausstattung. Das Ruhegehalt des Reichspräsidenten dagegen ist gesetzlich geregelt worden durch Reichsgesetz vom 31. Dezember 1922. Der wesentliche Inhalt des Gesetzes ist der, daß der Reichspräsident nach seinem Ausscheiden ein Vierteljahr sein Gehalt in voller Höhe weiterbezieht, von da an als Übergangsgeld für die Dauer eines Jahres drei Vierteile und dann bis zum Lebensende als Ehrensold die Hälfte der jeweiligen Bezüge des Reichspräsidenten mit Ausnahme der Aufwandsgelder erhält. Der Witwe eines Reichspräsidenten wird der nach dem Beamtenhinterbliebenengesetze zulässige Höchstbetrag des Witwengeldes, seinen Kindern das sich daraus ergebende Waisengeld gewährt.

4. Die Reichsregierung. Eine Reichsregierung als Kollegium verantwortlicher Reichsminister war Bismarcks Verfassung fremd; dort gab es nur *einen* Reichsminister, den Reichskanzler, mit einer Schar ihm unbedingt untergebener Gehilfen, den Staatssekretären. Diese Bismarcksche Schöpfung wurde zunächst abgelöst vom rein kollegialen Rate der Volksbeauftragten 1918/19 und dem ebenfalls rein kollegialen Reichsministerium der vorläufigen Verfassung vom 10. Februar 1919. Auch die Reichsregierung der Weimarer Verfassung ist ein kollegiales Reichsministerium, bedeutet aber in der Bevorrechtung des Reichskanzlers eine Wiederannäherung an das Reichskanzlersystem der früheren Verfassung.

Die *Zusammensetzung* der Reichsregierung ist im Art. 52 geregelt: „Die Reichsregierung besteht aus dem Reichskanzler und den Reichsministern." Zahl und Benennung der Reichsminister regelt der grundlegende, später vielfach abgeänderte Erlaß des Reichspräsidenten vom 21. März 1919. Den zuverlässigsten Überblick bietet immer der neueste Reichshaushaltsplan und das neueste Handbuch für das Deutsche Reich. Dem Haushaltsplan für 1925 zufolge gibt es nach Auflösung des Reichsministeriums für Wiederaufbau elf Reichsminister: den *Reichsminister des Auswärtigen* als Vorstand des Auswärtigen Amts, den *Reichsminister des Innern*, den *Reichsminister für die besetzten Gebiete*, den *Reichswirtschaftsminister*, den *Reichsarbeitsminister*, den *Reichswehrminister*, den *Reichsjustizminister*, den *Reichsminister für Ernährung und Landwirtschaft*, den *Reichsverkehrsminister*, den *Reichspostminister* und den *Reichsminister der Finanzen*.

Die *Ernennung* der Mitglieder der Reichsregierung steht dem Reichspräsidenten zu (Art. 53). Den *Reichskanzler* ernennt er frei, ohne an die Mitglieder des Reichstags gebunden zu sein, tatsächlich-politisch allerdings gehemmt durch die Notwendigkeit, einen Mann zu finden, dem der Reichstag nicht sofort das Vertrauen entzieht. Hierbei wird es ganz von der Energie und der Geschicklichkeit des Reichspräsidenten abhängen, ob er sich den Reichskanzler vom Reichstag aufdrängen läßt oder ob er gerade bei dieser Gelegenheit seinen Beruf zur Führerauslese bewährt. Auch die Ernennung des Reichskanzlers bedarf der Gegenzeichnung; sie wird üblicherweise vom neu zu ernennenden Reichskanzler vollzogen, der damit für seine eigene Ernennung die Verantwortung übernimmt. Die Selbstgegenzeichnung genügt daher dem allgemeinen Zwecke der Gegenzeichnung, wenn sie auch, formaljuristisch genommen, einen logischen Widerspruch enthält. Die übrigen *Mitglieder der Reichsregierung* oder des im gewöhnlichen Sprachgebrauch (auch in der Gemeinsamen Geschäftsordnung der Reichsministerien, Bes. Teil, 1924, § 35) so benannten „Kabinetts" ernennt der Reichspräsident auf Vorschlag des Reichskanzlers. Bei Neubildung des „Kabinetts" allerdings ist es üblich, daß der Reichskanzler erst ernannt wird, wenn er sich der Mitarbeit seiner künftigen Minister vergewissert hat. Die Zersplitterung der Parteien im Deutschen Reiche hat es mit sich gebracht, daß noch nie eine einzige Partei die Mitglieder des Kabinetts gestellt hat. Die Kabinette sind bisher immer Koalitionsministerien gewesen und werden es voraussichtlich bleiben. Dabei verfügt die Koalition nicht einmal immer über die Mehrheit im Reichstag, ist vielmehr, wenn sie auf sog. „schmaler Basis" zustandegekommen ist, auf die wohlwollende Neutralität einer oder mehrerer Parteien angewiesen.

Als Endigungsgründe für die Mitgliedschaft in der Reichsregierung sind zu nennen das strafgerichtliche Urteil, das Urteil des Staatsgerichtshofs und die Entlassung. Die Aberkennung der bürgerlichen Ehrenrechte oder der Fähigkeit zur Bekleidung öffentlicher Ämter, die Verurteilung zur Zuchthausstrafe beendigen kraft Gesetzes die Mitgliedschaft in der Reichsregierung. Soweit der Reichskanzler oder die Reichsminister Reichstagsabgeordnete sind, bedarf es allerdings zu ihrer Verfolgung während der Sitzungsperiode der Zustimmung des Reichstags und wird ein eingeleitetes Strafverfahren auf Beschluß des Reichstags aufgehoben (Art. 37). Ob sie darüber hinaus für eine hochverräterische Reichstagsrede auch frei von jeder Verantwortung bleiben (Art. 36), wird davon abhängen, ob sie als Mitglieder der Reichsregierung vom Regierungstische aus oder als Abgeordnete vom Abgeordnetensitze aus gesprochen haben, beim Sprechen von der Rednertribüne, ob sie als Abgeordnete oder als geschäftsordnungsmäßig bevorzugte Regierungsvertreter ums Wort gebeten hatten. Im ersten und im letzten Falle liegt kein Grund vor, sie besser zu stellen als ihre Kollegen, die nicht Abgeordnete sind. Die Absetzung durch den Staatsgerichtshof ist an die gleichen Voraussetzungen gebunden wie die des Reichspräsidenten: der Reichskanzler oder der Reichsminister muß schuldhafterweise in seiner Eigenschaft als Organ des Reichs die Reichsverfassung oder ein Reichsgesetz verletzt haben, und die Anklage muß vom Reichstag mit verfassungsändernder Mehrheit beschlossen sein (Art. 59). Wenn der Staatsgerichtshof den Angeklagten nicht freispricht, kann er sich auf die Feststellung der schuldhaften Verfassungs- oder Gesetzesverletzung beschränken oder den Schuldigen seines Amtes verlustig erklären. Der Verurteilte kann nur mit Zustimmung des Reichstags begnadigt werden (Ges. v. 9. Juli 1921 §§ 12, 13). Sehr häufig wird das Verfahren nicht sein, da der Reichstag durch Mißtrauensvotum rascher zum Ziele kommt. Höchstens wenn der Reichskanzler oder der Reichsminister trotz Mißtrauensvotums nicht zurücktritt, würde die Anrufung des Staatsgerichtshofs gegen aktive Staatsmänner von Bedeutung werden. Der wichtigste Endigungsgrund für die Mitglieder der Reichsregierung ist vielmehr die Entlassung. Die Entlassung wird auf Antrag des zu Entlassenden jederzeit gewährt. Die Mitglieder der Reichsregierung unterscheiden sich in diesem Punkte von sonstigen Beamten nur dadurch, daß sie auch ohne eingetretene Dienstunfähigkeit Pension erhalten, wenn sie entweder ihr Amt mindestens zwei Jahre bekleidet oder sich mindestens zehn Jahre im Dienste, d. h. nicht nur im Reichsdienste, befunden haben (Reichsbeamtengesetz § 35). Die Entlassung kann aber auch unfreiwillig sein, sei es daß der Antrag auf Entlassung unfreiwillig gestellt wird, sei es daß ein Antrag überhaupt nicht vorliegt. Der Reichskanzler kann nämlich vom Reichspräsidenten jederzeit entlassen werden, die parlamentarische Regierungsweise ist im Deutschen Reiche nicht so stark ausgebildet, daß für den Reichspräsidenten ein Beibehaltungszwang bestünde, selbst dann nicht, wenn der Reichskanzler der ausgesprochene Vertrauensmann des Reichstags ist. Eine Entlassung des Reichskanzlers nach Art der Entlassung Bismarcks ist also auch heute möglich. Die andere Spielart der unfreiwilligen Entlassung wird allerdings häufiger sein: die Entlassung oder der Rücktritt auf Grund vorangegangenen Mißtrauensvotums des Reichstags. Der Reichskanzler muß zurücktreten, wenn ihm der Reichstag durch ausdrücklichen Beschluß das Vertrauen entzieht (Art. 54). In diesem Falle muß der Reichskanzler seine Entlassung beantragen; versäumt er es, so muß ihn der Reichspräsident einseitig entlassen. In der Wirklichkeit des politischen Lebens wird der Reichskanzler schon zurücktreten, wenn er die Überzeugung gewinnt, daß er das Vertrauen des Reichstags nicht mehr besitzt. Für die Reichsminister gilt das vom Reichskanzler Gesagte, nur daß deren einseitige Entlassung erschwert ist; es bedarf dazu des Vorschlags des Reichskanzlers (Art. 53). Hält der Reichspräsident das Zusammenarbeiten mit einem bestimmten Reichsminister für unmöglich und kann er den Reichskanzler zu einem Entlassungsvorschlag nicht bewegen, so bleibt ihm nichts anderes übrig, als auch den Reichskanzler oder das ganze Kabinett zu entlassen.

Das Verhältnis von Reichskanzler, Reichsministern und Reichsregierung zueinander ist durch die Verfassung und die nach Art. 55 erlassene Geschäftsordnung v. 3. Mai 1924 (Reichsministerialblatt S. 173ff.) zunächst so geregelt, daß der Reichskanzler nicht der Vorgesetzte der Reichsminister ist (GeschO. § 15), daß er aber andrerseits doch mehr ist als der erste unter seinesgleichen. Jeder Reichsminister leitet den ihm anvertrauten Geschäftszweig selbständig und unter eigener Verantwortung gegenüber dem Reichstag (Art. 56). Er ist daher auch innerhalb seiner Zuständigkeit gegenzeichnungsbefugt (Art. 50). Der Reichskanzler ist demgegenüber scheinbar sogar etwas benachteiligt, insofern ihm kein besonderer Geschäftszweig, kein „Ressort" unterstellt ist. Aber gerade diese scheinbare Schwäche ist zugleich seine Stärke. Denn statt eines besonderen Geschäftszweigs untersteht ihm die sog. Richtlinienpolitik (Art. 56). Die Richtlinienpolitik ist aber allen besonderen Geschäftszweigen übergeordnet, da die einzelnen Minister sich nur innerhalb der vom Reichskanzler bestimmten Richtlinien bewegen dürfen. Die Richtlinienpolitik ist aber auch in ihrer Abgrenzung gegenüber den Ressorts bevorzugt; denn die Grenzen des Gebiets der Richtlinienpolitik bestimmt der Reichskanzler allein. Daher kann er auch jede Anordnung und Verfügung des Reichspräsidenten gültig allein, ohne Zuziehung eines Ressortministers, gegenzeichnen, da er eben durch diesen Akt zum Ausdruck bringt, daß es sich um eine Richtlinienfrage handelt. Allerdings hat auch dieses weite Ermessen des Reichskanzlers seine Grenzen; was ein vernünftiger Mensch mit dem besten Willen nicht mehr als Richtlinienfrage ansprechen kann, etwa die Zuweisung einer bestimmten Gemeinde zum Finanzamt Y statt zum Finanzamt X, darf auch der Reichskanzler nicht seiner Zuständigkeit unterwerfen. Auch sonst noch überragt der Reichskanzler die übrigen Mitglieder der Reichsregierung. Er ist der Stellvertreter des Reichspräsidenten kraft Gesetzes (Art. 51), er ist es, der das „Kabinett" bildet (Art. 53), er ist der Vorsitzende der kollegialen Reichsregierung und leitet deren Geschäfte (Art. 55), bei Stimmengleichheit entscheidet hier seine Stimme (Art. 58). Damit wird das Verhältnis des Reichskanzlers und der Reichsminister einerseits, der Regierung andrerseits berührt. Wann ist das Kollegium, wann sind der Reichskanzler und die Einzelminister zuständig? Die Vermutung streitet hier für die Einzelzuständigkeit, das Kollegium ist also nur zuständig, wo die Verfassung es ausdrücklich sagt. Dies ist im Art. 57 geschehen: die Reichsminister haben der Reichsregierung 1. alle Gesetzentwürfe, 2. alle Angelegenheiten, für welche Verfassung oder Gesetz dies vorschreiben, und 3. Meinungsverschiedenheiten über Fragen, die den Geschäftsbereich mehrerer Minister berühren, zur Beratung und Beschlußfassung zu unterbreiten. Während die an erster und dritter Stelle genannten Fälle zu Zweifeln keinen Anlaß geben, neigt die Praxis dazu, im zweiten Falle Bestimmung für Bestimmung daraufhin zu untersuchen, ob mit dem Worte „Reichsregierung" wirklich die kollegiale Reichsregierung gemeint ist, oder ob das Wort im Sinne „des zuständigen Mitglieds der Reichsregierung" gebraucht wird. Nach dieser nicht unbedenklichen Auslegung einer doch ganz klaren Bestimmung würde also z. B. in Justizangelegenheiten die Reichsaufsicht nicht von der kollegialen Reichsregierung, sondern vom Reichsjustizminister allein ausgeübt werden können. In Finanzangelegenheiten hat der Reichsgesetzgeber diese Auffassung allerdings mehrfach bestätigt. Anderseits hat die Geschäftsordnung eine Reihe weiterer Angelegenheiten ausdrücklich der kollegialen Reichsregierung zugewiesen, so die Beratung und Beschlußfassung über Verordnungen von allgemeiner politischer Bedeutung und über öffentliche Kundgebungen. Unter der ausdrücklichen Bezeichnung „Die Reichsregierung" sollen, abgesehen von Fällen besonderer Ermächtigung durch die Reichsregierung, nur der Reichskanzler oder mit ihm der zuständige oder alle Reichsminister zeichnen (GeschO. § 25 Abs. 3). Gewöhnlich zeichnet nur der zuständige Reichsminister, bei Beteiligung mehrerer Minister der Minister, der sich hauptsächlich mit der Angelegenheit befaßt hat, der sog. „federführende" Minister, auch wenn ein Beschluß der kollegialen Reichsregierung vorliegt. Über den Geschäftsgang der kollegialen Reichsregierung bestimmen Verfassung und Geschäftsordnung folgendes: Die Reichsregierung faßt ihre Beschlüsse in der Regel in gemeinschaftlicher Sitzung, nur in minder wichtigen Angelegenheiten genügt Aktenumlauf (§ 27). Die Sitzungen finden unter dem Vorsitz des Reichskanzlers, im Falle seiner Behinderung unter dem Vorsitz des Stellvertreters des Reichskanzlers statt. Ist ein Stellvertreter nicht ernannt oder ist auch er verhindert, so führt den Vorsitz der vom Reichskanzler oder seinem Stellvertreter besonders bezeichnete Reichsminister oder mangels solcher Bezeichnung der Reichsminister, der am längsten ununterbrochen der Reichsregierung angehört (§ 29 Abs. 1). Man wird diese Regelung über den Wortlaut hinaus als allgemeine Regelung der Stellvertreterfrage ansprechen müssen. Die Sitzungen sind vertraulich (§ 29 Abs. 3). An den Sitzungen nehmen außer dem Reichskanzler und den Reichsministern regelmäßig teil: der Staatssekretär in der Reichskanzlei als Gehülfe des Reichskanzlers, üblicherweise zu seiner Linken sitzend, der Pressechef der Reichsregierung mit dem Platz an der schmalen Seite des Tisches linkerhand vom Reichskanzler, der in der Mitte einer der Breitseiten sitzt, links vom Pressechef der Leiter des Bureaus des Reichspräsidenten als Verbindungsmann zwischen Reichspräsidenten und Reichsregierung und als vierter Außenstehender der Schriftführer. Jeder Reichsminister kann seinen Staatssekretär, der Reichswehrminister den Chef der Heeresleitung und den Chef der Marineleitung mitbringen; diese sind auch befugt, den abwesenden oder verhinderten Minister zu vertreten. Doch kann der Reichskanzler die Sitzung oder die Beschlußfassung auf die Reichsminister beschränken und so den in der Verfassung vorgesehenen Zustand herbeiführen (§ 30). Nicht erwähnt in der Geschäftsordnung wird die regelmäßige Zuziehung eines Vertreters der preußischen Regierung und die häufige Teilnahme des Reichspräsidenten selbst an einem „Kabinettsrat". Die Reichsregierung ist beschlußfähig, wenn einschließlich des Vorsitzenden die Hälfte der Reichsminister anwesend oder vertreten ist (§ 31). Sie faßt ihre Beschlüsse mit Stimmenmehrheit. Bei Stimmengleichheit entscheidet die Stimme des Vorsitzenden (RV. Art. 58). Von diesem Mehrheitsgrundsatz gibt es eine verfassungsmäßige Ausnahme bei Richtlinienfragen. Erklärt der Reichskanzler etwas für eine Richtlinienfrage, so kann er nicht überstimmt werden. Es gibt aber auch eine geschäftsordnungsmäßige, der Reichshaushaltsordnung nachgebildete Ausnahme für Fragen „von finanzieller Bedeutung". Beschließt nämlich in einer solchen Angelegenheit die Reichsregierung gegen oder ohne die Stimme des Reichsministers der Finanzen, so kann dieser gegen den Beschluß ausdrücklich Widerspruch erheben. Wird Widerspruch erhoben, so ist über die Angelegenheit in einer weiteren Sitzung der Reichsregierung erneut abzustimmen. Die Durchführung der Angelegenheit, der der Reichsminister der Finanzen widersprochen hat, muß unterbleiben, wenn sie nicht in der neuen Abstimmung in Anwesenheit des Reichsministers der Finanzen oder seines Vertreters von der Mehrheit sämtlicher Reichsminister beschlossen wird und der Reichskanzler mit der Mehrheit gestimmt hat (§ 32). An der Gültigkeit dieser Bestimmung ist, soweit sie dem

Reichsfinanzminister ein aufschiebendes Veto einräumt, nicht zu zweifeln. Aber auch die Erschwerung des zweiten Beschlusses verstößt kaum gegen die Verfassung, wenn man in den heutigen Zeiten alle finanziellen Fragen als Fragen der großen Politik, als Richtlinienfragen auffaßt und daher ihre Erledigung nur mit Zustimmung des Reichskanzlers zuläßt. Ganz unbedenklich vom rechtlichen Standpunkte aus ist allerdings die Bestimmung nicht.

Es bedarf endlich noch der Feststellung des Verhältnisses zwischen Reichsregierung und Reichstag. Die vielfachen Beziehungen zwischen beiden Reichsorganen führen zunächst zu der Notwendigkeit der Gemeinsamkeit der Verhandlungen. Soweit die Mitglieder der Reichsregierung zugleich Reichstagsabgeordnete sind, ist diese Gemeinsamkeit tatsächlich gewährleistet. Rechtlich wird sie auch in anderen Fällen gewährleistet durch das Anwesenheitsrecht und die Anwesenheitspflicht des Reichskanzlers und der Reichsminister dem Reichstag gegenüber, während ein Recht der Reichstagsmitglieder auf Zuziehung zu den Beratungen der Reichsregierung nicht besteht. „Der Reichskanzler, die Reichsminister und die von ihnen bestellten Beauftragten haben zu den Sitzungen des Reichstags und seiner Ausschüsse Zutritt" (RV. Art. 33 Abs. 2). Sie müssen auf ihr Verlangen auch außerhalb der Tagesordnung gehört werden (Abs. 3). Andrerseits können „der Reichstag und seine Ausschüsse die Anwesenheit des Reichskanzlers und jedes Reichsministers verlangen" (Abs. 1). Kommt es zwischen Reichstag und Reichsregierung zu Meinungsverschiedenheiten oder Mißhelligkeiten, so muß es Mittel und Wege zu deren Schlichtung geben. Denn der Reichstag ist nicht Vorgesetzter der Reichsregierung in dem Sinne, daß sich die Reichsregierung dem Willen des Reichstags unter allen Umständen zu fügen hätte. Die Mißhelligkeiten können tatsächlicher Art sein. Ihrer Klärung und Schlichtung dienen zunächst Interpellationen und kleine Anfragen. Interpellationen müssen von 30 Mitgliedern unterzeichnet sein und werden vom Reichstagspräsidenten der Reichsregierung mit der schriftlichen Aufforderung mitgeteilt, sich zu erklären, ob und wann sie antworten werde. Erklärt sich die Reichsregierung zur Beantwortung in einer bestimmten Sitzung bereit, so wird die Interpellation auf die Tagesordnung dieser Sitzung gesetzt. Andernfalls kann der Reichstag die Interpellation zur Besprechung auf die Tagesordnung irgendeiner Sitzung setzen (GeschO. für den Reichstag §§ 55 ff.). Außer diesen feierlichen Anfragen kennt der Reichstag seit einiger Zeit die Einrichtung der „kleinen Anfragen", die nur von 15 Mitgliedern unterstützt zu sein brauchen und in der Regel schriftlich beantwortet werden (§§ 60 ff.). Führen solche großen oder kleinen Anfragen, etwa über vorgekommene Unregelmäßigkeiten bei einem Landesfinanzamt, zu keinem befriedigenden Ergebnis, so steht dem Reichstag die Einsetzung eines Untersuchungsausschusses frei. Bei Anschuldigungen gegen bestimmte Minister ist auch auf Umwegen das ordentliche Gerichtsverfahren gangbar: ein Abgeordneter wirft einem Minister ehrenrührige Handlungen vor, wiederholt die Behauptungen außerhalb des Reichstags und nötigt ihn so, die Beleidigungsklage gegen den Abgeordneten zu erheben; vor Gericht tritt der Abgeordnete den Wahrheitsbeweis an (Prozeß Erzberger-Helfferich). Die Meinungsverschiedenheiten können aber auch rein rechtlicher Art sein, z. B. ob die Reichsregierung zum Erlasse einer Verordnung befugt ist oder nicht. Während das Reich für die Entscheidung derartiger Verfassungsstreitigkeiten, wenn sie sich in einem Lande abspielen, die Zuständigkeit des Staatsgerichtshofs für das Deutsche Reich begründet hat (Art. 19), fehlt es für Verfassungsstreitigkeiten des Reichs seltsamerweise an einer solchen Schlichtungsmöglichkeit, der Reichstag müßte denn dem Reichsminister schuldhafte Verletzung der Reichsverfassung vorwerfen und Ministeranklage vor dem Staatsgerichtshof erheben (Art. 59). Endlich können die Meinungsverschiedenheiten politischer Art sein, d. h. sich auf dem Gebiete persönlicher Ansichten bewegen, z. B. ob die freie Wirtschaft durch die Zwangswirtschaft ersetzt werden soll oder nicht, ob die Konsulatsgebühren herauf- oder herabgesetzt werden sollen. Hier ist eine eindeutige richterliche Entscheidung nicht möglich. Aber während es im Staate mit nicht-parlamentarischer Regierung dabei zu unlösbaren Konflikten kommen mußte, ist jetzt eine klare Lösung von der Verfassung vorgezeichnet. Der Reichstag hat es in der Hand, den Rücktritt des Reichskanzlers und eines jeden Reichsministers dadurch zu erzwingen, daß er ihnen durch ausdrücklichen Beschluß sein Vertrauen entzieht (Art. 54). Um jedoch das sonst unausbleibliche Übergewicht des Reichstags zu verhindern, hat die Verfassung als Hemmung einer Parlamentswillkür die Auflösung des Reichstags vorgesehen (Art. 25). Allerdings muß bei diesem Appell ans Volk, der das Volk zum Schiedsrichter zwischen Reichstag und Reichsregierung erhebt, der Reichspräsident mitwirken. Nach dem Wortlaut der Verfassung muß eine Regierung, die sich am Ruder halten will, dem Reichstag zuvorkommen, also auflösen, noch ehe es zu einem Mißtrauensvotum gekommen ist. Dem Sinne nach ist es aber zulässig, daß die Abstimmung des Reichstags abgewartet und seine Auflösung in unmittelbarem Anschluß an das Mißtrauensvotum verfügt wird, ohne daß die Regierung zurückzutreten braucht. Denn die dem Volke bewußt eingeräumte Stellung eines Schiedsrichters würde gefährdet, wenn es der Reichsregierung nicht gestattet sein sollte, die Abstimmung des Reichstags abzuwarten, ohne die sie gar nicht mit Sicherheit ermessen kann, ob eine ernste Meinungsverschiedenheit zwischen ihr und der Reichstagsmehrheit vorliegt oder nicht.

Hiermit ist bereits im wesentlichen angedeutet, wie die Reichsverfassung das Problem der Ministerverantwortlichkeit gelöst hat. Sie enthält über die Verantwortlichkeit selbst an zwei Stellen ausdrückliche Vorschriften. „Durch die Gegenzeichnung wird die Verantwortung übernommen" (Art. 50). „Der Reichskanzler bestimmt die Richtlinien der Politik und trägt dafür gegenüber dem Reichstag die Verantwortung. Innerhalb dieser Richtlinien leitet jeder Reichsminister den ihm anvertrauten Geschäftszweig selbständig und unter eigener Verantwortung gegenüber dem Reichstag" (Art. 56). Während also der Reichskanzler unter Bismarcks Verfassung außer dem Reichstag auch dem Bundesrat als dem Mitinhaber der gesetzgebenden Gewalt und dem Kaiser als seinem Dienstherrn verantwortlich war, besteht diese Verantwortung heute nur dem Reichstag gegenüber. Für die Reichsminister wird dies in der Geschäftsordnung der Reichsregierung ausdrücklich hervorgehoben (§ 15): „Die Reichsminister sind nur dem Reichstag verantwortlich". Die so in der Richtung begrenzte Verantwortlichkeit ist eine Einzel-, keine Gesamtverantwortlichkeit, der Reichstag kann also seine Angriffe auf einzelne Reichsminister richten, ohne dadurch notwendigerweise die Stellung des ganzen Kabinetts zu gefährden. Die Mittel, deren sich der Reichstag zur Geltendmachung der Ministerverantwortlichkeit bedienen kann, sind außer Interpellation und kleiner Anfrage die Ministeranklage vor dem Staatsgerichtshof (Art. 59) und die Entziehung des Vertrauens durch förmlichen Beschluß (Art. 54). Durch die Ministeranklage kann nur die rechtliche Verantwortlichkeit geltend gemacht werden, während das Mißtrauensvotum in erster Linie für die Geltendmachung der politischen Verantwortlichkeit geschaffen ist, ein Übergreifen auf die rechtliche Verantwortlichkeit aber nicht ausschließt. Die Ministeranklage gehört zum hergebrachten Rüstzeug einer jeden Ministerverantwortlichkeit und war schon vor 1918 in einer Reihe deutscher Länder vorgesehen. Das maßgebliche Mißtrauensvotum dagegen bedeutet einen besonderen Typus der Ministerverantwortlichkeit, der, bekannt unter dem Namen der parlamentarischen Regierung, erst seit 1918 Eingang in Deutschland gefunden hat.

5. Der Reichsrat. Die drei zuletzt besprochenen Reichsorgane: Reichstag, Reichspräsident und Reichsregierung und das hinter ihnen stehende Organ Reichsvolk sind einheitsstaatliche Gebilde, d. h. sie lassen nicht erkennen, daß das Deutsche Reich aus einer Anzahl von Staaten zusammengesetzt ist. Wollte man die deutschen Länder von der Bildung des Reichswillens nicht ausschalten, so mußte man ihnen ein föderalistisches Organ nach Art des Bundesrats zugestehen. Preuß wollte in seinem Entwurfe den Ländern im wesentlichen nur ein Staatenhaus gewähren, d. h. ein von den Landtagen gewähltes Oberhaus, dessen Mitglieder nicht anders als die des Volkshauses nach freier Überzeugung ohne Instruktion abstimmen sollten. Nur dem Eingreifen der Länder ist es zu danken, daß etwa gleichzeitig mit der Schaffung des Staatenausschusses der vorläufigen Verfassung ein dem alten Bundesrat nachgebildeter Reichsrat in den Entwurf einer Reichsverfassung und dann in die endgültige Reichsverfassung kam. Die Widerwilligkeit, mit der der unitarisch denkende Verfassungsgesetzgeber der bundesstaatlichen Notwendigkeit nachgab, zeigt sich darin, daß die Macht des Reichsrats auf dem Papiere gering ist, so gering, daß einheitsstaatliche Schwärmer die innere Verwandtschaft des Reichsrats mit dem Bundesrat sogar leugnen konnten. In Wirklichkeit ist der Einfluß des Reichsrats nicht zu unterschätzen. Er tagt, wo der Bundesrat tagte. Die Reichsratsbevollmächtigten waren, als der Reichsrat seine Tätigkeit aufnahm, vielfach die alten Bundesratsbevollmächtigten in einer Person und brachten so die alten Überlieferungen mit in den neuen Reichsrat. Auch fehlt es nicht an halbamtlichen Anzeichen dafür, daß man die kurz nach der Revolution gründlich unterschätzte Bedeutung der Länder inzwischen wieder erkannt hat. Beispiele bringen die Geschäftsordnungen des Reichstags und der Reichsregierung. Während nach der Verfassung nur die Vertreter der Reichsregierung im Reichstag auch außerhalb der Tagesordnung gehört werden müssen (Art. 33), sieht die Geschäftsordnung für den Reichstag unterschiedslos die Fälle vor, daß „ein Reichsminister oder Regierungsvertreter oder Bevollmächtigter des Reichsrats das Wort außerhalb der Tagesordnung" ergreift (§ 97). Die Geschäftsordnung der Reichsregierung aber betont die Wichtigkeit der Länder noch mehr, wenn sie bestimmt (§ 26): „Die präsidierenden Mitglieder der Landesregierungen sollen mehrmals im Jahre zu gemeinsamen Besprechungen mit der Reichsregierung vom Reichskanzler eingeladen werden, um gemeinschaftlich die wichtigen politischen, wirtschaftlichen und finanziellen Fragen zu erörtern und in persönlicher Fühlungnahme zu einer verständnisvollen einheitlichen Politik in Reich und Ländern beizutragen." Auch die Geschäftsordnung für den Reichsrat vom 20. 11. 19/14. 12. 21 enthält eine Stärkung der Reichsratsbevollmächtigten über den Wortlaut der Verfassung hinaus und deren Annäherung an die früheren Bundesratsbevollmächtigten, wenn sie die Reichsratsbevollmächtigten zugleich als Bevollmächtigte der Länder zu den Verhandlungen des Reichstags bezeichnet (§ 9).

Über die Zusammensetzung des Reichsrats bestimmt die Verfassung, daß im Reichsrat jedes Land mindestens eine Stimme hat (Art. 61). Nicht zum Deutschen Reiche gehörende Gebiete haben keine Stimme. Eine für Österreich gemachte Ausnahme mußte vom Deutschen Reiche auf Verlangen des Feindbundes am 22. September 1919, weil mit dem Friedensvertrag im Widerspruch stehend, als ungültig anerkannt werden. Durch Nichterwähnung Österreichs in der Geschäftsordnung hat der Reichsrat die Folgerungen aus diesem Anerkenntnis gezogen. Die so bestimmten Länder ordnen sich im Gegensatze zu früher nicht nach geschichtlich überkommenen Rangverhältnissen, sondern einzig nach der Einwohnerzahl. „Die derzeitige Reihenfolge ist hiernach folgende: 1. Preußen, 2. Bayern, 3. Sachsen, 4. Württemberg, 5. Baden, 6. Thüringen, 7. Hessen, 8. Hamburg, 9. Mecklenburg-Schwerin, 10. Oldenburg, 11. Braunschweig, 12. Anhalt, 13. Bremen, 14. Lippe, 15. Lübeck, 16. Mecklenburg-Strelitz, 17. Waldeck, 18. Schaumburg-Lippe" (GeschO. § 10). Auch die Regelung des Stimmenverhältnisses der Länder vermeidet jede Erinnerung an Bismarcks kunstreiche Anknüpfung an geschichtliche Einrichtungen. Jedes Land hat mindestens eine Stimme. Seit dem verfassungsändernden Gesetz vom 24. März 1921 entfällt bei den größeren Ländern auf 700000 Einwohner eine Stimme. „Ein Überschuß von mindestens 350000 Einwohnern wird 700000 gleichgerechnet. Kein Land darf durch mehr als zwei Fünftel aller Stimmen vertreten sein." „Die Stimmenzahl wird vom Reichsrat nach jeder allgemeinen Volkszählung neu festgelegt" (Art. 61). Darin lag auch die selbstverständliche Ermächtigung für den Reichsrat zur erstmaligen Festsetzung der Stimmenzahl nach Verabschiedung des Gesetzes vom 24. März 1921. Er tat es durch Beschluß vom 28. April 1921. Bayern erhielt 10 Stimmen, Sachsen 7, Württemberg 4, Baden 3, Thüringen, Hessen, Hamburg je 2, die übrigen kleineren Länder je 1 Stimme, die Länder ohne Preußen also zusammen 40 Stimmen. Damit war auch die Stimmenzahl Preußens gegeben, das nach der allgemeinen Rechnung weit mehr als 40 Stimmen hätte erhalten müssen. Da aber kein Land durch mehr als zwei Fünftel aller Stimmen vertreten sein darf, durfte Preußen nicht mehr als zwei Drittel der außerpreußischen Stimmenzahl erhalten, also nicht mehr als $^2/_3 \times 40$ oder nicht mehr als 26. Die Gesamtstimmenzahl beträgt demgemäß 66 Stimmen.

Die **Reichsratsmitglieder** sollen nach dem Wortlaute der Verfassung Mitglieder der Landesregierungen sein (Art. 63). Da es aber für die nichtpreußischen Vertreter eine Unmöglichkeit wäre, dauernd von ihrem Amtssitze abwesend zu sein, hat die Geschäftsordnung die Einrichtung der Bundesratsbevollmächtigten für den Reichsrat übernommen (§§ 4ff.), während die persönliche Aussprache der Mitglieder der Landesregierungen durch die periodischen Zusammenkünfte der „präsidierenden Mitglieder der Landesregierungen" nach § 26 der Geschäftsordnung der Reichsregierung ersetzt worden ist. Die Länder können in die Sitzungen des Reichsrats so viele Vertreter entsenden, wie sie Stimmen führen (Art. 63). Sie dürfen also nicht mehr Vertreter entsenden, wohl aber weniger, ohne dadurch in ihrem Stimmgewicht beeinträchtigt zu sein. Wenn Bayern z. B. einmal nur durch einen Bevollmächtigten vertreten ist, so führt es doch seine zehn Stimmen. Außer den Hauptbevollmächtigten können die Länder stellvertretende Bevollmächtigte bestimmen und dabei angeben, ob sie dauernd oder nur für bestimmte Aufgaben oder Zeiträume bestellt sind (GeschO. des Reichsrats § 6). Auch kann sich jeder Bevollmächtigte im Falle der Verhinderung in Vollsitzungen durch den Bevollmächtigten eines anderen Landes auf Grund einer schriftlichen Vollmacht vertreten lassen (§ 7), so daß unter Umständen eine Vollsitzung des Reichsrats in Anwesenheit von ganz wenigen Bevollmächtigten stattfinden kann, theoretisch sogar einem einzigen, der dann unter dem Vorsitze eines Mitglieds der Reichsregierung und im Beisein des Schriftführers als Vertreter sämtlicher Länder den Reichsrat verkörpern würde. Sind so die Reichsratsbevollmächtigten Vertreter der einzelnen Länder, so sind sie es doch in anderem Sinne, als die Reichstagsabgeordneten Vertreter des ganzen Volkes sind. Der Reichstagsabgeordnete ist für seine amtliche Tätigkeit niemand verantwortlich, der Reichsratsbevollmächtigte ist es seiner Regierung gegenüber und diese wiederum gegenüber dem Landtage. Hierin hat sich nichts gegen früher geändert. Auch die persönlichen Vorrechte der Reichsratsbevollmächtigten sind die gleichen geblieben wie die der Bundesratsbevollmächtigten. Neben dem Vorrechte, sich als Zeugen nur am Amtssitze des Reichsrats vernehmen lassen zu müssen (Zivilpr.-O. § 382, Strafpr.-O § 50), und neben dem erhöhten strafrechtlichen Schutz nach §§ 105f. StGB. ist den nichtpreußischen Reichsratsbevollmächtigten vor allem die Befreiung von der preußischen Gerichtsbarkeit belassen worden (Gerichtsverf.-Ges., Fassung v. 22. März 1924, § 18).

Eine Sonderstellung nimmt **Preußen** im Reichsrat ein, nicht nur wegen Beschränkung seiner Stimmenzahl auf zwei Fünftel aller Stimmen, sondern vor allem wegen Teilung dieser Stimmen in Regierungsstimmen und Provinzialstimmen. Man wollte Preußen, das man, in Verkennung seiner geschichtlichen und gegenwärtigen Bedeutung für die Einheit des Reichs, als den unitarischen Bestrebungen der Reichsverfassung hinderlich ansah, möglichst schwächen, nachdem es mißlungen war, das Land der Zerstückelung preiszugeben. Daher bestimmt die Verfassung, daß die Hälfte der preußischen Stimmen im Reichsrat nach Maßgabe eines Landesgesetzes von den preußischen Provinzialverwaltungen bestellt wird (Art. 63). Das preußische Gesetz erging am 3. Juni 1921. Darnach erhält jede preußische Provinz, die Grenzmark Posen-Westpreußen und die Stadtgemeinde Berlin je einen Vertreter, zusammen dreizehn. Wahlkörper sind die Provinzialausschüsse, für die Stadt Berlin der Magistrat. Jeder Wahlkörper wählt in gesonderten Wahlgängen ein Mitglied und ein stellvertretendes Mitglied zum Reichsrat. Die Wahl ist geheim. Die absolute Mehrheit entscheidet, nötigenfalls findet Stichwahl statt. Am klarsten wird die Bedeutung der Provinzialvertreter für Preußens Stellung im Reichsrat durch die Bestimmung gekennzeichnet, daß in den Vollsitzungen des Reichsrats „den gewählten Mitgliedern freies Stimmrecht" zusteht (§ 8). Die gewählten Vertreter nehmen also ganz im Sinne der Reichsverfassung keine Weisung von der preußischen Staatsregierung entgegen, sie können also einzeln anders stimmen als die preußischen Regierungsvertreter, sie können es aber auch geschlossen tun, und gerade in dieser Möglichkeit liegt die einzigartige Benachteiligung Preußens im Reichsrat. Denn so kann es bei gewöhnlichen Mehrheitsbeschlüssen kommen, daß Preußen überhaupt kein Stimmgewicht im Reichsrat hat, und daß das führende Land im Reichsrat Bayern wird. Es sind daher Bestrebungen im Gange, den Verfassungsartikel, der die Teilung der preußischen Stimmen vorsieht, zu beseitigen. Aber auch jetzt schon „sollen die Gegenstände der Tagesordnung vorher zwecks Herbeiführung einheitlicher Stimmabgabe in gemeinschaftlicher Beratung der bestellten und der gewählten Mitglieder beraten werden" (§ 8). Die Vorschrift, durch die man die Bismarcksche Überlieferung, im Bundesrate Mehrheitsentscheidungen nach Möglichkeit zu vermeiden, wenigstens auf die preußischen Stimmen zur Anwendung bringen wollte, wird getreulich innegehalten und hat bisher im großen und ganzen eine einheitliche Abgabe sämtlicher preußischen Stimmen in den Vollsitzungen des Reichsrats tatsächlich zur Folge gehabt.

Die Zuständigkeiten des Reichsrats sind im Art. 60 dahin umschrieben, daß er zur Vertretung der deutschen Länder bei der Gesetzgebung und Verwaltung des Reichs gebildet wird. Im Gegensatze zum Bundesrat ist er also nicht mehr Rechtspflegeorgan, in dieser Beziehung ist der Bundesrat vom Staatsgerichtshof für das Deutsche Reich abgelöst worden. Auch auf dem Gebiete der Gesetzgebung hat der Reichsrat gegenüber dem Bundesrat an Bedeutung verloren. Während ohne oder gar gegen den Willen des Bundesrats kein Gesetz zustandekommen konnte, stehen dem Reichsrat nur schwächere Formen der Mitwirkung zu. Theoretisch ist es sogar denkbar, daß ein Reichsgesetz gültig zustandekommt, ohne daß sich der Reichsrat überhaupt mit dem Entwurfe befaßt hat, wenn nämlich eine aus der Mitte des Reichstags eingebrachte Gesetzesvorlage vom Reichstag beschlossen wird und der Reichsrat es verabsäumt, sich mit der Vorlage binnen zwei Wochen zu beschäftigen. Regel ist es allerdings, daß ein Gesetzentwurf zweimal an den Reichsrat gelangt, das erstemal bei der Einbringung des Entwurfs durch die Reichsregierung, das zweitemal nach der Annahme des Entwurfs im Reichstag. „Die Einbringung von Gesetzesvorlagen der Reichsregierung bedarf der Zustimmung des Reichsrats" (Art. 69). Doch hindert ein Widerspruch des Reichsrats die Reichsregierung nicht, den Entwurf dem Reichstag vorzulegen; dabei darf man allerdings nicht die inneren Hemmungen unterschätzen, die die Reichsregierung bei einem Widerspruche des Reichsrats empfinden wird, und die sie vielfach dazu bringen werden, den Entwurf lieber zurückzuziehen als ihn gegen den Reichsrat im Reichstag zu vertreten. Das zweitemal kann sich der Reichsrat binnen vierzehn Tagen nach der Annahme des Gesetzes im Reichstag äußern: er kann bei der Reichsregierung einen Einspruch einbringen. Die Folge ist, daß der Reichstag zum Entwurfe noch einmal Stellung nehmen muß. Schaltet man die im Art. 74 vorgesehenen Möglichkeiten des Volksentscheids als praktisch unwahrscheinlich aus, so hat der Einspruch, kurz gesagt, die Bedeutung, daß er nur durch einen mit Zweidrittelmehrheit gefaßten Reichstagsbeschluß entkräftet werden kann. Beim Gesetz über den Reichshaushaltsplan bedarf es sogar für Erhöhung und Neueinsetzung von Ausgaben der Zustimmung des Reichsrats (Art. 85). Auch bei Verfassungsänderungen ist der Reichsrat insofern gestärkt, als sein Einspruch selbst durch einen erneuten, mit Zweidrittelmehrheit zu fassenden Reichstagsbeschluß nicht schlechthin entkräftet wird. Vielmehr kann der Reichsrat in diesem Falle den Volksentscheid erzwingen, eine Möglichkeit, von der er vermutlich leichteren Herzens Gebrauch machen wird als in gewöhnlichen Fällen der Reichspräsident, mithin eine Wahrscheinlichkeit, die der Reichstag als eine unangenehme Durchkreuzung seines Willens empfinden und die er geneigt sein wird, durch Einlenken zu beseitigen. Ist somit der Einfluß des Reichsrats auf den Gang der Gesetzgebung nicht gering, so hat der Reichsrat gegenüber dem Bundesrat auf dem Gebiete der Verordnungen wesentliche Befugnisse eingebüßt. Kein Artikel der Verfassung ermächtigt den Reichsrat zum Erlasse von Verordnungen, abgesehen von seiner Befugnis, seinen Geschäftsgang durch eine Geschäftsordnung zu regeln (Art. 66). Aber auch dort, wo ihm die gesetzlichen Befugnisse des Staatenausschusses und damit des Bundesrats übertragen werden (Art. 179), wird für Verordnungen eine Ausnahme gemacht. „Die nach den bisherigen Vorschriften dem Staatenausschuß zustehende Befugnis zum Erlaß von Verordnungen geht auf die Reichsregierung über." Der Reichsrat wird dadurch bei Verordnungen, die von Reichsbehörden auszuführen sind, völlig ausgeschaltet. Bei Verordnungen, deren Ausführung den Landesbehörden zusteht, wird er wenigstens als Nebenbeteiligter zugelassen: die Verordnungen der Reichsregierung bedürfen seiner Zustimmung (Art. 179 Abs. 2, 77). Über die Verwaltungsbefugnisse des Reichsrats gibt es überhaupt keine zusammenhängenden Bestimmungen, sie finden sich in den verschiedensten Gesetzen, alten und neuen, zerstreut. So wurde z. B. in der Sitzung vom 26. Juni 1924 beschlossen, in den Beirat der Reichsmonopolverwaltung den Ministerialrat P. zu wählen, dem Werkstättenvorsteher F. fünf Jahre seiner Vorbeschäftigungszeit als ruhegehaltsfähige Dienstzeit nach dem Reichsbeamtengesetz anzurechnen, dem Eisenbahnschaffner D. auf die Dauer von drei Jahren ein Ruhegehalt von 543 Goldmark jährlich zu bewilligen, die von der außerordentlichen Generalversammlung der Deutschen Genossenschafts-Hypothekenbank, A.-G., in Berlin am 5. 2. 1924 beschlossenen Satzungsänderungen mit einer gewissen Einschränkung zu genehmigen, dem mitteldeutschen Küferinnungsverband in Mainz die Rechtsfähigkeit zu verleihen, der Eingabe des Staatsministers a. D. Sch. auf Wiederzuweisung eines verkauften Brennrechts keine Folge zu geben u. dgl. mehr.

Über den Geschäftsgang des Reichsrats enthält teils die Verfassung, teils die mehrfach abgeänderte Geschäftsordnung vom 20. November 1919 nähere Bestimmungen. Was die Tagung anlangt, so wäre der Reichsrat nach der Verfassung eine nichtständige Versammlung, denn nach Art. 64 muß die Reichsregierung den Reichsrat auf Verlangen von einem Drittel seiner Mitglieder einberufen (Art. 64). In Wirklichkeit ist der Reichsrat „dauernd versammelt" (GeschO. § 2). Da der Reichsrat die Verwaltungsgeschäfte des Bundesrats übernommen hat und der Bundesrat ständig tagte, war eine andere Lösung auch gar nicht möglich. Tagungsort ist der Sitz der Reichsregierung, also zur Zeit Berlin. Da es an einem eigenen Reichsratsgebäude fehlt, hält der Reichsrat, wie früher der Bundesrat, seine Sitzungen im Reichstagsgebäude ab. Über die Organisation des Reichsrats enthält die Verfassung die Regel, daß den Vorsitz im Reichsrat und in seinen Ausschüssen ein Mitglied der Reichsregierung führt (Art. 65), eine ausgesprochen unitarische Abweichung von der Ordnung des Bundesrats, in dem Preußen, bei dessen Verhinderung Bayern, also nicht das Reich als solches den Vorsitz führte. Nach § 13 der Geschäftsordnung der Reichsregierung ist der regelmäßige Vorsitzende der Reichsminister des Innern. Nur bei Behinderung sämtlicher Reichsminister kann ein Staatssekretär die Führung des Vorsitzes übernehmen. Der Vorsitzende leitet die Versammlung und nimmt an der Beratung teil, eine Stimme führt er jedoch nicht. Das letzte gilt auch von sonstigen Mitgliedern der Reichsregierung, die an der Sitzung teilnehmen, und den sachverständigen Landesbeamten, die neben den Reichsratsbevollmächtigten zu einzelnen Sitzungen entsandt werden und mit Genehmigung der Versammlung sich an der Beratung beteiligen können. Stimmberechtigt sind also nur die Reichsratsbevollmächtigten. „Die Reihenfolge der Abstimmung richtet sich nach der Reihenfolge der Länder" (GeschO. § 18). Die Sitzordnung war ursprünglich ebenso geregelt. Seit Eintritt der preußischen Provinzialvertreter in den Reichsrat ist es tatsächlicher Brauch, daß der stimmführende Bevollmächtigte der preußischen Staatsregierung rechts vom Vorsitzenden sitzt, der Bayerns links, der Sachsens rechts vom preußischen, der Württembergs links vom bayerischen Bevollmächtigten usw. während die preußischen Provinzialvertreter an der Innenseite des Tisches sitzen. Nach Abgabe der preußischen Regierungsstimme stimmen zunächst die preußischen Provinzialvertreter ab und dann erst Bayern, Sachsen usw. Wie der Bundesrat so bildet auch der Reichsrat Ausschüsse, die aber nur durch die Geschäftsordnung, nicht die Verfassung festgelegt worden sind. Es gibt deren elf. Jeder Ausschuß besteht aus neun Mitgliedern, die länderweise einmal für allemal bestimmt sind. Die vier größten Länder sind in allen neun Ausschüssen ständig vertreten. Bei der Abstimmung führt jedes Land nur eine Stimme. Die Aufgabe der Ausschüsse ist vorbereitender Art, nur in seltenen, in Gesetzen oder Verordnungen ausdrücklich vorgesehenen Fällen, werden sie unmittelbar nach außen tätig. Trotzdem ist ihre tatsächliche Bedeutung groß, da der Reichsrat in den meisten Fällen den Anträgen seiner Ausschüsse entspricht. Nicht die öffentlichen, fast ohne Erörterungen verlaufenden Sitzungen des Reichsrats und deren Niederschriften also geben ein Bild von der Tätigkeit der Reichsratsbevollmächtigten, sondern die Ausschußsitzungen hinter verschlossener Türe.

Die Vollsitzungen also sind öffentlich (Art. 66), eine Neuerung gegenüber den Sitzungen des Bundesrats und des alten Bundestags. Allerdings grenzt die „Öffentlichkeit" zur Zeit an eine Karikatur, da den Zuhörern nur einige wenige Plätze eingeräumt sind. Auch kann die Öffentlichkeit vom Reichsrat für bestimmte Beratungsgegenstände ausgeschlossen werden. Zur Stellung von Anträgen ist „die Reichsregierung und jeder Bevollmächtigte zum Reichsrat" befugt (GeschO. § 19). Da sich schon im Kaiserreiche kraft ungeschriebenen Brauchs die Einrichtung der kaiserlichen Initiativanträge ausgebildet hatte, enthält die Bestimmung sachlich nichts Neues, betont aber deutlich den unitarischen Grundcharakter der Verfassung. Abstimmungsbefugt sind nur die Reichsratsbevollmächtigten. Über Freiheit, Unfreiheit, Einheitlichkeit der Abstimmung enthält die Verfassung im Gegensatze zur alten keine ausdrücklichen Vorschriften. Im Bundesrat konnten die Stimmen für ein Land nur einheitlich abgegeben werden, auch stimmten die Bundesratsbevollmächtigten nach Instruktionen. Für den Reichsrat gilt, nicht nach geschriebenem Recht, aber kraft innerer Notwendigkeit, dasselbe. Denn die Länder sollten im Reichsrat, genau genommen, durch Mitglieder ihrer Regierungen vertreten sein (Art. 63). Daraus folgt die Einheitlichkeit der Stimmabgabe, denn nach außen kann eine Regierung nur einheitlich handeln. Die Reichsratsbevollmächtigten aber sind das Sprachrohr ihrer Regierungen, folglich müssen sie so stimmen, wie ihre Regierung will, es sei denn, daß sie von ihren Regierungen ermächtigt worden sind, nach Lage der Sache selbständige Entschließungen zu treffen. Ist dies geschehen, so müßte bei den größeren Ländern auf irgendeine Art für die Einheitlichkeit der Stimmabgabe gesorgt werden, eine Schwierigkeit, die deutlich darauf hinweist, daß die Bindung der Reichsratsbevollmächtigten an Instruktionen das Gegebene ist. Sie entspricht auch den Tatsachen, wird auch von der Geschäftsordnung stillschweigend vorausgesetzt (§ 20 Abs. 2). Nur die preußischen Provinzialstimmen machen eine Ausnahme. Da es gerade Zweck der Verfassung war, Preußens Stellung im Reichsrat zu schwächen, wäre es verfassungswidrig, die Provinzialvertreter zu zwingen, so zu stimmen wie die Regierungsvertreter. Das preußische Gesetz vom 3. Juni 1921 geht einen Schritt weiter und gewährt den Provinzialvertretern freies Stimmrecht schlechthin, frei nicht nur vom Staatsministerium, sondern auch von den Provinzialausschüssen und dem Magistrat der Stadt Berlin. Der gegebene Zeitpunkt für die Abstimmung ist der Schluß der Beratung. Doch kann vor der endgültigen Beschlußfassung die Reichsregierung und jeder Reichsratsbevollmächtigte beantragen, daß die endgültige Abstimmung einmal auf höchstens fünf Tage vertagt wird; dem Antrag muß stattgegeben werden, wenn er von einem Drittel der anwesenden Stimmen unterstützt wird (§ 27). Dient schon diese Bestimmung der Einholung weiterer Instruktionen, so wird der Abhängigkeit des einzelnen Reichsratsbevollmächtigten von seiner Regierung noch deutlicher Rechnung getragen durch die Vorschrift, daß ein Bevollmächtigter, der nicht in der Lage ist, seine Stimme sofort abzugeben, sich die Abgabe einer Erklärung bis zur nächsten Vollsitzung, in der die Niederschrift festgestellt wird, vorbehalten kann (§ 20). Für die Ermittlung des Abstimmungsergebnisses gilt der Grundsatz, daß die einfache Mehrheit der Abstimmenden entscheidet (Art. 66 Abs. 4). Nur Beschlüsse des Reichsrats auf Abänderung der Verfassung, d. h. alle Beschlüsse, die einer Verfassungsänderung günstig sind, bedürfen einer Mehrheit von zwei Dritteln der abgegebenen Stimmen (Art. 76 Abs. 1). Es gibt keine Beschlußunfähigkeit des Reichsrats. Es gibt auch, im Gegensatze zum Bundesrat, keine preußische Hegemonie in dem Sinne, daß bestimmte Beschlüsse am Widerspruche Preußens scheiterten. Es gibt endlich im Reichsrat keine Sonderrechte, d. h. Rechte einzelner Länder, die auch durch verfassungsändernde Mehrheit ohne Zustimmung des berechtigten Landes nicht gebrochen werden könnten. Über jede Vollsitzung des Reichsrats fertigt dessen Schriftführer eine Niederschrift. Während die Öffentlichkeit von den Beschlüssen des Bundesrats nur durch eine halbamtliche, auch heute noch für den Reichsrat übliche Pressemitteilung etwas erfuhr, sind heute die Niederschriften des Reichsrats, anders als die des Bundesrats, nach der Drucklegung im Buchhandel zu beziehen, aber nur die Niederschriften, nicht die zu deren Verständnis vielfach unentbehrlichen Drucksachen.

Was die Beziehungen des Reichsrats zu anderen Reichsorganen anlangt, so muß man, wie schon angedeutet, den Wortlaut und die ursprüngliche Absicht der Verfassung einerseits und die Tatsachen des Verfassungslebens anderseits unterscheiden. Nach dem Buchstaben der Verfassung gibt es nur Beziehungen zwischen Reichsrat und Reichsregierung. Die Mitglieder der Reichsregierung sind, was Anwesenheitsrecht und -pflicht und was die Meldung zum Worte anlangt, im Reichsrat ebenso gestellt wie im Reichstag (Art. 65, 33). Außerdem führt, wie gezeigt, ein Mitglied der Reichsregierung den Vorsitz im Reichsrat und in seinen Ausschüssen. Andrerseits ist der Reichsrat von den Reichsministerien über die Führung der Reichsgeschäfte auf dem laufenden zu halten. Zu Beratungen über wichtige Gegenstände sollen von den Reichsministerien die zuständigen Ausschüsse des Reichsrats zugezogen werden (Art. 67), eine Mitwirkung, in der sich ursprünglich nach der Absicht von Preuß die Beteiligung der Landesregierungen an der Bildung des Reichswillens erschöpfen sollte (Entwurf § 15). Über die Verfassung hinaus besteht aber auch noch eine wichtige Beziehung zwischen Reichsrat und Reichstag. Nicht nur sind die Reichsratsbevollmächtigten in der Regel zugleich „Bevollmächtigte der Länder zu den Verhandlungen des Reichstags" und als solche befugt, „den Standpunkt ihrer Regierung zu dem Gegenstande der Verhandlung darzulegen" (Art. 33 Abs. 2), sondern die Geschäftsordnung für den Reichstag bestimmt ausdrücklich, daß auch ein „Bevollmächtigter des Reichsrats" das Wort ergreifen kann (§§ 96, 97; s. auch Gemeinsame Geschäftsordnung der Reichsministerien, Bes. Teil § 15 Abs. 1). In der Tat kommt es vor, daß ein Reichsratsbevollmächtigter im Reichstag nicht den Standpunkt seiner Regierung, sondern den des gesamten Reichsrats vertritt, so daß bei Meinungsverschiedenheiten zwischen Reichsregierung und Reichsrat aus Anlaß eines Gesetzentwurfs sich beide Teile im Reichstag gleichberechtigt gegenüberstehen, während nach der Absicht der Verfassung die Reichsregierung das letzte Wort haben sollte (Art. 69).

6. Die übrigen höchsten Reichsorgane. Mit den bisher erwähnten Organen ist das Reich, bildlich gesprochen, lebensfähig. Selbst wenn es keine einzige sonstige Reichsbehörde gäbe, würde das Reich tätig werden können. Denn da die Reichsorgane Volk, Reichstag, Reichspräsident, Reichsregierung und Reichsrat die Macht haben, Gesetze zu erlassen und die Verfassung zu ändern, könnten sie jederzeit Reichsbehörden schaffen und auf diese Weise die Organisation ausbauen. Tatsächlich ist aber die Organisation bereits in weitem Umfange ausgebaut, teils von früher her, teils seit Inkrafttreten der neuen Reichsverfassung. Über Einzelheiten gibt das Handbuch für das Deutsche Reich und der jährliche Reichshaushaltsplan genaue Auskunft. Die meisten von diesen Behörden, wie die Gesandtschaften, die Konsulate, das Bundesamt für das Heimatwesen, das Reichsaufsichtsamt für Privatversicherung, das Reichswirtschaftsgericht, das Reichsversicherungsamt, das Reichspatentamt, das Reichsausgleichsamt usw. sind bestimmten Reichsministerien unterstellt. Von ihnen soll nicht gesprochen werden. Daneben gibt es aber auch noch einige Reichsorgane, die kein Ministerium über sich haben, ohne selbst Ministerien zu sein. Die wichtigsten davon sind der Vorläufige Reichswirtschaftsrat, der Staatsgerichtshof für das Deutsche Reich, der Rechnungshof des Deutschen Reichs, die Reichsschuldenverwaltung und der Reichsschuldenausschuß.

Der Vorläufige Reichswirtschaftsrat ist zur Ausführung des Art. 165 der Reichsverfassung durch Verordnung vom 4. Mai 1920 geschaffen worden. Die Reichsverfassung sieht einen dreistufigen Aufbau des wirtschaftlichen Rätesystems vor: Betriebsarbeiterräte, darüber Bezirksarbeiterräte und auf der obersten Stufe einen Reichsarbeiterrat, die Bezirksarbeiterräte und der Reichsarbeiterrat mit den Vertretungen der Unternehmer und sonst beteiligter Volkskreise zu Bezirkswirtschaftsräten und zu einem Reichswirtschaftsrat zusammengefaßt. Von diesem Plane ist zur Zeit nur der erste Teil in Gestalt der Betriebsräte verwirklicht. Bezirkswirtschaftsräte und einen der Verfassung entsprechenden Reichswirtschaftsrat gibt es noch nicht. Bis zur Schaffung der für die „Wahl des endgültigen Reichswirtschaftsrats erforderlichen Körperschaften" (VO. Art. 13) ist dafür der vorläufige Reichswirtschaftsrat ins Leben getreten. Im Gegensatze zu den bisher besprochenen Reichsorganen trägt der Reichswirtschaftsrat in seiner Zusammensetzung dem Gedanken der berufsständischen Gliederung des Volkes Rechnung, erinnert also, ins Moderne übertragen, etwas an die ersten Kammern der deutschen Landtage bis 1918. Er besteht aus 326 Mitgliedern. Davon entfallen 68 auf Vertreter der Land- und Forstwirtschaft, 6 auf solche der Gärtnerei und Fischerei, 68 auf Vertreter der Industrie, 44 auf Vertreter des Handels, der Banken und des Versicherungswesens, 34 auf Vertreter des Verkehrs und der öffentlichen Unternehmungen, 36 auf Vertreter des Handwerks, 30 auf Vertreter der Verbraucherschaft, 16 auf Vertreter der Beamtenschaft und der freien Berufe, 12 Mitglieder werden vom Reichsrat, 12 weitere von der Reichsregierung ernannt. Arbeitgeber und Arbeitnehmer sind überall gleichmäßig vertreten. Persönlich sind die einzelnen Mitglieder des Reichswirtschaftsrats ähnlich gestellt wie die Reichstagsabgeordneten. Die wichtigste Aufgabe des Reichswirtschaftsrats ist die Stellungnahme zu sozialpolitischen und wirtschaftspolitischen Gesetzentwürfen von grundlegender Bedeutung. Solche Entwürfe sollen von der Reichsregierung vor der Einbringung dem Reichswirtschaftsrat zur Begutachtung vorgelegt werden. Er hat aber auch die Befugnis, selbst solche Gesetzesvorlagen zu beantragen. Stimmt ihnen die Reichsregierung nicht zu, so hat sie trotzdem die Vorlage unter Darlegung ihres Standpunkts beim Reichstag einzubringen. Der Reichswirtschaftsrat kann die Vorlage durch eines seiner Mitglieder vor dem Reichstag vertreten lassen (Art. 165).

Der Staatsgerichtshof für das Deutsche Reich — nicht zu verwechseln mit dem 1922 auf fünf Jahre eingesetzten Staatsgerichtshof zum Schutze der Republik — ist in der Reichsverfassung für verschiedenartige Zwecke vorgesehen. Er ist einmal eine Art höchstes Disziplinargericht zur Ahndung amtlicher Verfehlungen des Reichspräsidenten, des Reichskanzlers und der Reichsminister (Art. 59). Dann entscheidet er Verfassungsstreitigkeiten innerhalb eines Landes, Rechtsstreitigkeiten nicht privatrechtlicher Art zwischen mehreren Ländern, insbesondere auch anläßlich einer Neugliederung, und zwischen dem Reich und einem Lande, insbesondere bei Ausübung der Reichsaufsicht (Art. 15, 18, 19). Endlich entscheidet er über Streitigkeiten zwischen dem Reich und einem Lande, die aus Anlaß der Übernahme von Landeseinrichtungen, wie der Eisenbahnen, der Wasserstraßen u. dgl., auf das Reich entstehen, Streitigkeiten, die man im weiteren Sinne auch als Rechtsstreitigkeiten ansprechen kann, die aber von der Verfassung besonders hervorgehoben werden, weil bei ihrer Schlichtung der Staatsgerichtshof vielfach schöpferisch tätig wird und durch seinen Spruch die mangelnde Vereinbarung ersetzt. Dieser Dreiteilung entsprechend hat das Gesetz über den Staatsgerichtshof vom 9. Juli 1921 an die Stelle eines einheitlichen Staatsgerichtshofs drei verschiedene Staatsgerichtshöfe gesetzt, eine Spaltung, die zur Zeit dadurch gemildert wird, daß das im Gesetze vorgesehene Reichsverwaltungsgericht noch nicht errichtet ist. Bei der Verhandlung und Entscheidung über Anklagen des Reichstags gegen Reichspräsidenten, Reichskanzler und Reichsminister wegen schuldhafter Verletzung der Reichsverfassung oder eines Reichsgesetzes nach Art. 59 der Verfassung besteht der Staatsgerichtshof aus dem Präsidenten des Reichsgerichts als Vorsitzenden und je einem Mitglied des Preußischen Oberverwaltungsgerichts, des Bayerischen Obersten Landesgerichts und des Hanseatischen Oberlandesgerichts, einem deutschen Rechtsanwalt und fünf vom Reichstag und fünf vom Reichsrat gewählten weiteren Beisitzern. Bei Streitigkeiten nach Art. 15, 18 und 19 setzt sich der Staatsgerichtshof aus dem Präsidenten des Reichsverwaltungsgerichts als Vorsitzenden, drei Reichsgerichtsräten und drei Räten des Reichsverwaltungsgerichts zusammen. Bis zur Errichtung des Reichsverwaltungsgerichts führt der Präsident des Reichsgerichts den Vorsitz; die Räte des Reichsverwaltungsgerichts werden durch je einen Rat des Preußischen Oberverwaltungsgerichts, des Bayerischen Verwaltungsgerichtshofs und des Sächsischen Oberverwaltungsgerichts ersetzt. In den Streitigkeiten aus Anlaß der Übernahme von Landeseinrichtungen auf das Reich endlich entscheidet der Staatsgerichtshof unter dem Präsidenten des Reichsverwaltungsgerichts (Reichsgerichts) als Vorsitzenden, je einem Rate des Reichsgerichts und des Reichsverwaltungsgerichts (Preußischen Oberverwaltungsgerichts) und vier weiteren Beisitzern, die je zur Hälfte vom Reichstag und vom Reichsrat gewählt werden. Diese vier Beisitzer werden für jedes Sachgebiet gesondert gewählt und sollen für dies Gebiet sachverständig sein. Gerade diese Bestimmung läßt darauf schließen, daß auch der Reichsgesetzgeber, wie der Verfassungsgesetzgeber, die dritte Gruppe von Streitigkeiten weniger als Rechtsstreitigkeiten denn als Streitigkeiten des technischen Ermessens aufgefaßt hat.

Beim Rechnungshof des Deutschen Reichs und der Reichsschuldenverwaltung erwartet man vielleicht, daß sie dem Reichsminister der Finanzen unterstellt seien. In Wirklichkeit stehen beide Behörden ganz oder teilweise selbständig neben ihm, und diese Unabhängigkeit ist beabsichtigt. Denn der Rechnungshof soll gerade auch die Finanzgebahrung des Ministers kontrollieren, und die Reichsschuldenverwaltung soll unter eigener Verantwortung nach Maßgabe des Gesetzes, und eben nicht nach Anweisungen des Ministers, Schulden für das Reich eingehen und tilgen. Der Rechnungshof des Deutschen Reichs, bis vor kurzem in Personalunion mit der preußischen Oberrechnungskammer stehend, ist durch die Reichshaushaltsordnung vom 31. Dezember 1922 eine reine Reichsbehörde geworden. Er ist der Reichsregierung gegenüber selbständig und nur dem Gesetz unterworfen (§ 118). Seine Mitglieder haben die gleiche Stellung wie Richter, sind also namentlich eben so schwer absetzbar wie diese (§ 121). In allen wichtigen Angelegenheiten entscheidet die Vollversammlung des Rechnungshofs, in weniger bedeutenden Angelegenheiten, die nur ein einzelnes

Verwaltungsgebiet berühren, genügt Beschlußfassung in Senaten, die aus drei Mitgliedern bestehen (§ 125). Der Rechnungshof überwacht die gesamte Reichshaushaltsführung. Er prüft die Rechnungen auf Innehaltung des Haushaltsplans, auf Vorschriftsmäßigkeit in der sachlichen und rechnerischen Begründung und der Beibringung von Belegen, auf Gesetzmäßigkeit und Wirtschaftlichkeit der Einnahmen und Ausgaben und auf die Möglichkeit künftiger Ersparnisse (§ 96). Alle Reichsbehörden, außer den obersten, sind dem Rechnungshof innerhalb seiner Befugnisse untergeordnet (§ 102). Seine Hauptaufgabe ist es, die Deckung von Fehlbeträgen zu veranlassen und zusammenfassende Bemerkungen über die gesamte Rechnungsprüfung dem Reichsminister der Finanzen zu übermitteln, der sie dem Reichsrat und dem Reichstag mit dem Antrag auf Entlastung vorlegt. Auch die Reichsschuldenverwaltung war bis vor kurzem mit einer preußischen Behörde, der preußischen Hauptverwaltung der Staatsschulden, verbunden und ist erst durch die Reichsschuldenordnung vom 13. Februar 1924 auf eigene Füße gestellt worden. Ihre Hauptobliegenheit besteht in der Ausgabe von Schuldverschreibungen und Schatzanweisungen im Namen des Reichs, in der Führung des Reichsschuldbuchs, in der Zahlung der Zinsen und in der Tilgung des Schuldkapitals. Sie bildet ein Kollegium wie der Rechnungshof, doch ohne die weitgehende richterliche Unabhängigkeit seiner Mitglieder. Denn sie unterliegt teilweise der oberen Leitung des Reichsministers der Finanzen, soweit dies mit ihrer Unabhängigkeit bei Erfüllung ihrer Hauptaufgaben vereinbar ist. Diese Unabhängigkeit aber kommt zum Ausdruck in dem besonderen Eide, den die Mitglieder und Hilfsarbeiter vor dem Antritt ihres Amtes vor dem Kollegium zu leisten haben, und in dem sie geloben, „keine Schuldverbindlichkeiten des Reichs zu beurkunden oder beurkunden zu lassen, welche den in den Reichsgesetzen gegebenen Vorschriften und Ermächtigungen nicht entsprechen, auch dafür zu sorgen, daß die Reichsschuld gehörig verzinst und getilgt wird, und sich von der Erfüllung dieser und der anderen der Reichsschuldenverwaltung mit selbständiger und unbedingter Verantwortung übertragenen Obliegenheiten durch keine Anweisung irgendwelcher Art abhalten zu lassen". Ist somit die Reichsschuldenverwaltung eine nur zum Teil unabhängige Behörde, so versteht man, daß das Bedürfnis empfunden wurde, sie durch ein völlig unabhängiges Kollegium beaufsichtigen zu lassen. Dies Kollegium ist der Reichsschuldenausschuß, der aus sechs Mitgliedern des Reichsrats, sechs Mitgliedern des Reichstags und dem Präsidenten des Rechnungshofs des Deutschen Reichs besteht. Die Reichsschuldenverwaltung hat ihm regelmäßig die Monats- und Jahresabschlüsse ihrer Kasse sowie ihre Geschäftsübersicht zu übersenden und auf Verlangen Auskunft zu erteilen. Mindestens einmal jährlich nimmt er eine außerordentliche Prüfung ihrer Geld- und Wertpapierbestände vor.

V. Die Äußerungen der Reichsgewalt.

Die Reichsorgane sind dazu da, um für das Reich tätig zu werden. Diese Tätigkeiten können darauf gerichtet sein, etwas Neues zu schaffen oder Bestehendes festzustellen, insbesondere einen Rechtsstreit zu entscheiden. Neues aber kann entweder durch Handlungen tatsächlicher Art und durch Verfügungen an einzelne Personen oder durch allgemeine Anordnungen geschaffen werden. Man kommt auf diese Weise ungezwungen zu einer berühmten Dreiteilung der Staatstätigkeiten in Gesetzgebung, Verwaltung und Rechtspflege. Schon Aristoteles hatte bemerkt, daß es im Staate drei verschiedenartige Stellen gibt: eine beschließende Stelle (den Rat), die Ämter und die Gerichte. Berühmt wurde aber die Dreiteilung erst, als Montesquieu im Jahre 1748 die Forderung aufstellte, daß die drei Staatstätigkeiten Gesetzgebung, Verwaltung (Vollziehung) und Rechtspflege im Interesse der Freiheit des Bürgers zu trennen und auf verschiedene, von einander unabhängige Organe zu verteilen seien. Im großen und ganzen ist die Montesquieusche Regel in der modernen

Gesetzgebung verwirklicht, am reinsten in der Rechtspflege, am wenigsten rein in der Verwaltung. Auch in der Reichsverfassung kommt die Dreiteilung zum Ausdruck, wenn die Überschriften des fünften, sechsten und siebenten Abschnitts des ersten Hauptteils „Die Reichsgesetzgebung", „Die Reichsverwaltung" und „Die Rechtspflege" lauten. Es ist in der Tat die Regel, daß der Reichsgesetzgeber, gewöhnlich bestehend aus dem Reichstag, dem Reichsrat, dem Reichspräsidenten und der Reichsregierung, nur allgemeine Anordnungen (Rechtssätze) erläßt, die Reichsverwaltungsbehörden Verfügungen für den Einzelfall treffen und die Gerichte Entscheidungen über Rechtsstreitigkeiten fällen, aber eben nur die Regel. Es kommt auch vor, daß der Gesetzgeber eine Anordnung für den Einzelfall trifft, etwa eine Stiftung genehmigt, und daß eine Verwaltungsbehörde eine Anordnung an die Allgemeinheit erläßt, z. B. eine Polizeiverordnung. Dadurch gelangt ein verhängnisvoller Doppelsinn in das Wort „Gesetz", das bald so viel bedeutet wie „Rechtssatz", bald so viel wie „höchste Willensäußerung des Staates". Die erstgenannte Bedeutung liegt dem Worte kraft ausdrücklicher Bestimmung z. B. im Bürgerlichen Gesetzbuch zugrunde, das Wort wird hier, wie man sagt, im „materiellen Sinne" gebraucht; im andern, dem sog. „formellen Sinne" wird das Wort in den Artikeln 68 ff. der Reichsverfassung gebraucht, ob auch in andern Artikeln, bedürfte erst einer sehr genauen Untersuchung, die unter Umständen zu dem Ergebnis kommen könnte, daß das Wort an einzelnen Stellen im weitesten Sinne (sei es materiell, sei es formell), an anderen im engsten Sinne (gleichzeitig materiell und formell) verwandt wird.

Die Rechtspflege, jedenfalls die der ordentlichen Gerichte, bildet als Justizrecht einen besonderen Zweig der Rechtswissenschaft, der herkömmlicherweise keinen Platz in der Darstellung des Verfassungsrechts beansprucht. Daher soll im folgenden nur von der Gesetzgebung im weitesten Sinne und von der Verwaltung die Rede sein.

1. Die Gesetzgebung.

a) **Das Reichsgesetz.** Sieht man von der Unterscheidung zwischen Verfassungsgesetzen und gewöhnlichen Gesetzen ab, so ist Reichsgesetz im Sinne der Art. 68 ff. der Verfassung soviel wie höchste Willenserklärung des Reiches. Eine solche höchste Willenserklärung aber liegt vor, wenn sie imstande ist, ältere Willenserklärungen des Reichs oder der Länder, mag es sich um Gesetze, Verordnungen, Verwaltungsakte oder Gerichtsurteile handeln, zu beseitigen, und wenn sie selbst wieder nur durch ein Reichsgesetz oder kraft eines Reichsgesetzes aufgehoben werden kann. Neben dieser Wirkung eines Reichsgesetzes interessiert zunächst vor allem seine Erforderlichkeit.

Die Frage nach der Erforderlichkeit eines Reichsgesetzes ist dahin zu beantworten, daß ein Reichsgesetz in erster Linie zu allen reichsrechtlichen Vorschriften erforderlich ist, die, wie man sich früher ausdrückte, in Freiheit und Eigentum des Bürgers eingreifen, oder, wie man allgemeiner sagen kann, die Rechtssphäre des Bürgers berühren. Dieser von Otto Mayer so benannte „Vorbehalt des Gesetzes" ist am bekanntesten unter dem Namen des Grundsatzes von der „Gesetzmäßigkeit der Verwaltung", dem zufolge der Bürger bei jedem staatlichen Eingriff in seine Rechtssphäre verlangen kann, daß ihm das Gesetz nachgewiesen werde, das den Eingriff gestattet. Ein Reichsgesetz ist ferner erforderlich zu allen reichsrechtlichen Willensakten, für die Gesetz oder Verfassung die Form eines „Gesetzes" vorsieht, wenn aus dem Zusammenhang ersichtlich ist, daß mit dem Worte ein Gesetz im formellen Sinne gemeint ist. So erfolgen Kriegserklärung und Friedensschluß, auch wenn diese Maßnahmen nicht in die Rechtssphäre des Einzelnen eingreifen sollten, durch Reichsgesetz (Art. 45). Der Haushaltsplan, obwohl nur eine Dienstanweisung vornehmlich an den Finanzminister, wird vor Beginn des Rechnungsjahres durch ein Gesetz festgestellt (Art. 85). Auch die Beschaffung von Geldmitteln im Wege des Kredits und die Übernahme einer Sicherheitsleistung zu Lasten des Reichs darf „nur auf Grund eines Reichsgesetzes erfolgen" (Art. 87). Ein Reichsgesetz ist endlich erforderlich zur Aufhebung und maßgeblichen Auslegung bestehender Reichsgesetze. Neben diesen Fällen der Erforderlichkeit gibt es auch solche der Möglichkeit eines Reichsgesetzes. Ein Reichsgesetz kann erlassen werden auch dort, wo es nicht nötig ist; so könnte die Uniform der Marine, statt durch Dienstbefehl, durch Reichsgesetz bestimmt werden mit der Wirkung, daß eine Abänderung der Uniformordnung nur durch Reichsgesetz möglich wäre.

Bei der Schilderung des Ganges der Gesetzgebung lassen sich eine Reihe von Stufen unterscheiden. Die erste Stufe, die Herstellung des Gesetzentwurfs, liegt noch außerhalb des verfassungsmäßigen Gesetzgebungsverfahrens. Meist wird der Entwurf in einem Reichsministerium ausgearbeitet, doch kann sich auch ein Reichstagsabgeordneter oder eine Landesregierung oder irgend ein Privatmann der Mühe der Ausarbeitung unterziehen. Rechtlich bedeutsam wird erst die zweite Stufe, die man nach ihrem Hauptakt als die Einbringung des Entwurfs im Reichstag bezeichnen kann. Zur Einbringung befugt ist entweder eine Vereinigung von mindestens fünfzehn Reichstagsmitgliedern, also meist eine Fraktion, oder die Reichsregierung nach kollegialer Beschlußfassung. Im zweiten und nur im zweiten Falle bedarf es der vorhergehenden Zustimmung des Reichsrats. Kommt eine Übereinstimmung zwischen der Reichsregierung und dem Reichsrat nicht zustande, so kann die Reichsregierung die Vorlage gleichwohl einbringen, hat aber hierbei die abweichende Auffassung des Reichsrats darzulegen, eine dem Wortlaute nach starke Abweichung von Bismarcks Verfassung, in der sich zwar, wie gezeigt, die Einrichtung der kaiserlichen Initiativanträge ausgebildet hatte, aber doch immer nur als Anträge im Bundesrat und nie als unmittelbare Anträge im Reichstag, und doch tatsächlich-politisch keine sehr starke Abweichung gegen früher, da die Reichsregierung schon vor Mitteilung des Entwurfs an den Reichsrat dessen mutmaßliche Stimmung berücksichtigen, nötigenfalls durch Nachgeben dessen Zustimmung herbeiführen oder aber den Entwurf zurückziehen und ihn nur in verhältnismäßig seltenen Fällen ohne Zustimmung des Reichsrats, sei es auch nur zu einzelnen Paragraphen, dem Reichstag vorlegen wird. Sozialpolitische und wirtschaftspolitische Gesetzentwürfe von grundlegender Bedeutung sollen von der Reichsregierung vor ihrer Einbringung außerdem dem Reichswirtschaftsrat zur Begutachtung vorgelegt werden (Art. 165); dies geschieht, ehe der Entwurf dem Reichsrat zugeht (Gemeinsame GeschO. d. Reichsministerien, Bes. Teil, § 39). Der Entschluß der Reichsregierung zur Einbringung eines Gesetzentwurfs ist entweder frei oder gebunden. In der Regel handelt die Reichsregierung frei, doch gibt es drei Fälle, in denen die Reichsregierung zur Einbringung des Entwurfs gezwungen werden kann: bei sozialpolitischen und wirtschaftspolitischen Gesetzentwürfen von grundlegender Bedeutung durch den Reichswirtschaftsrat, bei allen Gesetzentwürfen durch den Reichsrat, bei allen Gesetzentwürfen außer über den Haushaltsplan, über Abgabengesetze und Besoldungsordnungen durch ein Zehntel der Reichstagswähler im Volksbegehren. Daß man diese drei Gegenstände dem Volksbegehren entzogen hat, hat seinen Grund in der Erfahrungstatsache, daß das seiner Verantwortung nicht bewußte Volk dazu neigt, Ausgaben zu bewilligen, ohne für Deckung zu sorgen. Die Form des Volksbegehrens ist im Gesetz über den Volksentscheid vom 27. Juni 1921 und der Reichsstimmordnung vom 14. März 1924 näher geregelt. Darnach zerfällt das Volksbegehren in ein Zulassungs- und ein Eintragungsverfahren. Der Zulassungsantrag hat den Wortlaut des begehrten Entwurfs zu enthalten und ist schriftlich an den Reichsminister des Innern zu richten. Er bedarf der Unterschrift von 5000 Stimmberechtigten oder der Vorstandschaft einer Vereinigung (wohl meist einer Partei), die glaubhaft macht, daß ihn hunderttausend ihrer stimmberechtigten Mitglieder unterstützen. Der Reichsminister des Innern prüft, ob die gesetzlichen Voraussetzungen erfüllt sind, und entscheidet über den Antrag auf Zulassung. Gibt er ihm statt, so veröffentlicht er ihn im Reichsanzeiger und setzt dabei Beginn und Ende der Eintragungsfrist fest; sie soll in der Regel vierzehn Tage umfassen. Für die Eintragung haben die Antragsteller Vordrucke von Eintragslisten zu beschaffen und an die Gemeindebehörden zu versenden. Die Eintragung selbst geschieht in den einzelnen Gemeinden durch persönliche Eintragung in den Listen. Der Reichswahlausschuß stellt das Eintragungsergebnis im Reiche fest. Das Gesamtergebnis wird vom Reichswahlleiter im Reichsanzeiger veröffentlicht und dem Reichsminister des Innern mitgeteilt. Hat ein Zehntel der Stimmberechtigten gültige Unterschriften für den Entwurf abgegeben, so hat die Reichsregierung unverzüglich den begehrten Gesetzentwurf einzubringen. Auch in diesem Falle ist die Zustimmung des Reichsrats einzuholen.

Der Entwurf unterliegt jetzt der Beratung und Beschlußfassung im Reichstag und hat damit die dritte Stufe erreicht. Nach der GeschO. des Reichstags werden alle Gesetzentwürfe dreimal beraten. Den in dritter Beratung beschlossenen Entwurf übersendet der Reichstagspräsident dem zuständigen Reichsminister. In dem nun folgenden vierten Stadium beschäftigt sich der Reichsrat zum zweiten Male, bei Gesetzentwürfen aus der Mitte des Reichstags zum ersten Male mit dem Entwurfe und macht sich innerhalb zweier Wochen nach der Schlußabstimmung im Reichstag darüber schlüssig, ob er Einspruch erheben soll oder nicht. Nach der Reichsverfassung muß der Einspruch innerhalb der zwei Wochen bei der Reichsregierung eingebracht und spätestens binnen zwei weiteren Wochen mit Gründen versehen werden (Art. 74 Abs. 2). Da ein Mitglied der Reichsregierung den Vorsitz im Reichsrat führt, so konnte die Geschäftsordnung für den Reichsrat bestimmen, daß die Kenntnisnahme vom Einspruch durch den Vorsitzenden als Einbringung des Einspruchs bei der Reichsregierung gelten solle (§ 28 Abs. 2). Gewöhnlich erhebt der Reichsrat keinen Einspruch; er nimmt, wie es jetzt in den Niederschriften heißt, von dem Beschlusse des Reichstags „Kenntnis, ohne Einspruch zu erheben". Tut er es doch, so geht der Entwurf wieder an den Reichstag, der entweder nachgibt oder mit einfacher oder mit Zweidrittelmehrheit bei seinem Beschlusse beharrt. Auf der fünften Stufe des Verfahrens treten der Reichspräsident und das zuständige Mitglied der Reichsregierung in Tätigkeit, indem sie sich über die Ausfertigung des Gesetzes schlüssig machen.

Die Ausfertigung ist äußerlich betrachtet die Unterzeichnung des Gesetzentwurfs durch den Reichspräsidenten mit Gegenzeichnung des Reichskanzlers oder des zuständigen Reichsministers. Nach der Geschäftsordnung der Reichsregierung wird der Entwurf zuerst gegengezeichnet und dann erst dem Reichspräsidenten „zur Vollziehung" vorgelegt (§ 14). Dem Wesen nach aber ist die Ausfertigung eine Beurkundung über das verfassungsmäßige Zustandekommen des Gesetzes, dies war sie ausschließlich im kaiserlichen Deutschland, aus dem sie stammt, dies ist sie im großen und ganzen auch heute. Und doch ist sie rechtlich mehr. Der Reichspräsident hat zwar nie die Wahl zwischen Ausfertigung und Nichtausfertigung, ausgenommen den bisher noch nie vorgekommenen Fall der Dringlichkeitserklärung eines auf Verlangen einer Reichstagsminderheit in der Verkündung auszusetzenden Gesetzes (Art. 72), wohl aber hat er die Wahl zwischen Ausfertigung und Volksentscheid (Art. 73 Abs. 1, 74 Abs. 3). Rechtlich ist also der Reichspräsident in diesem Punkte dem Kaiser überlegen, aber eben nur rechtlich, nicht tatsächlich-politisch. Denn zum Volksentscheid wird es nicht so leicht kommen. Dann aber ist der Reichspräsident sogar weniger frei als früher der Kaiser. Denn für den Kaiser gab es keine Frist zur Ausfertigung, der Reichspräsident aber muß binnen einem Monat, unter Umständen binnen drei Monaten ausfertigen. Diese Pflicht bezieht sich nur auf die „verfassungsmäßig zustande gekommenen Gesetze". Der Ausdruck ist ungenau, da der Gesetzentwurf erst mit der Verkündung Gesetz wird. Auch zählt die Verfassung nicht die Fälle einzeln auf, in denen ein Gesetzentwurf ausfertigungsreif ist. Durch Auslegung gelangt man zu drei Fällen: 1. der Reichstag hat den Entwurf beschlossen, der Reichsrat hat innerhalb zweier Wochen keinen Einspruch erhoben; 2. der Reichsrat hat Einspruch erhoben, der Reichstag hat seinen Beschluß mit Zweidrittelmehrheit aufrecht erhalten; 3. im Volksentscheid hat sich die vorgeschriebene Mehrheit für den Entwurf ausgesprochen. In all diesen Fällen muß der Reichspräsident ausfertigen, im dritten unbedingt, in den beiden andern, wenn er nicht rechtzeitig den Volksentscheid anordnet. Ob einer von den drei Fällen gegeben ist, prüft der Reichspräsident selbständig. Hierbei ist er allerdings, wie man annehmen muß, an gewisse Vorentscheidungen gebunden. So darf er beim Volksentscheid sicher nicht die Feststellung des Abstimmungsergebnisses durch das Wahlprüfungsgericht überprüfen (Ges. v. 27. 6. 21 § 22). So darf er auch nicht die Gültigkeit eines Reichstagsbeschlusses anzweifeln mit der Begründung, er habe sichere Kenntnis davon, daß der Reichstag bei der Abstimmung mit weniger als der Hälfte seiner Mitglieder vertreten gewesen sei; denn diese Frage hat der Reichstagspräsident in unüberprüfbarer Weise vor ihm entschieden.

Gleichzeitig mit der Ausfertigung ordnet der Reichspräsident die Verkündung des Gesetzes an. Die Anordnung wird durch das Reichsministerium des Innern unter Zuhilfenahme der Reichsdruckerei ausgeführt. Das Blatt, in dem das Gesetz abgedruckt wird, ist das „Reichsgesetzblatt". Es erscheint seit April 1922 in zwei Teilen, von denen Teil I die für die Allgemeinheit wichtigeren Bestimmungen enthält, ohne daß aber der Abdruck in dem einen oder dem andern Teile auf die Gültigkeit des Gesetzes Einfluß hätte.

Über das Inkrafttreten der Reichsgesetze endlich sagt Art. 71, daß sie, soweit sie nichts anderes bestimmen, mit dem vierzehnten Tage nach Ablauf des Tages in Kraft treten, an dem das Reichsgesetzblatt in der Reichshauptstadt ausgegeben worden ist. Die Reichsgesetze können also namentlich ihr sofortiges Inkrafttreten anordnen, ja sogar, wenn sie nicht Strafgesetze sind (Art. 116), sich rückwirkende Kraft beilegen. Ausgegeben aber ist eine Nummer des Reichsgesetzblatts, sobald die ersten Stücke dem Postzeitungsamt Berlin zur Verteilung übergeben sind. Dieser Zeitpunkt wird meist mit dem auf dem Reichsgesetzblatt gedruckten Ausgabevermerk übereinstimmen, aber nicht notwendig, da als Ausgabetag der in der Zukunft liegende, mutmaßliche Ausgabetag aufgedruckt wird, und nicht unbedingt der wirkliche. Kommt es daher in einem Falle auf die Feststellung an, wann das Gesetzblatt wirklich ausgegeben wurde, so entscheidet nicht der Ausgabevermerk, sondern das über die Ausgabe geführte Buch der Reichsdruckerei (vgl. Hartwieg im Arch. d. öff. Rechts Bd. 42 S. 97 ff.).

Der geschilderte Gang der Gesetzgebung gilt mit einigen Ausnahmen auch für **Verfassungsänderungen.** Im Gegensatz zu Amerika gibt es im Deutschen Reiche keinen besonderen Verfassungsgesetzgeber. Reichstag, Reichsrat, Reichspräsident, Reichsregierung und unter Umständen das Reichsvolk sind in gleicher Weise am Zustandekommen einfacher und verfassungsändernder Gesetze beteiligt. Nur das Verfahren ist bei Verfassungsänderungen etwas anders gestaltet als bei gewöhnlichen Gesetzen. Denn es „kommen Beschlüsse des Reichstags auf Abänderung der Verfassung nur zustande, wenn zwei Drittel der gesetzlichen Mitgliederzahl anwesend sind und wenigstens zwei Drittel der Anwesenden zustimmen. Auch Beschlüsse des Reichsrats auf Abänderung der Verfassung bedürfen einer Mehrheit von zwei Dritteln der abgegebenen Stimmen". (Art. 76 Abs. 1). „Hat der Reichstag entgegen dem Einspruch des Reichsrats eine Verfassungsänderung beschlossen, so darf der Reichspräsident dieses Gesetz nicht verkünden, wenn der Reichsrat binnen zwei Wochen den Volksentscheid verlangt" (Art. 76 Abs. 2). Bei Verfassungsänderungen ist also vor allem die Stellung des Reichsrats gestärkt. Er kommt bei Regierungsvorlagen dreimal, bei Reichstagsvorlagen zweimal zu Worte, wenn er Gegner der Verfassungsänderung ist. Die Zweidrittelmehrheit wird für alle der Verfassungsänderung günstigen Beschlüsse gefordert. Bei vollbesetztem Reichsrat (66 Stimmen) bedarf es also einer Mehrheit von 44 Stimmen für die Zustimmung zum Regierungsentwurf oder für die Beschlußfassung über eine Reichsratsvorlage. Einer Mehrheit von 44 Stimmen bedarf es auch für einen Beschluß, keinen Einspruch zu erheben, so daß der Einspruch schon dann als erhoben gilt, wenn sich 23 Stimmen dafür ausgesprochen haben. Daher genügen auch 23 Stimmen, um im letzten Stadium des Verfahrens den Volksentscheid zu erzwingen, oder, da der Reichstag vermutlich dem drohenden Volksentscheid ausweichen wird, um das Gesetz zu Fall zu bringen. Da Preußen über 26 Stimmen verfügt, liegt also, wenn Einigkeit zwischen Regierungsstimmen und Provinzstimmen erzielt wird, das Schicksal einer Verfassungsänderung in der Hand Preußens, sofern es der Verfassungsänderung widerspricht. Über die Abstimmung im Reichstag enthält dessen GeschO., wie gezeigt, jetzt die Vorschrift, der Präsident habe „durch ausdrückliche Erklärung festzustellen, daß zwei Drittel der Mitglieder anwesend sind und wenigstens zwei Drittel der Anwesenden zustimmen" (§ 98). Dagegen schweigt die Geschäftsordnung über die Frage, was zu geschehen hat, wenn es zweifelhaft ist, ob eine Abänderung der Verfassung vorliegt oder nicht. Bei Regierungsentwürfen glaubt die Gemeinsame Geschäftsordnung der Reichsministerien, Besonderer Teil, § 31 die Schwierigkeit dadurch zu überwinden, daß sie der Reichsregierung zur Pflicht macht, den Gesetzentwurf mit folgender Eingangsformel zu versehen: „Der Reichstag hat das folgende Gesetz beschlossen, das mit Zustimmung des Reichsrats hiermit verkündet wird, nachdem zur Vermeidung von Zweifeln festgestellt ist, daß die Erfordernisse verfassungändernder Gesetzgebung für die §§ . . . . erfüllt sind". Diese Formel ist unschädlich, wenn sich im Reichstag eine verfassungsändernde Mehrheit für den Entwurf findet, sie führt aber unter Umständen geradezu zu einer Verfassungsverletzung. Da nämlich der Reichstag die Eingangsformel mitbeschließt, so hat er, wenn er die Formel in dritter Beratung angenommen hat, bei der Schlußabstimmung sich und dem Präsidenten des Reichstags die Hände gebunden, da der Präsident jetzt das ganze Gesetz nur dann für angenommen erklären kann, wenn die beiden Zweidrittelmehrheiten vorliegen, eine Gefahr, die auch der Allgemeinheit bei der Abstimmung über das Reichsbahngesetz am 29. August 1924 klar geworden sein dürfte.—Eine Verfassungsverletzung liegt aber in dieser Bindung des Reichstagspräsidenten insofern, als die Verfassung nicht nur dann verletzt ist, wenn ein verfassungsänderndes Gesetz mit gewöhnlicher Mehrheit beschlossen wurde, sondern auch dann, wenn ein gewöhnliches Gesetz zu Falle kommt, obgleich die einfache Mehrheit des beschlußfähigen Reichstags dafür gestimmt hatte. Solange der Reichstag an dem Brauche, die Eingangsformel mitzubeschließen, festhält, wird daher in Zweifelsfällen die der Verfassung gemäße Lösung die sein, daß der Reichstag die Eingangsformel ohne Andeutung einer Verfassungsänderung beschließt und daß der Präsident des Reichstags, wenn bei der Schlußabstimmung nur eine einfache Mehrheit für den Entwurf gestimmt hat, etwa folgende bedingte Feststellung trifft: „Das Gesetz ist angenommen, falls es keine Verfassungsänderung enthält, andernfalls ist es abgelehnt". Die endgültige Entscheidung liegt im Stadium der Ausfertigung beim Reichspräsidenten, der nur die verfassungsmäßig zustandegekommenen Gesetze, die aber außer bei Anordnung des Volksentscheids unbedingt auszufertigen hat. Die dringend erwünschte Zuständigkeit der Staatsgerichtshofs für das Deutsche Reich ist in diesem Falle nicht gegeben. Erforderlich aber sind verfassungsändernde Formen in drei Fällen: zur Änderung der Verfassungsurkunde, überall dort, wo ein verfassungsänderndes Reichsgesetz ausdrücklich vorgesehen ist, wie bei der Aufhebung des Zollausschlusses für Freihäfen (Art. 82 Abs. 4), endlich zur Durchbrechung der Verfassung ohne Erhebung des durchbrechenden Gesetzes zum Verfassungsgesetz, also etwa zur Gestattung der Mehrheitswahl anstelle der Verhältniswahl in einem bestimmten Falle ohne gleichzeitige Änderung des Art. 17. Daß der dritte Fall gesetzestechnisch bedenklich ist, leuchtet ein und es ist verständlich, daß es eine Strömung gibt, die ihn durch eine ausdrückliche Bestimmung der Verfassung unmöglich machen will. Nach geltendem Rechte ist aber eine Verfassungsdurchbrechung unter Umständen sogar durch einen Willensakt des Reichs minderer Art zulässig. So wird der Friede durch gewöhnliches Reichsgesetz geschlossen (Art. 45 Abs. 2). Daraus darf gefolgert werden, daß im Rahmen eines Friedensvertrages Verfassungsdurchbrechungen durch gewöhnliches Reichsgesetz beschlossen werden können, zumal diese Folgerung schon unter Bismarcks Verfassung gezogen wurde, als der Friedensschluß allein vom Kaiser und seinem Kanzler abhing.

Als außerordentliches Organ der Gesetzgebung ist mehrfach das Volk genannt worden. Einen maßgebenden Beschluß über Gesetzesvorlagen faßt das Volk im **Volksentscheid**, d. i. einer der Reichstagswahl nachgebildeten Abstimmung über Annahme oder Ablehnung eines Gesetzentwurfs mit „Ja" oder „Nein". Die Fälle sind in der Verfassung Art. 72—74, 76 genannt und im Gesetz über den Volksentscheid vom 27. Juni 1921 übersichtlich aufgeführt. Beteiligt an der Herbeiführung eines Volksentscheids können sein der Reichspräsident nebst gegenzeichnendem Mitglied der Reichsregierung, der Reichsrat, eine Reichstagsminderheit und ein Bruchteil des stimmberechtigten Volkes. Der Reichspräsident kann mit Gegenzeichnung den Volksentscheid über jedes vom Reichstag beschlossene Gesetz binnen eines Monats nach der Beschlußfassung anordnen. Der Reichsrat ermöglicht den Volksentscheid über diese Frist hinaus, wenn er Einspruch erhebt, und der Reichstag seinen alten Beschluß aufrecht erhält. Geschieht dies mit einfacher Mehrheit, so hat der Reichspräsident innerhalb dreier Monate die Wahl zwischen Fallenlassen des Entwurfs und Anordnung des Volksentscheids über den Gegenstand der Meinungsverschiedenheit; geschieht es mit Zweidrittelmehrheit, so hat er die Wahl zwischen Verkündung und Volksentscheid. Der Reichsrat erzwingt den Volksentscheid bei Verfassungsänderungen. Eine Reichstagsminderheit von einem Drittel der anwesenden Reichstagsmitglieder begünstigt einen Volksentscheid, wenn sie die Aussetzung der Verkündung eines vom Reichstag beschlossenen Entwurfs um zwei Monate verlangt. Allerdings kann der Reichspräsident den Entwurf ungeachtet des Verlangens verkünden, wenn der Entwurf vom Reichstag und vom Reichsrat für dringlich erklärt worden ist. Sonst ermöglicht die Frist von zwei Monaten einen Volksantrag auf Volksentscheid über den beschlossenen Gesetzentwurf. Das Volk nämlich erzwingt den Volksentscheid in zwei Fällen: durch Volksantrag bei beschlossenen Gesetzentwürfen, deren Verkündung in der eben genannten Weise ausgesetzt worden ist, und durch das oben beschriebene Volksbegehren. Der Volksantrag muß durch ein Zwanzigstel, das Volksbegehren durch ein Zehntel der Stimmberechtigten unterstützt sein. Auf Volksantrag — ein Ausdruck, der übrigens in der Verfassung nicht vorkommt — muß ein Volksentscheid unter allen Umständen angeordnet werden, auf Volksbegehren nur dann, wenn der dem Begehren zugrundeliegende Entwurf nicht ohnehin Gesetz wird. Die Verfassung drückt sich allerdings unglücklich aus. „Der Volksentscheid findet nicht statt, wenn der begehrte Gesetzentwurf im Reichstag unverändert angenommen worden ist" (Art. 73 Abs. 3). Man muß ergänzen: „so angenommen worden ist, daß der Reichspräsident in der Lage ist, den Entwurf auszufertigen und zu verkünden", also entweder, ohne daß es zum Einspruch des Reichsrats gekommen wäre, oder so, daß auf Einspruch des Reichsrats der Entwurf im Reichstag nochmals mit Zweidrittelmehrheit beschlossen wurde. Andernfalls ist der Reichspräsident verpflichtet, den Volksentscheid anzuordnen. Das Verfahren beim Volksentscheid ähnelt in allen wesentlichen Punkten der Reichstagswahl, soll daher nicht näher geschildert werden. Nur die Erfordernisse eines gültigen Volksentscheids sind zu erwähnen. Die Regel ist, daß es keine „Beschlußunfähigkeit" des Volkes gibt, daß vielmehr bei noch so geringer Beteiligung ein gültiger Volksentscheid durch einfache Mehrheit der abgegebenen Stimmen zustandekommt. Als einen solchen Regelfall betrachtet aber die Verfassung nur die Annahme eines schon vom Reichstag angenommenen Gesetzentwurfs durch Volksentscheid, gleichgültig, ob es sich um ein gewöhnliches oder ein verfassungsänderndes Gesetz handelt. Soll durch den Volksentscheid ein Beschluß des Reichstags außer Kraft gesetzt werden, so muß sich die Mehrheit der Stimmberechtigten an der Abstimmung beteiligen (Art. 75). Soll auf Volksbegehren durch Volksentscheid eine Verfassungsänderung beschlossen worden, so ist sogar die Zustimmung der Mehrheit der Stimmberechtigten erforderlich (Art. 76 Abs. 1). Dieses offenbare Bestreben der Nationalversammlung, einen Volksentscheid gegen die Volksvertretung möglichst zu verhindern, legt ganz allgemein die Frage nach der politischen Wahrscheinlichkeit eines Volksentscheids nahe. Man muß hierbei die verschiedenen Fälle des Volksentscheids getrennt betrachten. Ganz unwahrscheinlich ist es, daß der Reichspräsident von seiner allgemeinen Befugnis Gebrauch macht, über ein vom Reichstag beschlossenes Gesetz binnen eines Monats nach der Beschlußfassung den Volksentscheid anzuordnen, oder daß er den Volksentscheid anordnet, um ein vom Reichstag nach Einspruch des Reichsrats mit Zweidrittelmehrheit beschlossenes Gesetz zu Fall zu bringen. Denn in beiden Fällen müßte der zuständige, vom Vertrauen des Reichstags abhängige Reichsminister gegen den Reichstag gegenzeichnen. Dem parlamentarischen Regierungssystem würde es eher entsprechen, wenn der Reichspräsident das Volk anriefe, um ein vom Reichstag nach Einspruch des Reichsrats mit einfacher Mehrheit beschlossenes Gesetz durchzudrücken; doch wird der Reichspräsident angesichts der geringen Reichstagsmehrheit das schwerfällige und kostspielige Verfahren des Volksentscheids scheuen. Wahrscheinlicher ist der Fall des Volksantrags gegen ein bereits beschlossenes Gesetz; daß der Reichstag durch einen mißbräuchlichen Dringlichkeitsbeschluß den Volksantrag und damit den Volksentscheid verhindern wird, ist kaum anzunehmen. Beim Volksbegehren dagegen, das an sich nicht unwahrscheinlich ist, wird der Reichstag bei Gefahr eines in gleicher Richtung gehenden Volksentscheids dem Volke den Wind aus den Segeln nehmen und dem Volksbegehren nachgeben; bei einem von einer offenbaren Minderheit ausgehenden Volksbegehren allerdings wird es leicht zu einem, wenn auch negativen, Volksentscheid kommen können. Bei grundlegenden Verfassungsänderungen endlich liegt es durchaus im Bereiche der Möglichkeit, daß der Reichsrat den Volksentscheid gegen den Reichstag erzwingt, doch wird gerade diese vom Reichstag vermutlich als Gefahr empfundene Möglichkeit den Reichstag veranlassen, eine Einigung mit dem Reichsrat zu versuchen.

Wie die Ausführungen über den Gang der Gesetzgebung gezeigt haben, ist das Gesetzgebungsverfahren an eine Reihe von Regeln gebunden. Auch bei peinlicher Gewissenhaftigkeit der Gesetzgebungsorgane ist es möglich, daß die Regeln übertreten werden. Dabei ist es üblich, zwei Arten von Fehlerhaftigkeiten zu unterscheiden: die sog. formelle und die sog. materielle Verfassungswidrigkeit eines Gesetzes. Im ersten Falle ist das gewöhnliche Gesetz unter Außerachtlassung der für die gewöhnliche Gesetzgebung, das als Verfassungsgesetz erkannte Gesetz unter Außerachtlassung der für Verfassungsänderungen vorgesehenen Vorschriften zustande gekommen, im zweiten Falle hat der Gesetzgeber ein einwandfrei zustandegekommenes gewöhnliches Gesetz erlassen, das inhaltlich im Widerspruch mit der Verfassung steht und daher als verfassungsänderndes Gesetz hätte erlassen werden müssen. Ob sich diese Unterscheidung überall halten läßt, bleibe dahingestellt. Jedenfalls ist es eine wichtige Frage, ob die mit der Handhabe der Gesetze betrauten, von dienstlichen Befehlen unabhängigen Staatsorgane und damit die diesen Staatsorganen unterstellten Bürger in der Lage sind, die Gültigkeit derartiger fehlerhafter Gesetze zu prüfen. Da das wichtigste von Dienstbefehlen unabhängige Staatsorgan der Richter ist, ist die Frage bekannt unter dem nicht ganz zutreffenden Namen des richterlichen Prüfungsrechts. Gibt es ein richterliches Prüfungsrecht gegenüber Reichsgesetzen? Die Frage ist nicht beantwortet durch den Hinweis auf Nordamerika, wo es ein solches Prüfungsrecht sicher gibt. Denn der Verfassungsgesetzgeber ist in Amerika ein anderes Organ als der gewöhnliche Gesetzgeber, der gewöhnliche Gesetzgeber hat also eine ähnliche Stellung zum Verfassungsgesetzgeber wie bei uns ein Minister, der eine Verordnung erläßt, zum Gesetzgeber. Eine Parallele kann also nur zwischen der Überprüfung von Reichsverordnungen und amerikanischen Gesetzen gezogen werden und führt zu dem Ergebnis, daß in beiden Fällen ein richterliches Prüfungsrecht besteht, da die Überschreitung der eigenen Zuständigkeit durch Anmaßung der Zuständigkeit eines anderen Organs ganz allgemein nach Gesetz, Rechtsprechung oder Rechtsüberzeugung als ein unerträglicher, der richterlichen Beurteilung unterliegender Fehler gilt, während Verfahrensverletzungen eines an sich zuständigen Organs viel milder gewertet zu werden pflegen. Die Frage ist andererseits auch nicht beantwortet durch den Hinweis auf die schweizerische Eidgenossenschaft, deren Verfassung das richterliche Prüfungsrecht ausdrücklich ausschließt. Denn eine ausdrückliche Bestimmung hierüber fehlt in der Weimarer Verfassung und sollte in ihr auch nicht gegeben werden. Also wird man zunächst prüfen, ob es vor der Revolution im Deutschen Reiche ein richterliches Prüfungsrecht gab. Die Frage ist zu verneinen. Kein einziges Mal hat ein höchstes Gericht es über sich gebracht, einem Reichsgesetze die Anwendung zu versagen, weil es gegen die Verfassung verstieß. Dies hing auch nicht etwa mit der monarchischen Spitze des Deutschen Reichs zusammen, denn das richterliche Prüfungsrecht wurde vom Reichsgericht und vom hanseatischen Oberlandesgericht gerade auch für bremische und hamburgische Gesetze, also in Stadtrepubliken, verneint. Folglich muß man weiter fragen, ob die Weimarer Verfassung gegenüber der Bismarckschen solche für das richterliche Prüfungsrecht wesentlichen Änderungen enthält, daß es geboten wäre, die Prüfung der Gesetze auf ihre Verfassungsmäßigkeit heute zuzulassen. Die Frage ist dahin zu beantworten, daß Verfassungsänderungen heute im Reichsrat und im Reichstag erschwert sind, während früher die Erschwerung nur im Bundesrat lag, daß ferner die Weimarer Verfassung schon durch den Abschnitt über Grundrechte und Grundpflichten die Zahl der nur durch Verfassungsänderung aufhebbaren Bestimmungen gegen früher bedeutend vermehrt hat, daß aber trotzdem entscheidende Änderungen zugunsten des richterlichen Prüfungsrechts fehlen. Auch heute leidet das verfassungswidrige Reichsgesetz nur an einem Verfahrensfehler des an sich zuständigen Gesetzgebers. Sollte daher das richterliche Prüfungsrecht im Gegensatze zu früher eingeführt werden, so mußte eine solch schwerwiegende Änderung ausdrücklich geschehen. Dies geschah nicht, folglich liegt das Prüfungsrecht auch nicht im Willen der Verfassung. Die recht zahlreichen Anhänger des richterlichen Prüfungsrechts meinen, dann hätten die Erschwerungen für Verfassungsänderungen überhaupt keinen Wert. Wäre dies richtig, dann wären alle für die obersten Reichsorgane erlassenen Vorschriften, also auch z. B. die prozeßrechtlichen Vorschriften für das Reichsgericht, wertlos. In Wirklichkeit besteht ihr Wert darin, daß die obersten Organe bestrebt sein werden, die Vorschriften peinlich innezuhalten. Vor allem aber merken die Anhänger des Prüfungsrechtes nicht oder wollen nicht merken, daß sich doch auch die Richter über die Frage der Verfassungsmäßigkeit eines Gesetzes irren und sich auf diese Weise ein ihnen gar nicht zustehendes Vetorecht gegen gewöhnliche Gesetze anmaßen können. Legt man diese recht naheliegende Gefahr auch noch mit in die Wagschale, so bleibt mangels einer ausdrücklichen Bestimmung nichts übrig, als das richterliche Prüfungsrecht zu verneinen.

b) Die Reichsverordnungen. Während mit dem Worte „Reichsgesetz" im formellen Sinne die Vorstellung einer höchsten Willensäußerung des Reichs verbunden wird, sind Reichsverordnungen allgemeine Regeln, die vom Reiche ausgehen, ohne zugleich Reichsgesetze zu sein. Gingen sie nicht vom Reiche aus, so wären die Regeln Landesgesetze oder Landesverordnungen, oder autonome Satzungen (etwa einer Gemeinde). Wenden sich die Regeln an die ganze Bevölkerung oder an einen Teil davon, enthalten sie also Rechtssätze, so nennt man sie Rechtsverordnungen. Dagegen spricht man von Verwaltungsverordnungen oder Verwaltungsvorschriften, wenn die Regel innerhalb der Verwaltung bleibt. Das Hauptbeispiel hierfür bilden die allgemeinen Dienstanweisungen einer höheren Stelle an untergeordnete Behörden oder Beamte, aber auch die Anstaltsordnungen, etwa die Benutzungsordnung einer öffentlichen Bücherei, gehören zu den Verwaltungsvorschriften, da sie nur für den gelten, der sich in den Bereich der Verwaltung begeben hat.

Verwaltungsverordnungen kann jeder höhere dienstliche Vorgesetzte erlassen, vor allem jeder Minister innerhalb seines Bereichs, der Reichspräsident auf dem Gebiete des Wehrwesens. Auch ohne besondere gesetzliche Grundlage konnte daher z. B. der Reichspräsident durch Verordnung vom 29. September 1919 für das Heer das Tragen einer Reichskokarde anordnen, die den Reichsadler auf goldenem Grunde darstellt. Solche allgemeinen dienstlichen Anordnungen werden, wenn sie den Dienststellen nicht im Umdruck zugehen, in den Amtsblättern der verschiedenen Ministerien veröffentlicht, z. B. im Heeresverordnungs-, im Marineverordnungsblatt, im Amtsblatt der Reichsfinanzverwaltung, im Reichssteuer-, Reichszoll-, Reichsverkehrs-, Reichsbesoldungsblatt u. a. m. Handelt es sich um Vorschriften, die für alle Verwaltungszweige einheitlich erlassen werden müssen, wie solche über die nähere Ausgestaltung der Dienstflaggen, die Form des Reichsadlers, so ist zu deren Erlaß die Reichsregierung zuständig. Sie bedarf dazu der Zustimmung des Reichsrats, wenn die Ausführung der Reichsgesetze, zu deren Ausführung die Verwaltungsvorschriften erlassen werden sollen, den Landesbehörden zusteht (Art. 77).

Bei den Rechtsverordnungen pflegt man zu unterscheiden Ausführungsverordnungen, besonders ermächtigte Verordnungen und Verordnungen mit Gesetzeskraft. Auch die Organisationsverordnungen sind Rechtsverordnungen, sofern die durch sie geschaffenen Organe in die Rechtssphäre des Bürgers einzugreifen befugt sind. Schon an anderer Stelle wurde gezeigt, daß solche Organisationsverordnungen vom Reichspräsidenten erlassen werden, da man, wie früher für den Kaiser, so jetzt für den Reichspräsidenten aus dessen Befugnis zur Beamtenernennung die Befugnis zur Organisierung der Reichsbehörden ableitet (vgl. Gemeinsame Geschäftsordnung der Reichsministerien, Bes. Teil, § 65). Die Ausführungsverordnung kann Verwaltungsverordnung und Rechtsverordnung sein. Meist ist sie beides. Ihr eigentümlich ist das Anlehnungsbedürfnis; sie gilt nur im Zusammenhang mit dem Gesetze, zu dem sie erlassen wurde, tritt also ohne weiteres mit Aufhebung des Gesetzes außer Kraft. Während in den monarchischen Staaten die Befugnis zum Erlasse von Ausführungsverordnungen verfassungsmäßig dem Landesherrn zustand, fehlte in Bismarcks Verfassung eine allgemeine Ermächtigung zum Erlasse von Ausführungs-Rechtsverordnungen. Den gleichen Weg geht die Weimarer Verfassung, auch sie enthält keine allgemeine Ermächtigung, sondern überläßt es den einzelnen Gesetzen, zu bestimmen, wer zum Erlasse von Ausführungs-Rechtsverordnungen befugt sein soll. Im Gegensatze zur Ausführungsverordnung steht die sog. besonders ermächtigte Verordnung auf eigenen Füßen, bildet also nicht das Zubehör zu einem bestehenden Gesetze, wenngleich sie immer eine Verfassungsbestimmung oder ein gewöhnliches Gesetz zur Grundlage haben muß. Die wichtigsten besonders ermächtigten Verordnungen des täglichen Lebens sind die Polizeiverordnungen, doch sind dies fast durchweg landesrechtliche Verordnungen. Als reichsrechtliche

Verordnungen seien beispielshalber die Verordnungen genannt, die die Reichsregierung mit Zustimmung des Reichsrats über den Verkehr der Eisenbahnen — Eisenbahnverkehrsordnung — erläßt (Art. 91), oder die Verordnungen über die Post- und Telegraphengebühren (Art. 88). Während die bisher genannten Verordnungen eine Schranke in jedem Reichsgesetze finden, also ungültig sind, wenn sie sich mit einem Reichsgesetze in Widerspruch setzen, überwinden die Verordnungen mit Gesetzeskraft auch diesen Widerstand. An solche, mit dem Geiste des Verfassungsstaates schwer verträgliche Verordnungen ist man im Deutschen Reiche gewöhnt, seit durch Gesetz vom 4. August 1914 der Bundesrat ermächtigt wurde, „während der Zeit des Krieges diejenigen gesetzlichen Maßnahmen anzuordnen, welche sich zur Abhilfe wirtschaftlicher Schädigungen als notwendig erweisen". Das letzte, kaum minder berühmte „Ermächtigungsgesetz" dieser Art war das vom 8. Dezember 1923, durch das die Reichsregierung bis zum 14. Februar 1924 ermächtigt wurde, „die Maßnahmen zu treffen, die sie im Hinblick auf die Not von Volk und Reich für erforderlich und dringend erachtet". Zeitlich zwischen diesen beiden Ermächtigungen steht die des Art. 48 der Reichsverfassung, kraft deren der Reichspräsident, wenn im Deutschen Reiche die öffentliche Sicherheit und Ordnung erheblich gestört oder gefährdet wird, die zur Wiederherstellung der öffentlichen Sicherheit und Ordnung nötigen Maßnahmen treffen kann; bei Gefahr im Verzuge steht die Befugnis, einstweilige Maßnahmen gleicher Art zu treffen, auch den Landesregierungen für ihr Gebiet zu. Damit ist oder war den ermächtigten Stellen u. a. eine Art von Notverordnungsrecht eingeräumt worden. Von den gewöhnlichen Notverordnungen unterscheiden sich die Maßnahmen der Ermächtigungsgesetze und des Art. 48 vor allem dadurch, daß sie auch bei versammeltem Reichstag getroffen werden können, während die typische Notverordnung ein Nichtversammeltsein der Volksvertretung voraussetzt. All diesen außerordentlichen Verordnungen gemein ist, daß sie außer Kraft gesetzt werden müssen, wenn die Volksvertretung es verlangt oder ihre nachträgliche Zustimmung versagt; bei einstweiligen Maßnahmen einer Landesregierung nach Art. 48 Abs. 4 kann auch der Reichspräsident die Aufhebung verlangen. Die Gesetzeskraft der Verordnungen nach Art. 48 oder einem der Ermächtigungsgesetze aber zeigt sich einmal darin, daß sie genügen auch dort, wo ein „Gesetz" erforderlich ist, und daß sie imstande sind, ältere Gesetze aufzuheben oder zu durchbrechen. Dies gilt auch für jene einstweiligen Maßnahmen einer Landesregierung nach Art. 48, auch sie haben die Kraft und Bedeutung von Reichsgesetzen, auch sie sind also imstande, innerhalb des Landes Reichsrecht vorübergehend außer Kraft zu setzen, auf sie findet also der Satz „Reichsrecht bricht Landrecht" keine Anwendung. Allerdings kann einer Landesregierung nicht die Befugnis zugebilligt werden, ein soeben bei Kenntnis der gegenwärtigen Lage erlassenes Reichsgesetz aufzuheben, da hier dem Beschlusse des Reichstags über Annahme des Gesetzes zugleich die Bedeutung eines vorweggenommenen Einspruchs gegen widersprechende einstweilige Maßnahmen einer jeden Landesregierung zukommt. Die Verordnungen haben aber nur Gesetzeskraft, nicht Verfassungskraft, d. h. sie dürfen sich nicht mit Bestimmungen der Reichsverfassung in Widerspruch setzen, es sei denn, daß die Ermächtigung ausdrücklich oder kraft vernünftiger Auslegung auch diese Möglichkeit vorsieht. So kann der Reichspräsident nach Art. 48 Abs. 2 vorübergehend die Grundrechte der persönlichen Freiheit, der Freiheit der Wohnung, des Briefgeheimnisses, der Preßfreiheit, der Vereins- und Versammlungsfreiheit und der Unverletzlichkeit des Eigentums ganz oder zum Teil außer Kraft setzen, nach dem Ermächtigungsgesetz vom 13. Oktober 1923, das dem berühmten vom 8. Dezember 1923 vorausging, konnte ganz allgemein „von den Grundrechten der Reichsverfassung abgewichen werden". Für eine so weit gehende Ermächtigung bedarf es sicher eines Verfassungssatzes oder eines verfassungsändernden Gesetzes. Dagegen ist es bestritten, ob eine gewöhnliche Ermächtigung zu Verordnungen mit Gesetzeskraft, also nicht zu solchen mit Verfassungskraft, ebenfalls nur durch ein verfassungsänderndes, und nicht schon durch ein gewöhnliches Gesetz erteilt werden kann. Nach strenger Rechtslogik genügt ein einfaches Gesetz. Denn unbestrittenermaßen kann ein einfaches Gesetz einzelne Bestimmungen treffen mit der Klausel, daß sie durch Verordnung geändert werden können (z. B. § 6 Einführungsges. zur Zivilprozeßordnung). Es kann auch bestimmen, daß die Gültigkeit des ganzen Gesetzes vom Willen eines Verordnungsorgans abhängig sein soll. Ein einfaches Gesetz kann daher logischerweise noch weiter gehen und alle bisher erlassenen Gesetze bedingungsweise aufheben, nämlich unter der Bedingung, daß die Reichsregierung oder ein sonstiges Reichsorgan es will. Darin läge dann aber die Ermächtigung zu Verordnungen mit Gesetzeskraft. Andererseits widerspricht eine solch unbegrenzte Ermächtigung dem mutmaßlichen Willen der Reichsverfassung, da auf diese Weise die Reichsregierung eine Befugnis ausübt, die die Verfassung in erster Linie dem Reichstag übertragen hat. Aus diesen Erwägungen heraus sind die letzten Ermächtigungsgesetze unter Wahrung der verfassungsändernden Formen erlassen worden.

Über die Verkündung der Rechtsverordnungen wurde nach langen, bis vor die Reichsgründung reichenden Zeiten der Ungewißheit und Unordnung durch das Gesetz vom 13. Oktober 1923 Klarheit geschaffen. Hiernach werden Rechtsverordnungen des Reichs im Reichsgesetzblatt oder im Reichsministerialblatt oder im Deutschen Reichsanzeiger verkündet. Für Rechtsverordnungen in Besoldungsangelegenheiten ist die Verkündung im Reichsbesoldungsblatte, für Rechtsverordnungen der Post- und Telegraphenverwaltung die Verkündung in einem Amtsblatt des Reichspostministeriums ausreichend. Verordnungen auf Grund des Artikels 48 der Reichsverfassung können auch in anderer Weise, also z. B. in den Tageszeitungen, verkündet werden. Auch über das Inkrafttreten der Rechtsverordnungen enthält das Gesetz vom 13. Oktober 1923 Bestimmungen. Während Reichsgesetze im Zweifel am 14. Tage nach der Verkündung in Kraft treten, treten Rechtsverordnungen des Reichs, soweit sie nichts anderes bestimmen, mit dem auf die Verkündung folgenden Tage in Kraft.

Im Gegensatze zum Reichsgesetz unterliegt die Reichsverordnung dem richterlichen Prüfungsrecht. Eine Verordnung, die über die erteilte Ermächtigung hinausgeht oder mit der Verfassung, bei gewöhnlichen Verordnungen auch mit einem Gesetze, im Widerspruch steht, ist ungültig und wird vom Richter nicht angewandt. So wurde die dritte Steuernotverordnung daraufhin geprüft, ob ihr nicht wegen Widerspruchs mit Art. 153 der Reichsverfassung — unzulässige Enteignung der Hypothekengläubiger — die Anwendung zu versagen sei. Aber gerade bei Notverordnungen und ähnlichen Maßnahmen ist es fraglich, ob ihre tatsächlichen Voraussetzungen: das Vorhandensein eines Notstands, einer erheblichen Gefahr, eines dringlichen Falles vom Richter nachgeprüft werden dürfen. Das Ermächtigungsgesetz vom 8. Dezember 1923 hat die Prüfung dieser Voraussetzungen ganz dem pflichtmäßigen Ermessen der Reichsregierung anheimgegeben, denn es ermächtigt die Reichsregierung zu den Maßnahmen, die sie „für erforderlich und dringend erachtet". Aber auch bei den objektiv gefaßten Ermächtigungsklauseln, wie der im Art. 48 der Reichsverfassung, ist anzunehmen, daß sie im Sinne eines grundsätzlich unüberprüfbaren Ermessens des Verordnenden gedeutet werden müssen, zumal schon vor der Umwälzung nach herrschender Ansicht das Vorliegen des Dringlichkeitsfalles ausschließlich von der verordnenden Behörde und nicht vom Richter geprüft wurde. Indessen sträubt sich das Rechtsempfinden gegen ein völlig schrankenloses Ermessen, und so wird man dem Richter die Befugnis zusprechen müssen, das dem Verordnenden an sich eingeräumte freie Ermessen wenigstens auf die Innehaltung der äußersten zulässigen Grenzen zu überprüfen. Was auch der wohlwollendste Beurteiler der Verordnung nicht als eine erhebliche Störung oder Gefährdung der öffentlichen Sicherheit und Ordnung anerkennen kann, das braucht auch der Richter nicht als solche gelten zu lassen.

2. Die Verwaltung.

Die Bestimmung des Artikels 14 der Reichsverfassung, daß die Reichsgesetze durch die Landesbehörden ausgeführt werden, soweit nicht die Reichsgesetze etwas anderes bestimmen, läßt vermuten, daß das Gebiet der reichseigenen Verwaltung nicht so weit reicht wie das der reichseigenen Gesetzgebung. In der Tat liegen wichtige Teile der Verwaltung, namentlich der inneren Verwaltung im weiteren Sinne, fast ausschließlich in den Händen der Landesbehörden. Es gibt eine preußische, eine bayerische, eine sächsische Polizeiverwaltung, aber kaum eine Reichspolizeiverwaltung. Bei andern Verwaltungszweigen hat sich das Reich nur die Einsetzung der höchsten Behörde vorbehalten, während die Einsetzung der mittleren und unteren Behörden Sache der Länder ist. So ist bei der Arbeiterversicherung nur das Reichsversicherungsamt eine Reichsbehörde, die ihm unterstellten Versicherungs- und Oberversicherungsämter sind Landesbehörden. Da das Gerichtsverfassungsgesetz die ordentlichen Gerichte nach dem gleichen Grundsatze geordnet, nämlich die Amtsgerichte, Landgerichte und Oberlandesgerichte als Landesbehörden und nur das Reichsgericht als Reichsbehörde eingesetzt hat, so liegt auch der Schwerpunkt der Justizverwaltung bei den Ländern, während sich die Verwaltungstätigkeit des Reichsministers der Justiz, abgesehen von seinen Zuständigkeiten dem Reichspatentamt gegenüber, wesentlich auf die Mitwirkung bei Ernennung und Zurruhesetzung der Mitglieder des Reichsgerichts, der Reichsanwaltschaft und des Staatsgerichtshofs zum Schutze der Republik, auf die Mitwirkung bei Begnadigungen vom Reichsgericht in erster und letzter Instanz und vom Staatsgerichtshof zum Schutze der Republik Verurteilter und auf Weisungen an die Reichsanwaltschaft beschränkt. Von den klassischen fünf Verwaltungszweigen: der auswärtigen Verwaltung, der Heeres- und Marine-, der Finanz-, der Justizverwaltung und der inneren Verwaltung sind nur die drei ersten Verwaltungszweige in vollem Umfange reichseigen, die auswärtige und die Heeres- und Marineverwaltung ausschließlich, die Finanzverwaltung neben einer solchen der Länder. Außerdem hat das Reich von den Gegenständen der inneren Verwaltung die Post nebst Telegraphie und Fernsprechwesen, die dem allgemeinen Verkehr dienenden Eisenbahnen und die dem allgemeinen Verkehr dienenden Wasserstraßen nebst Zubehör in eigene Verwaltung übernommen. Diese vier Gruppen reichseigener Verwaltungszweige werden in der Verfassung besonders erwähnt und sollen daher im folgenden dargestellt werden. Daneben gibt es noch andere Gegenstände rein reichseigener Verwaltung, wie das Patentwesen, das ausschließlich dem Reichspatentamt, die amtliche Prüfung physikalischer Meßinstrumente, die ausschließlich der physikalisch-technischen Reichsanstalt anvertraut ist. Einen guten Überblick über das Gesamtgebiet der reichseigenen Verwaltung bietet das zuletzt im Herbst 1924 erschienene „Handbuch für das Deutsche Reich", auf das zur Entlastung unserer folgenden Darstellung verwiesen werden kann.

a) **Die auswärtige Verwaltung.** Die auswärtige Verwaltung umfaßt den Verkehr mit fremden Staaten. Zu ihr gehören die Ernennung und der Empfang von Gesandten, die Ernennung von Konsuln und die Erteilung der Amtsführungserlaubnis (des sog. „Exequatur") an fremde Konsuln, der Abschluß von Staatsverträgen und deren Kündigung, die Kriegserklärung, die Führung des Kriegs, der Friedensschluß und die Vornahme sonstiger tatsächlich oder rechtlich bedeutsamer Handlungen gegenüber einem fremden Staate.

Im Verhältnis zwischen Reich und Ländern ist die auswärtige Verwaltung oder, wie sich Art. 78 ausdrückt, „die Pflege der Beziehungen zu den auswärtigen Staaten" ausschließlich Sache des Reichs. Auch Fragen, die nicht ausdrücklich in der Verfassung genannt sind, wie die Frage, ob ein ausländischer Verbrecher ohne Vorliegen eines Auslieferungsvertrags an eine fremde Regierung ausgeliefert werden soll, werden daher ausschließlich vom Reiche entschieden. Die Länder haben mit der auswärtigen Verwaltung so gut wie nichts zu tun. Sie haben kein aktives und passives Gesandtschaftsrecht, kein aktives und passives Konsularrecht mehr. Wenn trotzdem Frankreich der Münchener Regierung einen Gesandten aufgedrängt hat, so beruht diese Handlung auf einer böswilligen Auslegung der Einleitung zum Versailler Vertrag, nicht auf einer Klausel der Weimarer Verfassung. In jener Einleitung heißt es nämlich: „Mit dem Inkrafttreten des gegenwärtigen Vertrags nimmt der Kriegszustand ein Ende. Von diesem Augenblick an werden ... die amtlichen Beziehungen der alliierten und assoziierten Mächte mit Deutschland und dem einen oder anderen der deutschen Staaten wiederaufgenommen". Obgleich diese Bestimmung das Deutsche Reich offenbar nicht hindern kann, ein Einheitsstaat zu werden, also auch nicht, wenigstens in den Beziehungen zum Ausland, sich wie ein Einheitsstaat zu betätigen, so hat dennoch Frankreich sie zum Vorwand genommen, um einen französischen Gesandten nach München zu entsenden. Den Ländern steht ferner nicht das Recht über Krieg und Frieden zu, ebensowenig das Bündnisrecht. Nur das Vertragsrecht ist den Ländern in beschränktem Umfange belassen worden. „In Angelegenheiten, deren Regelung der Landesgesetzgebung zusteht, können die Länder mit auswärtigen Staaten Verträge schließen" (Art. 78 Abs. 2). Doch bedürfen diese Verträge der Zustimmung des Reiches.

Das oberste Organ des Reichs für den völkerrechtlichen Verkehr ist der Reichspräsident (Art. 45), der für Gegenzeichnungen auf diesem Gebiete zuständige Minister außer dem Reichskanzler der Reichsminister des Auswärtigen. Diesem ist das Auswärtige Amt unterstellt. Das Auswärtige Amt gliedert sich in sechs Abteilungen, nämlich eine Personalabteilung (I), eine Rechtsabteilung (V), eine Abteilung für das Deutschtum im Ausland (VI) und drei nach geographischen Gesichtspunkten abgegrenzte Länderabteilungen (II, III, IV). Im Auslande wird das Deutsche Reich bei Abgabe und Entgegennahme völkerrechtlicher staatlicher Willenserklärungen durch Gesandte, bei der Wahrnehmung wirtschaftlicher Interessen des Reichs, der Länder und der deutschen Staatsangehörigen durch Konsuln vertreten. Die deutschen Gesandten sind je nach ihrer Bedeutung Botschafter, Gesandte i. e. S. oder — z. Zt. selten vorkommend — Ministerresidenten und Geschäftsträger. Die Stellung der Konsuln ist in einem Gesetze vom 8. November 1867 geregelt. Darnach unterscheidet man Berufskonsuln und Wahlkonsuln. Während die Berufskonsuln eine Besoldung aus der Reichskasse beziehen, erhalten die Wahlkonsuln nur die für ihre Amtshandlungen zu erhebenden Gebühren. Der Ausdruck „Wahlkonsul" stammt aus der Zeit, da die sich im Auslande aufhaltenden Inländer, die Fremdenkolonie, aus ihrer Mitte einen Konsul wählten, während heute auch der Wahlkonsul von Berlin aus ernannt wird, allerdings vorzugsweise aus den im Auslande ansässigen deutschen Kaufleuten. Die Konsulate im weiteren Sinne führen je nach ihrer Bedeutung die Bezeichnung Generalkonsulat, Konsulat oder Vizekonsulat und der Vorsteher des Konsulats den entsprechenden Titel. Dagegen ist ein Konsular-Agent der von einem Konsul in seinem Amtsbezirk mit Genehmigung des Reichsministers des Auswärtigen bestellte Privatbevollmächtigte. Über die Zuständigkeit des Konsuls gibt der zweite Abschnitt des Gesetzes vom 8. November 1867 einen anschaulichen Überblick. Er ist vor allem Urkundsperson, kann kraft besonderer Ermächtigung auch als Standesbeamter Ehen schließen, Zeugen vernehmen und Eide entgegennehmen, stellt Pässe aus, unterstützt hilfsbedürftige Deutsche, übt die Polizeigewalt über deutsche Handelsschiffe aus, sorgt für die Wiederergreifung desertierter Schiffsmannschaften und ist auch sonst in Angelegenheiten des Schiffahrtsrechts amtlich tätig.

Wie vorstehende Übersicht über die Organisation der auswärtigen Gewalt zeigt, treten

Reichstag und Reichsrat bei der auswärtigen Verwaltung in den Hintergrund. Auch der Reichsregierung als Kollegium fehlen verfassungsmäßige Befugnisse auf diesem Gebiete. Daher war es ganz richtig, daß sich im August 1924 die in London weilenden Mitglieder der Reichsregierung beim Auftreten neuer Schwierigkeiten an den Reichspräsidenten wandten, und daß nach Zeitungsmeldungen unter dessen Vorsitz ein Kabinettsrat stattfand und nicht eine Sitzung des Rumpfkabinetts ohne Beisein des Reichspräsidenten. Allerdings sind Reichstag und Reichsrat bei der auswärtigen Verwaltung nicht völlig ausgeschaltet. Der Reichstag überwacht die auswärtige Politik des Reichs durch den mit weitgehenden Befugnissen ausgestatteten Ausschuß für auswärtige Angelegenheiten (Art. 35). Auch der Reichsrat bestellt nach seiner Geschäftsordnung einen Ausschuß für auswärtige Angelegenheiten (§ 31), der vom Reichsminister des Auswärtigen zu Beratungen über wichtige Gegenstände der Außenpolitik herangezogen werden soll (RV. Art. 67). Der Reichstag kann durch Annahme eines Mißtrauensvotums die ihm nicht genehme auswärtige Politik des Reichskanzlers und des Ministers durchkreuzen. In den wichtigen Angelegenheiten einer Kriegserklärung und eines Friedensschlusses sind Reichstag und Reichsrat sogar in gleichem Umfange zuständig wie bei der Gesetzgebung. Denn „Kriegserklärung und Friedensschluß erfolgen durch Reichsgesetz" (Art. 45 Abs. 2). Außerdem bedürfen „Bündnisse und Verträge mit fremden Staaten, die sich auf Gegenstände der Reichsgesetzgebung beziehen, ... der Zustimmung des Reichstags" (Art. 45 Abs. 3). Der Sinn dieser Bestimmung ist bei einigem Nachdenken klar. Die Erforderlichkeit eines Reichsgesetzes soll nicht dadurch umgangen werden können, daß das Reich ohne Zustimmung der gesetzgebenden Faktoren durch völkerrechtlichen Vertrag eine Regelung trifft, zu der nach innerem deutschen Staatsrecht nur der Gesetzgeber zuständig wäre. Das Deutsche Reich plant z. B. ein Abkommen über die Staatsangehörigkeit, demzufolge der im Auslande geborene eheliche Sohn eines Deutschen mit der Geburt nicht die deutsche Staatsangehörigkeit erwirbt. Diese Regelung steht im Widerspruch mit dem Reichs- und Staatsangehörigkeitsgesetz vom 22. Juli 1913, folglich wäre für die Regelung ein Reichsgesetz erforderlich, folglich kann auch der Vertrag nur mit Zustimmung des Reichstags und, wie man hinzufügen muß, unter Mitwirkung der übrigen gesetzgebenden Faktoren, insbesondere des Reichsrats, geschlossen werden. Die aus Bismarcks Verfassung übernommene unglückliche Fassung des Art. 45 Abs. 3 läßt beim ersten Lesen die Meinung aufkommen, mit den „Gegenständen der Reichsgesetzgebung" seien die in den Zuständigkeitsartikeln 6—11 genannten Gegenstände gemeint. Man käme dann aber zu dem unmöglichen Ergebnis, daß der Reichspräsident keiner Zustimmung der gesetzgebenden Faktoren bedürfte, wenn er außerhalb der Reichszuständigkeit handelte, etwa die Gebühren der preußischen Staatsbibliothek für Ausländer festsetzte, während hier die Zustimmung offenbar sogar in verfassungsändernder Form nötig ist. Es ist also „Reichs g e s e t z g e b u n g" und nicht „R e i c h s gesetzgebung" zu lesen, wenn man der Bestimmung einen vernünftigen Sinn abgewinnen will.

Der A b s c h l u ß von S t a a t s v e r t r ä g e n geht also in der Regel so vor sich: der deutsche Unterhändler — entweder der Minister des Auswärtigen selbst oder ein Mitglied des Auswärtigen Amtes oder ein Gesandter — und der Unterhändler des andern Staates vereinbaren einen Vertragstext. Diese sog. Punktation bindet die beiden Staaten noch nicht oder höchstens in dem Sinne, daß versucht werden soll, den Vertrag rechtsverbindlich zu machen. Hat der Entwurf einen gesetzesnotwendigen Inhalt im Sinne der eben gemachten Ausführungen, so holt der Reichspräsident, wenn er den Entwurf billigt, zunächst die Zustimmung der gesetzgebenden Faktoren ein. Dies geschieht jetzt so, daß auf dem gewöhnlichen Wege der Gesetzgebung dem Reichsrat und dem Reichstag ein Gesetzentwurf des Inhalts vorgelegt wird, dem nachstehend zu veröffentlichenden Abkommen werde zugestimmt. Erst nach endgültiger Annahme dieses Gesetzentwurfs unterzeichnet, „bestätigt", „ratifiziert" der Reichspräsident den Vertrag, erst damit ist der Vertrag von seiten des Reichs „geschlossen". Für das Inkrafttreten des Vertrags ist aber meist nicht schon die Ratifikation maßgebend, sondern erst die Auswechselung der Ratifikationsurkunden. Die früher streitige Frage, ob und wo gesetzesnotwendige Verträge zu veröffentlichen seien, ist durch die jetzt übliche Gesetzesform der Zustimmung gelöst. Die Verträge werden als Anlage zum Zustimmungsgesetz im Reichsgesetzblatt, Teil II, verkündet, und zwar vor dem völkerrechtlichen Inkrafttreten, damit sie sofort mit dem Inkrafttreten ausgeführt werden können. Die Tatsache der Ratifikation und, soweit vorgesehen, der Auswechselung der Ratifikationsurkunden wird im Reichsgesetzblatt später besonders bekannt gemacht.

b) **Die Reichswehr.** Nach Art. 79 ist die Verteidigung des Reichs Reichssache. „Die Wehrverfassung des deutschen Volkes wird unter Berücksichtigung der besonderen landsmannschaftlichen Eigenarten durch ein Reichsgesetz einheitlich geregelt." Dies Gesetz erging unter dem 23. März 1921 und gilt heute mit den durch Reichsgesetz vom 18. Juni 1921 angeordneten Änderungen. Hinter ihm steht der Friedensvertrag von Versailles, dem es wesentliche Teile seines Inhalts zu verdanken hat.

Die Reichswehr zerfällt in das Reichsheer und die Reichsmarine. Beide Teile sind reichseigen, während bis 1918 nur die Marine unmittelbar und ausschließlich dem Reiche unterstellt war. Die allgemeine Wehrpflicht ist abgeschafft, der Dienst beruht auf freiwilligem Eintritt in die Reichswehr. Mit dem Söldnersystem des dreißigjährigen Krieges hat aber das heutige System nichts gemein, denn alle Angehörigen der Wehrmacht müssen die deutsche Staatsangehörigkeit besitzen. Der Soldat verpflichtet sich auf zwölf Jahre, der Offizier auf 25 Jahre. Die Rechte und Pflichten der Angehörigen der Wehrmacht sind genau geregelt. Gegen früher hat sich ihre Rechtsstellung erheblich gebessert, namentlich können sie ihre vermögensrechtlichen Ansprüche jetzt letzten Endes vor den Gerichten verfolgen, während ihnen bis 1918 nur der Beschwerdeweg offenstand. Die Zahl der Soldaten und Militärbeamten des Reichsheeres beträgt höchstens 100000, darunter 4000 Offiziere und im Offizierrang stehende Militärbeamte, die der Reichsmarine höchstens 15000, darunter 1500 Offiziere und Deckoffiziere. Das Reichsheer gliedert sich in zwei Gruppenkommandos mit dem Standort in Berlin und Kassel, sieben Divisionen, denen ebensoviele Wehrkreiskommandos entsprechen, mit dem Standort in Königsberg, Stettin, Berlin, Dresden, Stuttgart, Münster und München und drei Kavallerie-Divisionen mit dem Standort in Frankfurt a. O., Breslau und Kassel. Die 1.—4. Division und die 1.—2. Kavall.-Division unterstehen dem Gruppenkommando I, die 5.—7. Division und die dritte Kavall.-Division dem Gruppenkommando II. Jede Division besteht aus drei Infanterieregimentern, einem Artillerieregiment, einem Pionierbataillon, einer Nachrichten-, einer Kraftfahr-, einer Fahr- und einer Sanitätsabteilung, die erste und zweite Kavallerie-Division aus je sechs, die dritte aus fünf Reiterregimentern, da das fehlende Reiterregiment 17 dem Wehrkreiskommando VII, d. h. der bayerischen Division, unterstellt ist. Die Reichsmarine besteht aus den Marineteilen zur See und am Lande. Die Flotte wird gebildet aus sechs Linienschiffen, sechs kleinen Kreuzern, zwölf Zerstörern und zwölf Torpedobooten. Oberster Befehlshaber der gesamten Wehrmacht ist der Reichspräsident. „Unter ihm übt der Reichswehrminister Befehlsgewalt über die gesamte Wehrmacht aus. An der Spitze des Reichsheers steht ein General als Chef der Heeresleitung, an der Spitze der Reichsmarine ein Admiral als Chef der Marineleitung" (§ 8 Abs. 2). Angesichts der Arbeiter- und Soldatenräte von 1918 und 1919 war es nicht unnötig, in das Gesetz den an sich selbstverständlichen Satz aufzunehmen: „Die Befehlsführung liegt ausschließlich in der Hand des gesetzmäßigen Vorgesetzten" (§ 8 Abs. 1). Man hat aber aus den Tagen des Umsturzes eine Lehre gezogen und als Sicherheitsventil gegen die Wiederholung von Meutereien die Einrichtung von Vertrauensleuten beibehalten, die für alle

Kommandobehörden und Truppeneinheiten zu wählen sind (§ 9). Als entsprechende Einrichtung bei der Zentralstelle ist die in geheimer Wahl gewählte Heeres- und die ebenso gewählte Marinekammer vorgesehen, die beide dem Reichswehrminister unmittelbar unterstellt sind, also weder vom Chef der Heeresleitung noch vom Chef der Marineleitung Befehle empfangen (§ 10).

Das Programm der Reichsverfassung, Berücksichtigung der landsmannschaftlichen Eigenarten innerhalb der Wehrverfassung, sucht der zweite Abschnitt des Wehrgesetzes zu verwirklichen. Die wesentlichste, dem Art. 16 der Reichsverfassung nachgebildete Bestimmung ist die, daß in den Ländern geschlossene Verbände oder, wo dies nicht möglich ist, kleinere Truppeneinheiten des Reichheeres (z. B. Kompagnien) zu bilden sind, bei denen in der Regel Führer und Beamte dem Lande entstammen und, soweit es der Zustrom an Freiwilligen ermöglicht, auch die Mannschaften. Die Truppen erhalten grundsätzlich in dem Lande ihren dauernden Standort, zu dessen Landsmannschaft sie gehören, auch kommt die landsmannschaftliche Zugehörigkeit in der zur Dienstmütze und zur Feldmütze zu tragenden Landeskokarde und in der Bezeichnung der Truppen zum Ausdruck; so heißt das 13. Infanterie-Regiment „13. (Württembergisches) Infanterie-Regiment", so gibt es ein „II. (Thüringisches) Bataillon 15. Infanterie-Regiments" (VO. v. 19. Mai 1922, Heeres-Verordnungsblatt S. 231). Obgleich die Truppen auf diese Weise rein preußisch, oldenburgisch, badisch, württembergisch zusammengesetzt sein können, bleiben sie doch Reichstruppen. Daher bedurfte es einer besonderen gesetzlichen Bestimmung, die die Landesbehörden ermächtigt, im Falle öffentlicher Notstände oder einer Bedrohung der öffentlichen Ordnung die Wehrmacht um Hilfe zu ersuchen, die nur aus wichtigen militärischen Gründen versagt werden darf. Zur Wahrnehmung der Landesinteressen auf dem Gebiete des Wehrwesens werden auf Verlangen der Länder Landeskommandanten bestellt. Sie werden durch den Reichspräsidenten auf Vorschlag der Landesregierung ernannt und erfüllen ihre Aufgaben neben ihren sonstigen Dienstobliegenheiten. Die Befehlsverhältnisse werden durch die Einrichtung von Landeskommandanten nicht berührt. Praktisch sehr bedeutsam ist die Einrichtung nur für Bayern. Der Landeskommandant in Bayern ist nämlich zugleich Befehlshaber des bayerischen Verbandes. Der bayerische Anteil am Reichsheer aber bildet einen in sich geschlossenen Verband unter einheitlicher Führung, eine Tatsache, die sich in der Unterstellung des 17. Reiterregiments in Bamberg unter die 7. Division bemerkbar macht. Da nun der Landeskommandant auf Vorschlag der Landesregierung ernannt wird, hat die bayerische Regierung einen maßgebenden Einfluß auf die Ernennung des Kommandeurs der 7. Division und damit des Oberbefehlshabers in Bayern. Diese Sonderstellung veranlaßte Bayern, im Herbste 1923 anläßlich der Absetzung v. Lossows ein Mitwirkungsrecht auch bei der Absetzung des Kommandeurs der 7. Division für sich in Anspruch zu nehmen. Das Verlangen war rechtlich unbegründet. In der Vereinbarung zwischen der Reichsregierung und der bayerischen Landesregierung vom Februar 1924, die den Konflikt zwischen Bayern und dem Reiche beilegte, wurde jedoch zugesagt, daß „künftig auch bei der Abberufung des Landeskommandanten mit der bayerischen Regierung ins Benehmen getreten und dabei ihren begründeten Wünschen möglichst Rechnung getragen werden" solle. Die Vereinbarung vom Februar 1924 tritt so ergänzend zu der Vereinbarung vom Mai 1919, die wie jene der strengen juristischen Verbindlichkeit entbehrt und doch tatsächlich-politisch das Verhalten der zuständigen Reichsorgane, insbesondere auch den Inhalt des Reichswehrgesetzes bestimmend beeinflußt hat.

c) **Die Reichsfinanzverwaltung.** Das Reich hat heute im Gegensatz zu früher eine volle, wenn auch nicht ausschließliche eigene Finanzverwaltung. Denn es erhebt jetzt Steuern in ausreichendem Maße und zieht sie durch eigene Finanzbehörden ein, während es früher seinen Bedarf zum Teil durch Umlagen auf die Länder (Matrikularbeiträge) decken und sich bei Erhebung der unzureichenden eigenen Steuern der Landesbehörden bedienen mußte.

Die Ermächtigung zur Einführung umfassender Reichssteuern nahm das Reich aus Art. 8 der Verfassung, demzufolge das Reich die Gesetzgebung über die Abgaben und sonstigen Einnahmen hat, soweit sie ganz oder teilweise für seine Zwecke in Anspruch genommen werden. Das Reich verwirklichte das Programm in der großen Erzbergerschen Finanzreform, die ihm eine Reihe neuer wichtiger Steuern, vor allem die Einkommen-, die Körperschafts- und die Kapitalertragssteuer zu den schon vorhandenen Steuern und Zöllen brachte und ältere Steuern ergiebiger gestaltete. Damit war der wirtschaftliche Bestand der Länder, Gemeinden und Gemeindeverbände gefährdet und so für das Reich die im Art. 8 festgelegte Verpflichtung in Kraft getreten, „auf die Erhaltung der Lebensfähigkeit der Länder Rücksicht zu nehmen". Das Reich kam dieser Verpflichtung durch Verabschiedung des Landessteuergesetzes vom 30. März 1920 nach, das nach Vornahme einer Reihe von Abänderungen als Finanzausgleichsgesetz am 23. Juni 1923 neu verkündet und durch die III. Steuernotverordnung vom 14. Februar 1924 abermals wesentlich geändert wurde. Das Gesetz verbietet zunächst den Ländern, Gemeinden und Gemeindeverbänden die Erhebung von Steuern, die gleichartig mit Reichssteuern sind, und die Erhebung von Zuschlägen zu Reichssteuern. Auch sollen keine Landes- und Gemeindesteuern erhoben werden, die die Steuereinnahmen des Reichs zu schädigen geeignet sind, wenn überwiegende Interessen der Reichsfinanzen entgegenstehen. Anderseits verpflichtet das Gesetz die Länder oder die Gemeinden und Gemeindeverbände zur Erhebung gewisser Steuern, wie Steuern vom Grundvermögen und vom Gewerbebetriebe, Wegeunterhaltungs- und Vergnügungssteuern, oder ermächtigt die Gemeinden und Gemeindeverbände zur Erhebung örtlicher Getränkeverbrauchssteuern neben den bestehenden auf den Getränken ruhenden reichsrechtlichen Abgaben. Da aber die Länder auch so nicht lebensfähig wären, billigt das Gesetz den Ländern Anteile an der Einkommen- und der Körperschaftssteuer, der Grunderwerb-, der Umsatz-, der Kraftfahrzeug-, der Rennwett- und der Börsensteuer zu. Die Gemeinden und Gemeindeverbände erhalten wiederum nach näherer landesgesetzlicher Regelung einen Anteil an den Länderanteilen, außerdem einen unmittelbaren Anteil an der Umsatzsteuer. Endlich können die Länder, Gemeinden und Gemeindeverbände Zuschläge zur Grunderwerbsteuer erheben.

Ebenso einschneidend wie die Steuerreform war die Neuorganisation der Finanzverwaltung. Nach der Reichsverfassung werden die Zölle und Verbrauchssteuern durch Reichsbehörden verwaltet (Art. 83). Die Reichsabgabenordnung vom 13. Dezember 1919, hierin dem Gesetze über die Reichsfinanzverwaltung vom 10. September 1919 folgend, geht aber über den Verfassungssatz weit hinaus, indem sie bestimmt, daß alle Steuern, die ganz oder zum Teil zugunsten des Reichs erhoben werden, von Reichsbehörden zu verwalten sind. Die oberste Leitung steht dem Reichsminister der Finanzen zu. Unter ihm stehen Landesfinanzämter als Oberbehörden und unter diesen Finanzämter mit ihren Hilfsstellen (§ 8). Die Bezirke der Landesfinanzämter sind so bemessen, daß die mittleren Länder, wie Baden, je einen Landesfinanzamtsbezirk bilden, die größeren Länder in mehrere Bezirke zerfallen. Landesbehörden sind die Landesfinanzämter trotz des irreführenden Namens nicht, doch werden Präsident und Abteilungsleiter im Benehmen mit der obersten Landesfinanzbehörde, also meist dem Finanzminister des Landes, ernannt. Es gibt zur Zeit 26 Landesfinanzämter, denen durchschnittlich 30—40 Finanzämter unterstellt sind. Die Landesfinanzämter gliedern sich in zwei Abteilungen, nämlich eine für Besitz- und Verkehrssteuern und eine für Zölle und Verbrauchssteuern. Die Finanzämter sind der ersten Abteilung unterstellt, während die örtlichen Behörden für Zölle und Verbrauchssteuern die Hauptzollämter sind. Das natürliche Bestreben der Finanzbehörden wird sein, möglichst viel Steuern zu erheben.

Dieser als „Fiskalismus" bekannten Sinnesart der Behörden sucht der Gesetzgeber dadurch entgegenzuwirken, daß er kaum irgendwo die Ideale des Rechtsstaats so vollkommen verwirklicht hat wie gerade hier. Diese Ideale sind kurz der Grundsatz der gesetzmäßigen Verwaltung, Förmlichkeit der Verwaltungsakte, Ausschaltung des freien Ermessens und Rechtsschutz des Bürgers durch unabhängige Gerichte. Alle vier Forderungen sind in der Finanzverwaltung erfüllt. Niemand darf zu Steuern herangezogen werden, für die es keine gesetzliche Grundlage gibt, ja ein guter, in den heutigen ungewöhnlichen Zeiten nicht immer innegehaltener Brauch verlangt sogar, daß die Steuern durch das Gesetz selbst genau bestimmt werden und nicht auf Grund gesetzlicher Ermächtigung durch Verordnung. Die Heranziehung zur Steuer im Einzelfall geschieht bei den wichtigsten Steuern durch einen förmlichen Steuerbescheid, der genau angibt, wieviel zu zahlen ist, und bei Abweichung von der Steuererklärung die Gründe für die Abweichung nennt. Bei der Festsetzung der Steuer ist das freie Ermessen der Steuerbehörde so gut wie ausgeschlossen, sie handelt mit richterlicher Gebundenheit, indem sie nur das Gesetz und nicht ihren Willen auf den Einzelfall anwendet. Selbst wo die Behörden im Sinne des Gesetzes die Entscheidung nach ihrem Ermessen zu treffen haben, wie bei Anwendung eines Härteparagraphen, hat die Entscheidung nach Recht und Billigkeit zu erfolgen, d. h. nach einem allgemein anerkannten Maßstab, nicht nach der rein persönlichen Auffassung des entscheidenden Beamten. Dem in seinen Rechten wirklich oder vermeintlich Gekränkten steht endlich der Weg zur unparteiischen richterlichen Entscheidung offen, allerdings nicht im Rahmen der Justizgerichtsbarkeit. Bei Besitz- und Verkehrssteuern entscheidet nach erfolglosem Einspruch beim Finanzamt auf Berufung das dem Landesfinanzamt angegliederte Finanzgericht, das aus zwei beamteten und drei im Ehrenamte tätigen Mitgliedern besteht. Da diese Mitglieder nur „als solche" unabhängig sind, da namentlich die beamteten Mitglieder nur für die Dauer ihres Hauptamtes bestellt werden, also gegen ihren Willen in ein anderes Amt versetzt werden können und damit ihre Stellung als Mitglied des Finanzgerichts verlieren, ist das Finanzgericht kein vollwertiges Gericht nach den Idealen des Rechtsstaats. Noch weniger genügt diesen Idealen die zweite Instanz bei der Anfechtung von Zöllen und Verbrauchssteuern; denn diese Anfechtungsinstanz ist das Landesfinanzamt selbst. Dagegen ist die dritte Instanz für alle Arten von Steuern, der Reichsfinanzhof in München, ein in seiner Organisation vollwertiges Verwaltungsgericht. Denn seine Mitglieder sind ebenso unabhängig gestellt wie die Richter der ordentlichen Gerichte. Er entscheidet auf eingelegte Rechtsbeschwerde, mit der Mangelhaftigkeit des Verfahrens, Rechtswidrigkeit der Entscheidung oder Verstoß der Entscheidung wider den klaren Inhalt der Akten geltend gemacht werden kann. Unrichtigkeit des Akteninhalts kann also nicht behauptet werden, insofern fehlt eine vollwertige richterliche Instanz für die Prüfung der tatsächlichen Verhältnisse.

Die Finanzverwaltung ist an sich Sache der Finanzbehörden, nicht des Gesetzgebers. In einigen wichtigen Fällen aber hat die Verfassung die gesetzgebenden Faktoren mit der Finanzverwaltung betraut: bei der Feststellung des Haushaltsplans und bei der Beschaffung von Geldmitteln im Wege des Kredits sowie der Übernahme einer Sicherheitsleistung zu Lasten des Reiches. Über die Feststellung des Haushaltsplans bestimmt Art. 85, daß alle Einnahmen und Ausgaben des Reichs für jedes Rechnungsjahr veranschlagt und in den Haushaltsplan eingestellt werden müssen. „Der Haushaltsplan wird vor Beginn des Rechnungsjahrs durch ein Gesetz festgestellt". Von gewöhnlichen Gesetzen unterscheidet sich das Gesetz über den Reichshaushalt einmal durch die eben erwähnte zeitliche Gebundenheit, dann durch die Unzulässigkeit von Bepackungen des Gesetzes mit ihm fremden Gegenständen, etwa der Abschaffung der Todesstrafe, ferner durch die Erweiterung der Einspruchsbefugnis des Reichsrats in eine Zustimmungsbefugnis, falls der Reichstag im Entwurfe des Haushaltsplans Ausgaben erhöhen oder neu einsetzen will, endlich dadurch, daß nicht der außerordentlich umfangreiche Haushaltsplan selbst, sondern nur ein kurzer Auszug von ihm im Reichsgesetzblatt verkündet wird. Der rechtlichen Bedeutung nach ist das Gesetz über den Haushalt ein vom Gesetzgeber an den Reichsminister der Finanzen und alle sonstigen in Betracht kommenden Stellen gerichteter Befehl, möglichst nach Maßgabe des Haushaltsplanes zu wirtschaften, vor allem keine Ausgaben zu machen, die im Plane überhaupt nicht vorgesehen sind oder die die vorgesehenen Beträge überschreiten. Rechtssätze für den Bürger enthält das Gesetz über den Haushaltsplan nicht oder höchstens in besonderen Fällen mittelbar, wenn nämlich ein Rechtssatz, etwa ein Besoldungs- oder ein Steuergesetz, auf den Haushaltsplan verweist. Die Reichshaushaltsordnung vom 31. Dezember 1922 drückt diesen Gedanken, daß das Gesetz über den Haushaltsplan nur ein Gesetz im formellen Sinne ist, im § 24 so aus, daß durch den Haushaltsplan Ansprüche dritter oder Verbindlichkeiten dritter weder begründet noch aufgehoben werden. Die früher lebhaft erörterte Frage, was geschieht, wenn das Gesetz über den Reichshaushaltsplan nicht rechtzeitig zustande kommt, hat seit Einführung der parlamentarischen Regierung an Bedeutung verloren, da es so eine „Konfliktszeit" wie im Preußen der sechziger Jahre nicht mehr geben kann. Die Reichsverfassung sieht den Fall nicht vor. Sollte er sich ereignen, so müßten die auf Gesetzen beruhenden Einnahmen weiter erhoben, die auf Gesetzen beruhenden Ausgaben weiter geleistet werden. Im übrigen liegt der Fall ähnlich wie bei Haushaltsüberschreitungen und außerplanmäßigen Ausgaben, die im Falle eines unabweisbaren Bedürfnisses vom Reichsminister der Finanzen bewilligt werden können (ReichshaushO. § 33). Die Innehaltung des Haushaltsplanes wird dadurch gesichert, daß über die Verwendung aller Reichseinnahmen der Reichsfinanzminister in dem folgenden Rechnungsjahr zur Entlastung der Reichsregierung dem Reichsrat und dem Reichstag Rechnung zu legen hat (Art. 86). Dies geschieht in der Weise, daß der Reichsminister der Finanzen die Bemerkungen des Rechnungshofs zur Reichshaushaltsrechnung dem Reichsrat und dem Reichstag mit dem Antrage vorlegt, die Reichsregierung wegen der Reichshaushaltsrechnung zu entlasten (ReichshO. § 108). Wie bei der Feststellung des Haushaltsplans, so ist auch bei der Aufnahme einer Anleihe und der Übernahme einer Sicherheitsleistung zu Lasten des Reichs die Verabschiedung eines Reichsgesetzes unerläßlich; beide Akte „dürfen nur auf Grund eines Reichsgesetzes erfolgen" (Art. 87). Nach § 1 der Reichsschuldenordnung vom 13. Februar 1924 geschieht die Beschaffung von Geldmitteln im Wege des Kredits für das Reich „durch Ausgabe von Schuldverschreibungen oder Schatzanweisungen, Eingehung von Wechselverbindlichkeiten oder Aufnahme von Darlehen gegen Schuldschein". Der Unterschied zwischen Schuldverschreibung und Schatzanweisung ist der, daß die Schatzanweisung einen Anspruch auf Rückzahlung des Kapitals zu einem bestimmten Termine verbrieft, während die Schuldverschreibung einen solchen Anspruch nicht begründet, den Inhaber vielmehr nur zum Gläubiger einer Rente macht. Schuldverschreibungen der Reichsanleihen können in Buchschulden des Reichs auf den Namen eines bestimmten Gläubigers dadurch umgewandelt werden, daß sie in das bei der Reichsschuldenverwaltung zu führende Reichsschuldbuch eingetragen werden (Reichsschuldbuchgesetz vom 31. Mai 1910). Der Gläubiger schützt sich auf diese Weise vor dem Schaden, der durch Abhandenkommen der Urkunde entstehen kann.

d) **Verwaltung der Verkehrseinrichtungen.** Unter Bismarcks Verfassung gab es eine reichseigene Verwaltung der Post, der Telegraphie und des Fernsprechwesens nur außerhalb Bayerns und — trotz der späteren Briefmarkengemeinschaft — Württembergs, eine reichseigene Verwaltung der Eisenbahnen nur in Elsaß-Lothringen, eine eigene Wasserstraßenverwaltung nur in den Kriegshäfen und im Kaiser-Wilhelm-Kanal. Die Weimarer Verfassung zeigt auch auf diesem Gebiete einen starken Fortschritt zum Unitarismus.

„Das Post- und Telegraphenwesen samt dem Fernsprechwesen ist ausschließlich Sache des Reichs. Die Postwertzeichen sind für das ganze Reich einheitlich" (Art. 88). Die Post- und Telegraphenverwaltungen Bayerns und Württembergs sollten spätestens am 1. April 1921 auf das Reich übergehen (Art. 170). Dies geschah schon zum 1. April 1920 kraft zweier Verträge, die das Reich mit Bayern und Württemberg unter dem 29./31. März 1920 geschlossen hatte, und denen mit Reichsgesetz vom 27. April 1920 zugestimmt wurde. Beachtung verdient das große Entgegenkommen, das Bayern bei Ausgestaltung des Reichspostministeriums fand. Nach § 4 des mit Bayern geschlossenen Vertrags soll nämlich in München eine Abteilung des Reichspostministeriums errichtet werden, die vom Reichspostminister mit besonderen Befugnissen für den inneren bayerischen Verkehr ausgestattet wird. Nach dem Schlußprotokoll zu § 4 sollen der Vorstand und wenigstens drei Viertel der Mitglieder und Beamten der Abteilung die bayerische Staatsangehörigkeit durch Abstammung besitzen oder durch langjährigen Aufenthalt in Bayern mit den bayerischen Verhältnissen genau vertraut sein. Das gleiche wurde für die Vorstände der in Bayern gelegenen Oberpostdirektionen bestimmt. Seit dem 1. April 1924 wird der Reichs-Post- und Telegraphenbetrieb als ein selbständiges Unternehmen unter der Bezeichnung „Deutsche Reichspost" vom Reichspostminister unter Mitwirkung eines vom Reichspräsidenten zu ernennenden und teilweise vom Reichstag und Reichsrat vorzuschlagenden Verwaltungsrats verwaltet (Reichspostfinanzgesetz vom 18. März 1924). Die allgemeine Reichskasse leistet keine Zuschüsse mehr, erhält aber nach Ansammlung einer gewissen Rücklage die Reinüberschüsse des Unternehmens.

Einschneidender, weil auf alle Länder mit eigener Staatseisenbahnverwaltung sich erstreckend, war der Staatsvertrag zwischen der Reichsregierung und den Regierungen von Preußen, Bayern, Sachsen, Württemberg, Baden, Hessen, Mecklenburg-Schwerin und Oldenburg vom 31. März bis 29. April 1920 über den Übergang der Staatseisenbahnen auf das Reich, dem durch Reichsgesetz vom 30. April 1920 zugestimmt wurde. Darnach gingen die Staatseisenbahnen der vertragschließenden Länder am 1. April 1920 auf das Reich über. Die Länder wurden in Geld abgefunden. Außerdem enthält der Vertrag eine Reihe von Vorbehalten zugunsten der Länder. So bedarf das Reich zu einer Veräußerung oder Verpfändung der durch den Vertrag erworbenen Eisenbahnen der Zustimmung der Landesregierungen (§ 8). Die Entwürfe des Personenzugfahrplans sind regelmäßig alsbald nach Fertigstellung den beteiligten Ländern zur Mitteilung etwaiger Wünsche zu übersenden. Die unterste Klasse der Personenzüge muß zum mindesten entsprechend der bisherigen Übung in den einzelnen Ländern mit Sitzplätzen ausgestattet sein. Neue Wagen dieser Klasse sollen, soweit nicht für Reisende mit Traglasten Vorsorge zu treffen ist, vollständig mit Sitzplätzen ausgerüstet werden (§ 21). In dieser unscheinbaren Bestimmung hat das süddeutsche Gefühl für Menschenwürde über den norddeutschen Typ des Wagens vierter Klasse gesiegt. Die so übernommenen Reichseisenbahnen sind nach Art. 92 der Reichsverfassung als ein selbständiges wirtschaftliches Unternehmen zu verwalten. Sie sollen also keinesfalls ein Zuschußunternehmen sein, vielmehr, wie dies im Frieden namentlich bei den preußischen Staatseisenbahnen der Fall war, Überschüsse abwerfen. Diese Überschüsse werden aber gemäß den Londoner Vereinbarungen vom August 1924 für Wiedergutmachungen nach dem Versailler Frieden verwandt. Zu diesem Zwecke wurde der Betrieb der Reichseisenbahnen, unbeschadet der Eigentumsrechte des Reichs, einer neuen besonders gestalteten Aktiengesellschaft, der „Deutschen Reichsbahn-Gesellschaft", übertragen (Reichsbahngesetz vom 30. August 1924).

Die dritte Art von Verkehrseinrichtungen, die das Reich auf Grund der Reichsverfassung übernahm, waren die Wasserstraßen der Länder und die Seezeichen. Es geschah dies zum 1. April 1921 auf Grund des zwischen der Reichsregierung und den Regierungen der

Länder Preußen, Bayern, Sachsen, Württemberg, Baden, Hessen, Hamburg, Mecklenburg-Schwerin, Braunschweig, Oldenburg, Anhalt, Bremen, Lippe, Lübeck und Mecklenburg-Strelitz abgeschlossenen Staatsvertrags, betreffend den Übergang der Wasserstraßen von den Ländern auf das Reich, dem durch Reichsgesetz vom 29. Juli 1921 die Zustimmung erteilt wurde. Nach diesem Vertrage übernahm das Reich 149 in einer Anlage namentlich aufgeführte Binnenwasserstraßen meist des allgemeinen Verkehrs, die Seewasserstraßen der Länder, die zur Erhaltung des Fahrwassers dienenden Anlagen der Länder an den Seeküsten und auf den Meeresinseln, die Seezeichen der Länder und das Lotsenwesen, mit Ausnahme des Hafenlotsenwesens. Schutz- und Sicherheitshäfen waren in den Übergang auf das Reich einbegriffen, nicht aber die Handelshäfen, so daß z. B. Hamburg im Besitze seiner Häfen geblieben ist. Das Reich ist Eigentümer der übernommenen Verkehrseinrichtungen geworden, die Länder wurden in Geld abgefunden, außerdem wurden ihnen einige Vorbehalte bezüglich der Wassernutzungen, der Jagd und der Fischerei zugestanden. Die Übernahme der Wasserstraßen in reichseigene Verwaltung geschah in sehr schonenden Formen. Denn nur die „Verwaltungszuständigkeiten der Landeszentralbehörden hinsichtlich des Baues, der Unterhaltung, des Betriebs und der Verwaltung der auf Grund des Vertrags übergehenden Wasserstraßen einschließlich der Strom- und Schiffahrtspolizei und hinsichtlich der sonstigen auf den Verkehr bezüglichen Befugnisse sowie hinsichtlich der Seezeichen und des Lotsenwesens" gingen mit dem 1. April 1921 auf das Reich über. „Im übrigen erfolgt die einstweilige Verwaltung der Reichswasserstraßen durch die mittleren und unteren Behörden der Länder auf Kosten des Reichs und unter Leitung des Reichsverkehrsministeriums" (§ 11). Selbst die Befugnisse der Landeszentralbehörden sind nicht völlig erloschen (§ 12). Die Vertragschließenden waren sich aber darüber einig, daß der Vertrag den Übergang der Wasserstraßen nur vorläufig und nicht vollständig regelt und der endgültigen Regelung nicht vorgreift. Die notwendigen Ergänzungen und Änderungen werden im Wege weiterer Vereinbarungen getroffen werden. Soweit eine Einigung nicht erzielt wird, entscheidet der Staatsgerichtshof (§ 30).

e) **Anhang: Die Reichsbeamten.** Reichseigene Verwaltung bedeutet Verwaltung durch Reichsbeamte. Am Schlusse dieses Abschnitts seien daher noch einige Worte über die Reichsbeamten gesagt.

Das Reich braucht für die Erfüllung seiner Aufgaben Menschen, die ihm ihre Arbeitskraft zur Verfügung stellen und ihm treu und gehorsam dienen. Das Reich könnte zu diesem Zwecke Dienstverträge nach dem Bürgerlichen Gesetzbuch schließen und für untergeordnete Dienstleistungen macht es von dieser privatrechtlichen Möglichkeit auch Gebrauch. Für die wichtigeren Aufgaben, namentlich für solche, in denen der Herrscher Staat dem Bürger gegenübertritt, genügt aber das auf gleich und gleich gestellte Dienstverhältnis nicht. Der Staat kann sich nicht der Gefahr eines Streiks seiner Dienstverpflichteten aussetzen, er muß dienstliche Verfehlungen einseitig, ohne vorhergehende Anrufung der ordentlichen Gerichte ahnden können. Andrerseits muß er die Dienstverpflichteten so stellen, daß es für sie keine Zumutung bedeutet, ihr ganzes Wollen und Können zeitlebens dem Staate zur Verfügung zu stellen. Aus diesen Erwägungen heraus ist ein besonderes Beamtenrecht entstanden. Für das Reich hat es in dem vorläufig auch heute noch geltenden Reichsbeamtengesetz vom 17. Mai 1907, einer Reihe von Nebengesetzen und einigen Bestimmungen der Verfassung seinen Niederschlag gefunden.

Die Beamteneigenschaft entsteht mit der Anstellung im Reichsdienste. Zur Anstellung befugt ist, abgesehen von einigen gesetzlich festgelegten Ausnahmen, der Reichspräsident und die von ihm mit der Anstellungsbefugnis ausgestatteten Behörden. Zulässig und, was bestritten ist, gültig ist die Anstellung nur, wenn der Anzustellende damit einverstanden ist.

Die Form der Anstellung ist die Aushändigung einer Anstellungsurkunde. Soweit nicht Widerruf oder Kündigung ausdrücklich vorbehalten wird, gilt die Anstellung auf Lebenszeit. Vor dem Dienstantritt verpflichtet sich der Beamte auf die Erfüllung aller Obliegenheiten des ihm übertragenen Amtes eidlich. Mit der ersten Anstellung pflegt die Übertragung eines bestimmten Amtes zeitlich zusammenfallen. Der von der Reichsfinanzverwaltung übernommene Gerichtsassessor wird nicht zum Regierungsrat schlechthin, sondern zum Regierungsrat am Landesfinanzamt X ernannt. Trotzdem ist die Übertragung eines bestimmten Amtes von der Anstellung im Reichsdienste wohl zu scheiden. Dies zeigt sich, wenn das Amt wechselt oder entzogen wird, das Beamtenverhältnis aber bestehen bleibt. Das Amt wechselt bei unverändertem Beamtenverhältnis im Falle der Versetzung des Beamten in ein anderes Amt. Alle Beamten, außer den Richtern und einigen anderen Arten von Beamten, können ohne, ja gegen ihren Willen in ein anderes gleichwertiges Amt versetzt werden, wenn es das dienstliche Bedürfnis erfordert. Auch bei der Strafversetzung wird der Beamte in ein anderes Amt von gleichem Range versetzt, doch hier mit Verminderung des Diensteinkommens um höchstens ein Fünftel. Das Amt fällt fort bei bestehenbleibender Dienstpflicht in den Fällen der einstweiligen Versetzung in den Ruhestand und der vorläufigen Dienstenthebung. Jeder Reichsbeamte kann unter Bewilligung des gesetzlichen Wartegeldes einstweilig in den Ruhestand versetzt werden, wenn das von ihm verwaltete Amt infolge einer Umbildung der Reichsbehörden aufhört. Ohne diese Voraussetzung können eine Reihe besonders aufgeführter sogenannter politischer Beamten jederzeit auf Wartegeld gesetzt werden. Das Wartegeld beträgt 40—80 v. H. des bei Berechnung des Ruhegehalts zugrunde zu legenden Diensteinkommens. Daß sich der einstweilig in den Ruhestand versetzte Beamte noch im Dienste befindet, zeigt sich in seiner Pflicht, bei Verlust des Wartegeldes ein ihm übertragenes, seiner Berufsbildung entsprechendes Reichsamt anzunehmen; auch sieht das Gesetz ausdrücklich die Möglichkeit einer Dienstentlassung solcher Beamten vor. Ebenso läßt die vorläufige Dienstenthebung des Beamten, auch Suspension vom Amte genannt, das Dienstverhältnis bestehen und nimmt dem Beamten nur die Möglichkeit der Ausübung des ihm übertragenen Amtes. Sie tritt im strafgerichtlichen und im Disziplinarverfahren unter Umständen kraft Gesetzes ein und kann im übrigen von der obersten Reichsbehörde angeordnet werden, sobald gegen den Beamten ein gerichtliches Strafverfahren eingeleitet oder die Einleitung eines förmlichen Disziplinarverfahrens verfügt ist. Während der Suspension wird vom Ablaufe des Monats ab, in welchem sie angeordnet ist, die Hälfte des Diensteinkommens des Beamten innebehalten. Wird der Beamte freigesprochen, so muß ihm der innebehaltene Teil des Diensteinkommens vollständig nachgezahlt werden. Für die endgültige Beendigung des Dienstverhältnisses gibt es eine Reihe von Gründen. Kraft Gesetzes endigt das Dienstverhältnis mit rechtskräftiger Verurteilung des Beamten zu gewissen Strafen, so bei Aberkennung der bürgerlichen Ehrenrechte des Beamten. Im übrigen ist zu unterscheiden die Entlassung und die Versetzung in den Ruhestand. Auf seinen Antrag wird der Beamte ohne weiteres entlassen; wenn kein Fall der Versetzung in den Ruhestand vorliegt, lösen sich mit der Entlassung alle Rechtsbeziehungen zwischen dem Reiche und ihm. Einseitig kann der auf Lebenszeit angestellte Beamte nur in einem förmlichen Disziplinarverfahren entlassen werden. Die entscheidenden Disziplinarbehörden sind in erster Instanz die Disziplinarkammern, in zweiter Instanz der Disziplinarhof. Voraussetzung der Entlassung ist, daß der Beamte die ihm obliegenden Pflichten verletzt hat. In den Ruhestand versetzt wird der Beamte auf seinen Antrag ohne weiteres, wenn er das 65. Lebensjahr vollendet, sonst, wenn er nach einer Dienstzeit von wenigstens zehn Jahren infolge eines körperlichen Gebrechens oder wegen Schwäche seiner körperlichen oder geistigen Kräfte zur Erfüllung seiner Amtspflichten dauernd unfähig ist; im Falle einer Dienstbeschädigung tritt die Pensionsberechtigung auch bei kürzerer als zehnjähriger Dienstzeit ein. Neben dieser freiwilligen gibt es eine zwangsweise Versetzung in den Ruhestand, wenn nämlich der Beamte trotz dauernder Dienstunfähigkeit seine Versetzung in den Ruhestand nicht nachsucht. Das Ruhegehalt besteht in einem von der Zahl der Dienstjahre abhängigen Bruchteil des erdienten Gehalts. Eine gesetzliche Altersgrenze, bei deren Erreichung der Beamte kraft Gesetzes in den Ruhestand tritt, ist für die Reichsbeamten erst durch die Personalabbau-VO. v. 27. Okt. 1923 eingeführt werden. Die Reichsbeamten treten hiernach mit Ablauf des Monats in den Ruhestand, der auf den Monat folgt, in dem sie das 65. Lebensjahr vollendet haben. Die Mitglieder des Reichsgerichts, des Reichsfinanzhofs und des Rechnungshofs des Deutschen Reichs bleiben drei Jahre länger im Amte.

Die Dienstpflichten des Reichsbeamten sind entweder durch das Gesetz oder durch Dienstbefehle festgelegt. Gesetzliche Pflichten sind u. a. die Pflicht zur Beobachtung des Dienstgeheimnisses und die Pflicht, ohne Genehmigung der obersten Reichsbehörde kein Nebenamt und keine Nebenbeschäftigung, mit der eine fortlaufende Remuneration verbunden ist, zu übernehmen und kein Gewerbe zu betreiben. Gesetzlich festgelegt ist auch die allgemeine Verpflichtung eines jeden Reichsbeamten, „das ihm übertragene Amt der Verfassung und den Gesetzen entsprechend gewissenhaft wahrzunehmen und durch sein Verhalten in und außer dem Amte der Achtung, die sein Beruf erfordert, sich würdig zu zeigen". In dieser Bestimmung, die von der unbedingten Zuverlässigkeit des Beamten ausgeht, liegt auch die Verneinung eines jeden Streikrechts des Beamten. Neuere Vorschriften endlich verbieten dem Beamten republikfeindliche Betätigungen im Amte (Gesetz vom 21. Juli 1922). Zu diesen Pflichten kraft Gesetzes tritt die Pflicht zum Gehorsam dem dienstlichen Vorgesetzten gegenüber. Ganz wenige Beamte, wie die Richter, sind nur dem Gesetze unterworfen, die meisten haben den Anweisungen ihrer Vorgesetzten zu folgen. Eine Prüfung der Gesetzmäßigkeit solcher Dienstbefehle ist nur in engen Grenzen gestattet, insbesondere braucht der Dienstbefehl zur Begehung einer strafbaren Handlung nicht ausgeführt zu werden und darf es nicht. Gewährleistet werden die Dienstpflichten durch Disziplinarstrafen, die je nach der Erheblichkeit des Dienstvergehens und mit besonderer Rücksicht auf die Führung des Beamten über ihn verhängt werden. Die Disziplinarstrafen bestehen in Ordnungsstrafen und der Entfernung aus dem Amte. Ordnungsstrafen sind Warnung, Verweis und Geldstrafe, die Entfernung aus dem Amte ist entweder Strafversetzung oder Dienstentlassung. Die Ordnungsstrafen werden von den Dienstvorgesetzten verhängt, der Entfernung aus dem Amte muß ein förmliches Disziplinarverfahren vor der zuständigen Disziplinarkammer, in zweiter Instanz vor dem Disziplinarhof vorhergehen.

Die Rechte des Beamten sind Ehrenrechte und vermögensrechtliche Ansprüche. Auch das Recht, nicht anders als unter den gesetzlichen Voraussetzungen und in den gesetzlichen Formen des Amtes enthoben oder in den Ruhestand versetzt oder aus dem Dienste entlassen zu werden, ist zu den Rechten des Beamten zu zählen. Zu den Ehrenrechten gehört vor allem das Recht zur Führung der dem Beamten zukommenden Amtsbezeichnung. Obgleich die Reichsverfassung im Art. 109 Abs. 4 die Verleihung reiner Ehrentitel verbietet, läßt sie doch die Amtsbezeichnungen ausdrücklich zu. Wenn für eine Klasse von Reichsbeamten Uniformen eingeführt sind, gehört auch das Tragen der Uniform nicht nur zu den etwaigen Pflichten, sondern auch zu den Rechten der Beamten. Das Reichsbeamtengesetz (§ 17) sieht auch noch vor, daß durch Verordnung der Rang der Reichsbeamten bestimmt wird. Die Tragweite einer von allen Gehaltsunterschieden losgelösten Rangordnung ist jedem gegenwärtig, der mit militärischen Gepflogenheiten vertraut ist: der Rangältere wird zuerst gegrüßt, geht rechts oder in der Mitte, hat im Bedarfsfalle Befehlsbefugnisse u. dgl. Bei Zivilbeamten tritt die Bedeutung des reinen Ranganterschieds zurück, doch ist es auch hier

z. B. bei Festlichkeiten für die Anweisung von Sitzplätzen oder von Plätzen im feierlichen Aufzug zur Vermeidung von Kränkungen unerläßlich, auf den dem Beamten zukommenden Rang Rücksicht zu nehmen. Die wesentlichen Rechte des Berufsbeamten sind aber vermögensrechtlicher Art. Der Beamte bezieht als Besoldung ein Grundgehalt, das nach Besoldungsgruppen und innerhalb der Gruppe nach dem Dienstalter abgestuft ist. Minister und einige andere höhere Beamte erhalten vom Dienstalter unabhängige Einzelgehälter. Zum Grundgehalt tritt ein nach Ortsklasse und Grundgehalt abgestufter Wohnungsgeldzuschuß (Ortszuschlag). Eine Neuerung gegen die Zeit vor 1918 ist es, daß der verheiratete Beamte eine Frauenbeihilfe und daß der Beamte, wenn er Kinder hat, nach dem Alter der Kinder abgestufte Kinderzuschläge erhält. Frauenbeihilfe und Kinderzuschläge sind für alle Beamten gleich hoch. Stirbt ein planmäßiger Beamter, so erhalten seine Hinterbliebenen für das auf den Sterbemonat folgende Vierteljahr noch die volle Besoldung des Verstorbenen, das sogenannte Gnadenvierteljahr. Nach Ablauf dieser Zeit erhält die Witwe, wenn der Verstorbene im Falle der Versetzung in den Ruhestand ruhegehaltsberechtigt war oder gewesen wäre, Witwengeld, die Kinder erhalten Waisengeld. Für die Geltendmachung all dieser vermögensrechtlichen Ansprüche steht der Rechtsweg vor den ordentlichen Gerichten offen. Die Entscheidung der obersten Reichsbehörde muß aber der Klage vorhergehen und die Klage bei Verlust des Klagerechts innerhalb sechs Monaten, nachdem dem Beteiligten die Entscheidung jener Behörde bekannt gemacht worden ist, erhoben werden (Reichsbeamtengesetz § 150). Da die Bestimmung den Rechtsweg nur verzögert, nicht ausschließt, gilt sie auch heute noch; denn sie steht mit Art. 129 der Reichsverfassung, demzufolge für die vermögensrechtlichen Ansprüche der Beamten der Rechtsweg offen steht, nicht im Widerspruch.

II. Verfassung und Verwaltung der Länder.

A. Verfassung.

Die Umwälzung von 1918 fand in den deutschen Einzelstaaten drei Typen von Staatsformen vor: in den beiden Mecklenburg die ständische Monarchie, in den drei Hansestädten die Republik und in den übrigen Staaten die konstitutionelle Monarchie. Hätte es noch irgendwo die absolute Monarchie gegeben, dann wäre die typische Verfassungsentwicklung der deutschen Einzelstaaten dem Betrachter mit noch größerer Deutlichkeit veranschaulicht worden, als dies ohnehin der Fall war. Sieht man nämlich von den drei Hansestädten ab, bei denen nur der Zug von der Aristokratie zur Demokratie beobachtet werden kann, so ging die typische Entwicklung von der ständischen Monarchie zur absoluten und von der absoluten zur konstitutionellen oder auch, wie in Sachsen und Braunschweig, unmittelbar von der ständischen Monarchie zur konstitutionellen. Nur die beiden Mecklenburg waren in der ständischen Monarchie stecken geblieben. In der ständischen Monarchie stehen sich der Landesherr auf der einen Seite, die Landstände, insbesondere die Großgrundbesitzer, auf der anderen Seite als nahezu gleich berechtigte Parteien gegenüber. Der Gedanke, daß beide Teile nur Organe eines und desselben Rechtssubjekts, des Staates, sind, ist der ständischen Monarchie mit dem ihr eigentümlichen „Dualismus" der Machthaber fremd. Das Aufkommen stehender Heere und eines wohlgeschulten Beamtentums, die Einführung indirekter, der ständischen Bewilligung nicht unterliegender Steuern, das landesherrliche Kirchenregiment in den evangelischen Territorien, der Zauberklang des von Frankreich kommenden Wortes „Souveränität", der Glanz des Sonnenkönigs Ludwigs XIV. wirkten zusammen, um dort, wo der Landesherr eine energische Persönlichkeit war, dessen Macht auf Kosten der Stände zu heben. Wenn es dem Landesherrn gelang, die Rechte der Stände ganz zu beseitigen und allein zu regieren, dann hatte er, wie Friedrich Wilhelm I. von Preußen, seine „Souveränität stabiliert" und damit den ständischen Staat durch den absoluten abgelöst. Preußen blieb über Friedrich den Großen, über die Freiheitskriege hinweg bis in die Mitte des 19. Jh.s ein absoluter Staat. Erst 1848 bekam es eine vorläufige, erst 1850 seine endgültige Verfassung. Die süddeutschen Staaten wandelten sich schon früher, bald nach den Freiheitskriegen, zu Verfassungsstaaten, Bayern und Baden 1818, Württemberg 1819 und Hessen 1820. Auf andere Staaten mußte erst die französische Julirevolution einwirken, ehe eine neuzeitliche Verfassung zustande kam; so erhielt Sachsen eine Verfassung 1831, Hannover 1833, Kurhessen 1831, Braunschweig 1832. Oldenburg und Anhalt wurden etwa gleichzeitig mit Preußen Verfassungsstaaten. So vielfachen Änderungen auch diese und andere Verfassungen deutscher Staaten bis 1918 unterworfen waren, so blieb doch durchweg der Grundton des monarchischen Prinzips bestehen. Der Schwerpunkt der Staatsgewalt lag beim Landesherrn als dem höchsten Organe des Staates. Auch der Landtag war Staatsorgan, doch übte er nur die Befugnisse aus, die ihm von der Verfassung ausdrücklich zugewiesen waren, während der Landesherr im Zweifel alle Zuständigkeiten des Staates in sich vereinigte. Die Person des Landesherrn war heilig und unverletzlich, dafür bedurften alle seine Regierungsakte, zu denen man aber jedenfalls in Preußen die Akte der militärischen Kommandogewalt nicht rechnete, der Gegenzeichnung eines Ministers. Der Minister konnte aber, wenn er das Vertrauen des Landtags verloren hatte, nicht zum Rücktritt gezwungen werden. Es war sogar Brauch, einen an sich zum Rücktritt entschlossenen Minister, der sich im Landtage unbeliebt gemacht hatte, noch eine Zeitlang zu halten, damit man ja nicht auf den Gedanken kam, er sei mit Rücksicht auf die Stimmung der Volksvertretung zurückgetreten.

Dem Umsturz vom November 1918 fielen auch die Landesverfassungen zum Opfer. Arbeiter- und Soldatenräte bildeten sich in den Ländern wie im Reiche. Aber auch in den Ländern wurden Volksvertretungen berufen, die dem Lande eine Verfassung gaben. Die erste endgültige Verfassung nach dem Umsturz war die badische v. 21. März 1919, die späteste die von Mecklenburg-Strelitz v. 24. Mai 1923. Zwischen beiden liegt die Weimarer Verfassung, die im Art. 17 bindende Grundsätze für die Landesverfassungen aufgestellt, auch sonst in das Landesverfassungsrecht eingegriffen hat. Die Folge davon ist eine große Gleichmäßigkeit der Landesverfassungen. Es kann daher nicht unsere Aufgabe sein, die Landesverfassungen einzeln so genau darzustellen wie die Weimarer Verfassung, vielmehr genügt die Hervorhebung einiger Eigentümlichkeiten in den Verfassungen der acht größten deutschen Länder. Da von den drei Staatselementen das Staatsvolk durch das Reichs- und Staatsangehörigkeitsgesetz eine reichsrechtliche Regelung erfahren hat, braucht von ihm nicht mehr gesprochen zu werden. Bei der Regelung der Gebietshoheit in den Ländern war von den Landesverfassungen zu bestimmen, ob zu Gebietsveränderungen ein einfaches Gesetz genügt oder ein verfassungsänderndes Gesetz nötig ist. Preußen und Thüringen haben sich für die erste Möglichkeit entschieden, Bayern und Sachsen z. B. für die andere. Auch diese Frage soll uns nicht weiter beschäftigen. So bleibt nur noch übrig die Organisation der höchsten Staatsgewalt und deren Betätigung in Gesetz und Verordnung.

1. Preußen. Wie vordem so auch heute ist Preußen das bei weitem größte unter den deutschen Ländern. Ob seine Sendung erfüllt ist, nachdem es unter Friedrich dem Großen die norddeutsche Großmacht geworden war, 1813—1815 im Verein mit den Verbündeten Napoleon niedergeworfen, 1866—1871 unter Bismarck und Wilhelm I. das Deutsche Reich geschaffen hat, kann nur die Zukunft lehren. Auch heute noch spiegelt sich die Größe des Landes in einem nur ihm eigentümlichen Organe: dem Staatsrat. Nach Art. 31 der Verfassung vom 30. November 1920 wird „zur Vertretung der Provinzen bei der Gesetzgebung und Verwaltung des Staates ... ein Staatsrat gebildet". Die Einrichtung erinnert schon nach dem Wortlaut der Bestimmung an den Reichsrat, dem Staatsrat in der Tat vielfach nachgebildet ist. Als Provinz gilt auch die Stadt Berlin. Auf je 500000 Einwohner einer Provinz, denen bei Resten eine Zahl von mehr als 250000 Einwohner gleich gerechnet wird, entfällt ein Vertreter, jedoch entsendet jede Provinz mindestens drei Vertreter in den Staatsrat. Wahlkörper sind die Provinziallandtage, in Berlin die Stadtverordnetenversammlung, in den Hohenzollernschen Landen und in der Grenzmark die Kommunallandtage. Gewählt wird nach dem d'Hondtschen Verhältniswahlsystem. Die Staatsratmitglieder stimmen, wie die preußischen Provinzialvertreter im Reichsrat, frei ab. Den Vorsitzenden wählt der Staatsrat, im Gegensatze zum Reichsrat, selbst. Die Mitglieder des Staatsrats üben ihr Amt bis zum Eintritt ihrer Nachfolger aus, die unmittelbar nach der Neuwahl der Provinziallandtage, der Stadtverordnetenversammlung, der Kommunallandtage neu gewählt werden.

Der Schwerpunkt der Staatsgewalt liegt aber in dem vom Volke nach dem automatischen Verhältniswahlsystem gewählten Landtag. Auf 40000 Stimmen kommt ein Abgeordneter. Der Landtag wird, wie der Reichstag, auf vier Jahre gewählt, doch sind die Auflösungsmöglichkeiten beim Landtag andere als beim Reichstag. Der Auflösung des Reichstags durch den Reichspräsidenten entspricht allein die Auflösung des Landtags durch Beschluß eines aus dem Ministerpräsidenten und den Präsidenten des Landtags und des Staatsrats bestehenden Ausschusses. Außerdem kann sich der Landtag, wenn mehr als die Hälfte der gesetzlichen Mitgliederzahl dafür ist, durch eigenen Beschluß auflösen. Endlich kennt die Verfassung eine Auflösung des Landtags durch Volksentscheid. Den Anstoß hierzu gibt entweder ein Beschluß des Staatsrats oder ein Volksbegehren, das von einem Fünftel der Stimmberechtigten gestellt wird. Im letzteren Falle ist also das aus Amerika stammende Rückberufungsrecht (Recall) in Preußen geltendes Recht geworden. Die Geschäftsordnung des Landtags zeichnet sich, was hier zum Zwecke der Kenntnis einiger Fachausdrücke erwähnt sein mag, vor der des Reichstags durch Verdeutschung einiger Fremdwörter — „Eingabe" statt Petition, „Große Anfrage" statt Interpellation — aus und enthält auch einige sachliche Abweichungen, so den Zwang zur Schriftform bei der Wortmeldung zur Sache, so die Verpflichtung des Landtagspräsidenten, das erbetene Wort zur Geschäftsordnung jederzeit zu erteilen. Die Zuständigkeiten des Landtags entsprechen im großen und ganzen denen des Reichstags, doch hat der Landtag einen größeren Einfluß auf die Staatsverwaltung als der Reichstag, da es ihm zukommt, durch einfachen Beschluß ohne Gesetzesform die Grundsätze für die Verwaltung der Staatsangelegenheiten aufzustellen und deren Ausführung zu überwachen (Art. 29).

Die „oberste vollziehende und leitende Behörde des Staates" ist das Staatsministerium (Art. 7). Es besteht aus dem Ministerpräsidenten und den Staatsministern, d. h. zur Zeit dem Finanzminister, dem Minister für Handel und Gewerbe, dem Minister des Innern, dem Justizminister, dem Minister für Landwirtschaft, Domänen und Forsten, dem Minister für Volkswohlfahrt und dem Minister für Wissenschaft, Kunst und Volksbildung. Der Landtag wählt ohne Aussprache den Ministerpräsidenten. Der Ministerpräsident ernennt die übrigen Staatsminister. Das Verhältnis des Ministerpräsidenten zu den Staatsministern ist etwa das des Reichskanzlers zu den Reichsministern. Die Zuständigkeit des Staatsministeriums als kollegialer Behörde muß aber verhältnismäßig umfassender sein als die der kollegialen Reichsregierung, da es in Preußen so wenig wie in den anderen Ländern einen dem Reichspräsidenten entsprechenden Landespräsidenten gibt. So ist es das Staatsministerium, das den Staat nach außen vertritt, die unmittelbaren Staatsbeamten ernennt, das Recht der Begnadigung namens des Volkes ausübt. Es beschließt entsprechend der Reichsregierung über die dem Landtag zu machenden Gesetzesvorlagen und hat, wie noch zu zeigen sein wird, eine umfassende Verordnungsbefugnis. Die Ministeranklage vor dem Staatsgerichtshof ist ähnlich geregelt wie im Reiche, die Möglichkeit eines zum Sturze des Staatsministeriums oder eines einzelnen Staatsministers führenden Mißtrauensvotums des Landtags erschwert. Der Antrag auf Entziehung des Vertrauens muß nämlich von mindestens dreißig Abgeordneten unterzeichnet sein. Über den Antrag darf frühestens am zweiten Tage nach seiner Besprechung abgestimmt werden, es wird namentlich abgestimmt, und der Beschluß auf Entziehung des Vertrauens ist nur wirksam, wenn ihm mindestens die Hälfte der Abgeordneten zustimmt, aus denen zur Zeit der Abstimmung der Landtag besteht. Der Beschluß ist aber nicht zulässig, wenn ein rechtswirksames Volksbegehren vorliegt, den Landtag aufzulösen, und er verfehlt dem Ministerpräsidenten gegenüber seine Wirkung, wenn dieser von seiner Befugnis, die Auflösung des Landtags zu beantragen, Gebrauch macht und mit seinem Antrag durchdringt (Art. 57).

Der Gang der Gesetzgebung ist in Preußen ähnlich geregelt wie im Reiche. Soweit das Gesetz nicht als Urantrag aus der Mitte des Landtags eingebracht wird, steht die Einbringung dem Staatsministerium zu, das aber zuvor dem Staatsrat Gelegenheit zur gutachtlichen Äußerung geben muß. Außerdem sind der Staatsrat und im Falle des Volksbegehrens ein Zwanzigstel aller Stimmberechtigten befugt, Gesetzesvorlagen durch das Staatsministerium an den Landtag zu bringen. Gegen die vom Landtag beschlossenen Gesetze steht dem Staatsrate der Einspruch zu. Wenn der Landtag seinen früheren Beschluß mit Zweidrittelmehrheit erneuert, so bleibt es bei seinem Beschlusse. Bei einfacher Mehrheit wird der alte Beschluß hinfällig, falls er nicht — eine wichtige Abweichung von der Reichsverfassung — durch einen vom Landtage herbeigeführten Volksentscheid bestätigt wird. Das verfassungsmäßig zustandegekommene Gesetz wird vom Staatsministerium in der Preußischen Gesetzsammlung verkündet. Ob es vom Richter auf seine Verfassungsmäßigkeit geprüft werden darf, ist zweifelhaft. Der Wortlaut des Art. 61 spricht dafür, die Absicht des Verfassungsgesetzgebers ging aber dahin, den Richter nur prüfen zu lassen, ob das Gesetz wirklich vom Landtage oder durch Volksentscheid beschlossen wurde, nicht aber, ob die Beschlüsse in der vorgeschriebenen Weise zustandegekommen sind.

Dem Staatsministerium steht eine umfassende Befugnis zum Erlasse von Verordnungen zu. Es erläßt Ausführungsverordnungen, soweit das Gesetz diese Aufgabe nicht einzelnen Staatsministern zuweist (Art. 51), und Organisationsverordnungen. In beiden Fällen ist der Staatsrat oder dessen zuständiger Ausschuß zu hören (Art. 40). Es erläßt alle Verordnungen, die nach den früheren Gesetzen, Verordnungen und Verträgen, nicht aber der früheren Verfassungsurkunde, vom Könige zu erlassen waren (Art. 82). Es erläßt endlich bei nichtversammeltem Landtage in Übereinstimmung mit dem ständigen Ausschuß des Landtags Notverordnungen, die der Verfassung nicht zuwiderlaufen, mit Gesetzeskraft. Diese Verordnungen sind dem Landtage bei seinem nächsten Zusammentritte zur Genehmigung vorzulegen. Wird die Genehmigung versagt, so ist die Verordnung durch Bekanntmachung in der Gesetzsammlung alsbald außer Kraft zu setzen (Art. 55). Über die Verkündung von Rechtsverordnungen sind erst durch das Gesetz vom 9. August 1924 zusammenfassende Bestimmungen getroffen worden. Darnach werden die Notverordnungen nach Art. 55 stets in der Gesetzsammlung verkündet. Im übrigen werden Rechtsverordnungen des Staatsministeriums oder einzelner Staatsminister wahlweise in der Gesetzsammlung oder im Preußischen Staatsanzeiger oder in einem der Ministerialblätter verkündet. Für Rechtsverordnungen in Besoldungsangelegenheiten ist die Verkündung im Preußischen Besoldungsblatt ausreichend.

Giese-Volkmann, Die preußische Verfassung, 1921; Arndt, Die Verfassung des Freistaats Preußen, 1921; Waldecker, Die Verfassung des Freistaates Preußen, 1921; Stier-Somlo, Die Verfassung des Freistaats Preußen, 1921; derselbe, Das preußische Verfassungsrecht, 1922;

derselbe, Sammlung preußischer Gesetze staats- und verwaltungsrechtlichen Inhalts, 1921; Vogels, Grundriß des neuen Landesstaatsrechts, 1922; Preuß im Jahrb. d. öff. Rechts, X, 1921, S. 222ff.; Huber, Die Verfassung des Freistaats Preußen, 1921.

2. Bayern. Die Verfassungsurkunde des Freistaates Bayern wurde vom bayerischen Landtag am 12. August 1919 beschlossen und unter dem Datum des 14. August 1919 verkündet. Mit ihr beginnt die Reihe der auf dem reinen Einkammersystem aufgebauten Verfassungen. Eine dem preußischen Staatsrat verwandte Einrichtung fehlt. Im einzelnen enthält sie eine Anzahl bemerkenswerter Eigentümlichkeiten. Das Volksbegehren kann wie in Preußen auch auf Auflösung, außerdem aber auch auf Einberufung des Landtags gerichtet werden. Der Landtag wird in acht Wahlkreisen nach dem verbesserten Hareschen System gewählt. Darüber hinaus werden den einzelnen Parteien nach dem System Hagenbach-Bischoff im Verhältnis ihrer Stärke im ganzen fünfzehn Landesabgeordnetensitze zugewiesen, die von den Parteiführern nach freier Wahl an irgendwelche Personen vergeben werden, die auf einem Wahlvorschlag standen, aber nicht gewählt wurden. Wie in Preußen kann sich der Landtag selbst auflösen. Die „oberste vollziehende und leitende Behörde des Staates" heißt „Gesamtministerium" (§ 4). Der Landtag wählt den Ministerpräsidenten. Dieser unterbreitet dem Landtag eine Vorschlagsliste für die übrigen Ministerien und besetzt sie im Einverständnisse mit dem Landtag. Bedenkt man hierbei, daß eine Vorschrift fehlt, der zufolge der Ministerpräsident die Richtlinien der Politik zu bestimmen hätte, so merkt man deutlich, daß die Stellung des bayerischen Ministerpräsidenten schwächer ist als die des preußischen und die des Reichskanzlers. Im Gesetzgebungsverfahren geht das Volksbegehren unmittelbar an den Landtag, nicht wie in Preußen und im Reiche an die Regierung. Wird das Volksbegehren, über dessen Zulässigkeit und Rechtsgültigkeit der Landtag endgültig entscheidet, von diesem nicht unverändert angenommen, so ist es der „Volksentscheidung" zu unterbreiten. Über andere, vom Landtag beschlossene Gesetze kann durch Volksbegehren oder durch Beschluß des Gesamtministeriums die Volksentscheidung binnen zwei Monaten angerufen werden. Doch sind von der Volksentscheidung sechs Arten von Gesetzen, darunter die vom Landtag als dringlich bezeichneten Gesetze, ausgenommen, während die Reichsverfassung und ihr folgend die preußische nur eine Einschränkung des Volksbegehrens, nicht eine solche des Volksentscheids kennen. Auch in der Verkündung der Gesetze kommt offensichtlich die Vormachtstellung des Landtags zum Ausdruck, denn die Landesgesetze sind nach § 62 vom Landtagspräsidenten und Gesamtministerium, die Staatsverträge vom Landtagspräsidenten und Ministerpräsidenten auszufertigen und zu verkündigen. Dafür ist als Gegengewicht gegen die Allmacht des Landtags das richterliche Prüfungsrecht anerkannt. „Die mit der Rechtspflege betrauten Behörden prüfen bei ihren Entscheidungen, ob ein anzuwendendes Gesetz nicht ... mit dieser Verfassung oder einem anderen Verfassungsgesetz in Widerspruch steht" (§ 72). Verfassungsänderungen aber sind sehr erschwert, da sie nur durch Zweidrittelmehrheit der gesetzlichen Mitgliederzahl des Landtages beschlossen werden können (§ 92). Bei der unmittelbaren Volksgesetzgebung genügt es allerdings, daß ein Fünftel der „Staatsbürgerschaft" das Volksbegehren stellt, zwei Fünftel der stimmberechtigten Staatsbürger an der Volksentscheidung teilnehmen und von diesen Teilnehmern zwei Drittel für die Verfassungsänderung stimmen (§ 10). Verwaltungsverordnungen werden vom GesamtMin. erlassen, Organisationsverordnungen ebenso, doch mit Genehmigung oder nachträglicher Bestätigung des Landtags, Rechtsverordnungen einschließlich der Notverordnungen nur auf Grund besonderer gesetzlicher Ermächtigung, die für Notverordnungen diesen Sinnes in sehr bescheidenem Umfange im Polizeistrafgesetzbuch gegeben ist. Darüber hinaus hat aber das Gesamtministerium nach § 64 die Befugnis, „bei drohender Gefahr die Maßnahmen zu ergreifen, welche die Ruhe und Ordnung im Innern sichern oder gegenüber der Gefahr eines Angriffes von außen unmittelbar erforderlich sind." In Verbindung mit Art. 48 Abs. 4 der Reichsverfassung stellt diese Bestimmung, wie die Erfahrung gelehrt hat, alle anderen Ermächtigungen in den Schatten.

Nawiasky, Bayerisches Verfassungsrecht, 1923; Piloty, Die Verfassungsurkunde des Freistaates Bayern, 1919; derselbe im Jahrb. d. öff. Rechts, IX, 1920, S. 129ff.

3. Sachsen. Nach der Verfassung des Freistaates Sachsen vom 1. November 1920 Art. 4 besteht der Landtag aus 96 Abgeordneten. Sie werden nach dem Landeswahlgesetz vom 4. September 1920 in drei Wahlkreisen mit Zusammenzählung der Stimmen im ganzen Lande nach dem Hareschen Systeme und mit nochmaliger Anwendung des Hareschen Systems bei Verteilung der Reststimmen und bei Zuweisung der Sitze an die Wahlkreise auf vier Jahre gewählt. Vor Ablauf dieser Zeit kann sich der Landtag selbst auflösen oder auf Volksbegehren oder auf Antrag des Gesamtministeriums durch Volksentscheid aufgelöst werden. Die oberste Staatsbehörde, wie in Bayern „Gesamtministerium" genannt, ähnelt dem preußischen Staatsministerium. Der Ministerpräsident wird vom Landtag gewählt, allerdings von jedem neu gewählten Landtag neu, er bestimmt die Richtlinien der Politik, er ernennt und entläßt die übrigen Mitglieder des Gesamtministeriums. Im Gesetzgebungsverfahren ist die Stellung des Gesamtministeriums insofern stärker als die der Regierungen im Reiche, in Preußen und in Bayern, als der Landtag keinen Gesetzentwurf beschließen kann, der nicht dem Gesamtministerium vorgelegen hätte; auch Gesetzentwürfe aus dem Schoße des Landtags sind also vom Landtage zunächst dem Gesamtministerium zu überweisen, das den Entwurf prüft und unverändert oder abgeändert dem Landtage zur endgültigen Beschlußfassung wieder vorlegt. Das Gesamtministerium kann vom Landtage beschlossene Gesetze binnen 14 Tagen unter Angabe der Gründe dem Landtag zur nochmaligen Beschlußfassung zurückgeben. Beharrt der Landtag bei dem Gesetze, so hat das Gesamtministerium die Wahl zwischen Ausfertigung und Volksentscheid. Die verfassungsmäßig zustandegekommenen Gesetze werden binnen Monatsfrist im Sächsischen Gesetzblatt verkündet, sofern der Landtag nicht die sofortige Verkündung beschließt.

Woelker, Die Verfassung des Freistaates Sachsen, 1921; Schelcher im Jahrb. d. öff. Rechts, X, 1921, S. 285ff., XII, 1924, S. 1ff.

4. Württemberg. Nach dem Umsturz hatte sich Württemberg kurz nach dem Freistaat Baden am 20. Mai 1919 eine Verfassung gegeben. Nach Erlaß der Weimarer Verfassung wurde die württembergische einer Umarbeitung unterzogen und am 25. September 1919, dem Jahrhunderttage der alten Verfassung, neu beschlossen. Der Verfassung eigentümlich ist zunächst die Umgrenzung des stimm- und wahlberechtigten Volkes, das nicht nur die in Württemberg wohnenden mindestens 20 Jahre alten Deutschen umfaßt, sondern auch, falls ein Gesetz es anordnet, solche württembergische Staatsbürger, die ihren Wohnsitz nicht im Lande haben (§ 4). Der Landtag wird nach dem d'Hondtschen Wahlsystem auf vier Jahre mit der Maßgabe gewählt, daß die für eine Bezirksvorschlagsliste abgegebenen Stimmen, und nicht nur Reststimmen, zugleich als für eine Landesvorschlagsliste abgegeben gelten (Landtagswahlges. v. 4. April 1924). Der Landtag kann nur durch „Volksabstimmung" aufgelöst werden, zu der entweder ein Antrag des Staatsministeriums oder ein Volksbegehren den Anlaß gibt. Die „Staatsleitung" liegt in den Händen des Staatsministeriums, an dessen Spitze ein Ministerpräsident mit der Amtsbezeichnung „Staatspräsident" steht. Mit dem Reichspräsidenten hat der Staatspräsident nichts gemein, höchstens daß er den Staat nach außen vertritt und das Begnadigungsrecht ausübt (§§ 32, 33). Auch an die Stellung des Reichskanzlers reicht die des Staatspräsidenten nicht heran, da er zwar Vorsitzender des Staatsministeriums ist, aber nicht, wie der Reichskanzler, die Richtlinien der Politik bestimmt. Der StPr. wird von jedem neugewählten Landtag gewählt, er beruft und entläßt die übrigen Minister. Statt der Entziehung des Vertrauens kennt die Verfassung die Bestimmung, daß der Landtag berechtigt ist, das Staatsministerium abzuberufen oder die Entlassung einzelner Minister zu verlangen. Vom Landtag beschlossene und für dringlich erklärte Gesetze werden vom Staatsministerium sofort ausgefertigt und im Regierungsblatt für Württemberg verkündet. Fehlt ein Dringlichkeitsbeschluß, so kann binnen zwei Monaten vom Staatsministerium oder einem Zehntel der Stimmberechtigten Volksabstimmung verlangt werden, doch findet über Abgabengesetze und das Staatshaushaltsgesetz keine Volksabstimmung statt. Dem württembergischen Volksbegehren eigentümlich ist, daß der Landtag zwischen Volksbegehren und Volksabstimmung keinen Beschluß zu fassen braucht. Er hat nur die Befugnis, solche Gesetzesvorschläge dem Volk zur Annahme oder Ablehnung zu empfehlen, kann aber auch schweigen.

Bazille, Die Verfassung Württembergs, 4. Aufl., 1922; v. Blume, Die Verfassung Württembergs, 1921; derselbe im Jahrb. d. öff. Rechts, IX, 1920, S. 171ff.; Text der Verfassung im Jahrb. d. öff. Rechts, X, 1921, S. 280ff.

5. Baden. Baden war das erste Land, das sich nach dem Umsturz eine endgültige Verfassung gab. Sie trägt das Datum des 21. März 1919 und wurde durch Volksabstimmung vom 13. April 1919 endgültig angenommen. Da sie mit der später erlassenen Reichsverfassung nicht in Einklang gebracht wurde, ist sie textlich recht unvollkommen. Immerhin ist an ihr mancherlei beachtenswert. Von ihr ging der Gedanke des automatischen Wahlsystems aus, auf je 10000 Stimmen kommt ein Abgeordneter. Der auf vier Jahre gewählte Landtag kann nur dann aufgelöst werden, wenn es von 80000 stimmberechtigten Staatsbürgern verlangt wird und bei der Volksabstimmung die Mehrheit der stimmberechtigten Staatsbürger diesem Verlangen beitritt. Auch das Volksbegehren, hier „Volksvorschlagsrecht (Volksinitiative)“ genannt, ist nicht an eine Quote der Stimmberechtigten, sondern an die feste Zahl 80000 gebunden. Dem Volksentscheid, hier „Volksabstimmung (Volksreferendum)“ genannt, sind wie in Bayern und Württemberg gewisse Arten von Gesetzen entzogen. Ganz eigentümlich ist die Stellung des Staatsministeriums. Der Landtag wählt nach jeder Neuwahl alle Mitglieder des StM. und kann sie jederzeit durch einen Beschluß, dem die Mehrheit sämtlicher Abgeordneten zugestimmt hat, abberufen. Aus den Ministern ernennt der Landtag alljährlich den Präsidenten, der die Amtsbezeichnung „Staatspräsident“ führt, und dessen Stellvertreter. Nach Bedarf können dem Staatsministerium Mitglieder ohne eigenen Geschäftskreis, sog. „Staatsräte“, mit Sitz und Stimme vom Landtag beigeordnet werden. Trotz dieser außergewöhnlichen Abhängigkeit des Staatsministeriums vom Landtag kann das Staatsministerium gegen die vom Landtag beschlossenen Gesetze die Volksabstimmung verlangen; die gleiche Befugnis steht einer Mindestzahl von 80000 Stimmberechtigten zu. Eine wichtige badische Eigentümlichkeit ist die — der Schweiz und den amerikanischen Einzelstaaten abgelauschte — unbedingte Notwendigkeit einer Volksabstimmung bei Verfassungsänderungen (§ 23); der vorhergehende Landtagsbeschluß bedarf der Zustimmung von mindestens zwei Dritteln bei Anwesenheit von drei Vierteln der Mitglieder des Landtags.

Zehnter, Die badische Verfassung, 3 Aufl., 1921; Koellreutter im Jahrb. d. öff. Rechts, IX, 1920, S. 180ff.; Wilh. Merk im Jahrb. d. öff. Rechts, XII, 1924, S. 32; Thoma, Badische Gesetze des Verfassungsrechts und des allgemeinen Verwaltungsrechts, 1921.

6. Thüringen. Thüringen hat sich erst nach der Revolution zu einem einheitlichen Staate zusammengetan. Es besteht aus den Gebieten der früheren Staaten Sachsen-Weimar-Eisenach, Sachsen-Meiningen, Sachsen-Altenburg, der beiden Reuß, der beiden Schwarzburg und dem gothaischen Teil von Sachsen-Koburg und -Gotha; der koburgische Teil ist mit Bayern vereinigt. Für eine vom Gesetz zu bestimmende Übergangszeit bildet jeder der ehemaligen thüringischen Freistaaten unter dem Namen „Gebiet“ einen Kommunalverband höherer Ordnung mit dem Rechte der Selbstverwaltung. In den ersten 15 Jahren nach Inkrafttreten der Verfassung wird aus jedem dieser ehemaligen Freistaaten, der nicht durch einen seiner Angehörigen in der Landesregierung vertreten ist, ein mit den Verhältnissen des ehemaligen Staates besonders Vertrauter als Staatsrat (Minister ohne Geschäftsbereich) vom Landtag gewählt (§§ 63, 71). Der Landtag wird nach dem automatischen Wahlsystem auf nur drei Jahre gewählt; er kann durch eigenen Beschluß und muß auf Volksbegehren und entsprechenden Volksentscheid durch die Landesregierung aufgelöst werden. Die Staatsleitung liegt der „Landesregierung (Staatsministerium)" ob (§ 34). Die Mitglieder der Landesregierung werden wie in Baden vom Landtag gewählt, den Vorsitzenden wählt aber die Landesregierung aus ihrer Mitte selbst. Die Landesregierung hat im Gesetzgebungsverfahren die Möglichkeit, die Entstehung eines ihr nicht zusagenden Gesetzes zu verzögern und unter Umständen zu verhindern: sie erhebt gegen das vom Landtag beschlossene Gesetz innerhalb 14 Tagen eine schriftlich begründete Vorstellung; beharrt der Landtag bei seinem Beschlusse, so kann die Landesregierung innerhalb eines Monats nach der zweiten Abstimmung den Volksentscheid anrufen (§§ 31, 24). Die von der Landesregierung zu erlassenden Notverordnungen heißen in Thüringen (wie auch in Baden) „Notgesetze".

H. Loening, Die Verfassung des Landes Thüringen, 1922; Rosenthal im Jahrb. d. öff. Rechts, X, 1921, S. 366ff., XII, 1924, S. 75ff.

7. Hessen. Auch der hessische Landtag wird nach der durch juristisch genaue Ausdrucksweise besonders auffallenden Verfassung vom 12. Dezember 1919 auf drei Jahre gewählt (Art. 20). Er besteht aus 70 Abgeordneten. Er kann nur durch Volksabstimmung aufgelöst werden, zu der entweder ein Beschluß des Gesamtministeriums oder ein Zwanzigstel der stimmberechtigten Bürger den Anstoß gibt. Die Staatsleitung liegt in den Händen des Gesamtministeriums, dessen Vorsitzender der Ministerpräsident mit der Amtsbezeichnung „Staatspräsident" ist. Der Staatspräsident wird von jedem neugewählten Landtag mit absoluter Stimmenmehrheit gewählt. Er beruft die Mitglieder des Gesamtministeriums und aus deren Zahl seinen Stellvertreter; die Berufung bedarf der Bestätigung durch den Landtag. Im Gesetzgebungsverfahren steht dem Gesamtministerium die Befugnis zu, ein vom Landtag angenommenes Gesetz binnen zweier Monate zur Volksabstimmung zu bringen. Verfassungsändernde Gesetze bedürfen der beiden Zweidrittelmehrheiten wie im Reichsrecht, außerdem unterliegen sie, wie in Baden, dem Zwange der Volksabstimmung, es sei denn, daß der Landtag die Verfassungsänderung mit einer Mehrheit von acht Zehnteln der Stimmen beschlossen hat (Art. 31, 13).

Gmelin im Jahrb. d. öff. Rechts, X, 1921, S. 301 ff., XII, 1924, S. 113 ff.

8. Hamburg. Obwohl Hamburg, wie die beiden andern Hansestädte, von jeher eine Republik war, hat sich doch in der Verfassung vom 7. Januar 1921 unter dem Zwange der Reichsverfassung gegen früher manches geändert. Immerhin bewahren die drei Stadtrepubliken auch heute noch ihre Eigenart gegenüber den andern deutschen Ländern.

Die Volksvertretung heißt in den Hansestädten „Bürgerschaft". Sie wird in Hamburg, wie auch in den beiden andern Städten, auf drei Jahre gewählt, kann aber selbst ihre Auflösung beschließen (Art. 14). Von den Ausschüssen der Bürgerschaft überragt alle andern an Bedeutung der „Bürgerausschuß", der aus dem Präsidenten der Bürgerschaft als Vorsitzenden und zwanzig von der Bürgerschaft aus ihrer Mitte zu wählenden Mitgliedern besteht. Er ist vor allem Überwachungsorgan, hat aber auch die Befugnis zu Genehmigungen und Anordnungen bestimmter Art (Art. 31). Die Landesregierung heißt von alters her „Senat". Die Mitglieder des Senats werden von der Bürgerschaft gewählt. Der Senat wieder wählt aus seiner Mitte in geheimer Abstimmung seinen Präsidenten (ersten Bürgermeister) und einen Stellvertreter (zweiten Bürgermeister) auf die Dauer eines Jahres. Die Mitglieder des Senats können, wie Minister, vor dem hamburgischen Staatsgerichtshof angeklagt werden, wissentlich oder aus grober Fahrlässigkeit die Verfassung oder ein Gesetz verletzt zu haben (Art. 49). Ebenso müssen sie zurücktreten, wenn ihnen die Bürgerschaft das Vertrauen durch ausdrücklichen Beschluß entzieht. Der Beschluß ist aber erschwert, denn er erfordert die Zustimmung der Mehrheit sämtlicher Abgeordneten und, sofern er nicht mit einer Mehrheit von zwei Dritteln der Anwesenden gefaßt ist, eine zweite Beratung und Abstimmung frühestens nach sieben Tagen (Art. 36). Die Mitglieder des Senats leiten nach einer vom Senate zu beschließenden Geschäftsverteilung (Art. 38) die einzelnen Verwaltungszweige meist in Kommissionen. Dies Fehlen einer einköpfigen Spitze der einzelnen Verwaltungszweige unterscheidet den Senat auch heute noch von einem Kollegium von Ministern, nachdem frühere Eigentümlichkeiten, wie Wahl auf Lebenszeit, entscheidende Mitwirkung an der Gesetzgebung, fortgefallen sind. Denn gegen die von der Bürgerschaft beschlossenen Gesetze steht dem Senat nur der Einspruch innerhalb eines Monats zu. Welche Wirkung dem Einspruch zukommt, hängt davon ab, mit welcher Mehrheit die Bürgerschaft das Gesetz zum zweiten Male beschließt. Tut sie es mit einer Mehrheit, die nicht zugleich die Mehrheit sämtlicher Abgeordneten ist, dann ist der Gesetzentwurf erledigt. Tut sie es mit der für eine Verfassungsänderung erforderlichen Mehrheit und enthält der Entwurf keine Verfassungsänderung, dann hat der Senat das Gesetz auszufertigen und im Hamburgischen Gesetz- und Verordnungsblatt zu verkünden. In den dazwischen liegenden Fällen hat der Senat die Wahl zwischen Ausfertigung und Herbeiführung eines Volksentscheids. Zu einer Verfassungsänderung bedarf es zweier übereinstimmender Beschlüsse der Bürgerschaft, zwischen denen ein Zeitraum von mindestens vierzehn Tagen liegen muß. Beide Beschlüsse müssen bei Anwesenheit von mindestens drei Vierteln sämtlicher Abgeordneten und mit einer Mehrheit von zwei Dritteln der anwesenden Abgeordneten erfolgt sein. Ganz eigentümlich ist endlich das Notverordnungsrecht gestaltet. Während die Ausführungsverordnungen dem Senate vorbehalten sind, werden Notverordnungen oder, wie die Verfassung sich ausdrückt, „in dringenden Fällen gesetzliche Vorschriften von geringerer Bedeutung“ bis zur künftigen Beschlußfassung der Bürgerschaft auf Antrag des Senats vom Bürgerausschuß erlassen.

Mittelstein, Die Verfassung der Freien und Hansestadt Hamburg, 2. Aufl., 1924; der Text abgedruckt im Jahrb. d. öff. Rechts, X, 1921, S. 386 ff.

B. Verwaltung.

Wie beim Reiche die Frage lautet: reichseigene Verwaltung oder Verwaltung durch die Länder?, so gibt es innerhalb der Länder einen ähnlichen Gegensatz zwischen Staatsverwaltung und Selbstverwaltung oder allgemeiner zwischen zentralisierter und dezentralisierter Verwaltung.

1. Zentralisierte und dezentralisierte Verwaltung. Selbstverwaltung. Im Interesse der Einheitlichkeit liegt es sicher, wenn die gesamte Staatstätigkeit von einer Stelle aus geleitet wird, wenn die Verwaltung zentralisiert ist. Auch wird es kaum einen Staat geben, der nicht wenigstens die oberste Leitung oder die oberste Aufsicht über einen Verwaltungszweig einer einzigen Behörde am Sitze der Staatsregierung anvertraut hätte. Überträgt aber der Staat dieser Zentralbehörde zuviel Zuständigkeiten, dann entsteht leicht jenes Regieren vom grünen Tische, jenes Regieren „von Berlin aus“, das den Staat so unbeliebt macht und dem Vorwurf der Weltfremdheit aussetzt. Um dieser Gefahr vorzubeugen, wird der Staat zur sog. administrativen Dezentralisation schreiten, d. h. zur Übertragung von Verwaltungszuständigkeiten an Mittel- und Unterbehörden. Der einzelne hat dann nichts mit dem Minister zu schaffen, sondern mit dem Amtsvorsteher in seiner oder der benachbarten Gemeinde, wohl auch mit dem Landrat, und selbst wenn er sich an eine höhere Instanz wenden will, ist dies nicht der Minister, sondern der Regierungspräsident und der Oberpräsident. Aber auch so noch wird dem einzelnen die Verwaltung als etwas fremdes entgegentreten, da die verwaltenden Beamten „von oben her" ernannt, bezahlt und mit bindenden Anweisungen versehen werden. Die Forderung des einzelnen wird daher die sein, die Verwaltungsbehörde möglichst unabhängig von oben dadurch zu machen, daß die Mitglieder der Behörde nicht ernannt, sondern von der Bevölkerung gewählt werden, keine Besoldung erhalten, sondern unentgeltlich tätig sind. Da auf diese Weise in der Bevölkerung das Gefühl erzeugt wird, sie werde durch ihresgleichen regiert, nennt man die durch Wahlamt und Ehrenamt dezentralisierte Verwaltung auch Selbstverwaltung im nicht-juristischen Sinne oder Selbstverwaltung im politischen Sinne. Die Abhängigkeit von der Zentralstelle wird noch mehr gelockert, wenn an die Stelle des Einzelbeamten oder der mit einem Einzelbeamten als Vorstand organisierten Behörde die kollegiale Behörde tritt, da sich Befehle erfahrungsgemäß leichter einem einzelnen Beamten gegenüber durchsetzen als gegenüber einem beratenden und beschließenden Kollegium. Das Kollegialsystem verbunden mit der Selbstverwaltung im politischen Sinne findet man, wenn auch nicht rein, z. B. beim preußischen Bezirksausschuß. Diese Behörde besteht aus dem Regierungspräsidenten als Vorsitzenden, zwei vom Staatsministerium auf Lebenszeit ernannten Mitgliedern und vier vom Provinzialausschuß auf vier Jahre gewählten Laien, die nur Ersatz ihrer Unkosten und des Zeitverlustes in Gestalt von Tagegeldern und Reisekosten erhalten. Zur Selbstverwaltung im Rechtssinne wird die Verwaltung erst, wenn sie nicht mehr im Namen des Staates, sondern einer vom Staate getrennten juristischen Person geführt wird, die gerade zu dem Zwecke geschaffen worden ist, öffentliche Verwaltung im eigenen Namen zu führen (Selbstverwaltungskörper). Ganz gibt der Staat auch bei der Selbstverwaltung das Heft nicht aus der Hand. Er behält sich zum mindesten die Aufsicht darüber vor, daß die Verwaltung den Gesetzen gemäß geführt wird, doch sind seine Aufsichtsanordnungen nicht in gleichem Maße bindend wie Dienstbefehle, da über deren Zulässigkeit auf Anrufen des Selbstverwaltungskörpers eine unparteiische Stelle, das Verwaltungsgericht, entscheidet. Die Selbstverwaltungskörper sind entweder ganz vom Staate getrennt und führen ausschließlich eigene Verwaltung, so z. B. die preußischen Provinzen, die in völliger Trennung vom Oberpräsidenten und dessen Gehilfen vom Landeshauptmann, den Landesräten und dem Provinzialausschuß verwaltet werden. Oder der Staat bedient sich eines Selbstverwaltungsorgans zugleich als eines Staatsorgans, das dann in diesem sog. übertragenen Wirkungskreise sich in dienstlicher Abhängigkeit vom Staate befindet. Dies ist z. B. bei den preußischen Stadtgemeinden der Fall, deren Bürgermeister in erster Linie Gemeindeorgan ist, daneben aber auch im Namen des Staats und in strenger Unterordnung unter den Staat die Polizeigewalt ausübt.

2. Die Aufgaben der Verwaltung. Die Unterarten der Verwaltung lassen sich leicht ordnen, wenn man die Mittel betrachtet, deren sich der verwaltende Staat zur Erfüllung seiner Zwecke bedient. Um überhaupt tätig werden zu können, braucht der Staat vor allem Menschen, auf deren Gehorsam und Treue er sich verlassen kann. Die hierfür geltenden Rechtsregeln machen das Beamtenrecht des Staates aus. Jedes Land hat ein solches Beamtenrecht, das mit dem an anderer Stelle geschilderten Reichsbeamtenrecht im wesentlichen übereinstimmt. Außer diesen mit treuer Hingabe geleisteten Diensten bedarf der Staat aber noch vorübergehender Dienstleistungen ohne Treuepflicht, die er dem einzelnen einseitig auferlegt. So wird der Hausbesitzer zum Schneeschippen, Streuen bei Glatteis, Reinigen der Straße, der Fuhrwerksbesitzer zur Leistung von Fuhren und bei Unglücksfällen jedermann zur Hülfeleistung verpflichtet. Man nennt diese Verpflichtungen öffentliche Lasten. Was dem Staate ferner vor allem nottut, ist Geld. Die Art und Weise, wie er sich Geldmittel verschafft, wie er die Auswahl zwischen Gebühren, Beiträgen und Steuern trifft, ist Gegenstand seines Finanzwesens. Auch hiervon war bereits im Abschnitt über die Reichsverwaltung die Rede. Aber auch das Geld vermag den Staat nicht immer in den Besitz der für die Verwaltung nötigen Gegenstände zu setzen. Der Staat will z. B. eine Eisenbahn bauen, ein Grundstückseigentümer weigert sich aber hartnäckig, das für den Bau nötige Grundstück zu verkaufen. Um zum Ziele zu gelangen, muß der Staat zur Enteignung schreiten. Die Regeln hierfür und für gewisse Einschränkungen des Eigentums finden sich in den Enteignungsgesetzen der Länder, für die jetzt Art. 153 der Reichsverfassung bindende Vorschriften aufgestellt hat. Abweichend und in besonderen Gesetzen geregelt sind gewisse Sonderfälle der Enteignung, wie bei Siedelungen, Grundstückszusammenlegungen, Straßenbauten. Der Staat, der jetzt alles hat, was er braucht, muß weiter dafür sorgen, daß die Ordnung im Innern keine Störung erleidet. Solche Störungen namentlich durch Befehl und Gewalt zu verhindern, ist das Amt der Polizei, die sich je nach dem Gegenstand in Nahrungsmittel-, Jagd-, Fischerei-, Forst-, Bau-, Wohnungs-, Gesundheits-, Sitten-, Vereins-, Versammlungs-, Preß-, Fremden-, Gewerbepolizei u. dgl. gliedert. Der so nach der persönlichen und der sachlichen Seite fertiggestellte Staat kann aber auch als der große Geber auftreten. Er gewährt Nutzungen an den ihm unterstellten öffentlichen Sachen und regelt die Nutzungen vor allem im Wasser- und Wegerecht. Ferner stellt er dem Bürger die in den öffentlichen Anstalten bereitgehaltenen Tätigkeiten und Gegenstände zur Verfügung, so z. B., wie im Reiche die Post, in den Ländern die Schulen und sonstigen Unterrichtsanstalten. War bisher vorausgesetzt, daß der Staat überall selbst der Herr der Verwaltung sei, so kann der Staat aber auch einzelne Zweige der Verwaltung aus der staatseigenen Verwaltung aussondern und eine Privatperson mit deren Führung, vorbehaltlich der Aufsicht des Staates, betrauen. So überläßt er z. B. die Einrichtung und den Betrieb einer Fähre einem einzelnen, den Bau und Betrieb einer Straßenbahn einer Aktiengesellschaft und stattet diese öffentlichen Unternehmungen, wie man sie nennt, mit obrigkeitlichen Befugnissen, etwa dem Rechte der Enteignung, der Erhebung öffentlichrechtlicher Gebühren, aus. Geht der Staat noch einen Schritt weiter und schafft er juristische Personen gerade zu dem Zwecke, daß sie öffentliche Verwaltung unter Staatsaufsicht führen, dann haben wir die Selbstverwaltung in dem oben beschriebenen juristischen Sinne vor uns. Außer den Gemeinden, Kreisen und Provinzen und den hiermit meist zusammenhängenden Fürsorgeverbänden, Schulverbänden, Wegeverbänden usw., sind vor allem die Träger der Sozialversicherung, wie die Ortskrankenkassen, Berufsgenossenschaften, Landesversicherungsanstalten und die Reichsversicherungsanstalt für Angestellte, Beispiele für Selbstverwaltungen unter staatlicher Aufsicht.

Von den angeführten Verwaltungszweigen sei die Polizei einer etwas näheren Betrachtung unterzogen. Die Hauptformen, in denen sie sich äußert, sind Befehl, Erlaubnis und Zwang. Richtet sich der Befehl an eine bestimmte Person, dann spricht man von einer Polizeiverfügung, richtet er sich an die Allgemeinheit, von einer Polizeiverordnung. Nach dem Grundsatze von der Gesetzmäßigkeit der Verwaltung bedürfen sowohl die Polizeiverfügung als auch die Polizeiverordnung als Eingriffe in die Rechtssphäre des Bürgers der gesetzlichen Grundlage. In Preußen findet man heute diese Grundlage für Polizeiverfügungen im Allgemeinen Landrecht, Teil II Titel 17 § 10, für Polizeiverordnungen im Gesetz über die Polizeiverwaltung vom 11. März 1850. In den süddeutschen Ländern sind in den Polizeistrafgesetzbüchern ähnliche Ermächtigungen enthalten. Die durch die Rechtsprechung des preußischen Oberverwaltungsgerichts und des Kammergerichts berühmt gewordene Bestimmung des Allgemeinen Landrechts, die zugleich als eine Begriffsbestimmung der Polizei angesehen wird, lautet: „Die nötigen Anstalten zur Erhaltung der öffentlichen Ruhe, Sicherheit und Ordnung, und zur Abwendung der dem Publiko oder einzelnen Mitgliedern desselben bevorstehenden Gefahr zu treffen, ist das Amt der Polizei." Hiermit ist festgelegt, daß die Polizei unter Anwendung von Befehl und Zwang nur Gefahren bekämpfen, nicht Wohlfahrtspflege treiben darf. Verordnungen, die den gesetzlichen Rahmen überschreiten, sind ungültig, Verfügungen solcher Art anfechtbar. Trotz der Unbestimmtheit der im Allgemeinen Landrecht gebrauchten Ausdrücke und trotz des der Polizei außerdem über das Ob und Wie des Einschreitens in weiten Grenzen eingeräumten freien Ermessens sind die Grenzen der Polizeigewalt wirkliche Rechtsschranken. So wurde einmal eine Polizeiverordnung für ungültig erklärt, die das Trabfahren mit einem leeren Leichenwagen verbot, ein andermal eine Polizeiverordnung, die in einem Badeort von den Zimmervermietern die Anzeige der neu angekommenen Fremden zwecks Führung der Kurliste verlangte; denn in beiden Fällen waren weder die öffentliche Ruhe, Sicherheit und Ordnung berührt, noch drohte dem Publikum eine Gefahr. Ebenso wurde eine Polizeiverfügung als unzulässig aufgehoben, die einem Löwenbändiger das Auftreten verbot; mit der Gefährdung des Löwenbändigers konnte die Verfügung nicht begründet werden, da die Polizei auch beim Schutze einzelner nur im öffentlichen Interesse einschreiten darf, ein solches aber fehlt, wenn sich der Gefährdete absichtlich in Gefahr begibt, mit der Gefährdung des Publikums durch eine etwa ausbrechende Panik nicht, da eine solche an sich zuzugebende entfernte Möglichkeit noch keine Wahrscheinlichkeit und damit auch keine „Gefahr" im Sinne des Gesetzes darstellt. Auch kann sich die Polizei mit ihren Geboten nicht an jeden Beliebigen wenden, sondern nur an den, der zu der Störung der Ordnung in besonderer Beziehung steht, vor allem an den Verursacher der Störung und den Eigentümer der polizeiwidrigen Sache, z. B. des baufälligen Hauses.

3. Rechtsschutz gegen Übergriffe der Verwaltung. Die öffentliche Verwaltung ist mit Zwangsgewalt ausgestattet. Von privaten Betätigungen unterscheidet sie sich gerade dadurch, daß sie ihren Willen einseitig, ohne vorhergehende Anrufung des Richters durchsetzen kann. Umso mehr muß es sich der Staat angelegen sein lassen, den einzelnen vor Übergriffen der Verwaltung zu schützen.

Er tut dies zunächst durch Einrichtungen, die eine Abwehrhandlung des einzelnen unnötig machen. So trifft er bei Besetzung der Verwaltungsbehörden eine sorgfältige Auswahl und verlangt vom anzustellenden Beamten juristische Vorkenntnisse. Er schützt den einzelnen durch Form- und Verfahrensvorschriften, indem er vorschreibt, daß der Bürger vor Erlaß einer ihn benachteiligenden Verfügung gehört wird und daß die Verfügung schriftlich ergehen und mit Gründen versehen sein muß. Ferner wacht über die Gesetzmäßigkeit und Angemessenheit der Betätigungen einer Verwaltungsbehörde deren vorgesetzte Behörde im Wege der Dienstaufsicht. So sollte einmal eine Badnerin, die von Geburt an in Baden gewohnt und dort einen Russen geheiratet hatte, als lästige Ausländerin aus Baden ausgewiesen werden. Das Ministerium des Innern hob jedoch die Verfügung auf und maßregelte den Beamten, der sie erlassen hatte. Endlich schreitet in schweren, vom Gesetz einzeln aufgeführten Fällen der Staatsanwalt gegen den schuldigen Verwaltungsbeamten ein, etwa gegen den Leiter eines Wohnungsamts, der Wohnungen nur gegen Bestechungsgelder zuweist.

Der einzelne kann sich aber auch zur Wehr setzen. Er wird dies nur in sehr bescheidenem Umfange in der Form der Selbsthilfe tun. Abgesehen davon, daß der Staat meist der schon rein tatsächlich stärkere sein wird, hat er das große Vorrecht, sich irren zu dürfen. Wenn der Polizeipräsident anordnet, den A zur Schutzhaft zu bringen, und der Polizeibeamte nimmt B fest, den er ohne Verschulden für den A hält, so darf sich B nicht wehren, vielmehr ist der Widerstand nur gegen völlig unzulässige oder gegen pflichtwidrig rechtswidrige Handlungen der Staatsgewalt gestattet. Häufiger vorkommen wird die Selbsthilfe in der Form des Ungehorsams. Der Ungehorsam ist sogar die typische Form, in der sich der Bürger einer von ihm als ungültig empfundenen Polizeiverordnung gegenüber wehrt. Eine Polizeiverordnung verbietet z. B. das Abspringen von dem in Fahrt befindlichen Straßenbahnwagen. A springt doch ab. Er setzt sich damit zwar der Gefahr der Verurteilung aus, wenn die Verordnung gültig sein sollte, wird aber freigesprochen, wenn das Gericht die Verordnung für ungültig erklärt. Dagegen ist Polizeiverfügungen und auch sonstigen Einzelakten gegenüber, sofern sie nicht ausnahmsweise nichtig sein sollten, der Ungehorsam nicht gestattet; nur dort, wo eine allgemeine verwaltungsgerichtliche Anfechtung der Polizeiverfügungen nicht vorgesehen ist, wie in Bayern, ist der Ungehorsam das einzige Mittel, um eine gerichtliche Entscheidung, nämlich die des Strafrichters, über die Zulässigkeit der Verfügung herbeizuführen. Der Selbsthilfe in der Form des Widerstands und des Ungehorsams reiht sich als weiterer formloser Rechtsbehelf die Gegenvorstellung und die einfache Beschwerde an. Der von der Benutzung einer öffentlichen Bibliothek Ausgeschlossene wendet sich z. B. an den Direktor der Bibliothek mit der Bitte, die ihn ausschließende Verfügung zurückzunehmen, oder er wendet sich hilfesuchend an den Minister. Willfährt auch dieser nicht, so richtet der Beschwerdeführer vielleicht noch eine Eingabe an den Landtag, die sich in eine kleine Anfrage an den Minister umsetzt. Werden Gegenvorstellung und Beschwerde an bestimmte Formen und Voraussetzungen gebunden, ist namentlich bestimmt, daß nur die unmittelbar beschwerten Personen befugt sein sollen sie einzulegen, und daß eine gewisse Frist gewahrt werden muß, dann spricht man von Einspruch und von förmlicher Beschwerde. So steht in Preußen dem von der Wegepolizeibehörde zum Bau eines Weges Herangezogenen innerhalb zweier Wochen der Einspruch an die Wegepolizeibehörde zu. Der von einer Polizeiverfügung des Oberbürgermeisters Getroffene kann innerhalb zweier Wochen Beschwerde an den Regierungspräsidenten und gegen dessen Bescheid innerhalb zweier Wochen Beschwerde an den Oberpräsidenten einlegen. So gut gemeint diese beiden Rechtsbehelfe sein mögen, so werden sie doch vielfach nichts anderes bedeuten, als ein Laufen von Pontius zu Pilatus. Was noch fehlt, ist eine mit richterlicher Unabhängigkeit ausgestattete Instanz, die über die Rechtmäßigkeit des Verwaltungsaktes zu entscheiden hat. Am nächsten läge es, eine solche Entscheidungsgewalt den ordentlichen Gerichten anzuvertrauen, auch haben die hamburgischen und die braunschweigischen Gerichte, denen viele Jahre hindurch die Entscheidung über Verwaltungsakte zustand, und in Sachen von Polizeiverordnungen das Kammergericht und sonstige oberste Strafgerichte die Meinung, die Justiz sei nicht sachverständig genug, um in öffentlichrechtlichen Dingen Recht zu sprechen, glänzend widerlegt. Doch gingen die meisten deutschen Länder seit den sechziger Jahren des vorigen Jahrhunderts einen andern Weg, indem sie zwar richterliche Instanzen für Streitigkeiten des öffentlichen Rechts einsetzten, aber nicht die Justizgerichte, sondern eigene, mit öffentlichrechtlich besonders vorgebildeten Richtern besetzte Verwaltungsgerichte. Art. 107 der Weimarer Verfassung, wonach in den Ländern „Verwaltungsgerichte zum Schutze der einzelnen gegen Anordnungen und Verfügungen der Verwaltungsbehörden bestehen" sollen, war daher im größten Teile des Reichs schon erfüllt, als die Verfassung in Kraft trat. Vor allem ist es dem einzelnen in den meisten Ländern gestattet, sich gegen rechtswidrige Polizeiverfügungen letzten Endes klagend an das höchste Verwaltungsgericht des Landes („Oberverwaltungsgericht", „Verwaltungsgerichtshof") zu wenden, das bei Begründetheit der Klage die Polizeiverfügung aufhebt. Es sind aber Fälle denkbar, in denen selbst dieser Rechtsschutz nicht genügt. Die Polizeibehörde hat z. B. den in Schutzhaft Genommenen mit Gummiknütteln bearbeitet und an seiner Gesundheit geschädigt. Eine Anfechtung dieser Maßnahme hilft dem davon Betroffenen wenig; was er verlangt, ist Bestrafung des Schuldigen und Schadensersatz. Der Gedanke des „Rechts"-Staates in der Bedeutung eines „Gerichts"-Staates ist indessen bei uns so lebendig, daß auch diesem Verlangen Rechnung getragen wird. Schreitet nämlich die Staatsanwaltschaft gegen den schuldigen Beamten nicht ein und bleibt auch eine Beschwerde an den Generalstaatsanwalt ohne Erfolg, so kann sich der Verletzte nach §§ 172 ff. der Strafprozeßordnung noch an das Oberlandesgericht wenden, das bei Begründetheit des Vorbringens die Staatsanwaltschaft zur Erhebung der Anklage zwingt. Für den Schadensersatz aber haftet nicht der meist wenig zahlungskräftige Beamte, sondern für ihn in vollem Umfange der Staat. Diese Amtshaftung gilt nach der Auslegung, die das Reichsgericht dem Art. 131 der Reichsverfassung gegeben hat, heute in allen deutschen Ländern, auch denen, die eine solche Regelung bisher noch nicht getroffen hatten. Sie wird durch Klage vor den ordentlichen Gerichten geltend gemacht. Auch diese Bestimmung gilt kraft Art. 131 der Reichsverfassung in ganz Deutschland. Landesgesetze, die die Erhebung der Klage von der Vorentscheidung einer Verwaltungsbehörde oder eines Verwaltungsgerichts abhängig machten, sind damit außer Kraft getreten.

III. Schluß.

So führt auch die Darstellung des Landesverwaltungsrechts wieder zurück zur Weimarer Verfassung, und es ziemt sich wohl, daß wir ihr, die uns über den größten Teil unserer Ausführungen begleitet hat, das Schlußwort widmen. Woher kommt es, so müssen wir uns fragen, daß eine Verfassung, die so viele vernünftige Gedanken enthält, die in einer so gefälligen Sprache geschrieben ist, die Deutschlands Rettung vor dem verhaßten Bolschewismus bedeutete, so unbeliebt in weiten Kreisen gerade unsrer Gebildeten ist? Nicht das kann der Grund sein, daß sie wenig gelesen wird, denn auch ihre begeisterten Anhänger sind oft nicht über das Lesen der Eingangsworte hinausgekommen. Was ihr im Wege steht, ist vielmehr die Erinnerung an Deutschlands glanzvollstes Zeitalter. Bismarck gründete das Reich in glücklicher Zeit, die Weimarer Verfassung wurde kurz nach dem Frieden von Versailles verabschiedet. In Bismarcks Werk wird der Heros verehrt, der dem deutschen Volke nach langen Jahren des Sehnens beschieden war, die Weimarer Verfassung empfindet man als das Werk von Epigonen. Bismarcks Staatskunst war es gelungen, das Reich auf völlig gesetzmäßige Weise zu gründen, die Entstehung der Weimarer Verfassung leidet unter dem Makel einer aus einer Meuterei entstandenen Revolution. Bismarcks Verfassung ist sprachlich allerdings nicht so angenehm zu lesen wie die Weimarer Verfassung, aber nicht die Worte machen das Wesen einer Verfassung aus, sondern die Tatsachen des Verfassungslebens, und da ist die Weimarer Verfassung von dem Vorwurf eines Mißverhältnisses zwischen Wort und Wirklichkeit nicht freizusprechen. Schon bei der Entstehung der Verfassung übersah man geflissentlich die Tatsache, daß es neben dem Volke noch die politische Wirklichkeit der Länder gab; die Verfassung wurde nach Art. 181 ausschließlich von der Nationalversammlung beschlossen und verabschiedet; in Wirklichkeit aber hatten die Länder durch die Umgestaltung des Preußschen Entwurfs und durch die sog. Weimarer Verfassungsvereinbarungen über die Gestaltung des künftigen Heerwesens einen wesentlichen Anteil am Gelingen des Verfassungswerks. Die Länder sind nach der geschriebenen Verfassung kaum mehr Staaten, aber nie hat sich unter der früheren Verfassung der „Staat" Bayern gegen das Reich so viel herausnehmen dürfen wie das „Land" Bayern unter der Verfassung von Weimar. Der Reichsrat sollte ein geringes Zugeständnis an den Gedanken des Föderalismus sein, in Wirklichkeit und durch Geschäftsordnungsbestimmungen ist aber seine Bedeutung der des alten Bundesrats stark angenähert. Das Volk wird in einer Reihe von Verfassungsartikeln zur unmittelbaren Volksgesetzgebung eingeladen, aber durch den Gegenzeichnungszwang bei Anordnung des Volksentscheids und durch andere Erschwerungen ist die Wahrscheinlichkeit einer wirksamen unmittelbaren Volksgesetzgebung in weite Ferne gerückt. Die Sonderrechte Bayerns auf dem Gebiete des Postwesens sind beseitigt, aber eine wesentlich mit bayerischen Landesangehörigen besetzte Zweigstelle des Reichspostministeriums sitzt in München. Beseitigt sind auch die bayerischen Sonderrechte auf dem Gebiete des Heerwesens, aber nach einer verschämten Bestimmung des Wehrgesetzes darf der Oberbefehlshaber der bayerischen Division nur auf Vorschlag der bayerischen Regierung ernannt und nach der Vereinbarung zwischen dem Reiche und Bayern vom Februar 1924 soll er auch nur im Benehmen mit der bayerischen Regierung abberufen werden. Die Lehrmittel in den Volksschulen „sind unentgeltlich" (Art. 145). Obgleich diese Vorschrift doch gar nicht anders verstanden werden kann, als daß vom Inkrafttreten der Verfassung an die Schulbücher unentgeltlich geliefert werden müssen, wird die Vorschrift nur als Richtlinie für die Schulverwaltung aufgefaßt, ist also nicht wirklich geltendes Recht. Angesichts dieser leicht vermehrbaren Beispiele eines Auseinanderfallens von Idee und Tatsache ist es zu verstehen, daß in den Augen vieler das Meisterwerk eines Wirklichkeitspolitikers, Bismarcks Verfassung, gerade durch den Gegensatz zur Weimarer Verfassung an Wert gewinnt. Bedenkt man ferner, daß sich die Weimarer Verfassung in der Bekämpfung des Alten zwar selbst, abgesehen vielleicht von dem Artikel über die Reichsfarben, einer vornehmen Mäßigung befleißigt, daß aber schon ihr erster Urheber Preuß verletzende Urteile über Bismarcks Werk aussprach, daß dann vor allem heutige Anhänger der Verfassung glauben, deren Wert durch Verunglimpfung des Bismarckschen Werkes oder durch phrasenhafte Verhimmelung des Werkes von Weimar heben zu können, so begreift man, daß die vielen Bewunderer des großen Staatsmannes verärgert, wenn nicht im Innersten verletzt beiseitestehen und nun ihrerseits die Schale des Spottes und des Zorns über die neue Verfassung ausgießen.

Diesen bedauerlichen Gegensatz zwischen alt und neu zu überbrücken wird die schwere, aber dankbare Aufgabe des Lehrers an den höheren Schulen sein, für den dies Handbuch mit in erster Linie geschrieben ist. Wäre der staatsbürgerliche Unterricht in den oberen Klassen einer höheren Schule mir anvertraut, so würde ich den Schülern vor allem einen Text der Weimarer Verfassung in die Hand drücken und verlangen, daß er genau gelesen wird. Die Grundrechte würden dann eine passende Gelegenheit bieten, um das Verhältnis von Recht und Pflicht zu beleuchten. Die Freiheit der Person, die Freiheit des Eigentums, die Ansprüche gegen den Staat für Verschulden seiner Beamten, die Ansprüche des Beamten auf Gehalt u. dgl. haben nur Bedeutung, wenn eine Staatsgewalt vorhanden ist, die jene Rechte schützt. Der Staat aber kann nur bestehen, wenn wir, aus denen er doch zusammengesetzt ist, uns ihm einordnen, ihm gehorchen. Dieser Nützlichkeitsstandpunkt könnte vielleicht bald verlassen und durch einen höheren ersetzt werden. Zweck des Menschendaseins ist die Entwickelung der Persönlichkeit. Stimmt man diesem Ideale zu, so muß man wollen, daß der Mensch in einer wohlgeordneten Gesellschaft aufwachse, denn nur hier wird er nach aller Voraussicht die in ihm schlummernden Fähigkeiten voll entwickeln können. Ein wohlgeordnetes Zusammenleben aber gibt es letzten Endes nur im Staate. Es wäre dann zu zeigen, daß die Weimarer Verfassung die ungestörte Entwickelung des einzelnen gewährleistet und auch sonst „der kulturellen Höchstleistung des Volkes dienen" will (Art. 18). Ist auf diese oder ähnliche Weise die Verfassung dem Schüler nähergebracht, so wird es auch keine unüberwindliche Schwierigkeit mehr verursachen, die alte und die neue Verfassung nebeneinanderzustellen und in gerechter Weise zu würdigen und zu vergleichen. Alles hat seine Zeit, auch eine Verfassung. Bismarcks Verfassung war die ihrem Zeitalter angemessenste Ordnung der Machtverhältnisse Deutschlands, schon das macht sie unsterblich; daß eine Verfassung für alle Zeiten gelten soll, darf man auch von einem Meisterwerk nicht verlangen, namentlich dann nicht, wenn sich das Volk in stürmischer Entwickelung befindet. So wird es einem taktvollen Lehrer leicht möglich sein, ohne verletzende Worte zu zeigen, daß Bismarcks Werk unter den heutigen Verhältnissen einfach nicht mehr bestehen könnte. Er wird ferner darauf hinweisen, daß die Abschaffung der Monarchie in den kleinen Ländern sich nur als eine Fortsetzung der unter Napoleon vorgenommenen, von niemand als den Betroffenen bedauerten Mediatisierungen der kleinen Landesherren darstellt, daß die Frage also heute wohl nur noch lauten kann, ob das Deutsche Reich selbst besser ein Kaiserreich oder eine Republik sei, und daß diese Frage nach der heutigen Volksstimmung und unserer außenpolitischen Lage gar nicht anders als im Sinne der Republik beantwortet werden kann. Diese Bejahung der heutigen Verfassung darf aber nicht dazu verleiten, die alte Bismarckische verächtlich beiseite zu tun. Ohne Bismarck kein Weimar! Trotz Preuß, trotz der Lobredner der neuen Verfassung ist die Verfassung von Weimar eine organische Fortbildung der Bismarckischen, schon nach den Verfassungsbestimmungen, noch deutlicher nach den Tatsachen des Verfassungslebens. Durch diese Erkenntnis würde das alte dem neuen nähergebracht und mit ihm versöhnt werden können, das heute wichtigste Einigungswerk wäre gelungen. Ganz von selbst wird sich dann im Schüler so etwas wie Staatsgesinnung regen. Der Lehrer hüte sich aber, diese Gesinnung durch geschmacklose Lobreden auf die Verfassung künstlich erzeugen zu wollen. Denn auch von der Liebe zur Verfassung, der Achtung vor ihr gilt das Wort: sie kommen nicht mit äußerlichen Gebärden.

Sachregister.

Heeresverfassung.

Von von Kuhl.

I. Der Zusammenhang des Heerwesens mit dem gesamten Staatswesen und Volksleben. Die verschiedenen Wehrsysteme.

Die Machtstellung des Staates beruht auf seinem Heer und seiner Flotte. Je nach der geographischen Lage und den sonstigen Verhältnissen des Staates fällt dabei dem Heer oder der Flotte die größere Bedeutung zu.

Das Heer verbürgt dem Staate den Schutz nach außen und die Aufrechterhaltung der Ordnung im Innern.

Der Begriff des Heerwesens umfaßt die Aufbringung, Organisation, Bewaffnung, Bekleidung und Ausrüstung des Heeres, seine Ausbildung, die Vorbereitungen für den Krieg und seine Versorgung mit allem Erforderlichen im Frieden und Kriege.

Grundlegend für das Heerwesen ist die Heeresverfassung. Sie regelt insbesondere die Aufbringung der Kriegsmacht, die Wehrpflicht und aktive Dienstpflicht sowie die Organisation des Heeres.

Die Wehrverfassung eines Volkes steht in engster Beziehung zu seiner Kulturstufe, in den Wehrverfassungen spiegelt sich der Stand der Kultur zu den verschiedenen Zeiten wider. Kriegerische Stärke geht vielfach mit einer hohen Kulturstufe Hand in Hand.

In alle gesellschaftlichen Verhältnisse greift die Heeresverfassung ein. Von der Volkswirtschaft ist sie abhängig. Der Reichtum des Landes ist für die Aufstellung des Heeres von Bedeutung, das Land liefert die Verpflegung im Frieden und Kriege sowie die Pferde, Industrie und Technik schaffen die Kriegsmittel.

Von wesentlichem Einfluß ist die geographische Lage eines Landes. England ist durch seine insulare Lage vor einem feindlichen Einfall geschützt, solange seine Flotte die Seeherrschaft behauptet. In ähnlicher Lage befinden sich Japan und Amerika. Ein schwer zugängliches Gebirgsland wie die Schweiz bedarf geringerer Kräfte zu seiner Verteidigung. Die ungeheure Ausdehnung Rußlands verleiht ihm eine außerordentliche passive Widerstandskraft. Ganz anders ist die Lage, in der sich Deutschland mit seinen offenen Grenzen in der Mitte Europas befindet und die es bis zum Weltkrieg zu starker Rüstung zwang. Die Heeresverfassungen der benachbarten Mächte können von zwingendem Einfluß auf das eigene Heerwesen sein.

Die verschiedenen Wehrsysteme. Eine für alle Zeiten und für alle Völker mustergültige Wehrverfassung kann es somit nicht geben. Sie wird in ihrer Gestaltung den wechselnden Verhältnissen Rechnung tragen müssen, stets aber, wenn sie zweckmäßig und gut ist, den Eigentümlichkeiten und Bedürfnissen der betreffenden Nation Rechnung tragen.

Im alten Hellas und Rom, wie auch im germanischen Altertum war der Bürger, der freie Mann zugleich der Krieger, der im Kriegsfall unter die Waffen trat. Es war dies seine Ehrenpflicht. In den späteren germanischen Zeiten geht der aufgebotene Heerbann in das Lehnswesen über.

In allen Handelsstaaten, vom alten Karthago bis zum heutigen England, beruht das Heerwesen auf dem Söldnertum. Aber ihm verfallen auch andere Staaten, die den Höhepunkt überschritten haben, wie im Altertum Griechen und Römer. Anderseits ringen sich manche Völker durch das Söldnertum zu höherer Stufe der Wehrverfassung durch. Das Söldnertum der italienischen Kondottieri im 14. und 15. Jh. und der deutschen Landsknechte im 16. Jh., die Aufbringung der Heere im Dreißigjährigen Kriege durch die Werbetrommel der Unternehmer, die stehenden Söldnerheere des 17. und 18. Jh. zur Zeit der absoluten Fürstengewalt, sie alle sind von den neueren europäischen Staaten überwunden worden, bis sie sich im 19. Jh. alle, bis auf England, zu der kraftvolleren Heeresverfassung der allgemeinen Wehrpflicht emporgearbeitet haben.

Diese allgemeine Wehrpflicht ist in ihrer reinsten und höchsten Form, wie sie in Preußen im Jahre 1814 eingeführt wurde, eine persönliche. Eine Abschwächung bedeutet die sogenannte Konskription, die viele Ausnahmen und die Stellvertretung oder den Loskauf gestattet, somit nicht als persönliche Wehrpflicht gelten kann. Die Konskription ist die Form der Ergänzung der napoleonischen Heere, sie blieb in Frankreich bis zum Kriege von 1870/71 maßgebend.

Die allgemeine persönliche Wehrpflicht kann ihren Ausdruck in einer Miliz oder in einem Rahmenheere finden.

Eine Miliz entbehrt des festen Rahmens eines stehenden Heeres. Ein geringer Stamm von Berufssoldaten übernimmt die erste Ausbildung und die Leitung der Wiederholungsübungen. Die aktive Dienstpflicht ist sehr beschränkt, die Ausbildung gering.

Im Rahmenheer bildet das stehende Heer mit seinem großen Stamm von Berufsoffizieren und Unteroffizieren den Rahmen, in dem alle wehrhaften Männer im Frieden ihre gründliche Ausbildung erhalten und in dem im Kriege die zur Reserve oder Landwehr entlassenen Manschaften wieder Aufnahme finden. Das Rahmenheer verbindet somit die Einrichtung des stehenden Heeres mit der allgemeinen persönlichen Wehrpflicht. Das stehende Heer ist die Schule, durch die alle Wehrfähigen hindurchgehen, es erneuert sich dauernd durch den jährlich einzustellenden Ersatz.

Eine Miliz besteht in der Schweiz. Im übrigen haben zu Beginn des Weltkrieges die europäischen Staaten über ein Rahmenheer verfügt. Abstufungen bestanden hauptsächlich nur in der kürzeren oder längeren Ausdehnung der Wehrpflicht, durch die die Zahl der im Mobilmachungsfalle verfügbaren Jahrgänge bedingt wird, und in der Bemessung der zur Ausbildung und zur Aufstellung des Rahmens des stehenden Heeres für erforderlich gehaltenen aktiven Dienstpflicht. Eine Ausnahme macht, wie erwähnt, nur England.

So umfaßten die Heere der europäischen Staaten, als der Weltkrieg begann, die gesamte Volkskraft. Vorläufig wird das Rahmenheer diese Stellung behaupten, soweit nicht der Ausgang des Krieges einzelnen Staaten, insbesondere Deutschland, unnatürliche starke Fesseln auferlegt hat.

In dem Heere der allgemeinen persönlichen Wehrpflicht ist die Verteidigung des Vaterlandes Ehrenpflicht aller Waffenfähigen. Sie ist nicht an den Besitz gebunden noch an Bildung, sondern umfaßt in idealer Einheit alle Klassen der Bevölkerung. Durch dieses System lassen sich im Frieden große stehende Heere und im Kriege solche Heeresmassen aufstellen, wie sie früher durch Werbung weder aufgebracht noch bezahlt werden konnten. Diesen Verhältnissen entsprechend übt die Durchführung der allgemeinen Wehrpflicht einen außerordentlichen Einfluß auf die Volkswirtschaft und auf die sozialen Verhältnisse aus. Sie wirkt einerseits fördernd auf die Industrie und Technik, indem deren Leistungen und Erfindungen für das Heer nutzbar gemacht werden, anderseits belastet sie die Volkswirtschaft durch die damit verbundenen Kosten schwer. Etwa ein Drittel der Staatseinnahmen war vor dem Weltkrieg bei den großen Militärstaaten zur Bestreitung der Heereskosten erforderlich. Die Nationen trugen diese schweren Opfer in der Überzeugung, daß es zur Erhaltung ihrer Selbständigkeit nötig sei. Die aufgewendeten Summen flossen zum großen Teil aber wieder in die Volkswirtschaft zurück und wirkten belebend auf Industrie und Handel ein.

Die Ausbildung der Jugend im Waffenhandwerk stählt die Gesundheit und körperliche Leistungsfähigkeit, sie steigert somit die Volkskraft. Sie bewirkt, wie Feldmarschall von Moltke im Reichstag im Jahre 1874 ausführte, „die Erziehung zu körperlicher Rüstigkeit und geistiger Frische, zu Ordnung und Pünktlichkeit, zu Treue und Gehorsam, zu Vaterlandsliebe und Mannhaftigkeit". In Frankreich drückte dies seinerzeit General Trochu mit den Worten aus: „Eine Armee, die sich periodisch vollständig erneuert, indem sie jährlich einen beträchtlichen Teil der besten Bevölkerung des Landes aufnimmt und ihm dafür jedes Jahr ein Kontingent ausgebildeter Soldaten zurückgibt, führt von Jahrzehnt zu Jahrzehnt der Volksmasse eine Million guter Bürger zu und ist ein mächtiges Werkzeug zur Erziehung der Nation." Für uns Deutsche war es doppelt wichtig, daß die ganze Nation durch die Schule des Heeres ging: „Das Heer hat uns", wie Treitschke sagt, „zu praktischer Einheit erzogen."

So kann man die allgemeine persönliche Wehrpflicht zur Zeit als die vollkommenste Wehrverfassung bezeichnen. Zu ihr haben auch England und Amerika, wenigstens für die Dauer des Krieges, übergehen müssen. Wenn ein auf solche Weise aufgestelltes Heer der Ausdruck der gesamten sittlichen, geistigen und körperlichen Kräfte des Volkes ist, so ist es in seinen Leistungen auch von diesem Volksgeist abhängig. Heimat und Heer müssen im Kriege einig sein, eine Forderung, deren Notwendigkeit der Weltkrieg erwiesen hat.

II. Einfluß der Heeresverfassung auf die Kriegführung.

Die geworbenen Heere des 17. und 18. Jh. waren kostspielig und daher klein. Da sie schwer zu ersetzen waren, trug man Bedenken, sie mit einem großen Schlage in der Feldschlacht aufs Spiel zu setzen. Man vermied die Entscheidung und suchte durch Manövrieren, durch geschickte Märsche und gut gewählte Stellungen den Gegner in ungünstige Lage zu bringen. Die Soldaten waren unzuverlässig, Desertionen waren an der Tagesordnung. Auf dem Marsch wie im Lager mußte man daher die Truppe scharf zusammenhalten, die Verpflegung war von einem genau geregelten Magazinsystem abhängig. Auch die Kriegführung Friedrichs des Großen war durch diese Fesseln noch stark behindert.

Erst die Französische Revolution vermochte sie abzustreifen, indem sie für die Kriegführung auf die gesamte Volkskraft zurückgriff. Napoleon konnte 1812 zu den Abgesandten Kaiser Alexanders sagen: „Ihr könnt mich nicht hindern, überhaupt keinen Widerstand leisten. Ich gebe monatlich 30000 Menschen aus." Der Übergang vom Soldheer zum Volksheer führte einen völligen Umschwung in den Anschauungen von der Kriegführung herbei. „Es sind vergangene Zeiten," sagte Feldmarschall von Moltke, „als für dynastische Zwecke kleine Heere von Berufssoldaten ins Feld zogen, um eine Stadt, einen Landstrich zu erobern, dann in die Winterquartiere rückten oder Frieden schlossen. Die Kriege der Gegenwart rufen die ganzen Völker zu den Waffen, kaum eine Familie, welche nicht in Mitleidenschaft gezogen würde. Die volle Finanzkraft des Staates wird in Anspruch genommen, und kein Jahreswechsel setzt dem rastlosen Handeln ein Ziel."

Seitdem Moltke dies schrieb, haben sich die Verhältnisse wiederum wesentlich verändert. An Stelle von Hunderttausenden, mit denen 1866 und 1870/71 gekämpft wurde, sind im Weltkrieg Millionenheere durch die äußerste Ausschöpfung der Volkskraft getreten. Alle

Hilfsmittel der Kultur, der Industrie, der Naturwissenschaften und der Technik wurden der Kriegführung dienstbar gemacht. Der Krieg richtete sich nicht mehr nur gegen das feindliche Heer, sondern auch gegen die Quelle seiner Kraft, gegen das ganze Volk in der Heimat, dessen Wirtschaft zerstört und dessen Widerstandskraft durch die geistige Waffe der Propaganda gebrochen werden sollte.

III. Kurzer geschichtlicher Überblick über die wichtigsten Heeresverfassungen vom Altertum bis zum Weltkrieg.

1. Hellas und Rom.

Im alten Athen bestand das Heer zur Zeit der Perserkriege aus einer Bürgermiliz. Jeder Bürger konnte im Kriegsfall unter die Waffen gerufen werden und war zum Kriegsdienst verpflichtet. Insofern bestand also eine allgemeine Wehrpflicht, wenn auch selten alle wehrfähigen Bürger tatsächlich im Kriegsfall unter die Waffen traten, sondern hauptsächlich diejenigen das Feldheer bildeten, die sich selbst bewaffnen und ausrüsten konnten.

Anders in Sparta. Die Spartaner bildeten eine Kriegerkaste. Der spartanische Bürger war ein Berufskrieger, so daß in gewissem Sinne die Bürger ein stehendes Heer darstellten.

Im Laufe der Bürgerkriege ging in Griechenland der Kriegsdienst, der ursprünglich eine unbesoldete Ehrenpflicht war, allmählich immer mehr zum Söldnerdienst über. Die lange Dauer der Kriege und die Ausdehnung des Kriegsschauplatzes auf entferntere Länder machten es erforderlich, den im Felde stehenden Mannschaften Sold zu zahlen. Die Besitzenden suchten sich dem andauernden Kriegsdienst zu entziehen, die Besitzlosen machten des Soldes wegen ein Gewerbe daraus und wurden zu Berufssoldaten. Die Bürgermiliz verschwindet allmählich. In der Schlacht bei Chäronea unterlag Hellas dem kraftvollen Volksheer der Mazedonier.

Schon nach Beendigung des Peloponnesischen Krieges finden wir auch griechische Söldner in ausländischen Diensten. 13000 Söldner fochten für Cyrus in der Schlacht bei Kunaxa gegen Artaxerxes. Seitdem breitete sich die Verwendung griechischer Söldner immer weiter aus. Sie fochten in den Kämpfen Alexanders des Großen in Asien auf Seiten des Königs Darius.

Im alten Rom galt die allgemeine Wehrpflicht. Staatsverfassung und Wehrverfassung standen im engsten Zusammenhang und waren scharf aufeinander zugeschnitten, Volk und Heer waren eins. Hierin lag die militärische Stärke Roms.

Doch schon zur Zeit der Punischen Kriege ergaben sich infolge der lang andauernden Kriege Schwierigkeiten in der Durchführung der allgemeinen Wehrpflicht. Es begann sich ein Soldatenstand von Berufssoldaten zu entwickeln, die gegen Sold weiter dienten. Die Aushebung wurde mehr zu einer Konskription. Seit Marius bestanden die römischen Legionen meist aus Geworbenen. Reine Bürgerheere konnten die Kriege des zu einem großen Reiche gewordenen Rom nicht mehr in allen Erdteilen durchführen. Gesetzlich wurde zwar die allgemeine Wehrpflicht nicht aufgehoben, sie diente in einzelnen Fällen noch zur Aushebung. Auch war den Legionen immer noch der Charakter eines Bürgerheeres äußerlich insofern gewahrt, als mit der Aufnahme in die Legionen die Erteilung des Bürgerrechtes verknüpft war und die Legionen sich zunächst noch wesentlich aus Italikern zusammensetzten.

Das Heer Cäsars war völlig ein Berufsheer. Das Kaisertum stützte sich auf ein stehendes Heer. Die Prätorianergarde in Rom setzte sich hauptsächlich aus Italikern zusammen, während die Legionen sich vorwiegend aus den Provinzen ergänzten, in denen sie standen. Schließlich überwogen die barbarischen Hilfstruppen, die im Solde Roms standen, völlig die Legionen. Im 4. Jh. war das Söldnertum der Barbaren an Stelle des alten römischen Kriegswesens getreten.

2. Mittelalter und Übergang zur Neuzeit.

Bei den alten Germanen war ursprünglich jeder Freie ein Krieger. Das alte germanische Volksaufgebot war zwar zur Zeit Karls des Großen noch vorhanden, war aber mehr und mehr bereits unter den Merowingern im Frankenreich in den Hintergrund getreten. Der Heeresdienst aller wehrhaften Männer hatte sich als undurchführbar erwiesen, da nicht jedermann jederzeit plötzlich ins Feld ziehen konnte. So beschränkte sich der Kriegsdienst allmählich auf die Großgrundbesitzer. Die großen weltlichen und geistlichen Herren hielten sich Mannschaften, die sich zum Kriegsdienst verpflichteten und mit denen sie ins Feld rückten. Sie hießen Vasallen. Indem nun den Vasallen Grundbesitz als Lehen gegen Verpflichtung zum Kriegsdienst überwiesen wurde, trat das Lehnswesen zum Vasallentum hinzu. So bestand das Heer im fränkischen Reich aus belehnten Vasallen, der König mit seinen Vasallen war der Oberlehnsherr, die großen Vasallen verfügten wiederum über ihre unteren Vasallen.

Unter Karl dem Großen hatte sich dieser Übergang vom Volksaufgebot zum Vasallentum bereits vollzogen, das von da ab herrschend blieb. Vasallität und Lehnswesen bildeten die Grundlage der mittelalterlichen Kriegsverfassung im Feudalstaate. Da die Lehnsheere hauptsächlich Reiterheere waren, entwickelte sich daraus das Rittertum, das allmählich einen neuen Adel bildete und den Kern des mittelalterlichen Kriegertums darstellte.

Der weitere Gang der Entwicklung führte von der feudalen Kriegsverfassung zum Söldnertum. Schon früh war dieses neben dem Vasallen- und Lehnswesen aufgetreten, bis es allmählich allein herrschte und im wesentlichen bis zur Französischen Revolution maßgebend blieb.

Die emporkommenden Städte fingen im 13. Jh. an, sich Söldner zu halten oder schlossen Verträge mit großen Herren ab, die ihren Schutz übernahmen. In Italien überwog das Söldnertum bald völlig in dem Kampf der Städte gegen einander oder gegen die Fürsten. Allmählich machten sich die Söldnerscharen selbständig und bildeten unter dem Kondottiere, der sie in den Dienst genommen hatte, geschlossene Truppenkörper, die von einem Dienst in den anderen gingen. Durch ihr Bestreben, durch Beute sich zu bereichern, wurden sie eine Plage des Landes, besonders in Italien und Frankreich.

Vielfach gingen Söldner in ausländischen Dienst Besonders die Schweizer waren im 14. und 15. Jh. begehrt.

In Deutschland gewannen die geworbenen Fußknechte, die Landsknechte, nachdem sie zunächst im 13. Jh. im städtischen Dienst aufgetreten waren, bald große Bedeutung. Die Fürsten suchten sie in ihren Dienst zu ziehen. Auch das Landsknechtstum entartete allmählich. Landsknechte scheuten sich nicht, in fremdem Sold gegen den deutschen Kaiser zu fechten. Im Dreißigjährigen Krieg entwickelte sich ein wildes Söldnerwesen. Ein Feldherr, wie Wallenstein, wurde ein Unternehmer, der die Werbetrommel rührte. Durch Raub und Plünderung wurden die Heere unterhalten.

Für die Fürsten bot eine Söldnertruppe an Stelle des Lehnswesens den Vorteil, daß sie darüber frei verfügen konnten, sofern man sie bezahlte. Zunächst wurde sie nach Bedarf beschafft, bis man dazu überging, sie nach dem Kriege nicht zu entlassen, sondern dauernd unter der Fahne zu halten. So vollzog sich der Übergang zum stehenden Heere, der nur bei regelmäßiger Besoldung und daher im Zusammenhang mit einem festen Steuersystem denkbar war. Zunächst begründete Frankreich auf diese Weise seine militärische Macht. Sein stehendes Heer wurde im 17. und 18. Jh. das Vorbild für die übrigen europäischen Armeen. Die größeren Staaten folgten Frankreich in der Zeit der absoluten Fürstengewalt. Da sich im allgemeinen, abgesehen von den Offizieren, nur die untersten Volksschichten zum

Dienst bereitfanden, vielfach aber auch nur durch alle möglichen Werbekünste zum Soldatenberuf gepreßt werden konnten, da ferner viele Ausländer angeworben werden mußten, kann man in diesem Wehrsystem nur eine Entartung und die schärffste Abkehr von der allgemeinen Wehrpflicht und dem Volksheer erblicken. Erst die Französische Revolution schaffte hierin Wandel und brachte wiederum den Gedanken zur Geltung, daß die Verteidigung des Vaterlandes mit der Waffe Pflicht des Bürgers sei.

3. Das Heerwesen Frankreichs seit der Französischen Revolution.

Bei Ausbruch der Revolution bildete die französische Linienarmee ein stehendes Söldnerheer, das sich aus angeworbenen Inländern und Ausländern ergänzte. Daneben bestanden Provinzialmilizen als Reserve für den Kriegsfall, die sich durch Losung aus den tauglichen jungen Leuten ergänzten. Die Friedensstärke der Linienarmee betrug etwa 170000 Mann.

Eine der ersten Aufgaben der 1789 sich bildenden verfassunggebenden Nationalversammlung war die Reorganisation der Armee. Zum ersten Male tauchte hier der Gedanke der allgemeinen Wehrpflicht auf, als von einem Abgeordneten das große Wort ausgesprochen wurde: „Jeder Mann muß bereit sein, auszurücken, wenn das Vaterland in Gefahr ist. Sowie die Stellvertretung geduldet wird, ist alles verloren!" Mit prophetischem Geist war hiermit die Geschichte der französischen Wehrverfassung bis zum Jahre 1872 gekennzeichnet.

Der große Gedanke der allgemeinen, persönlichen Dienstpflicht drang jedoch nicht durch, er kam nur einmal vorübergehend 1793 zum Durchbruch. Zunächst versuchte man, die alte Linienarmee durch Aufstellung zahlreicher Freiwilligenbataillone zu verstärken, indem man „das Vaterland in Gefahr" erklärte. Der Grundsatz des freiwilligen Eintritts konnte aber nicht aufrecht erhalten werden. Schrittweise ging man weiter, bis durch das berühmte Wehrgesetz vom 23. 8. 1793 die allgemeine Wehrpflicht, wenn auch nur vorübergehend für die Zeit des Krieges eingeführt und die Stellvertretung verboten wurde. Der hiermit erreichte Höhepunkt wurde nicht lange beibehalten. Die endgültige Regelung der Wehrverfassung in der Revolutionszeit erfolgte durch das Konskriptionsgesetz vom 5. 9. 1798, das schon einen Niedergang bezeichnet. Zwar sind auch hiernach alle Tauglichen wehrpflichtig. Doch wird jährlich nur ein bestimmtes, durch Losung ausgewähltes Kontingent ausgehoben. Im Jahre 1800 wurden sogar Loskauf und Stellvertretung eingeführt. Der hohe sittliche Wert, der in der persönlichen Ableistung des Waffendienstes liegt, ging dadurch verloren.

Die wesentlichen Bestimmungen dieses Wehrgesetzes blieben bis zum Jahre 1872 in Kraft. Es war somit ein Konskriptionsheer, mit dem Napoleon seine Kriege führte und mit dem Frankreich im Jahre 1870 dem deutschen „Volk in Waffen" gegenübertrat.

4. Preußen-Deutschland.

König Friedrich Wilhelm I von Preußen war es, der durch das Kantonreglement vom Jahr 1733 die preußische Armee einen wesentlichen Schritt über den Zustand eines stehenden Söldnerheeres hinaus führte. Das Kantonreglement ist zwar nicht auf der allgemeinen Wehrpflicht begründet. Dafür waren zu viele Ausnahmen und Befreiungen festgesetzt, so daß es vorwiegend auf der niederen Bevölkerung lastete. Aber es wurden den einzelnen Regimentern bestimmte inländische Ersatzbezirke, Kantons, angewiesen, aus denen sie sich durch inländische Rekruten zu ergänzen hatten. Waren sie ausgebildet, so wurden sie ebendorthin beurlaubt, so daß eine landsmannschaftliche Grundlage für die Armee geschaffen wurde. Die Werbung von Ausländern blieb jedoch daneben bestehen. Im Jahre 1740, als

Friedrich der Große zur Regierung kam, waren sogar noch drei Viertel der unter den Fahnen befindlichen Mannschaften Ausländer, und gegen Ende seiner Regierungszeit bestand immer noch die Hälfte seiner Armee aus Ausländern. Man suchte aus wirtschaftlichen Gründen das eigene Land nach Möglichkeit zu entlasten.

Das so zusammengesetzte Heer unterlag 1806/7 der Kriegskunst Napoleons. Bei der nach dem Tilsiter Frieden einsetzenden Reorganisation war es vor allem Scharnhorst, der den hohen Gedanken der allgemeinen Wehrpflicht vertrat. Aber der preußischen Armee waren durch die Friedensbedingungen enge Schranken gesetzt. Sie reichte nicht aus, um die Waffenfähigen, selbst bei kurzer Dienstzeit, in sich aufzunehmen. Zunächst blieben noch zahlreiche Befreiungen von der Dienstpflicht bestehen.

Das Jahr 1813 machte nach dem Zusammenbruch der napoleonischen Armee in Rußland die Bahn in Preußen für die Durchführung des Scharnhorstschen Gedankens frei. Durch Verordnung vom 9. 2. 1813 wurde jede Befreiung von der Kantonpflicht aufgehoben und die allgemeine Wehrpflicht, jedoch zunächst nur für die Dauer des Krieges, ausgesprochen. Das ganze Volk wurde zu den Waffen gerufen. Wer nicht gedient hatte, trat in die Landwehr ein. Daß der Gedanke der gleichen persönlichen Dienstpflicht aber auch jetzt nicht völlig durchzudringen vermochte, zeigt die durch Verordnung vom 3. 2. 1813 verfügte Aufstellung der freiwilligen Jägerdetachements, in die die gebildeten Stände eintreten sollten, denen man nach damaliger Auffassung eine Einstellung Arm an Arm mit dem gewöhnlichen Mann nicht zumuten konnte.

Erst durch Gesetz vom 3. 9. 1814 wurde die allgemeine Wehrpflicht dauernd eingeführt. Ihre Durchführung ist das Werk des Kriegsministers von Boyen. Die Einstellung der Rekruten in das Heer hielt aber in den auf die Befreiungskriege folgenden langen Friedensjahren nicht Schritt mit der steigenden Bevölkerungszahl. Das Mißverhältnis zwischen der Zahl der Wehrpflichtigen und der Zahl der tatsächlich Eingestellten wurde immer größer. Die große Reorganisation vom Jahre 1859 paßte die Organisation des Heeres den allmählich veränderten Verhältnissen und der erheblich gestiegenen Bevölkerungszahl durch eine Verdoppelung der Linien-Infanterieregimenter, durch ein Ausscheiden der Landwehr aus dem Feldheer und durch eine neue Regelung der Dienstverpflichtungen an. Wie der König von Preußen in seiner Thronrede am 12. 1. 1860 sagte, sollte „die preußische Armee auch in Zukunft das preußische Volk in Waffen sein".

Mit diesem Heere kämpfte Preußen seine siegreichen Feldzüge von 1864 und 1866 sowie Deutschland den Krieg von 1870/71 durch. Die überraschenden Erfolge brachen dem Gedanken der allgemeinen Wehrpflicht überall Bahn, die nunmehr in allen großen europäischen Heeren nach und nach eingeführt wurde.

In der entschiedenen Durchführung dieses Grundsatzes ließ sich jedoch Deutschland in den Jahren bis zum Ausbruch des Weltkrieges von den ihm feindlich gesinnten Nachbarländern überholen. Während in Frankreich jeder Taugliche eingestellt wurde, entsprach in Deutschland die von Zeit zu Zeit festgesetzte Friedensstärke und die dadurch bedingte Zahl der jährlich eingestellten Rekruten nicht mehr der ständig anwachsenden Bevölkerungszahl. Tausende von Wehrpflichtigen wurden alljährlich nicht eingestellt, und etwa 8—900000 Ersatzreservisten blieben ohne militärische Ausbildung. Die Friedensstärke des französischen Heeres war größer als die des deutschen Heeres, obwohl Frankreich nur 40 Millionen, Deutschland 67 Millionen Einwohner zählte. Während in Frankreich kurz vor dem Kriege 2,10 v. H. der Bevölkerung unter den Fahnen standen, betrug dies Verhältnis in Deutschland nach der Heeresverstärkung von 1913 immer noch nur 1,26 v. H. Der französische Chef des Generalstabs des Armee, General Buat, hat daher nach dem Kriege mit Recht behauptet, daß Deutschland, wenn es seine Wehrkraft so angespannt hätte, wie Frankreich, im Jahre 1914 mit 600000 Mann mehr hätte ins Feld rücken können.

5. Das Heerwesen der wichtigsten Staaten in der Zeit vor dem Weltkriege.

Es soll hier nur auf diejenigen Armeen eingegangen werden, die, wie die englische angeworbene Kolonialarmee und die schweizerische Milizarmee, durch ihre Eigenart bemerkenswert sind, oder die, wie in Rußland und in den Vereinigten Staaten, durch besondere Verhältnisse beeinflußt waren.

England war der einzige große Staat in Europa vor dem Weltkriege, dessen Heerwesen noch auf dem Söldnertum beruhte. Die reguläre Armee war ursprünglich in erster Linie Kolonialarmee und bedurfte hierzu, wie erwähnt, angeworbener Mannschaften mit langer aktiver Dienstzeit. Erst in neuerer Zeit waren die im Vereinigten Königreich stehenden Teile der regulären Armee dazu bestimmt worden, als „Expeditionskorps" von 6 Infanterie-Divisionen in einem europäischen Kriege verwendet zu werden. Daneben bestand die Territorialarmee als freiwillige Miliz zur Verteidigung der Heimat. Das Heerwesen beruhte somit auf einem gemischten System.

Die reguläre Armee war verhältnismäßig klein. Das Expeditionskorps in der Heimat betrug etwa 132000 Mann, die Territorialarmee etwa 300000 Mann. Im Vergleich hierzu muß die Leistung Englands im Weltkrieg ungeheuer genannt werden. Die allgemeine Dienstpflicht wurde 1916 eingeführt, und die selbständigen Kolonien, die „Dominions", unterstützten England mit starken Heeresteilen. Im Jahre 1916 stand bereits eine Million auf Seiten Frankreichs im Felde, und zum Schluß näherte sich die Stärke der britischen Truppen der zweiten Million. Gewiß eine bedeutende organisatorische Leistung. Wenn man hieraus jedoch den Schluß gezogen hat, daß sich Millionenheere im Kriege improvisieren lassen und daß Milizarmeen den Rahmenarmeen mit längerer Dienstzeit gewachsen seien, so muß dem entgegengehalten werden, daß nur die lange Kriegsdauer die Zeit zur Aufstellung und Ausbildung der englischen Divisionen gewährte. Im Stellungskriege wurden sie nach sorgfältiger längerer Vorbereitung verwendbar, in einem Bewegungskrieg hätten sich die Mängel der Improvisation in erheblich höherem Maße geltend gemacht.

Eine ausgesprochene Miliztruppe ist die schweizerische Armee. Von den Anhängern des Milizwesens wird daher das schweizerische Heerwesen vielfach als Muster einer modernen Heeresverfassung hingestellt. Das Heer ist auf der allgemeinen Wehrpflicht begründet. Aber ein starker Rahmen ist im Frieden nicht vorhanden. Das Instruktionskorps besteht nur aus einer sehr geringen Zahl von Berufsoffizieren. Die Ausbildung der Rekruten dauert bei der Infanterie nur 65 Tage, bei den berittenen Waffen etwas länger. Während der Zugehörigkeit zum „Auszug", der die Jahrgänge vom 20. bis 32. Lebensjahr umfaßt, finden jährliche Wiederholungskurse von 11 Tagen für die Infanterie statt.

Im Weltkriege war der größte Teil der Armee unter den Fahnen. Man konnte mit einer Feldarmee von etwa 200000 Mann rechnen. Die Armee hat der an sie herantretenden Aufgabe entsprochen und sich bewährt. Es ist aber zu beachten, daß diese Aufgabe lediglich den Schutz der Neutralität erforderte und daß die Armee keiner ernsten Probe unterzogen worden ist. Es kann daher daraus nicht ohne weiteres der Schluß gezogen werden, daß ein solches Heerwesen auch für Großstaaten paßt. Es ist zwar billiger als ein starkes stehendes Heer, aber im Verhältnis zu den doch geringen Leistungen recht teuer.

Für die besonderen Verhältnisse der Schweiz, für die militärische Aufgabe der Verteidigung eines schwer zugänglichen Gebirgslandes paßt eine solche Organisation und entspricht auch der Eigenart der Bevölkerung. Ob eine solche Milizarmee mit so kurzer aktiver Dienstzeit und einem so geringen Stamm von Berufsoffizieren aber auch den Anforderungen eines Großstaates gewachsen ist, ob sie sich für den Bewegungskrieg in großen Verhältnissen eignet und ob sie den aus der gesteigerten Technik erwachsenden vielseitigen Anforderungen gewachsen ist, müßte erst durch die Probe erwiesen werden. Daß die guten Erfahrungen, die im Weltkriege mit den improvisierten Millionenheeren der Engländer und Amerikaner gemacht worden sind, auf besonderen Verhältnissen beruhen, ist bereits betont worden.

Die Vereinigten Staaten von Nordamerika, die im Frieden nur über eine geringe reguläre Armee von Söldnern in der Stärke von 120000 Mann, sowie über eine organisierte Miliz der Einzelstaaten verfügten, haben es fertig gebracht, im Weltkrieg ein Heer aufzustellen, das beim Abschluß des Waffenstillstandsvertrags rund 2 Millionen betrug und das von entscheidendem Einfluß auf den Ausgang des Krieges wurde. Aber den Amerikanern stand hierzu, ebenso wie den Engländern, eine lange Zeit zur Verfügung, und den Truppen wurde zunächst unter französischer Anleitung eine gründliche Ausbildung zuteil, bevor sie im Stellungskrieg eingesetzt wurden. In den Bewegungskrieg wurden sie erst hineingeworfen, als die Kräfte des deutschen Heeres zu erlahmen begannen und die frische Nervenkraft der Amerikaner den Ausschlag gab.

Ohne diese besonderen Umstände hätten sich Ereignisse wie im nordamerikanischen Sezessionskriege wiederholen können. Die Konföderation der Südstaaten wie die Union verfügten zu Beginn über Armeen von milizartigem Charakter. In der ersten Schlacht am Bull Run am 21. Juli 1861 liefen die Unionstruppen einfach auseinander.

Rußlands Heerwesen vor dem Weltkriege verdient deshalb noch eine besondere Erwähnung, weil daraus hervorgeht, bis zu welcher ungeheuren Steigerung der Rüstung ein Staat von der Größe und Bevölkerungszahl Rußlands auf Grund der allgemeinen Wehrpflicht gelangen kann. Die Friedensstärke des Heeres betrug im Sommer 1914 über $1\frac{1}{2}$ Millionen.

IV. Die Entwicklung der Heeresverfassungen seit dem Weltkriege.

1. Grundzüge der Wehrverfassung und Organisation des deutschen Reichsheeres.

Nachdem der Friedensvertrag von Versailles am 10. Januar 1920 in Kraft getreten war, mußte die durch Gesetz vom 6. 3. 1919 vorläufig organisierte deutsche „Reichswehr" bis zum 1. Januar 1921 auf die vertragsmäßige Stärke zurückgeführt werden. Somit trat am 1. Januar 1921 das deutsche „Reichsheer", wie es nunmehr benannt wurde, in seiner endgültigen Stärke und Gestalt ins Leben. Einschließlich 4000 Offizieren verfügt Deutschland nur noch über ein Heer von 100000 Mann.

Der schöne, edle, echt demokratische Gedanke der allgemeinen Wehrpflicht, diese stolze Errungenschaft der Befreiungskriege, ist aufgegeben worden. Von der erklommenen Höhe der Wehrverfassung sind wir zwangsweise zum Söldnertum zurückgesunken. Das Wehrgesetz vom 23. März 1921 regelt unser junges Heerwesen.

Der Eintritt ins Heer erfolgt nur noch freiwillig. Die Bedingungen sind für alle Freiwilligen ohne Ausnahmen gleich, jeder Soldat soll den Marschallstab im Tornister tragen. Der Eintretende muß sich zu einer zwölfjährigen Dienstzeit, der Offizieranwärter vor seiner Beförderung zum Offizier erneut zu einer Dienstzeit von 25 Jahren verpflichten. Da die Zeit der Vorbereitung zum Offizier in der Regel 4 Jahre dauert, ergibt sich für den Offizier eine Dienstzeit von 29 Jahren. Nach Ablauf der zwölfjährigen Dienstzeit werden Unteroffiziere und Mannschaften in der Regel entlassen, da ein längeres Verbleiben im Dienst nicht für wünschenswert gehalten wird. Der Offizier dagegen kann nach 25 Jahren sein Dienstverhältnis fortsetzen. Für ihn ist der Soldatenberuf somit ein Lebensberuf, für Unteroffiziere und Mannschaften nur ein Durchgangsberuf.

Wie sich aus den bisherigen geschichtlichen Betrachtungen ergeben hat, bedeutet das Söldnertum meist den Niedergang des Heerwesens, sofern es nicht, wie in den Handelsstaaten, vom alten Karthago bis zum heutigen England, den besonderen Verhältnissen entspricht. Bei uns beruht es jedoch auf dem Zwang. Es handelt sich daher zunächst darum, die mit dem Söldnertum verbundenen Gefahren zu überwinden. Um dies auch äußerlich auszudrücken, lehnen wir es ab, unsere Wehrmacht als ein Söldnerheer zu bezeichnen und nennen es ein **Berufsheer**. Die Gefahren, die mit einer langen Dienstzeit verbunden sind, müssen überwunden werden. Ungeeignete Leute sind durchaus fernzuhalten, das Reichsheer ist keine Einrichtung zur Unterbringung von Arbeitslosen. Schwierig ist es, die Mannschaften zwölf Jahre lang frisch und dienstfreudig zu erhalten. Ein wesentliches Mittel dazu ist ernsthaft betriebener Sport. Die Vorschrift für die Leibesübungen bietet die Handhabe dazu. Die Leibesübungen stählen den Körper, bilden den Charakter, stärken die Willenskraft und wecken im Wettkampf gesunden Ehrgeiz. Leider ist uns eine allgemeine militärische **Jugendausbildung**, wie sie gesetzlich in Frankreich in der Einführung begriffen ist, untersagt. Das ganze Volk geht nicht mehr durch die Schule des Heeres. Mehrfach ist daher die Einführung einer Turn- und Sportpflicht für die Jugend vorgeschlagen, der keine Vertragsbestimmungen entgegenstehen. Auch auf den Schulen muß dem Turnen und dem Sport der erforderliche Spielraum eingeräumt werden. Auf diese Weise kann vielleicht ein Ersatz dafür gefunden werden, daß unserer Jugend die körperliche Kräftigung fehlt, die sie früher in der Schule des Heeres erhielt.

Der Soldat, der sich zu einer zwölfjährigen Dienstzeit verpflichtet, muß wissen, wie für ihn gesorgt wird, wenn er nach seinem Ausscheiden in vorgeschrittenem Alter sich einen bürgerlichen Beruf wählen muß. Von dieser Fürsorge hängt der Ersatz des Reichsheeres ab. Man kann hoffen, daß dieser Ersatz ausreichen wird. Geringe Fehlstellen, die augenblicklich vorhanden sind, geben einstweilen noch zu keinen Bedenken Anlaß. Unteroffiziere und Mannschaften werden während ihrer Dienstzeit für ihren späteren bürgerlichen Beruf sorgfältig vorbereitet. Außer dem Unterricht in Staatsbürgerkunde findet eine dreifache Art der Vorbildung für den landwirtschaftlichen, den gewerblich-technischen und den Beamtenberuf statt. Das **Wehrmachtsversorgungsgesetz** bewilligt den nach Ablauf ihrer zwölfjährigen Dienstzeit entlassenen Mannschaften auf die Dauer von drei Jahren Übergangsgebührnisse und Beihilfen. Es ist anzunehmen, daß die Versorgung der Mannschaften auf diese Weise so vorbereitet ist, daß sie in gesicherter und angemessener Weise ihr Fortkommen finden.

Dem Offiziere wird ein Anspruch auf ein lebenslängliches Ruhegehalt zuerkannt, wenn er nach einer Dienstzeit von mindestens zehn Jahren ausscheidet. Ein tüchtiges Offizierkorps ist die Vorbedingung für ein leistungsfähiges Reichsheer. Unser ganzes Volk hat daher das größte Interesse daran, daß sich nach wie vor ein tüchtiger Ersatz für diese Laufbahn meldet.

Damit das Heer ein zuverlässiges Werkzeug des Staates bilde, muß unter allen Umständen die **Politik** von ihm ferngehalten werden. Das zersetzende Parteigetriebe muß unbedingt beseitigt werden, politisierende Soldaten können wir nicht gebrauchen. Dementsprechend ist im Wehrgesetz die Bestimmung enthalten, daß die Angehörigen der Wehrmacht sich politisch nicht betätigen dürfen. Die Zugehörigkeit zu politischen Vereinen und die Teilnahme an politischen Versammlungen ist ihnen verboten. Das Recht zum Wählen ruht.

Im Gegensatz zu dem deutschen Heer vor dem Weltkrieg bildet die jetzige deutsche Wehrmacht trotz einiger Einschränkungen ein einheitlich geführtes und verwaltetes, geschlossenes Reichsheer. Immerhin hat es aber die **landsmannschaftliche Eigenart** Deutschlands bedingt, daß ihr bei der Zusammensetzung des Reichsheeres Rechnung getragen werden mußte. Ein vollständig landsmannschaftlicher Aufbau des Reichsheeres war allerdings nicht durchführbar. In jedem Lande ist vielmehr je nach dessen Größe ein geschlossener Verband oder eine kleine Truppeneinheit gebildet worden, die sich im wesentlichen aus diesem Lande ergänzt und in ihm nach Möglichkeit ihren Standort hat. Der bayrische Anteil bildet hierbei einen in sich geschlossenen Verband des Reichsheeres unter einheitlicher Führung.

Eine besondere Einrichtung, die den neuen innerpolitischen Verhältnissen Rechnung trägt, ist durch die Bildung der aus Wahlen hervorgehenden Heereskammer getroffen. Sie soll dem Reichswehrminister beratend und begutachtend zur Seite stehen und den Soldaten der Wehrmacht ermöglichen, Anregungen und Wünsche auch außerhalb des Dienstweges an berufener Stelle zum Ausdruck zu bringen.

Wir stehen somit vor einem völlig neuen, uns ungewohnten Wehrsystem. Die engen Beziehungen zwischen Volk und Heer, wie sie bei einem Volksheer vorhanden waren, sind jäh abgerissen. Es gilt etwas völlig Neues aufzubauen, von dem wir nicht wissen, ob es tragfähig sein wird. Das Heer ist der letzte Hort der Staatsgewalt. Möge jeder dazu beitragen, daß es seine Aufgabe erfüllen wird, auch wenn manche seiner Einrichtungen nicht nach unserem Wunsche sind. Die Klippen, die einem Berufsheer drohen, müssen umschifft werden. Der Soldatenberuf muß wieder zu einem geachteten Stand erhoben werden, dem nichts von dem anhaftet, was mit dem Begriff eines Söldners bisher in ungünstiger Weise verknüpft war. Wir müssen Freude am Heere gewinnen und die Uniform wieder mit Achtung ansehen.

In dem Aufbau des Heeres auf Grund der geschilderten Wehrverfassung sind wir keineswegs frei. Zunächst mußte die Entwaffnung Deutschlands auf Grund des Versailler Vertrags zu Ende geführt werden. Alles Kriegsmaterial, das über den eng begrenzten, im Versailler Vertrag zugestandenen Bedarf des Reichsheeres hinausgeht, ist vernichtet, die Befestigungen sind an unserer Westgrenze zerstört, an der Ostgrenze mangels artilleristischer Armierung entwertet. Der Beurlaubtenstand ist aus allen militärischen Verpflichtungen entlassen worden, ein neuer kann bei einem Berufsheere nicht gebildet werden. Jegliche Mobilmachungsvorbereitung ist untersagt. Die wichtigsten modernen Waffen, Flugzeuge, schwere Artillerie, Kampfgas und Kampfwagen sind unserem Reichsheer genommen.

Innerhalb des engen Rahmens der Zahl 100000 sind wir in bezug auf die Organisation des Heeres an viele Vorschriften gebunden. Die Anzahl der Generalkommandos, jetzt Gruppenkommandos genannt, der Infanterie- und Kavalleriedivisionen, die Anzahl der Einheiten in den einzelnen Waffen, die Höchststärken der Stäbe und Truppenteile, die zu unterhaltenden Militärschulen, die Bewaffnung mit Maschinengewehren, Minenwerfern und Geschützen und vieles andere ist uns genau vorgeschrieben.

Das Reichsheer läßt sich die Schaffensfreudigkeit dadurch nicht rauben. Ungebrochenen Mutes sucht es trotz aller einschränkenden Bestimmungen sich zu einem zuverlässigen Werkzeug der Staatshoheit zu entwickeln.

Nach der Verfassung ist der Reichspräsident der oberste Befehlshaber der gesamten Wehrmacht. Unter ihm übt der Reichswehrminister Befehlsgewalt über die gesamte Wehrmacht aus. Die Wehrmacht der deutschen Republik ist die Reichswehr, die aus dem Reichsheer und der Reichsmarine gebildet wird. An der Spitze des Reichsheeres steht ein General als Chef der Heeresleitung, an der Spitze der Reichsmarine ein Admiral als Chef der Marineleitung. Einen großen Generalstab gibt es nicht mehr. Die Kriegsministerien der einzelnen Bundesstaaten sind in dem Reichswehrministerium aufgegangen.

Das Reichsheer besteht aus 21 Infanterieregimentern, 18 Reiterregimentern und 7 selbständigen Eskadrons, je 7 Artillerieregimentern, Pionierbataillonen, Nachrichtenabteilungen, Kraftfahrabteilungen, Fahrabteilungen und Sanitätsabteilungen. Hieraus werden 7 Divisionen und 3 Reiterdivisionen gebildet, die auf zwei Gruppenkommandos verteilt sind. Jede Division ist in einem Wehrkreis untergebracht. Die Kommandeure der Divisionen sind gleichzeitig Befehlshaber der Wehrkreise.

Die Division wird aus drei Infanterieregimentern, einem Artillerieregiment, einem Pionierbataillon und je einer Nachrichten-, Fahr-, Kraftfahr- und Sanitätsabteilung zusammengesetzt.

Die Reichsmarine besteht aus den Marineteilen zur See und am Lande.

Die Flotte wird gebildet aus:

6 Linienschiffen,
6 kleinen Kreuzern,
12 Zerstörern,
12 Torpedobooten.

Unterseeboote sind untersagt.

Die Gesamtstärke der deutschen Marine beträgt 15000 Mann. Für die Ersatzbauten der Kriegsschiffe sind bestimmte Größen vorgeschrieben, die nicht überschritten werden dürfen.

2. Überblick über die heutige Heeresverfassung der wichtigsten Mächte.

Während England zur Zeit noch immer die größte Seemacht ist, obwohl ihr die Flotte der Vereinigten Staaten nach dem Abkommen von Washington gleichkommen wird, ist Frankreich unbestritten die größte Militärmacht, mit der sich kein anderes Heer messen kann.

Bereits vor dem Weltkrieg hatte die französische Wehrverfassung den Zweck verfolgt und erreicht, die militärische Kraft des Landes aufs äußerste anzuspannen. Jeder irgend Taugliche wurde in das Heer eingestellt. Im Jahre 1913 war sogar die dreijährige aktive Dienstzeit wieder eingeführt, um die Friedensstärke des Heeres auf einen möglichst hohen Stand zu bringen und dadurch den Übergang des Heeres auf den Kriegsfuß zu erleichtern. Die Gesamtfriedensstärke des französischen Heeres stieg dadurch vor Kriegsbeginn auf 883000 Mann (einschl. Offiziere), während die deutsche Friedensstärke um diese Zeit nur die Höhe von 761000 Mann erreichte. Dementsprechend war das Verhältnis der französischen zur deutschen Kriegsstärke. So ergab sich die erstaunliche Tatsache, daß Frankreich bei einer um 25 Millionen geringeren Bevölkerung bei Kriegsausbruch über eine größere Zahl militärisch ausgebildeter Mannschaften, im ganzen über rund 5 Millionen, verfügte, als Deutschland. Die Gründe hierbei sind bei Besprechung des deutschen Heerwesens in der Zeit vor dem Weltkrieg aufgeführt worden.

Dieser militärische Vorsprung war aber mit einer persönlichen und finanziellen Belastung des Volkes erkauft, die auf die Dauer nicht ertragen werden konnte. Ausnahmslos wurden die jungen Leute aller Stände und Berufe aus der Vorbildung herausgezogen und drei Jahre eingestellt, eine Maßnahme, die von größter volkswirtschaftlicher Bedeutung war. Prophetisch berichtete der belgische Gesandte in Paris, Baron Guillaume, im Mai 1914 seiner Regierung: „Die dreijährige Dienstzeit wurde von der Militärpartei leichtsinnig durchgesetzt, aber das Land kann sie nicht ertragen. Innerhalb von zwei Jahren wird man auf sie verzichten oder Krieg führen müssen."

Die dreijährige Dienstzeit war nach dem Weltkrieg nicht mehr aufrecht zu erhalten. Frankreich verringerte daher nach dem Kriege die Dienstzeit auf zwei Jahre und ist zur Zeit im Begriffe, zu einer aktiven Dienstzeit von 1½ Jahren überzugehen. Man spricht sogar von einer späteren weiteren Verkürzung auf 1 Jahr. Die Verkürzung der aktiven Dienstzeit wird jedoch abhängig gemacht von der gesetzlichen Einführung der zwangsweisen militärischen Jugendausbildung, durch die die militärische Ausbildung auch in der kürzeren Dienstzeit gewährleistet werden soll.

Um den Einfluß, den die Verkürzung der aktiven Dienstzeit auf die Stärke des Heeres hat, beurteilen zu können, muß man sich über die Entstehung der Friedens- und der Kriegsstärke klar sein. Die Friedensstärke hängt, außer von der Stärke der einzelnen, jährlich einzustellenden Jahrgänge, von der Länge der aktiven Dienstzeit und der dadurch bedingten Zahl der gleichzeitig unter den Fahnen befindlichen Jahrgänge ab. Sie muß daher sinken, wenn statt dreier Jahrgänge nur zwei oder anderthalb unter den Fahnen sind. Keinesfalls ist damit eine Verringerung der Kriegsstärke verknüpft. Diese hängt hauptsächlich von der Stärke der einzelnen Jahrgänge und von der Zahl der insgesamt nach dem Wehrgesetz im Mobilmachungsfalle zur Verfügung stehenden Jahrgänge des Beurlaubtenstandes ab.

Aber auch der mit der Herabsetzung der aktiven Dienstzeit verbundenen Verringerung der Friedensstärke will Frankreich dadurch vorbeugen, daß die Zahl der Kapitulanten vermehrt, vor allem aber eine erheblich stärkere Heranziehung der Eingeborenen Afrikas (Araber, Marokkaner, Senegalneger) stattfinden soll. Man will die Zahl von 300000 Eingeborenen erreichen. Eine Rückkehr zum Söldnerwesen kann darin zwar nicht erblickt werden, da die Einstellung der Eingeborenen auf Grund einer Wehrpflicht stattfindet. Wohl aber erinnert diese Maßnahme an die geschilderten Verhältnisse im späteren kaiserlichen Rom, das sich nicht mehr auf seine alten italischen Legionen, sondern immer mehr auf die barbarischen Hilfstruppen stützte. Man kann darin nur einen Niedergang des Heerwesens erblicken, wenn die Landesverteidigung in die Hände wilder Völkerschaften übergeht. In Frankreich werden auch bereits warnende Stimmen laut. Der Eingeborene, der im Kriege an der Seite der Franzosen gekämpft hat, ist längst nicht mehr das, was er früher gewesen ist. Durch die ihm reichlich gespendete Anerkennung verwöhnt, ist er selbstbewußter geworden. Die Waffe, die er heute für Frankreich führt, kann er auch einmal dagegen wenden.

Jedenfalls ist es Frankreich im Jahre 1922 noch gelungen, eine Friedensstärke von über 800000 Mann aufrecht zu erhalten. Die Kriegsstärke kann auf rund sieben Millionen geschätzt werden. Kein anderer Staat kann sich damit messen. Die Vorherrschaft Frankreichs auf dem europäischen Festland ist dadurch gesichert.

Die Rücksicht auf die Kriegserfahrungen und auf die Herabsetzung der aktiven Dienstzeit macht eine völlige Reorganisation des Heeres nötig, die zur Zeit eingeleitet ist. Drei große grundlegende Gesetze sollen die Heeresergänzung, die Organisation der Armee und die Stärke und Zusammensetzung der einzelnen Truppenteile und Stäbe regeln. Diese sämtlichen Fragen hängen eng mit einander zusammen.

Wie in Frankreich, so ist auch in allen übrigen Staaten heute das Bestreben erkennbar, nach dem Weltkrieg aus finanziellen Gründen eine Erleichterung der Wehrlasten und durch Verkürzung der aktiven Dienstpflicht eine persönliche Entlastung zu erreichen. Eine Abrüstung ist darin aber durchaus nicht immer zu erblicken.

Zwar haben England und die Vereinigten Staaten von Nordamerika die im Kriege eingeführte allgemeine Wehrpflicht wieder abgeschafft und sind zum Berufsheer zurückgekehrt. Die Gründe, die hierfür maßgebend waren, sind dieselben, die vor dem Kriege für das Heerwesen beider Staaten bestimmend waren und die erörtert worden sind. In England und in den Vereinigten Staaten ist das Berufsheer heute immer noch stärker als vor dem Kriege. Die heutige reguläre englische Armee zählt etwa 277000 Mann, wozu eine starke indische Eingeborenenarmee tritt. In den Vereinigten Staaten ist die Friedensarmee rund 150000 Mann stark. Amerika hat aber aus dem Kriege seine Lehren gezogen und sorgfältige organisatorische Vorkehrungen getroffen, um im Kriegsfalle innerhalb eines vorbereiteten Rahmens schnell ein großes Kriegsheer aufstellen zu können.

Von den europäischen Ländern, die besonders in Betracht kommen, ist Polen im Begriff, seine Wehrmacht auf Grund der zweijährigen Dienstzeit aufzubauen. Sein stehendes Heer soll 250000 Mann stark sein, sein Kriegsheer wird auf mindestens 750000 Mann zu schätzen sein. Auch die Armee der Tschechoslowakei wird kaum geringer anzunehmen sein.

Belgien hält unter starker Verkürzung der aktiven Dienstzeit ein Heer von 113000 unter den Fahnen.

Italien setzt die aktive Dienstzeit auf ein Jahr herunter und will sie später auf acht Monate verkürzen.

Das Heerwesen der im Kriege unterlegenen Länder kommt insofern weniger in Betracht, als es nicht auf Grund einer natürlichen Entwicklung und im Zusammenhang mit dem Volksleben entstanden ist, sondern durch die Siegerstaaten, ebenso wie in Deutschland, aufgezwungen wurde.

V. Ausblick in die Zukunft.

Kein großer Staat kann auf eine bewaffnete Macht verzichten. Ein Staat ohne Macht kann seine Autorität weder nach innen noch nach außen durchsetzen. „Ohne Waffen ist keine Aktion eines Gemeinwesens nach außen, ist aber auch kein fester Bestand eines solchen an sich denkbar. Das Leben der Menschheit bewegt sich nun einmal in natürlichen Feindseligkeiten der Völker und Staatsgenossenschaften unter sich. Jedes Gemeinwesen muß imstande sein, sich selbst und alle, die ihm angehören, zu verteidigen.“ (Ranke.)

In welcher Form die bewaffnete Macht gebildet wird, muß der Natur der Dinge nach verschieden sei. Wehrverfassungen sind dem Wandel unterworfen, sie sind weder für alle Staaten noch für alle Zeiten in gleichem Maße gültig. Doch ist immerhin ein gewisser Kreislauf erkennbar, der von dem ursprünglichen Zustand, in dem jeder Freie zugleich Krieger war, schließlich wieder zur vollendetsten Form, der allgemeinen Wehrpflicht, führt, bei der die Verteidigung des Vaterlandes Ehrenpflicht des Bürgers ist. Die allgemeine Wehrpflicht gestattet die größte militärische Kraftentwicklung und ist von hoher sittlicher Bedeutung.

Daß sie uns versagt ist, ist im höchsten Maße zu bedauern. Man hat zwar aus der Not eine Tugend gemacht und behauptet, sie würde heute nicht mehr für uns passen, auch wenn uns das Verbot des Friedensvertrages nicht gezwungen hätte, sie aufzugeben. Die Geistesverfassung des deutschen Volkes nach dem Weltkriege schließe auf lange Zeit hinaus eine Wiedereinführung der allgemeinen Wehrpflicht aus. Die vollständige Umwälzung der gesamten Kriegführung mache es unmöglich, das ganze wehrfähige Volk durch die Schule des Heeres gehen zu lassen. Nur der lang dienende Berufssoldat sei imstande, die Verwendung der vielseitigen modernen Waffen, der Maschinengewehre, Tanks und Minenwerfer, der verschiedenartigen Artillerie, der Flugzeuge zu beherrschen, die über Sieg und Niederlage mitbestimmen, die aber alle die sorgfältigste Ausbildung erfordern. Unleugbar liegt hier eine große Schwierigkeit vor. Aber in Frankreich, dessen Heer in erster Linie in Betracht kommt, sieht man in der Verkürzung der Dienstzeit kein Hindernis, die Truppe in der Verwendung der vielseitigen neuen Kriegsmittel auszubilden. Ein Berufsheer, das naturgemäß immer nur klein sein kann, würde trotz aller technischen Vollkommenheit von einem Millionenheer der allgemeinen Wehrpflicht erdrückt werden. Es ist nicht anzunehmen, daß in absehbarer Zeit sich erfüllt, was der verstorbene Feldmarschall Frh. von der Goltz in seinem Buch „Das Volk in Waffen“ vorauszusehen glaubte: „Läßt man den Blick in die Zukunft schweifen, so ahnt man selbst eine Zeit, wo die Millionenheere der Gegenwart ihre Rolle ausgespielt haben. Ein neuer Alexander wird erstehen, welcher mit einer kleinen Schar trefflich gerüsteter und geübter Männer die kraftlosen Massen vor sich hertreibt, wenn diese, in dem Bestreben, immerfort anzuwachsen, die richtigen Grenzen überschritten, die innere Tüchtigkeit verloren, und sie sich, wie das Grünbannerheer der Chinesen, zu einem zahllosen, aber friedfertigen Spießbürgerschwarm verwandelt haben.“

Wir müssen uns in Deutschland mit einem Berufsheer abfinden. Trotz aller Bedenken, die der Einführung einer Miliz entgegenstehen und die bei der Erörterung des schweizerischen

Heerwesens hervorgehoben worden sind, würde eine Miliz im Vergleich zum Berufsheer doch noch vorzuziehen sein, weil in ihr die allgemeine Wehrpflicht aufrecht zu erhalten wäre. Daß eine militärische Schulung des Volkes auch für eine Demokratie und eine Republik von Bedeutung ist, hat der Präsident der französischen Republik, Millerand, vor einiger Zeit in einer Ansprache bezeugt: „Ich war immer überzeugt, daß es für eine Demokratie, die ihrer Rechte und Pflichten bewußte Bürger haben will, keine bessere Schule gebe, als die Armee, in der sie lernen, die Tugenden auszuüben, die ihnen ebenso nötig sind wie diejenigen, die sie unter den Waffen haben müssen, nämlich Hingebung, Mannszucht und die Verleugnung des eigenen Willens. Diese Tugenden werden dann in das bürgerliche Leben mit hinübergenommen, wo vielfach Gelegenheit ist, sie zu zeigen. Ich begrüße mit Vertrauen und Hoffnung die Armee der Republik!"

Eine Möglichkeit, die heutigen Massenheere auf den Stand kleiner Berufsarmeen zurückzuführen, wäre gegeben, wenn der viel erörterte Gedanke einer allgemeinen **Abrüstung** zur Wirklichkeit würde. Aber welche Aussichten sind dafür vorhanden?

Die Entwaffnung Deutschlands, die nur eine brutale Gewalthandlung war, sucht das **Versailler Friedensdiktat** mit heuchlerischen Worten als den Beginn eines neuen Zeitalters des ewigen Friedens hinzustellen. Ausdrücklich wird darin gesagt, daß die Entwaffnung Deutschlands dazu bestimmt sei, „den Anfang einer allgemeinen Beschränkung der Rüstungen aller Nationen zu ermöglichen" und den ersten Schritt zu „jener allgemeinen Begrenzung der Rüstungen zu bilden, die die alliierten und assoziierten Mächte als eines der besten Mittel zur Verhinderung von Kriegen zu verwirklichen suchen".

Deutschland hat seine Verpflichtung erfüllt und seine Waffen niedergelegt. Und was ist nun erreicht? Der Völkerbund hat völlig versagt. In Washington hat Frankreich in eine Abrüstung zu Lande nicht eingewilligt und steht seitdem auch weiter auf dem Standpunkte, eines starken Heeres zu bedürfen. Auch sieht es in der Welt keineswegs nach ewigem Frieden und Völkerversöhnung aus. Unter diesen Umständen sind Abrüstungsvorschläge heute so verdächtig, wie früher, als der Konsul Bonaparte im Winter 1800/1801 an die Gesandten Österreichs und Preußens den ersten derartigen Vorschlag richtete.

Literatur.

Ein zusammenfassendes Handbuch über die Entwicklung der Heeresverfassungen bis in die neueste Zeit gibt es nicht. Die beste Übersicht über den Zusammenhang des Volkslebens mit den Heeresverfassungen in den wichtigsten geschichtlichen Perioden gibt: **Max Jähns**, „Heeresverfassungen und Völkerleben". Ein grundlegendes, ausführliches Werk hat **Hans Delbrück** in mehreren Bänden verfaßt: „Geschichte der Kriegskunst im Rahmen der politischen Geschichte". (Berlin, G. Stilke.) Das Werk befaßt sich aber vornehmlich mit der Entwicklung der Kriegskunst seit dem Altertum bis in die Neuzeit und erwähnt die Heeresverfassungen nur soweit, als sie hierfür in Betracht kommen. Auf Delbrück fußt zum Teil **Daniels**, „Geschichte der Kriegskunst" (Sammlung Göschen). Seine Darstellung reicht bis in die neueste Zeit. Ein ausgezeichnetes Buch, wenn auch nicht mehr ganz modern, aber immer noch sehr lesenswert ist das „Volk in Waffen" von **Frh. v. der Goltz**. Es enthält eine lebensvolle Darstellung des auf der allgemeinen Wehrpflicht beruhenden Volksheeres. Zu erwähnen sind noch: **Frh. v. Freytag-Loringhoven**, „Geschultes Volksheer oder Miliz?" **Höniger**, „Die wirtschaftliche Bedeutung des deutschen Militärwesens". Über das heutige deutsche Reichsheer gibt der ausführliche „**Taschenkalender für das deutsche Reichsheer**" von Oberstleutnant von Oertzen und Ministerialamtmann Schweikert, oder der kurze, jährlich erscheinende „**Deutsche Heeres- und Marinekalender**" (Verlag „Offene Worte") Auskunft.

Staat und Kirche.

(Vom protestantischen Standpunkt aus.)

Von O. Baumgarten.

I. Der Begriff von Staat und Kirche bei den protestantischen Bekenntnisschriften.

Eine protestantische Lehre über das Verhältnis von Staat und Kirche kann es schon deshalb nicht geben, weil die gesamten Reformatoren die göttliche Stiftung der verfaßten Kirche bestreiten, ihre Ausgestaltung und damit auch die Regelung ihrer Beziehungen zum Staat der Vernunft der Dinge überlassen. Da die verfaßte Kirche nicht nach göttlichem, nur nach menschlichem Recht besteht und sich entwickelt, steht sie in keiner Weise über dem Staat, der nach gemeinsamer protestantischer Überzeugung eine gottgewollte Ordnung der Christenheit nach ihren weltlichen und rechtlichen Beziehungen ist. Allen protestantischen Bekenntnissen gemeinsam ist der von Luther besonders scharf ausgesprochene Grundsatz von der Scheidung des geistlichen und des weltlichen Schwerts, der kirchlichen und der staatlichen Ordnung. Daraus folgte nun aber weder die Trennung von Kirche und Staat noch die Gleichberechtigung der verschiedenen Kirchen und Bekenntnisse. Die beiden Schwerter oder Hoheitsgebiete gehören für Luther und Kalvin demselben großen Körper der einen Christenheit an, und der Staat, insbesondere der Fürst als Obrigkeit ist der Christenheit zu Dienst verpflichtet. So sind die Reformatoren einerseits an einer reinlichen Scheidung der beiden Gebiete interessiert: keine irdische Gewalt soll sich anmaßen, der Seele Gesetze zu geben und sich einzudrängen zwischen sie und ihren Herrn, gar die Wirksamkeit des Evangeliums hindern; andererseits wollen sie doch die Zusammengehörigkeit von Staat und Kirche als Formen derselben Christenheit festhalten, woraus die Verpflichtung der staatlichen Obrigkeit zur Aufrechterhaltung christlicher Ordnung und zur Unterdrückung der sie gefährdenden öffentlichen Irrlehre folgt. Die mittelalterlichen Voraussetzungen dieser reformatorischen Lehre bildeten die Brücke zu inniger Verbindung geistlicher und obrigkeitlicher Gewalt, wie sie im landesherrlichen Kirchenregiment für die bisherige Entwicklung des deutschen evangelischen Kirchenwesens maßgebend wurde. Sie beruht durchaus auf der Annahme einer für alle gültigen göttlichen Wahrheit, an deren öffentlicher Verkündigung und Sicherstellung die Obrigkeit als „vornehmstes Glied" der Christenheit nicht minder interessiert ist wie die Kirche. Erst mit der späteren Durchführung des protestantischen Grundsatzes der Gewissensfreiheit für die verschiedenartigen, aber gleichberechtigten Bedürfnisse und Befriedigungen verschieden organisierter Menschen und Gemeinschaften konnte die völlige Trennung der beiden Gebiete sich durchsetzen.

Das landesherrliche Kirchenregiment und dessen Voraussetzung, die Zugehörigkeit aller protestantisch getauften Glieder eines politisch organisierten Volkes zu derselben Landeskirche, beruht auf folgendem Gedankengang: da das bürgerliche Gemeinwesen nur auf eine, und zwar nur auf die wahre Lehre gegründet sein kann, so muß sich die Obrigkeit behufs Aufrechterhaltung der bürgerlichen Ordnung für eine Lehre entscheiden und jede andere, soweit sie öffentlich hervortritt, bürgerlich strafen. Mit einem ungeheuren Respekt vor aller Obrigkeit — so meint Luther:

sie tue Recht oder Unrecht, solle man ihr Amt frei gehen lassen ungehindert durch den ganzen Körper der Christenheit — verband sich das Bedürfnis einer äußeren Zwangsgewalt, welche dem Evangelium zu seinem Recht verhelfen könnte gegen die irrende geistliche Obrigkeit; diese Zwangsgewalt fand er allein bei der weltlichen Obrigkeit, die zugleich die Pflicht haben soll, der wahren Kirche den starken Arm zu leihen. Wir können uns hier nicht einlassen auf die scharfsinnigen Theorien der protestantischen Kirchenrechtslehrer vom Landesherrn als Schutzvogt über die beiden Tafeln des Gesetzes und von dem Landesherrn als vornehmstem Glied der Kirche, womit das Bischofsrecht des Landesherrn begründet wird. Das Wort Gottes, dem man alles zutraute, d. h. die der Bibel gemäße kirchliche Predigt, reichte nicht aus, um Einheit der Lehre und genügende Unterhaltung des Lehramts zu erzwingen; man mußte die Durchführung der Reformation durch den weltlichen Arm sicherstellen. Luther wollte gewiß keinerlei geistliche, keinerlei Kirchengewalt; der Kurfürst sollte nur aus christlicher Liebe — nach weltlicher Obrigkeit sei er es nicht schuldig — etliche tüchtige Personen zur Reformation fordern und ordnen. Aber tatsächlich führte die Einrichtung der landesherrlichen Konsistorien zurück zu mittelalterlicher Verkoppelung der beiden Schwerter. Kalvin mußte, schon um der feindlichen, katholischen Obrigkeiten willen und zur Aufrechterhaltung der unterdrückten Kirche, eine selbständige Verfassung der Kirche auf biblische Ordnungen gründen; aber auf lutherischem Boden unterließ man es, die evangelische Gemeinde zur Selbstverwaltung ihrer geistlichen Rechte zu organisieren, was wohl auch kaum zu erreichen gewesen wäre; man machte die Gemeinde mundtot und überließ den „Notbischöfen", den Landesherren und den weltlich-geistlichen Konsistorien die ganze Kirchenordnung und Kirchengewalt.

II. Das Verhältnis von Staat und Kirche in der geschichtlichen Entwicklung.

Die weitere Entwicklung, die wir nur in Deutschland weiter verfolgen, bringt zunächst die extreme Ausbildung des Staatskirchentums, dann seine allmähliche Abbröckelung, wobei der Einfluß des kalvinistischen, außerdeutschen Protestantismus, insbesondere der Durchführung der Toleranz in England, von entscheidender Bedeutung ist. Die tatsächliche Mischung verschiedener Bekenntnisse in einem Staatswesen und die theoretische Erkenntnis ihrer Gleichberechtigung vereinen sich zur Überwindung der mittelalterlichen Voraussetzung der einen Christenheit.

Das bischöfliche Recht des Trägers der Staatsgewalt zur Regierung der Kirche artete bald aus zu dem Grundsatz: cuius regio, illius religio — wes das Land, des die Religion —; die Verfügung des Landesherrn über das Bekenntnis seiner Untertanen wird so weit ausgedehnt, daß man von einer Verwaltung der Landeskirche durch den Hof reden kann, wobei Hofprediger die Mittelspersonen waren. Dagegen hat zuerst im Pietismus und Methodismus, dann in der englischen und deutschen Aufklärung sowohl die persönliche, innerliche Frömmigkeit wie die Emanzipation der Vernunft vom Kirchenglauben die Befreiung des religiösen Lebens und der religiösen Einzelpersönlichkeit von der äußerlichen, staatlichen Lehrordnung gefordert, den Begriff der Christenheit und den der Gemeinde der Heiligen aufgelöst und das geistliche Leben ganz der Freiheit des einzelnen überlassen. Zunächst freilich wird infolgedessen in Deutschland das Staatskirchentum nur noch verstärkt: die zum bloßen Verein, zur „Gesellschaft" verweltlichte Kirche wurde unbedenklich der aufgeklärten Despotie des Monarchen überlassen; die kirchlichen Behörden wurden als solche Staatsbehörden, die Kirchenbeamten fühlten sich gar nicht mehr als Träger geistlicher Kirchengewalt, einfach nur als Staatsbeamte. So ward das Staatskirchentum mehr und mehr seines geistlichen Inhalts entleert, aus der bischöflichen, d. h. geistlichen, seelsorgerlichen Kirchengewalt eine Vereinspolizei zur Aufrechterhaltung der Ordnung und des Landfriedens in der Kirche gemäß dem Kirchenrecht, und zwar gleichzeitig mit der Emanzipation der Individuen von jeder sozialen, bindenden Disziplin und Überlieferung in der Kirche. Die geschlossene Christenheit, die Luther noch vor sich sah in Staat und Kirche, die er der Kirche durch den Staat sicherstellen wollte, war zerfallen in lauter Einzelne, die, falls sie religiös waren, jeder für sich an ihrem Herrn hingen, in der kirchlichen Gemeinschaft aber höchstens eine auf freiem Kontrakt beruhende

Vereinigung zur Sicherung der Verkündigung und des Unterrichts sahen. — Gleichzeitig mit dieser Entwicklung des religiösen Lebens erzwang die Eroberungspolitik der preußischen Monarchie die Toleranz des Staats gegen verschiedene Religionsbekenntnisse: während im 16. Jahrhundert der Herzog von Cleve sich als „Papst in seinen Ländern" fühlen konnte, mußte der selbst reformierte Große Kurfürst das Nebeneinander von lutherischen und reformierten Untertanen in seinen westlichen und östlichen Gebieten ertragen und den Landfrieden sichern durch die erzwungene Toleranz der Andersgläubigen. So gehört es zu den Grundlagen der Politik Friedrichs des Großen, daß er — mit Einschluß der Toleranz gegen die Katholiken, ja gegen die Jesuiten — einen jeden nach seiner Fasson selig werden ließ. Im Sinne des alten Landes- und Staatskirchentums unternahm Friedrich Wilhelm III. die Union der beiden protestantischen Bekenntnisse, die aber als staatsseitig erzwungen eine Neubelebung des konfessionellen Sonderbewußtseins hervorrief.

III. Die Trennung von Staat und Kirche als reife Frucht der Geschichte.

Auflösungsprozeß des landesherrlichen Staatskirchentums. Die Trennung von Staat und Kirche ist keineswegs ein äußerlich erzwungener Abbruch des bisherigen Staatskirchentums, eine unorganische Revolutionserscheinung, deren Rückbildung von der Überwindung der revolutionären Anarchie zu erwarten wäre; auf keinem Gebiet sind „die Errungenschaften der Revolution" so sehr die notwendigen Folgerungen aus der ganzen bisherigen Entwicklung, die von einer reaktionären Politik gewaltsam zurückgehalten wurde, als auf dem Gebiet des protestantischen Kirchentums. Die ganze Kirchengeschichte des 19. Jh. ist ein einziger Auflösungsprozeß des als Notbau begründeten landesherrlichen Staatskirchentums. Und zwar haben fast mehr als die liberalen, kirchenfremden, gegen die Kirche als sozialen Verband gleichgültigen religiösen Individualisten die streng-kirchlichen christlich-sozialen Kreise, deren Rufer im Streit der Hofprediger Stöcker und der Freiherr v. Hammerstein waren, die Forderung der Freiheit und Unabhängigkeit der Kirche vom konfessionslosen, immer mehr religionslosen Staat zu einem wesentlichen Programmpunkt erhoben. Allerdings hat das hohenzollernsche Königsbewußtsein „von Gottes Gnaden" bis zum Weltkrieg alle Hoffnungen auf eine „freie Kirche im freien Staat" niedergehalten. So mußte denn die Revolution die Kirche befreien von der immer unwilliger ertragenen Fessel des Obrigkeitsstaates und des landesherrlichen Kirchenregiments.

Im 19. Jh. stärkt sich zunächst ebenso das soziale Selbstbewußtsein der Kirche wie des Staates. Beide begründen sich nicht mehr auf natürliche Verträge, sondern auf das positive Recht der göttlich geleiteten Geschichte. Die Kirche begnügt sich nicht mehr damit, sich als eine äußerliche Sammlung einzelner Seelen, die für sich Gnade und Heil gewinnen, zu betrachten; sie kommt durch Schleiermacher zurück zum religiösen Begriff der Heilsgemeinde und Heilsanstalt mit spezifischen Gnadenmitteln. Der Staat aber begnügte sich nicht mehr mit dem bloßen Polizeiwesen, mit der äußerlichen Auffassung als Militär- und Ordnungsgewalt; er erfaßt sich als Inbegriff und Zentralgewalt aller Volksgüter und Volksrechte mit hohen Kulturaufgaben. So wurde das Verhältnis von Staat und Kirche immer komplizierter, da beide sozial-ethische Aufgaben am selben Volke lösen wollten. Dazu kam nun noch eine ganz neue Auffassung des Begriffes „Volk": bisher als misera contribuens plebs mit beschränktem Untertanenverstand bevormundet und beglückt von Staats- und Kirchenbeamten, ward es nun als Nation einerseits, als Organisation des allgemeinen Priestertums andererseits zur Urheberin und Trägerin der Staats- und Kirchenverfassung. Die deutschen evangelischen Landeskirchen haben fast sämtlich im Laufe des 19. Jh. presbyterial-synagogale Einrichtungen neben dem landesherrlichen Kirchenregiment bekommen.

Nun aber wurde gerade dadurch das Verhältnis der beiden Größen immer schwieriger. Der Staat wie die Kirche wird mitregiert durch Volksvertreter; aber es ist nicht dasselbe, nicht ein konfessionell einiges Volk, das dort und hier vertreten wird. Je mehr die Kirche vermöge der auf reformiertem Boden nach reformierten Grundsätzen erwachsenen Ältesten- und Synodalordnung zur Selbstverwaltung gelangte, also geistliche Kirchengewalt, nicht bloß Vereins-, nein, Gemeindegewalt neu begründet ward, desto bestimmter mußte das weltliche Schwert, die Staatsgewalt, auf die Aufsichtsrechte, auf die Kirchenhoheit beschränkt werden. Je mehr die Staatsgewalt in die vielen Hände der Volksvertretung überging, desto weniger konnte sich die Fiktion einer wirklich christlichen Obrigkeit behaupten, welcher die Sorge um die Aufrechterhaltung der Gottesdienstlichkeit befohlen wäre, es sei denn zum Schutze gegen Beeinträchtigung. Auch der Landesbischof hat nur noch die Aufgabe, die Beschlüsse und Ordnungen der verfaßten, in Konsistorium und Synode vertretenen Kirche auszuführen. Die ganze künstliche Konstruktion des Staatskirchenrechts zerfällt in sich; denn es ist, von dem eisenbahnfreien flachen Land abgesehen, das Bewußtsein der einheitlichen Christenheit in Staat und Kirche verloren gegangen. Zugleich ist der Glaube an das Gottesgnadentum, in dessen Glanz die Kirche Autorität über devote Volksgenossen ausübte, fast ganz geschwunden.

Demokratisierung des Volksbegriffes. Der eben skizzierte Auflösungsprozeß ward endlich beschleunigt durch die akute Demokratisierung des Begriffes „Volk" seit 1867, seit Bismarck jedem einzelnen Mann aus dem Volke Stimmrecht, Mitbestimmung verlieh. Diese Demokratisierung des Volksbegriffes bedeutete für die Kirche zunächst eine Entleerung desselben; denn das Volk als allgemeines Priestertum ist ein aristokratisch-idealistischer Begriff, umfaßt nur die, welche sich der Priesterpflicht annehmen. Mit dem mechanisierten, unorganischen Begriff des Volkes als Masse aller Eingesessenen kann die Kirche wenig anfangen; diese Masse tötet jede Fiktion eines christlichen Staats.

So erhoben in den 80er Jahren Hammerstein und Stöcker ihre Anklage gegen den entchristlichten, christlich gleichgültigen Staat; er beschütze die Gleichgültigkeit innerhalb der Kirche, verhindere Lehr- und Sittenzucht, dulde Irrlehren auf Katheder und Kanzel und Duelle in der Armee, lähme die Initiative Geistbegabter durch die formale Rechtsauffassung seiner Bureaukratie, durch seine oberste Sorge, den Landfrieden zu wahren unter den religiösen Gegensätzen. Er greife durch seine staatlichen Genehmigungsrechte und durch die von ihm bestellten Kirchenbehörden unerträglich hemmend ein in die freie innere Entwicklung des kirchlichen Wesens aus seinem ewigen Lebensgrunde.

So meldeten sich da und dort in ernst christlichen Kreisen solche, die das Freikirchentum empfahlen, d. h. ein Kirchenwesen, das keine staatlichen Privilegien, aber auch keine staatliche Leitung kennt. Es lockten amerikanische, englische, schottische, Schweizer Vorbilder, deren Vorzüge offenbar scheinen: Unabhängigkeit der Gemeinde von der weltlichen Kultur des Staates, von dem herrschenden Zeitgeist, von der Majorisierung durch die Masse; bewußtere Gläubigkeit und Bekenntnistreue, Recht der Kirchenzucht bis zur Ausschließung ärgerlicher Elemente. Ist nicht auch schon der Schein der Beamtung und Abhängigkeit von der Obrigkeit den Geistlichen in vielen Kreisen hinderlich? Und die staatsseitig erpreßte Steuerpflicht aller, auch der innerlich längst abgefallenen Glieder! Es scheint, daß in den Freikirchen der Strom des kirchlichen Lebens viel reißender und lebendiger in viel schmalerem Bett läuft, während er in der Staatskirche oft in sehr breitem Bette träg und stagnierend hinschleicht.

Diese und ähnliche Erwägungen trafen unmittelbar vor dem Kriege zusammen mit erst jetzt bedrohlich gewordenen Symptomen der Auflösung der Staatskirche.

Lange schienen die viel angedrohten und befürchteten Massenaustritte der von Karl Marx, Büchner, Strauß, Häckel belehrten Sozialisten und Freireligiösen nicht sehr erheblich, eine Folge teils politischer Schonung der Schwachen und Halben, zumal auf dem Lande und in der Frauenwelt, teils der totalen Gleichgültigkeit gegenüber der so anspruchslosen Kirche, der man angehören konnte, ohne von ihr irgend belästigt und herangeholt zu werden; die meisten gehörten auch in die steuerfreie Klasse. Aber allmählich wurde die Feindseligkeit der „vaterlandslosen Gesellen" gegen die Diener der Staatskirche immer stärker; das ganze Odium, das sie gegen den „Klassenstaat" als ihren Verfolger hegten, übertrugen sie auf die Staatskirche, als die mit ihrer Demuts- und Gefügigkeitspredigt den Klassenstaat befestigte. Und wer die Seele des deutschen Arbeiters kannte, konnte schon um 1905 voraussagen, was wir jetzt erlebt haben: daß bei der Revolution mit den monarchischen Staaten auch die Staatskirchen über den Haufen gerannt würden.

Und diese Kirche drohte auch innerlich zusammenzubrechen. Die Fälle César, Jatho, Traub, in denen die an das alte Bekenntnis gebundene Rechtgläubigkeit sich zur Wehr setzte gegen die Weiterbildung der christlichen Religion in Nachgiebigkeit gegen den modernen Zeitgeist und gegen die Forderungen der Wissenschaft, beleuchteten blitzartig den Abgrund, der zwischen den Alt- und Neuprotestanten sich aufgetan hatte. Das Verfahren gegen Irrlehrer, die doch nur die Lehren der staatlich bestellten Hochschullehrer ins Volk trugen, erschütterte tief die vermeintliche Einheit der Kirche.

Das staatliche Kirchenregiment, wohl überall durch geschichtliche Gerechtigkeit und das Bedürfnis des Landfriedens in die Mitte gedrängt, konnte es beiden Teilen nicht recht machen. So geriet es in immer schwierigere Lage. Schon konnte ein begeisterter Anhänger des Staates Friedrichs des Großen und Steins, Erich Foerster, sich mit einem konsequenten Anhänger einer starken, unabhängigen Bekenntniskirche, Theodor Kaftan, begegnen in dem Verlangen nach Entstaatlichung der Kirche und Entkirchlichung des Staates, um sowohl die Forderungen der Toleranz als die eigene Gesetzmäßigkeit des religiösen Bekenntnisses durchzuführen.

Vollzug der Trennung von Staat und Kirche durch die Weimarer Verfassung. Alsbald nach dem Siege der Revolution setzte die Parole „Trennung von Staat und Kirche" ein. Sie kam in der Weimarer Reichsverfassung zum Siege, nicht aber in der französischen Form der Beraubung der Kirche von all ihren Sonderrechten und ihrer Reduktion auf den bloßen Kultusverein, sondern in der gutdeutschen Form, daß die Kirchen die Vorrechte der Körperschaften des öffentlichen Rechts behalten, worin die Anerkennung ihrer Bedeutung für das Kultur- und Sittenleben des Volkes ausgesprochen ist. Die Verfassung stellt in dem Abschnitt über Religion und Religionsgesellschaften nur die reife Frucht der geschichtlichen Entwicklung dar, indem sie einerseits die Freiheit des Gewissens und Glaubens proklamiert, die Unabhängigkeit des Genusses staatsbürgerlicher Rechte vom religiösen Bekenntnis, den Grundsatz: „es besteht keine Staatskirche", andererseits den staatlichen Schutz der Religionsübung, die Freiheit der Vereinigung zu Religionsgesellschaften, die selbständige Ordnung und Verwaltung ihrer Angelegenheiten, die Verleihung ihrer Ämter ohne Mitwirkung des Staates oder der bürgerlichen Gemeinde. Die Verfassung stellt die Rechtsfähigkeit der Religionsgesellschaften nach den allgemeinen Vorschriften des bürgerlichen Rechts fest: die Religionsgesellschaften bleiben Körperschaften des öffentlichen Rechts, „soweit sie solche bisher waren", spricht zugleich aber auch andern Religionsgesellschaften und Vereinigungen solcher die gleichen Vorrechte zu, wenn ihre Verfassung, Zahl und Dauer entsprechen. Als wesentliches Vorrecht sichert sie diesen Körperschaften die Berechtigung zu, auf Grund der bürgerlichen Steuerlisten Steuern zu erheben; sie spricht aber auch die Ablösung aller auf Gesetz, Vertrag oder besondern Rechtstiteln beruhenden Steuerleistungen an die Religionsgesellschaften unter Sicherstellung ihrer Eigentums- und anderen Rechte an ihren für Kultus-, Unterrichts- und Wohltätigkeitszwecke bestimmten Anstalten, Stiftungen und sonstigen Vermögen aus. Diesen wohlabgewogenen Bestimmungen über das Verhältnis von Staat und Kirche entspricht auch die Stellung, die der Abschnitt „Bildung und Schule" den religiösen und weltanschaulichen Bekenntnissen innerhalb der Staatsschule anweist, wenn auch der Schulkompromiß noch keine klare Lösung des Problems gefunden hat, wie man einerseits die Einheit und Unabhängigkeit der Staatsschule, der Lehrer wie Kinder, von der konfessionellen und weltanschaulichen Besonderheit, andererseits das Recht der Eltern auf Erziehung ihrer Kinder in ihrer eigenen Überzeugung gewährleisten soll. Es ist jedenfalls durch die Verfassung jede Art Glaubens- und Bekenntniszwang beseitigt, zugleich aber anerkannt, daß es keine deutsche Einheitskultur gibt, die allen Kinder des Volks übermittelt werden könnte, sondern eine Gespaltenheit in Bekenntnisse und Weltanschauungen, die das Bildungswesen nicht ignorieren kann. Die Kämpfe um die Weltanschauung werden daher auch in der Staatsschule wie in der gesamten Kultur weiter bestehen; aber sie werden befreit sein von allem staatlichen Zwangskurs einer Staatsreligion oder religionslosen Staatsraison.

IV. Die Grenzen dieser Trennung: die bleibende Kirchenhoheit des Staates.

Es ist hier davon abzusehen, daß die finanzielle Unabhängigkeit der Kirchen vom Staat, die Aufhebung des Kultusetats, die Ablösung der auf Gesetz, Vertrag oder besonderen Rechtstiteln beruhenden Staatsleistungen an die Kirchen und die Selbsterhaltung derselben aus eigenen Fonds bzw. Selbstbesteuerung der Kirchenglieder, bei dem von den Kirchen wenigstens direkt nicht mitverschuldeten Zusammenbruch des deutschen Wirtschaftslebens auf dem Papier stehen bleiben muß. Indem der Staat seine gesetzlichen und moralischen Verpflichtungen zur Erhaltung der Kirchen restlos und loyal erfüllt, erkennt er zugleich an, daß er gegenüber diesen Körperschaften des öffentlichen Rechts auf Grund ihrer geschichtlichen und bleibenden Bedeutung für das Volk eine gewisse Schutzpflicht hat, das alte ius advocatiae. Aber auch nach Durchführung der finanziellen Trennung von Staat und Kirche wird keine schlechthinige Trennung beider eintreten können, da der Staat niemals auf seine Aufsichtsrechte über die Kirchen, die man als Kirchenhoheit des Staates zusammenfaßt, verzichten kann. Die eminente Bedeutung der Kirchen für die sittliche Erziehung und ganze innere Kultur des Volkes, ihr Einfluß auf die Idealbildung und Opferwilligkeit des Volkes gegenüber der Gesamtheit, ihr Anteil an der Wohlfahrtspflege und privaten Wohltätigkeit im Volk, vor allem auch der störende, kreuzende Einfluß staatsgegnerischer Bestrebungen der Kirchen erzwingen die dauernde Beaufsichtigung und Förderung der Tätigkeit der Kirchen seitens des Staates, der sich als Zentralmacht und Zusammenfassung aller Kultur im Volk fühlt. Dieser Rest der alten Kirchenhoheit muß im Interesse des Staates wie der Kirche festgehalten werden.

Man unterschied im alten Kirchenrecht die Kirchenhoheit als ius circa sacra von der Kirchengewalt als ius in sacra, also als nur die äußeren, nicht auch die inneren Beziehungen betreffendes Recht des Staates gegenüber der Kirche. Sie setzt voraus, daß die Kirchen ein gewisses Vorrecht als Körperschaften des öffentlichen Rechts genießen. Auch wenn nun andere Religionsgesellschaften und Weltanschauungsvereine dieselben Vorrechte teilen, bleiben diese Vorrechte bestehen und folgt daraus, daß der Staat die eigenen Interessen dieser Korporationen, die ihm „öffentlichen Interesses“ wert erscheinen, schützt gegen irgendwelche Beeinträchtigung von innen oder außen, aber auch die Erfüllung der Lebenszwecke der Korporation, ihre finanzielle Gebarung und die Rechte der Minderheiten an sie beaufsichtigt, zugleich seine Interessen gegen etwaige kirchliche Übergriffe schützt. Hierher gehört die staatsseitige Genehmigung neuer Kirchenverfassungen, wie sie auch im französischen Trennungsgesetz von 1905 vorgesehen ist, die staatliche Beaufsichtigung der kirchlichen Vermögensverwaltung, die Mitwirkung des Staates bei Vorbildung der Geistlichen — Einrichtung und Erhaltung von theologischen Fakultäten und Predigerseminaren — und bei ihrer Anstellung. Weshalb man diese Schutz- und Aufsichtsrechte nicht als Kirchenhoheit bezeichnen sollte, ist nicht abzusehen. Der Kultur- und Rechtsstaat wird schon wegen der Rechte der Minderheiten einer Korporation an dieselbe nicht auf das Recht verzichten können, Kirchengesetze zu genehmigen, ehe sie Gültigkeit erlangen, sich dieselben vorlegen zu lassen, ehe sie bürgerliche, insbesondere bürgerlich-rechtliche Wirkungen äußern. Auch ein Rest von Appellationsrecht beeinträchtigter Kirchenglieder an den Staat dürfte aus dem Charakter einer Körperschaft des öffentlichen Rechts hergeleitet werden. Zu den Schutzrechten des Staates gehört die Bestrafung der „Religionsvergehen“, der Störung des öffentlichen Gottesdienstes, der öffentlichen Gotteslästerung, die Sicherung der staatlichen Feiertage und der konfessionellen Kindererziehung. Beim Kirchenaustritt hat der Staat sowohl die Rechte der Kirchenglieder an das Kirchenvermögen wie auch der Kirche an übernommene Lasten der Kirchenglieder zu schützen. Es scheint auch nicht fraglich, daß der Staat seine Kirchenhoheit zu betätigen hat, wenn Änderungen betreffs der Zugehörigkeit zur Kirche — Bekenntnisverpflichtung, Kirchenzucht — gegen eine erhebliche Minderheit beschlossen werden.

V. Der zu erwartende Erfolg der Trennung von Staat und Kirche.

Die Notwendigkeit und innere Folgerichtigkeit eines Kulturfortschritts, wie ihn die Trennung von Staat und Kirche darstellt, schließt nicht ohne weiteres seine segensreiche Wirkung ein. Diese hängt auch von der Reife des Volks oder des betreffenden Kulturkreises für diesen Fortschritt ab. Auch die anderwärts beobachteten günstigen Wirkungen der Trennung von Staat und Kirche garantieren nicht denselben Erfolg für Deutschland. Die nordamerikanischen staatsfreien Kirchen, in eine ganze Reihe von „Denominationen" zerfallend, zeugen für eine intensive Beteiligung und enorme Opferwilligkeit der von der Bureaukratie und Staatskrippe entwöhnten Kirchenglieder. Aber werden die durch Jahrhunderte an beide gewöhnten und eigener Betätigung und wirklicher Opfer entwöhnten Evangelischen Deutschlands den großen Ansprüchen der staatsfreien Kirche an Selbsttätigkeit und Opferwilligkeit gewachsen sein? Jedenfalls wird es einen schwierigen Übergang vom Staatskirchen- zum Volkskirchentum geben. Aber auch die vielerörterten Bedenken gegen das Freikirchentum: seine Gefahr, die Weite und Weltoffenheit des Kulturstaates an Enge und Abgeschlossenheit kleiner, streng religiöser Kreise zu verlieren, seine so naheliegende Versuchung, die bereits den Fortschritt der Ältesten- und Synodalverfassung erheblich beeinträchtigt hat, die Synodalmehrheit zu einer rücksichtslosen Herrschaft eines bestimmten Bekenntnisses, einer ausschließlichen Glaubensauffassung zu mißbrauchen, u. a. m. dürften zunächst sich aufs unangenehmste bewahrheiten. Das Staatskirchentum war in vieler Hinsicht ein höchst wirksames Band zwischen der Kirche und der fortschreitenden Kulturbewegung, ein sehr heilsamer Damm gegen die Überflutung der Kirche durch die extremen Strömungen einer engkreisigen, hitzigen Kirchlichkeit. Wenn in ihrem Gewissen gebundene Strenggläubige diese Einengungen der kirchlichen Gemeinschaft abwehren, so mag das bei dem Wegfall der den Landfrieden wahrenden, ausgleichenden und mildernden Wirksamkeit der Staatskirche zu Separationen und Sektenbildungen führen, die zwar eine größere Intensität und strömendere Fülle in engerem Bett, aber auch eine begrenztere, eine sich selbst überschätzende Kultur hervorrufen und unser deutsches Gesamtleben zunächst erheblicher wärmender und haltender Seelenkräfte berauben würden. Auch steht zu befürchten, daß die protestantische Kirche sowohl gegenüber der einheitlichen, gesammelten und bei innerster Geschlossenheit weltoffeneren, fortschrittlicheren Kirchenmacht Roms und der exklusiven, fanatischen, klassenmäßig abgeschlossenen, die Religion ersetzenden Gewalt des Sozialismus über Leib und Seele seiner Gläubigen, durch ihre Zersplitterung und Verengung und Abwendung von der fortschreitenden Kultur immer mehr an Einfluß auf das deutsche Gesamtleben einbüßen werde, was der schmerzlich beklagen wird, der ohne den protestantischen Einschlag sich unsere deutsche Kultur nicht denken kann.

Aber all diese mit ziemlicher Sicherheit vorauszusehenden Erfolge der Trennung von Staat und Kirche können und dürfen nicht veranlassen, einen Kulturfortschritt zurückzutun, der die reife Frucht einer langen Kulturentwicklung und keimartig im Wesen des Protestantismus enthalten ist.

Literatur.

Zu I: Otto Mayer, Artikel „Staat und Kirche" in Herzogs Realenzyklopädie, 3. Aufl. XVIII, S. 707—727. — Kahl, Lehrsystem des Kirchenrechts und der Kirchenpolitik, 1894, Band I, S. 246ff., J. C. B. Mohr, Tübingen. — R. Sohm, Kirchenrecht I, 1892, Duncker & Humblot, München. — Ernst Tröltsch, Die Soziallehren der christlichen Kirchen und Sekten, 1913, Mohr, Tübingen. — Derselbe, Die Trennung von Staat und Kirche, 1907, Mohr, Tübingen. — O. Baumgarten, „Das Ende der Staatskirche das Ergebnis der geschichtlichen Entwicklung" aus F. Thimme, Revolution und Kirche, 1919, De Grunter, Berlin, S. 70—82; dort auch der Beitrag von Tröltsch. — Für die Entstehung des landesherrlichen Kirchenregiments: K. Rieker, Die rechtliche Stellung der evangelischen Kirche Deutschlands in ihrer geschichtlichen Entwicklung, 1893, Hirschfeld, Leipzig.

— E. Förster, Die Entstehung der Preußischen Landeskirche, 1905, Mohr, Tübingen. — Th. Kaftan, Vier Kapitel von der Landeskirche, 1903, Bergs Verlag, Schleswig. — Schian, Förster, Naumann, Katzer, v. Soden, Baumgarten, Die evangelischen Kirchen und der Staat. Leit-, Zeit- und Streitsätze (Hefte zur christlichen Welt, 1905), Dülfer, Görlitz.

Zu III: Zu der Geschichte der Auflösung des Staatskirchentums vgl. die kirchlichen Monatschroniken, die Otto Baumgarten in seiner „Monatsschrift für die kirchliche Praxis", später „Evangelische Freiheit" 1900—1920, Mohr, Tübingen, veröffentlichte. Dazu: Erich Foerster, Entwurf eines Gesetzes betreffend die Religionsfreiheit im preußischen Staat, 1911, Mohr, Tübingen. — Theodor Kaftan, Wo stehen wir?, 1911, Bergas Verlag, Schleswig. — Die Einzelbestimmungen der Verfassung, die vorstehend skizziert sind, siehe bei Sägmüller, S. 32 f., woselbst auch nichtdeutsche Lösungen des Problems angeführt sind.

Zu IV: Über Kirchenhoheit vgl. besonders Karl Rieker, Die rechtliche Stellung der evangelischen Kirche Deutschlands, 1893, Hirschfeld, Leipzig. — Paul Hinschius, Das Verhältnis von Staat und Kirche in Marquardsens Handbuch des öffentlichen Rechts, Mohr, Tübingen. — Wilh. Kahl, Lehrsystem des Kirchenrechts und der Kirchenpolitik I, 1894, Mohr, Tübingen; eine kurze Orientierung in „Religion in Geschichte und Gegenwart", Art. Kirchenhoheit von Friedrich.

Staat und Kirche.

(Vom katholischen Standpunkt aus.)

Von J. B. Sägmüller.

I. Das prinzipielle Verhältnis von Staat und Kirche.

Koordination beider Gewalten. Der Staat ist, weil in den natürlichen Trieben und Bedürfnissen des Menschen begründet, von Gott gewollt. Damit ist auch die im Staat notwendige Staatsgewalt von Gott gewollt. „Es gibt keine Gewalt außer von Gott" (Röm. 13, 1). Die nähere Staatsform, ob Monarchie, Aristokratie, Demokratie, ist dem Willen der Staatsmitglieder überlassen. Ob es dann Gott ist oder ob es die Staatsmitglieder sind, welche die Staatsgewalt dem bestimmten Träger übergeben, ist kontrovers. Zweck und Aufgabe des Staates ist die Wahrung des Rechtes und die Förderung der Wohlfahrt, soweit der einzelne oder Verbände innerhalb des Staates dies nicht selbst vermögen. So ist der Staat Rechts- und Wohlfahrtsanstalt. Nach der natürlichen Ordnung hätte der Staat wie andere Kulturgüter so auch die Religion, d. i. die Erkenntnis und Verehrung Gottes, zu schützen und zu fördern. Aber Jesus Christus, der Sohn Gottes, hat den Menschen die übernatürliche Religion geoffenbart und zu deren Erhaltung und Verbreitung die christliche Kirche gestiftet (Matth. 16, 18. 19). So stammen die weltliche und geistliche Gewalt, Staat und Kirche, Imperium und Sacerdotium von Gott, sind die beiden höchsten Erdengewalten, jede innerhalb ihrer Sphäre, nach Ursprung, Zweck, Wesen, Mitteln, Ausdehnung, Dauer durchaus selbständig, souverän, einander koordiniert. „Utraque potestas est in suo genere maxima" (Leo XIII., Enzykl. „Immortale Dei" v. 1. Nov. 1885).

Daraus folgt vor allem, daß die Kirche dem Staate nicht untergeordnet, subordiniert ist, daß sie nicht ist eine Korporation im Staate wie irgendeine andere private oder namentlich öffentliche, d. h. eine zum Wohle des Staates tätige, nach Existenz und Einrichtung vom Staate abhängig. In der katholischen Kirche steht dem Staate ein Gemeinwesen gegenüber von selbständiger Herkunft, Bestimmung, Organisation, Ausdehnung, Dauer, mit einem Oberhaupt, dem Papste, der keinem Staat unterworfen ist, noch sein kann. Wenn andere Religionsgenossenschaften oder Kirchen sich vom Staate, in dessen Grenzen sie aufgehen, sich behandeln lassen wie andere öffentlich-rechtliche Korporationen, so darf deswegen die katholische Kirche sich nicht bewegen lassen, ihr Wesen anders zu bestimmen.

Die beiden koordinierten höchsten Gewalten Staat und Kirche sollen und können nach dem Willen Gottes einträchtig am Wohl der Menschen arbeiten. Sie können das um so mehr, als aus den klarsten Gründen dem Staate aus der Tätigkeit der Kirche und der Kirche aus der Hilfe des Staates ihr größter Nutzen und das Wohl der Völker erwächst, während aus ihrer Zwietracht das größte Verderben entsteht. Da jedoch ein und derselbe Mensch der Kirche und dem Staate untersteht, so kann sich doch im bestimmten Fall ein tatsächlicher Widerstreit der beiderseitigen Rechtsansprüche ergeben. Weil aber beide Gewalten von Gott stammen, so muß sich auch hier das richtige Verhältnis finden und herstellen lassen. Es ist hierbei das Wesen und der Zweck beider in das Auge zu fassen. Was immer im Leben den Menschen heilig ist, was speziell auf den Dienst Gottes und das Heil der Seelen hinzielt — rein kirchliche Dinge (res mere ecclesiasticae) —, das untersteht allein der Kirche. Andrerseits hat der Staat unbeschränktes Verfügungsrecht in allen bürgerlichen und politischen Angelegenheiten. Er ist in den rein bürgerlichen Dingen (res mere civiles) souverän. Neben diesen reinkirchlichen und reinbürgerlichen Gegenständen gibt es aber aus verschiedenen Gründen auch solche, welche zum Teil vor das kirchliche, zum Teil vor das staatliche Forum gehören, sogenannte gemischte Dinge (res mixtae). So Leo XIII., Enzykl. „Immortale Dei" v. 1. Nov. 1885 und auch das neue kirchliche Gesetzbuch, der Codex Juris Canonici (C. J. C.), z. B. Can. 1016, 1059, 1063 § 3, 1554, 1933 § 3, 1961. Sie werden am besten durch friedliches Übereinkommen zwischen beiden Gewalten geordnet. Da aber die Aufzählung und Regelung dieser Angelegenheiten sehr schwierig ist, so werden beide Teile am ehesten zum Ziele kommen, wenn sie möglichst nachgiebig gegeneinander sind und sich friedlich darüber in einem Vertrag vereinbaren (Konkordat). Die Kirche wird am allermeisten sich nachgiebig dabei erweisen, da sie im Streitfall bei dem materiellen Übergewicht des Staates zunächst den größeren Schaden erleiden wird (Leo XIII., Enzykl. „Immortale Dei" v. 1. Nov. 1885). Sollte aber eine Vereinbarung überhaupt nicht möglich sein, so verfügt jeder Teil in seinem Gebiete selbständig. Staatlichen Übergriffen hierbei wird die Kirche nicht zustimmen, wird sie aber tragen müssen.

Gewisse Superiorität der Kirche. Den Gesetzen der Kirche sind alle ihre Glieder ohne Ausnahme unterworfen, auch Könige und Kaiser. Andererseits haben den gerechten bürgerlichen Gesetzen alle Glieder der Kirche Gehorsam zu leisten. Wenn aber das staatliche Gesetz den Forderungen der Moral direkt und klar widerspricht, dann ist passiver Widerstand nicht bloß erlaubt, sondern Pflicht. „Man muß Gott mehr gehorchen als Menschen" (Apg. 4, 19; 5, 29). Damit ist trotz der wesentlichen Koordination von Staat und Kirche eine gewisse Superiorität der Kirche über den Staat ausgesprochen. Diese ergibt sich aus dem höheren Zweck der Kirche. Sie erstrebt die übernatürliche Heiligung und ewige Beseligung der Menschen. Der Staat aber bezweckt deren irdische Wohlfahrt. Wegen des höheren Zweckes kommt der Kirche Recht und Pflicht zu, belehrend, mahnend, warnend, vorschreibend und strafend die Gewissen von Fürsten und Völkern aufzuklären, ihnen ihre Pflichten gegen Gott und die Religion vorzuhalten und zu entscheiden, was sittlich erlaubt ist und was nicht.

Die Kirchenväter haben das Verhältnis von Kirche und Staat veranschaulicht durch das Gleichnis von Seele und Leib, Himmel und Erde. Im Mittelalter war der Vergleich zwischen Gold und Blei, Sonne und Mond gebräuchlich (Gregor VII., Ep. l. VII, n. 25 [ed. Caspar p. 505 f.]) oder redete man in Anlehnung an Luk. 22, 38 von zwei Schwertern, dem gladius spiritualis und dem gladius materialis, von denen das weltliche Schwert dem geistlichen unterworfen sei, so Bonifaz VIII. in der Bulle „Unam sanctam" v. 18. Nov. 1302. Seit dem Mittelalter umschreibt man das Verhältnis von Kirche und Staat auch durch die Begriffe von der potestas Ecclesiae in temporalia directiva, — directa, — indirecta. Unter der besonders von dem spanischen Jesuiten Suarez († 1617) vertretenen potestas directiva der Kirche versteht man die Befugnis, die Gewissen von Fürsten und Völkern belehrend, mahnend, warnend, vorschreibend und strafend aufzuklären. Nach der potestas Eccelesiae directa in temporalia hätte die Kirche das Recht, um der zeitlichen Wohlfahrt als solcher willen unmittelbar über die irdischen Angelegenheiten zu verfügen. Diese Meinung wurde im Mittelalter nicht bloß theoretisch von Theologen und Juristen vertreten, sondern auch praktisch von Päpsten, so Gregor IX. und Innozenz IV., im Kampf gegen den Staufer Friedrich II. beansprucht. Die aber doch viel entschiedener schon damals ausgesprochene und betätigte, in der neueren

Zeit namentlich durch den italienischen Jesuiten Bellarmin († 1621) genauer formulierte potestas Ecclesiae indirecta in temporalia besteht darin, daß die Kirche Gewalt zunächst nur in geistlichen Dingen hat, daß sie aber im Zusammenhang damit das Recht hat, auch in zeitlichen Dingen zu entscheiden und vorzugehen, soweit es die sittlichen und religiösen Interessen verlangen. Diese Theorie hat, rein prinzipiell betrachtet, alles für sich. Es wird aber heutzutage eine kirchliche Erklärung, daß ein staatliches Gesetz unsittlich oder gar nichtig sei, nur die Wirkung haben, daß es für die Gewissen und den kirchlichen Rechtsbereich keine Geltung hat, ohne daß an der faktischen staatsrechtlichen Geltung etwas geändert würde. In diesem Sinne ist wohl auch der von Pius IX. 1864 im sogenannten Syllabus Nr. 24 verworfene Satz zu verstehen: „Ecclesia vis inferendae potestatem non habet neque potestatem ullam temporalem directam vel indirectam".

II. Das geschichtliche Verhältnis von Staat und Kirche.

Das tatsächliche Verhältnis von Staat und Kirche entsprach keineswegs immer dem prinzipiellen. Es schwankte vielmehr fortwährend zwischen den beiden Polen: Staatskirchenhoheit und Kirchenstaatshoheit. So lehrt der geschichtliche Blick zugleich sehr nützlich, daß und wieweit das prinzipielle Verhältnis von Kirche und Staat unbeschadet ihres Wesens Modifikationen erträgt.

Zeit der Verfolgungen bis Konstantin d. Gr. Staatskirchenhoheit im ersten Jahrtausend. Das heidnische Römerreich stellte sich dem entstehenden Christentum, der Urkirche, in feindseligster Weise entgegen, verfolgte sie aufs blutigste. Der Grund war nicht der, daß die Christen schlechte Untertanen gewesen wären. Vielmehr erfüllten sie, entsprechend dem geschilderten, in der Schrift begründeten prinzipiellen Verhältnis von Staat und Kirche, ihre bürgerlichen Pflichten gewissenhaft. Aber sie weigerten sich, den staatlichen Forderungen gegenüber der Reichsreligion nachzukommen, die einen apotheosierenden Kult von Staat und Kaiser verlangten. So galten sie als Majestätsverbrecher und ihre religiösen Versammlungen als collegia illicita (Tertull., Apolog. c. 10). Konstantin d. Gr. aber machte den Christenverfolgungen ein Ende durch das Mailänder Edikt 313, welches allgemeine Religionsfreiheit gewährte. Jedoch wurde im Verlaufe des 4. Jhs. die christliche Religion mehr und mehr privilegiert und im Jahre 380 durch Theodosius d. Gr. zur Staatsreligion, Heidentum, Häresie und Schisma aber als Staatsverbrechen erklärt. Ja in Bälde gestaltete sich der kaiserliche Schutz in die kaiserliche Herrschaft über die Kirche, in Staatskirchenhoheit um. Der Kaiser berief die allgemeinen Konzilien, bestätigte und erhob ihre Beschlüsse zu Staatsgesetzen, erließ sogar von sich aus Glaubensgesetze. Am stärksten trat dies im oströmischen Reiche, im Orient, ein. Dort verfiel die Kirche dem Cäsareopapismus, ging ganz im Staate auf, und das bis heute. Im weströmischen Reich, im Abendland aber verhinderte das zwar der Einspruch und der Widerstand der Väter, Ambrosius, Augustinus (De civitate Dei) u. a., am meisten aber der der Päpste, vor allem von Leo d. Gr., Gelasius I., Gregor d. Gr. Aber Staatskirchenhoheit bestand auch da, solange die Römer herrschten.

In Fortsetzung hiervon waltete Staatskirchenhoheit auch in den in der Völkerwanderung im römischen Reich entstandenen germanischen Staaten, namentlich im bedeutendsten derselben, im Frankenreich. Das Verhältnis kann zwar zunächst als eine Art Verbrüderung bezeichnet werden. Bischöfe und Äbte bekamen in Fortsetzung ihrer Stellung im ausgehenden Römerreich, noch mehr aber auf Grund des germanischen Eigenkirchenwesens Anteil an Reichsregierung, Reichstagen, Gesetzgebung, Verwaltung, Rechtspflege, Heerwesen als eine Art königlicher Beamter. Dafür wurden sie mit staatlichen Gütern und Einkünften, Immunität und Exemtion, Gerichtsbarkeit, Steuer-, Zoll- und Münzrechten und zuletzt mit den gesamten Grafschaftsrechten, ja voller Territorialhoheit ausgestattet. Andererseits aber errichtete der König Bistümer und

Abteien, ernannte Bischöfe und Äbte, berief Synoden, bestätigte deren Beschlüsse und publizierte sie als Staatsgesetze (Kapitularien). Daran änderte faktisch nichts die Neuerrichtung des abendländischen Kaisertums durch die Kaiserkrönung Karls d. Gr. an Weihnachten 800 seitens des Papstes Leo III. Die Macht der deutschen Könige und Kaiser über die Kirche stieg vielmehr nach und nach aufs höchste. Sie besetzten wiederholt den päpstlichen Stuhl, in der Regel sodann die wie Eigenkirchen behandelten Bistümer ihres Reiches, und fingen an, die Belehnung der von ihnen ernannten Bischöfe mit den Reichsgütern (Investitur) durch Übergabe der bischöflichen Insignien, Ring und Stab, vorzunehmen, was notwendig die Meinung wecken mußte, daß der König der Verleiher auch der geistlichen bischöflichen Gewalt sei. Auch die Synoden standen ganz unter dem Einfluß des Königs. Und was die Großen im großen übten, das erlaubten sich im kleinen die kleineren Herren. So schien die Kirche in Bälde im Staate auf- und untergehen zu sollen.

Kirchenstaatshoheit bis zum 14. Jahrhundert. Aber in starkem Umschlag trat für die nächsten Jahrhunderte, vom Ende des 11. bis zum Anfang des 14. Jh.'s, an die Stelle der Staatskirchenhoheit die Kirchenstaatshoheit. Infolge der Wirksamkeit einer Reihe großer Päpste, Gregor VII., Alexander III., Innozenz III., Gregor IX., Innozenz IV., Bonifaz VIII., durfte sich kein Laie mehr an der Papst- und Bischofswahl beteiligen, Kirchenstellen besetzen, Synoden berufen, über Kleriker richten, kirchliche Personen und Güter besteuern. Und das auf dem geistlichen Gebiet gegen den Staat siegreiche Papsttum dehnte seine Macht bald auch auf das rein weltliche aus.

Nach dem Vorbild genannter Vorgänger beanspruchte Bonifaz VIII. jedenfalls eine potestas Ecclesiae indirecta in temporalia. Seine berühmte Bulle „Unam sanctam" (C. 1, Extrav. comm. de M. et O. I, 8) v. 18. Nov. 1302 wird vielfach, wenn auch unter berechtigtem starkem Widerspruch, als Verkündigung der Lehre von der kirchlichen potestas directa in temporalia angesehen. Aber in anderen Aussprüchen forderten Päpste dies bestimmter, wobei sie sich mehrfach auf die von ihnen für echt gehaltene Donatio Constantini stützten, d. h. auf ein wohl der Mitte des 8. Jh.'s angehöriges gefälschtes Dokument, wonach Konstantin d. Gr. bei seiner Taufe dem Papste Sylvester das Kaisertum über das Abendland übertragen haben soll. Namentlich aber sprachen übereifrige Theoretiker dem Papst als Stellvertreter Gottes auf Erden alle Gewalt in geistlichen und zeitlichen Dingen, beide Schwerter, das geistliche und das weltliche, zu. In ganz besonderer Weise betätigten die Päpste solchen Anspruch gegenüber dem Kaisertum. Das Wahlrecht der Kurfürsten gilt als reine Konzession des Papstes. Diesem steht die Prüfung der Wahl und des Gewählten zu. Erst durch seine Approbation, Weihe und Krönung entsteht das kaiserliche Recht. Ihm hat der Kaiser ein juramentum fidelitatis, jedenfalls einen Treu-, wenn auch nicht einen Vasalleneid zu schwören. An den Papst geht bei Erledigung des kaiserlichen Thrones das Reichsvikariat über. Endlich kann derselbe Beschwerden gegen König und Kaiser von seiten ungerecht bedrückter Völker annehmen und bei Erfolglosigkeit seiner Vorstellungen den Herrscher absetzen und die Völker des Treueids entbinden.

Im Gegensatz zu diesen guelfischen Sätzen sind nach ghibellinischer Auffassung Kirche und Staat koordiniert. Die Fürstengewalt stammt unmittelbar von Gott. Von ihm hat der Kaiser sein Schwert durch Wahl oder Erbfolge, um es auch zum Schutz der Kirche zu gebrauchen. Ein päpstliches Prüfungsrecht in der Königswahl gibt es nicht, vielmehr ist der Gewählte alsbald König und Kaiser. Nachfolgende Salbung und Krönung durch den Papst sind nur Sollennitäten. Von einer Vasallität des Kaisers gegenüber dem Papst kann keine Rede sein. Ebensowenig von einem päpstlichen Reichsvikariat. Aber man ging auch hier zu weit. Nach dem Beispiel früherer deutscher Herrscher suchte man, die Kirche dem Staate wieder vollständig zu unterwerfen. Die Staufer, vor allem Friedrich II., bemühten sich cäsareopapistische

Ideen zu verwirklichen. Ludwig der Bayer setzte Papst Johann XXII. ab und erhob einen Gegenpapst. Und in dem jetzt wie früher im Streit um die Investitur auch literarisch geführten Kampf wurde von Marsilius von Padua im „Defensor pacis", von Wilhelm von Occam und anderen vom Papst abgefallenen Minoriten, behauptet, daß alle Gewalt vom Kaiser stamme, der auch den Papst ein- und absetzen könne. Doch ist das Kaisertum im Kampf unterlegen.

Die neue Ära der Staatskirchenhoheit bis zur Gegenwart. An seine Stelle aber traten seit dem Anfang des 14. Jh.'s die sich nach dem Niedergang des Kaisertums immer stärker entwickelnden Nationen, zunächst Frankreich, und führten aufs neue eine bis an die Gegenwart heranreichende Ära der Staatskirchenhoheit herbei. Das Papsttum war um so weniger in der Lage, hieran etwas zu ändern, als die Kirche durch das babylonische Exil (1305—1376), d. h. die Verlegung seines Sitzes aus Rom nach Avignon, das darauf folgende Schisma (1378—1417), d. h. die Mehrzahl gleichzeitiger Päpste, die zur Beilegung des Schismas berufenen Reformsynoden von Pisa (1409), Konstanz (1414—1418) und Basel—Ferrara—Florenz (1431—1445) und den auf diesen sich abspielenden Kampf zwischen Primat und Episkopat (Papalsystem, Episkopalsystem, Konziliare Theorie) geschwächt war. Weitere Einbußen erlitt die Kirche durch den fortschreitenden Staatsgedanken, speziell in Deutschland durch die bei der Ohnmacht der kaiserlichen Zentralgewalt und dem eindringenden römischen Recht sich rasch entwickelnde Territorialhoheit der Landesherren und Städte, die sich gegenüber der Kirche zur landesherrlichen Kirchenhoheit, wenn auch noch nicht zu Landeskirchen entfaltete. Auf der Basis der auf dem früheren Eigenkirchenkirchenrecht beruhenden Patronats- und Vogteirechte wurde die geistliche Gerichtsbarkeit im Interesse der staatlichen immer weiter zurückgedrängt, die Durchführung geistlicher Zensuren und Strafen erschwert oder verhindert, die Appellation vom Mißbrauch der geistlichen Amtsgewalt an den Staat (recursus ab abusu) eingeführt, die vorgängige staatliche Genehmigung für kirchliche Gesetze (placetum regium) gefordert, die kirchliche Immunität durch staatliche Besteuerung mehr und mehr aufgehoben, der kirchliche Vermögenserwerb durch Amortisationsgesetze eingeschränkt, ja verhindert, Landesbistümer geschaffen, die Besetzung derselben wie überhaupt aller Kirchenstellen gefordert und geübt, Pfarreien, Klöster, Stifte, ja der ganze Klerus dem staatlichen Aufsichts- und Visitationsrecht unterworfen und die Reform der Kirche allseitig in die Hand des Landesherrn genommen. Das alles kam zum Ausdruck durch den Spruch: Dux Cliviae est Papa in suis terris.

Ihren Höhepunkt aber erreichte die Staatskirchenhoheit in und nach der Reformation. In dieser wurde in den protestantischen Staaten die Kirche zur Staatssache, ging im Staate unter, wurde Landeskirche. Durch den reformierten Landesherrn wurde Glauben, Glaubenswechsel und Glaubensübung vorgeschrieben nach dem Satz: Cujus regio ejus religio. In Weiterbildung der schon Ende des Mittelalters zum Teil geübten landesherrlichen Kirchenhoheit, in Nachahmung der protestantischen Staaten, auf Grund von päpstlichen Einräumungen, mittels falscher naturrechtlicher Deduktionen wurden seit dem 16. Jh. aber auch die kirchlichen Ansprüche und Rechte der katholischen Fürsten gesteigert. Vollends traten diese staatsabsolutistischen, polizeirechtlichen Tendenzen zutage in den unter sich eng verwandten Richtungen des Gallikanismus, Febronianismus, Josephinismus (von Joseph II.) und der Aufklärung. Es wurde ein ganzes System von staatlichen Rechten (jura majestatica circa sacra) ausgebildet: das jus advocatiae seu protectionis im Sinne der durchgängigen Bevormundung der Kirche durch staatliche Behörden (Konsistorien, Kirchenräte); das j. inspectionis, das Recht, von allen Lebensäußerungen der Kirche Kenntnis zu nehmen; das j. cavendi, das Recht, gegen eine etwaige Schädigung des Staates durch kirchliche Betätigung Vorsichtsmaßregeln zu treffen; das schon genannte j. placeti regii; das

j. exclusivae, das Recht, bei Besetzung kirchlicher Stellen dem Staate weniger genehme Kandidaten (personae minus gratae) auszuschließen und im Zusammenhang damit das Recht, bei Erziehung des Klerus mitzuwirken bzw. sie allein zu besorgen; das schon bemerkte j. appellationis oder recursus ab abusu; das j. reformandi, das Recht, Mißbräuche in der Kirche abzuschaffen; das j. dominii supremi, das Recht des Obereigentums über das Kirchengut bis zur Säkularisation desselben. Diese Staatskirchenhoheit dauerte, wenn auch modifiziert, fort im sogenannten paritätischen Staat, der seit Mitte des 18. Jh.'s sich entwickelte.

III. Der paritätische Staat.

Geschichte. Geschichtlich kannte das Mittelalter seit dem angeführten Gesetz des Kaisers Theodosius d. Gr. 380 keine Bekenntnis- und Kultusfreiheit, keine Toleranz. Unglaube, Häresie und Schisma waren bei der engen Verbindung von Kirche und Staat kirchlich und staatlich mit den schwersten Strafen belegte Verbrechen (kirchlicherseits Exkommunikation, staatlicherseits Todesstrafe). Toleranz gewährte auch die Reformation nicht. Erst der Westfälische Frieden 1648 (J. P. O. Art. V, § 31 ff.) beschränkte das jus reformandi in der Weise, daß der Landesherr den von seiner Religion abweichenden katholischen oder lutherischen oder reformierten Untertanen Religionsübung in der Form belassen mußte, wie sie dieselbe als exercitium religionis publicum oder privatum an irgendeinem Tage des Jahres 1624 (1618 für Württemberg, Baden, Pfalz) (Normaljahr) besessen hatten. Den Untertanen aber, welche diesen Besitzstand von 1624 nicht nachweisen konnten, konnte der Landesherr die Religionsübung untersagen und sie zur Auswanderung in bestimmter Frist, aber ohne Kürzung des Vermögens nötigen, oder hatte er, wenn er das nicht wollte, ihnen den Besuch eines auswärtigen Gottesdienstes oder Hausandacht mit oder ohne Geistlichen einzuräumen. Erweiterungen hierin traten seit der Mitte des 18. Jh.'s ein durch Lehre eines aufklärerischen rationalistischen Naturrechts, Durcheinandermischung der Konfessionen infolge politischer Veränderungen, das Preußische Allgemeine Landrecht 1794, den Reichsdeputationshauptschluß 1803, die Rheinbundsakte 1806 und eine Reihe von Staatsverfassungen und Gesetzgebungen des 19. Jh.'s Der paritätische Staat war da. Immerhin fand die individuelle Gewissens- und die gesellschaftliche Kultusfreiheit Grenzen an der sittlichen Ordnung und dem staatlichen Rechte.

Begriff. Begrifflich versteht man unter einem paritätischen Staat einen solchen, innerhalb dessen Grenzen infolge geschichtlicher Entwicklung mehrere Religionsgesellschaften oder Kirchen als staatlich rezipiert oder gar privilegiert entsprechend ihrem Wesen und damit gleichberechtigt nebeneinander bestehen. Dabei unterscheidet man nach dem Maß staatlicher Anerkennung näherhin Kirchen mit öffentlich-rechtlicher Korporationsqualität, Religionsgesellschaften mit privatrechtlicher Rechtsfähigkeit und religiöse Vereine.

Die Parität begreift im allgemeinen in sich: Erstens gleiches Recht freier Lehrentwicklung und Lehrverkündigung; dementsprechend freie religiöse Kindererziehung nach dem Gewissen der Eltern und von bestimmtem Alter an freien Übertritt von einer Konfession zu einer anderen oder gar keiner. Zweitens gleiches Recht der Religionsübung; dementsprechend staatlichen Schutz gegen Schmähung der Glaubenssätze, religiösen Einrichtungen und Gebräuche und Störung des Gottesdienstes (Religionsvergehen, -verbrechen). Es darf auch kein staatlicher Zwang bestehen, am Gottesdienst einer anderen Konfession teilnehmen zu müssen, sich einen religiösen Akt vom Religionsdiener einer anderen Konfession spenden zu lassen oder wenigstens Abgaben dafür zu entrichten (Parochial- oder Pfarrzwang). Weiter gleiches Recht auf Vermögenserwerb zu religiösen Zwecken, eventuell auf staatliche Zuschüsse zur Bestreitung der Kosten für Kirchen, Schulen und Anstalten. Endlich gleichen Genuß der verschiedenen Konfessionsangehörigen an allen bürgerlichen und staatsbürgerlichen Rechten. Bei alledem ist aber jede Konfession nach ihren Grundsätzen zu behandeln. Staatliche Maxime muß sein: Nicht jedem das Gleiche, sondern jedem das Seine. Vollständig verkehrt wäre es, an Stelle der relativen Parität die absolute setzen, alle im Staate befindlichen Konfessionen nach ganz gleichen Normen behandeln zu wollen.

Aus dem ergibt sich, daß im paritätischen Staat die Kirchen- und Religionsgesellschaften in rein kirchlichen Dingen und der Staat in rein weltlichen Dingen frei sind, daß aber der Staat schon durch Auf- und Annahme bestimmter Konfessionen (jus reformandi) Staatskirchenhoheit übt. Noch mehr aber tut er dies vor allem in gemischten Dingen durch Ausübung eines Aufsichts- (jus inspiciendi et cavendi) und Schutzrechts (jus advocatiae) über die rezipierten oder gar privilegierten Religionsgesellschaften. So übt er Aufsicht u. a. bei Errichtung und Veränderung von Kirchenämtern, Ausbildung des Klerus, Besetzung von Kirchenämtern, Einführung von Orden, Errichtung von Klöstern, Abhaltung öffentlicher religiöser Feste und Prozessionen, durch Verbot der Anwendung gewisser kirchlicher Strafen gegen Laien und Kleriker, Sorge für ein gerechtes Verfahren in der kirchlichen Disziplinar- und Strafgerichtsbarkeit, durch Vorschriften über kirchlichen Vermögenserwerb und -verwaltung, durch vorgängige Genehmigung kirchlicher Gesetze. Das Schutzrecht aber betätigt der Staat u. a. dadurch, daß die kirchlichen Ämter öffentlich-rechtlicher kirchlicher Korporationen öffentliche Ämter, die Diener derselben mit staatlichen Vorrechten ausgestattet sind, daß er Zuschüsse zur Dotation von Kirchen und kirchlichen Anstalten gibt, staatliche Hilfe zur Erhebung von Kirchensteuern, Durchführung kirchlicher Strafurteile gewährt usw.

Was die Stellung der katholischen Kirche zur Parität betrifft, so ist die katholische Kirche dogmatisch intolerant, d. h. sie hält und erklärt sich für die allein wahre Kirche, andere christliche Religionsgesellschaften aber für Sekten, ist jedoch bürgerlich tolerant. Sie will demgemäß als die allein wahre Kirche innerhalb der Staatsgrenzen die einzige sein und hält das Aufkommen mehrerer Konfessionen im gleichen Staate für ein Übel. Daher verwirft auch der „Syllabus“ Nr. 77—79 die allgemeine Gewissens- und Kultusfreiheit. Allein wenn einmal in einem Staate mehrere Konfessionen tatsächlich und mit bestimmten staatlichen Rechten vorhanden sind und ohne zu befürchtende größere Übel nicht mehr beseitigt werden können, so sind nach Leo XIII. (Enzykl. „Immortale Dei“ vom 1. Nov. 1885) die Regierungen nicht zu tadeln, welche aus gewichtigen Gründen dulden, daß verschiedene Religionen im Staate bestehen. Solche Toleranz kommt gegenüber den Andersgläubigen und dem Staat namentlich auch im neuen kirchlichen Gesetzbuch an verschiedenen Stellen zum Ausdruck; vgl. zu eingehenderem Beleg U. Stutz, Der Geist des Codex juris canonici (1918) 81—126; A. Knecht, Das neue kirchliche Gesetzbuch (1918) 46 ff. Da aber trotz alledem der Schwierigkeiten im Verhältnis von Kirche und Staat genug blieben und tatsächlich immer wieder die schwersten Streitigkeiten zwischen beiden ausbrachen, so wurde von kirchenfreundlicher und kirchenfeindlicher Seite die Trennung beider als Heilmittel empfohlen.

IV. Die Trennung von Staat und Kirche.

Geschichte der Trennung von Kirche und Staat. Bei der engen Verbindung von Kirche und Staat im Mittelalter sind Stimmen, welche Trennung derselben verlangten, kaum laut geworden. Auch die Reformatoren hielten trotz ihrer individualistischen Auffassung in religiösen und kirchlichen Dingen doch an dieser Verbindung fest. Trennung forderten nur die verfolgten Wiedertäufer. Viel stärker aber vertraten sie die englischen Kongregationisten, Independenten und Quäker und realisierten sie tatsächlich in Amerika, so Roger Williams in Rhode Island (1636) und William Penn in Pennsylvanien (1682). Ein kräftige Förderung erhielt die Idee seit der Aufklärung durch Philosophen und Theologen, Rechtslehrer, Nationalökonomen und Politiker, so in England durch Locke, Chubbs, Toland, Bentham, Macaulay, O'Connell, in Frankreich durch Condorcet, Benjamin Constant, Alexander Tocqueville, Lamartine, Guizot, Laboulaye, Jules Simon, Lamennais, Lacordaire, Montalembert, denen der schweizerische reformierte Theologe Alexander Vinet anzufügen ist. In Italien traten für sie ein der Staatsmann Cavour (Libera Chiesa in libero Stato) und der Bischof Bonomelli, in Deutschland Kant, W. v. Humboldt, Schleiermacher. Aus den

Führern des älteren deutschen Liberalismus war besonders Robert Blum in der Frankfurter Nationalversammlung 1848 für sie. Deren Verteidiger mehrten sich in den Sprößlingen dieser Richtung, dem radikalen Liberalismus und namentlich der Sozialdemokratie (Erfurter Programm 1891, Art. 6).

Gemäß den erwähnten Verhältnissen in Rhode Island und Pennsylvanien sprach die Unionsverfassung für die Vereinigten Staaten von Nordamerika vom 17. Dezember 1787, Art. VI, § 3 und Art. I des Zusatzes I vom 15. Dez. 1791 im allgemeinen die Trennung von Staat und Kirche aus. Die Durchführung im Detail aber blieb den einzelnen Staaten überlassen. In der französischen Revolution beschloß der Nationalkonvent am 18. Sept. 1794 die Trennung. Eine Reihe weiterer Gesetze vervollständigte sie. Aber das Konkordat zwischen Pius VII. und Napoleon I. vom Jahre 1801 machte ihr ein Ende. In starker Anlehnung an die Trennungsgesetze der Revolution von 1789 sprach das Gesetz vom 9. Dezember 1905 die Trennung für Frankreich aufs neue aus. In verschiedenem Umfang besteht sie in Belgien seit 1831, in Mexiko seit 1873, in Brasilien seit 1890, in Genf seit 1909, in Basel-Stadt seit 1910, in Portugal seit 1911. Die mit dem Schluß des Weltkriegs in vielen Staaten eingetretene Revolution hat sie in größerem oder geringerem Maße in einer Reihe weiterer Staaten gebracht, darunter auch in Deutschland.

Hier hatte schon die auf der Frankfurter Nationalversammlung 1849 gegebene Reichsverfassung in den „Grundrechten des deutschen Volkes" § 144—151 die Trennung proklamiert. Aber beim Scheitern dieser Verfassung konnte sie kein Leben gewinnen. Aufs neue hat sie in weitgehender Anlehnung an die „Grundrechte" von 1848/49 ausgesprochen die Verfassung des Deutschen Reiches vom 11. August 1919.

Grundzüge der Trennung von Kirche und Staat in der Weimarer Verfassung. In Kürze sei aus dem zweiten Hauptteil der Verfassung: Grundrechte und Grundpflichten der Deutschen, dritter Abschnitt: Religion und Religionsgesellschaften, und vierter Abschnitt: Bildung und Schule das Wesentlichste herausgehoben.

Nachdem Art. 135 und 136 die staatliche Freiheit des Gewissens, des Glaubens, den Schutz und die Freiheit der Religionsübung unbeschadet der allgemeinen Staatsgesetze und die Unabhängigkeit des Genusses bürgerlicher und staatsbürgerlicher Rechte vom religiösen Bekenntnis ausgesprochen, erklärt Art. 137: „Es besteht keine Staatskirche. Die Freiheit der Vereinigung zu Religionsgesellschaften wird gewährleistet. . . . Jede Religionsgesellschaft ordnet und verwaltet ihre Angelegenheiten selbständig innerhalb der Schranken des für alle geltenden Gesetzes. Sie verleiht ihre Ämter ohne Mitwirkung des Staates oder der bürgerlichen Gemeinde. Religionsgesellschaften erwerben die Rechtsfähigkeit nach den allgemeinen Vorschriften des bürgerlichen Rechtes. Die Religionsgesellschaften bleiben Körperschaften des öffentlichen Rechtes, soweit sie solche bisher waren." Nachdem dann erklärt, daß auch andere Religionsgesellschaften von entsprechender Verfassung, Zahl der Mitglieder und Dauer auf ihren Antrag zu solch öffentlich-rechtlichen Körperschaften erhoben und mehrere solcher Religionsgesellschaften selber wieder zu einer öffentlich-rechtlichen Körperschaft zusammentreten können, heißt es weiter: „Die Religionsgesellschaften, welche Körperschaften des öffentlichen Rechtes sind, sind berechtigt, auf Grund der bürgerlichen Steuerlisten nach Maßgabe der landesrechtlichen Bestimmungen Steuern zu erheben.... Soweit die Durchführung dieser Bestimmungen eine weitere Regelung erfordert, liegt diese der Landesgesetzgebung ob." Art. 138: „Die auf Gesetz, Vertrag oder besonderen Rechtstiteln beruhenden Staatsleistungen an die Religionsgesellschaften werden durch die Landesgesetzgebungen abgelöst. Die Grundsätze hierfür stellt das Reich auf. Das Eigentum und andere Rechte der Religionsgesellschaften und religiösen Vereine an ihren für Kultus-, Unterrichts- und Wohltätigkeitszwecke bestimmten Anstalten, Stiftungen und sonstigen Vermögen werden gewährleistet." Art. 139—141 gewähren staatlich geschützte Sonntags- und Feiertagsruhe, staatlich geduldete Religionsübung der Heeresangehörigen, Seelsorge im Heere und in öffentlichen Anstalten. Art. 146 gründet das Schulwesen auf eine für alle gemeinsame Grundschule. „Innerhalb der Gemeinden sind indes auf Antrag von Erziehungsberechtigten Volksschulen ihres Bekenntnisses oder ihrer Weltanschauung einzurichten, soweit hierdurch ein geordneter Schulbetrieb nicht beeinträchtigt wird. Der Wille der Erziehungsberechtigten ist möglichst zu berücksichtigen. Das Nähere bestimmt die Landesgesetzgebung nach den Grundsätzen eines Reichsgesetzes." Art. 147 besagt, daß private Schulen, auch private Volksschulen, staatlich zu genehmigen sind, wenn sie in ihren Lehrzielen und Einrichtungen nicht hinter den öffentlichen Schulen zurückstehen. Nach Art. 148, Abs. 2 ist beim Unterricht in öffentlichen Schulen Bedacht zu nehmen, daß die Empfindungen Andersdenkender nicht verletzt werden. Art. 149 endlich lautet: „Der Religionsunterricht ist ordentliches Lehrfach der Schulen mit Ausnahme der bekenntnisfreien (weltlichen) Schulen. Seine Erteilung wird im Rahmen der Schulgesetzgebung geregelt. Der Religionsunterricht wird in Übereinstimmung mit den Grundsätzen der betreffenden Religionsgesellschaft unbeschadet des Aufsichtsrechtes des Staates erteilt. Die Erteilung religiösen Unterrichts und die Vornahme kirchlicher Verrichtungen bleibt der Willenserklärung der Lehrer, die Teilnahme an religiösen Unterrichtsfächern und an kirchlichen Feiern und Handlungen der Willenserklärung desjenigen überlassen, der über die religiöse Erziehung des Kindes zu bestimmen hat. Die theologischen Fakultäten an den Hochschulen bleiben erhalten."

Begriff der Trennung von Kirche und Staat. Die begrifflich Formulierung der Trennung von Kirche und Staat ist schwierig, ja rein theoretisch geradezu unmöglich, so unmöglich als vollständige Trennung der beiden Mächte, wo sie es mit denselben Menschen zu tun haben. Am ehesten wird sie annähernd gelingen durch Hinblick vor allem auf Staaten, wo sie bereits länger besteht. Hier bieten sich als hervorragende Typen die Vereinigten Staaten, Frankreich und Belgien. In den Vereinigten Staaten sind die Religionsgesellschaften trotz weitgehender Berücksichtigung derselben durch Eröffnung der Kongreßsitzungen mit Gebet von hierfür angestellten Kaplänen, Ausschreiben von Dank-, Buß- und Festtagen durch die Regierung, staatlicher Anstellung von Militärgeistlichen, Schutz des Gottesdienstes gegen Störung, Bestrafung der Gotteslästerung, Gewährung staatlich gültiger Eheschließung vor dem Religionsdiener usw. im wesentlichen rein privatrechtliche Vereine. Die modernen französischen Gesetzgeber gingen von dem ursprünglichen Plan, die Kirche in Frankreich wie in den Vereinigten Staaten nach dem gemeinen Vereinsrecht zu behandeln, insofern ab, als sie die einzelnen Kirchengemeinden vermittels der „Kultusvereine" (associations cultuelles) unter eine gehässige Staatsaufsicht zu stellen suchten. Als dann der Papst diese Kultusvereine, in denen weder dem Bischof noch dem Pfarrer eine Stelle eingeräumt war, ablehnte, wurde die kirchliche Vereinsbildung nach gemeinem Rechte freilich unter Verlust eines großen Teils des kirchlichen Vermögens zugelassen. Als man aber kirchlicherseits wegen der verlangten Anzeigepflicht des Gottesdienstes auch hiervon keinen Gebrauch machte, wurde die Weiterexistenz des Kultus auch ohne Vereinsbildung nach dem gemeinen Recht zugelassen. In Belgien ist die Kirche vollständig frei in Lehre, Verfassung, Gesetzgebung, Verwaltung, so namentlich in der Ämterbesetzung. Nichtsdestoweniger bestreitet der Staat deren Unterhalt aus öffentlichen Mitteln. Dadurch gibt er klar zu erkennen, daß er die Kirche als öffentliche Korporation ansieht, als Körperschaft, die im Interesse des öffentlichen Wohles arbeitet und daher vom Staat mit gewissen öffentlichen Rechten ausgestattet ist. So auch räumt die im wesentlichen freiheitsmäßige und doch zugleich historisch rücksichtsvolle, viele Ähnlichkeit mit der in Basel-Stadt bestehenden Trennung aufweisende Weimarer Reichsverfassung den Kirchen, die das bisher waren, die Stellung von öffentlich-rechtlichen Korporationen ein und gewährt ihnen gewisse staatliche Hilfe. Unter diesen Umständen kann man sagen, daß begrifflich die Trennung von Staat und Kirche schwanke zwischen der Stellung der Kirche als öffentlich-rechtlicher Korporation und privatem Verein, daß in ihr in der Regel immer noch ein mehr oder weniger starker Rest der Staatskirchenhoheit, wie sie der paritätische Staat betätigt, der staatlichen Rechte über die Kirchen innerhalb der Staatsgrenzen aufrecht erhalten wird, vor allem unter dem Gesichtspunkt der öffentlich-rechtlichen Korporationsqualität der Kirchen. Und das ist, wo die Dinge nun doch einmal so liegen, ein Glück für die Kirchen, eine Rettung derselben vor den Intransigenten von rechts und von links. Denn vollständige Trennung liegt nicht im Interesse weder von Kirche noch Staat.

Beurteilung der Trennung von Kirche und Staat. In der Beurteilung der Trennung von Kirche und Staat gehen die Meinungen immerhin sehr auseinander. Für die Trennung sind vor allem die Gegner der Kirche. Sie hoffen deren Untergang, wenn sie die Hilfe des Staates nicht mehr habe. Für die Trennung sind aber auch Freunde der Kirche. Sie versprechen sich von derselben Ruhe und Freiheit für dieselbe. Gegen die Trennung sind jedoch auch Feinde der Kirche. Sie fürchten von einem Aufblühen der frei gewordenen katholischen Kirche, von einem Niedergang der akatholischen Kirchen und Religionsgesellschaften. Gegner der Trennung müssen aber auch sein und sind die Freunde der Kirchen und das aus prinzipiellen und historischen Gründen. Kirche und Staat sind durch göttlichen Willen berufen, in harmonischem Verein das zeitliche und ewige Wohl der Menschen auszuwirken. Die Kirche braucht hierzu die Hilfe des Staates, um sicher wirken zu können. Der Staat aber bedarf der Unterstützung der Kirche, um gute Untertanen zu haben. Aber auch vom geschichtlichen Standpunkt aus muß man sich dagegen entscheiden. Kirche und Staat sind seit mehr als anderthalb tausend Jahren in ungezählten Beziehungen tief ineinander verwachsen. Sie können sich nicht ohne schwersten Schaden voneinander lösen. Man denke nur an die Vermögensausscheidung, an die Schule. Am meisten wird dabei die Kirche leiden. Gerade vom geschichtlichen Standpunkt aus ist der beliebte Hinweis auf die Vereinigten Staaten abzuweisen. Dort bestand von Anfang an größtenteils Trennung, nicht Verbindung. Daher hat sich auch die kirchliche Autorität immer gegen die Trennung ausgesprochen: Gregor XVI. in Enzykl. „Mirari vos" vom 15. Aug. 1832, die zu Würzburg versammelten deutschen Bischöfe 1848, Pius IX. im 55. Satz des Syllabus durch Verwerfung des Satzes: Ecclesia a Statu Statusque ab Ecclesia sejungendus est. Wiederholt hat sich namentlich Pius X. gegen die Trennung in Frankreich („Vehementer Nos" vom 11. Febr. 1906; „Gravissimo officii" vom 10. Aug. 1906; „Une fois" vom 6. Jan. 1907) und gegen die in Portugal („Iam modo" vom 21. Mai 1911) erklärt. Nur für den Fall wäre kirchlicherseits die Trennung seitens der Kirche und die Stellung derselben auf dem privatrechtlichen Boden zu befürworten, wenn der Staat die Verbindung ausgesprochen zu Schikane und Bedrückung der Kirche benützen würde. Aber es ist fraglich, ob dann ein solcher Staat nicht auch trotz Trennung die Kirche quälen und ihr selbst privatrechtliche Ansprüche verweigern würde. Immerhin erklärt Pius X. in der Enzykl. „Gravissimo officii", daß, wenn ein Staat sich von der Kirche getrennt habe, indem er ihr die allen gemeinsame Freiheit und die freie Verfügung über ihre Güter gelassen, er zwar aus mehr als einem Grunde unrecht gehandelt habe; man könne jedoch nicht behaupten, daß er für die Kirche eine absolut unerträgliche Lage geschaffen habe. Und Pius XI. hat im Anfang des Jahres 1924 („Maximam gravissimamque" vom 18. Januar 1924 [Acta Apontolicae Sedis XVI (1924) 5ff.]) trotz weiter bestehender Trennung von Kirche und Staat in Frankreich und wesentlichen Festhaltens an den Grundsätzen Pius' X. hierin in Vereinbarung mit der französischen Regierung „Diözesanvereine", die genügende kirchliche Garantien bieten, wenigstens versuchsweise gestattet.

Literatur.

Zu I: V. Cathrein, Moralphilosophie⁵ (1911) II 568ff., Herder, Freiburg. — H. Schrörs, Kathol. Staatsauffassung, Kirche und Staat, 1819. Herder, Freiburg. (Trefflich.) K. Bödenhoff, Kath. Kirche und moderner Staat. Neu bearbeitet von A. M. Königer. 1920. Bachem,

Köln. — J. B. Sägmüller, Lehrbuch des kath. Kirchenrechts³ (1914) I 40 ff. Herder, Freiburg. — W. Kahl in Handbuch der Politik³ I (1920), 134 ff. Dr. Rothschild, Berlin. (Diese klare Zusammenstellung beruht zu guten Stücken auf der ebenso umfassenden als eindringenden Darstellung K.'s in: Lehrsystem des Kirchenrechts und der Kirchenpolitik. Erste Hälfte. 1894. Mohr, Freiburg.)

Zu II: J. Hergenröther, Kath. Kirche und christl. Staat in ihrer geschichtl. Entwicklung. 1872. Herder, Freiburg. — E. Friedberg, Die Grenzen zwischen Staat und Kirche und die Garantie gegen deren Verletzung. 1872. Laupp, Tübingen. — J. Mausbach, Die Ethik des hl. Augustinus. 1909. Herder, Freiburg. — M. J. Scheeben, Die Bulle „Unam sanctam" und ihr neuester Gegner (Katholik 1888, II 449 ff.). Kirchheim, Mainz. — F. X. Funk, Zur Bulle „Unam sanctam" (Abhandl. und Untersuch. I (1897) 483 ff.). Schöningh, Paderborn. — Friedberg, Lehrbuch des kath. und evang. Kirchenrechts⁶ (1909) 36 ff. Tauchnitz, Leipzig. — U. Stutz, Kirchenrecht² (Sonderabdruck aus Bd. V von Holtzendorff-Kohler, Enzyklopädie der Rechtswissenschaft. 7. Aufl.) (1914) 275 ff. de Gruyter, Leipzig. — Sägmüller, Kirchenrecht³ I 487 ff. Herder, Freiburg. — Kahl in Handbuch der Politik³ I 128 ff. Dr. Rothschild, Berlin. — Näheres über das Verhältnis von Kirche und Staat in den protestantischen Ländern s. o. S. 17 ff. bei Baumgarten.

Zu III: Kahl, Über Gewissensfreiheit. 1886. Deichert, Erlangen. Über Parität. 1895. Mohr, Freiburg. — H. Fürstenau, Das Grundrecht der Religionsfreiheit nach seiner geschichtl. Entwicklung und heutigen Geltung in Deutschland. 1891. Duncker u. Humblot, München. — Friedberg, Kirchenrecht⁶ 108 ff. Tauchnitz, Leipzig. — Stutz, Kirchenrecht² 398 ff. de Gruyter, Berlin. — Sägmüller, Kirchenrecht³ I 84 ff. Herder, Freiburg. — Kahl in Handbuch der Politik³ I 136 ff. Dr. Rothschild, Berlin.

Zu IV: E. Tröltsch, Die Trennung von Kirche und Staat. 1907. Mohr, Tübingen. — Sägmüller, Die Trennung von Staat und Kirche. 1907. Kirchheim & Co., Mainz. (Behandelt vor allem die Trennung in Frankreich). — Der rechtl. Begriff der Trennung von Kirche und Staat. 1916; ²(anast. Aufl.) 1919. Bader, Rottenburg. — K. Rothenbücher, Die Trennung von Staat und Kirche, 1908; ²(anast. Aufl.) 1919. Beck, München (Hauptwerk). — Kahl, Aphorismen zur Trennung von Staat und Kirche. (Internationale Wochenschrift für Wissenschaft, Kunst und Technik II [1908] 1345 ff.) München, Bayerische Druckerei und Verlagsanstalt. — Friedberg, Kirchenrecht⁶ 84 114 ff. 116 ff. Tauchnitz, Leipzig. — Stutz, Kirchenrecht² 394 ff. de Gruyter, Leipzig. — Sägmüller, Kirchenrecht³ I 92 ff. Herder, Freiburg. — Kahl in Handbuch der Politik³ I 141 ff. Dr. Rothschild, Berlin.

Bildungsrecht und Bildungspolitik.

Von J. Ziehen.

Inhalt. Bildungspflege und Kulturwissenschaft. Bedeutung der Reichsverfassung. Zuständigkeit des Reiches für das Bildungswesen. Bildungsträgerschaft. Die Lehrerbildung. Schulaufsicht. Schulpflicht. Schulorganisation. Grundfragen der Unterrichtsgestaltung. Volksbildungswesen. — Literatur.

Bildungspflege und Kulturwissenschaft. Alle Fragen des Bildungsrechts und der Bildungspolitik stellen sich für die — leider auch in Deutschland noch viel zu wenig gepflegte — kulturwissenschaftliche Betrachtung als eine Art von Volkswirtschaftslehre der ideellen Güter der Nationen und der Menschheit dar, die systematisch auszugestalten wohl als eine der dringlichsten Aufgaben unserer in bezug auf diese Güter so furchtbar schwer bedrohten Zeit bezeichnet werden muß. Es ist verkehrt, unter Volkserziehung nur die an den Kindern und den Jugendlichen geübte Arbeit zu verstehen und zu meinen, der Ausdehnung der volkserzieherischen Forschung auf die Erwachsenen könne die Wissenschaft sich ohne Schaden für die Sache enthalten. Ein solcher Verzicht ist nicht nur deshalb unmöglich, weil die Erziehung der Kinder und Jugendlichen mit der diese Erziehungsarbeit bestimmenden Umwelt aufs engste verbunden ist, sondern nicht minder aus dem Grunde, weil auch der Erwachsene als Einzelindividuum wie als Mitglied des Volksganzen ohne Zweifel unausgesetzter erzieherischer Arbeit an sich selber und ebenso stetiger erzieherischer Beeinflussung von außen her bedarf. Wir können dem System der Volkserziehungswissenschaft, das in diesem Sinne auszubauen ist, an dieser Stelle nicht näher nachgehen, weil dies bei weitem zu viel Raum in Anspruch nehmen würde; wenn wir uns statt dessen hier zugunsten tunlichst greifbarer Einführung in das von uns zu behandelnde Gebiet auf eine Erörterung der durch die Reichsverfassung vom Jahre 1919 geschaffenen Sachlage beschränken, so wollen wir dies aber doch unter dem Zeichen der eben dargelegten allgemeinen Gesichtspunkte tun und wollen uns vor Augen halten, daß nur vom Standpunkt einer umfassenden volkserziehungswissenschaftlichen Betrachtung aus diese Reichsverfassung richtig aufgefaßt und nach ihren Vorzügen und Schattenseiten hin sachgemäß gewürdigt werden kann.

Bedeutung der Reichsverfassung. Mit den unter der Überschrift „Bildung und Schule" zusammengefaßten Artikeln 142 bis 150 der Reichsverfassung hat das deutsche Volk eine Urkunde des Bildungsrechtes und der Bildungspolitik erhalten, die ihrer ganzen Entstehung nach wohl ein bisher einzigartiges Dokument kulturpolitischer Arbeit ist; eine durch jahrelanges furchtbares Ringen und schließlichen schwersten Zusammenbruch erschöpfte Nation, bis zur Vernichtung bedroht von den Bedingungen eines Friedens von nie dagewesener Härte und Schändlichkeit, in ihrem Inneren aufs stärkste gefährdet durch eine staatliche Umwälzung, deren elementare Gewalt durch arge Versäumnisse und Fehler früherer Zeiten doppelte und dreifache Wucht erhalten hat — eine Nation unter solchen Verhältnissen scheut nicht zurück vor dem Versuche, das Bildungswesen auf dem Wege einer Rahmengesetzgebung in neue Bahnen zu lenken, und es gelingt ihr, trotz unendlich großer Schwierigkeiten und Hemmnisse ein Grundgesetz zu schaffen, das des Neuen und Guten weit mehr enthält als die entsprechenden Urkunden irgendeines anderen Volkes — dies der Standpunkt, von dem aus die Weimarer Bestimmungen betrachtet werden müssen; wir wollen die Betrachtung selbst in der Art verlaufen lassen, daß wir mit dem Bilde des tatsächlich Geleisteten tunlichst zahlreiche Rückblicke auf die Vergangenheit der Bildungsgesetzgebung verbinden und aus der Feststellung der unzweifelhaft, aber begreiflicherweise noch vorhandenen Lücken und Mängel des Weimarer Werkes einen Ausblick auf Zukunftsaufgaben unserer kulturpolitischen Bestrebungen gewinnen.

Zuständigkeit des Reiches für das Bildungswesen. Neu und unbestreitbar sehr bedeutungsvoll für die deutsche Einheit ist an dem Weimarer Werke zunächst die grundsätzliche Wendung, daß das Reich sich überhaupt auf gesetzgeberischem Wege um das Bildungswesen kümmert; es ist damit endlich ein Wunsch erfüllt, der von verschiedenen Seiten her, von der Sozialdemokratie, von der deutschen Lehrerschaft und von der wissenschaftlichen Pädagogik, wiederholt vergebens ausgesprochen worden war und dessen Erfüllung ohne Zweifel vor allem der Umstand verhindert hatte, daß man früher vielfach in der Nichtzuständigkeit des Reiches einen willkommenen Schutz gegen „übereilte Reformbestrebungen" erblickte; man unterschätzte die Macht der Ideen, die schon bei dem Verfassungsversuch der Frankfurter Paulskirche vom Jahre 1848 eine so mächtige Rolle gespielt hatten, und nahm dabei gern zum Vorwand die Ausrede, daß das Eingreifen des Reiches zu einer das Eigenleben ertötenden Uniformierung führen müsse — gleich als ob die Übertreibung des Einheitsgedankens ein Fehler des deutschen Volkes wäre: wir wissen, daß das Gegenteil der Fall ist, und haben dies Gegenteil ja leider nur schon wieder allzu sehr verwirklicht gesehen, seitdem die Reichsverfassung mit ihrer sehr behutsamen Beschränkung auf die Einheit im Notwendigsten zutage getreten ist. Es ist jedenfalls ein unbestreitbarer Fortschritt des deutschen Einheitsgedankens, daß das Reich nunmehr auch in dieses Gebiet des deutschen Volkslebens einzugreifen beginnt.

Die Reichsverfassung behandelt das Gebiet von „Bildung und Schule" als vierten Abschnitt ihres zweiten, den „Grundrechten und Grundpflichten der Deutschen" gewidmeten Hauptteiles, nach den Abschnitten, die „der Einzelperson, dem Gemeinschaftsleben, der Religion und den Religionsgesellschaften gelten", und vor dem Abschnitt, der dem Wirtschaftsleben gewidmet ist. Diese Einreihung ist vor allem dadurch wertvoll, daß sie einerseits den Gedanken des Rechtes auf Bildung klar zum Ausdruck bringt und auf der anderen Seite der Pflege der ideellen Güter der Nation die ihr gebührende Stelle vor der ihrer wirtschaftlichen Güter anweist — auch für die wirtschaftliche Wohlfahrt eines Volkes bildet die Pflege seines Bildungswesens eine unerläßliche Voraussetzung, und wir haben es nur allzu schwer zu büßen, daß dieser Sachverhalt bei dem Ausbau des Deutschen Reiches von 1871 bis zum Weltkriege auf manchen Seiten nicht ausreichend anerkannt und zur Richtschnur der Politik gemacht worden ist.

Bildungsträgerschaft. Dem Geist und z. T. auch dem Wortlaut der Reichsverfassung entspricht es, wenn gleich im ersten Artikel des Bildungsabschnitts (Art. 142) die Freiheit der Kunst, der Wissenschaft und ihrer Lehre sowie die Pflicht des Staates zu ihrem Schutze und zur Anteilnahme an ihrer Pflege ausgesprochen wird; es ist etwas Großes um diesen Grundsatz, der natürlich die Bindung an allgemeine gesetzliche Vorschriften nicht beseitigt, aber eine zu weitgehende Einwirkung der Staatsbehörden und den Einfluß parteipolitischer und ähnlicher Gesichtspunkte ausschalten will. Wenn aber der zweite Teil desselben Artikels vor allem das Reich und die Länder zu Mitträgern der Bestrebungen macht, die die Grundlage der gesamten Entwicklung des Bildungswesens darstellen und weder bei ausschließlicher Trägerschaft des Staates noch bei dessen völligem Verzicht auf Eingreifen segensreich gedeihen können, so ist damit dem Staate diejenige Stellungnahme angewiesen, die ein führender Geist wie Wilhelm v. Humboldt nach anfangs zu enger Bestimmung der „Grenzen der Wirksamkeit des Staates" als die richtige erkannt und selbst später durchzuführen begonnen hat. Von einer staatlichen Aufsicht ist mit Recht nicht die Rede; denn soweit eine solche nötig ist, ist sie durch die eben erwähnten allgemeinen gesetzlichen Bestimmungen gegeben, und ihre Fernhaltung beruht auf der richtigen Einschätzung des Wertes jener Selbstverwaltungskräfte, die einst zu Anfang des vorigen Jahrhunderts in dem Freiherrn vom Stein ihren leider nicht immer voll verstandenen Erwecker gefunden haben. Verdient sein will die Freiheit allerdings von seiten der Nation, und nur ausreichende Bildung, Selbstzucht und lebendiges staatsbürgerliches Verständnis können sie für uns zum bleibenden Segen werden lassen.

In diesem Sinne verlangt zunächst Art. 143 die Fürsorge für die Bildung der Jugend unter Zusammenwirken des Reiches, der Länder und der Gemeinden, unter Ausschaltung der Kirche, deren im übrigen hohe Bedeutung damit natürlich nicht irgendwie herabgesetzt wird. Von einer völligen Verstaatlichung des Schulwesens ist gewiß mit Recht abgesehen und damit vor allem dem Umstande Rechnung getragen, daß örtliche Bedürfnisse und örtliche Verhältnisse die mit der Verstaatlichung unumgänglich verbundene Gleichmachung innerhalb der Länder und natürlich erst recht innerhalb des Reiches verbieten. Einheitlichkeit im Notwendigen, Bewegungsfreiheit in allem Übrigen kann allein die richtige Losung sein, und dieser Losung entsprechen auch die weiter folgenden Bestimmungen, unter denen noch im Art. 143 der Lehrerbildung und der rechtlichen Stellung der Lehrer zunächst das Augenmerk zugewandt ist.

In bezug auf die letztere wollen wir hier nur kurz darauf hinweisen, daß die Reichsverfassung angesichts der weit auseinandergehenden Urteile in Theorie und Rechtsprechung eine vorsichtig zurückhaltende Fassung gewählt hat, die die Staatsbeamteneigenschaft der Lehrer nicht ausspricht, aber das kulturpolitisch Erforderliche zum Ausdruck bringt, indem den Lehrern an öffentlichen Schulen die Rechte und Pflichten der Staatsbeamten zugesprochen werden. Länger dagegen müssen wir bei der Frage der Lehrerbildung verweilen.

Die Lehrerbildung. Diese unvergleichlich wichtige Frage der Kulturpolitik hat für die akademisch gebildeten Lehrkräfte — die jetzt als Studienräte, Oberlehrer oder „Philologen" bezeichneten Lehrer — eine grundsätzlich befriedigende Lösung gefunden, als zu Anfang des vorigen Jahrhunderts, in Preußen im Jahre 1810 durch Humboldt, unter Ausscheidung der bisher vorwiegend in Betracht kommenden Theologen ein besonderer, eigens für die Zwecke der höheren Schule wissenschaftlich vorgebildeter Stand geschaffen wurde. Für die Vorbildung der Volksschullehrer aber war — gewiß auch unter dem Einfluß politischer Gründe — ein anderer Weg eingeschlagen worden: man wies sie vom 14. Lebensjahre an besonderen Anstalten zu, die, fachschulmäßig organisiert und tunlichst als Internate eingerichtet, die Berufswahl von vornherein festlegten und — auch nach endlicher Befreiung von den die Lehrziele bewußt herabdrückenden Zeiten der Reaktion der fünfziger Jahre des vorigen Jahrhunderts — doch immer noch drei schwere Nachteile hatten: sie entfernten die meisten jungen Schüler viel zu früh aus dem Elternhause, hielten sie von dem so fördernden Umgange mit den zu anderen Berufen strebenden Schülern fern und übermittelten ihnen eine Bildung, die als Gewöhnung an selbsttätige, freie geistige Arbeit auch nach den an sich erfreulichen Lehrplanänderungen vom Anfange dieses Jahrhunderts nicht betrachtet werden kann. Der Vorteil des Systems, der darin bestand, daß die künftigen Volksschullehrer zumeist aus der Volksschule selbst hervorgingen, konnte die eben genannten Nachteile nicht ausgleichen, und so hat schon im Jahre 1848 die Forderung der Beseitigung der Seminare in Lehrerkreisen selbst wie bei liberalen Politikern einen starken Anklang gefunden. Sie wurde seit Anfang dieses Jahrhunderts von der Lehrerschaft erneut aufgenommen und mit der des Hochschulstudiums für alle Volksschullehrer verbunden. Beide Forderungen hat sich nun im Jahre 1919 die Mehrheit der verfassunggebenden Versammlung in Weimar zu eigen gemacht und daher in Absatz 2 von Art. 143 bestimmt, daß die Lehrerbildung nach den für die höhere Bildung im allgemeinen geltenden Grundsätzen zu regeln ist. Versuche, an dieser Bestimmung zu deuteln und sie auf einen kürzeren Besuch der höheren Schulen, ohne Erlangung der Abiturientenreife, oder wenigstens auf das Fernhalten akademischer Bildung hinauslaufen zu lassen, sind zwar wiederholt gemacht worden, aber dem klaren Wortlaut der Verfassung gegenüber gewiß unhaltbar. Die Lehrerseminare müssen fallen, und die akademische Bildung der Volksschullehrer muß Platz greifen, wenn die Reichsverfassung gelten soll; äußerlich ist die Zuweisung dieser Bildung an die Universitäten auch sehr wohl möglich, und innerlich erscheint sie dann als durchführbar, wenn man den lange vernachlässigten Ausbau einer kulturwissenschaftlich eingestellten Pädagogik auf den Hochschulen endlich tatkräftiger in die Hand nimmt, den hohen Eigenwert einer Bildung anerkennt, die dem die Volksschule besuchenden, bekanntlich weitaus größten Teil unserer Volksgenossen die Vorbildung zur späteren wirklichen Teilnahme an dem staatlichen und kulturellen Leben der Nation in tunlichst vollem Maße bietet. Die großen Schwierigkeiten, die mit dem Fortfall so zahlreicher bisheriger Seminare an manchmal wirtschaftlich stark auf sie eingestellten Orten verbunden sind, sollen keineswegs unterschätzt werden, aber ein zielbewußtes Vorgehen kann und muß da die richtigen Wege finden. Leider hat es den Anschein, als ob manche politische Gesichtspunkte, die früher ein Hemmnis waren, sich auch im neuen Deutschland jetzt noch geltend machten.

Schulaufsicht. Die Notwendigkeit der staatlichen Aufsicht über das gesamte Schulwesen, die in Artikel 144 festgesetzt ist, ergibt sich aus dem seit anderthalb Jahrhunderten festgelegten Charakter der Schule als Politikum ohne weiteres; aber es ist schwerlich glücklich, wenn die Verfassung sich darauf beschränkt, im folgenden Satze nicht mehr auszusprechen, als daß „der Staat die Gemeinden daran beteiligen kann". Dies „kann" ist ein — vielleicht unbewußter — Nachhall der Kämpfe aus der Zeit vor 1919, wo der Geist der Steinschen Verwaltungsreform nur allzu oft außer Wirkung gesetzt worden und gegenüber den Gemeinden dem Gedanken der Selbstverwaltung schädlicher Zwang angetan worden ist. Auch eine rahmengesetzliche Bestimmung wie die der Reichsverfassung würde dem bildungspolitischen Bedürfnis besser entsprechen, wenn sie dies „kann" durch eine positive Vorschrift ersetzte. Man hat von seiten der Staatsbehörden bei jenen früheren Kämpfen gelegentlich darauf hingewiesen, daß die gemeindlichen Selbstverwaltungskörper deshalb auf die „äußeren" Schulangelegenheiten beschränkt werden müßten, weil ihnen vielfach das nötige Sachverständnis abgehe und auch die Wahrung der Vertraulichkeit erfahrungsgemäß nicht immer ausreichend gesichert sei; aber „äußere" und „innere" Schulangelegenheiten lassen sich in der Wirklichkeit gar nicht so unterscheiden, wie das vielleicht auf dem Papier der Theorie möglich ist, und was die Vertraulichkeitsfrage betrifft, so soll der Staat natürlich sich gegen Mißbrauch sichern und hat gewiß dazu auch die nötigen Handhaben — es ist ein wertvolles Stück staatsbürgerlicher Volkserziehung, wenn diese Handhaben deutlich formuliert und zweckmäßig angewendet werden, und man kommt auf diesem Wege sicher weiter, als wenn man die innere Teilnahme der Gemeinden an der Entwicklung des von ihnen doch in erster Linie gepflegten Schulwesens durch Beschränkung auf die „äußeren" Angelegenheiten lahmlegt.

Daß der folgende Satz des Artikels 144 die ehemals so weit verbreitete, im Nebenamte geübte geistliche Schulaufsicht endgültig beseitigt, ist ein Fortschritt, für den die hinzugefügte Forderung der fachmännischen Vorbildung der Aufsichtführenden allein schon als volle Begründung ausreicht. Wenn die Schulaufsicht über ihre Kontrollfunktion hinaus durch tiefergehende Anregung und durch Eingreifen von selbst als tüchtige Lehrer tätig gewesenen, durch einen weiten Beobachtungkreis an Erfahrungen stets neu bereicherten Männern fruchtbar gemacht werden soll, so muß sie grundsätzlich im Hauptamte ausgeübt werden. Es sind der deutschen Bildungspolitik noch sehr bedeutsame Aufgaben gestellt, wenn die Schulaufsicht in dem eben angedeuteten Sinne allenthalben auf die wünschenswerte Höhe gebracht werden soll; sie fruchtbringend auszuüben, ist schwerer, als es selbst manche daran Beteiligten zur Zeit noch erkannt haben.

Schulpflicht. Mit der Festsetzung der Schulpflicht für die mindestens acht Jahreskurse umfassende Volksschule nimmt Art. 145 eine Forderung auf, die in Deutschland schon lange in der einzelstaatlichen Gesetzgebung und Erziehungspraxis eingewurzelt ist. Die Fixierung der Schulpflicht für die „anschließende Fortbildungsschule bis zum vollendeten achtzehnten Lebensjahre“ hat den Wert, die Erziehung der Jugendlichen in einem besonders gefährdeten Lebensalter nunmehr über einzelstaatliches und ortsstatutarisches Vorgehen hinaus für ganz Deutschland verbindlich zu machen. Die enge Verbindung aber, in der hier die Fortbildungsschule mit der Volksschule erscheint, ist lediglich durch den Gedanken der Schulpflicht bedingt und darf nicht etwa dazu führen, die mit Recht zunehmende Gestaltung der Fortbildungsschule als Berufsschule irgendwie in den Hintergrund treten zu lassen. Die Unentgeltlichkeit von Unterricht und Lernmitteln in den beiden hier in Betracht kommenden Schularten ist als eine nach der Ansicht vieler Schulpolitiker selbstverständliche Folge der Schulpflicht in die Reichsverfassung aufgenommen worden. Die allgemeine Schulgeldfreiheit aller öffentlichen Schulen, die auf dem Wege einer besonderen Schulsteuer herbeizuführen nach der beachtenswerten Ansicht vieler Kulturpolitiker die Schaffung eines Idealzustandes bedeuten würde, ist in der Reichsverfassung nicht vorgesehen, doch durch ihren Wortlaut auch nicht ausgeschlossen; auf dem Wege zu ihr liegen ohne Zweifel alle die jetzt zahlreich unternommenen Versuche der Schulgeldstaffelung, die freilich die Unverheirateten und die Kinderlosen noch nicht mitumfassen; die Zukunft wird zeigen, ob es gelingen wird, die Verabfolgung von Unterricht aus dem Bereiche der Gebührenordnungen herauszunehmen, unter deren Zeichen die heutige Schulgeldzahlung grundsätzlich gestellt ist. Der in Artikel 146 Abschnitt 3 enthaltene, immerhin schon sehr bedeutsame Fortschritt beschränkt sich auf die gesetzliche Festlegung der Pflicht aller Schulunterhaltungsträger, für den Zugang Minderbemittelter zu den mittleren und höheren Schulen öffentliche Mittel, vor allem Freistellen und Erziehungsbeihilfen, bereitzustellen; natürlich ist die Gewährung dieser Mittel auf die Schüler und Schülerinnen zu beschränken, an deren höherer Ausbildung die Allgemeinheit ein Interesse hat; das lucrum cessans, den Gewinnausfall, der sich für die Eltern aus dem späteren Eintritt ihrer Kinder in das Erwerbsleben ergibt, können die Erziehungsbeihilfen wohl nur in ganz besonders gelagerten Ausnahmefällen ausgleichen; in der Regel wird der Ausgleich für die Eltern in dem später eintretenden Vorteil der besseren sozialen und wirtschaftlichen Verhältnisse ihrer Kinder liegen. Sehr wertvoll ist, daß die ganze einschlägige Verfassungsbestimmung der öffentlichen Beihilfe den Charakter des Almosens nimmt und daß ihre Durchführung alle Beteiligten zu einer tunlichst klaren Überlegung über den Wert der Ausbildung des Einzelindividuums vom Standpunkte der Gesamtheit aus erzieht — wir haben auf diesem Gebiete gar manche Versäumnisse nachzuholen.

Schulorganisation. Wir kommen zu den beiden ersten Abschnitten von Artikel 146. Die Schöpfer der Reichsverfassung sahen sich auf dem Gebiete des Bildungswesens einem in langer geschichtlicher Entwicklung herausgebildeten Zustande gegenüber, den es vom Standpunkte einer einheitlichen Gesamtauffassung aus gleichsam nachträglich zu korrigieren galt. Diese nachträgliche Korrektur ist in sehr wesentlichen Punkten eingetreten und besteht — nach der Ansicht der großen Mehrheit der Volksvertreter — vor allem in der Schaffung einer zur Zeit durch Reichsgesetz vom Jahre 1920 auf vier Jahre bemessenen, die Vorschulen beseitigenden Grundschule und außerdem in einer einheitlichen Organisation des gesamten Schulwesens, die den Aufstieg der dazu geeigneten Kinder von der untersten bis zur höchsten Schulstufe tunlichst auch nach der schultechnischen Seite hin von seinen bisherigen Hemmungen befreit. Die Durchführung dieser Grundforderung stellt die Nation vor eine ebenso fesselnde wie kulturell höchst bedeutsame Aufgabe; sie wird sich bezüglich des organischen Ausbaues der Schularten nur lösen lassen, wenn die bisherigen Ansätze, vor allem der Gedanke des gemeinsamen Unterbaues der höheren Lehranstalten, unter sorgsamster Ausgestaltung der schulkartographischen Gesichtspunkte weiterentwickelt werden und wenn unsere Nation die nötige innere Kraft und das erforderliche Einheitsbewußtsein entwickelt, um allem Klassenegoismus zu entsagen. Erzieherisch sollen alle richtig verstandenen Gesetze wirken: die Reichsverfassung muß in dieser Hinsicht eine ganz besonders nachdrückliche Wirkung ausüben, wenn der von ihr angestrebte Fortschritt zum Wohle unseres Volkes Wahrheit werden soll.

Am schwersten wird dies letztere wohl zu erreichen sein bei der bisher noch nicht erwähnten Frage der Einheitlichkeit unseres Schulwesens in religiös-konfessioneller Beziehung. Zwei große Hemmnisse sind hier zu überwinden, einmal der durch eine einseitige Betonung der Unterscheidungslehren seit den letzten Jahrzehnten sehr verschärfte Nachteil der religiösen Spaltung des deutschen Volkes und sodann die in sehr weiten Volksschichten verbreitete Ablehnung jeden dogmatisch gebundenen Kirchentums, deren Ursachen wenigstens zum Teil in einer mit der Kirchenspaltung gesteigerten Überspannung des Dogmenprinzips und mancher bisherigen sozialen Gebundenheit der Kirche zu finden sind. Ein mangelhaft durchdachter und den Kern der Sache außer Acht lassender Erlaß eines preußischen Kultusministers hat gleich nach der Staatsumwälzung vom November 1918 wohlberechtigten Widerspruch aller derer hervorgerufen, denen die Pflege der Religion Herzenssache ist, und wenn der Kampf für die Erhaltung der Religion zeitweise eine Einheitsfront der verschiedenen Bekenntnisse ins Leben rief, so hat diese Wendung der Schule zwar den Religionsunterricht — neben einem auf Verlangen neu hinzutretenden Weltanschauungsunterricht — erhalten, aber den größeren Gewinn einer über die Bekenntnisunterschiede hinwegsehenden allgemeinen Gesamtbeschulung nicht herbeigeführt. In Artikel 146 der Reichsverfassung war nach schweren Kämpfen ein Kompromiß zustandegekommen, der eine Gemeinschaftsschule in dem oben dargelegten Sinne wenigstens zur Normalform der Schule machte, aber Ausnahmen zugunsten der Konfessions- und Weltanschauungsbestrebungen auf Verlangen der Erziehungsberechtigten in ziemlich weitem Umfange vorsah; auch dieser Kompromiß hat nicht standgehalten, als man an die reichsgesetzliche Regelung der Materie im einzelnen heranging, und der Kampf um das „Schulgesetz" ist noch lange nicht entschieden, die Art seines Ausganges läßt sich zur Zeit auch kaum irgendwie vorhersagen, weil den Kämpfenden vorerst noch völlig die Gemeinsamkeit kulturwissenschaftlicher Anschauungen abgeht, die hier allein Abhilfe schaffen kann. Wenn in Artikel 146 erstmalig dem Bekenntnis die Weltanschauung als gleichberechtigt zur Seite tritt so geschieht das gewiß im Sinne des weiter unten zu erörternden Verzichts auf Religionszwang. Es bleibt abzuwarten, wie weit die Weltanschauungsschulen sich bei der weiteren Ausgestaltung des Volksschulwesens durchsetzen werden; sie können für diese Ausgestaltung nicht geringe Bedeutung u. a. dann gewinnen, wenn sie in Verbindung mit dem Weltanschauungsunterricht die Frage des interkonfessionellen Religionsunterrichts zu lösen unternehmen.

Da, wie wir oben sahen, die Schulorganisation der Reichsverfassung von dem Gedanken der Nationalerziehung beherrscht ist, so mußten zahlreiche Erscheinungen des bei uns noch immer stark entwickelten Privatschulwesens ihm zum Opfer fallen. Artikel 147 beseitigt daher die privaten Vorschulen, läßt private Volksschulen nur soweit zu, als sie dem sonst nicht gestillten Bedürfnis nach besonderen Konfessions- oder Weltanschauungsschulen genügen, und schließt für höhere Privatschulen wenigstens die Absicht der Absonderung nach Besitzverhältnissen der Eltern aus. Daß Privatschulen aller Stufen durch ein von der Unterrichtsverwaltung anzuerkennendes „besonderes pädagogisches Interesse" gerechtfertigt sind, ist natürlich ebenso richtig wie die entschiedene Forderung ausreichender innerer Organisation und lebensfähiger, insbesondere die wirtschaftliche und rechtliche Stellung der Lehrkräfte sichernder äußerer Verhältnisse.

Grundfragen der Unterrichtsgestaltung. Wenn die Reichsverfassung auch mit Recht darauf verzichtet, die Lehrziele und Lehraufgaben der verschiedenen Schularten festzulegen, so hat sie es sehr erfreulicherweise doch nicht unterlassen, einige besonders wichtige allgemeine Vorschriften für den Unterrichtsverlauf in allen Schulen festzulegen. „In allen Schulen ist sittliche Bildung, staatsbürgerliche Gesinnung, persönliche und berufliche Tüchtigkeit im Geist des deutschen Volkstums und der Völkerversöhnung zu erstreben" — in diesen Worten von Absatz 1 des Artikels 148 ist eine unendlich weittragende Fülle von kulturpolitischen Gedanken zusammengedrängt, deren wirkliche Durchführung wieder ein sehr hohes Maß von wachsender Reife unseres Volkes selber voraussetzt. Sie tut das in bezug auf die staatsbürgerliche Gesinnung insofern, als wir endlich in Deutschland lernen müssen, eine von den parteipolitischen Unterscheidungslehren unabhängige, allen gemeinsame Staatsgesinnung zu erwerben, wie sie andere Nationen schon längst in weit höherem Maße erreicht haben als der immer wieder von zentrifugalen Kräften bedrohte Deutsche, und sie tut es in bezug auf die Forderung der Erziehung im Geiste des deutschen Volkstums, indem diese Forderung nicht nur gegen den übertriebenen Einfluß antiker und französisch-englischer Kultur gerichtet ist, sondern mehr noch ein greifbares positives Verlangen zum Ausdruck bringt: Erziehung und Unterricht sollen beherrscht sein von einem einheitlichen Kulturwillen des ganzen deutschen Volkes, wie ihn — vielfach sonderbar in der Formgebung und unter manchen Fehlgriffen, aber doch mit hohem Gedankenfluge — einst der mit Unrecht fast nur als „Turnvater" fortlebende Jahn in seinem Buche vom Deutschen Volkstum gefordert hat. Es stehen in seinem Buche viele Gesichtspunkte, die auch die heutige Zeit vor große und wichtige Aufgaben stellen.

Besonders beachtens- und rühmenswert ist nun weiter, daß die allgemeinen Direktiven für den Unterricht aller Schulen ausdrücklich die Pflege des Geistes der Völkerversöhnung fordern — eine Forderung, die in keiner anderen Verfassung in gleicher Weise zu finden ist. Sie gewinnt eine doppelte Bedeutung, wenn man sich — etwa an der Hand von P. Rühlmanns eindrucksvoller Zusammenstellung — klar macht, in wie unverantwortlicher Weise das französische Schulwesen vor dem Weltkriege dazu mißbraucht worden ist, den Nationalhaß zu schüren; sie ist um so mehr anzuerkennen, weil sie im Kreise eines soeben durch übelsten Zweckverband feindlicher Mächte zu Boden geworfenen Volkes entstanden ist, und würde völlig mißverstanden, wenn man aus ihr einen gewissen Verzicht auf nationales Empfinden herauslesen wollte; Völkerversöhnung, ein Ziel, dem wohl kein Verständiger entgegenstreben wird, ist eine Grundforderung aller ernstgemeinten Kulturpolitik und kann nur da Platz greifen, wo ein jedes Volk seine eigene Stellung wahrt, aber auch die der anderen Nationen achtet.

Die im folgenden Absatz des Artikels 148 sich anschließende Forderung, daß der Unterricht die Empfindungen Andersdenkender nicht verletzen soll, ist auf den Unterricht in „öffentlichen Schulen" beschränkt; natürlich soll damit den privaten Schulen kein Freibrief für ein andersartiges Vorgehen ausgestellt werden, aber die Fassung bleibt immerhin etwas unglücklich und teilt diesen Fehler mit der im ersten Satze des nächsten Absatzes, der die Staatsbürgerkunde und den Arbeitsunterricht zu „Lehrfächern" der Schulen macht; im letzteren Falle wäre es richtiger gewesen, die Behandlung beider Lehraufgaben nicht reichsgesetzlich besonderen Lehrfächern zuzuweisen, sondern die Art der Übermittlung dieses wichtigen Lehrgutes offenzuhalten. Der bedeutsamste Wert des „Arbeitsunterrichts" beruht gewiß auf der mit ihm verbundenen Erziehung zur Selbsttätigkeit, aber es wäre sehr irrig, diese Erziehung zur Selbsttätigkeit einseitig auf den genannten Unterricht zu beschränken. Erziehung zur Selbsttätigkeit hat in allen Unterrichtsfächern Platz zu greifen, und sie ist uns Deutschen ganz besonders nötig, weil uns — vielleicht von Natur aus und sicher infolge jahrhundertelanger falscher Gewöhnung im staatlichen wie im außerstaatlichen Leben — der Geist dieser Selbsttätigkeit nur allzusehr abgeht — die Reichsverfassung hätte sicher gut getan, auch diesen Gesichtspunkt so deutlich als möglich zum Ausdruck zu bringen.

Jeder Schüler soll bei Beendigung der Schulpflicht einen Abdruck der Reichsverfassung erhalten — der Gedanke staatsbürgerlicher Erziehung, der in dieser Bestimmung enthalten ist, ist ohne Zweifel sehr gut, und wenn er in der praktischen Durchführung zunächst auch zu manchen Enttäuschungen führen mag, so kann das an seinem hohen Werte in keiner Weise etwas ändern. Er bezeichnet die bedeutungsvolle Wiederaufnahme der Absicht, die seiner Zeit Karl Gottlieb Svarez, der Schöpfer des Preußischen Landrechts, mit seiner zu Unrecht vergessenen Schrift „Unterricht über die Gesetze für die Einwohner des preußischen Staates" (1793) im Auge hatte, und legt in Erinnerung an diesen Vorgang den Wunsch nahe, daß dem Abdruck der Reichsverfassung eine von Meisterhand geschriebene Einführung beigelegt werden möchte, die in volkstümlicher Weise das Verständnis für den Sinn und Wert der allen Volksgenossen mitgegebenen Gabe fördert und jedermann klar zum Bewußtsein bringt, daß diese Gabe als ein Dokument des Vertrauens zu seiner staatsbürgerlichen Reife in Ehren gehalten und gewürdigt werden muß.

Über das Verhältnis des Schulwesens zur religiösen Kultur hat bereits Artikel 146 aus Anlaß der Schulorganisationsfragen einiges festzusetzen versucht, doch hat man es mit Recht für nötig gehalten, in Artikel 149 noch einmal auf dies Verhältnis, unabhängig von der Organisationsfrage, zurückzukommen. Dieser Artikel bringt insofern eine völlig neue Wendung, als er den Religionsunterricht zwar als ordentliches Lehrfach beibehält, aber seine Erteilung den Lehrern und die Teilnahme der Kinder an ihm der Entschließung der zuständigen Erziehungsberechtigten freistellt. Es ist seit dem Jahre 1919 schon sehr oft die Befürchtung ausgesprochen worden, daß diese Aufhebung des religiösen Unterrichtszwanges wohl zu einer weitgehenden Abwendung von dem Unterrichtsfache führen und damit der religiösen Kultur unseres Volkes empfindlichen Schaden bringen werde: alle bisherigen Beobachtungen bestätigen diese Befürchtung augenscheinlich in keiner Weise.

Wenn in Artikel 149 weiterhin die Erhaltung und wohl auch die Möglichkeit von Neugründungen für die theologischen Fakultäten festgelegt ist, so ist damit gegenüber der durch Art. 137 ausgesprochenen Trennung von Kirche und Staat eine wesentliche Einschränkung vorgenommen; vom Standpunkt der Kulturpolitik aus ist zu wünschen, daß die Religion, so lange sie nicht im Rahmen einer die verschiedenen Bekenntnisse auf dem Boden der wissenschaftlichen Forschung zusammenschließenden religionswissenschaftlichen Fakultät behandelt werden kann, wenigstens auch bei der konfessionellen Trennung der theologischen Fakultäten in streng wissenschaftlichem Geiste, ohne Beeinträchtigung des Geistes der freien Forschung und unter Fernhaltung der mit diesem unvereinbaren Unduldsamkeit gelehrt werde; es gilt hier, über die von der Schule in Art. 148 geforderte Nichtverletzung der Empfindungen Andersdenkender hinaus die wissenschaftliche Grundlage zu einer Weltanschauung zu legen, die die allgemeinen Ewigkeitswerte der Religion ohne Trübung des Blickes durch die Unterscheidungslehren aufzufassen und den Anspruch auf Alleinbesitz der Wahrheit bis in das äußere Werk der Dogmen hinein als eine innere Unmöglichkeit zu bewerten weiß.

Volksbildungswesen. Kürzer, als man es erwarten sollte und wünschen muß, ist in dem Schlußsatz des Artikels 148 noch die Förderung des Volksbildungswesens durch Reich, Länder und Gemeinden verlangt. Es sind demgemäß nunmehr auch auf seiten des Reiches, das in dieser Hinsicht trotz wiederholter Mahnungen vor 1919 so gut wie ganz versagt hat, erfreuliche Anfänge mit einer solchen Förderung gemacht worden, mit der die Gemeinden z. T. schon lange rühmlich voraufgegangen waren und auch einzelne Länder schon vor 1919 nicht gezögert hatten. Wenn die Sache der Volksbildung in Deutschland wirklich gedeihen soll, so muß vor allem an die Stelle der bisherigen Zersplitterung und mancher Unklarheiten in der Tätigkeit der Behörden wie auch der beteiligten Vereine eine Einheit und Klarheit treten, die sich nur auf Grund wissenschaftlichen Durchdenkens der einschlägigen Probleme und Aufgaben erreichen läßt. Und es muß eben auf dieser Grundlage dazu kommen, daß namentlich neben aller Betätigung konfessioneller und sonstiger Sonderbestrebungen doch ein Boden einigen Strebens und Schaffens gewonnen wird, auf dem das allen Volksgenossen Gemeinsame klar zur Geltung kommt. Die Scheu vor einem gewissen Grade des Zusammenarbeitens zwischen den Angehörigen der verschiedenen Religionsbekenntnisse muß ebenso verschwinden wie die vor der gemeinschaftlichen Betätigung der sonst im Leben schon reichlich genug voneinander getrennten Bevölkerungskreise und Stände. Möglich gemacht werden aber muß das vor allem dadurch, daß weit mehr, als es zur Zeit geschieht, an die Stelle des Aufnehmens vorgetragener Bildungsstoffe ihr innerliches Erarbeiten an der Hand der Quellen selber tritt; die Pflege der Selbsttätigkeit durch die Schule muß ihre Fortführung durch die Volksbildungsveranstaltungen finden, und es ist aus diesem Grunde u. a. dringend zu fordern, daß auf allen Gebieten des Wissens nicht die heute viel zu sehr im Vordergrunde stehenden Leitfäden, sondern ohne Einseitigkeit zusammengestellte Quellenbücher auftreten, die die Bildung eigenen Urteils fördern und auch den Standpunkt Andersdenkender kennen und verstehen lehren. Der scharfe Kampf, der wie bei den Hochschulen so auch bei den Volkshochschulen und verwandten Einrichtungen zugunsten der Übungen gegen die Vorlesungen eingesetzt hat, ist trotz des eben Gesagten nur zum Teil und bei mißbräuchlicher Handhabung des Vorlesungssystems berechtigt; natürlich dürfen die Vorlesenden keine schon gedruckten oder noch zu druckenden Leitfäden verzapfen, sondern müssen das lebende Wort in den Dienst freier und anregender Einführung in das Ringen um die wissenschaftlichen Probleme stellen. Wenn die Heranbringung der Lernenden an die Quellen, darunter auch die Kunstwerke selber, das bei uns nur allzu beliebte Reden über die Dinge einschränken soll, so haben Vorlesungen in dem eben geforderten Sinne eine ähnliche Aufgabe, indem sie an die Stelle des Redens über die Dinge ein Reden über die den Dingen zugrunde liegenden Probleme setzen. Zu den Quellen, an deren Hand sich die Teilnehmer der Volksbildungskurse eine nicht nur oberflächliche Sachkenntnis unter geeigneter Leitung selbst erarbeiten sollen, gehört nicht in letzter Linie die Reichsverfassung, die auch uns an dieser Stelle als Grundlage zur Einführung in die Fragen des Bildungsrechtes und der Bildungspolitik gedient hat: und so mag denn zum Schlusse nochmals die große Bedeutung hervorgehoben werden, die diesem Werke aus den Tagen der bittersten Not unseres Volkes als einer vielfach ganz neue Wege aufnehmenden Urkunde kulturpolitischen Strebens zukommt.

Die wirtschaftliche Notlage unseres Volkes wird die Durchführung des in der Reichsverfassung vorgezeichneten Ideals in gar mancher Hinsicht nur allzu sehr erschweren und u. a. auch die in Artikel 150 enthaltenen Vorschriften über Heimat- und Kunstpflege und gegen Abwanderung deutschen Kunstbesitzes vielfach gefährden, aber wir dürfen doch hoffen, daß ein starker Gesamtwille zum Guten in dem schwer geprüften Vaterlande schließlich trotz aller Not den Sieg erringen wird. Möglich ist das freilich nur dann, wenn auf der einen Seite der Abbau, der zurzeit alle kulturpolitisch denkenden Staatsbürger mit schwerer Sorge erfüllt, auf das unbedingt erforderliche Maß beschränkt und in seinem Einzelverlauf vor der vorschnellen Entscheidung nach rein finanztechnischen, auf nähere Sachkenntnis nicht gestützten Gesichtspunkten bewahrt wird und wenn andererseits — bei der Durchführung des Abbaues wie auch bei der sonstigen Gestaltung unseres Bildungswesens — nicht die Bestrebungen der Parteipolitik oder der Parteileidenschaft, sondern die ruhigen, auf umfassender Kenntnis des gesamten Bildungswesens und seiner Entwicklung beruhenden Urteile wirklich sachverständiger Männer den Ausschlag geben. Schon Ende Januar des Jahres 1919 haben zahlreiche Lehrer der Erziehungs- und Bildungswissenschaft an deutschen Hochschulen eine dringende Mahnung in dieser Hinsicht an die Öffentlichkeit gelangen lassen — sie ist bisher längst nicht ausreichend beachtet worden, und die an sich so wertvollen freiheitlichen Grundsätze der Reichsverfassung haben in einzelnen Fällen und in einzelnen Staaten eine Durchführung gefunden, die namentlich die Hochschulen und die höheren Schulen schwer gefährdet und die nicht von ausreichender Sachkenntnis und ausreichender Klarheit über die Tragweite der Maßregeln getragen ist. Schon die Art und Weise, in der manche Gesetze und Verordnungen, nicht genug durchdacht und bereits im Wortlaut vielfach mangelhaft, zustande kommen, zeigt deutlich, daß wir hier vor großen Gefahren stehen, unter denen der wahre Fortschritt nur bitter leiden kann.

Literatur.

Zur Frage der Pädagogik als Teil der Volkserziehungswissenschaft vgl. Julius Ziehen, Ziele und Wege der Pädagogik als Universitätswissenschaft im Frankfurter Universitätskalender 1920, Frankfurt a. M., Diesterweg, und desselben Einleitung zu dem Buche Volkserzieher, Leipzig 1911, Quelle u. Meyer. — Den Text der Reichsverfassung bietet außer den Kommentaren (Anschütz, Giese u. a.) Ottmar Bühler, Die Reichsverfassung vom 11. August 1919, mit Einleitung, Erläuterungen und Gesamtbeurteilung, Leipzig und Berlin 1922, B. G. Teubner. Ferner ist zu nennen: J. Ziehen, Ein Reichsamt für Volkserziehung und Bildungswesen, nebst sonstigen Vorschlägen zur Organisation der Volkserziehung, Berlin 1903, Weidmann = Vorträge und Aufsätze der Comeniusgesellschaft, 11. Jahrgang, 1. Stück. Näheres über die im Text berührten pädagogischen Einzelfragen findet sich vor allem in den pädagogischen Handwörterbüchern von W. Rein, 2. Aufl Jena-Langensalza 1903ff., Beyer; E. M. Roloff, Freiburg 1913ff., Herder — Der Aufstieg der Begabten, Leipzig und Berlin 1916. — P. Rühlmann, Die französische Schule und der Weltkrieg, Leipzig 1918, Quelle u. Meyer. — J. Ziehen, Staatsbürgerkunde und Volksbildung. Ein Beitrag zur Volkshochschulpädagogik, Frankfurt a. M. 1919, Englert und Schlosser. — H. Bartmann, Heimatpflege, Leipzig und Berlin 1920, B. G. Teubner = Aus Natur und Geisteswelt Bd. 756. Einen Rechenschaftsbericht der preußischen Unterrichtsverwaltung beabsichtigt das Buch des Kultusministers O. Boelitz, Der Aufbau des preußischen Bildungswesens nach der Staatsumwälzung, Leipzig 1924, Quelle und Meyer. — Näheres über die neueste Entwicklung bietet der demnächst erscheinende zweite Band der 5., bis auf die Gegenwart fortgeführten Auflage von Fr. Paulsens „Deutschem Bildungswesen in seiner geschichtlichen Entwicklung", Leipzig und Berlin 1924, B. G. Teubner = Aus Natur und Geisteswelt, Band 100.

Selbstverwaltung.

Von Staatsminister a. D. Dominicus.

I. Einleitung.

Zunächst empfiehlt es sich, über den Begriff klar zu werden. Hierfür verweise ich auf die nachstehende bildliche Darstellung und bemerke zur Erläuterung folgendes:

Privatrechtliche Verwaltung.

Öffentliche Verwaltung.

- Staatliche Verwaltung (mit Gesetzgebungsbefugnis).
- Selbstverwaltung im weiteren Sinne (innerhalb der gegebenen Gesetze).
  - Selbstverwaltung spezieller Verwaltungsaufgaben
    - a) einzelner Berufsstände (Industrie- und Handelskammern, Landwirtschaftskammern, Handwerkskammern);
    - b) innerhalb der Sozialversicherung (Krankenkassen, Berufsgenossenschaften, Landesversicherungsanstalten, Reichsversicherungsanstalt für Angestellte).
  - Selbstverwaltungsaufgaben allgemeiner Art = Kommunale Selbstverwaltungen.
    - A. Öffentlich-rechtliche Gemeindeverwaltungen:
      - I. Kommunalverbände allgemeiner Art mit Kompetenz-Kompetenz.
        - a) Unterste Gemeindeorganisationen (Stadtgemeinde, Landgemeinde, selbständige Gutsbezirke);
        - b) Gemeindeverbände
          - aa) Rheinische Bürgermeistereien und westfälische Ämter (Samtgemeinden);
          - bb) preußische Landkreise, bayerische Bezirksämter, sächs. Amtshauptmannschaften usw.;
          - cc) preußische Provinzen.
      - II. Zweckverbände.
        - Beispiel: Zweckverband Groß-Berlin.
        - Ruhrsiedlungsverband.
    - B. Privatrechtliche kommunale Vereine:
      - Städtetag, Landkreistag, Reichsstädtebund, Landgemeindeverband.

Begriff der Selbstverwaltung. Der Begriff der Verwaltung kann sich beziehen entweder auf die Privatwirtschaft oder auf die öffentliche Wirtschaft. Die Verwaltung in der Privatwirtschaft ist immer eine Selbstverwaltung. Aber hierum kann es sich bei unserer Betrachtung nicht handeln. Wir verstehen vielmehr unter Selbstverwaltung einen Teil der öffentlichen Verwaltung, und zwar diejenige öffentliche Verwaltung, die nicht vom Reich oder von den Ländern geübt wird, d. h. von solchen Instanzen, denen das Recht der Gesetzgebung innewohnt. Im Gegensatz hierzu ist also Selbstverwaltung derjenige Teil der öffentlichen Verwaltung, der ausgeübt wird nach Maßgabe der vom Reich oder von den Ländern erlassenen Gesetze. Innerhalb dieser Gesetze aber sind die Organe der Selbstverwaltung grundsätzlich frei, die Verwaltung nach eigenem Ermessen zu führen, ohne an Anweisungen staatlicher Behörden gebunden zu sein.

Arten der Selbstverwaltung. Innerhalb der Selbstverwaltung wiederum sind diejenigen Verwaltungen zu scheiden, die sich auf bestimmte Sonderverwaltungsaufgaben und -gebiete beschränken und solche Verwaltungsorganisationen, deren Aufgaben sich grundsätzlich auf die gesamte öffentliche Verwaltung ihres Bereiches beziehen. Ersterer Art ist die Selbstverwaltung der Organisationen größerer Berufsstände, z. B. die Industrie- und Handelskammern, die Landwirtschaftskammern und Handwerkskammern. Dazu gehört ferner die Selbstverwaltung innerhalb unserer Sozialversicherung, also Krankenkassen aller Art, Berufsgenossenschaften für die Unfallversicherung, Landesversicherungsanstalten für die Invaliden- und Altersversicherung, Reichsversicherungsanstalt für Angestellte. Alle diese Organisationen haben die Bestimmung, öffentliche Verwaltungsaufgaben sozialer Art in mehr oder minder beschränktem Rahmen nach eigenem Ermessen unter Aufsicht des Staates zu verwalten.

So umfassend und wichtig diese Art der Selbstverwaltung ist, so sehr wird sie an Bedeutung übertroffen durch die Selbstverwaltung der öffentlichen Angelegenheiten eines bestimmten örtlichen Bereichs, die sich grundsätzlich auf alle Aufgaben der öffentlichen Verwaltung bezieht. Ausgenommen sind nur solche lokalen Verwaltungsaufgaben, für die das Reich oder das Land eigene staatliche Verwaltungsorgane hat, z. B. die Reichspost oder die staatliche Forstverwaltung. Diese Art der Selbstverwaltung ist identisch mit der kommunalen Verwaltung im weiteren Sinne, d. h. mit der Verwaltung der Gemeinden und Gemeindeverbände (Kommunalverbände). Bei den Gemeinden sind Stadt- und Landgemeinden zu scheiden. Ihnen stehen im östlichen Preußen die sogenannten selbständigen Gutsbezirke zur Seite.

An Gemeindeverbänden haben wir in Deutschland zunächst in einem Teil von Preußen eine Zusammenfassung der Landgemeinden in den Landbürgermeistereien (Rheinprovinz) oder Ämtern (Westfalen). Über den Landgemeinden, entweder unmittelbar oder mittelbar über den Landbürgermeistereien und Ämtern, steht als weiterer Kommunalverband diejenige Stelle, die mit der untersten staatlichen Verwaltungsinstanz zusammenfällt, d. h. in Preußen die Landkreise, die in den anderen deutschen Ländern die verschiedensten Bezeichnungen tragen. Und endlich steht über den Landkreisen in Preußen als weiterer Kommunalverband die Provinz.

Schließlich gibt es noch Gemeindeverbände, die sich nicht auf alle möglichen Gemeindeverwaltungsaufgaben beziehen, sondern bestimmungs- oder vereinbarungsgemäß nur auf einzelne Verwaltungsaufgaben, sogenannte Zweckverbände.

Die bisher genannten Gemeindeverbände haben gemeinsam, daß sie durch Gesetz geschaffen oder ermöglicht sind, also einen öffentlich-rechtlichen Charakter tragen. Daneben sind in der letzten Zeit freiwillige Zusammenschlüsse von Gemeinden und Gemeindeverbänden entstanden in der privatrechtlichen Form von Vereinen (Städtetag, Landkreistag, Reichsstädtebund usw.).

Aufgabe der folgenden Darstellung wird sein, die kommunale Selbstverwaltung in ihren Grundzügen näher darzustellen. Wir besprechen hierbei die einzelnen Organisationsformen der kommunalen Selbstverwaltung in der Reihenfolge unseres oben dargelegten Schemas und beginnen mit der Selbstverwaltung der Stadtgemeinden.

II. Die Selbstverwaltung der Stadtgemeinden.

1. Geschichte.

Die Selbstverwaltung vor 1918. Die städtische Selbstverwaltung stellt die älteste und wichtigste Form der kommunalen Selbstverwaltung dar, die gleichzeitig das Muster für die übrigen Arten der kommunalen Selbstverwaltung geworden ist. Höchst schwankend war der geschichtliche Verlauf der städtischen Selbstverwaltung. Durch die Jahrhunderte zieht sich wellenmäßig die Entwicklung von einer fast schrankenlosen Freiheit der städtischen Selbstverwaltung zum absoluten Gegenteil der staatlichen Allmacht gegenüber den Städten in den verschiedensten Abtönungen und Schattierungen.

Entstanden aus der Markgenossenschaft der alten Deutschen wuchsen die Städte im Mittelalter heran zu fürstenfreien Gemeinden mit selbständiger Territorialgewalt, die nur durch die gemeinsame Reichsgewalt begrenzt wurde. Mit der Abnahme der Kaisermacht wuchs die Macht der Territorialfürsten. Gleichzeitig verknöcherte in den Städten die Herrschaft der Ratsgeschlechter in eine engherzige Zunftpolitik, die den Aufstieg außerhalb Stehender in unerträglicher Weise unterband. Kein Wunder, wenn nun die erstarkende Fürstengewalt nicht nur die territoriale Hoheit der meisten Städte beseitigte, sondern gleichzeitig (so in Preußen unter Friedrich Wilhelm I.) die innere Freiheit der Selbstverwaltung der Städte nahezu völlig aufhob. Daraus ergab sich aber auf der anderen Seite bald eine unmögliche, alles bevormundende und befehlende Herrschaft der staatlichen Bureaukratie über die Städte, die eine Erlahmung des Bürgersinns zur Folge hatte. Hieraus zog nach der Niederlage von Jena und dem Frieden von Tilsit der berühmte preußische Minister Freiherr vom Stein die Lehre, daß er in der Städteordnung vom 19. November 1818 das Recht der Städte zur Selbstverwaltung ihrer Angelegenheiten neu, maßvoll und doch in ganz großem Wurfe festlegte. Dieses Werk ist weltberühmt geworden. Seine Gedanken haben einen Siegeslauf durch ganz Deutschland angetreten. Sie sind die Grundlage zu einer beispiellosen Entfaltung der Kommunen gewesen und haben nicht nur die städtische, sondern die gesamte deutsche wirtschaftliche und kulturelle Entwicklung auf das lebhafteste und segensreichste beeinflußt.

Der Grundgedanke dieser Steinschen Selbstverwaltung ist der des Vertrauens, das der Staat der städtischen Selbstverwaltung entgegenbringt. Stein sah ein, daß es für den Staat, selbst wenn er das Werkzeug einer theoretisch allmächtigen und moralisch gesunden staatlichen Bureaukratie zur Seite hat, völlig unmöglich ist, die unendlich mannigfaltigen örtlichen Verwaltungsaufgaben der Städte mit der erforderlichen Sachkunde und Energie, Schnelligkeit und Initiative zu bearbeiten. Steins großes Verdienst ist es, daß er nun nicht nach der Art zögernder und vorsichtiger Bureaukraten diese Rechte des Staates gegenüber der städtischen Verwaltung langsam und versuchsweise nach und nach abgebaut hat, sondern daß er in ganz großem Stile mit einem Schlage die staatliche Aufsicht im wesentlichen auf diejenigen Punkte beschränkte, die zur Aufrechterhaltung der staatlichen Einheit und Autorität wirklich nötig waren. Bezeichnend und berühmt ist das Wort, das Steins großer Mitarbeiter, der eigentliche Schöpfer der Städteordnung, der Königsberger Stadtrat Dr. Frey, in die Motive der Städteordnung aufnahm: „Zutrauen veredelt den Menschen, ewige Vormundschaft hemmt sein Reifen."

Das Maß dieses Zutrauens des Staates zur Selbstverwaltung hat in den Jahrzehnten seit 1808 gewechselt. 1831 folgte in Preußen die erste Rückwärtsrevision der Städteordnung; die Revolution von 1848 schuf eine neue Städteordnung von 1850 mit erweiterter Selbstverwaltung, der jedoch das Gesetz von 1853 alsbald das Lebenslicht ausblies. Die Revolution von 1918 führte im wesentlichen nur zu einer Veränderung des Wahlrechts für die Stadtverordnetenversammlung und teilweise auch für den Magistrat. Sonst blieben die Aufgaben und die Organe der Städte im wesentlichen unverändert. Ein preußischer Entwurf der Städteordnung von 1922, der noch heute nicht Gesetz geworden ist, bezweckt im wesentlichen nur eine Vereinheitlichung des preußischen Städterechts, ohne an der Organisation grundlegend zu rütteln. Ein vom Deutschen Städtetag im Jahre 1924 in Hannover angenommener Entwurf einer deutschen Reichsstädteordnung will die Vereinheitlichung der Verwaltung der Städte aller deutschen Länder in den wichtigsten Grundbestimmungen anregen.

Aber unverändert steht inmitten der großen Erschütterung unseres öffentlichen Lebens der Grundgedanke der Steinschen Städteordnung, daß nämlich die Verwaltung der deutschen Städte einerseits sich selbstverständlich halten muß in dem Rahmen der Gesetze des Reiches und der Länder (also Gegensatz zu den mittelalterlichen Stadtstaaten), daß aber andererseits innerhalb dieser Gesetze die Verwaltung von der Organisation der Stadt frei gehandhabt werden muß nach eigenem Ermessen, nicht nach Anweisungen staatlicher Aufsichtsinstanzen. Ob dieser Rahmen der staatlichen Gesetze im einzelnen mehr oder weniger eng gezogen werden soll, darum geht jetzt der Kampf. Und gewiß ist auch hier die Entscheidung oft ebenso zweifelhaft wie bedeutsam. Aber alles dies ändert nichts an der erstaunlichen Tatsache, daß die Idee der Steinschen städtischen Selbstverwaltung eine unverlierbare Grundlage der Organisation der öffentlichen Verwaltung geworden ist. Selten in der Geschichte ist es einem Manne vergönnt gewesen, ein Werk zu schaffen, das sich einer solchen tiefen Wirkung und solcher Bestandssicherheit erfreuen kann!

2. Begriff der städtischen Selbstverwaltung.

Die heutige Selbstverwaltung auf Grund der Weimarer Verfassung. Der Artikel 127 der Weimarer Verfassung legt fest: „Gemeinden und Gemeindeverbände haben das Recht der Selbstverwaltung innerhalb der Schranken der Gesetze.“ Eine ähnliche Bestimmung findet sich z. B. auch in dem Artikel 70 der preußischen Verfassung. Damit ist die Grenze klar bestimmt, bis zu der die städtische Selbstverwaltung sich erstrecken kann, nämlich die Gesetze des Reiches und der Länder, die jederzeit befugt sind, den Aufgabenkreis und die Verwaltungsfreiheit der Gemeinden neu einzuschränken oder auszudehnen. Was ist nun aber positiv der Inhalt des Begriffs „Selbstverwaltung innerhalb der staatlichen Gesetze?“ Man muß hierbei Wesentliches vom Unwesentlichen unterscheiden.

In den 60er Jahren des vorigen Jahrhunderts lenkte der Staatsrechtslehrer v. Gneist die Aufmerksamkeit auf die englische Selbstverwaltung und sah das Charakteristikum derselben in der weitgehenden Heranziehung von Laien im Ehrenamt zu der öffentlichen Verwaltung, und zwar nicht nur zu der städtischen, sondern auch zu der staatlichen Verwaltung. Diese Anregungen Gneists haben in der Verwaltungsgesetzgebung der 70er Jahre in Preußen sehr große Wirkungen erzielt. Aber es ist dadurch lange Zeit eine begriffliche Verwirrung entstanden. Denn so wichtig die Mitwirkung des Bürgers im Ehrenamte für die öffentliche Verwaltung ist, so kann doch nicht zugegeben werden, daß dieses Moment für den Begriff der deutschen kommunalen Selbstverwaltung wesentlich ist. Man denke nur daran, daß die Bürgermeister unserer deutschen Städte sämtlich Berufsbeamte sind, und wer wollte deshalb den Charakter als Selbstverwaltung bei unseren Städten leugnen? In gleicher Weise ist das Haupt der Selbstverwaltung der Landkreise, nämlich der Landrat, bezahlter Berufsbeamter.

Ebensowenig kann man behaupten, daß es ein unbedingtes Kriterium des Begriffs der Selbstverwaltung sei, daß ihr Oberhaupt durch die Wahl des Selbstverwaltungskörpers sein Amt erhält. Denn z. B. der preußische Landrat, die Spitze der kommunalen Verwaltung der Landkreise, wird nicht von seinem Kreistage gewählt, sondern von der Staatsverwaltung frei ernannt, allerdings nach Anhörung eines Vorschlags des Kreistages. Ebensowenig wesentlich für den Begriff der Selbstverwaltung ist schließlich die Beschränkung der Aufgaben auf solche wirtschaftlicher Natur im Gegensatz zu öffentlichen Verwaltungsaufgaben.

Positiv für den Begriff Selbstverwaltung entscheidend ist, daß die Kommunen das Recht haben, innerhalb der Gesetze ihre Verwaltungsaufgaben unter eigener Verantwortung zu erledigen, wie Luther das einmal auf dem Städtetag zu Stuttgart ausgedrückt hat: „Die Gemeinden müssen die Freiheit haben, auch einmal Dummheiten zu begehen", ohne daß der Staat daraus das Recht für sich herleitet, in jedem solchen Falle einen Tadel auszusprechen oder auch nur eine Belehrung daran zu knüpfen. Eine Politik weiser Entsagung und Selbstbeschränkung wird dem Staate damit auferlegt. Sie einzuhalten, ist natürlich oft nicht leicht; denn gerade in Zeiten schneller wirtschaftlicher und politischer Umwälzungen sind selbst schwere Mißgriffe eines kommunalen Organs unvermeidlich. Und es liegt für die staatliche zentrale Instanz in solchen Zeiten unendlich nahe, auf Grund des bei ihr eingehenden übersichtlichen Materials alsbald belehrend, warnend, anordnend oder verbietend in die städtische Selbstverwaltung einzugreifen. Es können gewiß auch Verhältnisse eintreten, wo ein solcher staatlicher Eingriff aus dem überragenden Interesse der Erhaltung des Staatswohls heraus gebieterisch erforderlich ist. Man denke z. B. an den Kommunistenaufstand in Thüringen im Jahre 1920/21. Sicherlich ist auch dagegen kein Einspruch zu erheben, daß der Staat die Gemeinden rechtzeitig auf gewisse Gefahren der Selbstverwaltung gemäß den an einzelnen Orten gemachten Erfahrungen aufmerksam macht. Hierbei ist die zu wählende Form für den Staat eine Frage des politischen Taktes. Aber grundsätzlich liegt es im wohlverstandenen Interesse des Staates selbst, seine Eingriffe in die Selbstverwaltung so weit als möglich zu beschränken. Gott sei Dank verfügen wir heute in Deutschland über ein Maß allgemeiner Bildung des Staatsbürgers, das noch beständig steigt, und das die Gemeindevertreter befähigt, im großen Durchschnitt der Fälle die Aufgaben ihrer örtlichen Verwaltung, denen sie ja an sich soviel näher stehen, sachkundiger und besser zu bearbeiten als irgendeine staatliche Verwaltungsinstanz.

3. Aufgaben der städtischen Selbstverwaltung.

Die Kompetenz-Kompetenz. Welches sind nun aber die Aufgaben der städtischen Selbstverwaltung? Grundsätzlich haben die Gemeinden und Gemeindeverbände das Recht der sogenannten Kompetenz-Kompetenz, d. h. sie können in eigener Zuständigkeit das Maß ihrer Zuständigkeit selbst bestimmen. Sie sind also nicht darauf beschränkt abzuwarten, welche Aufgaben im einzelnen ihnen der staatliche Gesetzgeber überweist, sie haben vielmehr grundsätzlich das Recht, alle Aufgaben zu übernehmen, deren Übernahme ihnen gesetzlich geboten oder nicht gesetzlich verboten ist. „Darin liegt", wie das Preußische Oberverwaltungsgericht einmal gesagt hat, „die allgemeine politische Bedeutung der Gemeinden und das unterscheidende Merkmal ihrer besonderen Aufgaben von der der übrigen Korporationen, daß sie nicht **einen** mehr oder weniger vereinzelten Zweck verfolgen, sondern die Bestimmung haben, alle Beziehungen des öffentlichen Lebens in sich aufzunehmen und der freien Selbstverwaltung des Volkes zuzuführen." Mit anderen Worten: Die Stadt erhebt den Anspruch, in der Regel die gesamte örtliche öffentliche Verwaltung zu umfassen, soweit nicht das Reich oder das Land eigene lokale Verwaltungsorgane geschaffen hat. Zurzeit geht der Grenzstreit zwischen Staat und Städten vielfach darum, daß das Reich oder Land durch Gesetz für gewisse neue Verwaltungsaufgaben oft bestrebt ist, besondere Verwaltungsorgane zur Durchführung in den lokalen Instanzen zu bestellen, unter Ausschaltung also der Gemeindeverwaltung, so z. B. bei dem Arbeitsnachweis. Verständlich wird ein solches Bestreben des Staates aus unseren derzeitigen politischen Verhältnissen, die die Gefahr mit sich bringen, daß z. B. ein bestimmtes Reichsgesetz, dessen Durchführung ganz den örtlichen Gemeindeverwaltungen überlassen werden würde, je nach der politischen Struktur der betreffenden Gemeindeverwaltung in den einzelnen Orten in ganz verschiedenem Geiste ausgeführt zu werden droht.

Eine Grenze findet diese Omnipotenz der Zuständigkeit der Gemeindeverwaltungen naturgemäß in ihrem örtlichen Bereich. Freilich ist das nicht ganz unbestritten. Insbesondere auf dem Gebiete der wirtschaftlichen Betätigung der Gemeinden ergibt sich die Versuchung und der Anreiz der Ausdehnung ihrer Tätigkeit über den Gemeindebezirk hinaus. Man denke an die Verbindung der Stadt mit Vororten außerhalb ihres Gebietes durch Straßenbahn, Wasser- und Gasversorgung. Noch größer ist vielfach das Gebiet der Elektrizitätsversorgung seitens einer Stadt über ihr Gemeindegebiet hinaus. Am weitgehendsten trat in der letzten Zeit die Ausdehnung der Gemeindetätigkeit über ihren Ortsbezirk hinaus in die Erscheinung bei den neu geschaffenen Stadtbanken. Hierbei zeigte sich aber auch alsbald die Gefahr einer solchen Ausdehnung. Grundsätzlich ist und bleibt es das Natürliche und Richtige, daß die Stadt auch ihre wirtschaftliche Tätigkeit auf ihren Gemeindebezirk und seine nähere Umgebung beschränkt. Sobald die Verstrickung einer Stadt mit ihrer politischen Umgebung ein gewisses Maß übersteigt, ist der Moment gekommen, an eine ständige organische Verbindung der Stadt mit ihren Vororten in mehr oder weniger festen, dauernden Formen (Zweckverband oder Eingemeindung) zu denken.

Der Aufgabenkreis der Städte. Entsprechend dem vorher geschilderten Grundsatze der Kompetenz-Kompetenz haben die deutschen Städte, und das ist für ihre Entwicklung in dem letzten Jahrhundert charakteristisch, eine Universalität von Aufgaben an sich gezogen.

Wenn man heute z. B. das Sachregister zum Haushalt der Stadt Berlin von 1925 durchliest, dann staunt man darüber, in welche unendliche Fülle von wirtschaftlichen und kulturellen Interessen ihrer Bürger heute die Stadtverwaltung ihre Tätigkeit hineinerstreckt. Nahezu die gesamte politische und wirtschaftliche Entwicklung des Volkes spiegelt sich mit erstaunlicher Sicherheit und Schnelligkeit in dem Aufgabenkreis der Städte wider; dementsprechend befinden sich die Arbeitsziele der städtischen Verwaltung auch in einem beständigen Fluß, und es ist eine der wichtigsten Aufgaben für die Stadtverwaltung, und besonders für ihren Leiter, die Beweglichkeit des Geistes aufzubringen, die erforderlich ist, um das wirklich wertvolle und bedeutsame Neue in der Entwicklung alsbald aufzugreifen und für seine Bearbeitung schleunigst die richtige Form zu finden.

Dabei hat sich die städtische Verwaltung nicht etwa bloß zu beschränken auf die reinen Selbstverwaltungsangelegenheiten, d. h. solche, die die Stadt aus eigener Initiative übernimmt, oder solche, bei denen sie, wenn sie sie auch auf Anregung oder Anordnung des Staates ausführt, doch berechtigt ist, nach ihrem freien Ermessen zu arbeiten. Daneben gibt es vielmehr noch eine große Zahl von Verwaltungsausgaben, deren Bearbeitung den Städten vom Staat übertragen wird, dergestalt, daß die Stadt gezwungen ist, sich bei der Bearbeitung nach den Anweisungen staatlicher Organe zu richten (sogenannte Auftragsangelegenheiten). Solcher Art sind z. B. die Polizeiangelegenheiten, die vielfach, so in Preußen, nicht etwa dem Magistratskollegium, sondern seinem Vorsitzenden, dem Bürgermeister, persönlich übertragen werden, damit der Staat jederzeit eine bestimmte Person für die Durchführung seiner Anweisungen verantwortlich machen kann. Hierzu gehört u. a. auch das Gebiet der Wohnungszwangswirtschaft, das zugleich ein besonders schlagendes Beispiel dafür abgibt, wie schädlich es ist, wenn der Staat sich in die Einzelheiten der modernen Stadtverwaltung mit eigenem Entscheidungsrecht einmischt. Der Wunsch der Städte geht naturgemäß dahin, den Kreis dieser Auftragsangelegenheiten immer mehr einzuschränken, ganz besonders richtet sich dieser Wunsch auf die Übertragung der sogenannten Wohlfahrtspolizei (im Gegensatz zu der Sicherheitspolizei) an die städtische Selbstverwaltung. Und in der Tat hat der Staat durch die Übertragung der Baupolizei, z. B. in Berlin, auf die Stadt damit einen Anfang gemacht. Die grundsätzliche Forderung der Städte auf Übertragung der sogenannten Auftragsangelegenheiten an sie als reine Selbstverwaltungsangelegenheiten wird taktisch von den Städten in der Form durchzusetzen versucht, daß sie vom Staate fordern, er dürfe ihnen in Zukunft neue Auftragsangelegenheiten nur unter der Bedingung zuweisen, daß der Staat den Städten die hieraus entstehenden Kosten ersetzt.

4. Gemeindefinanzen.

Woher bekommen die Städte das Geld, um ihre so umfangreichen und vielseitigen Aufgaben durchzuführen?

Einnahmen aus dem Gemeindevermögen. Die eigenen Einnahmen der Städte aus ihrem Vermögen sind durch die Inflation größtenteils geschwunden. Insbesondere ist das Vermögen der städtischen Stiftungen für Wohlfahrtszwecke, das vielfach seit Jahrhunderten angesammelt war, da es überwiegend in Staatspapieren „mündelsicher" angelegt war, fast restlos verlorengegangen. Nur soweit dieses Vermögen in Hypotheken angelegt war, können die Städte hier allmählich wieder auf gewisse Einnahmen infolge der Aufwertung rechnen.

Einnahmen aus dem Betrieb der städtischen Werke und Anstalten. Eigene Einnahmen bringen sodann die städtischen Werke und Unternehmungen (Wasser, Gas, Elektrizität, Stadtbanken, zum Teil auch Sparkassen). Auf diese Einnahmen sind die Städte heute bei der Schwierigkeit der Verteilung der Steuern unter Reich, Ländern, Gemeindeverbänden und Gemeinden ganz besonders angewiesen. Ungefähr 5—10% der Nettoeinnahmen der Städte dürften auf diese Quelle entfallen. Unter diesen Umständen wird es für die Städte und ihre Einwohner von besonderer Bedeutung sein, ob es der Stadtverwaltung gelingt, diese ihre wirtschaftlichen Betriebe in einer Form zu verwalten, die einen möglichst hohen Ertrag gewährleistet, ohne daß die Benutzungstarife zu hoch angesetzt zu werden brauchen. Angesichts der politischen Parteizersplitterung, die vielfach eine sachliche Werkverwaltung in den Städten erschwert, und angesichts der Notwendigkeit rascher Entscheidungen, die die Führung industrieller Unternehmungen, zumal in der gegenwärtigen Zeit, verlangt, sind deshalb viele Städte dazu übergegangen, ihre wirtschaftlichen Betriebe aus der allgemeinen städtischen Verwaltung herauszunehmen und in besondere privatrechtliche Organisationen, meist wohl Gesellschaften m. b. H., zu verwandeln. In einigen Orten haben die Städte solche Betriebsgesellschaften zusammen mit der Privatindustrie geschaffen (sogenannte gemischtwirtschaftliche Unternehmungen).

Ein weiterer Teil der städtischen Einnahmen fließt aus Gebühren für die Benutzung städtischer Anstalten (z. B. Schulgeld, Marktgebühren, Verwaltungsgebühren), aus Beiträgen von Interessenten für spezielle Zwecke sowie aus Zuschüssen vom Reich und den Ländern. Immer aber muß der größte Teil der städtischen Ausgaben aus Steuern (direkten oder indirekten) aufgebracht werden.

Einnahmen aus Steuern. Durch die Gesetzgebung des Finanzministers Miquel, der als Oberbürgermeister von Frankfurt a. M. die finanziellen Bedürfnisse und Quellen der Städte besonders gut kennengelernt hatte, war in Preußen in den 90er Jahren des vorigen

Jahrhunderts eine Steuergesetzgebung eingeführt worden, die die Steuerquellen zwischen dem Staat und den Städten grundlegend systematisch teilte. Der Staat Preußen behielt für sich die Einnahmen aus der Einkommen- und Vermögenssteuer und überließ den Städten einmal das Recht von Zuschlägen zur staatlichen Einkommensteuer und sodann die sogenannten Realsteuern (d. h. Grund- und Gebäude- sowie Gewerbesteuer). In dieser Regelung trat nach der Revolution von 1918 eine völlige Änderung ein. Das Reich, das bisher außer den Zöllen und indirekten Steuern keine eigenen Steuereinnahmen hatte, war durch den unglücklichen Ausgang des Krieges vor die Notwendigkeit gestellt, die allergrößten finanziellen Opfer zu tragen (Reparationslasten, Entschädigung der Kriegsopfer im weitesten Sinne). Folglich mußte sich das Reich neue große Einnahmen schaffen. Es riß daher durch die Erzbergersche Finanzreform die Einkommensteuer an sich, schuf zu ihrer Veranlagung und Erhebung eine einheitliche Reichsfinanzverwaltung und gab nur noch Teile des Ertrages den Ländern ab. Damit war die Notwendigkeit gegeben, da der Finanzbedarf der Länder und Gemeinden unverändert daneben bestehen blieb, ja sogar vielfach sich noch erhöht hatte, eine neue Unterteilung der Steuerquellen und Erträge zwischen dem Reich, den Ländern und Kommunalverbänden aller Art vorzunehmen. Dies nennt man den sogenannten Finanzausgleich. Bis heute ist es aber noch nicht gelungen, hierfür eine befriedigende Lösung zu finden. Das Ideal muß sein, nicht alle öffentlichen Steuergläubiger auf denselben Steuerertrag zu verweisen; denn ein solches System führt nur zu leicht zu einem Kampfe aller gegen alle, bei dem die letzten und schwächsten Steuergläubiger, nämlich die Gemeinden, unterliegen müssen, weil das Reich und die Länder sich im Besitze der Macht zur Gesetzgebung befinden und deshalb in der Lage sind, ihre Steuerbedürfnisse vorweg zu befriedigen. Infolgedessen muß danach gestrebt werden, die einzelnen Steuerquellen nach Möglichkeit unter die einzelnen Interessenten aufzuteilen, so daß jeder seine besondere Steuerquelle für sich allein hat.

Die Entwicklung seit 1918 hatte leider vielfach dazu geführt, daß das Reich, welches die großen Finanzquellen an sich gerissen hatte, genötigt war, den Städten zur Bestreitung gewisser Bedürfnisse bestimmte Summen zu überweisen, z. B. war das Reich einige Jahre lang gezwungen, den Kommunen einen bestimmten Prozentsatz ihrer Beamtengehälter aus eigenen Reichseinnahmen zuzuweisen. Dieses sogenannte Dotationssystem führte zu den größten Mißständen. Es bedingte eine unendliche Verwaltungsarbeit, beseitigte das Verantwortungsbewußtsein der Gemeindeinstanzen, gefährdete ihre moralische Integrität und bedeutete den schlimmsten Schlag gegen die Selbstverwaltung. Leider sind auch heute noch nicht alle Reste dieser Dotationswirtschaft ausgeräumt. Im Gegenteil liegt es in der Natur der ministeriellen Bureaukratie, die nach dem Worte des Dresdener Oberbürgermeisters Blüher auf dem Städtetage in Hannover „nach der Revolution den größten Machtzuwachs erfahren hat“, an einem solch beglückenden System der Austeilung von Gaben durch die Zentrale möglichst festzuhalten.

Zu einer besonderen finanziellen Bedeutung ist schließlich für die Länder und Gemeinden die Hauszinssteuer emporgewachsen, mit der die öffentlichen Gewalten eine Art Nutznießer der Inflation geworden sind. Diese Steuer ist nämlich eine Geldentwertungsabgabe für bebaute Grundstücke. Die Hypotheken, die vor der Revolution fast überall und teilweise bis zu sehr hohen Prozentsätzen auf den Gebäuden lasteten, sind durch die Inflation verschwunden und durch das Aufwertungsgesetz vom 16. Juli 1925 nur im Betrage bis zu 25 % wiederhergestellt worden. Den Gewinn hieraus würde der Eigentümer davongetragen haben, wenn sich nicht durch diese Steuer der Staat in diese Lücke hineingeschoben hätte. Der Staat gewinnt dadurch eine Einnahme, die für ihn noch dazu mit keinerlei Erhebungskosten verknüpft ist. Denn der Staat wälzt die Last der Steuereinziehung auf den Eigentümer ab.

Die Erträge dieser Steuer sind sehr erheblich und werden von den Ländern und Gemeinden bestimmungsgemäß zum Teil zur Deckung ihres allgemeinen Finanzbedarfs, zum Teil zur Herstellung von Wohnungen verwandt. Nebenbei gesagt verwendet der Staat diese Einnahmen teilweise zum Zwecke eines Lastenausgleichs, indem er die Erträge der Hauszinssteuer der Großstädte zum Teil an das flache Land oder Städte der Grenzgebiete verteilt, wo nach seiner Ansicht eine besonders große Wohnungsnot herrscht.

An indirekten Steuern sind schließlich für die Städte zurzeit die Hundesteuer, Grunderwerbssteuer, Wertzuwachssteuer (für Grundstücke), Getränkesteuer und Vergnügungssteuer von Bedeutung.

5. Verfassung der Städte.

In welcher Form spielt sich das städtische Leben ab? Welches sind die Organe, die den städtischen Selbstverwaltungskörper regieren?

Das ist eine sehr wichtige Frage. Denn um eine ersprießliche Selbstverwaltung der Städte zu entfalten, genügt es nicht, ihnen große Aufgaben und Finanzquellen zur eigenen Verwaltung zu überweisen, sondern es gilt die Form zu finden für die städtische Verwaltung, die am sichersten verbürgt, daß die Verwaltung der Stadt nach sachlichen Gesichtspunkten für das gemeine Wohl ohne Begünstigung besonderer Klassen oder einzelner Personen gerecht und geschäftsgewandt geführt wird. Man unterscheidet hierbei zwei Organe der Gemeinden, die Gemeindevertretung und den Gemeindevorstand.

Die Gemeindevertretung. Die Gemeindevertretung ist die Vertretung der gesamten Bürgerschaft oder, um es genauer zu sagen, aller Einwohner der Gemeinde.

In diesem Unterschied der Worte spiegelt sich die Veränderung der politischen Verhältnisse. Jahrhundertelang konnten nur solche Einwohner in die Gemeindevertretung gelangen, die das Gemeindebürgerrecht besaßen, d. h. solche, die seit langer Zeit in der Gemeinde wohnten, einen Erwerb ausübten, ein Haus besaßen oder was dergleichen einschränkende Bedingungen mehr waren. Heute bestimmt der Artikel 17 der Reichsverfassung vom 11. August 1919: „Die Gemeindevertretung muß in allgemeiner, gleicher, unmittelbarer und geheimer Wahl von allen reichsdeutschen Männern und Frauen nach dem Grundsatz der Verhältniswahl gewählt werden, jedoch kann durch Landesgesetz die Wahlberechtigung von der Dauer des Aufenthaltes in der Gemeinde bis zu einem Jahre abhängig gemacht werden." Damit ist durch Reichsgesetz u. a. das sogenannte Hausbesitzerprivileg beseitigt worden, wonach z. B. in Preußen bis 1918 die Hälfte aller Stadtverordneten Hauseigentümer sein mußte. Beseitigt ist ferner durch das in dieser Bestimmung enthaltene allgemeine Wahlrecht das Dreiklassenwahlrecht, das ebenfalls in Preußen bis dahin bestand und die Wähler je nach ihrer Steuerleistung in drei Klassen einteilte.

Die Namen der Gemeindevertretung sind nicht nur in den einzelnen Ländern, sondern innerhalb derselben in den einzelnen Landesteilen verschieden: Stadtverordnetenversammlung in Preußen und Hessen, Bürgervorsteherkollegium in Hannover, Stadtrat in Bayern, Baden und Thüringen, Gemeindeverordnetenversammlung in Sachsen, Gemeinderat in Württemberg bezeichnen alle die gleiche Organisation und kennzeichnen die derzeitige Mannigfaltigkeit der deutschen Städteverfassungen.

Aufgabe der Gemeindevertretung ist die Beschlußfassung über alle städtischen Angelegenheiten, soweit sie nicht dem Gemeindevorstand ausschließlich überwiesen sind.

Der Gemeindevorstand. Während nun in allen Städten eine Gemeindevertretung in der Form eines Kollegiums (bis zu 225 Köpfen in Berlin) nach einheitlichem Reichsrecht existiert, gibt es für den Gemeindevorstand in den Städteordnungen der Länder zweierlei Formen. Entweder ist der Gemeindevorstand ebenfalls ein Kollegium oder eine Einzelperson, der Bürgermeister.

Und dieses Kollegium, der Gemeindevorstand, kann entweder ein besonderer Körper sein, getrennt von der Stadtverordnetenversammlung, der dann der Gemeindevertretung als zweiter Faktor zur Fassung von Gemeindebeschlüssen gleichberechtigt zur Seite steht (dieses Kollegium heißt dann meist Magistrat und die nach dieser Form ausgeübte städtische Verfassung die Magistratsverfassung), oder das Kollegium, das die Geschäfte des Gemeindevorstandes zu führen hat, ist identisch mit der Gemeindevertretung. Dies ist der Fall bei dem Stadtrat in der bayerischen und württembergischen Städteordnung, also in dem Bereiche der sogenannten Stadtratsverfassung.

Das dritte System schließlich, wo der Gemeindevorstand eine Einzelperson, nämlich der Bürgermeister, ist, heißt die Bürgermeisterverfassung. Sie ist in der preußischen Rheinprovinz als ein Überbleibsel der napoleonischen Zeit zu Hause. Diese drei Systeme der deutschen Stadtverfassung wollen wir jetzt näher betrachten.

Es stehen einander gegenüber zunächst zwei Gegensätze: Das Zweikammersystem und das Einkammersystem, d. h. die Magistratsverfassung einerseits und die Bürgermeister- und Stadtratsverfassung andererseits.

Das Zweikammersystem. In der Magistratsverfassung sind übereinstimmende Beschlüsse des Magistrats und der Stadtverordnetenversammlung erforderlich, um einen rechtsgültigen Gemeindebeschluß zustande zu bringen. Vorsitzender des Magistrats ist der Bürgermeister (in größeren Städten mit dem Titel Oberbürgermeister). Vorsitzender der Stadtverordnetenversammlung ist ein von dieser gewähltes Mitglied. Man sagt dieser Verfassung als Vorteil nach, daß der Zwang zur Durchbearbeitung derselben Sache durch zwei ganz getrennte Kollegien die Gründlichkeit fördert und eine übereilte, insbesondere aus politischen Gründen unsachliche Entscheidung erschwert. Andererseits ist einleuchtend, daß die Notwendigkeit der Herbeiführung der Übereinstimmung zweier Kollegien in jeder solchen Beschlußangelegenheit die Verwaltung verlangsamt, Reibungen hervorruft und dadurch einen erheblichen Kräfteverbrauch bedeutet.

Das Einkammersystem. Das Einkammersystem in der deutschen Stadtverfassung zeigt sich wieder in zwei Möglichkeiten, je nachdem die eine Kammer zuständig ist nur für die eigentliche Beschlußfassung über grundsätzliche Fragen oder auch für die laufende Verwaltung. In der Bürgermeisterverfassung wird die laufende Verwaltung allein von dem Bürgermeister geführt, den in größeren Gemeinden Beigeordnete teils im Hauptamte, teils im Ehrenamte als Dezernenten unterstützen. Im Gegensatz zur Magistratsverfassung, wo alle Magistratsmitglieder mit gleichem Stimmrecht dem Vorsitzenden, dem Bürgermeister, zur Seite stehen, haben die Beigeordneten kein Stimmrecht in der Stadtverordnetenversammlung und haben die ihnen vom Bürgermeister übertragenen Aufgabengebiete (Dezernate) nach den Anweisungen des Bürgermeisters zu verwalten. Dieses System ist der gerade Gegensatz zur Magistratsverfassung; sein Nachteil kann sein, daß die Stadtverordnetenversammlung als alleinige Urheberin kommunaler Gesetze übereilte Beschlüsse faßt. Dieser Nachteil wird jedoch insofern in der Praxis meist vermieden, als den Vorsitz in der Stadtverordnetenversammlung nach dem Rechte der Bürgermeisterverfassung der Bürgermeister führt, nicht also ein besonderer Stadtverordnetenvorsteher. Die Erfahrung hat gelehrt, daß es dem Bürgermeister dank seiner Geschäftskunde und Erfahrung meist gelingt, die Stadtverordnetenversammlung so zu leiten, daß unüberlegte Beschlüsse voreiliger Art vermieden werden. Andererseits besitzt die Bürgermeisterverfassung unstreitig den Vorteil, daß sie ein viel schnelleres und reibungsloseres Arbeiten ermöglicht, und daß die Einheit der Stadtverwaltung in viel höherem Maße gewährleistet ist als in der Magistratsverfassung.

Dementgegen bedeutet die Stadtratsverfassung diejenige Form der städtischen Verwaltung im Einkammersystem, wo nicht bloß die beschließende, sondern auch die verwaltende Tätigkeit von einem Kollegium, und zwar beide Male von demselben Kollegium, dem Stadtrat, ausgeübt wird. Dabei besteht insofern eine Übereinstimmung mit der Bürgermeisterverfassung, als auch im Stadtrat der Vorsitz von dem Bürgermeister geführt wird. Insoweit gilt also das, was von dem Vorzug der Bürgermeisterverfassung hinsichtlich Einheitlichkeit und Schnelligkeit gesagt wurde, auch von der Stadtratsverfassung — allein mit zwei Ausnahmen. Die Beigeordneten des Bürgermeisters sind nach der Stadtratsverfassung berechtigt, in Sachen ihres Dezernats ihre Stimme gleichberechtigt abzugeben, ohne an Anweisungen des Bürgermeisters gebunden zu sein, ja zum Teil (so in Württemberg) sind sie sogar in allen Sachen, auch solchen außerhalb ihres Dezernats, in gleicher Weise stimmberechtigt wie die ehrenamtlichen Stadtverordneten (Stadträte). Dadurch wird unzweifelhaft die Einheitlichkeit der Verwaltung erschwert und ein Keim der Zwietracht hineingetragen. Sodann aber unterscheidet sich das Einkammersystem der Stadtratsverfassung von dem Einkammersystem der Bürgermeisterverfassung dadurch, daß auch die laufende Verwaltung von einem Kollegium geführt wird, wie dies ja auch bei der Magistratsverfassung der Fall ist. Wenn man nun aber hört, daß in den bayerischen Großstädten der Stadtrat aus fünfzig Personen besteht, die kollegial die laufende Verwaltung führen sollen, so leuchtet ein, daß hierbei eine große Gefahr von Reibungen und Widerwärtigkeiten entsteht, und wenn dann darauf hingewiesen wird, daß der Stadtrat es in der Hand hat, die laufenden Verwaltungsangelegenheiten je nach ihrer Bedeutung an Unterausschüsse oder gar an einzelne Dezernenten zur selbständigen und endgültigen Erledigung zu überweisen, so wird es doch wohl nur da gelingen, durch dieses Mittel wirklich die laufende Verwaltung in ihrer Lebendigkeit zu erhalten, wo an der Spitze des Stadtrats ein besonders erfahrener, geschickter und anerkannter Bürgermeister steht. Ganz besonders erschwert wird aber die Erreichung dieses Zieles einer schnellen und sachlichen Verwaltung, wenn man in der Heranziehung der ehrenamtlichen Mitglieder des Stadtrats zur laufenden Verwaltungsarbeit soweit geht, wie dies z. B. in Nürnberg zurzeit geübt wird (s. Oberbürgermeister Luppe auf dem Städtetag in Hannover 1924). Dort ist nämlich jedes Mitglied des Stadtrats einem Verwaltungsdienstzweig zugeteilt, dem er als Pfleger zur Seite steht, und wo er die laufenden Verwaltungsgeschäfte mit zu erledigen hat, z. B. alle Rechnungen anweist. Es mag sein, daß bei diesem System, wie Luppe rühmt, alle Gemeindevertreter einen Einblick in den Betrieb der laufenden städtischen Verwaltung bekommen und dadurch zu einer gewissen Abschleifung allzu radikaler Theorien gelangen. Aber natürlich besteht auch die Gefahr, besonders in unserer Zeit der hochgradigen Parteizerrissenheit, daß die einzelnen Dienstzweige dann nicht mehr im einheitlichen Geiste, sondern mit ganz verschiedenen, vielfach sogar entgegengesetzten Tendenzen verwaltet werden, und ganz besonders schwierig und unglücklich wird dabei die Rolle des Gemeindeberufsbeamten sein, der als eigentlicher Sachbearbeiter neben dem „Pfleger" die betreffende Verwaltung zu leiten hat.

Neben diesen drei hauptsächlichsten Systemen der Stadtverfassung gibt es in Deutschland noch eine Reihe von Abwandlungen des Einkammersystems, die durch die nachrevolutionäre Gesetzgebung in Ländern mit besonders starkem sozialistischem Einfluß geschaffen worden sind. Es sind dies die Länder Sachsen, Thüringen und Braunschweig. Diesen Verfassungen ist gemeinsam, daß die Gemeindevertretung allein die Gemeindebeschlüsse faßt, der Gemeindevorstand aber darauf beschränkt ist, diese Beschlüsse vorzubereiten und auszuführen. Im Unterschiede zu der Bürgermeister- und Stadtratsverfassung ist hier aber der Bürgermeister nicht der Vorsitzende der Gemeindevertretung, sondern diese wählt, wie in der Magistratsverfassung, sich ihren Vorsitzenden aus ihrer Mitte. Es ist klar, welch einschneidende Minderung an Macht und Einfluß dadurch für die Stellung des Bürgermeisters geschaffen wird. Zwar kann in Sachsen der Bürgermeister von der Stadtverordnetenversammlung zu ihrem Vorsitzenden gewählt werden. Er hat dann aber kein Stimmrecht. Dazu kommt dann in Thüringen die weitere Bestimmung, daß jeder Dezernent die ihm übertragenen Geschäfte in eigener Verantwortung führt, eine Bestimmung, die natürlich geeignet ist, die Einheitlichkeit der Verwaltung aufs schwerste zu schädigen. Und weiter ist charakteristisch für den Geist der Stadtverfassung dieser drei Länder, daß sie übereinstimmend die Wahldauer der Gemeindevertretung auf nur drei Jahre festsetzen (in Preußen vier Jahre) und daß sie die Amtsdauer des besoldeten Bürgermeisters statt auf zwölf Jahre, wie in Preußen, auf nur sechs Jahre in Sachsen und Braunschweig und auf gar nur drei Jahre in Thüringen herabsetzen. Und endlich haben diese Länder und noch einige andere neben ihnen die Ruhegehaltsansprüche der Bürgermeister, besonders für den Fall ihrer Nichtwiederwahl, erheblich verschlechtert.

Erklärlich sind diese Bestimmungen aus einem gewissen Argwohn gegen den Berufsbürgermeister und einer gänzlich falsch verstandenen „Demokratie". Man verkennt dabei vollkommen, daß auch in einer demokratischen Verfassung starke und selbstbewußte Führer dringend notwendig sind. Größere Körperschaften können unmöglich die Verwaltung eines modernen städtischen Gemeinwesens selbst leiten. Sie müssen sich im wesentlichen auf die Kritik und auf Anregungen beschränken und haben dabei doch den entscheidenden Einfluß auf die städtische Verwaltung, da ohne ihre Zustimmung kein Gemeindebeschluß zustandekommen kann. Wirkliche Führernaturen können aber auf dem Boden solcher städtischen Verfassungen wie in den genannten drei Ländern nicht erwachsen. Denn welchen Mann könnte es reizen, sich auf sachkundige Empfehlung und Warnung beschränken zu müssen und dann, die Hand im Schoße, zuzusehen, wie unter der Leitung eines anderen, doch sicherlich meist weniger Sachkundigen, die Gemeindevertretung die entscheidenden Beschlüsse faßt. Daß der Gesetzgeber in diesen Ländern selbst erhebliche Mißgriffe bei diesem System für möglich hält, ergibt sich aus der Bestimmung, daß der Gemeindevorstand berechtigt ist, Einspruch gegen Gemeindebeschlüsse einzulegen, „wenn er durch sie einen schweren Nachteil für die Gemeinde befürchtet", also nicht etwa bloß in den Fällen der Gesetzwidrigkeit der Beschlüsse. Es ist klar, daß ein Gemeindevorstand einen solchen Einspruch höchst selten einlegen wird; wenn er es tut, gerät er wohl meist in schweren Streit mit seiner Gemeindevertretung. Tut er es aber gegen sein Gewissen nicht, so leidet zum mindesten seine Arbeitsfreudigkeit schwer.

Aus allen diesen Gründen ist es zu verstehen und zu begrüßen, daß der deutsche Städtetag in Hannover im Jahre 1924 in seinem Entwurf der Reichsstädteordnung diese Prinzipien der sächsisch-thüringischen Städteordnung nicht aufgenommen hat. Im Gegenteil hat sich der Berichterstatter, Oberbürgermeister Luppe, klar und scharf gegen solche Tendenzen ausgesprochen.

Wenn man also diese modernen politischen Auswüchse ausscheidet und sich auf die drei oben geschilderten Arten der Stadtverfassung (Bürgermeisterverfassung, Magistratsverfassung, Stadtratsverfassung) beschränkt, so ist das eine festzustellen, was auf den ersten Blick erstaunlich wirkt, daß nämlich im allgemeinen die Gemeindevertretungen und die Bürgerschaft mit derjenigen Verfassungsform zufrieden zu sein pflegen, die bei ihnen historisch geworden ist. Und weiter wird man gerechterweise zugeben müssen, daß große nach außen erkennbare Ungleichheiten in der wirtschaftlichen Wirkung dieser Verfassungsformen sich kaum nachweisen lassen. Es gibt vielmehr unstreitig ebenso glänzend verwaltete wie schlecht verwaltete Städte unter einem wie dem anderen System. Das ist wohl dadurch zu erklären, daß in einem höchst wichtigen Punkte alle diese drei Verfassungsformen übereinstimmen, nämlich in der Mischung der Verwaltung zwischen Ehrenamt und Berufsamt. Oberbürgermeister Blüher (Dresden) hat auf dem Städtetag in Hannover gesagt: „Unser deutsches System besteht im Gegensatz zum englischen darin, daß Berufsbeamte mit den Vertretern der Bürgerschaft so zusammenarbeiten, daß bei den Berufsbeamten das Schwergewicht der Verantwortung ruht." Und in der Tat, wer einmal in Frankreich und England gereist ist und Gelegenheit gehabt hat, die dortigen Stadtverwaltungen kennen zu lernen, weiß, daß in der Stellung des hauptberuflichen deutschen Bürgermeisters der wesentlichste Unterschied liegt. Es mutet wenigstens uns Deutsche als ganz unmöglich an, daß an der Spitze einer großstädtischen Verwaltung, z. B. sogar von London, ein „Lord Mayor" steht, der, von Beruf vielleicht Kaufmann, für nur ein Jahr zum Bürgermeister gewählt ist. Er mag noch so intelligent sein, mag in seinem Hauptberufe an der Spitze eines noch so großen Unternehmens stehen und dadurch die Leitung einer Verwaltung kennengelernt haben, er mag auch als langjähriger Gemeindevertreter sich eine große Kenntnis der städtischen Geschäfte erworben haben, trotz allem ist es bei der Kompliziertheit der heutigen städtischen Verhältnisse und Aufgaben einem solchen Bürgermeister im Ehrenamt unmöglich, seine Verwaltung wirklich zu übersehen und zu leiten. Und wenn es ihm wirklich einmal ausnahmsweise gelingen sollte, sich schon nach einem Jahr einzuarbeiten, so ist in England seine Wahlzeit zu Ende, und ein anderer muß beginnen, sich neu einzuarbeiten.

Man wendet ein, dem Bürgermeister im Ehrenamte stände ja in England und Frankreich ein lebenslänglicher Berufsbeamter in Gestalt des „Town-Clerk" oder „Secrétaire général" zur Seite, dessen Erfahrungen und Dienstkenntnisse den Bürgermeister ergänzen können. Aber es ist doch einleuchtend, daß dies nur ein kümmerlicher Ersatz sein kann. Machtvolle Persönlichkeiten werden in diesen Stellungen keinen Reiz für die Wahl ihres Lebensberufes erblicken. Solche Persönlichkeiten sind aber auf dem Boden der deutschen Stadtverfassungen glücklicherweise in großer Zahl erwachsen. Ich erinnere an Männer wie Miquel und Adickes in Frankfurt a. M., Back und Schwander in Straßburg i. E., Beck in Mannheim, Marx in Düsseldorf, Wermuth in Berlin, Luther in Essen und Adenauer in Köln. Das sind Persönlichkeiten, die ihrer Stadt vielfach in schwerster Zeit wirkliche Führer waren, deren Namen in dem Gedenken aller ihrer Bürger untrennbar mit dem Namen der Stadt selbst verbunden waren, und deren Persönlichkeiten für die Entwicklung ihrer Stadt und durch deren Beispiel auch weit darüber hinaus im Bereiche vieler anderen Städte Großes geleistet haben. Es ist darum dringend zu hoffen, daß die Fortbildung der deutschen Stadtverfassungen auch für alle Zukunft solchen Persönlichkeiten eine Möglichkeit gibt, sich in ihrem Amte voll auszuwirken.

6. Gemeindeaufsicht.

Wir haben dargelegt, welche große Aufgaben die Städte heute zu erfüllen haben, welche finanziellen Mittel sie dafür haben und brauchen, und haben darauf hingewiesen, daß es gelungen ist, in der städtischen Verwaltung Formen zu finden, die nach den Erfahrungen der letzten Jahrzehnte eine Gewähr für eine gute Verwaltung bieten. Daraus ergab sich der starke und berechtigte Wille der Städte zur Freiheit ihrer Verwaltung. Diese Freiheit kann und darf aber keine absolute sein. Sie findet ihre Grenzen in den Gesetzen des Reiches und der Länder und in einer Regelung der staatlichen Aufsicht über die Innehaltung dieser Gesetze. Daß eine solche Staatsaufsicht nötig ist, ist auch im Kreise der Städte völlig unbestritten. Das Gegenteil müßte zum Zerfall des Staates führen. Es wäre auch in der Gegenwart um so anachronistischer, als wir infolge der gesteigerten technischen Verkehrsmöglichkeiten ja sehen, wie überall im Leben der Völker sich die Zusammenziehung großer Staatengebilde, ja sogar eine überstaatliche Organisation, der „Völkerbund", entwickelt.

Maß der staatlichen Aufsicht. Strittig dagegen ist das Maß der staatlichen Aufsicht. Einig ist man sich hier eigentlich nur darüber, daß der Staat die Möglichkeit haben muß, ungesetzliche Gemeindebeschlüsse zu beanstanden. Um einen möglichen Mißbrauch dieser Befugnis zu verhüten, haben die Städte das Recht, gegen eine solche Beanstandungsverfügung der Aufsichtsbehörde die Klage bei dem unabhängigen staatlichen Verwaltungsgericht zu erheben. Verschieden geregelt ist in den Stadtverfassungen die Frage, ob die staatliche Aufsichtsbehörde das Recht haben soll, einzugreifen in die städtische Verwaltung auch dann, wenn die Stadt sich zwar im Rahmen der staatlichen Gesetze hält, die Verwaltung aber tatsächlich (wie sich § 99 des Entwurfs der preußischen Städteordnung ausdrückt) „nicht im geordneten Gange ist". Damit verläßt man den halbwegs sicheren Boden der Gesetzmäßigkeit als Grundlage der staatlichen Beanstandung und begibt sich auf den Boden der Zweckmäßigkeit. An sich bedeutet das eine Einschränkung der Freiheit der Selbstverwaltung. Und gewiß wird es im allgemeinen das Richtige sein, die Abstellung solcher Mißgriffe der städtischen Verwaltung von einer Änderung der öffentlichen Meinung zu erwarten. Indessen sollen Verfassungsgesetze für eine ganz lange Sicht sein. Und wir haben ja in den letzten Jahren erlebt, zu welchen gewaltsamen Störungen in dem ordentlichen Gange der öffentlichen Verwaltung wir leider auch bei uns in Deutschland gekommen waren. Aus diesem Grunde erklärt es sich, daß die preußische Staatsregierung bisher an diesem Aufsichtsrechte festhält und darin auch die Zustimmung der Landtagsmehrheit gefunden hat.

Bestätigungsrecht. Ebenso bestritten ist das Recht der staatlichen Aufsichtsbehörde, die Wahl der Bürgermeister und Beigeordneten zu bestätigen. Eine Reihe neuerer Städteordnungen kennt ein solches Recht des Staates nicht mehr. Weiter nimmt die Aufsichtsbehörde nach den meisten Städteordnungen das Recht für sich in Anspruch, einzelne besonders wichtige Gemeindebeschlüsse mit ihrem staatlichen Einspruchsrecht zu belegen oder gar die Einholung der förmlichen staatlichen Genehmigung zu fordern. Das gilt besonders für Beschlüsse von finanziell erheblicher Tragweite, z. B. die Aufnahme von Anleihen oder den Verkauf von Gemeindewaldungen. Und endlich ist in den einzelnen Stadtverfassungen die Frage verschieden geregelt, ob die Gemeindevertretung vorzeitig, d. h. vor Ablauf ihrer Wahlzeit, von der staatlichen Aufsichtsbehörde aufgelöst werden kann. In Preußen hat z. B. das Staatsministerium dieses Recht. Ja es ist sogar in den letzten Jahren so häufig angewandt worden wie nie zuvor. Die Notwendigkeit hierzu ergab sich in denjenigen Fällen, wo starke Minderheiten ihre Ämter als Gemeindevertreter niederlegten und dadurch die Fassung ordnungsgemäßer Beschlüsse vielfach sehr erschwerten oder gar unmöglich machten. Es ist klar, daß der Staat von einem solchen Rechte nur ganz ausnahmsweise Gebrauch machen soll. Denn würde er anders handeln, so würde er die vorzeitige Niederlegung der Mandate von Minderheitsparteien unmittelbar begünstigen. Da wir nun in den Städten zur Zeit recht häufig den Fall haben, daß sich zwei Parteigruppen nahezu die Wage halten, so würde die Minderheit versucht sein, immer dann, wenn sie nach dem Gange der allgemeinen oder lokalen Politik einen Stimmungsumschwung zu ihren Gunsten erreichen zu können meint, die Auflösung der Gemeindevertretung zu erzwingen. Ein solches Verfahren würde aber eine weitgehende Beunruhigung hervorrufen und den Staatsinteressen zuwiderlaufen.

III. Landgemeinden.

Von der Selbstverwaltung der Städte kommen wir nunmehr zu der der Landgemeinden. Der Unterschied zwischen diesen beiden Arten von Gemeinden ist nicht so leicht zu finden, wie es nach dem Wortlaut scheint. Er liegt natürlich in der Größe der Gemeinde. Aber so selbstverständlich es ist, daß ein Schwarzwalddorf von 200 Einwohnern nach dem Rechte der Landgemeinden und Berlin nach Stadtrecht verwaltet wird, so unbestimmt ist die Grenze, wo eine Gemeinde aufhört, Landgemeinde zu sein und Stadt wird.

So war z. B. bei der Eingemeindung der Berliner Vororte die Gemeinde Berlin-Friedenau mit 46 000 Einwohnern noch Landgemeinde, während es in Preußen 1917 (s. Statistisches Jahrbuch 1923) noch 197 Städte mit 1—2000 Einwohnern und gar 36 Städte mit weniger als 1000 Einwohnern gab. Ob eine Gemeinde also Stadtrecht hat, entscheidet sich nicht nach wirtschaftlichen Gesichtspunkten, sondern ist lediglich geschichtlich zu erklären. Der Übergang von Landgemeinde zur städtischen Verfassung erfolgt nur im Einzelfall auf besonderen Antrag durch einen staatlichen Akt. Der neue Entwurf der preußischen Landgemeindeordnung sah vor, daß dies in der Regel geschehen soll, wenn eine Landgemeinde überwiegend städtischen Charakter und mehr als 10 000 Einwohner hat.

Die Verfassung der Landgemeinden muß so einfach wie nur möglich sein. Daraus erklärt es sich, daß hier nur das Einkammersystem, und zwar in Preußen in Form der Bürgermeisterverfassung herrscht. Je nach der Größe und wirtschaftlichen Bedeutung der Landgemeinden bemißt sich der Einfluß des berufsbeamtlichen Elementes in der Selbstverwaltung dieser Gemeinde. Davon hängt in erster Linie ab die Wahl eines Berufsbeamten zum Bürgermeister. Es gibt natürlich große industriell stark entwickelte Landgemeinden (z. B. in Preußen 1919 15 Landgemeinden mit mehr als 20 000 Einwohnern), die nicht nur von einem Berufsbürgermeister geleitet werden, sondern daneben einen Stamm fachlich geschulter Gemeindebeamten der verschiedensten Berufe besitzen. In dieser Frage des Berufsbeamtentums herrscht also die vollste Freiheit der Selbstverwaltung in den Landgemeinden.

Was nun die Staatsaufsicht anbelangt, so könnte man meinen, daß sie vielleicht infolge der mangelnden Mitwirkung spezialistisch geschulter Berufsbeamter bei den Landgemeinden vom Gesetzgeber stärker ausgebildet sei als bei den Städten. Ein Blick in den preußischen Entwurf der Landgemeindeordnung lehrt jedoch, daß die Befugnisse der Aufsichtsbehörde für beide Gemeindearten im wesentlichen dieselben sind. Das hat seinen Grund darin, daß der Mangel an fachmännischer Verwaltung der Landgemeinden ausgeglichen wird einerseits durch den geringeren Umfang der Aufgaben und andererseits durch den größeren Einfluß, den erfahrungsgemäß die Aufsichtsbehörde diesen Gemeinden gegenüber besitzt. Die rechtliche Übereinstimmung zwischen den Verfassungen der Stadt- und Landgemeinden ist denn auch so groß, daß es, wie das Beispiel vieler deutscher Länder zeigt, wohl möglich ist, die Bestimmungen für beide Gemeindearten (Stadt und Land) in einem einheitlichen Verfassungsgesetz zusammenzufassen.

IV. Selbständige Gutsbezirke.

Neben den Stadt- und Landgemeinden steht in einem Teil des preußischen Staates zur Zeit noch eine dritte, viel umstrittene Form von Kommunalverwaltungen unterster Instanz, das sind die selbständigen Gutsbezirke. Deren gab es im alten Preußen 1918, und zwar im wesentlichen nur in den östlichen Provinzen, 15—16 000 mit 2—3 Millionen Einwohnern. Auch heute noch, nach dem Verlust der Provinzen Posen, Westpreußen und eines Teiles von Oberschlesien, haben wir in Preußen rund 12 000 Gutsbezirke mit rund 2 Millionen Einwohnern (rund 5% aller Einwohner des preußischen Staates). Die Verwaltung dieser Gutsbezirke erfolgt ohne jede Gemeindevertretung durch den Gutsherrn, der dafür aber auch die Kosten zu tragen hat. Erklärlich ist dieses System einmal aus dem Umstand, daß der Grund und Boden des Gutsbezirks dem Gutsherrn als privates Eigentum zu gehören pflegt, und sodann historisch aus der Zeit, wo der Gutsherr die Aufgabe des militärischen Schutzes der Insassen des Gutsbezirks hatte.

Verfassungsrechtlich bedeuten diese Gutsbezirke aber eine Anomalie, insofern es in ihnen mangels einer Gemeindevertretung eine Selbstverwaltung überhaupt nicht gibt. Der große

Segen solcher Selbstverwaltung im Steinschen Sinne ist also diesen 2 Millionen Einwohnern in Preußen zur Zeit noch verschlossen. Der Versuch, den die preußische Regierung 1922 in dem Entwurf der Landgemeindeordnung machte, die selbständigen Gutsbezirke zu beseitigen, ist bisher noch nicht zur gesetzlichen Verabschiedung gelangt. Natürlich ist nicht zu verkennen, daß in dem gering bevölkerten und wegearmen Osten es manchmal schwer sein wird, aus dem selbständigen Gutsbezirk eigene leistungsfähige Gemeinden zu machen, oder sie auch nur durch Vereinigung mit Nachbargemeinden an einer lebendigen kommunalen Selbstverwaltung zu beteiligen. Es kommt hinzu, daß in manchen anderen Fällen, z. B. da, wo der preußische Forstfiskus der Gutsherr ist, der Gutsherr leistungsfähiger ist als eine neu geschaffene Gemeinde. Und solcher Bedenken bestehen noch eine ganze Menge. Das darf jedoch an dem Urteil nichts ändern, daß die Beseitigung dieses veralteten Systems der selbständigen Gutsbezirke in dem Rest von Preußen schon aus dem Gesichtspunkt der staatsbürgerlichen Erziehung dieser Einwohner dringend wünschenswert ist.

V. Gemeindeverbände.

1. Rheinische Landbürgermeistereien und westfälische Ämter (Samtgemeinden).

Auf dem geschilderten Unterbau der untersten Gemeindeinstanzen entwickelt sich nun ein mannigfaltiger und interessanter Aufbau weiterer kommunaler Selbstverwaltungskörper in der Form von Gemeindeverbänden.

Während wir soeben in den selbständigen Gutsbezirken eine Eigenart des preußischen Ostens kennengelernt haben, finden wir die unterste Form von Gemeindeverbänden im Westen von Preußen. Es sind dies die Bürgermeistereien in der Rheinprovinz und die Ämter in Westfalen. Beides sind Organisationen, die oberhalb der Landgemeinde, nicht aber der Städte stehen. Sie schließen in der Regel mehrere Landgemeinden, meist zehn bis zwölf, zusammen und unterscheiden sich wesentlich von den Landgemeinden dadurch, daß sie geleitet werden grundsätzlich durch einen Berufsbürgermeister. Dies ist das bestimmende Prinzip so sehr, daß sogar im Einzelfalle eine einzige größere Gemeinde eine Bürgermeisterei oder ein Amt allein bilden kann, wenn sie eben groß genug ist, sich einen hauptamtlichen Bürgermeister leisten zu können. Der Landkreis zerfällt in diesen beiden preußischen Provinzen in eine Reihe von Bürgermeistereien oder Ämtern, und zwar bilden diese Ämter (Bürgermeistereien) rechtlich eine sogenannte Samtgemeinde, d. h. einen selbständigen Kommunalverband, der an sich berechtigt ist, alle Aufgaben der ihm angehörenden Gemeinden an sich zu ziehen.

Wirtschaftlich betrachtet ergibt sich der Vorteil, daß die Verwaltung auch der kleinsten Dorfgemeinde durch einen geschulten Verwaltungsbeamten erfolgt. Der Staat kann bei diesem System mit größerer Sicherheit darauf rechnen, daß seine Gesetze auch auf dem platten Lande wirklich ausgeführt werden. Insofern ist diese Einrichtung nicht nur eine große Erleichterung für die staatliche Verwaltung, sondern auch von erheblichem politischem Wert als eine Stärkung des staatlichen Einheitswillens. Gleichzeitig werden auch die Interessen der reinen Selbstverwaltung der Dorfgemeinden im Durchschnitt der Fälle besser wahrgenommen als ohne eine solche Zusammenfassung unter dem beruflichen Landbürgermeister. Historisch erklärt sich dieses System aus der napoleonischen Zeit, und Preußen hat es in der Rheinprovinz aus politischen Gründen gern beibehalten, um durch das Mittel der vom Staate ernannten Berufsbürgermeister die Gemeindeverwaltung der Dorfgemeinden besser in der Hand zu haben und auch die Rheinprovinz mit dem Staate schneller zu verschmelzen. Aus dieser Entwicklung heraus erklärt es sich auch, daß in der Rheinprovinz vielfach ein gewisses Mißtrauen der Landbevölkerung gegen den orts- und manchmal landfremden, vom Staate hingesetzten Berufsbürgermeister bestand, dessen Befugnisse ihm auch das Recht gaben, tiefer und selbstherrlicher in die Verwaltung der Landgemeinden einzugreifen als sein Kollege, der westfälische Amtmann. Diese Entwicklung ist jetzt im wesentlichen überholt. Der neue preußische Entwurf der Landgemeindeordnung sieht insbesondere vor, daß der Landbürgermeister von seiner Bürgermeistereivertretung genau so selbständig und frei gewählt wird wie jeder andere Gemeindevorstand.

Die Erfahrungen, die die Rheinprovinz und Westfalen mit diesem System in langen Jahrzehnten gemacht haben, erschienen der preußischen Staatsregierung so günstig, daß sie 1922 in dem Entwurf der Landgemeindeordnung vorschlug, dieses System auf ganz Preußen auszudehnen (§ 87). Dagegen ist jedoch eine Reihe wichtiger Bedenken erhoben worden. Einmal würden durch eine solche Vorschrift auf einen Schlag zwangsweise mehrere Tausend neuer Beamtenstellen für die Berufsbürgermeister allein geschaffen werden, und dazu käme der erforderliche Stab weiterer Gemeindebeamter. Eine solche Neuschöpfung erschiene in der heutigen Zeit des Personalabbaus vom finanziellen Standpunkt unerträglich. Es kommt hinzu, daß in den östlichen Provinzen Preußens die Siedlung der Bevölkerung vielfach eine so zerstreute ist, daß eine solche Landbürgermeisterei einen recht großen Bezirk umfassen müßte, derart ausgedehnt, daß eine wirklich intensive örtliche Verwaltung dort nicht möglich sein würde. Infolgedessen sah der Landtagsausschuß die Bildung solcher Landbürgermeistereien nur in denjenigen Provinzen vor, in denen der Provinziallandtag sie für das ganze Gebiet der Provinz beschließt. Damit muß man wohl einstweilen die Ausdehnung der Einrichtung der Landbürgermeistereien auf die übrigen preußischen Provinzen als gescheitert ansehen. Dieses Ergebnis ist im gewissen Sinne zu bedauern. Denn an und für sich bedeutet, wie wir gesehen haben, diese Einrichtung einen kulturellen Fortschritt. Und deshalb müßte ein Weg gesucht werden, ihre Einführung dort nach und nach zu ermöglichen, wo die wirtschaftlichen Verhältnisse ein Bedürfnis dafür geschaffen haben. In der dicht bevölkerten Provinz Sachsen z. B. oder in den industriellen Gebieten Schlesiens und Brandenburgs läßt es sich denken, daß eine Zusammenfassung einzelner Landgemeinden in eine Bürgermeisterei unter der Leitung eines energischen und geschulten Verwaltungsbeamten für die Gemeindeverwaltung einen großen Fortschritt darstellen würde.

2. Preußische Landkreise, bayerische Bezirksämter u. dgl.

Den nächsten Gemeindeverband bilden die Landkreise. Sie bauen sich entweder unmittelbar oder mittelbar über den Landgemeinden auf. Mittelbar in denjenigen Provinzen, wo die eben besprochenen Landbürgermeistereien und Ämter bestehen. Wohl bei keiner deutschen Verwaltungsbehörde zeigt sich eine solche Verschiedenheit des Namens. Die preußische Bezeichnung „Landkreise" findet sich ebenso in Hessen, Thüringen, Braunschweig, Anhalt, Waldeck und Schaumburg-Lippe; in Bayern heißen die Landkreise Bezirke, in Sachsen Bezirksverbände, in Württemberg Amtskörperschaften, in Baden Bezirksfürsorgeverbände, in Mecklenburg-Schwerin und -Strelitz sowie Lippe heißen sie Ämter; endlich gibt es Amtsverbände und den Kommunalverband des Landesteils Lübeck in Oldenburg sowie die Landgemeinden der freien Städte.

Allen diesen verschieden benannten Körperschaften ist gemeinsam eine charakteristische Eigenschaft, die diesen Kommunalverband von allen anderen unterscheidet. Er ist nämlich zu gleicher Zeit auch staatliche Verwaltungsinstanz. Während wir in der Provinzialinstanz sehen werden, daß der Oberpräsident der Chef der staatlichen Provinzialverwaltung ist, der Landeshauptmann aber der Chef der kommunalen, ist im Landkreis der Landrat (Bezirksamtmann, Oberamtmann, Amtshauptmann usw.) zu gleicher Zeit der Chef der staatlichen und der kommunalen Kreisverwaltung. Hierbei ist die kommunale Kreisverwaltung die jüngere Einrichtung. Dasjenige Land, das als erstes seiner staatlichen Verwaltungsinstanz kommunale Verwaltungsaufgaben zuteilte, ist Württemberg. Das Verwaltungsedikt vom 1. März 1922 ist, wie sich der Oberamtmann Gös, Tübingen, auf der Hauptversammlung des deutschen Landkreistages in Stuttgart am 27. Mai 1925 in einem Vortrage über die Entwicklung der Selbstverwaltung der württembergischen Amtskörperschaften ausdrückte, die „Magna Charta" für die Selbstverwaltung der württembergischen Amtskörperschaften. Höchst merkwürdig ist hierbei der Umstand, daß diese kommunale Selbstverwaltung der württembergischen Landkreise herauswuchs aus dem Vorbild der Steinschen Reform der städtischen Selbstverwaltung in Preußen. Lange aber blieb Württemberg das einzige Land, das den Segen der kommunalen Selbstverwaltung von den Städten auf das platte Land übertrug. In Preußen war zwar 1815 eine neue Einteilung des Staates in Landkreise in Kraft getreten. Aber erst durch die Kreisordnung vom 13. Dezember 1872 wurden die letzten Reste der früheren ständischen Entwicklung beseitigt und den Landkreisen die volle Kommunalverwaltung gegeben.

Seit dieser Zeit beginnt der lebhafte Aufschwung der Selbstverwaltung in den Landkreisen. Heute sind die Landkreise überall in allen deutschen Ländern gleichzeitig Kommunalverbände. Nur Baden hat erst kürzlich auf dem Gebiete der Wohlfahrtspflege die dortigen Landkreise zu Bezirksfürsorgeverbänden erklärt und damit einen Anfang für eine Kreiskommunalverwaltung geschaffen. Diese Entwicklung ist so bedeutsam, daß der Kieler Oberbürgermeister Lueken, also ein Mann der städtischen Selbstverwaltung, in dem einleitenden Aufsatz des deutschen Kommunalkalenders für 1926 schreibt:

„Die bemerkenswerteste Entwicklung der letzten Jahrzehnte ist meines Erachtens die Entwicklung der Landkreise zu wirklichen Kommunalverwaltungen. Das staatliche Element in diesen Kreisverwaltungen tritt mehr und mehr zurück, und namentlich im Westen sind sie außerordentlich lebendige Träger der Selbstverwaltung."

Aufgaben der Kreisselbstverwaltung. Das Wachstum dieser Selbstverwaltung der Landkreise zeigt sich in dem Umfang der übernommenen Aufgaben. Auch dieser Gemeindeverband hat das Recht der sogenannten Kompetenz-Kompetenz. Ursprünglich bezog sich die Tätigkeit der ländlichen Kreisverwaltungen zunächst auf den Wegebau. Wie groß die Leistungen der Landkreise auf diesem Gebiete sind, zeigt die Statistik, die durch den deutschen Landkreistag für die Verkehrsausstellung in München 1925 aufgemacht wurde. Hiernach hatten die Kreislandstraßen in ganz Deutschland eine Länge von 125 386 km. Es kam hinzu die Fürsorge für die Landwirtschaft, zusammen mit einem immer mehr ausgebauten Fachschulwesen. Daran schlossen sich gewerbliche Betriebe aller Art (Gas, Wasser, Elektrizität, Straßenbahn, Kanäle usw.), und endlich ist seit 1918 von den Landkreisen eine umfangreiche Tätigkeit auf dem Gebiete der Wohlfahrtspflege entfaltet worden. Bäder, Erholungsheime, Kinderheime aller Art, schulärztliche Versorgung sind in ständig steigendem Umfang von den Landkreisen eingerichtet worden.

Mit dieser Aufgabensteigerung hat sich zu gleicher Zeit die Notwendigkeit ergeben, für die Selbstverwaltungstätigkeit besondere Kreiskommunalbeamte anzustellen. Und so besitzt heute eine Reihe preußischer Landkreise ein Personal an hauptamtlichen Fachdezernenten (Techniker im Bauwesen, in der Elektrizitätswirtschaft, Medizinalbeamte usw.) ganz ähnlich wie manche Stadtgemeinden. Ja, diese Tätigkeit des Kreiskommunalverbandes hat vielfach einen solchen Umfang angenommen, daß er die Tätigkeit der untersten staatlichen Verwaltungsbeamten des betreffenden Faches oft erreicht und übertrifft. Das zeigt sich ganz besonders auf dem Gebiete der Hygiene. Hier steht neben dem Staatsbeamten, dem Kreismedizinalrat, der kommunale Kreisarzt. Während ersterem mehr die Medizinalpolizei (z. B.

die Seuchenbekämpfung) untersteht, hat letzterer sich allmählich ein großes Gebiet der öffentlichen Gesundheitspflege aufgebaut.

Dieses Nebeneinanderstehen je eines höheren Fachbeamten im Landkreise als Vertreter der staatlichen Verwaltung einerseits und der Kreisselbstverwaltung andererseits legt den Gedanken nahe, ob sich nicht eine Vereinigung beider Ämter in einer Person ermöglichen ließe. In der Tat ist nicht einzusehen, warum hier nicht dasselbe möglich sein sollte, was sich an der Spitze der kommunalen Selbstverwaltung des Kreises beim Landrat als möglich und zweckmäßig erwiesen hat. Die Krönung dieses Gedankenganges stellt der Vorschlag des Oberbürgermeisters Lohmeyer, Königsberg, dar, die sämtlichen staatlichen Fachverwaltungsaufgaben unterster Instanz dem Landkreis teils als Selbstverwaltung, teils als Auftragsangelegenheiten zu übertragen und die betreffenden staatlichen Beamten dem Landrat in derselben Weise zur Seite zu stellen, wie die Fachdezernenten in einer Stadt dem Bürgermeister zur Seite stehen.

Im ganzen betrachtet kann man wohl sagen, daß die Landkreise vielleicht diejenigen Stellen sind, wo zur Zeit die stärkste Ausdehnung der Selbstverwaltung stattfindet.

Kreisvertretung. Gleichzeitig ist in allen deutschen Landkreisen eine grundsätzliche Änderung in der Zusammensetzung ihrer Kreisvertretung zu verzeichnen. Früher waren die Kreisvertreter Vertreter der einzelnen Kreisgemeinden und wurden in einem indirekten Wahlverfahren von den Gemeindevertretungen gewählt. Dieses System hatte den Vorzug, daß jede größere Gemeinde des Kreises im Kreistage vertreten war. Heute sind wohl überall nach der Revolution neue Kreiswahlgesetze erlassen worden, die das Wahlrecht analog dem Artikel 17 der Reichsverfassung regeln, also auf der Grundlage der unmittelbaren und Verhältniswahl (s. Artikel 74 der preußischen Verfassung). Hierdurch sind die Kreisvertretungen im wesentlichen nach politischen Gesichtspunkten zusammengesetzt, und es kann der Fall vorkommen, daß einzelne Gegenden des Kreises im Kreistage gar nicht vertreten sind.

Kreisverfassung. Die Verfassung der Landkreise ist in den einzelnen Ländern ziemlich verschieden. In Preußen besteht neben dem Kreistag, der die Rechte der Kreisvertretung wahrnimmt, ein kollegialer Kreisausschuß, mit dem Landrat an der Spitze, der die laufenden Geschäfte führt. Wenn man den Vergleich mit der städtischen Verfassung ziehen wollte, könnte man wohl am ehesten die bayerische Stadtratsverfassung als Analogon heranziehen (Einkammersystem mit dem Landrat als Vorsitzenden), nur mit dem Unterschiede, daß grundsätzlich nicht der ganze Kreistag, sondern ein Ausschuß die laufende Verwaltung führt.

Von großer Bedeutung ist endlich die Art, wie die Mittel zur Bestreitung der Kreisausgaben aufgebracht werden. Zu einem Teil sind die deutschen Landkreise angewiesen auf die Verteilung ihrer Ausgaben auf die Kreisgemeinden (System der Matrikularbeiträge). Es ist klar, daß ein solches System die Entwicklung der Selbstverwaltung des Kreises stark behindert; denn die Gemeinden werden alljährlich an jeder neu in Angriff genommenen Selbstverwaltungsaufgabe starke Kritik üben. Darum hängt auch hier die Entwicklung der Selbstverwaltung von der Überlassung eigener Einnahmen an den Landkreis ab. Das preußische Gesetz von 1872 gewährte den Kreisen einige sichere Einnahmen durch Festlegung alljährlicher staatlicher Dotationsrenten. Jetzt erhalten die Kreise ferner bestimmte Bruchteile des Aufkommens direkter Reichssteuern (Einkommen-, Umsatz- und Hauszinssteuer). Zum Teil sind ihnen auch eigene Steuerquellen ausschließlich überwiesen (Grunderwerbssteuer). Indessen gilt für das Steuersystem der Kreisselbstverwaltung dasselbe, was oben von den Städten gesagt wurde. Es fehlt ein endgültiger Finanzausgleich, der zwischen dem Reich, den Ländern und Gemeinden auch den Landkreisen ihr selbständiges Einnahmegebiet festlegt und sichert.

3. Die Provinzen.

Über den Stadt- und Landkreisen steht in Preußen als weiterer Kommunalverband die Provinz. Durch Provinzialordnung vom 19. Juni 1875, die der Kreisordnung von 1872 folgte, wurde diese Form der Selbstverwaltung geschaffen. In anderen deutschen Ländern bestehen ähnliche Formen eines weiteren Kommunalverbandes in den verschiedensten Benennungen. Nirgends jedoch reichen diese Kommunalverbände an Umfang des Gebietes und der Tätigkeit an die preußische Provinz heran. Wir wollen uns deshalb im folgenden auf die Besprechung der preußischen Provinzen beschränken.

Es gibt in Preußen 14 solcher Kommunalverbände. Diese Zahl ist so groß, weil einmal an Stelle der verlorenen Provinzen Posen und Westpreußen die neue, allerdings sehr kleine Provinz Grenzmark Posen-Westpreußen trat. Sodann ist die frühere Provinz Schlesien trotz der Verkleinerung durch die Abtretung eines großen Teiles von Oberschlesien in zwei selbständige Provinzen Niederschlesien und Oberschlesien geteilt worden. Ferner zerfällt die Provinz Hessen-Nassau von altersher in zwei selbständige Kommunalverbände: Hessen und Nassau, die hier allein in Preußen mit den Regierungsbezirken zusammenfallen. Und endlich bilden die beiden preußischen Landkreise Sigmaringen und Hechingen einen besonderen, allerdings sehr kleinen Kommunalverband der Hohenzollernschen Lande.

Was nun den Aufgabenkreis anbelangt, so finden wir hier zunächst wieder das Prinzip der Kompetenz-Kompetenz, d. h. an sich sind die Provinzen nicht gehindert in der Auswahl ihrer Aufgaben. Es liegt aber in der Natur der Sache, daß die Provinzen solche Selbstverwaltungsangelegenheiten übernehmen, die für den einzelnen Stadt- und Landkreis zu groß sind oder sich auf das räumliche Gebiet verschiedener Kreise erstrecken. Danach fallen in die Sphäre der provinzialen Selbstverwaltung die größeren Chausseen und im Anschluß daran Brückenbauten und Kanäle, soweit hier nicht schon unmittelbar staatliche Interessen obwalten. Mit dem Straßenbauwesen in Berührung steht das Verkehrsinteresse. Viele Provinzen haben die Anlage und den Betrieb von Kleinbahnen gepflegt, andere haben sich in der Elektrizitätswirtschaft starken Einfluß gesichert. Sehr stark waren von jeher in der Provinzialverwaltung die landwirtschaftlichen Interessen. Hier ist es vor allem die Landesmelioration, daneben das landwirtschaftliche Schulwesen, die von der Provinz gepflegt werden. Hiermit im Zusammenhang stehen das Siedlungswesen und der Denkmalschutz. Endlich gibt es Teile der öffentlichen Armenpflege, heute Wohlfahrtspflege genannt, die von jeher nach einem größeren Träger gerufen haben, weil die einzelnen Kreise hierfür nicht leistungsfähig genug waren. Es betrifft dies solche Fälle der Wohlfahrtspflege, die auf Jahre hinaus eine dauernde und drückende Belastung darstellen, insbesondere die Irrenfürsorge, sodann die Fürsorge für Blinde, Sieche, Blöde, Krüppel, und auf dem Gebiete der Jugendwohlfahrt die Fürsorgeerziehung. Hier ist schließlich in den letzten Jahrzehnten die Fürsorge für die Arbeitslosen bedeutsam geworden. Ausgehend von der Pflege der arbeitslosen Wanderer ist die einheitliche Regelung des Arbeitsnachweiswesens in vieler Beziehung ein Gegenstand der Provinzialverwaltung geworden. Endlich ist durch neuere Gesetze den Provinzen das Hebammenwesen und die Kriegsbeschädigtenfürsorge übertragen worden. So sehen wir auch bei diesem letzten Gebiete der Selbstverwaltung, wie immer neue wichtige Aufgaben hervortreten und mit frischer Initiative und Lust in Bearbeitung genommen werden.

Was nun die finanziellen Mittel anbelangt, die den Provinzen zur Erledigung dieser Arbeiten zur Verfügung stehen, so walten hier ganz analoge Verhältnisse ob wie bei den Landkreisen. Der bisher geltende Finanzausgleich überläßt den Provinzen bestimmte Anteile an der Reichseinkommen- und Umsatzsteuer. Daneben bestehen von altersher jährliche Dotationen des preußischen Staates in fester Höhe. Zu einem sehr großen Teil sind aber die Provinzen noch darauf angewiesen, ihre Ausgaben auf die Kreise umzulegen (Matrikularsystem), was natürlich bei den Kreisen sehr unangenehm empfunden wird. Auch hier gilt der Satz, daß es noch nicht gelungen ist, zu einer endgültigen Klärung der Verhältnisse zu gelangen. Da die Verhältnisse aber stark im Flusse sind, erübrigt es sich, auf die derzeitigen Bestimmungen näher einzugehen.

Für die äußere Verfassung der Provinzialselbstverwaltung gilt zunächst dasselbe wie beim Landkreis. Es fällt nämlich das räumliche Gebiet der Selbstverwaltung bei der Provinz mit dem Gebiete des staatlichen Verwaltungsbezirks zusammen. Aber, und das ist sehr wichtig, während der Landrat in seiner Person die staatliche und die Selbstverwaltung des Kreises vereinigt, ist der Chef der staatlichen Verwaltung in der Provinz der Oberpräsident (in Hessen-Nassau die beiden Regierungspräsidenten in den Bezirken), der Chef der Provinzialselbstverwaltung aber ein besonderer Beamter, der teils Landesdirektor, teils Landeshauptmann heißt. Dieser Beamte steht aber seiner Provinzialvertretung anders gegenüber als der Landrat. Der Landrat ist Vorsitzender des Kreistages und des Kreisausschusses. Der Landeshauptmann ist weder Vorsitzender des Provinziallandtages noch Vorsitzender des Provinzialausschusses. Beide Körperschaften wählen vielmehr aus ihrer Mitte ihren Vorsitzenden selbst. Hier hat man also ein ähnliches System wie in der sächsisch-thüringischen Städteordnung! Für die Provinzialverwaltung gilt das Einkammersystem. Der Provinzialausschuß ist nicht wie der Magistrat eine zweite selbständige Instanz neben der Provinzialvertretung, sondern aus der Mitte des Provinziallandtages gewählt zur Erledigung der laufenden Geschäfte. Wenn trotzdem in der preußischen Provinzialverwaltung die Stellung des Landeshauptmanns tatsächlich nicht so gedrückt ist wie die des thüringischen Bürgermeisters, so liegt das an der Größe des örtlichen Bereichs der Provinz. Daraus ergibt sich nämlich von selbst die Unmöglichkeit, daß der Provinzialausschuß etwa wie ein Magistrat jeden Augenblick, mindestens aber wöchentlich mehrere Male, zusammentreten könnte. Seine Sitzungen finden vielmehr in monatlichen Abständen statt. Dadurch wächst natürlich das Gewicht des Landeshauptmanns und seiner Dezernenten, weil sie genötigt sind, eine Fülle eiliger Angelegenheiten selbständig zu erledigen. So hat sich in der Praxis die Möglichkeit einer durchaus ersprießlichen tatkräftigen Provinzialverwaltung ergeben.

Endlich sei darauf hingewiesen, daß die preußische Verfassung das Wahlrecht für den Provinziallandtag genau so geregelt hat wie für die Landkreise (unmittelbare und Verhältniswahl). Das, was bei den Kreisen in dieser Beziehung gesagt wurde über die Gefahr der nicht genügenden Berücksichtigung einzelner Gebiete der Wahlkreise gilt bei diesem System für die Provinz vielleicht mit noch größerem Rechte.

VI. Gemeinsame Fragen der Kommunalverbände.

1. Eingemeindung.

Zum Schluß wollen wir zwei Fragen betrachten, die für alle Arten von Gemeindeverbänden Interesse haben. Das ist in erster Linie die Frage der Änderung der Gebietsgrenze der einzelnen Gemeinden und Gemeindeverbände, oder kurz gesagt die Eingemeindung.

Die wirtschaftlichen Verhältnisse sind im beständigen Flusse, und heute, wo wir in einem Reiche vereint sind, haben die historisch überkommenen Grenzen nicht bloß für die Länder, sondern mehr noch für die Gemeinden und Gemeindeverbände nicht mehr dieselbe Bedeutung wie früher. Es muß deshalb die Möglichkeit gegeben sein, die Bezirke der Gemeinden und Gemeindeverbände je nach der Veränderung der wirtschaftlichen Beziehungen abzuändern und neu zu umgrenzen. Seit einem Jahrhundert vollzog sich insbesondere eine starke Ausdehnung der Städte, die sich durch ein engmaschiges Verkehrs- und Versorgungsnetz mit ihrer früheren dörflichen Umgebung verbanden. Das führte schließlich zu der Notwendigkeit, daß diese Landgemeinden in der Tat auch rechtlich in der Stadt aufgingen.

Ein solcher Vorgang bedeutet regelmäßig zugleich auch eine Änderung der Grenze des betreffenden Landkreises und kann unter Umständen eine größere Bedeutung für die Haushaltswirtschaft des Landkreises haben. Diese Fälle sind in den letzten Jahren zu Dutzenden vorgekommen. Ja, es sind Fälle zu verzeichnen, wo eine solche Eingemeindung auch das Gebiet einer Provinz in Mitleidenschaft gezogen hat. Das größte Beispiel hierfür ist das Gesetz über die Bildung einer neuen Stadtgemeinde Berlin vom 27. April 1920, wodurch 7 selbständige Stadtkreise, 59 Landgemeinden und 27 Gutsbezirke aus 2 Landkreisen mit der Stadt Berlin vereinigt und gleichzeitig aus der Provinz Brandenburg herausgenommen wurden.

Es ist einleuchtend, daß durch eine solche einschneidende Gebietsveränderung die Wirtschaft der betreffenden Landkreise und der Provinz, also des übergeordneten Gemeindeverbandes, aufs empfindlichste berührt wird.

Der Gesetzgeber kann solchen Veränderungen gegenüber einen verschiedenen Standpunkt einnehmen. Er kann der Meinung sein, daß es volkswirtschaftlich richtig ist, die wirtschaftliche Entwicklung durch rechtzeitige Anpassung der Gemeindegrenzen zu erleichtern und zu beschleunigen, in der Hoffnung, daß durch eine solche Politik der Vorwurf der verpaßten Gelegenheiten vermieden wird. So kann z. B. auf dem Gebiete der Straßenanlage und des Wohnungswesens durch ein zu langes Bestehenbleiben der historischen Ortsgrenze ein unheilbarer Schaden geschaffen werden. Andererseits ist es aber auch möglich, daß der Gesetzgeber eine zu starke und schnelle Ansammlung größerer Menschenmassen auf kleinem städtischem Gebiete aus sozialhygienischen oder allgemeinen politischen Gründen nicht wünscht, vielmehr eine Dezentralisation der Wohnweise begünstigt. Dazu treten vielfach auch noch Bedenken furchtsamer Elemente der staatlichen Bureaukratie, die in den heranwachsenden größeren Städten eine Minderung der Autorität des Staates, ja sogar die Wiederkehr der mittelalterlichen Stadtstaaten befürchten.

Der Kampf zwischen diesen beiden Strömungen ist auch jetzt nicht eindeutig im Sinne der einen oder anderen Meinung abgeschlossen. Immerhin kann man wohl sagen, daß die letztgenannte Argumentation seit 1918 an Bedeutung verloren hat. Trotzdem ist die Frage der Entschädigung der Landkreise für den Verlust von Steuerquellen durch das Ausscheiden einzelner Gemeinden immer noch nicht prinzipiell entschieden; im Gegenteil ist die Auseinandersetzung zwischen Landkreis und Stadt im Falle der Eingemeindung ein Gegenstand lebhaften Streits bei dem Entwurf der neuen Gemeindeverfassungsgesetze in Preußen.

Einen interessanten neuen Weg hat kürzlich die preußische Staatsregierung bei einer kommunalen Gebietsveränderung ganz großen Stils eingeschlagen. In dem Gesetz über die Neuregelung der kommunalen Grenzen im rheinisch-westfälischen Industriebezirk vom 26. Februar 1926 ist nicht nur die Erweiterung des Bezirks einer Reihe von Stadtkreisen vorgesehen, sondern es sind daneben durch Vereinigung mehrerer Landgemeinden zwei neue Städte mittlerer Größe geschaffen worden (Wanne-Eickel und Castrop-Rauxel). Die Regierung und der Landtag, der ihr beigetreten ist, haben in diesem Falle die Bildung etwa einer oder zweier Riesenstädte abgelehnt und eine Zusammenfassung der Bevölkerung in einer Reihe von städtischen Gebilden mäßigen Umfangs vorgesehen.

2. Überordnungsverhältnis.

Die zweite Frage, die für alle Gemeindeverbände wichtig ist, ist die Regelung ihrer Zuständigkeit untereinander. Wir sahen, daß alle Verbände, die Bürgermeistereien und Ämter, die Landkreise und Provinzen, jeder für sich, das Recht der Kompetenz-Kompetenz haben. Hierdurch ist theoretisch die Möglichkeit gegeben, daß ein und dasselbe Aufgabengebiet von mehreren Kommunalverbänden in demselben örtlichen Bereich zu gleicher Zeit bearbeitet wird. Ein Beispiel ist das Sparkassenwesen, wo vielfach der Landkreis eigene Sparkassen gründet, die in einzelnen größeren Gemeinden des Kreises neben besonderen Gemeindesparkassen existieren. Ein anderes Beispiel findet sich auf dem Gebiete der Wohlfahrtspflege, wo die Beamtin des Kreises, die Kreisfürsorgerin, manchmal zusammentrifft mit einer Fürsorgerin, die für dasselbe Gebiet in einer kreisangehörigen größeren Gemeinde tätig ist. Und auch auf wirtschaftlichem Gebiete, z. B. bei der Elektrizitätswirtschaft, finden solche Zusammenstöße der Kompetenz zwischen den Landkreisen und größeren Kreisgemeinden statt. Bei der Elektrizitätswirtschaft gibt es dann noch viel ernstere Konflikte zwischen der Provinz und einzelnen ihrer Landkreise.

Wie ist hier Ordnung zu schaffen? Wie sind unnötige Reibungen abzustellen? Theoretisch könnte man sich auf den Standpunkt stellen, daß der größere Kommunalverband dann, aber auch nur dann, das Recht hat, eine Aufgabe der Selbstverwaltung an sich zu ziehen, wenn dieselbe einer einheitlichen Regelung im größeren Gebiete bedarf. Ob diese Voraussetzung aber im einzelnen Falle gegeben ist, darüber wird man vielfach streiten können. Eine staatliche Instanz, die dazu berufen wäre, solchen Streit autoritativ zu schlichten, gibt es nicht. Infolgedessen ist die preußische Staatsregierung auf den Gedanken verfallen, eine Art Überordnungsverhältnis zwischen den Gemeindeverbänden zu schaffen derart, daß der größere Verband das Recht hat, wenn er will, bestimmte Aufgaben dem kleineren Gemeindeverbande abzunehmen und an sich zur ausschließlichen Bearbeitung heranzuziehen. Dies ist ein ganz neuer Gedanke, der dem bestehenden Rechtszustand zuwiderläuft und eine an sich nicht erwünschte Art von Aufsicht einer kommunalen Selbstverwaltung über die andere einzuführen droht. An dieser Stelle mag es genügen, auf dieses neu auftauchende organisatorische Problem hinzuweisen.

VII. Zweckverbände.

Die Selbstverwaltung der bisher behandelten Kommunalverwaltungen bezog sich grundsätzlich auf alle Aufgaben ihres örtlichen Bereichs. Es gibt aber naturgemäß auch einzelne Verwaltungsaufgaben, die sich gleichzeitig auf das Gebiet mehrerer Gemeinden oder Gemeindeverbände beziehen und die zweckmäßig einheitlich bearbeitet werden. In diesen Fällen ergibt sich die Notwendigkeit eines Zusammenschlusses der Gemeinden, der aber nicht soweit zu gehen braucht, die Selbstverwaltung der einen Gemeinde etwa durch Eingemeindung völlig aufzugeben. Für eine solche gemeinsame Bearbeitung einzelner Verwaltungsaufgaben hat Preußen durch das Zweckverbandsgesetz vom 19. Juli 1911 eine neue und interessante Form geschaffen. Danach sind also die Zweckverbände öffentlich-rechtliche, körperschaftlich-organisierte Verbände von Gemeinden oder Gemeindeverbänden mit dem Rechte der Selbstverwaltung zur Erfüllung einzelner bestimmter kommunaler Zwecke.

Diese Zwecke können ganz verschiedener Art sein z. B. der gemeinsame Bau und Betrieb einer Straßenbahn durch mehrere Stadt- und Landkreise, eine gemeinsame Wasserleitung, Gasversorgung usw. Die Praxis hat gezeigt, daß in der Tat ein Bedürfnis für diese neue Organisationsform besteht.

Der Zusammenschluß der Gemeinden zu einem Zweckverband ist im allgemeinen freiwillig, jedoch sieht das Gesetz die Möglichkeit vor, die fehlende Zustimmung einer Minderheit von Gemeinden durch Beschluß des Kreis- oder Bezirksausschusses zu ergänzen.

In zwei sehr wichtigen Fällen ist der Gesetzgeber noch darüber hinausgegangen und hat selbst zwangsweise einen solchen Zweckverband geschaffen. Das erstemal geschah dies durch Gründung des Zweckverbandes Groß-Berlin (19. Juli 1911), der die betreffenden Stadt- und Landkreise zur Erfüllung einzelner Aufgaben des Wohnungs- und Siedlungswesens zusammenschloß. Hier zeigte sich aber bald, daß die wirtschaftliche Verknüpfung dieser Kommunalverbände schon zu weit vorgeschritten war, um auf diesem Wege die Lösung der Gemeinschaftsaufgaben befriedigend zu ermöglichen. Infolgedessen wurde der Zweckverband Groß-Berlin durch die Bildung der neuen Stadtgemeinde Berlin ersetzt. Dagegen besteht der zweite Fall eines gesetzlich geschaffenen Zwangszweckverbandes noch heute. Es ist dies der Ruhrsiedlungsverband, der durch das Gesetz vom 5. Mai 1920 geschaffen wurde. Er faßt das Gebiet einer großen Anzahl von Stadt- und Landkreisen der Provinzen Rheinland und Westfalen zusammen und stellt diesem neuen Verbande die Aufgabe, ganz ähnlich wie seinerzeit in Berlin, im Fluchtlinien- und Verkehrswesen und in der Anlage von Freiflächen und Dauerwaldungen das öffentliche Bedürfnis nach einheitlichen Gesichtspunkten zu befriedigen.

VIII. Privatrechtliche Kommunalvereinigungen.

Neben den bisher behandelten Formen öffentlich-rechtlichen Zusammenschlusses der Gemeinden und Gemeindeverbände haben in den letzten Jahren die Kommunalverbände neue Formen eines freiwilligen Zusammenschlusses gesucht und herausgebildet. Es ist kein Wunder, daß damit diejenigen Kommunen begonnen haben, die die älteste und stärkste Selbstverwaltung besaßen: Die Städte. Diese schlossen sich 1905 zum Deutschen Städtetag zusammen. Der Städtetag umfaßt aber nur die größeren Städte. Darum folgten diesem Beispiel alsbald die kleineren Städte und gründeten einen Reichsstädtebund. Daneben gründete sich 1916 der Preußische Landkreistag, der sich 1921 zum Deutschen Landkreistag erweiterte. Er umfaßt heute die sämtlichen 804 Landkreise in allen deutschen Ländern. Dazu kam ferner ein Verband der Landgemeinden und endlich entsprechend den besonderen Verhältnissen der Rheinprovinz und von Westfalen der Landgemeindeverband West, der die rheinisch-westfälischen Landgemeinden, Ämter und Landbürgermeistereien umfaßt. Schließlich haben die preußischen Provinzen eine Geschäftsstelle der vereinigten Provinzen gegründet, die eine lose Verbindung mit den bayerischen Kreisen unterhält.

Das Ziel aller dieser freiwilligen Vereinigungen ist dasselbe. Sie bezwecken die Bearbeitung ihrer gemeinsamen Interessen, insbesondere dem Gesetzgeber gegenüber und daneben die Beratung des einzelnen Mitgliedes durch Verwertung der in ihrem Kreise gemachten Erfahrungen. Die Rechtsform dieser Vereinigungen ist ebenfalls überall dieselbe, nämlich die eines privatrechtlichen Vereins.

Alle diese Verbände haben einen sehr erheblichen Umfang und Einfluß gewonnen. Sie haben zunächst einen hauptamtlichen Geschäftsführer angestellt und dafür in der Regel ganz besonders qualifizierte Beamte berufen. Diesen Geschäftsführern steht ein mehr oder minder größerer Stab von weiteren Beamten im Hauptamte zur Seite. Die Geschäftsstelle verfügt über einen erheblichen Ausgabenetat, der auf die Mitglieder umgelegt wird. Die Verbände halten regelmäßig alle paar Jahre öffentliche Mitgliederversammlungen ab, bei denen gemeinsame Fragen von besonders aktuellem Interesse verhandelt werden. Unstreitig haben diese Verbände eine ständig zunehmende Bedeutung erlangt, die sich auch in dem Umstande widerspiegelt, daß erst jüngst der leitende Beamte der Kommunalabteilung im preußischen Ministerium des Innern aus dem Staatsdienst austrat, um das Amt als Präsident des Deutschen Städtetages zu übernehmen.

Das Wachsen des Einflusses dieser Verbände auf Gesetzgebung und Verwaltung ist ein so großes, daß an manchen Stellen bereits Besorgnisse über eine Schädigung der Staatsautorität durch diese Vereinigungen auftreten. Es sei in dieser Beziehung hingewiesen auf die sehr interessanten Ausführungen des Privatdozenten Peters in seinem Buche „Grenzen der kommunalen Selbstverwaltung in Preußen". Andererseits muß aber darauf aufmerksam gemacht werden, daß alle diese Vereinigungen dazu beitragen, durch ihren Reichscharakter die Angleichung und Annäherung der Selbstverwaltungskörperschaften aller deutschen Länder zu fördern, und daß sie dadurch in erfreulicher Weise für die Festigung der deutschen Reichseinheit tätig sind.

IX. Schluß.

Zusammenfassend darf man wohl ohne Übertreibung auf die gesamte deutsche Selbstverwaltung das Wort anwenden, das der damalige Bürgermeister Külz, der jetzige Reichsminister des Innern, auf dem Städtetage zu Hannover 1924 geprägt hat: „Das Jahr 1918 traf ein in höchster Blüte stehendes deutsches Stadtwesen, das noch soeben die gewaltigen Aufgaben der Kriegszeit fast spielend erledigte."

Wie richtig dieses Urteil war, zeigt die Art und Weise, wie die deutsche Selbstverwaltung die Revolution überstanden hat. Die Stadtverwaltungen insbesondere waren dem Ansturm der Revolution ganz besonders ausgesetzt. Denn in den Städten war die Masse der politisch Radikalen versammelt. Hier war auch naturgemäß die Not durch den Krieg und die Hungerblockade ganz besonders hoch gestiegen. Gewiß haben sich auch in den Städten hier und da mehr oder minder schwere Ausschreitungen ereignet, und es sind Störungen der städtischen Verwaltung vorgekommen. Aber wenn man vergleicht, wie durch die Revolution überall im Reiche und in den Ländern die Spitzen der staatlichen Verwaltung sofort beseitigt und durch neue Männer der radikalen Parteien ersetzt wurden, so fällt es doch auf, daß in den Städten nur ganz wenige Oberbürgermeister der Revolution weichen mußten. So hat in schwerster Zeit die deutsche Selbstverwaltung ihre Probe bestanden. Die ständige Mitarbeit des Bürgers im Ehrenamt an der Selbstverwaltung hatte in weitesten Kreisen des Volkes die Überzeugung von der moralischen Integrität der Verwaltung und die Notwendigkeit ihres ungestörten Bestandes tief eingegraben. Wenn es in Deutschland gelungen ist, die revolutionäre Anarchie zu überwinden, so ist nach meiner festen Überzeugung ein großer Teil des Verdienstes auf das Konto der Selbstverwaltung zu buchen.

So hat die deutsche Selbstverwaltung durch die Tat bewiesen, daß sie in Wahrheit die hohe Schule des Bürgersinns und der Staatsgesinnung für unser Volk geworden ist. In ihr vollzieht sich in Zehntausenden von Gemeinden Tag für Tag in ständiger Selbsterneuerung die Belehrung des Bürgers über die Aufgaben der öffentlichen Verwaltung, ihre Möglichkeiten und — ihre Grenzen. Auf einem Felde, das noch groß genug ist, um auch einem ungeschulten Auge einen Überblick zu ermöglichen, betätigt sich der Bürger in der Praxis für das allgemeine Wohl und erprobt den Wert der eigenen politischen Weltanschauung.

Gewiß ist auch die Arbeit der Selbstverwaltung in unserer Zeit ganz besonderen Gefahren ausgesetzt. Die leidenschaftliche Zerrissenheit unseres Volkes führt naturgemäß zu starker politischer Befehdung und Verhetzung auf dem verhältnismäßig kleinen Gebiete der Gemeindepolitik. Aus einer zu starken und einseitigen Politisierung können schwere

Schädigungen der Öffentlichkeit entstehen. Ein typisches Beispiel hierfür bieten die Erfahrungen bei der Gründung der neuen Stadtgemeinde Berlin. Als damals der Gesetzgeber die Viermillionenstadt schuf und der Selbstverwaltung der neuen Stadtverordnetenversammlung in völliger Freiheit die Wahl ihrer Führer überließ, da hätte man denken sollen, daß die Stadtverordnetenversammlung sich bemühen würde, für diese riesenhaften Verwaltungsaufgaben aus ganz Deutschland die besten Fachleute zu gewinnen. Statt dessen stellte die damalige Mehrheit der Stadtverordnetenversammlung den Grundsatz auf, daß der Magistrat genau ebenso politisch radikal zusammengesetzt sein müsse wie die Stadtverordnetenversammlung, und infolgedessen kam ein Magistrat zustande, der den gewaltigen Aufgaben nicht gewachsen war. Die Folge war freilich ein Umschwung der politischen Stimmung bei den nächsten Stadtverordnetenwahlen, die dann eine Änderung in der Zusammensetzung des Magistrats bewirkte.

Die Eigenart der deutschen Selbstverwaltung liegt, wie wir schon oben kurz besprachen, in der Zusammenarbeit von Ehrenamt und Berufsbeamten. Aufs höchste ist anzuerkennen die Hingabe von Tausenden von Bürgern in der ehrenamtlichen Arbeit für das Gemeinwohl. Der hieraus entspringende Strom von frischen Anregungen aus der praktischen Erfahrung der verschiedensten Lebensberufe schafft der Selbstverwaltung ihre größte Stärke und macht sie der staatlichen Bureaukratie so oft überlegen. Aber auf der anderen Seite ist für die deutsche Selbstverwaltung der kommunale Beamte im Hauptberufe unentbehrlich, und zwar nicht in der Rolle des beauftragten und ausführenden Organs, sondern in der des wirklichen Führers. Die Verwaltungsgeschäfte sind heute viel zu kompliziert geworden, als daß sie von einem Bürger im Ehrenamt geleistet werden könnten. Die Verbindung des Berufsbeamten mit dem Bürger im Ehrenamt ist hierbei so eng, daß die Selbstverwaltung sowohl vor bureaukratischer Verknöcherung geschützt als auch in ihrer Unabhängigkeit vor den staatlichen Organen gesichert dasteht.

So können wir Deutsche mit Stolz auf unsere Selbstverwaltung schauen. Unmöglich ist für unsere Begriffe ein Vorgehen wie das von Mussolini, der kürzlich der Hauptstadt Rom eine sehr erhebliche finanzielle staatliche Unterstützung zuteil werden ließ, aber gleichzeitig einen staatlichen Beamten zu ihrem Bürgermeister bestellte. So bedeutsam sicherlich auch bei uns die Besetzung des Postens des Oberbürgermeisters der Reichshauptstadt z. B. ist, so weit entfernt, ja unmöglich wäre für unsere öffentliche Meinung der Gedanke eines ähnlichen Eingriffs des Staates in die Selbstverwaltung. So sehr hat sich bei uns die Überzeugung durchgesetzt, daß das Interesse des Staates mit dem einer lebendigen und freien Selbstverwaltung nicht im Gegensatze steht, sondern sich deckt.

Haushaltplan einer Stadtgemeinde:

1. Allgemeine Verwaltung
2. Unterrichts- und Bildungswesen
   - A. Volksschulen
   - B. Mittelschulen
   - C. höhere Schulen
   - D. Berufsschulen
   - E. Kulturpflege
3. Wohlfahrtspflege
   - A. Allgemeine Wohlfahrtspflege
   - B. Wohlfahrtsanstalten
4. Arbeitsfürsorge
5. Gemeindeanstalten
   - A. Gartenamt
   - B. Feuerwehr
6. Siedlungs- und Verkehrswesen
   - A. Baupolizei
   - B. Stadtbauamt, Hauptstelle
   - C. Vermessungsabteilung
   - D. Straßenbauabteilung
   - E. Hafenbauabteilung
   - F. Hochbauabteilung
   - G. Flughafen
   - H. Lagerplätze
7. Wirtschaftliche Unternehmungen
8. Vermögens- und Schuldenverwaltung
   - A. Kapital- und Schuldenverwaltung
   - B. Grundstücksamt
9. Gemeindeabgaben

Literatur.

Wölbling, Bildung der neuen Stadtgemeinde Berlin, Verlag Walter de Gruyter, Berlin. — v. Brauchitsch, Die preußischen Verwaltungsgesetze, Ausgabe von Drews & Lassar, Verlag Carl Heymann, Berlin. — v. Blume, Über deutsche Selbstverwaltung, Verlag J. C. B. Mohr, Tübingen. — v. Gierke, Deutsches Privatrecht, Verlag Duncker & Humblot, München. — v. Gierke, Das deutsche Genossenschaftsrecht, Verlag Weidmannsche Buchhandlung, Berlin. — v. Gneist, Geschichte und heutige Gestalt der Ämter und des Verwaltungsrechts in England, Verlag Julius Springer, Berlin. — v. Gneist, Die deutsche Kreisordnung, Verlag Walter de Gruyter, Berlin. — v. Gneist, Zur Verwaltungsreform und Verwaltungsrechtspflege in Preußen, Verlag F. A. Brockhaus, Leipzig. — v. Gneist, Das englische Verwaltungsrecht der Gegenwart, Verlag Julius Springer, Berlin. — Hatschek, Lehrbuch des deutschen und preußischen Verwaltungsrechts 1924, Verlag A. Deichert, Leipzig. — Luther, Mitzlaff, Stein, Die Zukunftsaufgaben der deutschen Städte 1922, Deutscher Kommunalverlag G. m. b. H., Berlin. — Matthias, Die städtische Selbstverwaltung in Preußen, Verlag F. Vahlen, Berlin. — Preuß, Städtisches Amtsrecht 1902, Verlag G. Reimer, Berlin. — Preuß, Die Entwicklung der kommunalen Selbstverwaltung, Verlag G. Fischer, Jena. — Stier-Semlo, Das Städterecht. Handbuch des kommunalen Verwaltungs- und Verfassungsrechts, Verlag C. H. Beck, München. — Oertel, Die Städteordnung, Verlag H. Krumbhaar, Liegnitz. — Moll, Kommunalabgabengesetz, Verlag Carl Heymann, Berlin. — Haekel, Die Steuerreform und der neue Steuerausgleich. Kommunale Rundschau 1925, G. Ziemsen, Berlin. — Drews, Grundzüge einer Verwaltungsreform 1917, Verlag Carl Heymann, Berlin. — Hans Peters, Grenzen der kommunalen Selbstverwaltung in Preußen. 1926, Verlag Julius Springer, Berlin. — Oberbürgermeister Böß, Wie helfen wir uns? — Morsbach, Der Einfluß der Reichsfinanzreform auf die Bildung der Finanzen der Landkreise. — Hirsch, Kommunalpolitische Probleme, Buchhandlung Vorwärts, Berlin. — Entwurf für die preußische Städteordnung, für die preußische Landgemeinde-Ordnung und die preußische Kreisordnung. — Gesetz über die Neuregelung der kommunalpolitischen Grenzen im rheinisch-westfälischen Industriebezirk. 26. 2. 26. Preußisches Gesetzblatt für 1926. — Handwörterbuch der Kommunalwissenschaften, G. Fischer, Jena. — Meyer-Lülmann, Ein Querschnitt durch die deutschen Städteverfassungen. 1925, Deutscher Kommunalverlag G. m. b. H., Berlin. — Stier-Somlo, Handbuch des kommunalen Verfassungs- und Verwaltungsrechts in Preußen, Verlag C. H. Beck, München.

Recht und Leben.

Von Max Rumpf.

I. Vom Recht und von der Gerechtigkeit.

Natur und Kultur. Der Mensch ist von zwieschlächtiger Art. Er ist ein Stück Natur und damit, wie alles Natürliche, eingespannt in den unerbittlich notwendigen Gang des Naturgeschehens. Vor dem Naturgesetz gibt es keinen Vorrang des Menschen, weder vor dem Tiere, noch vor der unbelebten Natur. Der lebende Mensch ist soweit nur ein winziger, nichts als unfreier Träger, eine Durchgangsstelle des allgemeinen, keine Ausnahme kennenden ursächlichen Geschehens.

Aber der Mensch ist nicht nur Untertan des Naturgesetzes, er ist zugleich Bürger in einem ganz anderen Reiche, in dem der Kultur. Hier ist er nicht nur bewegtes und, nur weil von außen bewegt, sich bewegendes Rädchen in einer riesigen Gesamtmaschinerie, hier ist er etwas für sich, ist Selbstzweck, nicht (oder nicht nur) Mittel, hat Persönlichkeit, hat Würde.

So die hochgemute Lehre, die, wurzelnd in noch viel älteren Kulturgründen, zur Blüte gelangte im 18. Jh., das man mit viel Fug das große genannt hat. Der deutsche Idealismus unserer Philosophen und zum Teil auch der derselben Epoche angehörige oder doch in ihr wurzelnde Neuhumanismus unserer Dichter haben diese „Zweiweltentheorie" reich und folgerichtig ausgestaltet.

Kultur und Recht. Im großen Reiche der Kultur macht das Recht neben Sittlichkeit, Sitte, Glaube, Kunst eine wichtige Provinz aus, der eine größere Autonomie zukommt, als man ihr im allgemeinen zuzuerkennen gewillt ist.

Das Recht hat es als Kulturmacht, die es ist, mit Menschen, die (nur oder auch) Selbstzwecke sind, zu tun. Und zwar hat das Recht in hohem Maße eine soziale Aufgabe, indem es vornehmlich das gesellschaftliche Zusammenleben und -wirken der Menschen zu ordnen den Beruf hat.

Ob es die vornehmliche oder ob es gar die Aufgabe des Rechts sei, soziale Ordnung zu stiften, hängt des näheren von der Bestimmung des — höchst schillernden — Begriffs der Gesellschaft, des Sozialen ab: Darnach bemißt es sich, ob ich nur dann von einem sozialen Verhältnis zu sprechen habe, wenn ein Strolch meinen Hausfrieden, als ein unzweifelhaftes Rechtsgut, dadurch stört, daß er wider mein ausdrückliches Verbot in meine Wohnung dringt, oder auch dann, wenn ich mich eines stillen Feierabends daheim bewußt als eines vom Recht und von gesellschaftlichen Mächten geschützten und umfriedeten freue — übrigens eine ziemlich seltene Bewußtseinslage —, oder gar auch dann schon, wenn ich den Frieden meines Hauses, den objektiv die Rechtsordnung schirmt, genieße, ohne dessen subjektiv eingedenk zu sein.

Im Rechte, wie überhaupt im Bereiche der Kultur fühlen die Menschen sich frei, als Meister ihrer Entschlüsse. Daß sie diese ihre Freiheit nicht durchweg zur Willkür mißbrauchen möchten, dafür stehen über ihnen ewige Gebote, die ein „Du sollst" an den menschlichen Willen richten. Also kein „Du mußt", wie es das Naturgesetz tut. „Du mußt" bedeutet Unentrinnbarkeit, Nichtanders Können, „Du sollst", an den freien Menschen gerichtet, bedeutet: „So handle, — Du kannst freilich auch anders, aber nur so folgst Du dem Gebote des Rechts, der Sittlichkeit usw., handelst Du pflichtgemäß."

Recht und Ethik. Das Recht ist, entgegen der Moral (im Sinne der Gesinnungsethik) und dem religiösen Glauben, ganz vornehmlich ein Vogt dieses realen, uns umgebenden Erdenlebens, das es regiert mit einem „weltlichen Arme". Darüber darf es freilich nicht zum bloßen rohen Büttel, ja auch nicht etwa bloß zum geschickten Schrittmacher werden für die zu reineren Zielen eilende Kultur. Das Recht ist auch eine äußere Lebensmacht, in dem Sinne, daß es die äußere Gestaltung unseres Zusammenlebens ordnet und daß es sich dabei letzten Endes auch sehr drastischer äußerer Mittel zu bedienen nicht entraten kann. Aber einmal ist, wenn das Recht den X wegen Totschlags ins Zuchthaus, oder des Y Habe ins Pfandlokal und unter den Hammer bringen läßt, dies zugleich auch immer ein inneres Sichdurchsetzen des Rechts, eine Herrschaft über Vorstellungen und Willen, bestenfalls ein inneres Überzeugen seitens, ein Anerkanntwerden des Rechts. Und zum andern — das hängt eng damit zusammen — sind die Mittel des Rechts nicht nur Mittel äußeren Zwanges: bei den Klugen wirkt das Dasein, die „Geltung" der Rechtsordnung schon psychologisch so, daß er „mit dem Staatsanwalt nicht in Konflikt zu kommen" sich bemüht, oder gar mit dem Gefängniswärter oder zuletzt gar mit dem Henker.

Das also trennt nicht das Recht von der Sittlichkeit, daß das Recht nur zu urteilen habe über das äußere Verhalten der Menschen und daß es seine Urteile vollstrecke lediglich mit physischem Zwange, während, in scharfem Gegensatz hierzu, die Sittlichkeit nur zu Gericht sitze über Seelen, über Gesinnungen.

Gibt man, indem man eine bloß individualistische, bloß die Einzelseele in Betracht ziehende Ethik als viel zu eng erkennt, der — nunmehr auch sozial gemeinten — Ethik das Regiment auch über das Weltleben und Zusammenleben der Menschen, so kann man vereinfachend sagen: zu $^4/_5$ decken sich das Reich eines innerlich aufgefaßten Rechts und das Reich einer die praktischen Probleme auch des Soziallebens einbeziehenden Ethik. Von den überragenden zwei Fünfteln gehört das eine der Ethik ganz allein an. Die Tugenden eines reinen Herzens, der inneren Wahrhaftigkeit usf. sind, soweit sie nicht im einzelnen Falle hinübergreifen auch in das soziale Leben der Menschen, Sache reiner (individueller) Sittlichkeit: Das Recht hebt hier die Schranke hoch und erklärt bloße Gesinnungen, bloße „Gedanken für zollfrei". — Umgekehrt fällt dem Rechte allein all das vom menschlichen Zusammenleben zu, was rein Sache einer bloß zweckmäßigen Ordnung ist: Ob die Hechte mindestens 25 oder mindestens 40 cm Länge haben müssen, damit der Fischereiberechtigte sie fangen und töten darf, ob die Rekruten 153 oder 159 cm lang sein müssen, um beim Militär genommen zu werden, ob die Menschen das Meter oder die Elle als Längenmaß festlegen, — das ist ebenso unzweifelhaft eine Sache des (Fischerei-, Militär-, Maß- und Gewichts-)Rechts, wie es nicht Sache der Sittlichkeit ist.

Das lebenstüchtige Recht mischt sich unter die Menschen selbst. Es muß, wo es wirklich stinkt, für reinere Luft sorgen, aber es schützt auch den Rechtserwerb dessen, der sich ein „derelinquiertes" Goldstück aus einer Kloake auffischt: Non olet, es stinkt nicht, — sagt es hier. Es muß verstehen, einmal fünf grade sein zu lassen. Es darf nicht allzu empfindlich, nicht allzu streng sein. Es muß vor allem das Volkswort beherzigen, das jeder kluge Herrscher beherzigen sollte: daß allzu scharf schartig macht. Das ist der richtige Kern von Jellineks Wort vom Recht als dem „ethischen Minimum".

Gerechtigkeit. Aber darüber darf der Stern der Gerechtigkeit selbst nicht erblinden, nicht zu tief hinabgezogen werden in die um die Erde lagernde Dunstschicht. Die Rechtsidee, der Gedanke des Gerechten, bleibt eine der ewigen Ideen überhaupt, gleich ursprünglich wie die Schwesteridee des Guten auch. So ruhen denn auch Staat und Recht letztlich nicht auf sittlichen Grundlagen, wie man vielfach gesagt hat, sondern es ist vom Standpunkt einer innerlich erfüllten Rechtsauffassung aus besser zu sagen: Die an dem obersten Werte der Gerechtigkeit selbst orientierte Rechtsgesinnung ist die letzte Grundlage des Rechts.

Das hat die Rechtsidee mit anderen letzten leitenden Ideen gemein, daß sie nicht leichtlich auszumünzen ist in die Scheidemünze für den Werkeltagsmarkt des Lebens. Das hindert nicht, daß die Gerechtigkeit von jeder vollentwickelten menschlichen Persönlichkeit als ein oberster, gänzlich überindividueller Wert anerkannt wird. Diese — wenigstens für die „gutgesinnten" Menschen aller Zeiten — allgemeingültige Herrschaft einer in ihrem eigenen Zentrum fest ruhenden Gerechtigkeit wird auch nicht dadurch berührt, daß im Wechsel der Zeitalter das nähere Wesen der Gerechtigkeit sehr verschieden bestimmt worden ist: Daß es ein wahres Recht gebe, haben die Männer der Aufklärung felsenfest behauptet und verfochten, wie es später auch die Männer der Restauration und der Romantik getan haben. Das Recht war ihnen beiden, soweit sie auch auseinander zu gehen scheinen, die erlauchte Norm, wie sie sich in den besten für die praktischen Lebensprobleme interessierten Geistern ihrer Zeit spiegelte, der Hort gegen die Willkür, ein Wert nicht nur von dieser Welt.

Positives Recht und Naturrecht. Indem die recht handeln sollenden Menschen auch unrecht handeln können und vielfach handeln, klafft ein Abgrund auf zwischen Sollen und Sein, zwischen idealem Gebot und wirklicher Praxis. Aber zwischen die nach dem eben Gesagten keineswegs bis ins einzelne immer bestimmte ideale Rechtsnorm oder das natürliche Recht und die sich im wirklichen Zusammenleben der Menschen gestaltende Praxis des Rechtslebens schiebt sich vermittelnd ein Drittes: das positive Recht. Es ist heutzutage ganz überwiegend das Werk planmäßig verfahrender Menschen, Gesetzgeber, Verbände usw.

Das für die moderne Rechtsentwicklung so wichtige 18. Jahrhundert hat in der — selbst viel älteren — Lehre von Naturrecht das Gerechte selbst auf die Erde herabzuholen den Versuch gemacht. Dem Menschen als Menschen, als so hervorgegangen aus den Schöpferhänden der Allmutter Natur, eignen ohne weiteres gewisse Menschenrechte. Dies Menschenrecht, „das mit uns geboren", fordert unmittelbar anerkannt zu werden. Soweit die Naturrechtslehrer Gegner des ancien régime waren — auch die Verfechter des Absolutismus haben dem reichen Arsenal des Naturrechts eifrig Rüstungsstücke entnommen —, galt ihnen als „natürlich" meist die Verwirklichung der nächst reifen politischen und wirtschaftlichen Forderungen der zeitgenössischen Menschheit: diese Forderungen klangen damals laut zusammen zu dem Dreiklang des „Freiheit, Gleichheit, Brüderlichkeit". Es war praktisch eine Waffe im Dienste der Verwirklichung der Reform- und später Revolutionsideen der Naturrechtler, zugleich aber theoretisch eine Verschleierung des wahren Sachverhalts, wenn sich den Naturrechtlern das Naturrecht oft bis zur Unkenntlichkeit vermischte mit dem positiven Recht. „Galt" das Naturrecht schon heute und jetzt, dann war es schon ein Stück realer und höchst legitimer Lebensmacht: Solche schillernde Beweisführung in den Köpfen der Aufklärungsleute wollte so unversehens die blutige, praktische Arbeit der Revolution unnötig machen. — Die Reaktion gegen die Aufklärung, die französische Revolution und gegen Napoleon hat alsdann im 19. Jh. den Gegensatz zwischen positivem Recht und natürlichem Recht überformal und überscharf betont. — Die „Rechte der Deutschen", „der Badener" usw. in unseren neuen demokratischen Verfassungen sind nicht viel anderes als nationalisierte Menschenrechte.

Gerechtigkeit und Zweckmäßigkeit. Der tüchtige positive Gesetzgeber kennt der Welt Lauf. Ohne die Rücksicht auf Gerechtigkeit, auf Ausgleich, auf Notlinderung aus dem Auge zu verlieren, möchte er vornehmlich erst einmal eine zweckmäßige Ordnung aufstellen und aufrechterhalten. Dies zunächst einmal bloß praktisch sein wollende, Kollisionen äußerlich vermeiden oder verständig — lediglich verständig — schlichten wollende Bestreben ist dem ein sehr eng und „gefährlich" gewordenes Sozialleben zu ordnen berufenen heutigen Gesetzgeber so wichtig geworden, daß man für das heutige Recht direkt sagen muß: Es hat zwei, einigermaßen selbständige, Aufgaben zu erfüllen: es soll gerecht sein und zweckmäßig.

II. Rechtssatz, Rechtsordnung und Rechtsleben; Rechtswissenschaft.

1. Rechtssatz (oder Rechtsnorm).

Für das Verständnis des modernen Rechts muß man davon ausgehen, daß heute die Zweck- und Planmäßigkeit bei der Gestaltung des Rechts durchaus im Vordergrunde steht. Das Recht von heute — wird nicht etwa überhaupt bewegt, vorwärts geschoben, aber es — erhält weithin seine letzte Prägung von kühl berechnenden, klar bewußten Künstlern, Technikern des Rechts, von Spezialisten, mögen sie nun im einzelnen Falle Geheimrat oder Verbandssyndikus oder wie immer genannt werden. Damit hängt es zusammen, daß wir, wenn wir nunmehr dem Wesen des Rechtssatzes nachspüren, bei der Analyse des Rechtssatzes mehrfach auf rationale, d. h. bewußt und fachgerecht gebildete, ausgeklügelte Bauteile im Aufbau des Rechtssatzes stoßen werden. Dabei ist diese rationale Art und Formung des Rechts so wenig eine Erfindung oder gar Laune der juristischen Fachleute, daß sie umgekehrt nur den allgemeinen Zeitgeist widerspiegelt: Die auf die Verwirklichung des Rechtsstaates hinzielende europäische politische Bewegung forderte in eben dem Maße klare, fest umrissene, kontrollierbare Rechtsgesetze, wie sie aller Willkür, allem Privilegienwesen und Ausnahmerecht, aber auch, als Teil der Aufklärungsbewegung, allem Geheimnis, aller Verschleierung den Kampf angesagt hatte. Die vorausschauende, möglichst alle Folgen einer Rechtsetzung voll mit in Rechnung stellende, kühl und sachlich das Für und Wider abwägende Technik der modernen Rechtsgestaltung weist aber zugleich eine offensichtliche Verwandtschaft auf mit der „rechenhaften" Planmäßigkeit, die heute Industrie und Handel, Technik und Wirtschaft erfüllt und vorwärts treibt.

Die Durchsetzbarkeit der Norm. Nicht nur in der klaren Formulierung der Rechtssätze zeigt sich diese weitgetriebene Rationalität einer guten modernen Rechtsnorm, sondern mindestens ebenso sehr darin, daß die Schöpfer der Norm die Chancen der Durchsetzbarkeit der Norm im voraus voll erwägen und berücksichtigen. Dazu gehört Einsicht in die Macht und mehr noch in die Grenzen der Macht der Gesetzgebung. Es ist heute nicht nur die Gesetzgebung undurchsetzbar, die befiehlt, es solle die Sonne sich um die Erde drehen, sondern auch die, die anordnen würde, es seien die Eisenbahnen oder die Autos zu beseitigen, ja auch nur, es seien in Zukunft die Toten, statt in Särgen, in Säcken oder in kubischen Gefäßen zu beerdigen: Auch da, wo eine bestimmte Gesetzgebung nicht wider die Denk- und Naturgesetze verstößt, wo sie also theoretisch nicht unmöglich ist, kann sie praktisch — überhaupt oder wenigstens für eine bestimmte Zeit- und Kulturlage — unmöglich, völlig untunlich sein.

Da die Rechtsnormen sich an Menschen wenden und deren Zusammenleben ordnen helfen wollen, so ist vor allen Dingen nötig, die Verbindung herzustellen zwischen der Norm und dem Leben, den lebendigen Menschen. Da die Zahl der geltenden Rechtsnormen für einen einzelnen, auch Fachmann, völlig unübersehbar geworden ist, zudem die Unkenntnis und Gleichgültigkeit der Rechtsgenossen gegenüber dem Inhalt und erst recht gegenüber der Ausformung des positiven Rechts in neueren Zeiten leider überaus groß ist, so scheint es schlimm genug bestellt um die Geltung und Durchsetzbarkeit der Normen des positiven Rechts. Was hier jedoch weithin wirksam ausgleicht, ist der Umstand, daß ein gut organisierter, stets verwendungsbereiter Kontroll- und Vollstreckungsapparat in den Dienst der Geltung der positiven Gesetze gestellt ist. Kennt im allgemeinen auch nicht der harmlose Bürger und häufig sogar nicht einmal der weniger harmlose Verbrecher den genauen Inhalt des Strafgesetzes: Der Staatsanwalt, der Untersuchungsrichter kennen diese Normen genau, und auch der Gendarm und der Polizist kennen soviel davon, wie es für ihren dienstlichen Beobachtungs- und Greifbereich nötig ist. Ebenso sind der Prozeßrichter und Anwalt völlig, der Aktuar und der Gerichtsvollzieher zu ihrem Teile ausreichend bekannt mit dem Vollstreckungsgesetze, dessen Einzelheiten dem Gläubiger und dem Schuldner meist gleichgültig zu sein pflegen. Die Rechtskenntnisse und die Dienstvorschriften dieser Beamten stellen die behelfsmäßige Brücke her zwischen Norm und Leben, sorgen zu ihrem Teil dafür, daß die Norm nicht „bloß auf dem Papier stehen bleibe".

Freilich ist bei jeder Normsetzung auch das im voraus zu erwägen, ob die betreffende Rechtssetzung zusammenpaßt mit der ganzen Eigenart, auch der Kostspieligkeit usw. dieses beamteten Normenschutzapparats, ob z. B. eine Norm sich dann lohnt, wenn ihre Beachtung zu kontrollieren und zu sichern etwa besonders schwer oder umständlich ist. Hierhin gehört es, wenn man im Kriege gegenüber der Zwangsbewirtschaftung etwa sagte, man habe nicht überall einen Schutzmann zur Hand, der jeder Henne beim Eierlegen oder der jeder Bäuerin zusehen könne, ob sie nicht in aller Herrgottsfrühe an ihr Vieh Brotgetreide verfüttere.

All dies deutet schon an, wie gähnend heute die Kluft ist zwischen einem überaus technisch geformten, reich entfalteten und spezialisierten Recht und dem Bewußtsein der Bevölkerung von diesem seinem positiven Rechte. Wenn trotzdem der — nennen wir ihn einmal so — Laienrechtsverkehr dieser seiner Rechtsgleichgültigkeit einerseits, der Kompliziertheit des geltenden Rechtes andererseits unerachtet sich schlecht und recht weiter bewegt und weiter hilft, so geschieht das darum, weil und soweit sich die wohlgelungenen technisch geformten Normen in dem, was sie vorsehen, fordern und anordnen, ihrerseits möglichst in Erden- und Wirklichkeitsnähe halten: Sie stellen vielfach nur deutlichere Ausprägungen dessen dar, was den Bedürfnissen des Verkehrs, der Wirtschaft, des menschlichen und staatlichen Zusammenlebens ohnehin entspricht.

Es vollzieht sich — unterhalb der Normen des positiven Rechts — der Rechtsverkehr, entwickelt sich das Rechtsleben weithin noch ohne regelmäßigen Eingriff staatlicher Behörden und staatlicher Rechtshilfe, — wenngleich im Kriege und in Verfolg des Krieges die Zahl und der Druck der behördlichen und gewerblichen Zwangseingriffe gegen früher höchst schmerzhaft zugenommen hat. Im bürgerlichen Recht sind es immerhin vornehmlich nur die pathologischen Fälle — zerbrochene Glieder oder gebrochene Verträge usf. —, bei denen man „zum Kadi läuft", bei denen Fachjuristen und Staatsgewalt sich einzumischen Veranlassung haben.

Wir können nunmehr zusammenfassend sagen:

Rechtsnorm ist die heute meist ausdrücklich formulierte, geltende, d. h. verbindliche und im allgemeinen durchsetzbare, abstrakte Vorschrift, die das — soziale — Verhalten eines bestimmten Kreises zusammenlebender Menschen zweckmäßig und — regelmäßig oder häufig auch — gerecht zu ordnen strebt.

Gewohnheitsrecht. Die ausdrückliche Formulierung pflegt zu fehlen beim Gewohnheitsrecht. Man versteht darunter das Recht, das seine Geltung einfach daraus zieht, daß es lange Zeit hindurch kraft der Rechtsübung des Volkes oder gewisser beteiligter Volkskreise als Recht angesehen und geachtet worden ist. Es setzt naturgemäß im allgemeinen ein näheres Verhältnis voraus zwischen Volk und Recht. Heute ist es als „Rechtsquelle" fast gänzlich versiegt, ist zurückgetreten hinter dem rationalen staatlichen Rechtsgesetze.

Im Mittelalter war das Gewohnheitsrecht dem unentwickelten staatlichen Rechte noch vielfach überlegen. Die ganze Ausbildung des ständischen Staates beispielsweise ist Werk gewohnheitsrechtlicher Bildung. Noch heute spielt die gewohnheitsrechtliche Rechtsbildung und Rechtsfortbildung in England eine hochbedeutsame Rolle: Dies wirft ein helles Licht auf die Eigenart der englischen Rechtsentwicklung und ihre Unterscheidung von der kontinentalen. Die Ausbildung des parlamentarischen Systems in England ist beispielsweise ein Werk langsam wachsenden, sich umbildenden Gewohnheitsrechts gewesen. Wenn auch die — sehr wenig populäre — Einbürgerung des römischen Rechts im mittelalterlichen Deutschland, — ein Werk namentlich der Territorialgewalten und ihrer römischrechtlich gebildeten Juristen, — „gewohnheitsrechtlich“ sich vollzogen hat, so ist das freilich ein Beispiel einer eigenartigen, weil nicht von der Rechtsüberzeugung des Volkes getragenen Rechtbildung!

Obrigkeitliche und Interessenten-Normen. Die staatlichen, gesetzlichen oder sonstwie behördlichen Normen (z. B. Dienstvorschriften, städtische Statuten, Unfallverhütungsvorschriften der Berufsgenossenschaften usw. usw.) sind oder sollten doch sein: objektiv, gemeinnützig, zweckmäßig und gerecht. Neben sie tritt als höchst bedeutsam heute eine unübersehbare Zahl von privaten Verbands- oder Interessentennormen. Das sind Normen, auf die unsere obige Begriffsbestimmung mit einer einzigen, freilich sehr wichtigen Maßgabe zutrifft: auch sie wollen regelmäßig zweckmäßig, aber im allgemeinen nicht auch gerecht sein! Gemeinsam haben alle bisher besprochenen Normen also ihre Neigung nach rationaler Formung und auch sachlicher Zweckmäßigkeit und ferner, daß sie alle ausgehen von — staatlichen oder staatlich zugelassenen oder nicht verhinderten — sozialen Machtorganisationen: Denn das letztere ist ebenso der Staat, wie ein straff organisiertes Kartell. Die Geschäftsbedingungen der Banken, die Beförderungsbedingungen einer Spediteurvereinigung, die Lieferungs- und die Einkaufsbedingungen mächtiger Werke oder Verbände, die Zusammenschluß- oder Lieferungsbedingungen der Kartelle oder Syndikate, d. i. der Verbände von Erzeugern oder andern Gewerbetreibenden eines Erwerbszweiges zwecks Hochhaltung der Preise und Regelung der Absatz-, zum Teil auch der Produktionsbedingungen: sie alle verfolgen unter den Augen des Staats, der dies im allgemeinen gutheißt und nur bei groben Mißständen einschreitet, selbstnützige Ziele ihres Verbandes und seiner Mitglieder. Die Normenunterworfenheit derjenigen, an die sich diese Normen wenden, die hier ja, anders als bei Befehlen und Anordnungen der unzweifelhaft mit Befehlsgewalt und Rechtshoheit ausgestalteten Staatsmacht, einer besonderen Rechtfertigung bedarf, beruht darauf, daß, wer von einem solchen Kartell kaufen, wer sein Mitglied werden, wer mit der Bank Geschäfte machen, wer sich da und dort versichern lassen will, hierzu tatsächlich nur dann gelangt, wenn er jene Bedingungen als für sich maßgeblich anerkennt. Da den Verbänden ihr möglichst allumfassender Zusammenschluß häufig eine Art Monopolstellung verschafft hat, so ist man, bei aller formal gewahrten Vertragsfreiheit, tatsächlich nicht selten auf den Abschluß mit diesem Verbande, mit dieser Verbandsfirma angewiesen. Die Durchsetzbarkeit solcher Normen ist dadurch gesichert, daß sie Vertragsbestandteil (lex contractus) geworden sind, und daß im Notfall der staatliche Rechtsschutz- und Vollstreckungsapparat zu ihrer Durchsetzung genau so in Anspruch genommen werden kann, wie zugunsten jeder anderen Vertragsabmachung auch („Verträge müssen gehalten werden“).

Darüber hinausgehend suchen viele Kartelle zur nur noch zuverlässigeren Durchsetzung ihrer Verbandsnormen an die Stelle des staatlichen Rechtsschutz- und Vollstreckungsapparats einen privaten, verbandsmäßigen zu setzen: Das geht darum und soweit, als die Staatsnormen ausnahmsweise eine Verbandsrechtspflege zulassen. So ist der staatliche Gerichtsschutz ersetzbar durch private vereinbarte Verbandsschiedsgerichte; die Zwangsvollstreckung mit Hilfe und mit den Rechtsgarantien des staatlich geordneten, behördlichen Verfahrens kann bei „Kartellbrüchigkeit“ dadurch gesichert und durchgeführt werden, daß jedes Kartellmitglied für den möglichen Fall einer solchen Zuwiderhandlung im voraus gewisse, leicht realisierbare Haftobjekte (unterzeichnete Wechsel z. B.) dem Vorstand oder Geschäftsführer des Kartells aushändigen muß.

Der etwas weiter oben ausgesprochene Satz, daß solche Interessentennormen im allgemeinen sowohl rational geformt wie sachlich zweckmäßig sind, bedarf einer kleinen Einschränkung, die am besten in Gestalt eines Beispiels gegeben wird. Bei gewissen Käufen fügt eine Partei, meist der Verkäufer, einer Quantitäts- oder Qualitätsbezeichnung der Ware eine „Zirka-Klausel“ bei. Das soll heißen, daß die Partei soweit nicht genau festgenagelt sein will, sondern sich einen angemessenen Spielraum gewahrt wissen will. Ob etwas mehr oder weniger Kohle geliefert werden wird, möchte die Verkäuferin etwa abhängig machen von der schwankenden Fassungskraft der in Betracht kommenden Schiffe. Häufig, z. B. im Saatguthandel, ist es bei verwendeter Zirkaklausel handelsüblich, daß Maße der mindestens zu leistenden Samenkeimkraft höchst rational in bestimmten Prozenten festgelegt werden: Dann geht Zweckmäßigkeit und rationale Fassung durchaus Hand in Hand. Anders etwa in folgendem Fall: Wenn ein Verkäufer beim Lieferungskauf vorher eine Probe, ein Muster vorgelegt hatte, so sind nach dem Gesetze (BGB. § 494) „die Eigenschaften der Probe oder des Musters als zugesichert anzusehen"; es entstehen also bestimmte dem Verkäufer ungünstige Rechtsfolgen dann, wenn nachher die gelieferte Ware nicht „probemäßig" ist. Dieser Satz des § 494 BGB. ist „nachgiebigen Rechts", d. h. er weicht entgegenstehender Parteivereinbarung. U. a. in der chemischen, bekanntlich sehr stark zusammengeschlossenen Industrie findet sich nun sehr häufig in den Lieferungsbedingungen der Werke die Klausel, daß der Verkauf nach Muster keine andere Bedeutung habe, als dem Käufer einen ungefähren Anhalt zu geben wegen der Art der Ware, — oder in ähnlichen Fassungen: Dies nur ein einziges Beispiel für den häufiger vorkommenden Fall, daß Verbände und Verbandsfirmen da, wo es sich für sie darum handelt, klare, aber abdingbare eigne Pflichten nach dem Gesetze zu beseitigen oder abzuschwächen, es für „zweckmäßig" halten, eine ganz weiche oder ganz verschwommene Fassung zu wählen, die nachher sie haftbar zu machen nicht mehr oder nicht sicher gestattet.

Nachdem bis in die 70er Jahre des vorigen Jahrhunderts in Deutschland unter dem Einfluß der Freihandelslehre der Liberalen und sog. Manchesterleute die Wirtschaft mehr einem Wettkampf einzelner gegen einzelne geglichen hatte, hat sich seitdem allgemach die Wirtschaft in den einzelnen Gewerbezweigen und -stufen auf der Rechtsgrundlage eines in wirtschaftlicher Hinsicht schon damals ziemlich freiheitlichen Vereinigungsrechtes mehr und mehr zu Kartellen und anderen Interessenverbänden zusammengeschlossen. In und nach dem Kriege hat diese Bewegung nach der gebundenen Wirtschaft hin noch zugenommen. Daher heute die überaus große Bedeutung solcher Verbands- und Interessentennormen.

2. Die Rechtsordnung.

Begriff der Rechtsordnung. Die Summe und den Zusammenhang der jeweils in einer Rechtsgemeinschaft geltenden objektiven Rechtsnormen, insbesondere Gesetze, nennt man die Rechtsordnung.

Für die Aufteilung des gesamten Stoffes an objektivem Recht an einzelne Gesetze und für seine Anordnung innerhalb größerer, reicher gegliederter Gesetze entscheiden bald mehr sachliche, bald mehr formelle, technisch-juristische Gesichtspunkte. Ein Fischereigesetz, eine Friedhofsordnung, ein städtisches Schlachthausstatut gruppieren sich offenbar jeweils um einen laienverständlichen, sozusagen vorjuristischen Sachzusammenhang, während eine Prozeßordnung, aber auch das BGB. sich mehr nach juristischen Gesichtspunkten für sich besondert und in sich gegliedert haben.

Begriff der Kodifikation. Eine Kodifikation nennen wir ein meist größeres Gesetzeswerk, das, zunächst meist eine sachlich oder örtlich mehr zersplitterte Rechtsgestaltung ersetzend, ein größeres Rechtsgebiet einheitlich und in guter Ordnung zusammenfassen will. Die Kodifikation des allgemeinen — für alle reichsdeutschen Rechtsgenossen gleichmäßig geltenden — bürgerlichen Rechts ist das seit 1900 geltende Bürgerliche Gesetzbuch (BGB.).

Für Deutschland ergibt sich eine außerordentliche Reichhaltigkeit und Komplizierung der jeweils geltenden gesamten Rechtsordnung dadurch, daß außer dem Reiche auch die Länder noch Gesetzgebungsgewalt haben; dabei entscheidet heute letztlich das Reich, was es selbst regeln und was es den Ländern überlassen will („Reichsrecht bricht Landesrecht").

3. Rechtsordnung und Rechtsleben; die Aufgabe der Rechtswissenschaft.

Positive Rechtswissenschaft. Nach der herrschenden Auffassung ist die Rechtswissenschaft eine allgemeine Gesetzeswissenschaft. Ihr Gegenstand sind die abstrakten Normen des objektiven Rechts, vornehmlich der Gesetze. Die Rechtswissenschaft hat diese Normen auszulegen, ihren Sinn zu entfalten und dadurch zugleich der praktischen Anwendung des Rechts vorzuarbeiten. Darüber hinaus hat sie die Gesamtheit der Normen oder eines bestimmten Normenbereichs als Einheit zu betrachten, zu ordnen, in Zusammenhang, in ein System zu bringen, hat Widersprüche zwischen geltenden Normen harmonisierend auszugleichen.

Rechtswissenschaft als Sozialwissenschaft. Nach der hier vertretenen Auffassung hat die Rechtswissenschaft hingegen als echte Schwester der andern Sozialwissenschaften es mit dem konkreten Rechtsleben selbst, mit dem rechtserheblichen Ausschnitt aus der sozialen Wirklichkeit zu tun. Als rechtserheblich besondert sich dieser Wirklichkeitsausschnitt dadurch, daß er von Rechtsnormen abhängig ist, mit ihnen in Zusammenhang steht. Die Normen und ihre Auslegung werden hier ganz und garnicht etwa in den Hintergrund der rechtswissenschaftlichen Betrachtung gerückt, sie rücken nur neben die und werden zusammenbetrachtet mit den „Realien", die die Normen mit zu ordnen berufen sind.

Indem diese Betrachtungs- und Arbeitsweise grundsätzlich die nach dem Leben auslangende Norm als schon erfüllt von dem sie angehenden Stückchen sozialen Lebens betrachtet, kann man diese Art Rechtswissenschaft passend Vollrechtswissenschaft nennen.

Diese reichere Auffassung von der Rechtswissenschaft vermag unbefangen auch einmal, statt stets nur vom Gesetze, zunächst auszugehen vom wirklichen Rechtsleben und den in ihm sich abhebenden Zusammenhängen (Wirtschaft, Unternehmung usw.) und beleuchtet alsdann erst nachträglich diese Zusammenhänge und Gruppierungen mit den Scheinwerfern der verschiedenen geltenden Gesetze. Statt an dem einigermaßen zeitlosen abstrakten Gesetz haften zu bleiben, bleibt ihr von selbst der Blick scharf für das Individuelle, für das Hier und das Jetzt. Sie vermag unbefangen neben die Normen des Gesetzes die Verbands- und Interessentennormen zu stellen und sie in ihrer Ähnlichkeit und ihrer Unterschiedenheit zu würdigen. Für sie löst sich nicht das Rechtsleben ausschließlich auf in eine Anzahl krank gewordener und nunmehr der Kunst der Rechtsdoktoren bedürftiger Rechts- und Streitfälle; sie blickt zunächst einmal auf den streitlosen Laienrechtsverkehr, fernab von aller technischen Rechtsformung. Indem sie das Recht in die nie verweilende Gegenwart stellt und indem sie zugleich die formellen Regeln des positiven Rechts ständig vergleicht mit der wirklichen Rechtsübung, gewinnt sie zugleich einen offenen Blick für den Zusammenhang zwischen positiv-rechtlichen und rechtspolitischen Fragen, während für den positiven Juristen eine Kluft gähnt zwischen dem wirklich geltenden und einem möglichen zukünftigen Recht, zwischen „lex lata" und „lex ferenda".

Vor allem — und das rechtfertigt die Einbeziehung dieser methodischen Frage in dies gemeinverständlich zu sein sich bemühende Rechtsbuch — ist diese lebensvollere Auffassung vom Recht und von der Rechtswissenschaft die einzige, die günstigstenfalls auch den an den Fragen des Kultur- und Soziallebens teilnehmenden Nichtjuristen, wie ich hoffe, mit Erfolg und auf die Dauer reizen kann, sich mit dem Rechte zu befassen und an seinem Teile die Rechtsgleichgültigkeit zu überwinden und in eine lebendige Rechtsgesinnung hineinzuwachsen.

III. Von der Auslegung der Gesetze.

Der juristische Charakter der Auslegung. Die Rechtssätze bedürfen häufig der Auslegung, damit sie ihren Sinn ganz enthüllen. Wie immer man die Aufgabe der Rechtswissenschaft bestimmen möge: Die Auslegung der Gesetze ist immer eins der sie am meisten und dringlichsten angehenden Geschäfte. Die Auslegung der Gesetze unmittelbar zu praktischen Zwecken ist bei der durchschnittlichen fehlenden Vertrautheit der Bevölkerung mit den Gesetzbüchern vornehmlich Sache der Behörden, besonders der Gerichte, außerdem der Anwälte und andern juristischen Fachleute.

Damit ich sehen kann, ob eine Norm einen aktuellen Fall trifft, mit meint und regelt, muß ich mir, indem ich sie auslege, über ihren Anwendungsbereich klar werden.

Die Auslegung der Gesetze ist in erster Linie keine grammatische oder logische oder philologische, sondern eine juristische Angelegenheit, d. h. die Auslegung hat sich zu erfüllen mit dem Geiste des Rechts, sie muß also möglichst zweckmäßig, gerecht und lebensangepaßt sein.

Nicht selten wird der lebenskundige Jurist auch bei an sich mehrdeutiger Norm leicht die richtige Entscheidung finden, weil ihn schon seine Lebenserfahrung, sein praktischer Sinn auf die richtige Spur leiten.

1. Wenn man etwa in den Wein- und Obstgärten der Bergstraße an einem der engen Fahrwege liest: „Überwegung nur für Begüterte", so wird man dies nicht, dem zunächst nahe liegenden Wortsinn gemäß, im Sinne einer „plutokratischen" Bevorzugung der Besitzenden deuten, sondern wird sicher erkennen, daß es sich hier um einen, vermutlich von den Anliegern allein zu unterhaltenden und folgeweise allein zu benutzenden, Privatweg handelt. — 2. Bei einem Möbeltransport hat der Spediteur Garantie übernommen für „gute Verpackung". Ein Teil der Sachen wird in einem verschlossenen Möbelwagen befördert; diesem packt der Spediteur auf dem offenen Eisenbahnwagen 40 Kolli lose bei. Ein Stück davon, ein an sich tadellos vernähter, „verpackter" Korb mit Garderobe wird auf dem Transport aufgeschnitten und seines Inhalts beraubt. — Der Sinn des Garantieversprechens geht dahin, daß dieser Korb, weil trotz einer Rüge des Eigentümers und seines Hinweises auf den Wert des Inhalts nicht mit in den verschlossenen Wagen genommen, als **nicht gut verpackt** zu gelten hat. (Seufferts Archiv Bd. 65, Nr. 126.)

In den beiden eben wiedergegebenen Fällen handelt es sich zwar um Auslegung, aber um solche vertraglicher Abmachungen oder privater Willenserklärungen, nicht von Gesetzen. Ob für beide Fälle der Auslegung im übrigen ganz das gleiche zu gelten hat, werden wir noch sehen. Vorerst aber machen schon diese beiden einfachen Beispiele es wahrscheinlich, daß das, was § 133 BGB. ausdrücklich für private Willenserklärungen und Verträge ausspricht, sinngemäß auch für die Gesetzesauslegung Anwendung finden müsse: daß dabei „der wirkliche Wille zu erforschen und nicht an dem buchstäblichen Sinne des Ausdrucks zu haften" sei.

Schwierigkeiten der Auslegung; Grenzfälle. Die Schwierigkeiten der Auslegung nehmen rasch zu bei großer Mehrdeutigkeit des Gesetzes. Während alsdann nämlich gewisse praktische Rechtsfälle offenbar gleichsam im Zentrum der fraglichen Rechtsnorm zuständig sind und darum ihr zweifellos unterliegen, wächst der Zweifel in dem Maße, in dem andere Einzelfälle sich von jenem Zentrum entfernen. Sie werden zu „Grenzfällen", die richtig zu behandeln dann immer besonders schwierig und unsicher ist. Aber statt weiterer farbloser allgemeiner Auslegungserörterungen lieber gleich einige weitere praktische Beispiele, die am besten die Schwierigkeiten und das Verfahren bei Auslegung mehrdeutiger Normen veranschaulichen werden.

1. Ein Privattestament muß im allgemeinen „eigenhändig" vom Testator geschrieben und unterschrieben sein (§ 2231, Ziffer 2 BGB). — Wie nun aber, wenn der kränkliche, matte Testator beim Versuche zu schreiben mit seiner rechten Hand stark zittert, seine Nichte bittet, ihm beim Schreiben die Hand zu halten, diese ihm nun mit ihrer rechten Hand den Rücken seiner rechten Hand festhält, und er nunmehr so „die Buchstaben, Worte und Zahlen der Urkunde" niederschreibt: „Manchmal half die N. durch Drücken des festgehaltenen Handrückens nach, wenn sie merkte, daß der Erblasser ein bestimmtes Schriftzeichen, z. B. ein f, machen wollte". (Seufferts Archiv Bd. 64, Nr. 221.) — Ist das noch „eigenhändige" Testamentserrichtung oder nicht?? —

2. Minderjährige zwischen 7 und 21 Jahren bedürfen im allgemeinen zu wirksamen Geschäftsabschlüssen der Einwilligung ihres gesetzlichen Vertreters. Anders, „wenn der Minderjährige die vertragsmäßige Leistung mit Mitteln bewirkt, die ihm zu diesem Zwecke oder zu freier Verfügung von dem Vertreter .... überlassen worden sind" (BGB. §§ 110, 107). Ein siebzehnjähriger Schüler kauft sich von seinem Taschengelde von wöchentlich 3 *M* ein Lotterielos, gewinnt 4000 *M* und kauft sich und bezahlt bar ein Kraftfahrzeug mit Zubehör für 3200 *M* (Entscheidungen des Reichsgerichts in Zivilsachen — ERGZ. — Bd. 74, S. 234). — Das Reichsgericht erklärt den Kauf des Kraftfahrzeugs mangels Einwilligung des gesetzlichen Vertreters für unwirksam und den Kaufpreis für zurückzahlbar: Zur „freien Verfügung" überlassene Beträge könnten nicht immer wirksam mit **völliger**

Freiheit verwandt werden. Wieweit die Ermächtigung des Vaters gehe, sei jeweils Auslegungsfrage: „Es mag im einzelnen Falle nicht immer leicht sein, dabei die Grenzen der Ermächtigung so richtig abzustecken, daß auch das Interesse des mit dem Minderjährigen paktierenden Dritten und damit die Verkehrssicherheit gewahrt bleibt. Im Streitfalle ist es unbedenklich, wenn der Berufungsrichter angenommen hat, der in einfachen Verhältnissen lebende Vater sei niemals damit einverstanden gewesen, daß der siebzehnjährige, eine Unterrichtsanstalt besuchende Kläger den durch Ankauf eines Lotterieloses aus seinem geringen Taschengelde ihm zugefallenen großen Gewinn zum Ankauf eines Kraftfahrzeuges und zum Betriebe eines kostspieligen, auch sittliche Gefahren aller Art mit sich bringenden Sports verwende."

3. Sind die Äußerungen der Ehefrau gegenüber dritten Personen, ihr Mann sei syphilitisch, ein Scheidungsgrund? (Warneyers Rechtsprechung des RGZ. Bd. 6, Nr. 148.) Hat die Frau sich dadurch einer „schweren Verletzung der durch die Ehe begründeten Pflichten" schuldig gemacht (§ 1568 BGB.)? — Das Oberlandesgericht als Gericht zweiter Instanz hatte diese Äußerungen aus den besonderen Umständen des Falls heraus für minder schwer und entschuldbar gehalten. Das RG vertrat zu Lasten der Frau den strengeren Standpunkt: „Wenn die Klägerin der Überzeugung war, daß der Beklagte bei Eingehung der Ehe mit Syphilis behaftet gewesen sei, so stand es ihr frei, die Ehe anzufechten. Entschloß sie sich aber, die Ehe aufrecht zu erhalten, so mußte sie ihr ferneres Verhalten in einer Art und Weise einrichten, die ihrem Ehemanne ein erträgliches Zusammenleben mit ihr ermöglichte; sie mußte insbesondere auch auf die Stellung ihres Mannes nach außen die gebührende Rücksicht nehmen. Gegenüber diesen Verpflichtungen mußte das Mitteilungsbedürfnis der Klägerin und der Wunsch, ihrem Herzen Luft zu machen, zurücktreten."

4. Freiheitsberaubung ist unzulässig, macht im allgemeinen strafbar und schadenersatzpflichtig. Der rechtmäßig einen Haftbefehl erlassende Richter freilich ist ebensowenig daraus verantwortlich zu machen, wie der Gefängnisdiener, der die Zellentür hinter dem Abgeurteilten schließt. Die Juristen sprechen hier etwas künstlich von dem „Ausschluß der Rechtswidrigkeit". Das RG. (Warneyers Rechtsprechung RGZ. Bd. 3, Nr. 279) hat nun einmal gesagt: „Hat der ärztliche Vorstand einer öffentlichen Irrenanstalt eine gegen ihren Willen der Anstalt als geisteskrank zugeführte Person in die Anstalt aufgenommen und dort zurückbehalten, so wird er einer Schadenersatzklage gegenüber zunächst nicht mehr als das darzutun haben, daß die durch Gesetz oder Verwaltungsvorschrift aufgestellten Voraussetzungen für die zwangsweise Internierung eines Geisteskranken formell erfüllt waren. ... Dies gilt nun zwar nicht von jedem anderen staatlich approbierten Arzte, der einen Patienten einer Irrenanstalt überweist, diesen gewaltsam dorthin verbringt oder verbringen läßt." — Wo läuft zwischen beiden Fällen die Grenze?

5. Die Beklagte betreibt an dem kleinen Orte Th. seit mehreren Jahren ein Walzwerk. Das große Werk gibt dem kleinen Orte völlig das Gepräge. Die Einwohner von Th. haben sich an die Geräusch- und Geruchwirkungen des Werkes überwiegend gewöhnt und „sie deshalb als etwas Hergebrachtes ertragen" (Warneyers RGZ. Bd. 3, Nr. 386). Der gleichfalls ortsansässige Kläger fühlt sich als Gastwirt stark benachteiligt und klagt auf Beseitigung der „Immissionen". Nach § 906 BGB. kann ein Grundstückseigentümer i. a. industrielle usw. Einwirkungen nicht verbieten, als die Einwirkung „durch eine Benutzung des anderen Grundstücks herbeigeführt wird, die nach den örtlichen Verhältnissen bei Grundstücken dieser Lage gewöhnlich ist". — Das RG. entscheidet gegen den Gastwirt. Der Kläger oder sein Anwalt suchten zunächst auszuführen, die Pflicht für Kläger, als Eigentümer diese Immissionen zu dulden, bestehe nach dem Gesetze nur bei einer Benutzungsart des schädigenden Grundstücks, „die nach den örtlichen Verhältnissen bei Grundstücken dieser Lage gewöhnlich" sei. In Th. sei der Betrieb der Beklagten der einzige industrielle Großbetrieb. Die angezogene Gesetzesbestimmung weise offensichtlich auf „Grundstücke an demselben Ort oder in derselben Ortslage als Vergleichsobjekte hin"; da es an solchen Vergleichsobjekten in Th. überhaupt fehle, so könne eine ausnahmsweise Duldungspflicht des Klägers aus der Ortsüblichkeit im Sinne des Gesetzes nicht hergeleitet werden und es verbleibe darum bei der Regel, daß Kläger kraft seines Eigentums die Immissionen erfolgreich abwehren könne. Diesen rabulistischen und am Worte kleben bleibenden Einwand tun die erkennenden Gerichte hier mit dem Bemerken ab, daß dann „ein industrielles Unternehmen umso schlechter gestellt sein würde, je bedeutender und für den Ort bedeutsamer es ist, und daß es für den durch die Einwirkungen betroffenen Grundstückseigentümer keinen Unterschied machen könne, ob dieselben Einwirkungen von einem Großunternehmen oder von mehreren kleineren Unternehmungen ausgehen". Im übrigen aber sagt das RG: „Der Umstand, daß die schöne Lage von Th. viele Fremde dahin führt, daß sich namentlich auf Seiten der Gastwirte Bestrebungen geltend machen, diese Fremden zu fesseln, und daß man diesen Bestrebungen auch schon mit gewissen Einrichtungen entgegengekommen ist,

kann so lange von keiner Bedeutung sein, als dadurch jene Gewöhnung der überwiegenden Mehrheit der Einwohnerschaft Th.s nicht berührt ist."

Die Aufgaben des Auslegenden. Sieht man näher zu, so erkennt man, daß der Ausleger in allen diesen Fällen Interessen auszugleichen, Werte abzuwägen hatte, — beides in dem häufig recht weiten Rahmen, den das Gesetz festgelegt hatte; er, der Ausleger, der Richter, hatte dieses zu tun, weil und soweit das Gesetz mehrdeutig ihn im Stich ließ. Man beachte, wie aus den verschiedensten Lebenssphären die Interessen sich herandrängen vor die Schranken des Rechts, des Richters, jedes mit dem Anspruche, es allein, oder doch es in erster Linie zu berücksichtigen. Ist in diesem Gewühl nicht in der Tat, mit Luther zu sprechen, „der Jurist, der nichts als ein Jurist", ein Paragraphenmeister ist, „ein elend Ding"? Gehört nicht offensichtlich mehr noch als Gesetzeskenntnis, Lebens- und Menschenkunde und zugleich viel Takt, viel Sinn für Maß, für Erheblichkeit, für Wertverhältnisse dazu, um sicher hindurchzusteuern durch die Wogen solcher widerstreitender realer Interessen? Weist nicht aber das alles zwingend darauf hin, daß die Rechtswissenschaft als wahre soziale Lebenswissenschaft sich zu bekennen den Mut haben muß?

Da ringt etwa in dem Falle der Zwangsinternierung der Wert der Persönlichkeit und der persönlichen „Bewegungsfreiheit" — hier zunächst auch einmal im allerengsten Sinne des Worts — mit dem der Sicherung des Kranken und seiner Umgebung. Weiter ist hier zu berücksichtigen die Verschiedenheit der Stellung eines bei der Öffentlichkeit seiner Tätigkeit und bei seiner Bindung an bestimmte Verwaltungsvorschriften in seinen Maßnahmen gegen Fehlgriffe und Willkürlichkeiten eher geschützten und Schutz versprechenden Leiters einer öffentlichen Irrenanstalt und derjenigen eines frei und weniger kontrolliert seinen Beruf ausübenden bloß privaten Irrenarztes. Im Falle des matten Testators ist abzuwägen der Wert der pietätvollen Ausführung des letzten Willens eines Verstorbenen gegen die Rücksicht auf möglichen Mißbrauch eines seiner Kräfte nicht mehr voll Mächtigen, gegen die Rücksicht also auf die Rechtssicherheit. Letztere Rücksicht spielt auch hinein in die Entscheidung betreffs des Autokaufs des unternehmenden Minderjährigen: Hie Schutz des Vermögens noch nicht voll Geschäftsfähiger, — hie Schutz des Geschäftsverkehrs im allgemeinen, so lauten hier Ruf und Gegenruf. Auch die Rücksicht auf die sittlichen Gefahren des Autosports für einen ungefestigten jungen Menschen, also ethische Gesichtspunkte, klingen hier schon leise an, die dann in dem Ehescheidungsstreit bereits den herrschenden Ton erzeugen. Zugleich aber klingt neben diesen „inneren Stimmen" hier auch ein anderer Ton mit, die Rücksicht „auf die Stellung des Mannes nach außen", Gesichtspunkte der Sitte, der gesellschaftlichen Würdigung, die natürlich gleichfalls in den Fall der Zwangsinternierung, wenn man ihn individueller würde ausgestaltet vor sich haben, leicht hineingespielt haben mögen. Ausschließlich in das kollisionenreiche Gebiet der modernen Wirtschaft führt alsdann der Fall mit dem durch das Walzwerk benachteiligt sich fühlenden Wirte: Auch dieser Fall voll von Einzelheiten, die die Unzulänglichkeit einer auf die äußere Seite der Dinge und des menschlichen Verhaltens sich beschränkenden Auffassung des Rechts mit Händen greifbar machen. Die Arbeit der Juristen ist keineswegs, wie berühmte Juristen wohl gesagt haben, ein „Rechnen mit Begriffen". Die Arbeit des gesetzanwendenden Richters insbesondere ist, seiner Gesetzestreue unerachtet, kein sklavischer Dienst an einem aller Weisheit vollen Gesetze, sondern sie fordert im Gegenteil vom Richter die Kraft höchsteigener Entscheidung in eigener Verantwortlichkeit derart, daß dabei die Norm des Gesetzes nie mißachtet, nie verletzt werde, daß aber zugleich der Spielraum, den die Norm so häufig läßt, voll ausgenutzt werde für eine den Lebensbedürfnissen und dem Rechtsgefühl entsprechende Rechtsprechung.

Die unentziehbaren Wertabwägungen des Richters schließen meist notwendig ein Stück Subjektivität ein. Daß daraus nicht Willkür des Richters und Mißtrauen der Rechtsgenossen entstehe, dazu bedarf es einer gefestigten sittlichen Persönlichkeit im Richter und weiter dessen, daß der Richter sich als lebendiges Glied der Volksgemeinschaft fühle, nicht als bloßen Techniker des Rechts oder als Angehörigen einer für sich lebenden Kaste.

Für den Richter im bürgerlichen Rechtsstreit ist die Auslegung von Verträgen fast ebenso wichtig, wie die Auslegung des Gesetzes. Weithin handelt es sich um ein und dieselbe Aufgabe. Nur zweierlei muß beachtet werden: Während das Gesetz i. a. ein wohlüberlegtes und -geformtes Kunsterzeugnis ist, sind die Abreden des Laienrechtsverkehrs — nicht auch freilich die Bedingungen der Lieferungs- usw. -bedingungen und der Kartellverträge! — sehr häufig juristisch völlig unzulänglich, nicht zu Ende gedacht, lückenhaft. Umso schwieriger ist dann hier die Aufgabe der Auslegung; umso behutsamer heißt es hier vorzugehen. Und weiter: Was bei der Norm des objektiven Gesetzes i. a. unterstellt werden kann, daß sie eine billige Interessenvermittlung beabsichtigt und erreicht haben werde, das ist bei den Abmachungen eigennütziger Vertragsschließender und bei den „Interessentennormen" in Lieferungs- und Verbandsbedingungen keineswegs der normale Fall.

Korrektorische Vertragsauslegung. Die Rechtsprechung zeigt gelegentlich Ansätze zu einer „korrektorischen" Auslegung unangemessener, überharter Vertragsbestimmungen, die in Zukunft noch an Zahl und Bedeutung werden wachsen und zunehmen müssen, wenn anders die Auslieferung des Verkehrs, besonders der Abnehmerkreise, an die Willkür mancher Interessenverbände nicht von Rechts wegen in einer für das Billigkeitsgefühl schlecht erträglichen Weise unbeanstandet bleiben soll. — Die Schwierigkeit ist freilich offensichtlich: Solange man sich ganz strikt daran hält, daß die Vertragsauslegung nichts anderes zu besorgen hat, als die Entfaltung des Sinnes der Parteiabsichten selbst und daß dieser, — das ist aber häufig der Wille der wirtschaftlich überlegenen und ihre wirtschaftliche Überlegenheit ausnutzenden Partei —, allein zur Geltung zu bringen sei, solange vermag die Rechtsprechung hier nicht das Maß eigener Stellungnahme und Kritik sich zu erobern, das zur Zurückschneidung unangemessener Parteiabreden und zum Schutze des schwächeren Teils hier nun einmal unentbehrlich ist. Die Rechtfertigung für eine solche aktivere Behandlung des Geschäfts der Vertragsauslegung seitens des Richters liegt in folgendem: Richterliche Vertragsauslegung bedeutet, einen Sachverhalt, an dem die Selbstbestimmung der Beteiligten einen entscheidenden Anteil hat, so regeln, wie es das Gesetz gebietet und wie es dem Sinne des Vereinbarten entspricht; während aber das Gesetz, soweit hier zwingend eingreifend, ohne Einschränkung zu respektieren ist, ist der Sinn der Parteivereinbarung nur maßgeblich mit der Einschränkung, daß daraus nicht eine unerträgliche einseitige Bindung der einen Partei durch die mächtigere andere werde. Die Rechtsprechung „subintelligiert" in solchen Fällen bereits den Willen, daß solche Rücksichtslosigkeiten nicht gewollt sein könnten — oder ähnlich; aber sie sind meist in der Tat gewollt auf seiten des mächtigeren Vertragsteils! — Dann aber ist es anständiger, hier auch der Wahrheit die Ehre zu geben und eine solche „korrektorische" Auslegung mit aller gebotenen Vorsicht vorzunehmen. Was die Begründung der korrektorischen Auslegung aus bestimmten Gesetzesnormen angeht, so kommen hier vornehmlich die allgemeinen Bestimmungen der §§ 157, 242 BGB. in Betracht, die bei Auslegung von Verträgen und bei Bemessung der Leistung eines Schuldners nach Art und Umfang die Berücksichtigung der Verkehrssitte und von Treu und Glauben gebieten. — Zu welchen Künstlichkeiten die Rechtsprechung gedrängt wird, wenn sie gegenüber unerträglichen Vertragsfestlegungen korrigierend vorgehen möchte, dabei aber doch „das Gesicht wahren" möchte, als wenn es sich um bloße Vertragsauslegung, um Feststellung und Einhaltung des von den Parteien selbst einmütig(!) Gewollten handelte, dafür nur ein Beispiel: Die weltklugen Römer, die an der naturgemäßen Beherrschung des Wirtschaftslebens durch ein ziemlich rücksichtsloses Gewinnstreben ebenso wenig zweifelten, wie die Manchesterleute, haben trotzdem das Wort geprägt: Quisquis praesumitur bonus; d. h. etwa, jedermann kann zunächst einmal verlangen, für einen wohlmeinenden Menschen, für einen anständigen Geschäftsmann gehalten zu werden. — Wenn vor 1900 ein Minderkaufmann sein Geschäft mit Aktiven und Passiven veräußerte, so fehlte es nach gemeinem und preußischem Recht an einer Bestimmung, wie sie schon damals für die Übertragung vollkaufmännischer Geschäfte, heute für alle Vermögensübertragungen, galt, des Inhalts, daß alsdann die Gläubiger des Übertragenden sich auch ohne besondere Abrede im Vertrage sollten an den Übernehmer halten können. Das Fehlen einer solchen Norm war jedoch sehr mißlich, da solche Vermögens- und Geschäftsübertragungen sehr häufig dem Zwecke dienten, die letzten Vermögens- und Pfandobjekte eines von seinen Gläubigern bedrängten Schuldners diesen dadurch zu entziehen, daß sie jemand anders, vielleicht einem Verwandten, übertragen wurden, der seinerseits nunmehr ohne einen besonderen Verpflichtungsgrund die Gläubiger seines Vormanns zu befriedigen nicht verbunden schien. „Nach der Übergabe hat X" — so heißt es von einem solchen „vermögenverschiebenden" Schuldner in den ERGZ. Bd. 17, S. 97 — „geäußert, er besitze nichts mehr; er habe alles seinem Sohn übergeben, von ihm könne niemand etwas erhalten." Das RG. aber hat sich in jenem Urteil „korrektorisch" dahin ausgesprochen, daß der Sohn des X als Übernehmer **aus dem Vertrage** für die Schulden des Vaters weiter hafte, — und zwar dies, **trotzdem** natürlich die beiden sauberen Vertragsschließenden — hier einmal einmütig alle beide! — das gerade Gegenteil gewollt hatten! „Insofern der Wille der Kontrahenten nicht etwa darauf gerichtet sein sollte, durch den betreffenden Vertrag den Gläubigern des Veräußernden tatsächliche Schwierigkeiten in der Rechtsverfolgung zu erzeugen (und einen solchen **arglistigen** Willen darf man den Kontrahenten nicht **zur Last legen**), kann ihr Vertragswille nur darauf gerichtet sein, den Gläubigern des Veräußernden die Rechtsstellung als unmittelbare Gläubiger des Übernehmers zu gewähren." — Also offensichtlich das Gegenteil von einer den Parteiwillen selbst klarstellenden und durchführenden, sondern ihn abändernden, korrigierenden, oder, wie später ERGZ. 69, S. 286 sehr bezeichnend gesagt hat: ihm „nachhelfenden" **Praxis**!!

IV. Die Macht des Rechts und ihre Grenzen.

Das Verhältnis des Rechts zu Kultur und Wirtschaft. Leicht berührt haben wir dies Problem bereits, indem wir davon sprachen, wie die Wirksamkeit, die effektive Geltung der Norm abhänge davon, daß die Norm ihre eigene Durchsetzbarkeit und deren Abhängigkeit von dem Verhalten der Bevölkerung einerseits, der im Dienste der Normendurchsetzung stehenden Beamtenschaft andererseits möglichst lebensklug und erschöpfend im voraus mit in Rechnung stelle. Bei dem, was nunmehr zu besprechen sein wird, handelt es sich jedoch um mehr als bloß um ein — wichtiges — technisches Problem für den Gesetzgeber. Jetzt gilt es vielmehr den weitergreifenden Versuch, sich klar zu werden über das Kräfteverhältnis von Recht und Kultur, insbesondere von **Recht und Wirtschaft**.

Eine vollrechtswissenschaftliche Betrachtung von Recht und Leben darf nicht haltmachen vor der Frage: **Wie verhält sich das Recht oder der Rechtssatz zu der übrigen Kultur?** Schafft das Recht selbstherrlich von sich aus Ordnung in unserem Gemeinschaftsleben, insbesondere auch in der Wirtschaft? Oder gibt das Recht etwa bei seinen Normsetzungen nur einem von anderswoher, etwa von der Wirtschaft, empfangenen Drucke nach? Oder endlich: Ist etwa das Verhältnis von Recht und Kultur, insbesondere von Recht und Wirtschaft, das einer Wechselwirkung, wobei also das Recht ebenso wie der andere Teil bald geben, bald nehmen würden?

Entstehung des Rechts. Häufiger als diese Frage wird in Rechtswissenschaft, Politik und Staats- und Sozialphilosophie die — wie wir sehen werden, verwandte — Frage gestellt: **Wie, woher, entsteht das Recht?** — Gehen wir zunächst von dieser Fragestellung aus.

Rechtsbildung und Gesetzgebung aus zeitloser Vernunft. Die eigene positive Leistung der sog. Neuzeit, des Zeitalters etwa seit Renaissance, Humanismus und Reformation, ist die Schaffung eines Weltlebens von eigenem, diesseitigem Werte. An diesem neuen Weltleben haben teil die weltlichen, souveränen Staaten einerseits, die einzelnen „souveränen" oder, wie man statt dessen hier zu sagen vorzieht, autonomen, freien menschlichen Persönlichkeiten andererseits.

Die ruhende Lebensordnung und Lebensauffassung des Mittelalters geriet mit dem Herannahen und Hereinbrechen der neuen Zeit mehr und mehr in Fluß, in Schwung. Immer stärker und selbstbewußter spannte sich an die Kraft des menschlichen Willens und Denkens, der Vernunft, — wie in den einzelnen, so in den Staaten. So stark waren Lebensgefühl und Lebensbejahung und, gegenüber den Mißständen der Zeit, Zukunftshoffnung dieser neuen Menschen und Politiker, daß sie, namentlich seit dem 18. Jahrhundert, viel mehr als in die Vergangenheit, in die Zukunft schweiften. Es war der Blick freier Menschen, die vielfältige alte, überkommene Fesseln von sich abgenommen sahen oder wenigstens solche Fesseln bald zu verlieren zuversichtlich hofften.

Die Rechtsbildung, die Gesetzgebung erschien von der Grundlage eines solchen Lebensgefühls aus als nichts anderes denn das Werk freier, vernunftbegabter, nach Zeit und Raum weithin unabhängiger Persönlichkeiten. Stürmisch in die Praxis der Politik und der Staatsleitung und Staatsumordnung brach diese neue Anschauung ein vor allem in der großen französischen Revolution. Die neue, vom souverän und zur einigen Nation gewordenen französischen Volke und seinen Gesetzgebern, unbekümmert um geschichtliche Tradition, ja, im scharfen Gegensatz zu ihr, dafür aber gleichsam aus erster Hand von der Vernunft und Freiheit selbst eingegebene Ordnung von Staat und Recht, von Staatsgebiet und Staatsbürgern in Frankreich und seinen „besetzten Gebieten" war nichts als die praktische Probe auf das Exempel dieser Lehre der Gesetzgebung aus freier, zeitloser, einzelmenschlicher Vernunft. Ganz ähnliches gilt von der von Napoleon alsdann beliebten politischen Flurbereinigung auf der kraus und kleinlich gezeichneten Karte Europas und von seinen zentralistischen und schematischen Verwaltungsreformen.

Organische Rechtsbildung und Gewohnheitsrecht. Die deutschen Patrioten in den Zeiten bei und nach Napoleons Sturz sahen in all diesem vom Westen hereingedrungenen Wesen eitel Willkür, maßlosen Übermut. Sie dachten völlig anders von der Entstehung des Rechts. Nach der Lehre der deutschen Romantik und der historischen Rechtsschule ist das gute Recht nicht das Werk einzelner, schnell vergänglicher Menschen, ist nicht freie Willenstat. Es ist vielmehr, wie Sprache und Sitte, hervorgewachsen aus den Tiefen des einigen Volkes, des „Volksgeistes". Wie es entsteht, ist Geheimnis. Es ist da und ist der Volksseele nahe geblieben: Das muß uns genügen, hier wie etwa auch beim Volksliede, das einer singt, dann einige singen, dann alle singen, — und niemand weiß, wer es ersann. In frommen, treu als Recht geübten Bräuchen, im Gewohnheitsrecht, lebt das Recht echter, reiner als im schlackenreichen positiven Gesetze.

Materielle Bedingungen der Rechtsbildung. Ganz anders sowohl als die Männer der Aufklärung und der Revolution als auch die Männer der Restaurationszeit (nach 1815, heilige Allianz) dachte ein Menschenalter später Karl Marx vom Recht und seiner Entstehung. Was die Welt regiert, sind nicht Gedankensysteme, Ideologien, es ist die Materie, es sind die rauhen Tatsachen der Wirtschaft, des sozialen Lebens, letztlich namentlich des qualvollen Lebens der breiten Volksmassen. Unaufhaltsam, mit einer Art Naturnotwendigkeit, entwickelt sich das Wirtschaftsleben. Diese wirtschaftlich und materialistisch angesehene Weltgeschichte von Marx ist eine Folge von Klassenkämpfen. Die Klasse, die heute — so lehrt Marx von den mittleren Jahrzehnten des vorigen Jahrhunderts — als Erbin der französischen Revolution von 1789 herrscht, ist die Bourgeoisie. Als Eigentümer der neuzeitlichen großgewerblichen Produktionsmittel, der Maschinen zumal, beuten die Kapitalisten die Lohnarbeiter aus. Daraus daß, anders als noch der Handwerker, der Arbeiter durch die neuere kapitalistische, maschinenindustrielle Entwicklung nicht mehr selbst der Eigentümer der Arbeitsgeräte ist, ist der Kapital und Maschinen allein besitzende Fabrikherr in die Lage versetzt worden, mittels des scheinbar, von formalen Rechts wegen, freien Arbeitsvertrages den allein eigentlich Werte schaffenden Arbeiter um die Früchte seiner Arbeit zu prellen. Dadurch aber ist heute eine Spannung eingetreten zwischen der verzweifelten Lage der Lohnarbeiterschaft, als der jetzt oder doch alsbald ganz überwiegenden Mehrzahl der Bevölkerung, und der geltenden Rechts- und privaten Eigentumsordnung, — eine Spannung, die zu rhythmisch immer wiederholten Krisen, schließlich zur sozialen Revolution und damit zu einer ganz neuen Ordnung von Recht und Wirtschaft führen wird, führen muß. Die neue Zeit bricht an; die Expropriateure werden expropriiert. Die revolutionierte Wirtschaft erzwingt sich, nachdem das alte, veraltete Rechtskleid unerträglich geworden war, ein neues Recht. Sie kann dies, sie tut es notwendig. Denn die Wirtschaft ist es, was letztlich immer wieder die Rechtsgestaltung bestimmt. In der Wirtschaft, in der Materie, in der Lebensnotdurft liegen die bewegenden Ursachen aller Menschheitsgeschichte. Alles andere: Recht, Religion, Ideen, ist in bezug auf die Wirtschaft nur ein Abhängiges, ein „Reflex". Wälzt sich die Wirtschaft um, so zerbricht ohne weiteres der Überbau der veralteten Rechtsordnung.

Kritik dieser drei Auffassungen. Keine dieser drei bedeutsamsten neueren Lehren von den Quellen, von dem Wesen und von der Kraft des Rechts ist völlig falsch, keine ganz richtig.

Die Lehre der Aufklärung hat recht, wenn sie den Anteil planmäßigen menschlichen Schöpfertums an aller, besonders der modernen, Rechtsgestaltung hervorhebt, unrecht, indem sie zu ausschließlich mit für sich ganz besonderten Einzelmenschen arbeitet, zu „personal" denkt. Die Romantik hat recht, wenn sie demgegenüber die Maßgeblichkeit des Altüberkommenen und des im Volke und im Leben wirklich Geübten betont, unrecht, wenn sie die Macht des rationalen gesetzgeberischen Zweckhandelns gänzlich gering achtet und verdächtig findet. Gegenüber beiden ist Marx insofern im Recht, als er die Nöte und rauhen Wirklichkeiten des Wirtschaftlebens aufdeckt, in all ihrer Brutalität in den Vordergrund rückt und auf den Zwang hinweist, den sie in der Tat auf die Rechtsbildung weithin ausüben. Mit der historischen Rechtsschule hat Marx das gemein, daß bei beiden das einzelne freie Individuum entthront ist. Während freilich die (ältere) historische Rechtsschule nur von einem harmlos als einheitlich unterstellten Volksgeiste etwas weiß, ist bei Marx das Volk aufgerissen in die kleine Klasse von Ausbeutern einerseits und die stets noch weiter anschwellenden und einheitlicher werdenden Riesenheere der Ausgebeuteten andererseits.

Rechtsbildung der Gegenwart. Alle gute Rechtsbildung, namentlich in unseren modernen eng gewordenen europäischen Lebensverhältnissen, ist Rechtsbildung im allgemeinen günstigenfalls nur in halber Freiheit dessen, der die Norm aufstellt, des Gesetzgebers.

Jeder Gesetzgeber hat auszugehen von einer ganz bestimmten, zeitlich, räumlich und sonstwie konkretisierten Sachlage. Soweit diese Sachlage selbst sich verändert, verschiebt, muß der Gesetzgeber die nächst in Betracht kommende weitere Entwicklung bestmöglichst mit in Rechnung zu stellen suchen. Jede Sachlage enthält regelmäßig neben beweglichen eine Anzahl unbeweglicher Faktoren, — mit allerhand für die Vorbereitung und Durchführung der Arbeit des Rechtsbildners besonders wichtigen Übergängen zwischen beiden Arten. Teils fördern, teils hemmen diese Faktoren eine bestimmte geplante Rechtsregelung. Die ganz festen Faktoren gilt es hinzunehmen, aus den beweglichen — eingespannt zusammen mit den festen in diese besondere Sachlage, wie sie freilich sind — heißt es das Bestmögliche zu machen, alles herauszuholen, was der praktischen und gerechten Ordnung der fraglichen Sachlage dienen mag.

Dies ist übrigens — mit der Maßgabe, daß nicht überall die Rücksicht auf eine möglichst gerechte Regelung mitspricht — das Rezept für jegliches tüchtige Handeln in Recht und Politik, nicht bloß für den Urheber von Gesetzen oder andern Normen. Innerhalb dieser halbfesten, halb bildsamen Situation ist es Sache von Werturteilen und Willensentscheidungen des Handelnden, wie er nun schließlich Farbe bekennen, Stellung nehmen wird. Wir erinnern an das weiter oben über die Maßgeblichkeit von Wertabwägungen und Willensentscheidungen in der Arbeit des urteilenden Richters Gesagte: Damit enthüllt sich, wenigstens in den allgemeinsten Umrissen, die Erkenntnis von der überall wesensverwandten Art alles Handelns in Wirtschaft, Technik, Recht und Politik; mögen die Handelnden nun einzelne Private oder private Verbände, mögen sie Politiker, Gesetzgeber oder Richter sein, überall handelt es sich um Entscheidungen, willensmäßige Stellungnahmen, denen überall vorausgehen oder wenigstens bei genügend vorhandener, stets erwünschter, möglichster Klarheit, Bewußtheit des

Handelnden vorausgehen sollten: Wertabwägungen, die ihrerseits stattfinden in und in gewissem Umfange ihre Schranke finden an dem Rahmen einer bestimmten Sachlage, eines konkreten Tatbestandes.

Ihre konkreten Grundlagen. Mit diesem deutschen Boden und seiner Beschaffenheit und bestimmt bemessenen Größe, mit diesem deutschen Klima, mit dieser deutschen Bevölkerung hat der deutsche Gesetzgeber (und z. B. auch Verwaltungsmann usw.) als mit festen oder halbfesten gegebenen konkreten Größen ebenso zu rechnen, wie mit der schon allgemeineren, nicht mehr nur bloß deutschen, Tatsache der Existenz von — regelmäßig aus monogamischen Ehen erwachsenen — Familien oder der Tatsache der Geltung staatlicher Gesetze, wie endlich mit den ganz allgemeinen Tatsachen der Endlichkeit des menschlichen Lebens und des Generationswechsels, der „Ewigkeit" und zugleich Beschränktheit des Bodens, der Bedürfnisse der Menschen, wie auch ihrer Fähigkeit zur Arbeit oder zu Sprache und Schrift usw., usw.

Solche Tatsachen stellen unüberhörbare Forderungen an die Gesetzgebung. Das Klima und der Wechsel der Jahreszeiten bei uns erzwingen einfach, daß ihnen bis zu einem gewissen Grade — halbstarr! — Rechnung getragen werde, sie schließen es einfach aus, daß etwa alle deutschen „Kalefaktoren" und Laternenanzünder winters und sommers denselben Dienst haben könnten! Dabei ergibt sich die Lage größerer oder geringerer Eingeengtheit für den Normgebenden meist erst aus dem Ineinandergreifen verschiedener, objektiver und subjektiver, Momente der Sachlage. An dem Tod, der eine irgendwie, wie die Römer sagten: „hinauszutragende" und zwar: wieder aus objektiven Gründen, alsbald hinauszutragende Leiche schafft, — der das Vermögen des Toten nicht mit hinwegnimmt, wohl aber ihm den Erhalter und Wirt nimmt, — der dem Lande den Landesvater, der armen Familie den Ernährer nimmt, —: an dem Tod der Menschen kommt keine Gesetzgebung vorbei. Wie — weltliche und kirchliche — Normen nunmehr die unumgängliche Bestattung regeln, das scheint zunächst im einzelnen wieder weithin frei zu sein. Aber sofort erheben sich hier aus subjektiven wie aus objektiven Rücksichten, aus Erwägungen der Sitte, des Glaubens, der Pietät, wie der Hygiene, wie der Wirtschaftlichkeit neue Schranken, die die Freiheit des Gesetzgebers, nachdem er seine Fürsorgepflicht für das Bestattungswesen an sich hat anerkennen müssen, wieder mehr oder weniger einengen. — Ähnlich zwingt im Staatsrecht der Tod den Gesetzgeber, die Tatsache zu respektieren, daß durch des Fürsten Tod der Thron frei geworden ist und nicht lange ledig bleiben darf. Wie er nun im monarchischen Staate die Thronfolge ordnet, dafür erhält er wieder allerhand Richtlinien, Winke etwa aus der Tatsache heraus, daß bislang schon eine bestimmte Regelung oder Wahlkörper existierten, oder aus Rücksichten auf den erfahrungsmäßigen Eintritt der Reife bei Menschen überhaupt und so auch bei Kronprinzen, oder aus Rücksichten auf anerkannte Gleichwertigkeit der Thronerbin neben dem Thronerben usw.

Politik und Gesetzgebung. Heute in Deutschland ist nach Einführung der Republik und des parlamentarischen Systems der Gesetzgeber der Exponent des Volkswillens im Sinne der Mehrheitsparteien der Volksvertretung, — mehr oder minder verändert, u. U. verfälscht, durch die formende Mitarbeit, u. U. eigenwilliger, sach- und fachkundiger Ressortbeamten. Wie das gesetzgebende Parlament die gesetzgeberisch zu meisternde Sachlage ansieht, hängt, abgesehen von so oder so das Bild färbenden Parteibrillen, ab vom Gefüge, von Gesinnung und Initiative der „vorparlamentarischen" Öffentlichkeit, also der Presse, der Tätigkeit und Macht wirtschaftlicher und anderer Interessenvertretungen usw. Innerhalb des Parlaments selbst ist natürlich das Gefüge und damit Kräfteverhältnis der regierenden Mehrheit von höchster Bedeutung für Gesinnung, Art und Tempo der Rechtsgestaltung.

All das, was hieraus wenigstens andeutungsweise an Bruch, Unzulänglichkeit, an Kompromiß-Bedürfnis und -Zwang moderner deutscher Gesetzgebung hervorschaut, wird heute noch über die Maßen verstärkt durch unsere außenpolitische Knebelung.

Alle gute und dauerhafte Gesetzgebung erfordert zudem eine gewisse Ruhe und Gesetztheit der öffentlichen und wirtschaftlichen Verhältnisse. Immer aber sind die unruhigen Zeiten der Revolutionen oder Kriege zugleich Zeiten einer sprunghaften, nothaften, häufig übereilten Gesetzgebung gewesen.

Die objektiven Schwierigkeiten der Gesetzgebung sind heute ungeheuer, die Hoffnung, darin bestmögliche oder gar einmal schlechthin vernunftgemäße und aus voller Freiheit geborene Lösungen anzutreffen, ist von vornherein sehr gering.

Gesetzgebung und damit Politik einerseits, Wirtschaft andererseits stehen heute wie stets in einem Verhältnis der Wechselwirkung zueinander.

Sozialpolitische Rücksichten auf Arbeitergesundheit, weltlich humanitäre Gesichtspunkte neben religiösen Wertschätzungen haben zusammen in unserer Gewerbeordnung die „unwirtschaftliche" Unterbrechung der rastlosen gewerblichen Arbeit am Sonntag erzwungen. Aber die Wirtschaft hat sich nicht kampflos oder völlig geschlagen der Gesetzgebung ergeben. Die §§ 105a fgd. der Gewerbeordnung stellen ein Kompromiß dar, wobei die wirtschaftlichen Gegeninstanzen gegen die ausnahmslos durchzuführende Sonntagsruhe ihrerseits wieder sehr verschieden geartet sind. Umgekehrt verlangt auch der Sonntag selbst einen bestimmt gearteten Wirtschaftsbetrieb: die Freigabe etwa des Feiertagsbetriebes in Gastwirtschaften, bei Aufführungen, Lustbarkeiten und im Verkehrsgewerbe (§ 105 i. GO.).

Nach § 105c: Durchbrechung der Sonntagsruhe bei unaufschiebbaren Arbeiten in Notfällen oder im öffentlichen Interesse, zur Durchführung einer gesetzlich vorgeschriebenen Inventur, bei Bewachung von Betriebsanlagen, bei Reinigungs- und Instandhaltungsarbeiten zum Zwecke der regelmäßigen Betriebsfortführung, bei Arbeiten zur Verhütung des Verderbens von Rohstoffen usw.

Die Politik als die Schrittmacherin der Gesetzgebung behält, was Marx übersah, ihre relative Selbständigkeit gegenüber der Wirtschaft: Man denke doch an die Steuergesetzgebung der Nachkriegszeit, vor allem aber an den politischen Akt des Friedensschlusses selbst mit seinen schwerwiegenden, den Lebensnerv von Staat und Volk unmittelbar berührenden, gerade auch wirtschaftlichen Folgen!

Politik und Gesetzgebung sind heute, — stellt man dabei weniger ab auf die unmittelbare Formung der einzelnen Maßnahmen und Entscheidungen, sondern mehr auf die in Politik und Gesetzgebung als zusammenhängenden sozialen Bewegungen sich auswirkenden Ursachen —, ziemlich selten in entscheidendem Maße Sache einzelner oder gar freier einzelner Persönlichkeiten, sie sind mehr Ausdruck der Massen, seien sie nun mehr lose und behelfsmäßig in Parteien, oder fester und vollkommener unmittelbar auf Grund vom Verfassungs- und Staatsrecht organisierte Massen. Es gibt noch immer gelegentlich wahre Führer in Staatsleben, Politik und Rechtsgestaltung. Der sehnsüchtige Ruf nach ihnen in führerlosen Zeiten wird und soll nie verstummen. Aber im ganzen machen es heute doch die Massen, weder die einzelnen, noch „das Volk", oder gar die „Volksseele". Nur organisierte oder mindestens geführte Massen sind — wie man es nimmt: — Träger oder Untergrund erfolgreicher Gesetzgebung. Die neue Gesetzgebung ist selten eine reine Klassengesetzgebung: Das schon darum nicht, weil sie auf einer Parlamentsmehrheit beruht, die in sich keine einheitliche Klasse darstellt. Deswegen und weiter auch darum, weil die Kritik der Öffentlichkeit und der Opposition immer einen einigermaßen wirksamen Hemmschuh bedeutet für eine zu flott in Lauf zu setzende Klassen- und Interessengesetzgebung, ist die Gefahr einer schlechthin „ungerechten" Rechtsgebung beim staatlichen Gesetzgeber ungleich geringer als bei den privaten Interessentenverbänden und ihren Verbands- und Lieferungsbedingungen usw.

Aber freilich: Die strahlende Gerechtigkeit ist heute weniger noch als vor der Umgestaltung unserer Verhältnisse etwas, das wie von selbst jede staatliche Gesetzgebung begleitete und schmückte.

V. Recht und Staat.

Die drei fundamentalen Staatsaufgaben der Gegenwart. Daß sie beide, Recht und Staat, nahe zusammengehören, leuchtet ohne weiteres ein. Wie aber verhalten sie sich des näheren zu einander?

Das (objektive) Recht, so sahen wir, war nach der einen, engeren, Auffassung die Summe der geltenden Rechts-, insbesondere Gesetzesnormen, nach der weiteren, hier vertretenen schließt hingegen das Recht das konkrete Rechtsleben in seiner Abhängigkeit von, in seinem Verhältnis zu den abstrakten Rechtsnormen voll mit ein. Aufgabe des Rechts ist letzterenfalls, mit den ihm eigenen Mitteln mitzuhelfen an der möglichst zweckmäßigen und gerechten Ordnung des Zusammenlebens in einer, heute letztlich meist nationalen, Rechtsgemeinschaft..

Welches sind die Aufgaben des modernen Staates?

Hier gehen uns drei fundamentale Staatsaufgaben an. Die erste Aufgabe ist die der nationalen Selbstbehauptung und Bestandssicherung von Volk und Volksgenossen. Die zweite Aufgabe des Staats ist heute, Rechtsstaat zu sein. Als Rechtsstaat verschafft der Staat dem Bürger, mehr negativ, in seinen öffentlichen und privaten Beziehungen die nötigen Sicherungen für seine Anerkennung als Persönlichkeit und als Bürger, Sicherungen gegen Willkür und Unterdrückung sowohl seitens anderer Volksgenossen, wie auch seitens des Staates und seiner Behörden selber. Positiv schließt der Rechtsstaat eine geringere oder ausgiebigere, auf alle Fälle aber gesetzlich festgelegte Anteilnahme des Bürgers an der Gestaltung der öffentlichen Dinge und der Bildung des staatlichen und kommunalen Willens ein.

Sieht man, wie dies in Deutschland namentlich seit der Mitte des vorigen Jahrhunderts vielfach geschieht, die Verwirklichung des Rechtsstaates mehr in der Schaffung und Durchführung formaler Rechtsgarantien, in der Verfassung, mittels allgemeiner gleicher Gesetze usw., und legt man, wenn man vom Rechtsstaat spricht, also weniger Gewicht auch auf die aktive und beseelte Mitarbeit der Bürger am, das Mitleben im Staate, so ist es alsdann zweckmäßig, neben den Staat der Selbstbehauptung und den Rechtsstaat noch den Volksstaat zu rücken. Dieser hat dann die Aufgabe, die Volksgenossen unter sich und mit dem Staate zusammenzuschweißen zu einer innerlich geschlossenen, lebenserfüllten Gemeinschaft: Es ist zwar offensichtlich, daß es sich hier — leider! — mehr um eine unverzichtbare ideale Aufgabe des Staates handelt, während der Staat der Selbstbehauptung, wenigstens wenn wir bei uns von den schlimmen derzeitigen Schwächungen infolge des Friedensvertrages einmal absehen, und, uneingeschränkter, der Rechtsstaat für Deutschland schon seit einigen Jahrzehnten Wirklichkeit geworden sind.

Recht und Staat im Mittelalter. Diese auf die Gegenwart hin zugeschnittenen begrifflichen Feststellungen versagen freilich völlig, wenn wir sie anzuwenden versuchen würden auf die Verhältnisse im deutschen Mittelalter. Die Schwäche und Zerfahrenheit des Heiligen Römischen Reichs Deutscher Nation war, zumal seit dem Sturze der Staufen, so groß, daß man allen Ernstes bezweifelt hat, ob hier überhaupt noch die Bezeichnung Staat am Platze sei. Von dauernd konzentrierter, stets verwendungsbereiter Macht war hier schon garnicht die Rede.

Je schwächer der mittelalterliche deutsche Staat, um so blühender, mannigfaltiger das Recht, das Rechtsleben. Die ungebrochene Einheitlichkeit der Kultur des hohen Mittelalters zeigte sich auch am mittelalterlichen Rechte. Wie jene Kultur eine religiös-weltliche in einem war, so war damals das die Welt mit regieren helfende Recht kein bloßes Ding von dieser

Welt, kein Geschöpf des — noch garnicht existierenden! — weltlichen Staates, sondern: „Gott ist der Anfang alles Rechts."

Das Recht des Mittelalters ist „gutes, altes Recht", getragen vom Rechtsgefühl des Volkes oder einzelner Rechtsgemeinschaften im Volke, — übertragen ebensosehr durch mündliche Überlieferung, wie durch schriftliche Aufzeichnung, die aber auch dann nie Rechtssetzung im Sinne moderner planmäßiger Vorbereitung, Formung und Durchführung von Normen war. Das Recht des Mittelalters — auch darin nur ein Spiegel einer einheitlichen, allseitig verwobenen, gerade darum aber in Lehre und Leben, in Lebensführung und Verwaltung kaum schon etwas von klarer Sonderung der Disziplinen, der „Ressorts", der Zuständigkeiten kennenden Gesamtkultur — kennt ebensowenig wie die Grenzziehung zwischen Recht und Sittlichkeit irgend deutlich die Scheidung zwischen öffentlichem und privatem, ja auch nur zwischen Recht im subjektiven Sinne (gleich den einzelnen Berechtigten zustehender Befugnis) und Recht im objektiven Sinne.

Alles in allem eine Zeit, in der das Reich als Staat im Sinne einer irgendwie auch technischen und rationalen Kräftezusammenfassung nicht einmal in der Idee vorgestellt, in seiner wahren Realität aber bei allem Schnörkelreichtum des alten Reichsrechts ebenso formlos wie kraftlos war; eine Zeit zugleich, in der sich drum, was Lebensfülle und Saftgehalt angeht, der Staat mit dem blühenden Rechte nicht irgendwie in eine Linie stellen konnte.

Verhältnis des Rechts zu Rechtsstaat und Volksstaat und dem Staat der nationalen Selbstbehauptung. Viel näher als der Staat der nationalen Selbstbehauptung stehen dem Recht der Rechtsstaat und der Volksstaat, — dem Namen nach anscheinend der Rechtsstaat ganz besonders nahe. Der Rechtsstaat sieht ja als Hauptbürgen des Rechts das allgemeine und gleiche Staatsgesetz an, voran die Verfassung selbst als das Grundgesetz von Staat und Recht überhaupt. Indem diese Staatsgesetze heute aber den wichtigsten oder wenigstens einen sehr wichtigen Bestandteil der objektiven Rechtsordnung ausmachen, fließen hier so, nach der Seite des Rechtsstaats hin, Staat und Recht unmittelbar ineinander über.

Es hat aber andererseits auch guten Grund zu sagen, daß der Volksstaat dem Rechte ganz besonders nahe stehe, — wenn man den Volksstaat, die schlimme Wirklichkeit stark idealisierend und an eine bessere Zukunft appellierend, als die unmittelbar in einen lebendigen Staat einbezogene, diesen Staat anerkennende, mit ihm und in ihm lebende Volksgemeinschaft auffaßt. Diese „vollstaatliche" Auffassung des Staates überdeckt sich dann weithin mit der vollrechtlichen, die da Recht und Rechtswirklichkeit, Norm und Rechtstatsachen in eins verwoben als eine beseelte Einheit auffaßt. Daß freilich alsdann das Recht völlig verschmölze mit dem Staate als Rechts- oder als Volksstaat, davon kann keine Rede sein. Der lebensfähige moderne Staat ist organisierter, konzentrierter Wille, ist aktionsfähige Einheit. In Verwaltung und Politik handelt der Staat; von der Verwaltung hat man gesagt, von der Politik kann man es ebenfalls sagen: daß ihr Wesen Tat ist. Das zur geltenden Rechtsordnung entfaltete Recht ist nicht irgendwie, wie der Staat, so etwas wie eine Persönlichkeit. Es ist Maßnahme, Ordnung, ist, je nachdem, Förderung oder Schranke für handelnde Persönlichkeiten, für den Staat selbst wie für die Privatleute. Und andererseits wieder: Der Zwangs- und Vollstreckungsapparat der Gerichte und vieler Behörden, wie er die potentielle Ordnung der Gesetze bei Bedarf umsetzt in eine effektive Lebensordnung, ist, wenngleich in sich selbst freilich wieder rechtlich begründet und geregelt, Staatszwang.

Zwischen dem Staate der nationalen Selbstbehauptung und dem Rechte hingegen besteht manchmal eine starke Spannung. Das Recht möchte sich, wenn es sich seit den Zeiten der Aufklärung für Freiheit und Gleichheit, für Selbständigkeit zugleich und für Schutz der Persönlichkeit einsetzt, gern in den Dienst der Gerechtigkeit stellen. Die Gerechtigkeit aber ist vielfach schon seit den Tagen der Antike und ganz ausgesprochen in der Aufklärungs- und

Rechtsstaatsbewegung vorzugsweise so gedeutet worden, daß sie den Einzelmenschen und sein gerechtes Handeln wie seine gerechte Behandlung in den Mittelpunkt einer gerechten Rechtsordnung rücken läßt.

Im Staate der nationalen Selbstbehauptung nun, der immer zugleich verwaltender und Politik treibender Staat, zuzeiten auch Kriegs- und Not-Staat ist, tritt diese „personal" ausgerichtete Gerechtigkeit notwendig mehr in den Hintergrund. Sie aber ist ja der Stern über der Rechtsordnung, besonders über der Privatrechtsordnung! Der Selbsterhaltungsstaat aber ist so sehr auf das Ganze und dessen Leben eingestellt, daß ihm die Einzelperson und deren gerechte Behandlung vielfach und weithin als Bagatelle erscheinen muß! Der Posten im Stellungs- und Minenkrieg, unter dem schon der feindliche Minenstollen läuft, muß seine zwei Stunden Posten stehen, auch wenn die Chance peinlich groß ist, daß in dieser Zeitspanne der Feind die Mine dicht neben, unter ihm sprengen wird! Zu der Frage, ob das gerecht von dem Kompanieführer war, ihn dahin zu stellen, kommt man garnicht, weil allein entscheidend ist, daß es notwendig war! Und den Zwangsmieter muß man dulden, zunächst einmal darum, weil alle Wohnungen dicht besetzt sind und auch der Zwangsmieter ein Obdach haben muß.

Daß sich auch im Kriege, auch beim Ausnahmezustande, auch im Bereiche der Wohnungszwangsbewirtschaftung usw., Rechtsstaat und Recht wehren so gut sie können, auf daß nicht der Macht- und Notstaat ein gar zu gestrenges oder gar willkürliches Regiment führen, ist richtig und ist gut so. Aber — auch von dem großen Bereiche des modernen, bloß nützlich sein wollenden Rechts einmal ganz abgesehen —: Aus der Rolle des Alleinherrschers ist hier soweit die Gerechtigkeit doch hinausgedrängt; sie muß andere Götter neben sich dulden.

Literatur.

Recht und Leben. — Von den Werken, die sich bemühen — meist auf verhältnismäßig knappem Raume — entweder eine allgemeine Übersicht über oder eine Einführung in das Gebiet der Rechtswissenschaft zu geben, sind die Rechtsenzyklopädien noch einigermaßen ausschließlich auf den juristischen Leser eingestellt. Ausdrücklich hingewiesen sei auf die in ihrer Art klassische Enzyklopädie Adolf Merkels, 7. Aufl., herausgegeben von Rud. Merkel, 1922. Nahe heran an jene strenger juristischen Enzyklopädien rückt Gruebers, Einführung in die Rechtswissenschaft, 6. Aufl., 1922: sie ist (Vorwort) „gedacht und geschrieben für den Studierenden der Rechte". Ähnlich, wenn auch schon viel weniger formal als bei Grueber die Einstellung von Otto Fischers Einführung in die Wissenschaft von Recht und Staat, 1920. Verwandte Ziele, wie die bisher genannten „Einführungen", verfolgt der Band Teil II, Abt. VIII von Hinnebergs Kultur der Gegenwart: „Systematische Rechtswissenschaft", 2. Aufl., 1913, worin elf hervorragende Juristen je ein Teilgebiet des Rechts darstellen. Den Abschnitt Bürgerliches Recht hat Rudolf Sohm im Rahmen dieses Sammelwerks trefflich dargestellt. — Viel Sinn für Leben und Praxis zeigt und um die bestmögliche Lösung der pädagogischen Schwierigkeiten einer lebendigen Rechtseinführung bemüht sich Krückmanns in Stoffauswahl und Vortrag etwas eigenwillige „Einführung in das Recht", 1912. Josef Kohler will in seiner Einführung in die Rechtswissenschaft, 5. Aufl., 1919, „von hoher Warte aus ein Bild der gesamten Rechtswissenschaft" geben. An „Lesbarkeit" für den gebildeten Laien werden diese Werke übertroffen von den „Einführungen" von Th. Sternberg, in Sammlung Göschen 1920/22, und namentlich von G. Radbruch in „Wissenschaft und Bildung", 5. Aufl., 1923, — die deutsche Staatsgestaltung bis kurz vor der Umwälzung im November 1918 berücksichtigend. — Frisch, warmherzig und mit hellem Blick für die Gegenwartsaufgaben des Rechtes geschrieben ist die „Einführung" von J. W. Hedemann, in den „Grundrissen der Rechtswissenschaft", 1919. — Von einer ausführlicheren „Einführung" von Richard Schmidt, die auch den nicht juristischen Leser stark fesseln wird, ist vorerst der 1. Teil erschienen, 1921. — Vgl. noch Max Rumpf, Volk und Recht, 1908, ein Versuch, „Brücken zu schlagen zwischen Volk und Recht", und Alfred Vierkandt, Staat und Gesellschaft in der Gegenwart, Wissenschaft und Bildung, 2. Aufl., 1921.

Bürgerliches Recht und Prozeß.

Von Max Rumpf.

I. Bürgerliches Recht.

1. Liberalismus und bürgerliches Recht.

Öffentliches und privates Recht. Seit den Tagen der Römer unterscheidet man deutlich öffentliches und privates Recht. Das öffentliche Recht hat es mit dem Gemeinwesen, vornehmlich mit dem Staate, seiner Hoheit und Herrschgewalt, zu tun und mit den einzelnen Staatsangehörigen vornehmlich als dieser Herrschgewalt unterworfen. Hingegen dreht sich das private Recht um die Rechtsbeziehungen der freien und gleichen Privatleute untereinander. Für das öffentliche Recht sind die Staatsangehörigen zuzeiten nur Untertanen gewesen, Objekte der Herrschgewalt, des Staatszwanges, Rechtsobjekte. In neuerer Zeit sind sie in gewissen und sehr erheblichen Beziehungen zum Staate, zum öffentlichen Recht auch Träger subjektiver Rechte gegenüber dem Staate, Rechtssubjekte öffentlichen Rechts geworden. Im Sinne des öffentlichen Rechts sind also die Angehörigen des Staates heute Staatsuntertanen und Staatsbürger zugleich. Dagegen kennt das Privatrecht keine Untertanen, kennt nur Bürger.

Privatrecht und bürgerliches (oder Zivil-) Recht sind uns heute gleichbedeutend.

Wandlungen des privaten (bürgerlichen) Rechts. Die Rechtsideale, Rechtsinhalte und Rechtseinrichtungen wandeln sich in der Geschichte. Das Privatrecht hat in den letzten zwei bis drei Jahrtausenden zwei Zeitalter erlebt, in denen sich seine Eigenart und seine relative Selbständigkeit gegenüber dem öffentlichen Recht besonders stolz entfaltet hat: Das eine Mal im Römerreiche, das zweite Mal nach der Reformation in den sich gestaltenden selbständigen weltlichen Staaten Europas, seitdem sich in ihnen die Aufklärungsbewegung in politischer und wirtschaftlicher Richtung auszuwirken begann.

In England und Frankreich sind es namentlich die Revolutionen, in England im 17. Jahrhundert, in Frankreich namentlich die am Ende des 18. Jahrhunderts gewesen, die den Gedanken des Rechts- und Wirtschaftsliberalismus sich haben durchsetzen und damit zugleich das Privatrecht einen gewaltigen Aufschwung haben nehmen lassen. (Das Wort „Liberalismus" in seiner politischen Bedeutung kommt erst anfangs des 19. Jahrhunderts in Aufnahme.) In Deutschland, das sich in jenen Jahrhunderten viel langsamer und ohne Revolutionen entwickelte, liegt die volle Durchsetzung und überhaupt die höchste Blüte des Privatrechts erst etwa um die Mitte des 19. Jahrhunderts und dauert hier leidlich uneingeschränkt nur etwa bis Ende der siebziger Jahre desselben Jahrhunderts.

Aber dieser liberale Aufstieg des Privatrechts im neueren Europa hatte geschichtlich noch ein Vorspiel: Bis etwa zur Reformation und bis zu der nicht viel vorher vollendeten „Rezeption", d. h. gewohnheitsrechtlichen Aufnahme des römischen Rechts in Deutschland, hatte das angestammte deutsche Rechtswesen in Zunft und Gilde, in Stadt und Landgemeinde ein reiches Eigenleben der Rechtsgenossen, eine entfaltete Selbstverwaltung gekannt, worin sich, deutscher Rechtsauffassung gemäß, öffentliches und privates Recht ungeschieden innig verschmolzen. Der im zerfallenden Reiche überall mehr und mehr erstarkende territoriale Staat, also etwa Brandenburg, Bayern usw., wollte bei allem Streben nach weitgehender Bevormundung doch nicht alle wirtschaftliche und soziale Initiative der Untertanen völlig ertöten. Aber das verlangte er: daß wenn sie sich aus eigener Kraft regten und wenn sie sich zusammenschlossen, das nicht geschehen dürfe in Wahrnehmung eines eigenen Amtes, eines eigenen öffentlichen Rechtstitels, sondern — als Privatleute. Hier benutzte also der auf die selbstgenügsame Wahrung seiner eigenen Rechte und Funktionen eifersüchtige junge territoriale Staat die mit dem römischen Rechte selbst überkommene römische Unterscheidung von privatem und öffentlichem Rechte, um die Untertanen aus der Sphäre der selbstbestimmten ganz oder teilweise öffentlichrechtlichen Tätigkeit hinauszudrängen in den harmloseren Bereich des privaten Lebens.

Deutscher Rechts- und Wirtschaftsliberalismus. Doch kehren wir zurück zum deutschen Rechts- und Wirtschaftsliberalismus des 19. Jahrhunderts. Für ihn und für seinen höchsten Ausdruck im damaligen deutschen Privatrecht ist folgendes kennzeichnend:

Der Bürger als Einzelner. Anlangend die Bürger als Teilnehmer am und Träger des privaten Wirtschaftsrechtsverkehrs:

a) Die Bürger sind frei und gleich und messen jeder einzelne mit dem andern im unbehinderten wirtschaftlichen Wettkampfe ihre Kräfte. Jeder ist selbst seines Glückes Schmied. Es herrscht Privatautonomie.

b) Es wird von den Vertretern des Rechts- und Wirtschaftsliberalismus meist nicht als Widerspruch zu ihrer Grundforderung der Gleichheit der Bürger empfunden, wenn zum wirtschaftlichen Wettkampfe die einen mit, die andere ohne schon vorhandenen privaten Besitz antreten. Gerade der Wirtschaftsliberalismus schützt mit aller Kraft das private Eigentum, entfesselt es möglichst von allen Schranken und erhebt es zum vollen Herrenrecht über die Sache. Indem er zugleich — höchst aktiv, energisch und mobilisierend, wie er ist — die werbende Verwertung und Nutzung des Eigentums in Handel und Gewerbe begünstigt, begünstigt er in der Tat die Gütervermehrung desjenigen, der sich am meisten tummelt und anspannt im Wettkampfe, begünstigt also die Güteranhäufung von Kapitalien in den Händen einzelner.

Das Eigentum ist dem Liberalismus das bedeutsamste aller subjektiven Rechte. Was von ihm gilt, gilt überhaupt von allen den einzelnen Berechtigten zustehenden Befugnissen. Wie der Eigentümer, so steht etwa auch der Pfandgläubiger oder Nießbraucher, Käufer oder Mieter als Inhaber subjektiver Rechte unter dem Schutze der Rechtsordnung.

c) Psychologisch ist der Haupthebel dieses höchst bewegten und beweglichen liberalen Rechtsverkehrs der Selbstnutzen der einzelnen. Die Sicherung des privatrechtlich Erworbenen, die Freigabe der grenzenlosen Mehrung des Erwerbs, die erbrechtliche Sicherung sowohl des Familieninteresses wie der Selbstbestimmung des Erblassers noch über dessen

Lebensende hinaus: all das trieb die Selbst- und Familienfürsorge der Privaten an zu immer größeren Anstrengungen. In England und Amerika behielt das Selbstinteresse als Beweger der privaten Wirtschaft unmittelbar Fühlung mit positiven religiösen und ethischen Wertsetzungen: mit der Hochschätzung der treuen Arbeit und Bewährung im bürgerlichen Beruf. Und überall, wo die Aufklärung sich durchsetzte, lehrte sie den frohen Glauben, daß das Glück und das Vorwärtskommen der einzelnen zugleich das allgemeine Glück, das Glück des Gemeinwesens fördere.

d) Auf sich selbst gestellt, entfaltet sich die kraftvolle Persönlichkeit am besten. Verglichen mit den Zeitaltern vor und nach demjenigen der Aufklärung und der praktischen Durchsetzung ihrer Ideale ist das auf die Aufklärung — nach dem Zwischenreich der Restauration — folgende Zeitalter, in Deutschland also das um die Mitte des vorigen Jahrhunderts, im ganzen mehr ein Zeitalter des Wettkampfes der einzelnen Bürger. Unter den Freiheiten des Wirtschaftsliberalismus fehlt zwar gewiß auch die Vereinigungsfreiheit nicht. Aber Abneigung gegen die schließlich entarteten Verbandsbildungen einer älteren Epoche: Monopoliengesellschaften, Zünfte usw., und frohes Vertrauen auf die Kraft gerade des einzelnen tüchtigen Mannes lassen doch bei der Verkündung und Durchsetzung des Wirtschaftsliberalismus das Organisationswesen sich eher auflösen oder wenigstens an Bedeutung verlieren. Später — in Deutschland seit dem Ende der siebziger Jahre — beginnt der Abbau des Wirtschaftsliberalismus in ebendemselben Maße, wie das Wirtschaftsleben wieder von der Organisations- und Vereinigungsfreiheit Gebrauch macht.

Der Staat und das Verhältnis des Bürgers zum Staate. Was den Staat und das Verhältnis des Bürgers zum Staate anlangt, so steht

a) der Rechts- und Wirtschaftsliberalismus siegreich in Kampfstellung gegenüber dem vielregierenden und bevormundenden Polizeistaat des ancien régime. War für den sich selbst befestigenden absoluten territorialen Obrigkeitsstaat die private Sphäre die Zone, wohin sich der Untertan, da er doch forthin nicht mehr selbstbestimmend mittun sollte in öffentlichen Dingen, trefflich abschieben und eingrenzen ließ, so ist dem Wirtschaftsliberalismus der private, der privatrechtliche Bereich der gehegte, fast heilige Raum geworden, in dem der Staat und seine Büttel und Schergen nichts mehr zu suchen haben sollen. Der Liberalismus ersetzt den Polizeistaat durch den Rechtsstaat, der sich im Bereiche der privaten Rechtsbeziehungen im wesentlichen auf den Schutz des Eigentums und der sonstigen subjektiven Rechte, auf die sichere und gerechte Pflege des Rechts durch unabhängige staatliche Gerichte sowie in Ansehung der Kulturwerte auf deren äußeren Schutz beschränken soll. Die Staatsordnung wird im Zeitalter der Blüte des Wirtschaftsliberalismus in Deutschland von den einflußreichsten Vertretern der allgemeinen Rechtslehre und des Zivilrechts gleichgesetzt mit der Rechtsordnung. Der Staat der nationalen Selbstbehauptung, der Staat als Machtorganisation, als Kriegsstaat, der Staat also, in dem manchmal die Not das Staatsschiff und die Volksgenossen nach anderen Richtungspunkten zu lenken zwingt, als immer nur nach dem Stern der Gerechtigkeit und dem Ideal der einzelmenschlichen Humanität, ist für den deutschen Wirtschaftsliberalismus nicht vorhanden oder wenigstens kein gleichwertiger Partner des Rechtsstaats.

Sowohl als Gesetzgeber, wie als Selbstwirtschafter soll sich der Staat zurückhalten. Entsprechendes gilt für die Gemeinden und anderen öffentlichrechtlichen Körperschaften. Möglichst wenig Regierung, möglichst wenig und möglichst zurückhaltende, an klare Bestimmungen gebundene Behörden und Beamten!

Die edelste und machtvollste Äußerung des Rechtsstaats ist dem Rechts- und Wirtschaftsliberalismus das konstitutionelle allgemeine gleiche Rechtsgesetz (Gegensatz: Privileg einerseits, Ausnahmegesetz andererseits), das, bestimmt gefaßt, öffentlich bekannt gemacht und jedermann zugänglich, dauerhaft herrschen soll und ein Feind ist jeglicher Willkür.

b) Wenn der Staat als Selbstwirtschafter und als Partei, als Käufer und Verkäufer, als Darlehnsgeber oder -nehmer einmal mit eintritt in den Verkehr der Privaten, hat er zuvor Herrschgewalt und Hoheitszeichen abzulegen und hat im Streitfalle mit einem Privaten — als „Fiskus" — als Gleicher unter Gleichen nach dem allgemeinen bürgerlichen Gesetze und vor dem ordentlichen Richter sich sein Recht zu holen.

Die verschiedenen Arten der Freiheit. Die allgemeinen Ideale des Rechts- und Wirtschaftsliberalismus, Freiheit, Rechtsgleichheit und Schutz des Eigentums, erhalten dann angesichts bestimmter Aufgaben des Staats und der Gesetzgebung eine etwas schärfer umrissene Fassung.

Die Gewerbefreiheit fordert die Beseitigung des Zunft- und Konzessionszwanges sowie des Monopolien- und Privilegienwesens urd gibt den Betrieb der meisten Gewerbe den Bürgern ohne weiteres frei.

Die Handelsfreiheit bedeutet dasselbe für den Handel, den Güterumsatz, wie die Gewerbefreiheit für die Industrie, die Gütererzeugung. Sie hebt, folgerichtig durchgeführt, ebenso alle innerstaatlichen, wie alle zwischenstaatlichen Handels-, Zoll- und Verkehrsschranken auf.

Die Vertragsfreiheit als die Freiheit für jedermann, sich zu entscheiden, ob und mit wem und zu welchen Bedingungen er Geschäfte abschließen will, ist im wesentlichen der juristische und privatrechtliche Ausdruck der Handels- und Gewerbefreiheit. Voll entfaltet, schließt die Vertragsfreiheit insbesondere auch die Freiheit zum Abschluß der besonders wichtigen Verträge über Grundstücke sowie über die güterrechtlichen Verhältnisse der Ehegatten mit ein und führt weiter auf die Freiheit der letztwilligen Verfügungen, Testamente und Erbverträge, hin, von denen die Testamente (einseitige) Rechtsgeschäfte, aber keine (zweiseitigen Rechtsgeschäfte und) Verträge sind: Ein Testament kann der Erblasser jederzeit widerrufen, einen Erbvertrag i. a. ebensowenig, wie dies eine Vertragspartei bei einem Vertrage unter Lebenden zu tun vermag. Eingegangene Verträge müssen gehalten werden! Die Vertragsfreiheit bedeutet also nicht etwa, daß frei geschlossene Verträge nicht bindend wären. Subjektive Rechte aus Verträgen stehen ebenso unter dem Schutze der liberalen Rechtsordnung wie das Eigentum und andere subjektive Rechte auch.

Der Einwand, daß ein geschlossener Vertrag nicht oder nicht mehr binde, kleidet sich juristisch von Alters her gern in die Form der Clausula rebus sic stantibus. Die Klausel besagt, daß jede vertragliche Bindung nur unter der stillschweigenden Voraussetzung eingegangen sei, daß die beim Vertragschluß gegebene Sachlage dieselbe bleibe und sich nicht von Grund aus ändere. Im Interesse der Dauerhaftigkeit und sicheren Berechenbarkeit der Vertragsbeziehungen läßt das BGB. die Berufung auf diese Klausel nur ganz ausnahmsweise zu; vgl. §§ 321 und 610 BGB. — Die Klausel im allgemeinen zu verwerfen, die Vertragsparteien also einfach darauf zu verweisen, daß sie vor Vertragsschluß sich alles genau überlegen und berechnen sollten, ist in normalen Zeiten unumgänglich. Die Kriegs- und Nachkriegszeiten aber haben bezüglich der Valuta-, Preis-, Lohn- und Bezugsverhältnisse vorerst alles derart ins Ungewisse gestellt, daß sich die deutsche Rechtsprechung genötigt gesehen hat, besonders bei langfristigen Verträgen, eine Vertragspartei, wenn sie sich infolge der allgemeinen Unsicherheit besonders bös verkalkuliert hat, von einer Vertragspflicht loszusprechen, wenn die Leistung wegen vollkommen veränderter Sachlage ihr billigerweise nicht wohl zuzumuten ist. — Immerhin ist die deutsche Rechtsprechung im ganzen hier mit Recht sehr vorsichtig gewesen, wie folgende Zusammenfassung in einer neueren Reichsgerichtsentscheidung beweist (Seufferts Archiv 76 Nr. 110): „Von dem Grundsatze, daß Verträge zu wahren sind, können Ausnahmen nur dann zugelassen werden, wenn es sich um derart außergewöhnliche Änderungen der wirtschaftlichen Verhältnisse handelt, daß die Vertragserfüllung dem, was beim Vertragschlusse vernünftigerweise beabsichtigt war, nicht mehr entspricht und ein Zwang zur Erfüllung der nach §§ 157, 242 BGB. gebotenen Rücksicht auf Treu und Glauben zuwiderlaufen würde." — Die Clausula r. s. st. spielt auch bei völkerrechtlichen Verträgen eine große Rolle. — Bezüglich des nach § 152 Gewerbeordnung jederzeit freistehenden Rücktritts von Vereinbarungen und Vereinigungen zum Behufe der Erlangung günstiger Lohn- und Arbeitsbedingungen vgl. den Beitrag Arbeitsrecht.

Die Freizügigkeit räumt auf mit den leidigen Fesseln der örtlichen Bewegungsfreiheit. Sie mobilisiert die industrielle Betätigung und erleichtert auf dem Arbeitsmarkt den freien Ausgleich zwischen Angebot und Nachfrage.

Bedeutung des Liberalismus für die Entwicklung des privaten Rechts. Die Einstellung des Liberalismus auf die private Wirtschaft und auf Bewegung, auf raschen Umtrieb der Wirtschaftsmaschine und auf starke Kraftentfaltung der freien und gleichen Rechtsgenossen und Bürger, seine Zurückdrängung und innere Aushöhlung des Staats, besonders als Macht-, Not-, Kriegs- und Verwaltungsstaat, seine Befestigung als friedlicher formaler Rechts- und Gesetzesstaat haben es zusammen zuwege gebracht, daß die Durchsetzung des Rechts- und Wirtschaftsliberalismus zugleich die Blütezeit des allgemeinen, freien und gleichen, in sich ziemlich abgeschlossenen bürgerlichen Rechts heraufgeführt hat. Während alle übrigen eben erwähnten Umstände sich vorher schon gleichmäßig sowohl in England wie in Frankreich zu verwirklichen vermocht haben, ist nur das eine im deutschen Liberalismus sich findende Moment der starken Zurückdrängung und Schwächung des Staats zwar durchaus englisch, aber unfranzösisch. Von diesem letzteren Moment abgesehen — der römische Staat war alles andere als ohnmächtig! — steckt in den anderen Momenten in der Hauptsache echtes Erbe des römischen Rechts.

So kann man denn für Deutschland ohne Übertreibung sagen: Seit dem Mittelalter hat Deutschland das römische Recht auf dem Wege des Gewohnheitsrechts nach und nach übernommen; jedoch die echte und volle Auswirkung der Herrschaft und der Gesinnung des römischen Privatrechts hat in Deutschland erst im 19. Jahrhundert — und restlos darin nur bis zum Ende der siebziger Jahre — stattgefunden, als der Wirtschaftsliberalismus mit den rechtlichen und wirtschaftlichen Idealen der Aufklärung zugleich die Rechtsgedanken und Rechtsideale des römischen Privatrechts wieder voll zu Ehren brachte.

2. Der Umschwung in der Wirtschaftsentwicklung.

Das Zeitalter des sozial-konservativen Aufbaus. Wie sich diese Ideale und Forderungen des Wirtschaftsliberalismus im positiven deutschen Privatrechte verwirklicht haben, soll unter der nächsten Ziffer alsbald dargestellt werden. Hier ist vorweg noch des Umschwungs der Ideen und in der Wirtschaftsweise zu gedenken, der in Deutschland seit Ende der siebziger Jahre des vorigen Jahrhunderts eintrat.

Man hat das Zeitalter zwischen etwa 1878 und dem Beginn des Weltkrieges das Zeitalter des sozial-konservativen Aufbaus genannt und hat damit, da „sozial" sowohl wie „konservativ" zu „liberal" in Gegensatz stehen, zugleich angedeutet, daß die für die jüngste Zeit vorm Kriege einsetzende Gegenbewegung sich auf Kosten des Liberalismus vollzogen hat, — u. a., was uns hier allein angeht, auch auf dem Gebiete der privaten Wirtschaft und des Privatrechts.

Der Liberalismus, besonders in seiner englischen, manchesterlichen Ausprägung, hatte vor allem negativ, befreiend wirken wollen, indem er die veralteten starren Fesseln des Zunftzwanges, des Privilegienwesens, der Standes- und der Rechtsungleichheiten aller Art hinwegfegte, indem er die Macht des Staats als allgewaltigen Polizeistaats vernichtete. Allgemach aber begann es sich auf der vom Schwamm des Liberalismus gesäuberten Tafel neu zu gruppieren und zu organisieren, teils aus den eigenen Kräften der autonomen privaten Wirtschaft, teils infolge staatlicher oder sonstwie behördlicher Hilfen und Eingriffe.

Selbstumgestaltung der privaten Wirtschaft. Die Vereinigungsfreiheit, diese halbbürtige Schwester der Gewerbe- und Handelsfreiheit und der Freizügigkeit, bot, einmal als mit maßgeblich aufgenommen in das geltende Recht, die vom liberalen Gesetzgeber selbstgeschaffene Grundlage für eine allmähliche Unterhöhlung des Wirtschaftsliberalismus. Die Zusammenfassung von großen Kapitalmassen mit persönlicher Energie und Unternehmungsgeist in den bald schnell aufstrebenden modernen Erwerbsgesellschaften, die Zusammenfassung vieler bislang im Einzelkampf einander gefährdender oder aufreibender Gewerbeangehöriger zu einer nunmehr mit vereinten Kräften den Kampf aufnehmenden geschlossenen Phalanx der Unternehmer oder Großhändler usw. eines bestimmten Gewerbes, zu einem die Preise, die Produktion, den Absatz, den Markt regulierenden und beherrschenden „Syndikat" oder „Kartell" — in erster Linie wirtschaftlich orientierte Bildungen, die sich verschiedener Rechtsformen für ihre Gemeinschaftszwecke zu bedienen pflegen —, die Zusammenfassung vor allem der zersplitterten Arbeitnehmerschaft und, dieser wohl oder übel folgend, alsbald auch der Arbeitgeberschaft zu Berufsvereinen zum Zwecke gemeinsamer Führung des gewerblichen Kampfes und gemeinsamer Interessenwahrnehmung: Das sind die gewaltigen Umgestaltungen der privaten Wirtschaft in der Vorkriegsepoche auf Grund der im freiheitlichen Vereins- und Gesellschaftsrecht fußenden Selbstorganisation von Handel und Industrie, von Kapital und Arbeit. All das bedeutet in eben dem Maße, wie es Ungleichheit und Zwang in die wirtschaftlichen und rechtlichen Beziehungen der Privaten bringt, eine Abkehr vom Eigensten im Wesen des Liberalismus und des Privatrechts. Es bedeutet einen langsamen Abbau des allgemeinen bürgerlichen Rechts und enthält Ansätze zu einer Wiederaufrichtnug des Sonderrechts einzelner Stände und Berufe. In diesen neuen Gruppierungen der privaten Wirtschaft wurzelt zugleich teils eine schiedsgerichtliche, teils eine sondergerichtliche Rechtsprechung, die ihrerseits der liberalen Einrichtung einer allgemeinen ordentlichen staatlichen Gerichtsbarkeit Abbruch tut.

Umgestaltungen durch Staatseingriff. Die schwerwiegende Tatsache der Erringung eines festen nationalen deutschen Staats nach dem siebziger Kriege beginnt sich ideenmäßig und organisatorisch alsbald auszuwirken. Langsam gewinnen Staat und Behörden wieder an Bedeutung und an Kraft. Es beginnen von neuem eine starke innere Verwaltung und erstmalig eine großzügige staatliche Sozialpolitik als vollgewichtige unentbehrliche Faktoren erkannt zu werden und sich durchzusetzen. Hand in Hand mit dem äußeren Erstarken der Staatsmacht und Behördeninitiative, mit sachlicher werdenden, tiefer greifenden, mehr differenzierenden Maßnahmen von Staat und Gemeinde geht, freilich langsam und zaghaft genug, eine innere Erstarkung des Staatssinnes. Besonders die Aufgabe des Schutzes der wirtschaftlich Schwachen wird mehr und mehr als ein nobile officium des Gemeinwesens erkannt.

Einsicht in die Unzulänglichkeit einer nur am Selbstinteresse der einzelnen orientierten Wirtschaftsweise, zunehmende Staats- und Behördenmacht und -tätigkeit: — all das ist wieder eine Reaktion gegen die Forderungen des Wirtschaftsliberalismus und zugleich eine Einengung des Privatrechts — das ja nach der römisch-manchesterlichen Auffassung ad singulorum utilitatem spectat — zugunsten vordringenden öffentlichen und sozialen Rechts.

3. Das positive bürgerliche Recht der Gegenwart.

Die (geltenden) deutschen Rechte im 19. Jahrhundert. Das positive deutsche Gesetzesrecht hat in der Zeitspanne von der Mitte des 19. Jahrhunderts bis zum Weltkriege diese eben skizzierte Wandlung in den Rechts- und Wirtschaftsidealen ziemlich getreulich widergespiegelt. Im Beginn der bezeichneten Epoche herrschten noch stellenweis das gemeine — rezipierte und durch die Praxis mehr oder weniger den neuzeitlichen Bedürfnissen angepaßte römische — Privatrecht, das, ein Kennzeichen der Verkehrung aller normalen staatlichen und staatsrechtlichen Verhältnisse im deutschen Mittelalter aus der Regel in die Ausnahme, nur als subsidiäre, hinter jeder, auch jüngeren, territorialen Gesetzgebung bescheiden zurücktretende Rechtsquelle galt. Daneben galten als wichtige bürgerlichrechtliche Kodifikationen (s. oben S. 7) jeweils in größeren Rechtsgebieten noch das Allgemeine Preußische Landrecht, das Allgemeine Österreichische Bürgerliche Gesetzbuch, der Code civil und ein Sächsisches Gesetzbuch. Außerdem gab es immerhin schon als einheitliches Privatrecht in Deutschland seit 1849 ein einheitliches Wechselrecht und seit 1861 ein Handelsgesetzbuch.

Im Zeitalter des Deutschen Bundes, also zwischen dem Wiener Kongreß und den Kriegen um die deutsche Einheit, gab es, als deutlichstes Zeichen der Schwäche des Deutschen Bundes, keine einheitliche Bundesgesetzgebung. Mit der Gründung und dem Erstarken des Deutschen Zollvereins, der für sein wachsendes Gebiet einer einheitlichen Gesamtwirtschaft erst die Wege ebnete, mit dem Ausbau des Verkehrswesens (Eisenbahnen!) machte sich das Bedürfnis nach einheitlichen Normen für den Handelsverkehr, deren Geltung nicht schon an jeder einzelstaatlichen Grenze aufhörte, immer zwingender geltend. Die Einführung der Wechselordnung von 1849 legt Zeugnis ab von der schwierigen und umständlichen Weise der damaligen Rechtserzeugung: Nachdem die Generalkonferenz des Deutschen Zollvereins 1846 einen Antrag auf Einführung einer einheitlichen Wechselordnung gestellt hatte, brachte die Preußische Regierung einen Entwurf ein, den 1847 eine von allen Bundesstaaten beschickte Konferenz beriet. Der aus diesen Beratungen hervorgegangene Entwurf wurde dann in der Sitzung der Nationalversammlung in Frankfurt vom 24. November 1848 als Reichsgesetz angenommen und im Reichsgesetzblatt publiziert. Nachdem die Wechselordnung alsdann in einigen Bundesstaaten, z. B. Kurhessen, als Reichsgesetz publiziert worden war, wurde sie in der Folge von den Gerichten für unverbindlich erklärt, weil der Nationalversammlung keine gesetzgebende Gewalt zugestanden habe. Sodann wurde die Wechselordnung in den einzelnen Bundesstaaten als Landesgesetz gleichmäßig eingeführt, wobei sie in Preußen noch einmal in die Brandung der revolutionären Rechtsgestaltung geriet: Die sie einführende Verordnung vom 6. Januar 1849 wurde, weil oktroyiert, aufgehoben und durch das Einführungsgesetz vom 15. Februar 1850 ersetzt! — Das Handelsgesetzbuch mußte — 1860/61 — gleichfalls noch als Landesgesetz allgemeines deutsches Recht werden. Es fußt vornehmlich auf dem französischen code de commerce von 1807, ohne darum nach Form und Inhalt der Eigenart zu entbehren.

Das Reichseinheitsrecht des BGB. und HGB. Wir wollen nun hier in der Hauptsache gleich das Jahr 1900 ins Auge fassen, als das Jahr, in dem das gemeine und für Preußen, Sachsen und das französische Rechtsgebiet die erwähnten großen bürgerlichen Landesgesetze beseitigt wurden und dem BGB. als dem großen bürgerlichen Reichseinheitsgesetze den Platz räumten.

Das BGB. aus dem Jahre 1896, mit seiner Entstehungsgeschichte bis in die siebziger und achtziger Jahre zurückreichend, trägt ganz vorherrschend die Züge des Wirtschaftsliberalismus und des reinen Privatrechts, ebenso — schon mit stärkeren Einschränkungen — das Handelsgesetzbuch (HGB.); anders die Gewerbeordnung (GO.) von 1869, die sich seitdem in einer sehr regen Novellen- (Nachtrags-) Gesetzgebung nach und nach mehr und mehr mit öffentlichrechtlichem, sozialpolitischem Inhalt erfüllt hat.

Hingegen haben der Gesetzgeber des BGB. und der des HGB. von vornherein eine viel ausgesprochener juristische, rechtstechnische Einstellung: Sie wollen bürgerliches Recht — nichts als bürgerliches Recht — zusammenfassen und verhalten sich daher grundsätzlich völlig ablehnend oder doch sehr spröde gegenüber den Versuchen des öffentlichen und Sozialrechts, unmittelbar in diese bürgerlichen Gesetze einzudringen.

Grundlagen und Grundanschauung. Geschäftsmäßig knapp und nüchtern, dabei leider durchaus gelehrt und unvolkstümlich, wie diese unsere neueren Gesetze, das BGB. an der Spitze, sind, legen sie nicht etwa in irgendwie programmatischen Leitsätzen vorweg Zeugnis ab von ihrer Grundrichtung und Grundanschauung. Wer ihren Prinzipien nachspüren will, muß nicht nur zwischen den Zeilen zu lesen verstehen, muß vielmehr meist erst weit hindurchdringen durch das Gehege der positiven Satzungen. Tut man das, so zeigt sich, daß das Reichsrecht von 1900 in seinen bürgerlichrechtlichen Hauptpartien für den privaten Rechtsverkehr ausgeht von der Freiheit und Gleichheit der Bürger, daß es das Eigentum und die subjektiven Rechte hochschätzt und schirmt und dabei Hand in Hand geht mit einem gleichfalls liberal gesonnenen Straf-, Gerichtsverfassungs- und Prozeßrecht; ferner, daß es die Freiheit der Verträge und damit indirekt in privatrechtlicher Hinsicht zugleich zu einem guten Teile die Handels- und Gewerbefreiheit anerkennt. —: Alles das ebenso viele Anerkennungen des Wirtschaftsliberalismus.

Auch die Vereins- und Gesellschaftsfreiheit ist der Sache nach für die hier in erster Linie in Betracht kommenden Erwerbsgesellschaften durchaus gewährleistet. Das Gesetz leitet bei den wichtigsten Vereinigungsformen, z. B. der A.-G. und der G. m. b. H., den Rechtsverkehr mit sanftem Zwange auf die Verwendung bestimmter im Gesetze bereitgehaltener Formen hin, die i. a. durchaus zweckentsprechend und sachgemäß sind. Bedient man sich dieser Formen, so ist darüber hinaus nicht etwa noch die Nachsuchung polizeilicher Konzession erforderlich. (Von besonderen vorübergehenden Maßnahmen der Kriegsgesetzgebung hier abgesehen.)

Indem unser Recht den Handelsgesellschaften — hinter denen sich ja auch unsere Großgüterproduktion verbirgt! — die Verbindung von fremdem fungiblem Kapital und Aktienbesitz mit der persönlichen Tatkraft des handelnden Gesellschaftsvorstandes usw. erleichterte und regelte, indem es durch die Sicherstellung der Interessen derjenigen, die als Gläubiger mit solchen Gesellschaften, auch mit offenen Handelsgesellschaften, in Verkehr treten, durch den Druck auf Sicherung und Klarlegung der Haftungsgrundlagen das allgemeine Zutrauen der Geschäftswelt zu diesen Bildungen konzentrierterer Wirtschaft hob, hat es zu seinem Teile die Mobilisierung und Entfaltung der Wirtschaftskräfte und des Kapitalismus unmittelbar gefördert. So daß, im ganzen genommen, das positive Recht hier, wie so häufig, sowohl sich den politischen und wirtschaftlichen Zeitverhältnissen angepaßt, als auch diese Entwicklung positiv beeinflußt und beschleunigt hat. (Vgl. oben S. 13f. die Ausführungen über die Macht des Gesetzes und ihre Grenzen.)

Langsame soziale Umbildung des Privatrechts. Davon, daß seit dem Ende der siebziger Jahre die Wirschaftsauffassung in Deutschland sich langsam, aber schließlich doch von Grund aus geändert hat, ist im BGB. noch merkwürdig wenig zu spüren. Gewiß, das Gesetz hat, z. T. erst in den späteren Phasen seiner Entstehung, einige soziale Lichter aufgesetzt bekommen. Besonders nach der Einführung des Gesetzes hat seine Anwendung den Streit gewisser rivalisierender Gesetzesnormen, von denen die einen (z. B. § 226 BGB.) mehr auf einen individualistischen Ton gestimmt sind, während die anderen (z. B. §§ 157, 242, 826 usw. BGB.) ein mehr soziales oder solidaristisches Gepräge haben, mehr und mehr zugunsten der letzteren entschieden und hat so nach und nach Rechtsausübung und Rechtsgenuß mehr gebunden an die Erfüllung der Pflichten gegenüber dem Nachbarn, gegenüber dem Nächsten. Sie hat so schon an ihrem Teile dem Satze unserer Reichsverfassung vom August 1919 vorgearbeitet, daß „Eigentum verpflichtet". Aber im ganzen ist in dieser Periode der Abbau des Liberalismus und die langsam beginnende Götterdämmerung des Privatrechts außerhalb des Bereichs der bürgerlichrechtlichen Hauptgesetze erfolgt. Die, wie gezeigt, auf dem Boden der Vereinigungs- und Vertragsfreiheit sich vollziehende Selbst- und Zwangsorganisation von Industrie und Handel in Kartellen und Syndikaten, Berufsvereinigungen usw. setzte vielfach völlige Ungleichheit an Stelle der Gleichheit, Zwang an Stelle der Freiheit, Organisation an Stelle des freien Spiels der Kräfte. Geschah dies alles aus den eigenen organisatorischen Kräften der Erwerbslebens heraus praeter legem, so hat bei näherem Zusehen doch auch die Gesetzgebung selbst hinreichend Zeugnis abgelegt von dem Wandel der Anschauungen. Nur dürfen wir diese Zeugnisse nach dem, was wir soeben über den privatrechtsreinen Charakter des BGB. und HGB. gehört haben, nicht in diesen Hauptgesetzen selbst vorzufinden erwarten, sondern in allerhand Spezialgesetzen. Diese Nebengesetze haben bis zum Kriege in recht erheblichem und immer steigendem Maße die ideale Reinheit des römisch-manchesterlichen Privatrechts getrübt. Z. T. schon aus dem vorigen Jahrhundert stammend, haben sie gleichsam schon im voraus dem kommenden freiheitlichen BGB. in etwas das Wasser abgegraben. So hat alles in allem diese Nebengesetzgebung mit ihrem starken öffentlichrechtlichen und zwingenden Einschlag das Recht der großen bürgerlichen Kodifikationen weniger in seinem formellen Geltungsbereich beeinträchtigt, als in der sachlichen Bedeutung und Geltungskraft seiner Normen. Und so kommt es, weil im Lehrvortrag an den Universitäten die Pflege des privaten und des öffentlichen Rechtes fein säuberlich auseinandergehalten zu werden pflegt, daß noch manch ein des positiven Zivilgesetzes vollauf kundiger Rechtslehrer nicht anders meint, als daß im Zeitraum 1900 bis 1914 alles beim alten geblieben sei.

Und doch ist, besonders wenn man mit 1914 nicht das Jahr 1900, sondern etwa das Jahr 1878 vergleicht, vieles anders geworden. So haben etwa erweiterte und verschärfte Wucherbekämpfungsbestimmungen oder das eigene Gesetz gegen den unlauteren Wettbewerb die allzugroßen Auswüchse der Vertragsfreiheit und der freien Konkurrenz zu beseitigen versucht. Oder es haben sich etwa Sondergesetze den Schutz der Kunden der Abzahlungsgeschäfte[1]) oder der Effektenbanken oder der Bauhandwerker[1]) angelegen sein lassen. Oder wenn etwa im § 544 BGB. bestimmt wird, daß der Mieter einer erheblich gesundheitsgefährlichen Wohnung jederzeit ein unverzichtbares Kündigungsrecht besitze — diese Rechtsfolge ist gewiß rein bürgerlich-rechtlich, aber auch der Tatbestand dieser Vorschrift? —, so haben wohnungspolizeiliche, also verwaltungsrechtliche, also öffentlichrechtliche Vorschriften unserer sozial fortgeschrittensten Großstädte nicht etwa nur in feuer- und sicherheitspolizeilicher, sondern auch in hygienischer und vollends auch in sittlicher Beziehung eine zweckmäßige Regelung des Wohnungswesens angestrebt und bei Mißständen scharf zugegriffen. Sie haben, statt, wie § 544 BGB. es tut, nur die Kindesleiche aus dem Brunnen zu ziehen, Vorsorge getroffen,

---

1) Auf Abzahlung werden z. B. Zimmereinrichtungen, Nähmaschinen, Fahrräder usw. gekauft. Weder das junge Paar, das bei seiner Heirat Möbel auf Abzahlung kauft und dem der Himmel voller Geigen hängt, noch die arme Witwe, die mittels der Arbeit an der Nähmaschine etwas für sich und die Kinder hinzuzuverdienen hofft, kommen meist dazu, sich vorher die vorgedruckten Vertragsbedingungen des Abzahlungsgeschäfts genau anzusehen. Sie leben der Hoffnung, daß die regelmäßige Entrichtung der monatlichen Abzahlungssumme schon gelingen werde. Wenn sich das letztere aber im Laufe der Zeit als unmöglich erweist, da zeigt sich dann auf einmal, daß vielleicht in jenen von ihnen unterschriebenen gedruckten Vertragsbedingungen allerhand sehr verfängliche Sachen stehen: etwa, daß der Vertragsgegner bei jedem gänzlichen oder Teilverzuge mit einer einzelnen Abzahlungsquote die Sachen sofort zurückzuholen das Recht haben solle und daß dabei die schon geleisteten Abzahlungen dem Unternehmer auch dann ohne weiteres verfallen sein sollen, wenn sie den Betrag einer normalen Entschädigung für Gebrauch und Abnutzung weit übersteigen. — Gegen diese und ähnliche Fälle einer möglichen Überrumpelung einer sorglosen oder in Not befindlichen oder geschäftsungewandten Partei seitens eines gewinnsüchtigen Abzahlungsgeschäftes sucht das Reichsgesetz betr. die Abzahlungsgeschäfte von 1894 die Gefährdeten dadurch zu schützen, daß es in Einschränkung der Vertragsfreiheit solche gefährlichen Abreden einfach für nichtig erklärt. — Bei der Erstellung von Häusern, namentlich „Mietskasernen", seitens der Bauunternehmer sind mehrfach die dem Bauunternehmer „vorleistenden", kreditierenden Bauhandwerker und Lieferanten dem „Bauschwindel", den Machenschaften eines unsoliden Bauunternehmers zum Opfer gefallen und haben ihr Geld verloren. Das Reichsgesetz über die Sicherung der Bauforderungen von 1909 schränkt zum Schutze jener gefährdeten Personenklassen die Freiheit der Geschäftsgebarung der Bauunternehmer ein: Da bei Unsolidität oder Verschuldung des Bauunternehmers die Gefahr vorliegt, daß der Bau darum nicht fertig wird, weil der Bauunternehmer einen Teil des — etwa von einer Bank dargeliehenen — Baugeldes zur Deckung anderweitiger älterer Schulden benutzt, so verpflichtet das Gesetz den „Empfänger von Baugeld", letzteres „zur Befriedigung solcher Personen, die an der Herstellung des Baues auf Grund eines Werk-, Dienst- oder Lieferungsvertrages beteiligt sind, zu verwenden". Weiter verpflichtet das Gesetz ihn zwecks Erreichung einer gewissen Offenkundigkeit und Nachprüfbarkeit seiner finanziellen Maßnahmen zur Führung eines „Baubuchs" von bestimmt vorgeschriebenem Inhalt. Im Falle der Nichteinhaltung dieser Vorschriften droht das Gesetz Geld- oder Freiheitsstrafen an.

daß möglichst überhaupt keine Kinder mehr in den Brunnen fallen können. Mit all solchen Bestimmungen aber haben diese mehr und mehr ausgebauten Wohnungsordnungen usw. offensichtlich zugleich, mindestens indirekt, auch den bürgerlichen Rechtsgenuß des Eigentümers, Vermieters oder Mieters zwingend beeinflußt. Oder etwa: Die öffentlichrechtliche Sozialversicherung hat die Möglichkeit des Eingriffes der bürgerlichrechtlichen Normen über unerlaubte Handlungen oder Vertragsverletzungen seitens der Arbeitgeber oder Dritter beeinträchtigt, z. T. ausgeräumt.

So ist denn für einen schärferen Blick, der sich nicht begnügt mit der Feststellung der fast gänzlichen äußeren Unversehrtheit der bürgerlichen Hauptgesetze im Zeitraum 1900 bis 1914, sondern der mit erschaut, wie sich die Rolle langsam verändert hat, die das bürgerliche Recht in der Zeitspanne bis 1914 als auf seinem Gebiete verhältnismäßig uneingeschränkte reale Lebensmacht spielt, doch schon allerhand zu spüren von einem innerlichen Dahinschwinden des freien und gleichen, sich gegenüber einem schwachen Staate und einer wenig organisierten Erwerbswirtschaft aus eigener Kraft voll und glänzend bewährenden Zivilrechts.

4. Die ersten drei Bücher des BGB.

Kehren wir nach diesen Ketzereien jedoch wieder zurück vornehmlich zum Inhalt und den Bestimmungen unserer bürgerlichen Hauptgesetze selbst.

Einteilung des BGB. Das BGB. ist eingeteilt in fünf Bücher. Auf die beiden letzten, die Familien- und Erbrecht behandeln, wird weiter unten eingegangen werden.

Die ersten drei Bücher, die die Überschriften „Allgemeiner Teil", „Recht der Schuldverhältnisse" und „Sachenrecht" tragen, erschließen sich dem Verständnis der Nichtjuristen noch am ehesten, wenn man sie in der umgekehrten Reihenfolge betrachtet, also mit dem Sachenrecht beginnt.

Das Sachenrecht, Stellung des Eigentums. Wir wissen ja schon, daß unser BGB. noch vorwiegend die geistigen Züge des Liberalismus aufweist und daß die Anerkennung und der Schutz des Eigentums und der anderen subjektiven Rechte recht eigentlich mit zum liberalen Glaubensbekenntnis gehört. Rechtsgenuß und Rechtsschutz der privaten Rechte, an der Spitze des Eigentums: das ist das Hauptthema des dritten Buchs vom Sachenrecht.

Der eigentliche Kernsatz des Sachenrechts und privaten Güterrechts ist der § 903 BGB., der da lautet:

> „Der Eigentümer einer Sache kann, soweit nicht das Gesetz oder Rechte Dritter entgegenstehen, mit der Sache nach Belieben verfahren und andere von jeder Einwirkung ausschließen."

Das Eigentum als Herrenrecht äußert sich danach in zwei Richtungen: positiv in der Rechtsmacht zu eigener beliebiger Verfügung über die Sache, negativ in der Rechtsmacht, jedermann sonst von der Sache fernhalten zu können.

Mein Befinden entscheidet darüber, welchen Gebrauch ich von *meinen* Sachen mache, ob einen zweckmäßigen, sachentsprechenden, oder einen unvernünftigen. Ob ich den Tausendmarkschein zur werbenden Kapitalsanlage verwende oder im Strumpf aufbewahre, ob ich mir einen vergnügten Abend davon mache oder ihn gar als Fidibus verwende: Die Rechtsordnung kümmert sich nicht darum.

Jeder dritte Nichtberechtigte muß mein Eigentum als das vollest-wirksame *Recht an einer Sache* respektieren, will er nicht Ansprüche von mir auf Grund des bürgerlichen Rechts — auf Rückgabe der entzogenen Sache, auf Unterlassung von Störungen, gegebenenfalls auf Schadensersatz — oder gar Unannehmlichkeiten ernsterer Art: die Einmischung der Polizei, des Staatsanwalts, die Geltendmachung des Strafzwanges riskieren.

Indem so die Rechtsordnung um den Inhaber eines Sachenrechts — oder „dinglich Berechtigten" — und seine ihm gehörige Sache einen schützenden Kreis zieht, den kein unbefugter Dritter überschreiten darf, erweist sich das Sachenrecht und dessen Hauptvertreter: das Eigentum, als ein gegen jedermann wirkendes Ausschließungsrecht oder absolutes Recht.

Beschränkungen des Eigentums. Aber unser § 903 selbst deutet schon an, daß das private Eigentum — auch nach liberaler Auffassung — kein völlig schrankenloses Herrenrecht verleiht. Gesetzliche Beschränkungen des Eigentums finden sich namentlich außerhalb des BGB. und des Privatrechts. Besonders wichtig sind die Fälle, in denen der Eigentümer sich eine Beschränkung oder gar Entziehung seines Eigentums — „Enteignung" — gefallen lassen muß, weil und soweit sein Recht mit einem überlegenen öffentlichen Interesse kollidiert, etwa mit dem Interesse auf Anlage einer Eisenbahn, eines Hafens. Aber auch dann, wenn mir als Forsteigentümer das Forstgesetz verbietet, unrationell mit dem Holzbestande zu wirtschaften, „Raubbau zu treiben", oder wenn ein Gesetz mir und meinen Nachbarn, die wir beide Eigentümer baureifer Grundstücke am Rande einer Großstadt sind, auferlegt, bei der Straßenanlage gewisse „Fluchtlinien" und damit unter Umständen neue Grundstücksgrenzen einzuhalten, liegen solche gesetzliche Beschränkungen des Eigentums vor.

Zahlreich, aber im ganzen weniger einschneidend sind die sog. nachbarrechtlichen Beschränkungen des Eigentums im BGB. selbst und in andern, auch Landes-, Gesetzen. Was hier die grenzenlose Ausübung des Eigentums einschränkt, ist nicht das Interesse der Öffentlichkeit, sondern die gebotene billig-mäßige Rücksicht auf den Nachbarn. So gestattet etwa § 910 BGB. dem Grundstückseigentümer, die vom Nachbargrundstück eingedrungenen Wurzeln, herrüberragenden Zweige abzuschneiden, — freilich nur, soweit andernfalls die Benutzung des eigenen Grundstücks beeinträchtigt wird.

Rechte Dritter stehen der Ausübung des Eigentums namentlich dann entgegen, wenn der Eigentümer selbst den Dritten solche Rechte freiwillig, regelmäßig kraft Vertrages, eingeräumt hat.

Vom Eigentum als dem wirtschaftlichen Vollrecht an der Sache lassen sich Teilrechte abspalten und absondern.

Gestatte ich meinem Nachbarn die Überwegung über mein Grundstück oder vermiete ich meine Villa an jemanden, so bleibe ich Eigentümer, beeinträchtige nur freiwillig mein Gebrauchsrecht an meiner Sache.

Eigentum und Besitz. Hiermit hängt die dem Juristen geläufige Unterscheidung von Eigentum und Besitz zusammen. Besitzer einer Sache ist, wer die tatsächliche Gewalt über sie hat. Besitz hat also auch der Dieb, aber auch der Mieter. Der vermietende Eigentümer seinerseits bleibt Eigentümer, auch wenn er sich — auf Zeit! — des (unmittelbaren) Besitzes der Sache begeben hat. Der allgemeine Sprachgebrauch hingegen verwendet die Worte Besitz, Besitzer auch da, wo im Rechtssinne Eigentum, Eigentümer gemeint ist.

Wenn ich an meiner Sache einen Nießbrauch, an meinem Hause ein Wohnrecht oder Mietrecht einräume, so entäußere ich mich damit — überhaupt oder teilweise — der eigenen Gebrauchsmöglichkeit. Die Sache hat aber außer ihrem Gebrauchswert noch andere Werte.

Das Pfand. Wenn ich mir — durch Darlehnsvertrag — auf Zeit fremdes Geld verschaffe, so ist das für den Darlehnsgläubiger ein riskantes Geschäft, da die mir dargeliehene Summe mein Eigentum wird. Zweifelt der Gläubiger, ob ich wohl seinerzeit meiner Verpflichtung nachkommen werde, eine gleiche Summe zurückzuzahlen, so wird er Sicherheit verlangen. Alsdann kann ich ihm etwa meine Uhr zum Pfande geben oder kann ihm an meinem Grundstücke eine Hypothek bestellen. Die Uhr hört damit nicht auf, mein Eigentum zu sein. Aber der Dahrlehnsgläubiger nimmt sie in Besitz und Obhut, damit er sie, falls ich bei Fälligkeit das Darlehn nicht zurückbezahle, öffentlich versteigern und sich aus dem Erlös befriedigen könne.

Bei dem dem Pfandgläubiger als „Faustpfand" auszuhändigenden beweglichen Pfandobjekt sorgt diese Besitzübertragung selbst schon dafür, daß der Eigentümer (der Uhr), auch wenn er in Not gerät, nicht selbst (etwa durch Verkauf der Uhr) das Pfandrecht verletze, sorgt damit zugleich für eine gewisse Offenkundigkeit der wahren Rechts- und Interessenlage.

Die Hypothek. Beim Grundstückseigentum wäre es sehr unwirtschaftlich, müßte der Eigentümer bei Geldbedarf mit der Hypothekbestellung notwendig auch auf den eigenen Besitz und die eigene Bewirtschaftung des Grundstücks verzichten. Hier bleibt der Eigentümer und Hypothekenschuldner im Besitze des Grundstücks, aber die Belastung seines Grundstücks mit der Hypothek wird trotzdem für jeden Interessenten dadurch ersichtlich, daß sie eingetragen werden muß in ein — auch die Eigentumsverhältnisse an den Grundstücken ausweisendes — öffentliches Buch: das Grundbuch.

Im übrigen verwirklicht sich die in der Hypothek liegende dingliche Sicherheit in der gleichen Weise wie beim „Faustpfand" an beweglichen Sachen: Der sonst nicht zu seinem Gelde kommende Hypothekengläubiger kann die Zwangsversteigerung (oder Zwangsverwaltung) des Grundstücks betreiben mit dem Erfolge, daß er aus dem Erlöse des öffentlichen Verkaufs befriedigt wird.

Das Hypothekenrecht macht sehr anschaulich, wie im bürgerlichen Recht „sich jeder selbst der Nächste ist". Wenn auf einem auf 100000 ℳ Wert geschätzten Grundstücke drei Hypotheken, von 30000, 50000 und 20000 ℳ ruhen, so kommt, wenn die Zwangsversteigerung nur 70000 ℳ bringt, voll nur der Inhaber der „ersten Hypothek" zum Zuge, während der zweite Hypothekengläubiger teilweise, der dritte vollends ganz leer ausgehen. Das ältere und als solches für jedermann aus dem Grundbuch ersichtliche Recht geht dem jüngeren ohne weiteres vor: Das Recht heißt hier also — echtes Privatrecht, als das es sich hiermit bekennt — den wirtschaftlichen Individualismus gut und lehnt allen Kommunismus oder Solidarismus ab. Das dingliche Recht jedes vorgehenden Hypothekengläubigers erweist sich eben hierdurch als echtes „Ausschließungsrecht", auch gegenüber dem „Nachmann".

Während innerhalb des BGB. vom Inhalt und den Grenzen der Sachenrechte das dritte Buch allein handelt, findet sich die Regelung der Art und Weise, wie die Güter umgesetzt werden, wie man zu Eigentum usw. kommt und wie man es verliert, teils im Sachenrecht, teils im Recht der Schuldverhältnisse.

Der Vertrag als Schuldverhältnis. Die wichtigsten juristischen Mittel zur Güterbewegung sind die Verträge. Hierüber wissen wir schon, daß Privatautonomie darüber entscheidet, ob und wie Abmachungen getroffen werden (Vertragsfreiheit), daß aber geschlossene Verträge regelmäßig binden und den Schutz der Rechtsordnung genießen.

Im Zusammenhang mit den Sachgütern sind die wichtigsten Verträge Kauf-, Tausch- und Werkvertrag. Sie alle — neben ihnen auch der Schenkungsvertrag — zielen auf Eigentumsübertragung, und zwar die drei erstgenannten Geschäftsarten: gegen Entgelt. Beim Kauf wird Ware gegen Geld, beim Tausch Ware gegen Ware hingegeben. Ist der Kaufvertrag, was die Erwerbs- und Berufsgruppierung angeht, die gegebene Geschäftsform für den Kaufmann, den Händler, so spielt für den Fabrikanten und Unternehmer neben dem Kauf auch der Werkvertrag eine bedeutende Rolle: Denn beim Werkvertrag handelt es sich, statt gleich um die Lieferung einer fertigen Sache, zunächst um die Herstellung einer bestellten Sache.

Der Käufer schuldet dem Verkäufer die Leistung des Kaufpreises, umgekehrt der Verkäufer jenem die Leistung der Ware. Entsprechendes gilt beim Werkvertrag für „Besteller" und „Unternehmer". Der Vertrag also erzeugt Schuldverhältnisse, Leistungspflichten, eine persönliche Bindung dieses Schuldners an diesen Gläubiger. Das rechtlich Entscheidende ist hier, trotzdem der Käufer, der Besteller schließlich Eigentümer, Herren über eine Sache, werden wollen, vorerst noch nicht dies Verhältnis zur Sache, sondern das persönliche Verhältnis: daß sie hier eine Person sich verbunden haben, ihnen das Eigentum zu verschaffen. Indem der Verkäufer alsdann dem Käufer die Ware zu Besitz und Eigentum übergibt, genügt er seiner Verschaffungspflicht, tilgt er seine schuldvertragliche Verpflichtung, bringt er das Schuldverhältnis zum Erlöschen.

Tritt somit schon bei diesen Schuldverträgen des Kaufes, Tausches oder Werkvertrages die Person zwischen die für das Sachenrecht ja charakteristische unmittelbare Beziehung von Person zur Sache, so ist vollends bei den überaus wichtigen, höchst mannigfaltigen Dienst-, Arbeits- und Geschäftsbesorgungsverträgen der Schwerpunkt völlig verrückt in das Gebiet vornehmlich persönlicher Beziehungen.

Was andererseits dem Kaufvertrage und seiner Vetternschaft einerseits, dem Arbeitsvertrage und seinem Gefolge andererseits doch wieder gemeinsam ist, ist: daß sie alle — wenigstens soweit entgeltliche Verträge — gegenseitige Verträge sind; d. h. sie schaffen notwendig in jeder Vertragspartei zugleich einen Gläubiger und einen Schuldner. Wie im Kaufvertrage Warenleistung und Kaufpreisleistung, so sind im Dienstvertrage Arbeitsleistung und Lohnzahlung aufs engste wechselseitig aneinander gebunden: Das ‚do ut des', „ich gebe dir, auf daß du mir gebest" —, ist der alterprobte wirtschaftspsychologische Hebel dieser Geschäfte. Beim Kauf und Tausch läßt das BGB., voll Verständnis für ängstliche Selbstfürsorge der Rechtsgenossen, wie es ist, dies ‚do ut des' sich charakteristisch so verwirklichen, daß es bei gegenseitigen Verträgen den Austausch der Leistungen „Zug um Zug" vorsieht (§§ 320, 322 BGB.); mit der rechten Hand gebe ich die Ware, mit der linken empfange ich den Preis; dann ist Kreditierung und damit Gefährdung einer der Vertragsparteien bestmöglich vermieden. Natürlich gibt es auch Kreditkäufe. Wer kreditiert, tut das auf seine Kappe. Tut er es, so möge er auf Sicherungen (Pfand- oder Bürgenbestellungen) bedacht sein. Das BGB. erleichtert es uns, Selbstfürsorge zu üben, aber es zwingt sie uns nicht auf. Sonst wäre es ja kein Hort der Privatautonomie, die ihrer Natur nach beides einschließt: Gewinnmöglichkeit und Verlustchance, beides auslösbar durch private Selbstbestimmung. Das liberale Gesetz, abhold möglichst jedem Zwange, beseitigt auch hier den Zwang. Ob ich nunmehr meine Freiheit benutze, um mir mein Glück zu schmieden oder mein Unglück, das ist meine Sache.

Auch innerhalb des zweiten Buches vom BGB. empfiehlt es sich, zu versuchen, von hinten nach vorne sich einzulesen.

Ganz am Schlusse des zweiten Buches wird freilich von etwas gehandelt, auf das wir durch das bisher Gesagte noch nicht vorbereitet sind: von unerlaubten Handlungen, d. h. von schuldhaften oder wenigstens generell gefährlichen Schadenstiftungen, die nicht ihren Grund haben oder zu haben brauchen in vorgängigen Verträgen. Man denke an Körperverletzungen, Fahrraddiebstähle, Schädigungen durch unlauteren Wettbewerb. Was diese Tatbestände mit ins Recht der Schuldverhältnisse einbezogen hat, ist der Umstand, daß das Gesetz auch hier von — allein im Gesetze ihren Grund habenden — Schuldverhältnissen, Verbindlichkeiten zur Leistung von Schadensersatz, spricht.

Da finden wir in den §§ 433 bis 778 alle jene Schuldverträge, einen neben dem andern, abgehandelt, wie sie uns schon aus dem Leben bekannt sind und — wenigstens die wichtigsten von ihnen — kurz bereits erwähnt und gewürdigt wurden. Alles, was in den §§ 1 bis 432 BGB. steht, ist ein Ergebnis einer innerhalb der Reihenfolge im Gesetze nach vorn hin immer abstrakter, allgemeiner werdenden Gestaltung der Normen. Es spart unzählige Einzelbestimmungen, kann dabei allerdings auch leicht zu einer besonders lebensfernen, „blutleeren" Art der Regelung führen, wenn der Gesetzgeber den „einzelnen Schuldverhältnissen" (§§ 433 f.)

allgemeine Regeln voranstellt, die da schlechthin gelten für alle Schuldverhältnisse. Bei jedem Schuldverhältnisse kommt es etwa auf Ort und Zeit der Leistung an. Sowohl beim Kauf-, wie beim Werk-, wie beim Miet-, wie beim Arbeitsvertrage kann die Leistung „unmöglich" werden. Dies und vieles Verwandte ist der Inhalt des allgemeinen Teiles des Rechts der Schuldverhältnisse (§§ 241 bis 432 BGB.).

Der Allgemeine Teil. Und der „Allgemeine Teil", wie er das erste Buch des BGB. füllt, möchte gar in ganz allgemeinen Regeln dasjenige erfassen, was schlechthin für das ganze Gebiet des bürgerlichen Rechts gilt. So gibt es etwa keinen zusammenhängenden Teilbereich des Privatrechts, in dem nicht handelnde Menschen, „Rechtspersonen", oder „Sachen" auftreten. Oder etwa: Der allgemeine Oberbegriff, der das — einseitige — Testament und den — zwei Parteien voraussetzenden, mindestens eine davon bindenden — Vertrag umfaßt, ist das „Rechtsgeschäft". Irrtum oder Betrug z. B. können nicht nur bei Verträgen vorkommen, sondern ebensogut bei einseitigen Rechtsgeschäften. Von der Anfechtung von „Willenserklärungen" wegen Irrtums oder Betrugs handelt darum schon vorweg der Allgemeine Teil des BGB. in seinem dritten Abschnitt, überschrieben „Rechtsgeschäfte". Die beiden ihm vorangehenden Abschnitte aber tragen die Überschriften „Personen" und „Sachen".

Die normensparende deutsche Gesetzestechnik. Die Voranstellung immer allgemeinerer Teile vor die Sonderregelungen, ein charakteristisches Gruppierungs- und Stoffbeherrschungsmittel deutscher Gesetzestechnik, wirkt also an sich normensparend. In ihrer etwas übertriebenen Verwendung gerade im BGB. freilich erschwert sie die Lesbarkeit des Gesetzes für den Laienleser ungemein.

5. Die Hilfs- und Zwangsaufgabe des Gesetzes.

Die Aufgaben des Gesetzes. Die oben gegebene Skizze des Inhalts der drei ersten Bücher des BGB. hat noch nichts von den Aufgaben mitgeteilt, die sich das Gesetz hier gestellt hat.

Welche Aufgabe hat das bürgerliche Gesetz gegenüber Rechtsleben und Rechtsverkehr? Muß die gewaltige Fülle dieser mehreren tausend Bestimmungen nicht wundernehmen angesichts der Tatsache, daß doch der Wirtschaftsliberalismus, in dem ja diese unsere Gesetze noch wurzeln, die Selbstbestimmung der Privaten, die Mündigkeit des Rechtsverkehrs anerkennt? Würde der liberale Gesetzgeber, wenn es nur sicher ist, daß seine Brüder, Verfassung und Strafgesetz, das Eigentum, — daß Gerichtsverfahren und Prozeßgesetz die Untadeligkeit der Rechtspflege sicherstellen, nicht gut tun, sich selbst völlig zurückzuhalten und mit einem Laissez faire, laissez aller den Laienrechtsverkehr sich selbst zu überlassen?

Aber bei näherem Zusehen ist es auch vom Standpunkte eines solchen Gesetzgebers aus mit solcher „Selbstaufgabe des Gesetzes" nicht getan. Das gute Verkehrsgesetz hat darüber hinaus noch eine Hilfsaufgabe und weiterhin noch eine aktive Ordnungs-, Zwangs-, Ausgleichs- und Fürsorgeaufgabe zu erfüllen. Davon ist besonders die Hilfsaufgabe nicht wohl anders lösbar als mit recht ausgiebigen, recht ins Einzelne gehenden Bestimmungen.

Die Hilfsaufgabe des Gesetzes. Der uralten Rechtserfahrung des bürgerlichrechtlichen Gesetzgebers erscheinen die Teilnehmer am Rechtsverkehr fast wie Kinder. Geschäfte — so möchte er wohl mit dem heiligen Augustin sagen — nennt man die Spiele der Erwachsenen. So stark gerade im liberalen Zeitalter die wirtschaftliche und technische Tatkraft und Regsamkeit der Menschen und Geschäftsleute ist, so gering ist ihre Rechtskenntnis und ihr Rechtsinteresse, so groß ist ihre Nachlässigkeit oder ihr Optimismus in Ansehung der rechtlichen Gestaltung und Schicksale ihrer Abmachungen und Geschäfte. Da spricht man etwa hunderfältig von „Vertreter", von „Beteiligung" an einem Unternehmen, von „freibleibendem" Angebot, von den „Lasten" der Kaufsache, und bei näherem Zusehen zeigt sich, daß niemand sich etwas Genaues unter diesen schillernden Ausdrücken zu denken vermag, oder wenigstens, daß diese beiden Vertragsparteien, die unbefangen diese oder ähnliche Ausdrücke gebraucht haben, sich etwas Verschiedenes darunter gedacht haben. Unter all diesen scheinbar so handlichen und glatten Ausdrücken unserer gängigen Geschäftssprache stecken — anguis sub herba — eine überaus große Fülle von Mehrdeutigkeiten und damit Möglichkeiten zum Zweifel und zum Streit. Besonders, sobald die ursprüngliche Sachlage eine etwas veränderte Gestalt annimmt, pflegen Zweifel und Meinungsverschiedenheiten meist schnell in die Höhe zu schießen. Gehört zu den „Lasten" meines Bauplatzes auch die Forderung des Magistrats, ich solle die Kanalisationskosten anteilmäßig mit tragen? Ist das Wort des „Vertreters" oder etwa wenigstens des „Generalvertreters" genau so verbindlich, wie wenn es der Herr des Hauses selbst gesprochen hätte?

Immer wieder erweisen sich so die Abmachungen der Parteien nachträglich als mehrdeutig, als lückenhaft (vgl. auch oben S. 8f.). Der Ursachen dieser häufigen juristischen Unpräzision und Lässigkeit des Laienrechtsverkehrs sind mehrere. Die Hauptursache ist psychologischer Art: Von Haus aus ist die Fähigkeit auch des modernen Menschen zu stets wacher und bis ans Ende denkender Planmäßigkeit und Bewußtheit sehr gering. Rationelle, stets bewußte Zielstrebigkeit ist etwas, woran sogar der Gesetzgeber selbst sich erst in den allerletzten Jahrhunderten allgemach gewöhnt hat. Die zweite Ursache liegt in unserer geschichtlichen Entwicklung: Die innere Auspowerung der Staats- und Rechtsidee, vor allem durch das Christentum, die Tötung volkstümlicher Rechtsanschauung und Rechtsbildung durch das eindringende fremde Recht haben die Volksgenossen jedes positive Verhältnis verlieren lassen zu unserem technischen Recht, dessen rationelle Anpassung an ein immer komplizierter und enger werdendes Sozialleben in neuester Zeit es nur noch unvolkstümlicher hat werden lassen. Und endlich: Handel treiben, Werte erzeugen und absetzen, Geschäfte machen, all das ist seinem Wesen nach eine gefahrvolle Tätigkeit, ein Wagnis. Es gilt für immer, wenn auch nicht immer so deutlich wie in unseren krisenreichen Tagen, daß die Berechnungen und Pläne der Geschäftsleute mit sehr viel unbekannten Größen arbeiten müssen, daß die Konjunkturen schwanken. Da ist dann die Unsicherheit, die aus der mangelnden Schärfe und geringen juristischen Formung der Abmachungen entsteht, nur e i n — häufig unbesehen mit in Kauf genommener — Unsicherheitsfaktor unter mehreren und regelmäßig nicht der gefährlichste.

Er wäre immerhin viel gefährlicher, wenn nicht ein gutes Verkehrsgesetz seiner Hilfsaufgabe stets eingedenk wäre, wenn nicht der gewitzigte Gesetzgeber die Schärfe und Präzision und die Vordenklichkeit seines Rechtsdenkens überall da bereitstellte, wo der auf sich selbst gestellte Verkehrsgenosse versagt.

Die Geschäfte selbst sowohl, wie auch ihre Mängel und Lücken, haben einen gewissen typischen, einen Massencharakter. Was solchen typischen Notlagen normalerweise guttut, was in solchen Lagen billigmäßig beiden Parteien weiterhilft, das eben ordnet hier das hilfsbereite Verkehrsgesetz an. Man nennt seine Normen soweit n a c h g i e b i g e Rechtsregeln, die nur dann eingreifen, wenn nicht etwa die im einzelnen Falle doch vorhandene Besonnenheit und Selbstfürsorge der Parteien eine bestimmte ausdrückliche Regelung trifft.

1. Wenn ich eine venetianische Vase kaufe im Laden oder Heu vom Lande weg, wo es noch in Haufen steht, da werde ich vielleicht noch ausdrücklich etwas ausmachen darüber, wie mir die Kaufware zugestellt werden soll, aber i. a. nicht auch noch darüber, wen nun die Verantwortung oder der Schaden trifft, wenn auf dem Wege vom Geschäft der Austräger des Geschäfts oder der Blitzbote die Vase zerbricht oder wenn das Heu bei der Beförderung zur Bahn von einem Gewitterregen völlig durchnäßt wird und nunmehr bei dem sich anschließenden kurzen Eisenbahntransport sich entzündet und verdirbt. Wer alle solche Möglichkeiten im voraus ausdrücklich berücksichtigen will, der gilt eher für einen Pedanten oder schwierigen Menschen als für einen guten

Geschäftsmann. Von Gesetzes wegen greift hier § 446 BGB. ein: ‚Mit der Übergabe der verkauften Sache geht die Gefahr des zufälligen Untergangs und einer zufälligen Verschlechterung auf den Käufer über.' — Das klärt die Frage aber erst für den Fall direkter Übergabe von Verkäufer an Käufer. Wie, wenn noch Mittelsleute dazwischen treten, wenn etwa eine Versendung an den auswärtigen Besteller nötig ist? — Für letzteren Fall sagt § 447 BGB., daß dann die Gefahr auf den Käufer bereits mit der Auslieferung an die Eisenbahn usw übergeht. — Eine weitere Streitmöglichkeit erledigt noch der zweite Satz des § 446, indem er bestimmt, daß mit der Übergabe dem Käufer zugleich die Nutzungen der Sache gebühren: die in das Industriegebiet verkaufte und versandte hochtragende Milchkuh kalbt schon während des Transports.

2. Jemand vermacht einer ihm nahestehenden Person ein wertvolles Stück seiner Habe und bestimmt alles andere für „seine Verwandten". Die „Auslegungsregel" des § 2067 BGB. präzisiert dies gleich in dreifacher Hinsicht, wenn sie sagt, daß gemeint seien die Verwandten, die gesetzliche Erben sein würden, die also bei testamentlosem Verscheiden des Erblassers den Nachlaß bekommen haben würden, daß diese Personen als nach dem Verhältnis ihrer gesetzlichen Erbteile als bedacht anzusehen seien und daß es auf die zur Zeit des Todes des Erblassers vorhandenen Verwandten ankommen solle, nicht etwa auf die Verwandten zur Zeit der Testamentserrichtung. — Oder: jemand bedenkt letztwillig mit einer bestimmten Summe „die Armen". § 2072 BGB. bestimmt die in Frage kommenden Armen nach Raum und Zeit und regelt zugleich die Ausfolgung der Summe, wenn er bestimmt, es sei alsdann im Zweifel anzunehmen, daß die öffentliche Armenkasse der Gemeinde, in deren Bezirk der Erblasser seinen letzten Wohnsitz gehabt habe, unter der Auflage bedacht sei, das Zugewendete unter Arme zu verteilen.

Die Zwangs- und Ordnungsaufgabe des Gesetzes. Aber nicht immer beschränkt sich auch das ausgesprochen liberale, bürgerliche Gesetz auf die Erfüllung dieser geschmeidig dem Leben und seinen Bedürfnissen sich anpassenden Hilfsaufgabe. Nicht selten greift es selbst fester zu.

Geschäftsfähig nennen wir den, der sich durch eigenes Handeln im Rechtsverkehr berechtigen und verpflichten kann. Das Gesetz schafft in dieser Hinsicht ganz autoritativ klare Verhältnisse, wenn es einfach festlegt, daß die Geschäftsfähigkeit mit dem vollendeten 21. Lebensjahre beginnt. Das ist gewiß ein Zeitpunkt, der sich individuell verschieden bestimmt, aber fest und leicht bestimmbar wird er im Zusammenhange mit der standesamtlichen öffentlichen Beurkundung von Geburt, Heirat und Tod — des „Personenstandes" — jedes Deutschen. Nicht auf die unsicheren Faktoren der geistigen Reife oder Geschäftstüchtigkeit stellt der Gesetzgeber ab, er mißt vielmehr mit einem Maße, das zugleich äußerlicher und sicherer und deutlicher ist.

Aber auch der Minderjährige, ja, auch schon der Säugling kann erben, kann Rechte haben. Wenn das Gesetz dies ausspricht und zugleich durch die Einrichtungen der elterlichen Gewalt und Vormundschaft für die Wahrung der Rechte der Unmündigen sorgt, so erfüllt es damit zugleich eine von keinem auch nur halbwegs kultivierten Rechte versagbare Pflicht der Fürsorge: Auch in der rauheren Zeit Karls des Großen hat sich ein Königsgesetz bereits ausdrücklich des rechtlichen Schutzes der Witwen und Waisen angenommen.

Der Schutz der Unmündigen zeigt zugleich, wie auch der Rechtsgleichheitsgedanke, veräußerlicht, sinnlos wird. Den Franzosen folgend, ist unser Wirtschaftsliberalismus im Streben nach einer „Gleichheit der Heckenschere" (Bismarck) freilich sehr weit gegangen. — Ein Handlungsgehilfe in einem Delikateßwarengeschäft hielt es für einen wichtigen Grund zur sofortigen Auflösung seines Dienstvertrages, daß in dem Verkaufsraum die Temperatur stets unter 12 Grad Réaumur gewesen sei. Das angegangene Gericht vermochte ihm nicht recht zu geben. Der Dienstverpflichtete hat i. a. gewiß Anspruch auf genügend warme Aufenthaltsräume. Aber eins paßt nicht für alle. In einem mollig warmen Raume würden die Früchte verderben und das Gelee um den Aal zerfließen!

So gern das Gesetz den Verkehrsgenossen hilft, wenn sie nicht genügend rechtskundig oder sorgfältig sind, so muß es doch zugleich hart und zwingend werden, wenn es auf Schikane, Böswilligkeit oder schadenstiftendes Verschulden stößt. Unanständige, illoyale Geschäfte erklärt es einfach für nichtig. Dem an Gut oder Blut Geschädigten gibt es einen Schadensersatzanspruch gegen den schuldhaften Schadensstifter.

Das Recht der privaten Wirtschaft. Wir sahen es im vorletzten Abschnitt: Die ersten drei Bücher muten zunächst im Aufbau und Vortrag den Nichtjuristen recht abstrakt und fremdartig an. Sie kommen aber seinem Verständnis schon näher, wenn er nunmehr erfährt, daß sie zusammen das Recht der privaten Wirtschaft enthalten.

Unser Gesetz selbst spricht das nicht aus. Doch läßt sich leicht die Verbindung herstellen zwischen seinen wichtigsten verkehrs- und wirtschaftsrechtlichen Instituten und der Wirtschaft selbst. Es ist dabei nur eine Folgerung aus unserer „vollrechtlichen“ Auffassung, wenn wir uns auch hier bemühen um die Herstellung des Zusammenhanges zwischen Norm und Leben, zwischen Privatrecht und privater Wirtschaft.

Wirtschaften nennen wir die mehr herkömmliche oder mehr planmäßige menschliche Tätigkeit zur Bedürfnisbefriedigung, zur Bedarfsdeckung. Daß unsere Rechtsordnung seit alters her das private Eigentum, die private Güterverteilung schützt, sahen wir bereits. Aber jeder hat Bedürfnisse, längst nicht jeder besitzt auch schon die Güter, deren er zur Befriedigung seiner Bedürfnisse bedarf. Die Bedarfsgüterbeschaffung nennen wir die bewegte Wirtschaft oder den Rechtsverkehr i. e. S. Das Hauptmittel des Güteraustausches und damit der Bedarfsdeckung ist der Vertrag als die (hier) wirtschaftlichen Zwecken dienende Willenseinigung (mindestens) zweier Personen.

Neben den Vertragsverhältnissen haben heute längst Gesellschaften und Vereine als Mittel — meist dauernder — wirtschaftlicher Kräfteverbindung eine immer noch steigende Bedeutung gewonnen.

6. Familien- und Erbrecht.

Familienrecht. Von dem so als privates Wirtschaftsrecht verstandenen Recht der ersten drei Bücher des BGB. (und des HGB.) sondert sich alsdann ziemlich scharf das Familienrecht. Besonders gilt das von demjenigen Teile, der die persönlichen Verhältnisse der Familienangehörigen regelt (persönliches Familienrecht), während das Familiengüterrecht und das Erbrecht in gewissem Sinne eine Art Brücke schlagen, die den Verkehr zwischen privatem Wirtschaftsrecht und persönlichem Familienrecht wiederherstellt.

Das Verhältnis der Ehegatten soll erfüllt sein von gegenseitiger Liebe, Treue, Achtung und Hingabefähigkeit: Was weiß von alledem das Geschäftsleben des Kaufmannes, des Börsenmannes! Freilich sind Sozialleben und Recht selten ohne mildernde Übergänge. So gibt es denn auch in der Wirtschaft Vertrauensgeschäfte, etwa die Verträge mit dem Vermögensverwalter, Arzt, Anwalt, Agenten usw., die eine Art Verbindung herstellen zwischen den selbstnützigen Geschäften etwa des Kaufs oder Darlehns und der Ehe. Ja, man kann die Ehe als das eigentlichste rechtliche Vertrauensverhältnis bezeichnen.

Das Verhältnis von Vater, Mutter und Vormund zum minderjährigen Kinde und Mündel ist ein Verhältnis der Über- und Unterordnung, also gerade kein Verhältnis gleicher Rechtsgenossen, wie dies im Privatrecht dem Ideal des Wirtschaftsliberalismus entspricht. Vater und Mutter sind zu ihren Kindern nicht nach Vertragsfreiheit handelnde Volksgenossen, sondern Inhaber der „elterlichen Gewalt“. Und der Vormund als Elternersatz für Vollwaisen und uneheliche Kinder steht den Eltern hierin grundsätzlich gleich. Paßt dies Moment der Gewalt nicht recht in den Rahmen des liberalen Privatrechts, so ebensowenig der Gespan der Gewalt: das Recht und die Pflicht der Eltern zur Fürsorge für die Kinder, vor allem auch für ihre Erziehung.

Das Verhältnis von Vater und Mutter in Ansehung der elterlichen Gewalt ist des näheren folgendes: Leben beide, so steht die elterliche Gewalt dem Vater zu. — Nur bezüglich eines Teilinhalts der elterlichen Gewalt: der Sorge für die Person (Gegensatz: für das Vermögen) des Kindes stellt das Gesetz von vornherein die Mutter neben den Vater. Zu vollem Umfange erwächst normalerweise die elterliche Gewalt der Mutter erst mit dem Tode des Vaters. Daß die verwitwete Mutter die volle elterliche Gewalt über die minderjährigen Kinder hat, hat die wichtige Folge, daß, solange die Witwe nicht eine neue Ehe eingeht, kein Anlaß vorliegt für die Bestellung eines Vormundes. — Hier gleich noch ein paar Worte über die rechtliche Stellung des unehelichen Kindes. Das helle Licht, das das Gesetz auf die Ehe und den ehelichen Stand fallen läßt, macht den Schatten besonders tief, der auf dem unehelichen Kinde liegt. Das uneheliche Kind gilt von Gesetzes wegen (§§ 1705f.) als verwandt nur mit der Mutter und der mütterlichen Verwandtschaft; es erhält auch den Familiennamen der Mutter. Da die uneheliche Mutter zwar zur persönlichen Fürsorge für das Kind berechtigt und verpflichtet, aber nicht im Besitze der elterlichen Gewalt über das Kind ist, muß für letzteres ein Vormund bestellt werden, als welcher freilich auch die uneheliche Mutter, wenn geeignet, bestellt werden kann. Der Vater ist verpflichtet, dem Kinde bis zum vollendeten 16. Lebensjahre den der Lebensstellung der Mutter entsprechenden Unterhalt in Gestalt einer Geldrente zu entrichten. — Es schweben Pläne, die auf eine Verbesserung der Rechtslage der unehelichen Kinder hinzielen.

Was auf der anderen Seite doch wieder das Familienrecht, auch das persönliche, ziemlich bequem sich einfügen läßt in den Rahmen des Privatrechts, das ist zweierlei: Einmal hat die Ausschließlichkeit des Eigentums eine Parallele in der Ausschließlichkeit im Verhältnis der beiden Gatten in der monogamischen Ehe. Und sodann kommt der Umstand in Betracht, daß wir im Familienrecht eine Art weitgehender Familienselbstverwaltung vor uns haben, die sich, da der Staat sich hier ziemlich zurückhält, als eine Unterart der Privatautonomie überhaupt, als eine Art Spaltung der individuellen Selbstbestimmung ansprechen läßt. Das Vormundschaftsgericht, beim Vormund etwas weniger sich zurückhaltend als bei den durch die Bande des Bluts dem Kinde verknüpften Eltern, greift doch i. a. nur bei besonders wichtigen Anlässen, dagegen nicht in bloßen Zweckmäßigkeitsfragen ein. Was z. B. das schulentlassene Kind werden soll, bestimmt Vater oder Vormund allein, ohne Dazwischentreten oder Genehmigung des Gerichts.

In unser viertes Buch des BGB., das Familienrecht, vermag sich ein Nichtjurist schon leichter einzulesen als in das viel technischer geformte und aufgebaute Wirtschaftsrecht. Bürgerliche Ehe — persönliches Eherecht und Ehegüterrecht einschließend —, Verwandtschaft, einschließlich des Verhältnisses von Eltern zu Kindern und des unehelichen Kindesverhältnisses, und Vormundschaft: Das ist die schlichte Gliederung des Familienrechts im Gesetze.

Ehe. Das Rechtsverhältnis der Ehe müssen wir noch etwas näher betrachten.

Nach dem Verse unseres idealistischen Dichters sind vorerst Hunger und Liebe die Kräfte, die die (soziale) Welt zusammenhalten. Den Hunger soll unsere wirtschaftliche Tätigkeit, soll damit zugleich das private Wirtschaftsrecht bekämpfen helfen. Die Ehe und die Familie sollen ihren Halt haben in der Liebe.

Wie das Eigentum der eine Tragpfeiler ist, auf dem das Privatrecht, nämlich als Wirtschaftsrecht, ruht, so ist die Ehe der andere. Nach dem Typ des Eigentums, als dem bürgerlichen Vollrecht im Sachen- und Gütergenuß, sind alle anderen subjektiven Rechte mehr oder weniger geformt. Und entsprechend ist die Ehe die Grundlage der Familie. Die Familie aber ist der Erztyp alles Gemeinschaftslebens, der Kitt alles gesellschaftlichen und staatlichen Lebens.

Für eine ideengeschichtliche Betrachtung des Rechts der Gegenwart verschlingen sich im Eherecht die Fäden ganz besonders bunt und dicht. Römisches und deutsches Rechtswesen und Gesinnung verschmelzen sich hier, doch das deutsche zeigt sich in diesem Teile des Privatrechts durchaus überlegen. Oder sollen wir sagen: Mehr als deutsch oder römisch ist unsere Ehe christlich? — Aber gerade das will sie „von Rechts wegen" ja gerade nicht sein! Nennt sie sich doch ausdrücklich bürgerliche, das will sagen, privatrechtliche, staatlich geschützte Ehe!

In der Tat ist das Wesen unserer heutigen bürgerlichen Ehe als einer Rechtsinstitution ebenso reich an Spannungen und Zwiespalten, wie es das Wesen unserer modernen Kultur und Zivilisation überhaupt ist, verglichen mit der geschlossenen Einheitskultur des Mittelalters.

Im Heiligen Römischen Reich Deutscher Nation vor der Reformation war die Ehe für jedermann ein Sakrament, zugleich eins der Gefäße, worin Natur und Übernatur am unauflöslichsten sich mischten. Ehe und Familie waren die Pflanzschule christlicher Gesinnung und Lebenshaltung, Vorschule zugleich für die civitas terrena und die civitas Dei. Die Kirche nahm auch kirchenrechtlich die Ehe fest unter ihren Schirm; die Ehegerichtsbarkeit ist, auch noch nachher in den evangelischen deutschen Territorialstaaten, der letzte starke Stützpunkt einer tief ins Weltliche eingreifenden kirchlichen Rechtspflege gewesen.

Die Emanzipation der weltlichen modernen Staaten und die der menschlichen Einzelpersönlichkeit seit der Reformation griffen auch innerlichst ein in des Ehewesen. Den äußeren gesetzlichen Abschluß fand diese Bewegung erst ziemlich spät. 1792 führte die französische Revolution allgemein und obligatorisch die Zivilehe ein. Das Deutsche Reich tat dasselbe in seinem Personenstandsgesetz von 1875, das gleichzeitig die kirchliche Ehegerichtsbarkeit aufhob. Dem folgte das BGB.

Das Recht der bürgerlichen Ehe regelt autonom Voraussetzungen und Inhalt der Ehe. Die Stelle des Pfarrers nimmt ein ein weltlicher Beamter, der Standesbeamte, die Stelle des Kirchenbuchs das standesamtliche Buch. Kein Pfarrer darf bei Gefängnisstrafe ein Paar zur kirchlichen Ehe zusammengeben, ohne daß ihm zuvor der Abschluß der bürgerlichen Ehe nachgewiesen worden ist. Im übrigen werden durch das bürgerliche Eherecht die kirchlichen Verpflichtungen in Ansehung der Ehe nicht berührt.

Aber auch die andere große Emanzipationsbewegung der neueren Zeit, die Befreiung der Einzelpersönlichkeit in Verfolg der Aufklärung, hat die Ehe nicht unberührt gelassen. Hatten schon Christentum und Kirche die entscheidende Humanisierung der Ehe und der Stellung der Frau in der Ehe gebracht, so hatte hier die Aufklärung diese Linie nur fortzusetzen und tat es, indem sie den Gedanken der Menschenwürde herausarbeitete und hoch emporhob und so die Gleichstellung der Frau in der Ehe anstrebte. Was heute hierin das BGB. bietet, ist fast genau dasselbe, was John Locke, der Vater der politischen Aufklärung in England und damit der Großvater der Aufklärung auf dem Kontinent, vor reichlich zwei Jahrhunderten in seiner zweiten Abhandlung über Regierung vorgetragen und gefordert hat. Hier wie dort findet sich in der Gleichstellung der Geschlechter in der Ehe der Vorbehalt zugunsten des Mannes, den § 1354 BGB. so faßt: ‚Dem Manne steht die Entscheidung in allen das gemeinschaftliche eheliche Leben betreffenden Angelegenheiten zu; er bestimmt insbesondere Wohnort und Wohnung.‘ — Zum Schutze der Frau setzt der zweite Absatz hinzu: ‚Die Frau ist nicht verpflichtet, der Entscheidung des Mannes Folge zu leisten, wenn sich die Entscheidung als Mißbrauch seines Rechtes darstellt.‘

Es liegt hier ähnlich wie im konstitutionellen Staatsrecht, wo die ziemlich paritätische Ausbalanzierung des Rechts und der Macht zwischen Fürst und Volksvertretung es doch empfiehlt, ausdrücklich klarzustellen, wer nun für gewisse höchste und letzte Entscheidungen und Konfliktsfälle das „letzte Wort“ hat. In beiden Fällen pflegt freilich nicht selten das nicht in vollem Einvernehmen beider Teile erfolgende Aussprechen dieses letzten Worts leicht vertrauensgefährdend oder gar -zerstörend zu wirken.

Ehescheidung. Die Möglichkeit einer Ehescheidung sieht unser Recht in fünf bestimmten einzelnen Fällen vor, von denen nur einer (Geisteskrankheit) dem klagenden Gatten ein Scheidungsrecht gibt, auch wenn den beklagten Teil kein Verschulden trifft.

Die in den §§ 1565f. BGB. aufgeführten Scheidungsgründe sind Ehebruch, Lebensnachstellung, bösliche Verlassung, schuldhafte Ehezerrüttung und Geisteskrankheit. Geisteskrankheit eines Gatten gibt dem gesunden Gatten nur mit mehreren wichtigen Einschränkungen Anspruch auf Scheidung; § 1569 verlangt nämlich, daß „die Krankheit während der Ehe mindestens drei Jahre gedauert und einen solchen Grad erreicht hat, daß die geistige Gemeinschaft zwischen den Ehegatten aufgehoben, auch jede Aussicht auf Wiederherstellung dieser Gemeinschaft ausgeschlossen ist." — Der von der schuldhaften Ehezerrüttung handelnde § 1568 lautet: „Ein Ehegatte kann auf Scheidung klagen, wenn der andere Ehegatte durch schwere Verletzung der durch die Ehe begründeten Pflichten oder durch ehrloses oder unsittliches Verhalten eine so tiefe Zerrüttung des ehelichen Verhältnisses verschuldet hat, daß dem Ehegatten die Fortsetzung der Ehe nicht zugemutet werden kann." — Diese sehr elastische Bestimmung verlegt den Schwerpunkt der Entscheidung in weitem Umfange in das richterliche Ermessen. — Es schweben Reformpläne, bei denen u. a., nicht nur von radikaler Seite, befürwortet wird, im Gegensatz zum jetzigen § 1568 schon bei objektiver — nicht notwendig: verschuldeter — Ehezerrüttung die Scheidung zuzulassen.

Eherecht und eheliche Gesinnung. Daß wir heute die bürgerliche Ehe haben, darf nicht zu dem Glauben verführen, als wäre die Ehe heute nichts als ein Rechtsinstitut, oder gar als erschöpfte sie sich in den formalen Regeln des positiven Eherechts. Diese letzteren sind filigranhaft fein gesponnen nur für das eheliche Güterrecht. Das persönliche Eherecht und das Recht der gesunden Ehe enthält von Gesetzes wegen inhaltlich nur geringe und wenig körnige Nahrung: Daß „die Ehegatten einander zur ehelichen Lebensgemeinschaft verpflichtet" sind —, dieser weise allgemein gehaltene Satz des § 1353 BGB. ist das A und das O des persönlichen Eherechts.

Nach der rechten Auffassung von der Ehe, die natürlich gerade auch den Juristen not tut, ist diese ein natürlich-sittlich-rechtliches Lebensverhältnis in innigster Mischung seiner natürlichen, sittlichen und rechtlichen Elemente. Die „rechte eheliche Gesinnung" hat nach der Meinung dem warmen Leben nahe gebliebener Juristen auch die Anwendung des Eherechts zu regieren.

Eheliches Güterrecht. Das eheliche Güterrecht sucht altes Volksherkommen mit moderneren liberalen Forderungen und Gesichtspunkten zu verbinden. Machen die Eheleute nichts aus über den „Güterstand", der zwischen ihnen gelten soll, so gilt in der Regel von selbst — Hilfsaufgabe des Gesetzes — ein Güterstand, bei dem die durchschnittlich größere Gewandtheit des Mannes in den äußeren Geschäften in einem Verwaltungs- und Nutznießungsrecht des Mannes am eingebrachten Frauengut ihren Ausdruck findet. Doch tritt kraft Vereinbarung oder in gewissen Situationen, in denen das Verwaltungs- und Nutznießungsrecht des Mannes der Frau gefährlich werden könnte, — z. B. bei Minderjährigkeit einer Frau, die ohne Einwilligung ihres Vater die Ehe geschlossen hat —, auch kraft Gesetzes Gütertrennung ein, wobei jegliches unmittelbare Recht des Mannes am Frauengut entfällt.

Umgekehrt können die Eheleute auch, meist im Anschluß an alte regionale Rechtsbildungen und Herkommen, eine sehr viel innigere Verschmelzung ihrer Güter besonders vereinbaren, wovon die allgemeine Gütergemeinschaft die weitestgreifende Form ist. Für den Fall, daß die Ehegatten das vereinbaren, stellt das Gesetz in sehr ausführlichen Bestimmungen eine Regelung dieser Güterstände zur Verfügung.

Erbrecht. In unserm Erbrecht offenbart sich noch einmal sehr sinnfällig die Selbstaufgabe, die Hilfsaufgabe und die Zwangs- und Fürsorge- oder aktive Ordnungsaufgabe des Gesetzes.

Zurückhaltung des Gesetzes und Autonomie der Privaten herrscht hier insofern, als es jedem freisteht, durch letztwillige Verfügung (Testament oder Erbvertrag) über sein Vermögen rechtswirksam auf den Todesfall Bestimmung zu treffen.

Gesetzliches Erbrecht. Da nicht jeder gern an den Tod denkt und für das Letzte vorsorgt, da also viele ohne Hinterlassung einer letztwilligen Verfügung das Leben verlassen, so hat das Staatsgesetz hier ordnend mit einzugreifen. Es tut dies zunächst einmal, indem es geschmeidig sich dem durchschnittlichen Willen der Erblasser anzupassen strebt. Das Volk, die Erblasser pflegen die Bedenkung der Angehörigen und unter diesen wieder der nächsten Angehörigen im Zweifel am natürlichsten zu finden. Dem trägt das „gesetzliche Erbrecht" Rechnung, indem es eine Rangordnung der Angehörigen nach der Blutnähe aufstellt, wobei der überlebende Ehegatte an einem bevorzugten Platze unter den ganz nahen Angehörigen angemessen eingeordnet wird.

Das Gesetz teilt die Verwandten nach der Blutnähe in verschiedene Ordnungen ein, derart daß das Vorhandensein von Erben der ersten usw. Ordnung vorhandene Erben der entfernteren Ordnungen ausschließt. Was die Zugehörigkeit zu ein und derselben Ordnung bestimmt, ist die Abstammnng von demselben Vorfahren (sog. Parentelordnung). Gesetzliche Erben der ersten Ordnung sind die Abkömmlinge des Erblassers (§ 1924), die der zweiten Ordnung die Eltern des Erblassers und deren Abkömmlinge (§ 1925) usw. Die Zahl der Ordnungen ist nach unserem Gesetze grundsätzlich nicht beschränkt. — Das Vorhandensein eines Ehegatten des Erblassers verändert die ungehemmte Auswirkung dieser Regeln: Neben Verwandten erster Ordnung erbt er zu einem Viertel, neben Verwandten zweiter Ordnung oder neben Großeltern zur Hälfte; beim Fehlen Verwandter der beiden ersten Ordnungen und von Großeltern erhält der überlebende Ehegatte vollends die ganze Erbschaft (§ 1931). — Erst wenn weder ein Ehegatte, noch ein — noch so entfernter! — Verwandter da ist, kommt der Fiskus als gesetzlicher Erbe zum Zuge (§ 1936)!

Letztwillige Verfügungen. Schärfer greift dagegen das Gesetz in zwei Richtungen ein: Es bindet zunächst das wichtige Geschäft der Errichtung letztwilliger Verfügungen an einen bald gelinderen, bald strengeren Formenzwang und macht von seiner Einhaltung die Gültigkeit der letztwilligen Verfügungen abhängig.

Die einfachste Testamentsform ist die des sog. „Privattestaments". Ihr wird genügt „durch eine von dem Erblasser unter Angabe des Ortes und Tages eigenhändig geschriebene und unterschriebene Erklärung" des letzten Willens (§ 2231, Ziffer 2). — So einfach diese Form ist, so behutsam muß der nicht rechtserfahrene Laie trotzdem mit ihr umgehen. Die Gerichte nehmen es sehr streng mit der Prüfung, ob diesem gelinden Formzwang nun auch volle Genüge getan sei. So verlangen sie z. B. für ein gültiges Testament richtige Datierung und interpretieren z. B. das „eigenhändig geschrieben" nicht nur für die Unterschrift, sondern auch für den Text der Urkunde einschränkend mit „mit eigener Hand handschriftlich geschrieben", so daß die Ausführung des Textes mittels Schreibmaschine das Testament auch dann ungültig macht, wenn der Testator selbst die Maschinenschrift hergestellt hat. — All das empfiehlt doch sehr die Benutzung einer der umständlicheren anderen — „öffentlichen" — Testamentsformen, regelmäßig „vor einem Richter oder vor einem Notar" (§ 2231, Ziffer 1; vgl. §§ 2232 f.). Diese Juristen sind nicht nur der Rechtsformen völlig Herr („Kautelarjuristen"), sondern vermögen auch wichtige Winke zu geben, wie man am ehesten typische zukünftige Veränderungen der Lage bei der Testamentserrichtung vorsorglich und durchschnittlich zweckmäßig schon im voraus mit in Rechnung zu stellen vermag (zweite Ehe des überlebenden Gatten, Wegfall zunächst eingesetzter Erben usw.). — Für Ehegatten besteht die Möglichkeit der Errichtung eines gemeinschaftlichen Testaments, sowohl in privater, wie in öffentlicher Form (§§ 2265 f.)

Pflichtteilsrecht. Vor allem aber wirkt das Gesetz durch Gewährung eines i. a. unentziehbaren Pflichtteilsanspruchs (oder „Noterbrechts") in Höhe der Hälfte des gesetzlichen Erbteils an bestimmte nahe Angehörige deren gänzlicher Nichtberücksichtigung seitens des Erblassers zwingend entgegen (§§ 2303 f.).

Indem das Erbrecht Ehe und Verwandtschaft von größtem Einfluß sein läßt auf die Gestaltung des Erbrechts und damit auf die Verteilung des Vermögens des Erblassers, rücken in ihm Ehe, Familie und Vermögen, Wirtschaft nahe zusammen. Indem unser privates Erbrecht den Staat als gesetzlichen Erben nur an allerletzter Stelle kennt, der gegenüber dem entferntesten Vetter noch bescheiden zurücktritt, stellt es die Herrschaft des Privateigentums und der Privatautonomie noch über den Tod hinaus in wirksamster Weise sicher. Erst indem das private Eigentum so Hand in Hand geht mit einem so ausgestalteten privaten Erbrecht, wirkt sich restlos das autonome liberale Privatrecht aus.

7. Die Zersetzung des Privatrechts.

Geschichtliche Umgestaltungen des Privatrechts. Aber beinahe schon gleicht heute die stolze Herrschaft des Privatrechts, wie wir sie eben noch schilderten, der Herrlichkeit des Heiligen

Römischen Reichs Deutscher Nation in den letzten Jahrhunderten seines Bestehens. Noch gab es damals fast bis zuletzt reichstreue Publizisten, die von dieser Herrlichkeit Zeugnis abzulegen den Mut fanden, — trotzdem bereits der Machtschwerpunkt im Gesamtwesen des deutschen Staatslebens sich längst in die größeren souveränen deutschen Territorialstaaten verschoben hatte. Der Vergleich ist in der Tat recht lehrreich. Hier wie dort ist das Alte — Reichsorganisation, allgemeines bürgerliches Gesetz — formell ganz oder fast ganz unangetastet geblieben. Aber neuartige Kräfte haben sich praeter legem Geltung zu verschaffen gewußt und haben so die reale Geltungskraft und Bedeutung des formell bestehen bleibenden alten Rechts mehr und mehr geschwächt. Nur daß sich heute in wenigen Jahren oder wenigstens Jahrzehnten vollzogen hat, was beim träumenden alten Reiche Jahrhunderte gedauert hat.

Mit dem Privatrecht steht es einfach so, daß schlechter Kriegsausgang und Staatsumgestaltung den schon geraume Zeit vorher begonnenen Prozeß innerer Auflösung des autonomen, freien und gleichen und allgemeinen bürgerlichen Rechts außerordentlich beschleunigt haben. Unsere neue Reichsverfassung deutet freilich den Abbau des Alten nur sehr behutsam an. Sie anerkennt privates Eigentum, Erbrecht und Ehe. Abgesehen davon, daß sie ausdrücklich ausspricht, daß „Eigentum verpflichtet", kommt ihre kritische Haltung gegenüber dem Privatrecht mehr im Ton der betreffenden Verfassungsbestimmungen als in bestimmten Sätzen zum Ausdruck. Wichtiger ist das seit November 1918 ständige Vordringen des öffentlichen und Sozialrechts stillschweigend auf Kosten des Privatrechts, vor allem, aber keineswegs nur, auf dem Gebiete des Arbeitsrecht:

a) Im Steuerrecht. Die überaus scharfe Besteuerung beeinträchtigt natürlich mittelbar den privaten Rechtsgenuß und die private Rechtsausübung auf das empfindlichste. Auf dem Gebiete des Erbrechts z. B. nimmt der Staat heute als Steuerfiskus mit vollen Händen das, was er als „gesetzlicher Erbe" nach bürgerlichem Rechte überhaupt anzugreifen nur in den seltensten Fällen Gelegenheit hatte. (Erbschaftssteuergesetz vom 10. September 1919; abgeändert durch das — manche Härten etwas mildernde — Gesetz vom 20. Juli 1922.)

b) Im Recht der privaten Wirtschaft. Die Zwangsbewirtschaftung der Kriegs- und Nachkriegszeit mit ihren unzähligen Eingriffen in Produktion und Verteilung und Preisbildung, die Außenhandelskontrolle, die Zwangseinquartierung und die Maßnahmen der Wohnungs- und Mieteinigungsämter, die gegen früher sehr erleichterten und häufiger gewordenen Fälle von Enteignungen und Beschlagnahmen —, das und vieles andere sind ebensoviele schwere Beeinträchtigungen der privaten Rechtsausübung und des Rechtsgenusses. Das Bild des frei und mühelos sich wie von selbst regulierenden Verkehrs der Bürger zeigt sich darin heute wie von einem Zerrspiegel zurückgeworfen.

Vertragsverkehr und Verbandswesen (Zwangsgesellschaften!) sind ganz gleichmäßig tief verstrickt in dies zwangvolle, nothafte, überall rationierte und doch vorerst noch überall so unrationelle Wesen.

Nur zum Teil handelt es sich hierbei um solche Zwangsmaßnahmen, die als bloße Kriegsfolgen wieder beseitigt werden können mit dem Übergang in wirklich etwas entspanntere Friedensverhältnisse.

c) Im zunehmenden Sozialrecht. Auf andern Gebieten dagegen steht umgekehrt noch ein weiterer planmäßiger Ausbau des Zwangs- und Sozialrechts und entsprechender weiterer Abbau des Privatrechts bevor.

So steht vor allem die Sozialisierungsgesetzgebung ja noch in ihren Anfängen. Ist darauf hier auch nicht weiter einzugehen, so ist doch soviel ohne weiteres einleuchtend, daß hier volkswirtschaftlich wichtigste Wirtschaftsgebiete geschlossen unter ein mit straffer Konzentration und planmäßiger Organisation arbeitendes soziales Sonderrecht gestellt werden, wobei der Nerv des privatwirtschaftlichen Unternehmertums zwar nicht abgetötet worden, aber doch die Initiative des Unternehmertums in noch schärferer und unentziehbarerer Weise eingeengt ist, als dies bislang bei den straffest organisierten Syndikaten der Fall war. Freilich scheint viel von den Sozialisierungsgesetzen lediglich auf dem Papier stehen bleiben zu sollen. Die Sozialisierung ist heute (1922) offensichtlich ins Stocken geraten.

Allgemeine Verstärkung des Zwangscharakters. Die Notlage der Wirtschaft und das infolgedessen um so deutlicher und allseitiger zu spürende Aufeinanderangewiesensein der Angehörigen derselben Volks- und Erwerbsgruppen hat die Konzentrationsbewegung in der Industrie, vor allem etwa in der chemischen, elektrischen, Montan- und Schiffahrtsindustrie, sich neuestens noch beschleunigen und vertiefen lassen und hat damit, wenngleich hier, wie überhaupt bei der privaten Syndikatsbildung, auf mehr genossenschaftlicher Grundlage, das Zwangswesen noch verstärkt.

So ist denn allgemach bei weitergeltenden ziemlich liberalen bürgerlichen Hauptgesetzen unser Wirtschaftsrecht recht unrömisch und unmanchesterlich geworden. In der wirklichen Wirtschaft selbst liegt das Privatrecht heute überall derartig in Gemengelage mit sozialem und mit öffentlichem Recht, daß man sagen muß: Die Aufteilung des gesamten Rechts in öffentliches und privates leidet nicht etwa nur an unscharfer Grenzziehung zwischen beiden Gebieten, sondern sie hat als große Einteilung und Entgegensetzung ihren Sinn heute überhaupt völlig verloren.

II. Bürgerlicher Prozeß und Rechtsanwendung.

1. Aufgabe des bürgerlichen Prozesses.

Beschränkung der Selbsthilfe. Die Geschichte unseres Volkes wird lange Jahrhunderte hindurch erfüllt von der ungestillten Sehnsucht nach Rechtsfrieden. Die mehrfachen Landfrieden, denen wir begegnen, sind nur ebenso viele Zeichen dafür, wie schwer es hielt, in dem schlecht gefügten Staatswesen die Neigung unseres eigenwilligen Volks zur Selbsthilfe niederzuhalten. Es ist ein gemeinsames Ergebnis sowohl der spät genug erreichten Festigung und Vereinheitlichung unseres Volkstums und Staatswesens wie auch der Durchsetzung des Rechtsstaats, wenn wir im deutschen Reiche seit 1879 eine einheitliche, alle Willkür oder Schikane des Gegners im Prozesse sowohl wie des Gerichts ausschließende deutsche Rechtspflege haben. Weil wir sie haben, hat die erlaubte Selbsthilfe im bürgerlichen Recht auf einige enge Ausnahmetatbestände, z. B. Notwehr, beschränkt werden können.

Der staatliche Charakter der deutschen Rechtspflege. Die Rechtspflege ist heute vornehmlich Sache des Staats, der ordentlichen staatlichen Gerichte. Die persönlichen Träger des staatlichen bürgerlichen Prozesses sind ganz vorherrschend Juristen, als Richter Staatsbeamte. Das deutsche Recht kennt keine Ziviljury. Dagegen ist bei Landgerichten in Bezirken mit Industrie und Handel die „Kammer für Handelssachen" eine Art Schöffengericht in Zivil-, in Handelssachen, in denen paritätisch als Beisitzer neben einem rechtsgelehrten Vorsitzenden zwei Laienrichter mit Berufserfahrung aus Handel oder Industrie mitwirken; ähnlich in den jüngeren Gewerbegerichten und Kaufmannsgerichten.

Prozeßvertretung der rechtsungelehrten Partei ist überall zulässig, bei allen höheren Gerichten vom Landgericht an aufwärts herrscht sogar Anwaltszwang.

Eine sachliche und ebenso eine einem engmaschigen Netze gleichende örtliche Zuständigkeitsordnung sorgt dafür, daß für jeden Streitfall ein ordentlicher Richter vorhanden ist. Wer ohne Vermögen ist, findet im „Armenrecht" prozessualen Schutz. Groß, wie die Rechtsunkenntnis unseres Volkes leider ist, sorgen heute Rechtsauskunftsstellen überall für die Beratung des einfacheren Publikums schon vor dem Prozesse und wirken häufig vermittelnd und prozeßvermeidend.

Verlauf der Rechtsverfolgung im Streitfalle. Wer vermeint, einen begründeten bürgerlichrechtlichen Anspruch zu haben, dessen Erfüllung der Gegner weigert, bringt diesen einzelnen Streitfall in Form einer Klagschrift vor den Richter. Der Richter veranlaßt die Verhandlung der Sache in einem öffentlichen Termine, zu dem der Beklagte geladen wird. Über bestrittene Behauptungen bieten die Parteien Beweise an. An Beweismitteln kennt unser Gesetz Augenschein, Zeugen, Sachverständige, Urkunden und Eid.

Auf Grund des Vortrages der Parteien und des Ergebnisses der Beweisaufnahme macht sich der Richter in freier Beweiswürdigung ein Bild davon, was von dem Parteivorbringen zu halten ist.

Urteil. Zu welchem Schlusse er gekommen ist, spricht er aus im Urteil des Gerichts. Der äußere Aufbau des Zivilurteils vermag einem dessen Wesen selbst nahezubringen. Voran steht meist der Urteilsspruch, die Urteilsformel, der entscheidende Teil des Urteils, das knapp formulierte Ergebnis des Prozesses. Eine auch sachlich sehr wohltätig sich auswirkende formelle Vorschrift unserer Prozeßgesetze, geboren aus dem Geiste des Rechtsstaats, ordnet den Begründungszwang der gerichtlichen Entscheidungen an: Der Richter soll in geschlossener Darstellung sich, der oberen Instanz und den Parteien Rechenschaft ablegen davon, wie er zu dieser Entscheidung gekommen ist. Er tut dies im Zivilprozeß im Tatbestand und in den Entscheidungsgründen. Der Tatbestand als die „gedrängte Darstellung des Sach- und Streitstandes" (§ 313 ZPO.) umfaßt das geordnete Ergebnis der Sachprüfung, bringt die Erledigung der Tatfrage. Hier ist der Richter — als „Tatrichter" — noch ganz vorherrschend Wahrheitserforscher, — freilich, da er im Zivilprozeß gebunden ist an das Vorbringen der Parteien, Wahrheitserforscher nur in dem ihm von den Parteien, den Parteivorträgen gewiesenen Rahmen: Man drückt das wohl so aus, daß dem Richter im Zivilprozeß die Ermittlung nur der „formellen" Wahrheit obliege, nicht auch die der „materiellen" Wahrheit.

Die Entscheidungsgründe stellen alsdann die Brücke her zwischen diesem konkreten Tatbestand, Sachverhalt, und der oder den in Frage kommenden allgemeinen Gesetzesnormen: Wenn der Tatbestand ausgeführt hat, wie der Schlachter aus Bosheit oder Mutwillen seinen Hund auf den Handwerksburschen gehetzt hat, so daß der Hund dem Handwerksburschen die Hose und die Wade zerbissen hat, so verbinden die Entscheidungsgründe dies mit der allgemeinen Norm des § 823 BGB., daß, wer einen anderen schuldhaft und rechtswidrig am Körper oder Eigentum schädigt, ihm zum Schadensersatz verpflichtet ist: Und die den Schadensersatzanspruch des klagenden Handwerksburschen bejahende Urteilsformel zieht nur den Schluß aus diesem Sich-entsprechen von konkretem Tatbestand und gesetzlicher Norm, spricht die Rechtsfolge aus, die — Schadensersatz — das Gesetz selbst verknüpft hat mit seinem „allgemeinen Tatbestand": „Wer vorsätzlich den Körper oder das Eigentum eines anderen widerrechtlich verletzt — —." Man drückt dies herkömmlich auch wohl so aus: Der Richter subsumiere hier einen einer allgemeinen Regel voll entsprechenden Einzelfall unter diese allgemeine Regel. In Wahrheit ist diese Kennzeichnung freilich nicht ganz unbedenklich, da sie die Tätigkeit des Richters zu Unrecht als eine bloß formal logische erscheinen läßt und dadurch verschleiert, daß der Richter — wenigstens bei mehrdeutigem Gesetze (vgl. oben S. 9 f.), nicht auskommt ohne Werturteile und Willensentscheidungen, die sich nicht restlos auflösen lassen in Denkakte formaler Logik.

Indem das Gericht das Urteil spricht im Namen der höchsten Gewalt im Staate, drückt es zugleich aus, daß es im Urteil eine ganz zentrale Tätigkeit des Staates ausübt. Dem Urteilsspruch, der entweder der Klage (des Klägers oder der Widerklage des Gegenansprüche geltend machenden Beklagten) ganz oder teilweise entsprechen oder die Klage abweisen kann, wohnt (mindestens) für diesen Streit und diese Parteien feststellende Kraft bei. Das Urteil macht, wenn es rechtskräftig, d. h. nach dem Prozeßgesetze nicht mehr durch ein höheres Gericht, eine weitere Instanz, nachprüfbar ist, den Ausspruch des Gerichts unbestreitbar.

Hierin liegt die friedenwaltende Funktion des Prozesses und des Urteils. Die Mehrzahl der prozeßführenden Parteien hat den subjektiven Glauben an die Güte ihrer Sache, an die Richtigkeit ihres Rechts- und Streitstandpunktes. Einer der beiden streitenden Parteien vermag das Urteil nur recht zu geben. Mindestens eine Partei wird darum regelmäßig an dem Urteile etwas auszusetzen haben. Nicht darin also liegt der Wert des Urteils, daß es die Rechtsuchenden allesamt zu überzeugen vermag. Wohl aber darin, daß es auf Grund unbefangener Sachprüfung und -würdigung den Streit beendigt und klare sichere Verhältnisse schafft.

Als Ergebnis einer Sachermittlung und Sachwürdigung ist das Urteil Erkenntnis. Aber es ist nicht nur Gedanke, Begriff, es ist zugleich maßgebliche Anordnung, Willensakt. Es schaut nicht nur zurück und zieht das Fazit aus einem abgeschlossenen Verfahren, es schaut zugleich vorwärts, bildet die Grundlage zur maßgeblichen Ordnung der nächstzukünftigen Beziehungen der Parteien. Am sinnfälligsten wird der autoritative Willenseinschlag im Urteil dort, wo es zum Titel wird für die zwangsmäßige Vollstreckung des Urteils gegen den noch immer sich nicht freiwillig beugenden Schuldner. Weil hier die Selbstbestimmung der Parteien offensichtlich versagt, vermag hier der obsiegende Teil — aber immer im Rahmen gesetzlicher Verfahrensnormen — die Zwangsgewalt staatlicher Organe — des Vollstreckungsgerichts, des Gerichtsvollziehers — für sich in Dienst zu stellen zur Durchsetzung seines amtlich geprüften und festgestellten Anspruchs gegen einen freiwillig nicht leisten wollenden oder könnenden Gegner.

2. Praktische Beispiele.

Es seien nunmehr zwei schlichte und typische Urteile aus der wirklichen Gerichtspraxis wörtlich mitgeteilt und alsdann erläutert:

Der Kauf der Orgel.

1. In einem bürgerlichen Rechtsstreite zwischen dem Viehhändler Johann und dem Gastwirt Heinrich erging folgendes Landgerichtsurteil: Beklagter wird verurteilt, an Kläger 500 ℳ nebst 4 v. H. Zinsen seit dem 1. 4. 08 zu zahlen sowie die Kosten des Rechtsstreits zu tragen. — Tatbestand: Kläger beantragt: Verurteilung des Beklagten zur Zahlung von 500 ℳ nebst 4 v. H. Zinsen seit dem 1. 4. und Tragung der Prozeßkosten. — Er hat vorgetragen:

Der Bekl. habe dem Karussellbesitzer Fritz in B. zugeredet, eine dem Budenbesitzer Hugo gehörige, beim Gastwirt Georg in D. aufgestellte Orgel auf Grund eines gegen Hugo erwirkten Schuldtitels pfänden zu lassen und im Zwangsverkauf zu erstehen, dann wolle er, Bekl., sie ihm wieder abkaufen. Fritz sei hierauf eingegangen. Als er mit dem Gerichtsvollzieher bei Georg erschienen sei, um die Orgel wegzuholen, habe Hugo die Vorderfront der Orgel eingeschlagen, ohne jedoch wichtige Teile zu beschädigen.

Fritz habe die Orgel im Zwangsverkauf erstanden und sie beim Wirt Max in K. aufstellen lassen. Dort habe sie der Bekl. (also nachdem die Orgel schon beschädigt gewesen sei) besehen, auf dem D.'er Kinderschützenfest im Anfang Juli 07 die Orgel von Fritz für 500 ℳ gekauft, wovon 400 ℳ in Raten im Laufe des Sommers 07 und der Rest mit 100 ℳ zum 1. 4. 08 bezahlt werden sollten. Bekl. habe die Orgel fest gekauft, und zwar in dem Zustande, in dem sie sich damals befand. Bekl. habe die Orgel abholen und dann beim Tischlermeister Kurt in B. auf seine Kosten reparieren lassen. Seitdem habe er sie in seinem Lokal benutzt.

Fritz habe seine Ansprüche an den Kläger abgetreten. Bekl. habe trotz Mahnung nicht bezahlt.

Bekl. beantragt: kostenpflichtige Abweisung der Klage. Er habe die Orgel nicht fest gekauft, sondern habe sie wegen der Beschädigung durch Hugo nur auf Probe genommen und sie bis jetzt auf Probe behalten.

Dem entspreche, daß Fritz nach dem Abschlusse des Kaufs auf Probe, als Proprietär Peter in W. die Orgel beim Bekl. mit Beschlag belegt habe, dem Beklagten gesagt habe, er wolle zu Peter und ihn fragen, wie er dazu komme, „seine" Orgel zu beschlagnahmen.

Fünf Zeugen sind über den vom Kl. behaupteten unbedingten Kaufabschluß vernommen worden. Sie haben, alle beeidigt, ausgesagt:

1. Zeuge Fritz: Ich bin Zedent der hier eingeklagten Forderung. Am 25. 6. 07 ist der Bekl. Heinrich mit mir nach D. gefahren, um die Orgel zu besichtigen, am 15. 7. hat er dann die Orgel für 500 ℳ von mir in D. gekauft und am folgenden Tage hat er dann die Orgel von mir abgeholt und sie in W. beim Tischlermeister Kurt in Reparatur gegeben. Als Zahlungsbedingungen hatten wir ausgemacht, daß er 100 ℳ sofort bezahlen sollte, weitere 300 ℳ bis Nov. 07, den Rest von 100 ℳ solle er bis zum 1. 4. 08 stehen lassen. Es ist nicht davon die Rede gewesen, daß Heinrich die Orgel erst probieren wollte.

2. Paul: Heinrich hat die Orgel von Fritz für 500 ℳ fest gekauft. Ich war beim Abschluß des Kaufes in D. selbst zugegen. Von einer Überlassung zur Probe ist nicht die Rede gewesen. Ich bin vorher mit Heinrich nach D. gewesen, um die Orgel zu besehen. Für die Bezahlung des Kaufpreises wurden, wie ich meine, 3 Termine ausbedungen. Ich weiß bestimmt, daß die letzte Rate am 1. 4. 08 bezahlt werden sollte.

3. Schellack: Ich habe seinerzeit, Pfingsten 07, den Heinrich darauf aufmerksam gemacht, daß er die hier in Frage stehende Orgel kaufen könnte. Später habe ich ihn dann in B. auf dem Kinderfest im Aug. 07 gefragt, ob er die Orgel gekauft hätte, was er bejahte. Ich meine auch, daß er als Kaufpreis 500 ℳ angegeben hat. Daß er die Orgel auf Probe übernommen hätte, davon hat er nichts gesagt.

4. Weiß: Etwa Ende Juli 07 auf dem Kinderfest in B. kamen Heinrich und Peter vor meine Bude. Heinrich sagte: „Wir haben die Orgel gekauft für 500 ℳ" — Heinrich und Peter hatten damals, soviel ich weiß, ein Kompaniegeschäft. Daß die Orgel auf Probe gekauft sei, davon hat mir niemand was gesagt.

5. Peter: Ungefähr im Sept. 07 traf ich zufällig mit dem Bekl. zusammen. Er sagte mir, er habe ein Orgel gekauft, dieselbe sei aber alt und er wolle sie gern wieder los werden.

— Wegen der nach Angabe des Bekl. von Fritz gegenüber dem Proprietär Peter getanen Äußerung hat der Zeuge Dunkel noch ausgesagt:

Gelegentlich eines Gesprächs mit dem Bekl. kam ein mir unbekannter Herr zu uns und sprach mit dem Bekl. über dessen Prozeß in O. Hierbei äußerte er, er müsse doch einmal zusehen, wie Peter dazu komme, seine Orgel mit Beschlag zu belegen. Ob dieser unbekannte Mann der Karussellbesitzer Fritz war, weiß ich nicht.

Gründe.

Der Anspruch des Klägers hängt von dem Nachweise ab, daß der Kauf fest zustandegekommen ist und kein Kauf auf Probe vorliegt. Die übrigen vom Kl. zur Begründung der Klage vorgebrachten tatsächlichen Behauptungen sind vom Bekl. nicht bestritten.

Die Beweisaufnahme hat ergeben, daß der Bekl. nicht auf Probe, sondern fest gekauft hat. Dies wird von Fritz, dem Verkäufer und Zedenten des Klägers, unter Eid bekundet.

Dies Zeugnis des möglicherweise zwar interessierten Zedenten wird unterstützt durch die gleichlautende Aussage des Zeugen Paul, der beim Abschluß des Kaufes zugegen gewesen ist. Hierzu kommt, daß der Bekl. den Zeugen Schellack und Weiß erzählt hat, er habe die Orgel gekauft, ohne irgend etwas davon zu erwähnen, daß er sie nur probeweise gekauft habe. Danach besteht kein Zweifel, daß der Bekl. die Orgel fest und nicht auf Probe gekauft hat. Dem übereinstimmenden Zeugnis dieser 5 Zeugen steht die Aussage Dunkels nicht entgegen. Selbst wenn der Unbekannte, der in dieses Zeugen Gegenwart nach dem Abschluß des Handels zwischen Fritz und dem Bekl. zum Bekl. gesagt hat, er müsse doch mal sehen, wie Peter dazu komme, „seine" Orgel zu beschlagnahmen, Fritz gewesen sein sollte, so würden diese Worte des Fritz bei der Ungenauigkeit der gewöhnlichen Verkehrssprache in der Bezeichnung rechtlicher Verhältnisse nicht zwingend dahin aufzufassen zu sein, daß Fritz sein noch jetzt bestehendes Eigentum damit hätte behaupten wollen.

Höhe und Fälligkeit des Kaufpreises sind an sich nicht bestritten. Die Kostenentscheidung rechtfertigt sich nach § 91 ZPO.

Die Lohnforderung des Reservisten.

Im Namen des Großherzogs.

Urteil.

In Sachen
des Tischlers Georg L., hier, Junkerstr.,

Klägers,

gegen die Firma Th. M., hier, Heiligengeistwall,

Beklagte,

wegen Lohnforderung hat das Gewerbegericht zu O. in der Sitzung vom 27. Juli 1911, an welcher teilgenommen haben:

Rechtsanwalt L.
als Vorsitzender,
Schneidermeister N. und Tischlergeh. H.,
als Beisitzer,

für Recht erkannt:

Der Kläger wird mit seiner Klage abgewiesen und verurteilt, die Kosten des Rechtsstreits zu tragen.

Tatbestand.

Der Kläger ist seit länger als zwei Jahren bei der Beklagten als Tischler beschäftigt. Im Jahre 1910 ist er vom 1. bis 14. Juli und im Jahre 1911 vom 5. bis 18. Juli zu einer je 14 tägigen militärischen Übung eingezogen gewesen. Im Jahre 1910 hat er nach Beendigung der Übung Lohn für die durch sie in Anspruch genommene Zeit nicht erhalten und nicht gefordert. Nach Beendigung der Übung im Jahre 1911 fordert er Lohn für je 12 Arbeitstage, die in die beiden Übungen fallen, und beantragt:

die beklagte Firma zur Zahlung von 106 ℳ 98 ₰ kostenpflichtig zu verurteilen und das Urteil für vorläufig vollstreckbar zu erklären.

Die Beklagte beantragt:
kostenpflichtige Abweisung der Klage. Sie beruft sich darauf, daß im Tischlergewerbe in O. und auch für den Arbeitsvertrag des Klägers fristlose Kündigung gelte und daß danach, damit der Klage stattgegen werden könne, die Verhinderung des Klägers durch die militärischen Übungen eine „verhältnismäßig nicht erhebliche Zeit" darstellen müsse.

Daß für das Arbeitsverhältnis fristlose Kündigung gelte, gibt der Kläger zu. Er hält diesen Umstand für unerheblich.

Bei Berechnung seiner Klageforderung hat der Kläger die beim Militär erhaltene Löhnung und das Brotgeld abgezogen. Gegen die Höhe der Forderung sind von der Beklagten Einwendungen nicht erhoben.

Gründe.

Nach § 616 BGB. geht der zur Dienstleistung Verpflichtete „des Anspruchs auf die Vergütung nicht dadurch verlustig, daß er für eine verhältnismäßig nicht erhebliche Zeit durch einen in seiner Person liegenden Grund ohne sein Verschulden an der Dienstleistung verhindert wird". Daß bei den beiden militärischen Übungen eine Verhinderung durch einen in der Person des Klägers liegenden Grund ohne sein Verschulden vorlag, kann nicht zweifelhaft sein. Fraglich bleibt, ob die weitere Voraussetzung des Gesetzes zutrifft, daß es sich um eine verhältnismäßig nicht erhebliche Zeit handelt. Das Wort: „verhältnismäßig" weist darauf hin, daß die Zeit der Behinderung mit irgendetwas in Vergleich gezogen werden soll. Welches der Vergleichsfaktor sein soll, ist im Gesetz nicht gesagt. Es wird deshalb richtig sein, daß man nicht mit den Protokollen der Kommission für die zweite Lesung des BGB als einzigen Vergleichsfaktor die vertragsmäßige Dauer des Dienstvertrages ansehen kann, bei welcher Auslegung übrigens noch unklar bliebe, ob damit bei einem auf unbestimmte Zeit fortgesetzten Dienstvertrage die tatsächliche Dauer des Arbeitsverhältnisses oder die Zeit gemeint ist, während welcher beide Parteien für die Zukunft sich ausdrücklich an das Arbeitsverhältnis gebunden haben. Gibt man aber auch zu, daß alle Umstände des konkreten Arbeitsverhältnisses, z. B. auch die mehr oder weniger große Entbehrlichkeit des Dienstverpflichteten und die Möglichkeit, Vertretung zu beschaffen, als Vergleichsfaktoren herangezogen werden können, so wird man doch im Gegensatz zu Staudinger (Erl. III 3 zu § 616 BGB.) annehmen müssen, daß es in den meisten Fällen von maßgebender Bedeutung ist, wie lange beim Eintritt der Behinderung die rechtliche Bindung der Beteiligten an das Arbeitsverhältnis noch dauert. Es wird nämlich für die Frage, ob ein Arbeitsverhältnis nach der Absicht der Parteien für eine längere Dauer bestimmt ist, in erster Linie entscheidend sein, ob eine einseitige Auflösung des Arbeitsverhältnisses erschwert oder erleichtert ist. Legen die Beteiligten Wert auf dauernde Beziehungen, so werden sie lange Kündigungsfristen vereinbaren, während durch die Erleichterung der Kündigung, insbesondere also durch die Zulassung fristloser Kündigung, in der Regel zum Ausdrucke kommt, daß man auf die Freiheit, das Verhältnis jederzeit lösen zu können, mehr Wert legt als auf die Gewährleistung einer gewissen Dauer. — Aus der von den Parteien gewollten Dauer des Verhältnisses wird sich aber regelmäßig auch ergeben, ob das beiderseitige Interesse an festen Beziehungen so erheblich ist, daß es auch durch eine Tage oder gar Wochen dauernde Unterbrechung nicht aufgehoben wird. — Bei einem auf fristlose Kündigung eingegangenen gewerblichen Arbeitsverhältnis kann man, auch wenn es tatsächlich Jahre lang gedauert hat, derselben Folgerung nicht ausweichen. Es ist kein stichhaltiger Gegengrund, wenn Baum: Das Recht des Arbeitsvertrages (Vorträge, bei Glöckner in Leipzig 1911) sagt, „dann würde beim gewerblichen Arbeitsverhältnis, wo fast regelmäßig Kündigungsausschluß vereinbart ist, überhaupt diese Bestimmung (sc. des § 616) nie Platz greifen". Wenn Kündigungsausschluß vereinbart ist, so entspricht es tatsächlich in der Regel der Auffassung der Parteien, daß eine tagelange Verhinderung nicht als verhältnismäßig unerheblich angesehen wird. Für die hier zu entscheidende Frage spielt eben, wie im Gegensatz zu Staudinger betont werden muß, die tatsächliche Dauer des Arbeitsverhältnisses in der Vergangenheit nach der Verkehrsauffassung längst nicht eine so wichtige Rolle, wie die rechtlich gewährleistete Dauer des Vertrages in der Zukunft. Was würde es auch dem Arbeiter nützen, wenn theoretisch eine 14 Tage dauernde Verhinderung als noch unter § 616 fallend anerkannt würde, wenn der Arbeitgeber in der Lage ist, bei oder kurz vor Eintritt der Verhinderung durch fristlose Kündigung das Arbeitsverhältnis aufzulösen und sich so seiner Verpflichtung zu entziehen? Die Zulässigkeit eines solchen Verfahrens würde ebensowenig bezweifelt werden können, wie die Möglichkeit, daß der Arbeiter seine Vergütung während der Verhinderung einstreicht, nach deren Beendigung aber das Verhältnis seinerseits durch Kündigung auflöst.

Schon diese Möglichkeiten zwingen die Praxis dazu, bei einem Arbeitsverhältnis mit fristloser Kündigung eine 14 tägige militärische Übung als eine Verhinderung für eine verhältnismäßig erhebliche Zeit anzusehen.

Damit ist nicht gesagt, daß für solche Arbeitsverhältnisse der § 616 BGB. überhaupt ausgeschaltet wird. Eine Verhinderung von einigen Stunden kann trotz fristloser Kündigung sehr wohl als verhältnismäßig nicht erheblich angesehen werden; denn es soll nach Auffassung des Gewerbegerichts nicht etwa ein zahlenmäßiger Vergleich zwischen der Dauer der Frist und der Dauer der Verhinderung stattfinden, sondern es soll unter verständiger Wertung der Parteiinteressen gefunden werden, ob nach dem Inhalt des Arbeitsverhältnisses, insbesondere nach den über seine Auflösung getroffenen Vereinbarungen dem Arbeitgeber zugemutet werden kann, die Verhinderung als eine verhältnismäßig nicht erhebliche anzusehen und während ihrer Dauer die Vergütung weiter zu bezahlen. (Vgl. auch Planck 3. Aufl. zu § 616 2b u. Abs. 1.)

Da im vorliegenden Fall besondere Umstände nicht vorgebracht sind, die eine von dem Regelfall abweichende Beurteilung rechtfertigen würden, und da die tatsächliche Dauer des Arbeitsverhältnisses vor der Behinderung nach dem oben Gesagten nicht zu einer anderen Auffassung führen kann, ist die Klage schon aus den dargelegten Gründen abzuweisen. Es braucht deshalb auch nicht weiter geprüft zu werden, ob der Kläger dadurch, daß er im Jahre 1910 nach Ableistung der Übung die Arbeit wieder antrat, ohne für die Zeit der Übung Bezahlung zu fordern, für die Zeit dieser Übung auf die Vergütung verzichtet hat.

Bemerkt mag nur werden, daß auch durch dieses Verhalten des Klägers die Annahme gestützt wird, daß nach dem konkreten Vertragsinhalt eine Verhinderung von 14 Tagen als erheblich galt.

Die Kostenentscheidung beruht auf § 91 ZPO. L.

3. Rechtliche Würdigung beider Fälle.

Beide vorstehenden Urteile sind Zivilurteile. Es handelt sich nicht um die Frage, ob ein Angeklagter auf die Initiative einer staatlichen Anklagebehörde, der Staatsanwaltschaft, hin wegen Verletzung eines bestimmten Strafgesetzes zu bestrafen ist, sondern es geht hier lediglich um Mein und Dein, hier beidemale zufällig um Geldforderungen. Die Prozeßparteien sind beide Privatleute.

Der Zivilprozeß dient der Feststellung und Durchsetzung streitiger Ansprüche des bürgerlichen Rechts. Die gesetzliche Grundlage dieser Ansprüche ist das Privatrecht. Im Falle der Lohnforderung liegt es so, daß an sich eine Lohnforderung eine erfolgte Dienstleistung zur Voraussetzung hat, daß jedoch der in den Urteilsgründen wiedergegebene und ausgelegte § 616 BGB. ausnahmsweise dem Dienstverpflichteten auch dann einen Lohnanspruch gewährt, wenn dem keine Dienstleistung entspricht. Im Falle des Orgelkaufs ist die Rechtslage, anders als im Falle der Lohnforderung, an sich höchst einfach, so einfach, daß die Urteilsgründe von der genauen Präzisierung der Rechtslage überhaupt glauben absehen zu können: Wer fest gekauft hat, muß bezahlen; das weiß jeder, ganz unabhängig vom § 433 Abs. 2 BGB., der es noch ausdrücklich ausspricht. Aber auch das Weitere ist ohne weiteres laienverständlich: daß auf Probe kaufen, heißt, daß der Käufer zunächst noch die Freiheit hat, die Ware, wenn sie ihm nicht paßt, zurückzugeben.

Die Schwierigkeit der Entscheidung des Orgelkaufs liegt also bei völliger Klarheit der Rechtsfrage ausschließlich auf der Tatseite: Liegt fester Kauf vor, muß Beklagter bezahlen, liegt Kauf auf Probe vor, so ist seine Verpflichtung nicht ohne weiteres gegeben, könnte aber freilich u. U. z. B. daraus folgen, daß Beklagter dadurch, daß er die Orgel reparieren ließ, als Eigentümer über sie verfügt und damit zum Ausdruck gebracht hat, daß er sie behalten wolle. Aber hierauf brauchte unser Urteil in der Tat garnicht einzugehen, denn es konnte auf die erhobenen Beweise hin unbedenklich von vornherein den festen Kaufabschluß bejahen.

Wir wollen uns aber noch eine etwas nähere Analyse des Sachverhalts angelegen sein lassen, als dies für das Prozeßgericht aus Gründen der Ökonomie der Begründung bei Unzweifelhaftigkeit des Endergebnisses geboten war.

Kein Beruf bildet die, die ihm angehören, so sehr zu Skeptikern heran, wie der des Zivilrichters. Da erscheinen dauernd vor ihm Leute, Parteien, die mit Ernst und mit Leidenschaft zu ein und denselben Fragen, die man an sie richtet, der eine schwarz, der andere weiß sagen. Der Richter, wenn er nicht etwa zufällig einen von beiden schon persönlich kennt, wird da bei der Aufgabe, sich Klarheit zu verschaffen von dem wirklichen Vorgange, gut tun, die Darstellung weder des Klägers, noch des Beklagten einfach zu glauben, sondern vielmehr hinter jede von beiden zunächst einmal ein Fragezeichen zu setzen.

Das Bild des maßgeblichen wirklichen Vorgangs baut sich alsdann für den Richter auf aus den Zeugenaussagen, die es nunmehr mittels allgemeiner Menschenkenntnis und Lebenserfahrung zu deuten und in einen Zusammenhang zu bringen gilt. Der Ausgangspunkt ist hier der, daß in Geschäften die Beteiligten i. a. möglichst geradlinig ihrem Vorteile zu folgen pflegen. Es kann also bei Geschäften dieser Art i. a. ein rationelles Planen und Handeln der Vertragsparteien auf der Grundlage der Selstnützigkeit unterstellt werden. Nicht ganz so einfach liegt die Aufgabe der Deutung und Bewertung der Zeugenaussagen: Was bei der Partei das Normale ist, daß sie unmittelbar interessiert ist am Ausgang des Rechtsstreits und damit an der Klarstellung des Sachverhalts in einer ganz bestimmten Richtung, das ist beim Zeugen möglicherweise der Fall, aber nicht regelmäßig. Leicht möglich auch, daß der Zeuge, wenngleich ja von einer der beiden Parteien vorgeschlagen, doch bereit und imstande ist, ganz unbeteiligt und um so sachlicher auszusagen. So macht z. B. das Gericht mit Recht hinter die Aussage des Zeugen Fritz ein kleines Fragezeichen. Da Fritz selbst der Käufer der Orgel im Zwangsverkauf und Wiederverkäufer an den Beklagten war, so ist leicht möglich, daß er auch jetzt noch mit dem Beklagten unter einer Decke steckt. Auch sein Zeugeneid hindert das Gericht nicht, nach freier Überzeugung dies kleine Fragezeichen hinter seiner Aussage anzubringen. Was freilich für die Richtigkeit der Aussage des Fritz spricht, ist der Umstand, daß danach Beklagter die Orgel beim Tischler Kurt in Reparatur gegeben hat: Diese Angabe wird höchst wahrscheinlich richtig sein, weil sonst bei Vernehmung des Kurt Fritz doch leicht Lügen gestraft werden könnte. Ist sie aber richtig, so enthält sie ein starkes Indiz für die Endgültigkeit der Absicht des Beklagten, die Orgel zu behalten und zu bezahlen. Dasselbe Fragezeichen hätte an sich das Gericht auch hinter die Aussage des Zeugen Peter setzen können, insofern Peter nach des Zeugen Weiß Äußerung damals eine Art Kompagnon des Beklagten gewesen ist. Was freilich doch gerade auch wieder für die Richtigkeit der Aussage Peters spricht, ist der Umstand, daß Peter bekundet, Beklagter habe gesagt, die Orgel sei alt, er wolle sie gern wieder los werden: Das klingt mehr nach der Äußerung eines Mannes, der nicht ohne weiteres, kraft Abrede des Probekaufs, ein Recht hat, nach Belieben vom Vertrage loszukommen, sondern der nach einem solchen Rechte oder dem Schein eines solchen Rechtes sucht! An sich sind natürlich die Aussagen der Zeugen am wertvollsten, die bei der Abmachung selbst dabei waren. Was bei mehreren Zeugen noch für den festen Abschluß spricht, ist die Bekundung, daß schon von einem bestimmten Preis von 500 ℳ die Rede war, mehr noch — da ersteres mit einer Probekaufabrede immerhin keineswegs unvereinbar wäre —, daß von bestimmten Ratenzahlungen die Rede gewesen ist.

So spricht dann schließlich für das Gericht alles dafür, auf Grund der Zeugenaussagen das anfängliche Fragezeichen hinter der Darstellung des Klägers wegzustreichen und das hinter der des Beklagten zu verdoppeln und den Prozeß zu des letzteren Ungunsten zu entscheiden.

Spezifische Rechtserwägungen spielen nur zweimal flüchtig in den Prozeß selbst hinein. Auf die vom Zeugen Dunkel ja auch nur sehr unbestimmt bestätigte Bemerkung, angeblich des Fritz, von der Beschlagnahme „seiner Orgel" legt das Gericht mit Recht wenig Gewicht, da es sich hier bei der Sorglosigkeit des Laiensprachgebrauchs nicht um die Absicht der Kennzeichnung genau des gegenwärtigen Eigentumsverhältnisses gehandelt zu haben braucht. Auf der anderen Seite zeigt die zu Anfang des Tatbestands erwähnte Spekulation des Beklagten und des Fritz auf den billige Kaufgelegenheit bietenden Zwangsverkauf, wie die Ausnutzung ganz bestimmter Rechtslagen seitens sonst rechtsunkundiger Personen nichts Ungewöhnliches ist. So gruppiert sich schließlich der streitige Vorgang der Verhandlungen einschließlich des von den Zeugen geschilderten Verhaltens der Parteien vor und nach der entscheidenden Verhandlung um die vom Gericht nunmehr getroffene Feststellung: Beklagter hat fest, und nicht etwa nur auf Probe, die Orgel für 500 ℳ von Fritz gekauft.

So vermag uns der Orgelkauf eine Vorstellung davon zu geben, wie der Richter bei der Ermittelung und schließlich schlüssigen Deutung eines zweifelhaften Sachverhalts, Tatbestands verfährt. Der Richter muß in diesem Bereich seiner Tätigkeit noch viel weniger Jurist als Menschen- und Lebenskenner sein. Ist er das, so fällt ihm das Geschäft der Deutung fremden Verhaltens oder bestimmter Sachlagen nicht schwer. Man braucht selbst nie aus Wut über die drohende Entziehung einer geliebten Orgel deren Frontstück zertrümmert zu haben, um doch vollständig das Verhalten des Hugo zu verstehen!

— Im Gegensatz dazu liegt die Schwierigkeit der Entscheidung des Lohnprozesses ausschließlich auf der Rechtsseite. Über die tatsächlichen Vorgänge herrscht keinerlei Streit. Dagegen ist die Frage, ob die beiden 14 tägigen militärischen Dienstleistungen des Klägers eine Dienstverhinderung „für eine verhältnismäßig nicht erhebliche Zeit" sind, objektiv sehr zweifelhaft, und es ist darum, anders als beim Orgelkauf, wahrscheinlich, daß beide Parteien hier jede im subjektiven Glauben an ihr gutes Recht prozessieren. Die Urteilsgründe selbst würdigen das Für und das Wider ziemlich erschöpfend. Zwingend ist die Entscheidung zugunsten des Klägers nicht, höchstens plausibel. Wenn man statt dessen schärfer betont, daß die Vereinbarung einer fristlosen Kündigung häufig weniger kennzeichnend zu sein pflegt für den Wunsch der Parteien, zivilrechtlich ihr Verhältnis nicht auf Dauer anzulegen, als dafür im Interesse der Kampfstellung, der Streikmöglichkeit zwischen Arbeitgeber und Arbeitnehmer und der beiderseits etwa beteiligten Organisationen[1], also mehr aus berufsvereinspolitischen Gründen eine längere formelle Vertragsbindung zu vermeiden, so könnte man geneigt sein, anders zu entscheiden. Unschwer einzusehen ist ferner, wie sich hier leicht bei Zweifelhaftigkeit der Entscheidung im Beurteiler dessen eigene parteipolitische oder sozialpolitische Haltung für oder wider einmischen könnte. Der Vorsitzende als objektiv zu urteilen gewohnter Jurist wird diese Rücksicht leichter auszuschalten wissen. Aber es liegt nahe, daß von den beiden Beisitzern der Arbeitnehmer den letzten sonst nicht sicher zu behebenden Zweifel zugunsten des Klägers, seines Berufskollegen, zu entscheiden geneigt sein wird, der Arbeitgeber-Beisitzer umgekehrt.

Man hat, auch unter uns Juristen, die Rechtsanwendung wohl als ein Rechnen mit Begriffen genannt. Das ist sehr unglücklich. Von Mathematik oder einem dem mathematischen Denken gleichartigen und gleich sicheren gedanklichen Operieren ist in den beiden vorgeführten Fällen gewiß nicht die Rede. Im Falle der Lohnforderung läßt das Für und Wider der Gründe allein die Wage der Entscheidung nicht mit aller Entschiedenheit sich nach einer Seite hin senken. Die Wertung der beiderseitigen Interessen, von der die Entscheidung mit Recht spricht, läßt, wenigstens nach unserer Meinung, die Wage diesmal noch ganz oder einigermaßen in der Schwebe. Da ist es, da doch mit einem Non liquet den Entscheidung heischenden Parteien nicht gedient sein würde, hier Sache richterlicher Willensentscheidung, den Prozeß und den Zweifel autoritativ zu einem Ende zu bringen.

4. Das Wesen des Prozesses.

Der Prozeß ist ein Verfahren und zwar ein Rechts-Verfahren. In den Streitigkeiten der Parteien über ihre privatrechtlichen Beziehungen will er die möglichst wahrheitsgemäße, wirklichkeitsgetreue Feststellung des Sachverhalts und die möglichst gerechte rechtliche Würdigung und Ordnung des Sachverhalts erreichen helfen. Daß in dem „möglichst" eine Einschränkung liegt in den Anforderungen an das, was ein Prozeß unter Menschen und mit menschlichen Richtern regelmäßig zu leisten vermag, konnten schon unsere beiden eben besprochenen Fälle aus der Praxis zeigen.

Das ist vorerst eine sozusagen noch ganz zeitlose Kennzeichnung der Aufgabe jedes ausgebildeten Prozesses. Unser gegen Ende der Blütezeit des Rechts- und Wirtschaftsliberalismus entstandenes Prozeßgesetz trägt aber außerdem noch manche besonderen Kennzeichen dieses seines liberalen Ursprunges. Der Rechts- und Wirtschaftsliberalismus hat ja in politischer und innerstaatlicher Hinsicht den Rechtsstaat begründen wollen. Der Rechtsstaat ist das Staatsideal, bei dessen Erfüllung der Bürger kraft der Herrschaft einer Verfassung und klarer, verfassungsmäßig erlassener Gesetze als freier Bürger und als Gleicher unter Gleichen ein gegen Willkür der Genossen und der Behörden geschütztes Dasein führt. Die aktive Anteilnahme an der Leitung der öffentlichen Dinge mag dabei wohl manchmal mitklingen, tritt aber doch an Bedeutung zurück hinter dieser sozusagen mehr defensiven Funktion des Rechtsstaats.

Diesem recht formal gedachten Rechtsstaatsideal dienen besonders deutlich unsere vom französischen Rechte stark beeinflußten Prozeßgesetze aus den siebziger Jahren. Die richterliche Unabhängigkeit wird im Gerichtsverfassungsgesetz durch Festlegung der Unabsetzbarkeit der Richter u. ä. formal untadelig gesichert. Der letzten hohen Welle des Liberalismus in Deutschland, die mit den Jahren 1858/59 nach bösen, das Mißtrauen der Liberalen vertiefenden Wellentälern der Reaktion vorher einsetzte, eignet ein verstärktes Mißtrauen gegen alles Beamtentum, auch das beamtete Richtertum. Das ziemlich wenig Spielraum für die Entfaltung freien Ermessens bietende genaue Prozeßgesetz ist also für dies Sondergebiet in gleichem Maße als eine Magna Charta der Bürger, der Parteien, wie als Kandare für ein etwa doch nicht ganz loyales Richtertum gedacht. Dieser kritischen Haltung unserer Prozeßgesetze gegenüber dem Gerichte und seiner liberalen Vorliebe für möglichste Autonomie der Privaten entspricht es, wenn unser Prozeß in besonders ausgesprochenem Maße Parteiprozeß ist. In aller Regel sind es die Parteien, die bei uns den Fortschritt des Verfahrens, seine inhaltliche Gestaltung und Maßgebung bestimmen. Der geringe Einfluß des Gerichts auf die Prozeßleitung und -entwicklung hat zu erheblichen Mißständen, besonders zu Prozeßverschleppungen, geführt. Es ist darum wieder bezeichnend für den seitdem bereits überall einsetzenden Abbau des Liberalismus, wenn ein Gesetz von 1909 wenigstens für den amtsgerichtlichen Prozeß die Befugnis des Gerichts in der Leitung und Förderung des Prozesses segensreich gestärkt hat.

Wenn unser Prozeß im Interesse der Unmittelbarkeit der richterlichen Erkenntnistätigkeit den Schwerpunkt auf die Mündlichkeit der Verhandlung legt, so ist das genau so, wie die Durchführung der Öffentlichkeit des Verfahrens, zugleich eine Reaktion gegen Mißstände des früheren Prozesses (geheimes und schriftliches Verfahren), wie ein Ausdruck der Rechtsstaatsidee.

Die sog. Grundsätze der Unmittelbarkeit, der Mündlichkeit und der Öffentlichkeit des Verfahrens sind, mögen sie vielleicht auch hie und da von unserem liberalen Prozeßgesetz etwas zu uneingeschränkt durchgeführt worden sein, dauernd wertvolle Ergebnisse der Rechtsentwicklung.

Hingegen steckte wieder ein Stück übertriebenen Rechtsliberalismus in der in den letzten Jahrzehnten in Deutschland von der Prozeßrechtswissenschaft vielfach vertretenen Auffassung, der Zivilprozeß gruppiere sich seinem inneren Wesen nach letztlich um den Rechtsschutzanspruch des Bürgers gegen den Staat oder gegen das zuständige Gericht.

Richtig sagt vielmehr Kisch, auf dessen knappe laienverständliche Darstellung des „deutschen Zivilprozeßrechts" in Sammlung Göschen, 3 Bändchen, hier hingewiesen sei, Bd. 1, S. 16: „Der Staat hat allerdings die Prozesse ordnungsmäßig zu erledigen; aber nur deshalb, weil der Schutz der Rechtsordnung eine seiner öffentlichen Aufgaben ist, wie die Gesetzgebung und die Verwaltung. Er urteilt richtig, nicht weil er dazu dem Bürger X oder dem Kläger Y persönlich verpflichtet wäre, sondern weil er die Durchführung der Privatrechte überhaupt und allgemein übernommen hat."

Literatur.

Bürgerliches Recht. — Für die nicht juristischen Leser dieses Handbuches sind als knappe Darstellungen zu empfehlen einige gute Bücherreihen: Aus der Sammlung Göschen das BGB., Einzel- oder Doppelbändchen, für die einzelnen Bücher des Gesetzes aus der Feder Oertmanns, Titzes und anderer; daselbst auch ein trefflicher Doppelband über das Handelsrecht von Karl Lehmann. — Aus Gloeckners Handelsbücherei je ein Band über das Bürgerliche Recht und über das Handelsrecht von A. Erdel, 2. Aufl., 1922. — Die Mitte zwischen diesen kleineren Hilfsmitteln und den sehr zahlreichen größeren Lehrbüchern halten die nach dem Kriege herausgekommenen Grundrisse der Rechtswissenschaft (Vereinigung wissenschaftlicher Verleger). Darunter außer den (von Hedemann, H. Lehmann u. a. verfaßten) Bänden über einzelne Bücher des BGB. und dem Handels- und Schiffahrtsrecht von J. v. Gierke im Rahmen des Privatrechtes namentlich die vortreffliche „Deutsche Rechtsgeschichte" — bis in die Gegenwart durchgeführt — von Fehr, sowie der Band von Elster über „Gewerblichen Rechtsschutz".

Strafrecht und Strafverfahren.

Von Gustav Radbruch.

Inhalt. I. Das Strafrecht. 1. Die Geschichte. Das Mittelalter. Germanische Zeit. Fränkische Zeit. Deutsches Reich. Die Rezeption. Die Aufklärungszeit. Die Gegenwart. 2. Strafrechtstheorien. 3. Das Strafgesetz. 4. Das Verbrechen. A. Der Begriff des Verbrechens. Handlung. Rechtswidrige Handlung. Zurechenbare Handlung. Zurechnungsfähiger Täter. Strafbare Handlung. B. Die Erscheinungsformen des Verbrechens. Versuch und Vollendung. Täterschaft und Teilnahme. Verbrechenseinheit und Verbrechensmehrheit. 5. Das Strafensystem. — II. Das Strafverfahren. 1. Geschichte des Strafverfahrens. 2. Grundsätze. Offizialprinzip. Akkusations- oder Anklageprinzip. Unmittelbarkeit. Freie Beweiswürdigung. Öffentlichkeit. Laiengerichte. Instanzenzug und Prozeßgang in Strafsachen. — Literaturangaben.

I. Das Strafrecht.

1. Die Geschichte.

Die Geschichte des Strafrechts wird durch die beiden großen Ereignisse der deutschen Rechtsgeschichte, Rezeption und Naturrecht, in drei Zeiträume gegliedert: Mittelalterliches Strafrecht bis zur Rezeption des römischen Rechts, gemeines Strafrecht bis zum Zeitalter der Aufklärung, modernes Strafrecht.

Das Mittelalter. Das Mittelalter sah im Verbrechen wesentlich eine Verletzung der dadurch betroffenen Einzelperson und ihrer Sippe und erhob sich nur allmählich von dieser privatrechtlichen zu der öffentlichrechtlichen Auffassung, welche im Verbrechen vor allem eine Verletzung des Gemeinwesens sieht. Diese Entwicklung durchläuft drei Zeiträume: a) die germanische Zeit: überwiegend privatrechtliche Auffassung, b) die fränkische Zeit der Merowinger und Karolinger: Vordringen der öffentlichrechtlichen Auffassung und c) die Zeit des Deutschen Reichs: rückläufige Bewegung.

Germanische Zeit. Privatrache: Fehde zwischen der Sippe des Verletzten und der Sippe des Verbrechers. Ablösbar durch Buße (compositio), bei Tötung Wergeld (vgl. Tacitus Germania c. 21). Ein Teil der Buße (faidus) an den Verletzten, ein kleinerer (fredus) an das Gemeinwesen (Tacitus c. 12). Die Leges Barbarorum zeigen dieses Kompositionensystem in voller Ausbildung. Bei Verbrechen gegen das Gemeinwesen, Volksrache: Friedlosigkeit, ausnahmsweise, zunächst wohl aus religiösen Gründen, vom Gemeinwesen selbst vollstreckt (Tacitus c. 12, bestätigt durch Moorleichenfunde).

Fränkische Zeit. Entwicklung des fredus zur Geldstrafe; Bannbuße. Ausdehnung der öffentlichen Strafe auf weitere Fälle, z. B. Raub, Brandstiftung, Münzfälschung, langsam auch Totschlag. Auflösung der Friedlosigkeit in ein System von Todes- und Leibesstrafen („Abspaltungen der Friedlosigkeit"). Andererseits, auch unter dem Einfluß der Kirche, Ablösbarkeit der Strafen durch Geld.

Deutsches Reich. Erneutes Vordringen des Fehderechts, das durch kirchliche Gottesfrieden und kaiserliche Landfrieden zwar beschränkt, aber eben dadurch grundsätzlich anerkannt, erst durch die Ewigen Landfrieden (seit 1495) aufgehoben wird. Weitestgehende Ablösbarkeit der Strafen durch Geld. Ein Strafrecht, das die öffentlichrechtliche Auffassung von Verbrechen und Strafe verwirklicht, wird zur dringenden Notwendigkeit.

Die Rezeption. Die „Rezeption", das allmähliche gewohnheitsrechtliche Eindringen des römischen Rechts in Deutschland (zwischen 1450 und 1550), bedeutet nicht die Aufnahme reinen römischen Rechts, sondern des römischen Rechts in der Gestalt, die es durch die Arbeit der weltlichen und kirchlichen Wissenschaft und Praxis angenommen hatte: es wurde in Wahrheit römisch-kanonisch-italienisches Recht als „gemeines Strafrecht" in Deutschland aufgenommen. Dieses neue Recht den ungelehrten Schöffen nahezubringen, war die Hauptaufgabe des bedeutendsten Gesetzgebungswerkes, welches das alte Deutsche Reich hervorgebracht hat, der Peinlichen Gerichtsordnung von 1532 (nach Kaiser Karl V., der sie sanktionierte, auch wohl Carolina genannt), deren geistiger Urheber, der Bambergische, später Ansbachische Landhofmeister Johann v. Schwarzenberg

(1465—1528) als ein Gesetzgeber von ungewöhnlicher Sprachgewalt und praktischer Klugheit, in der Erinnerung fortzuleben verdient (Ausgabe in Reclams Universalbibliothek; Biographie von Scheel 1905). Sie hat als Strafprozeßordnung und zugleich Strafgesetzbuch des Deutschen Reiches, freilich immer mehr durch Gerichtsgebrauch überwuchert und durch Landesgesetz beiseite geschoben, etwa drei Jahrhunderte gegolten. Strafrecht und Strafverfahren der Carolina sind durch die entschiedene Betonung des öffentlichen Interesses an der Bestrafung des Verbrechers gekennzeichnet, das Strafrecht insbesondere in den Dienst des Abschreckungszweckes gestellt, das Strafensystem überwiegend aus grausamen Lebens- und Leibesstrafen zusammengesetzt, Freiheits- und Geldstrafe noch von ganz untergeordneter Bedeutung. Die Carolina fand wissenschaftliche Fortbildung ein Jahrhundert hindurch fast garnicht, späterhin vornehmlich durch einen Mann, der mit großen praktischen Erfahrungen und Fähigkeiten in verhängnisvoll engstirniger Weise den Aberglauben und die Grausamkeit seiner Zeit verband: Benedict Carpzov, dessen Practica Nova (1635) für ein Jahrhundert die Bibel der strafrechtlichen Praxis wurde. Die Signatur dieses Jahrhunderts ist der Hexenprozeß. Humanität und Naturrecht der erwachenden Aufklärungszeit aber fügen den Mängeln der Strafrechtspflege zunächst nur noch einen weiteren hinzu: die Willkür, die es sich zum Verdienst anrechnet, „mit gutem Gewissen abgeschmackte Gesetze zu umschiffen". Ohne gesetzliche Grundlage vollzieht sich insbesondere die allmähliche Wandlung des Strafensystems in der Richtung von den Lebens- und Leibes- zu den Geld- und Freiheitsstrafen; die ersten Zuchthäuser (um 1600), ursprünglich Besserungsanstalten für liederliches Volk aller Art, werden immer mehr in den Dienst der Strafrechtspflege gestellt und so auch diese vom Besserungsgedanken wenigstens berührt. Der alte grausame Geist des gemeinsamen Strafrechts findet aber zum Schlusse dieses Zeitabschnittes noch einmal Ausdruck in dem Codex Iuris Criminalis Bavarici von 1751 (Hexerei!) und in der Constitutio Criminalis Theresiana von 1768, dem Strafgesetzbuch Maria Theresias (Folterabbildungen!)

Die Aufklärungszeit. Die Strafrechtsreform der Aufklärungszeit, aus welcher das moderne Strafrecht hervorgehen sollte, knüpft sich an den großen Namen Voltaires: sein Kampf für die posthume Freisprechung des im Jahre 1762 geräderten Jean Calas (vgl. etwa Georg Brandes, Voltaire). Von nun an wird die Strafrechtsreform ein wichtiger Programmpunkt der Aufklärungsbewegung: der Mailänder Marchese Cesare Beccaria gibt ihm in seinem Buche Dei Delitti e delle Pene (1764) die eindrucksvollste Form und nimmt den Kampf gegen die Todesstrafe auf. Während die Strafrechtsreform der Aufklärungszeit den Abschreckungsgedanken festhält, ihn nur durch die Forderung der Verhältnismäßigkeit zwischen Verbrechen und Strafe mildert, stellt sich die Gefängnisreform in den Dienst des Besserungszwecks. Besserung durch Arbeit ist die Forderung des großen Menschenfreundes John Howard, des Vaters der Gefängnisreform (State of prisons in England and Wales 1777), Besserung durch Einsamkeit das Wesen der Einzelhaft in ihrer ersten quäkerischen Erscheinungsform (Gefängnis in der Walnußstraße in Philadelphia 1790). Zwei vorrevolutionäre und zwei nachrevolutionäre Gesetzbücher geben dem neuen Geist folgenreich Ausdruck: Das Strafgesetzbuch Josephs II., die Josephina von 1787 (vorübergehende Abschaffung der Todesstrafe!), und das Preußische Allgemeine Landrecht von 1794 verkörpern den aufgeklärten Despotismus, der französische Code Pénal von 1810 und das Bayerische Strafgesetzbuch von 1813 — das Werk des großen Kriminalisten Anselm v. Feuerbach, des Stammvaters einer ruhmbekränzten geistigen Dynastie — geben dem bürgerlichen Liberalismus Ausdruck. Die beiden letzteren Gesetzbücher bestimmen die deutsche Strafrechtsentwicklung des 19. Jh. Insbesondere wird der Code Pénal das Vorbild des preußischen Strafgesetzbuchs von 1851 und damit noch des heute geltenden Reichsstrafgesetzbuchs von 1870.

Die Gegenwart. Seither hat eine Reformbewegung eingesetzt, mit welcher die künftige Strafrechtsgeschichte ein neues Blatt beginnen wird. Die Strafrechtsreform der Aufklärungszeit war auf erhöhten Schutz des Verbrechers gegen richterliche Grausamkeit und Willkür bedacht gewesen und hatte beiden die Forderung der Verhältnismäßigkeit von Verbrechen und Strafe entgegengesetzt. Der Abschreckungsgedanke war später durch den Einfluß der Philosophen des deutschen Idealismus (Kant, Hegel) vom Vergeltungsgedanken abgelöst worden, aber unter der Herrschaft beider Gedanken war man gleichermaßen bemüht gewesen, die Strafe immer feiner an das Verbrechen anzupassen, die Strafen verschiedener Verbrechen gegeneinander immer feiner abzustimmen — bis gegen das Ende des Jahrhunderts drei Verbrechergruppen: die Gewerbsmäßigen, die vermindert Zurechnungsfähigen, die Jugendlichen immer bedrohlicher hervortraten besondere Maßregeln ratsam erscheinen ließen, und so zum Bewußtsein brachten, daß es nicht sowohl das Verbrechen, als den Verbrecher zu strafen gelte. Differenzierung der Strafen nicht nur nach Verbrechensarten, sondern auch nach Verbrechergruppen und dadurch erhöhter Schutz der Allgemeinheit gegen den Verbrecher — das ist das Wesen der gegenwärtigen Strafrechtsreform. Ihre Seele war der große Strafrechtslehrer Franz v. Liszt († 1919; Aufsätze und Vorträge 1905, Lehrbuch des Deutschen Strafrechts, 24. Aufl.). Er hat die Aufgabe der Strafe als Sicherung, und im einzelnen gegenüber dem Gelegenheits- oder Augenblicksverbrecher als Abschreckung, gegenüber dem noch besserungsfähigen Gewohnheits- oder Zustandsverbrecher als Besserung, gegenüber dem unverbesserlichen Zustandsverbrecher als Unschädlichmachung bestimmt und in diesem festen Rahmen ein Reformprogramm entwickelt, das sich jetzt der Verwirklichung nähert. Die neuen Forderungen der Kriminalpolitik wurden fundiert durch die Erforschung der Ursachen des Verbrechens (Kriminologie), zu der Cesare Lombroso (L'Uomo Delinquente 1876) den kräftigsten Anstoß gegeben hatte — aber auch nur diesen; denn seine naturwissenschaftliche (kriminalanthropologische) Auffassung des Verbrechens hat einer sozialwissenschaftlichen (kriminalsoziologischen) weichen müssen. Die Reformbewegung hat bereits zu einer Reihe von Vorentwürfen (Vorentwurf mit Begründung von 1909, Kommissionsentwurf von 1913, Entwurf von 1919 mit Begründung) geführt. Im Herbst 1922 ist ein amtlicher Entwurf dem Reichskabinett vorgelegt worden. Dieser Entwurf eines Allgemeinen Deutschen Strafgesetzbuches ist unter österreichischer Mitarbeit ausgearbeitet und eröffnet die Aussicht auf ein künftiges gemeinsames Strafrecht der von den angeblichen Vertretern des Selbstbestimmungsrechts der Völker durch einen Machtspruch getrennten beiden Gemeinwesen deutschen Stammes.

2. Strafrechtstheorien.

Eine Auseinandersetzung mit den mannigfachen Strafrechtstheorien, d. h. Lehren vom Zweck und vom Grund der Strafe, ist hier nicht beabsichtigt. Es sollen nur die maßgeblichen Gesichtspunkte und Schlagworte des sogenannten „Schulenstreits" gebucht werden. Die „klassische Schule" sieht im Verbrechen wesentlich Unbotmäßigkeit, in der Strafe wesentlich Vergeltung und pflegt von dem Gedanken der Willensfreiheit auszugehen. Die „moderne Schule" sieht im Verbrechen ein antisoziales Verhalten, in der Strafe Sicherung und steht auf deterministischem Standpunkte. Die Lehren von der Vergeltungsstrafe nennen sich „absolute Strafrechtstheorien", die Lehren von der „Zweckstrafe" „relative Strafrechtstheorien". Jene strafen nach einem Worte Senecas „quia peccatum est", diese „ne peccetur". Jene wollen die Tat nach Maßgabe der Schuld, diese den Täter nach Maßgabe seiner Gefährlichkeit treffen, für welche die Tat nur Symptom ist („symptomatische Verbrechensauffassung"). Die relativen oder Präventions(Sicherungs-)theorien werden weiter eingeteilt in Spezialpräventions- und Generalpräventionslehren, je nachdem ob sie durch die Strafe den Rückfall speziell dieses Täters oder die Nachahmung seiner Straftat durch andere verhüten wollen. Die Lehre Franz v. Liszts verbindet die spezialpräventiven Zwecke der Abschreckung, Besserung, Unschädlichmachung dieses Täters mit dem generalpräventiven Zweck der Abschreckung der andern.

3. Das Strafgesetz.[1])

Das Strafgesetzbuch beherrscht zwar, aber umfaßt bei weitem nicht das gesamte deutsche Strafrecht. Neben ihm steht das Militärstrafgesetzbuch, stehen zahllose „strafrechtliche Nebengesetze", die zusammen mit den Rechtssätzen für ein einzelnes Rechtsgebiet die Strafen für deren Übertretung aufstellen, stehen im Rahmen der Reichsstrafgesetzgebung zahlreiche Landesstrafgesetze.

Für die Ausgestaltung und Anwendung der Strafgesetze gilt der von Feuerbach formulierte Grundsatz: nullum crimen sine lege, nulla poena sine lege. „Eine Handlung kann nur dann mit einer Strafe belegt werden, wenn die Strafe gesetzlich bestimmt war, bevor die Handlung begangen wurde." (StGB. § 2, RV. Art. 116). In diesem kurzen Satze stecken fünf wichtige Rechtssätze: 1. Verbot willkürlicher Strafdrohungen, deren Voraussetzungen, und 2. Verbot unbestimmter Strafdrohungen, deren Maß ganz in das Ermessen des Richters gestellt wäre; unsere Strafgesetzgebung kennt keine „absolut unbestimmten Strafdrohungen" mehr, die dem Richter die Wahl innerhalb des gesamten Strafensystems freigeben, freilich auch nur ausnahmsweise „absolut bestimmte Strafdrohungen", die dem Richter keine

1) Zum Verständnis des folgenden Abschnitts ist der Text des Strafgesetzbuches unerläßlich.

Wahl mehr lassen (z. B. Todesstrafe für Mord), vielmehr in aller Regel „relativ bestimmte Strafdrohungen“, begrenzte „Strafrahmen“, innerhalb deren richterliches Ermessen die Strafe bestimmt; 3. Verbot der Rückwirkung einer erst nach der Handlung eingetretenen Erweiterung oder Verschärfung des Strafgesetzes (nicht aber einer nachträglichen Milderung oder Aufhebung: § 2, Abs. 2); 4. Verbot gewohnheitsrechtlicher Erweiterung der Strafgesetze; 5. Verbot „analoger“ Ausdehnung der Strafgesetze auf Fälle, die sie ihrem Wortsinn nach nicht decken, mögen sie auch dem vom Gesetze bedrohten Falle noch so ähnlich sein (z. B. Unzulässigkeit der Erstreckung des Diebstahlsparagraphen auf die Elektrizitätsentwendung, die deshalb durch ein besonderes Gesetz unter Strafe gestellt werden mußte). Dieser fünfte Rechtssatz gibt der Strafrechtspflege eine im Interesse der Rechtssicherheit gebotene, dem Laien aber nicht immer verständliche Starrheit.

Dem deutschen Strafrecht unterstehen alle auf deutschem Boden begangenen Straftaten (Territorialprinzip, § 3), außerdem eine kleine Anzahl von Straftaten, welche deutsche Interessen unmittelbar berühren, auch wenn sie von Ausländern im Ausland begangen sind (Real- oder Schutzprinzip; § 4 Abs. 2 Nr. 1 und 2). Da schließlich Deutsche dem Ausland zur Bestrafung nicht ausgeliefert werden (§ 8; RV. Art. 112 Abs. 3), ist Deutschland seinerseits verpflichtet, für die Bestrafung Deutscher Sorge zu tragen, die im Auslande eine nach dortigem wie nach deutschem Recht strafbare Handlung begangen haben (Personalprinzip; § 4 Abs. 2 Nr. 3). Man nennt den Inbegriff dieser Rechtssätze über das räumliche Anwendungsgebiet des Strafrechts das „internationale Strafrecht“. Es ist jedoch nur seinem Gegenstande, nicht seiner Quelle nach international, vielmehr ein Bestandteil der nationalen Rechtsordnung, welche sich die Grenzen ihres Anwendungsbereiches selber absteckt.

4. Das Verbrechen.

Die Straftaten (Verbrechen in weiterem Sinne) werden in Verbrechen in engerem Sinne, Vergehen, Übertretungen eingeteilt (§ 1). Die Unterscheidung beruht auf dem Maße der angedrohten Strafe. Der Artunterschied von Kriminalunrecht und Polizeiunrecht, der eine von Grund aus verschiedene Behandlung beider Gruppen — ein verschiedenes Strafensystem und ein verschiedenes Strafverfahren — fordert, ist dem geltenden Strafrecht unbekannt.

A. Der Begriff des Verbrechens.

Handlung. Das Verbrechen ist in weiterem Sinne Handlung. Der verbrecherische Wille muß in die Tat übergegangen sein (cogitationis poenam nemo patitur; fürs Denken kann man keinen henken). Die Handlung kann sein ein Tun oder ein Unterlassen. Tun oder Unterlassen sind entweder als solche unter Strafe gestellt (z. B. Hausfriedensbruch, unterlassene Anzeige bevorstehender schwerer Verbrechen) oder (meist) wegen eines herbeigeführten oder erstrebten Erfolges (Erfolgsdelikte, z. B. Tötung, Körperverletzung, Diebstahl, Brandstiftung). Eine Unterlassung kann nur dann als Ursache eines Erfolges angesehen werden, wenn Handeln geboten, Unterlassen rechtswidrig war. [Das Kindermädchen, welches sehend das Kind in den Fluß laufen und ertrinken läßt, kann wegen Tötung bestraft werden, ein unbeteiligter Zuschauer nicht.]

Rechtswidrige Handlung. Das Verbrechen ist weiter rechtswidrige Handlung. Die Rechtswidrigkeit eines mit Strafe bedrohten Tatbestandes kann aus mannigfachen Gründen ausgeschlossen sein, nicht nur durch Notwehr (§ 53), sondern auch durch Notstand (StGB. § 54, BGB. §§ 228, 904) und durch zahlreiche im Strafgesetzbuch selbst nicht erwähnte, andern Rechtsgebieten angehörige Gründe, z. B. Amtspflicht, Dienstbefehl, Selbsthilfe, Züchtigungsrecht, unter Umständen Einwilligung des Verletzten; der Satz volenti non fit injuria gilt aber keineswegs für alle Straftaten (vgl. StGB. § 216).

Zurechenbare Handlung. Die rechtswidrige Handlung muß zurechenbar, d. h. entweder vorsätzlich oder fahrlässig begangen sein. Das Wort Vorsatz hat für den Juristen eine wesentlich andere Bedeutung als im gewöhnlichen Sprachgebrauch; in diesem bedeutet es den überlegten Plan vor der Tat, dem die Tat keineswegs zu folgen braucht (mit guten Vorsätzen ist der Weg zur Hölle gepflastert); als juristisch-technischen Ausdruck dagegen bedeutet Vorsatz ein bestimmtes seelisches Verhältnis des Täters zur Tat, welches die Tat begleitet und Überlegung keineswegs voraussetzt (ist doch Totschlag vorsätzliche, aber nicht überlegte Tötung, § 212). Jenes seelische Verhältnis zur Tat und insbesondere zum Erfolg kann dreierlei Art sein: a) der Erfolg ist für den Täter der Zweck seines Handelns, sei es der Endzweck, sei es ein Mittel zu weiteren Zwecken [A tötet den B aus Rachsucht — A tötet den B, um ihn zu beerben]; in diesem Falle spricht man von einer auf den Erfolg gerichteten Absicht. b) Der Erfolg ist vom Täter als zwar nicht erstrebte, vielleicht sehr unerwünschte, aber unvermeidliche Nebenwirkung seines Handelns vorausgesehen worden [A zündet sein Haus an, um die Versicherungssumme zu bekommen, obgleich er bestimmt voraussieht, daß die Bewohner des dritten Stockwerks in den Flammen umkommen werden]; in diesem Falle redet man von einem auf den Erfolg gerichteten direkten Vorsatz. c) Der Erfolg ist vom Täter nicht als eine unvermeidliche, aber doch als eine mögliche Folge seines Handelns vorausgesehen worden [der Täter hat an die Möglichkeit gedacht, daß die Bewohner des Erdgeschosses des von ihm angezündeten Hauses umkommen könnten]. Dann muß weiter gefragt werden, ob der Täter aus Gleichgültigkeit gegen das Eintreten des Erfolges gehandelt hat („wenn schon"), oder aus Hoffnung auf sein Ausbleiben („ich riskier's"), ob er also auch gehandelt hätte, wenn er den Erfolg als sicher vorausgesehen hätte oder nicht. Im ersteren Falle ist eventueller Vorsatz (dolus eventualis) gegeben, im zweiten Falle bewußte Fahrlässigkeit; diese liegt also vor, wenn der Täter den Erfolg als möglich vorausgesehen hat, aber in der Hoffnung auf sein Ausbleiben dennoch tätig wurde. Fahrlässig herbeigeführt ist der Erfolg schließlich auch dann, wenn der Täter den Erfolg nicht vorausgesehen hat, aber nach seinen Verstandeskräften bei normaler Aufmerksamkeit hätte voraussehen können: unbewußte Fahrlässigkeit. Neben der Voraussicht oder Voraussehbarkeit des Erfolges ist zur Fahrlässigkeit erforderlich, daß der Erfolg durch eine mehr als verkehrsüblich gefährliche Handlung, durch „Außerachtlassung der im Verkehr erforderlichen Sorgfalt" (BGB. § 276) herbeigeführt wurde.

Ist Vorsatz wesentlich Voraussicht des Erfolges und Kenntnis der übrigen Tatbestandsmerkmale, so muß Irrtum über den Erfolg oder die Tatbestandsmerkmale den Vorsatz (unverschuldeter Irrtum auch die Fahrlässigkeit) ausschließen (§ 59). Irrtum schließt danach den Vorsatz nur aus, soweit er wesentlich ist — wesentlich nicht etwa für den Täter, sondern für das Gesetz: soweit der vom Täter irrtümlich erwartete Erfolg unter dasselbe Strafgesetz fällt, wie der wirklich eingetretene Erfolg, ist der Irrtum unwesentlich. [A erschießt den B, weil er ihn im Dunkeln mit dem C verwechselt — error in persona oder in objecto; A trifft versehentlich den B, der neben dem C steht — aberratio ictus: in beiden Fällen vollendete vorsätzliche Tötung; die herrschende Meinung nimmt freilich bei der aberratio ictus Idealkonkurrenz versuchter und fahrlässiger Tötung an.] Aber nur Tatirrtum schließt den Vorsatz aus, in aller Regel (Ausnahmen insbesondere für gewisse Kriegsverordnungen) nicht Rechtsirrtum (ignorantia juris nocet; Unkenntnis des Gesetzes schützt nicht vor Strafe). Man muß jedoch sorgfältig unterscheiden, ob der Täter wirklich die Rechtmäßigkeit seines Handelns fälschlich angenommen hat oder ob er Tatumstände angenommen hat, die, wenn sie wirklich vorgelegen hätten, in der Tat die Rechtmäßigkeit seines Handelns begründet hätten. [Jemand glaubt sich berechtigt, eine Ohrfeige mit einer Ohrfeige zu erwidern — Irrtum über den Umfang des Notwehrrechts, echter Rechtsirrtum, also vorsätzliche Körperverletzung. Jemand kommt einer ihm vermeintlich drohenden Ohrfeige durch Notwehr zuvor: fälschliche Annahme der Notwehrlage (Putativnotwehr), also Tatirrtum, also kein Körperverletzungsvorsatz.]

Zurechnungsfähiger Täter. Die zurechenbare Handlung muß schließlich von einem Zurechnungsfähigen begangen sein. Das Gesetz unterscheidet die Zurechnungsunfähigkeit des geistig nicht Gesunden (§ 51) und die Strafunmündigkeit des geistig noch nicht Reifen. Die verminderte Zurechnungsfähigkeit, die neben der gemilderten Strafe Maßnahmen zum Schutz der Gesellschaft: Heilung oder Verwahrung gemeingefährlicher Minderwertiger, verlangt, wird im Gesetz nicht besonders berücksichtigt. Dagegen durchläuft — nach den Bestimmungen des Jugendgerichtsgesetzes vom 16. 2. 23, das an die Stelle der §§ 55—57 des Strafgesetzbuchs getreten ist, die Strafreife mehrere Stufen: a) unbedingte Strafunmündigkeit bis zum vollendeten vierzehnten (bisher zwölften) Jahre, b) unbedingte Strafmündigkeit vom vollendeten achtzehnten Jahre an, c) zwischen 14 und 18 Jahren eine Zeit bedingter und beschränkter Strafmündigkeit — bedingt dadurch, daß der Jugendliche nach seiner geistigen und sittlichen Entwicklung fähig war, das Ungesetzliche seiner Tat einzusehen und seinen Willen dieser Einsicht gemäß zu bestimmen. Fehlt diese Fähigkeit, so kann der Jugendliche nicht bestraft, sondern nur Erziehungsmaßnahmen, insbesondere der Fürsorgeerziehung, unterworfen werden. Ist jene Fähigkeit gegeben, so kann er mit (gemilderter) Strafe belegt, daneben oder stattdessen Erziehungsmaßnahmen, insbesondere der Fürsorgeerziehung unterworfen, in besonders leichten Vergehens- oder Übertretungsfällen auch mit beiden verschont werden. Eine so umfassende Ermessensfreiheit konnte nur einem besonders befähigten Gericht anvertraut werden, einem Gerichte, in dem in strenger Trennung von den Strafsachen Erwachsener alle Jugendsachen vereinigt sind und das deshalb besondere Erfahrungen und besonderes Verständnis für die Behandlung straffälliger Jugendlicher zu erwerben in der Lage ist. Deshalb regelt das Jugendgerichtsgesetz neben dem Jugendstrafrecht auch das Jugendgericht und sein Verfahren. Das Jugendgericht wird beim Amtsgericht gebildet und ist besetzt mit dem Jugendrichter, der zugleich Vormundschaftsrichter sein soll und dadurch in die Lage versetzt wird, über den besonderen Straffall hinaus den Jugendlichen im Auge zu behalten, und mit zwei für Jugendsachen besonders geeigneten Jugendschöffen, die vom Jugendamt vorgeschlagen werden. In schwereren Sachen besteht das Gericht aus zwei Richtern und drei Schöffen. Das Verfahren ist gekennzeichnet durch die enge Zusammenarbeit des Jugendgerichts mit dem Jugendamt und mit den privaten Vereinigungen für „Jugendgerichtshilfe" und durch eine Reihe andrer Vorschriften, welche den gewöhnlichen Strafprozeß den Bedürfnissen des Jugendstrafverfahrens anpassen, z. B. den Ausschluß der Öffentlichkeit, die tunlichste Vermeidung der Untersuchungshaft. Das Jugendgerichtsgesetz, das den Erziehungsgedanken allen andern Strafzwecken überordnet, ist der Vorbote und Schrittmacher eines kommenden Strafrechts, in dessen Mittelpunkt der Besserungsgedanke stehen wird.

Strafbare Handlung. Mit den angeführten vier Merkmalen des Verbrechensbegriffs sind die Voraussetzungen der Strafbarkeit und der Verfolgbarkeit nicht voll erschöpft. Insbesondere wird bei einer Reihe von Straftaten (Antragsdelikten) die Verfolgung von einem Antrage des Verletzten abhängig gemacht, während die Mehrzahl der Straftaten auch ohne und sogar gegen den Willen des Verletzten vom Staatsanwalt zu verfolgen sind (Offizialdelikte) (vgl. §§ 61—65). Ferner kann bereits begründete Strafbarkeit nachträglich wieder in Wegfall kommen; solche Strafaufhebungsgründe sind der freiwillige Rücktritt vom Versuch (§ 46), die Verjährung, deren Fristen kürzer sind, wenn eine Verurteilung noch nicht vorlag (Verfolgungsverjährung), länger, wenn der Täter bereits verurteilt war (Vollstreckungsverjährung) (§§ 67—72) und die Begnadigung.

B. Die Erscheinungsformen des Verbrechens.

Versuch und Vollendung. Das Verbrechen kann in Gestalt des Versuchs oder in Gestalt der Vollendung vorliegen. Versuch ist strafbar bei Verbrechen immer, bei Vergehen manchmal, bei Übertretungen nie (§ 43). Er ist minder strafbar als die Vollendung (§ 44). Zum Versuch ist erforderlich: a) ein auf die Straftat gerichteter Vorsatz (Versuch fahrlässiger Straftaten ist undenkbar), b) Nichtvollendung dieses Vorsatzes. Vollendet ist ein Delikt, wenn der gesetzliche Tatbestand (nicht notwendig auch die Absicht des Täters) verwirklicht ist. Versuch liegt also vor, wenn der vom Täter erwartete Erfolg ausgeblieben ist, aber dem gewöhnlichen Sprachgebrauch zuwider auch dann, wenn ein anderes vom Täter als vorliegend angenommenes Tatbestandsmerkmal in Wahrheit fehlte (Mangel am Tatbestand). [Wer das mißbrauchte 15jährige Kind irrtümlich für noch nicht 14jährig hielt, hat versucht, mit einem noch nicht 14jährigen Kinde Unzucht zu treiben; wer ohne Kenntnis vom Tode seines Erbonkels dessen Geldschrank erbricht, hat versucht, „fremde" bewegliche Sachen wegzunehmen; sehr bestritten.] c) Anfang der Ausführung des Vorsatzes: die bloße Vorbereitungshandlung ist straflos, die Grenze zwischen Vorbereitungshandlung und Ausführungshandlung freilich fließend. — Vielumstritten ist die Strafbarkeit des untauglichen Versuchs, d. h. des Versuchs, der von vornherein nicht zur Vollendung führen konnte. [Mordversuch mit einem vermeintlich geladenen, in Wahrheit ungeladenen Gewehr — Versuch mit untauglichen Mitteln; Mordversuch an einem vermeintlich Lebenden, in Wahrheit schon Toten — Versuch am untauglichen Objekt.] Erblickt man mit der objektiven Versuchstheorie das Wesen des Versuchs in gefährlichem Tun, so muß man den ungefährlichen Versuch straflos lassen. Findet man mit der subjektiven Versuchstheorie die Strafwürdigkeit des Versuchs in dem geoffenbarten bösen Willen, so muß man mit dem Reichsgericht auch den untauglichen Versuch bestrafen.

Täterschaft und Teilnahme. Das Verbrechen kann weiter in der Form der Täterschaft oder der Teilnahme vorliegen. Die Teilnahme ist Förderung des Eintritts des Erfolges; Hilfeleistung nach der Tat, z. B. zur Flucht, ist deshalb nicht eine Teilnahmeform, sondern ein besonderer strafbarer Tatbestand (Begünstigung, § 257). Teilnahmeformen sind (vorsätzliche) Anstiftung (§ 48) und (vorsätzliche) Beihilfe (§ 49), erstere immer, letztere nur bei Verbrechen oder Vergehen strafbar.

Anstiftung und Beihilfe sind nach strenger Auffassung gleich der Täterschaft Verursachung des verbrecherischen Erfolges. Der Gesetzgeber hat jedoch besondere Bestimmungen über Anstiftung und Beihilfe für erforderlich erachtet, weil er sich scheute, jemand, der nur durch Vermittlung des freien Entschlusses eines andern einen Erfolg herbeiführt, als Verursacher dieses Erfolges zu betrachten: die freie Handlung eines andern „unterbricht den Kausalzusammenhang" und verbietet — soweit nicht eben Anstiftung oder Beihilfe gegeben sind — die Zurechnung des Erfolges. [Der Mann gibt seiner Frau in Tötungsabsicht Gift statt Arznei; diese merkt es, nimmt aber das Gift aus Kummer dennoch und stirbt daran: nur Tötungsversuch des Mannes.] Aber nur die freie Handlung unterbricht den Kausalzusammenhang: wer durch Vermittlung eines Zurechnungsunfähigen oder der unvorsätzlichen Handlung eines Zurechnungsfähigen einen verbrecherischen Erfolg herbeiführt, hat selbst den Erfolg verursacht, ist „mittelbarer Täter". [Die Frau im obigen Beispiel war wahnsinnig oder sie hatte von der Umwechslung der Arzneiflasche nichts bemerkt: vollendete Tötung seitens des Mannes.]

Anstiftung ist von mittelbarer Täterschaft scharf geschieden durch die Zurechnungsfähigkeit der zum Verbrechen veranlaßten Person und die Vorsätzlichkeit der veranlaßten Handlung.

Schwerer sind Beihilfe und Mittäterschaft zu unterscheiden. Eine objektive Theorie sucht den Unterschied in der Art des Verhaltens (dort Hilfeleistung, hier Ausführungshandlung), die subjektive Theorie des Reichsgerichts im Vorsatz des Beteiligten: der Mittäter will die Tat als eigene, der Gehilfe will fremde Tat unterstützen. [Schmierestehen beim Einbruch kann nach der objektiven Theorie immer nur Beihilfe, nach der subjektiven Theorie unter Umständen — z. B. Halbpart am Erlös — Mittäterschaft sein.]

Die Strafbarkeit der Teilnahme hängt ab von der Strafbarkeit der Haupttat (Akzessorietät der Teilnahme). [Mit dem Selbstmord sind auch Anstiftung und Beihilfe nicht strafbar. Bei Zurechnungsunfähigkeit des Haupttäters keine strafbare Anstiftung oder Beihilfe, — vielmehr mittelbare Täterschaft.] Nur die Straflosigkeit der Haupttat, nicht aber die persönliche Straflosigkeit des Haupttäters kommt jedoch den Teilnehmern zugute, nur ein „Unrechtsausschließungs"grund, nicht ein bloß „persönlicher Strafausschließungsgrund". [Persönlicher Strafausschließungsgrund ist z. B. der Mangel der „Einsicht" bei Jugendlichen — also Strafbarkeit des Teilnehmers trotz Straflosigkeit des jugendlichen Haupttäters.]

Vermöge der Akzessorietät der Teilnahme ist ferner der Strafrahmen der Haupttat auch auf die Teilnehmer anzuwenden (auf den Gehilfen in entsprechender Herabsetzung, § 49). Folgerichtig müßte danach der Sohn, der einem Dritten bei der Tötung des Vaters Beistand geleistet hätte, nur wegen gemeinen Totschlags, der Dritte, der dem Sohn zur Tötung des Vaters geholfen hätte, wegen „Aszendententotschlags" (§ 215) bestraft werden; dem beugt § 50 vor.

Endlich folgt aus der Akzessorietät der Teilnahme, daß die bloß versuchte Anstiftung, welche die Haupttat nicht hervorgerufen, die bloß versuchte Beihilfe, welche die Haupttat nicht erreicht hat, straflos bleibt.

Verbrechenseinheit und Verbrechensmehrheit. Schließlich kann das Verbrechen in der Erscheinungsform der Verbrecheneinheit oder der Verbrechensmehrheit auftreten. Die mehreren Verbrechen können durch mehrere Handlungen verwirklicht werden [eine Notzucht, ein Ehebruch, eine Blutschande als selbständige Handlungen] oder durch eine Handlung [jemand notzüchtigt seine verheiratete Tochter]. Die mehrtätige Verbrechensmehrheit nennt man Realkonkurrenz (§ 74), die eintätige Idealkonkurrenz (§ 73). Im Falle der Idealkonkurrenz wird nur auf eine Strafe erkannt, die dem strengsten Strafgesetz zu entnehmen ist (Absorptionsprinzip). Im Falle der Realkonkurrenz werden die mehreren Strafen nebeneinander ausgesprochen (Kumulationsprinzip), Freiheitsstrafen werden aber in der Regel zu einer „Gesamtstrafe" zusammengezogen, die kürzer als ihre Summe zu sein hat. Realkonkurrenz liegt jedoch nur vor bei einer Mehrheit „selbständiger" Handlungen" (§ 74). Unselbständig sind die mehreren Akte einer „fortgesetzten Handlung", von denen zwar jeder einzelne genügt, um den Tatbestand zu verwirklichen, die aber dennoch zusammen nur eine Handlung bilden. [Das Dienstmädchen behält täglich beim Einholen einen Teil des anvertrauten Geldes für sich.] Die objektive Theorie sucht das Einheitsprinzip des fortgesetzten Delikts in der Gleichartigkeit der Begehung, die subjektive Theorie des Reichsgerichts in der Einheit des Vorsatzes.

5. Das Strafensystem.

Über die Hauptstrafen des geltenden Rechts: Todesstrafe — Zuchthaus — Gefängnis — Festung — Haft und über die Nebenstrafen §§ 13 bis 42 StGB.

Die Todesstrafe ist ein Fremdkörper in unserem Strafensystem. Sie war das natürliche Endglied einer Kette von Leibesstrafen, die von peinlicher Gefangenschaft über die körperliche Züchtigung, die verstümmelnden Strafen bis hinauf zu der selbst vielfach abgestuften Todesstrafe führte. Sie steht nach der Abschaffung aller anderen Leibesstrafen ganz verbindungslos und unvergleichbar inmitten eines Systems von Freiheits- und Geldstrafen. Sie ist eine Forderung des Vergeltungsgedankens nur dann, wenn man ihn im Sinne des sonst überwundenen Talionsgedankens auffassen wollte: Blut um Blut. Daß auch der Zweckgedanke sie nicht fordert, beweisen die Erfahrungen der Länder, die ihrer seit langem entraten, Italiens, Rumäniens, Portugals, Hollands und Norwegens, einer Reihe schweizerischer Kantone und amerikanischer Staaten. In einem künftigen gemeinsamen deutsch-österreichischen Strafgesetzbuch ist die Todesstrafe schon deshalb unmöglich, weil Österreich sie durch seine Verfassung ausschließt.

Der Vollzug der Freiheitsstrafen ist, von den dürftigen Bestimmungen des StGB.s abgesehen, reichsrechtlich nicht geordnet. Die Länder haben sich jedoch über „Grundsätze für den Vollzug von Freiheitsstrafen" (vom 7. 6. 23) geeinigt. Diese Grundsätze bilden die erste Grundlage zu einem künftigen Reichsstrafvollzugsgesetz. Ein Reichsstrafvollzugsgesetz ist dringende Notwendigkeit, die mangelnde Rechtseinheit auf dem wichtigsten Gebiete des Strafrechts und die Begründung tiefster Eingriffe in die persönliche Freiheit durch Verordnungen der Länder nicht länger erträglich.

Die Freiheitsstrafe war in ihren Anfängen nur eine Art der Leibesstrafe gewesen. Wir sahen, wie sie sich durch Howard und die pennsylvanischen Quäker dem Besserungsgedanken erschloß. Die beiden Gedanken: Erziehung durch Arbeit und Erziehung durch Einsamkeit, wurden miteinander verschmolzen. Hinzu trat der dritte Gedanke, daß der Gefangene sich während der Strafe das Recht auf Freiheit Schritt für Schritt erkämpfen müsse, der englische Gedanke des „progressiven Strafvollzugs": durch Haltung und Leistung erwirbt sich der Gefangene das Recht, aus der Einzelhaft in die Gemeinschaftshaft mit einer Stufenfolge zunehmender Vergünstigungen, aus der Gemeinschaftshaft etwa noch in eine Zwischenanstalt mit größerer Bewegungsfreiheit überführt, schließlich unter der Bedingung des Wohlverhaltens auf Widerruf in der Freiheit entlassen zu werden. Wenigstens das letzte Glied dieser Kette, die „vorläufige Entlassung" hat auch unser StGB. übernommen (§§ 23 bis 26). Die höchste Form des Progressivsystems ist das Reformatorysystem (zuerst 1876 in Elmira im Staate New-York), welches die Aufgaben, die der Strafvollzug dem Gefangenen stellt, den Anforderungen, die das Leben an ihn stellen wird, nach Kräften anpaßt, durch schwere Anforderungen in körperlicher, beruflicher und allgemeiner Bildungs-Arbeit den Willen des Gefangenen stählt und seine Fähigkeiten hebt und verbunden ist mit dem Gedanken des „unbestimmten Strafurteils", das nicht auf eine bestimmte Strafdauer lautet, vielmehr innerhalb eines Maximums und eines Minimums den Gebesserten, früher, den Ungebesserten später zu entlassen gestattet. Diese Anregungen haben bei uns im Strafvollzug gegen Jugendliche vereinzelt Aufnahme gefunden (Jugendgefängnis zu Wittlich an der Mosel 1912, Hahnöfersand bei Hamburg 1920). Die oben erwähnten Grundsätze v. 7. 6. 23 bestimmen: „Bei längeren Strafen ist der Vollzug in Stufen anzustreben. Er soll die sittliche Hebung dadurch fördern, daß dem Gefangenen Ziele gesetzt werden, die es ihm lohnend erscheinen lassen, seinen Willen anzuspannen oder zu beherrschen. Der Vollzug in Stufen soll auf der Grundlage aufgebaut sein, daß der Strafvollzug je nach dem Fortschreiten der inneren Wandlung des Gefangenen seiner Strenge entkleidet und durch Vergünstigungen, die nach Art und Glied allmählich gesteigert werden, gemildert und schließlich so weit erleichtert wird, daß er den Übergang in die Freiheit vorbereitet. Die Landesregierungen werden eine Vereinbarung einheitlicher Grundsätze für den Vollzug in Stufen treffen, sobald die erforderlichen Erfahrungen gewonnen sind." Die Grundsätze bringen also wenigstens eine grundsätzliche Sympathieerklärung für den progressiven Strafvollzug. Seine gesetzliche Einführung muß von dem künftigen Reichsstrafvollzugsgesetz erwartet werden.

Die Freiheitsstrafe kann aber bessernde Wirkungen nur bei längerer Dauer entfalten. Kurze

Freiheitsstrafen von wenigen Tagen oder Wochen sind nicht nur nutzlos, sondern geradezu schädlich. Der „Kampf gegen die kurzzeitige Freiheitsstrafe" stand deshalb von vornherein auf dem Programm der Strafrechtsreform. Im künftigen Strafrecht müßte die Freiheitsstrafe an ein Mindestmaß, mindestens eine Woche, gebunden werden, aber damit wäre den Reformforderungen im Sinne der Vermeidung kurzer Freiheitsstrafen noch nicht genügt. Dem Ersatz kurzer Freiheitsstrafen durch Geldstrafen dient das Geldstrafengesetz vom 21. 12. 21 (neugestaltet unter dem 27. 4. 23) — ein erster, wichtiger Schritt zur kommenden Strafrechtsreform. Nach diesem Gesetze kann auch dann, wenn für ein Vergehen nur Freiheitsstrafe angedroht ist, an Stelle verwirkter Freiheitsstrafen von weniger als drei Monaten auf Geldstrafen erkannt werden, falls der Strafzweck durch eine Geldstrafe erreicht werden kann. Die Freiheitsstrafe wird damit zur ultimo ratio, die Geldstrafe tritt in die vorderste Linie des Strafensystems. Sie bedurfte selbst unter dreifachem Gesichtspunkte der Neuordnung durch das Geldstrafengesetz: Anpassung an die Geldentwertung, Bemessung im Hinblick auf die wirtschaftlichen Verhältnisse des Verurteilten, Vermeidung der Ersatzfreiheitsstrafe für unbeitreibbare Geldstrafen. Diesem dritten Gesichtspunkt trägt das Geldstrafengesetz Rechnung durch Zulassung von Zahlungsfristen und Teilzahlungen, durch die grundsätzliche Ermöglichung der Abarbeitung von Geldstrafen statt ihrer Absitzung, durch die Beschränkbarkeit der Ersatzfreiheitsstrafe auf den Fall schuldhafter Zahlungsunfähigkeit.

Muß trotz des erweiterten Anwendungsbereiches der Geldstrafe auf Freiheitsstrafe erkannt werden, so ermöglicht es die Einrichtung des „bedingten Straferlasses", auf den Vollzug dieser Freiheitsstrafe vorläufig und bei Wohlverhalten während einer Bewährungsfrist endgültig zu verzichten. Dieser bedingte Straferlaß ist bei uns durch eine entsprechende Handhabung des Begnadigungsrechtes, als „bedingte Begnadigung", bereits in umfang- und segensreichem Maße wirksam. Im Jugendgerichtsgesetz ist er, für Jugendliche, erstmals gesetzlich geregelt worden. Auch er gliedert sich dem System der Maßregeln zur Vermeidung kurzer Freiheitsstrafen ein.

Die Freiheitsstrafe ist schon deshalb nur im Notfalle anzuwenden, weil sie geeignet ist, vor der öffentlichen Meinung dem Vorbestraften einen Makel anzuheften. Jedenfalls aber sollte der Gesetzgeber es verschmähen, seinerseits den Bestraften der moralischen Lynchjustiz der Gesellschaft auszuliefern, die zum schwersten Hindernis seines Wiederemporkommens werden muß. Nicht als einen Entehrten, sondern als einen Entsühnten sollte der Strafvollzug dem Bestraften die Freiheit wiedergeben. Das geltende Recht kennt nicht nur die Nebenstrafe des Verlustes der bürgerlichen Ehrenrechte, es heftet vielmehr an die schwerste Freiheitsstrafe den automatischen Verlust gewisser Ehrenrechte und macht die Zuchthausstrafe dadurch zugleich zu einer Ehrenstrafe. Mit den Ehrenstrafen wird deshalb in einem künftigen Strafgesetzbuch auch die Zuchthausstrafe, die dem bürgerlichen Tode gleichkommt, beseitigt und durch eine Freiheitsstrafe mit neuem unbeflecktem Namen und ohne ehrenmindernde Folgen ersetzt werden müssen. Aus ähnlichen Gründen wird die Polizeiaufsicht in ein neues Strafgesetzbuch nicht aufzunehmen sein. Der berühmte Fall des „Hauptmanns von Köpenick" hat vor anderen weitesten Kreisen das Schuldkonto der Polizeiaufsicht offengelegt.

Aber auch ohne Ehrverlust und Polizeiaufsicht folgt dem Bestraften das Gespenst seiner Vorstrafe überall nach. Auch diese Nachwirkungen der Strafe müssen nach einer bestimmten Zahl von Jahren einwandfreier Führung durch „Rehabilitation" aufgehoben werden. Das Straftilgungsgesetz vom 9. 4. 1920 regelt die beschränkte Auskunft über Vorstrafen und ihre schließliche Tilgung im Strafregister.

Auf der anderen Seite gilt es, die Gesellschaft vor gemeingefährlichen und unverbesserlichen Verbrechern auch nach Ablauf ihrer Strafzeit zu schützen. Gegen vielfach rückfällige

Gewohnheitsverbrecher muß nicht nur lange Freiheitsstrafe, sondern gegen den Ungebesserten im Anschluß an die Freiheitsstrafe Sicherungsverwahrung auf unbestimmte Zeit ermöglicht werden. Überhaupt muß dem Strafensystem ein System „sichernder Maßnahmen" angebaut werden, die zum Unterschied von der Strafe ohne generalpräventiven Zweck ausschließlich der Spezialprävention dienen: Heilung oder Verwahrung des gemeingefährlichen Zurechnungsunfähigen oder gemindert Zurechnungsfähigen, Wirtshausverbot gegen den Gelegenheits-, Trinkerheilanstalt gegen den Gewohnheitstrinker.

Das sind die wesentlichsten Neuerungen, die das kommende Strafgesetz uns bringen wird.[1]

II. Das Strafverfahren.

1. Geschichte des Strafverfahrens.

In der Geschichte des Strafverfahrens spiegelt sich deutlich der Wandel der Staatsauffassungen, die Entwicklung vom Feudalstaat über den absoluten Staat zum Verfassungsstaat.

Dem Mittelalter ist das Verbrechen wesentlich eine Verletzung der dadurch betroffenen Privatperson, und dieser privatrechtlichen Auffassung des Verbrechens entspricht folgerichtig eine zivilprozessuale Auffassung des Strafprozesses. Wie im heutigen Zivilprozeßrecht, so galt im mittelalterlichen Strafprozeßrecht, daß es zu einem Verfahren nur dann kommt, wenn der Verletzte klagt (Privatklage), daß das Geständnis des Beklagten ohne Nachprüfung als wahr unterstellt wird (formelle Wahrheit), daß über bestrittene Tatsachen nur die von den Parteien angetretenen Beweise erhoben werden (Beweislast der Parteien). Beweisen muß aber, anders als im heutigen Zivilprozeß, nicht der Kläger die Schuld, sondern der Beklagte seine Unschuld. Dies hat seinen Grund darin, daß die Beweismittel solcher Art waren, daß sie jedermann, der sich unschuldig fühlte, zur Verfügung standen: Unschuldseid, unterstützt durch Eideshelfer, Gottesurteil, Herausforderung des Anklägers zum gerichtlichen Zweikampf. Wenn also der Verletzte nicht Mut und Macht genug besaß, um die Privatklage wagen zu dürfen, oder der Missetäter Gewissenlosigkeit und Anhang genug hatte, um sich unter Mitwirkung von Eideshelfern freizuschwören, so blieb das Verbrechen ungeahndet. Ein solches Strafverfahren mußte gegenüber dem Gewohnheitsverbrechertum und Raubritterwesen des endenden Mittelalters versagen. Nur vorübergehende und unvollkommene Abhilfe brachten die Vemgerichte (Blütezeit: 15. Jh.). Sie waren aus den westfälischen Landgerichten hervorgegangen, die zum Unterschied von den andern, landesherrlich gewordenen, Landgerichten besonders lange die unmittelbare Ableitung ihrer Gerichtsgewalt vom Kaiser gewahrt hatten und darauf jetzt den Anspruch der Zuständigkeit für ganz Deutschland gründeten, jedoch nur bei todeswürdigen Verbrechen und Rechtsverweigerung durch das zunächst zuständige Gericht. Die Freischöffen und Freigrafen des Vemgerichts bildeten einen über ganz Deutschland verbreiteten Geheimbund, dessen Mitgliedern in Vemgerichtsfällen die Pflicht zur Anklageerhebung oblag.

Durchgreifende Abhilfe brachte erst die Rezeption. Durch die Peinliche Gerichtsordnung Kaiser Karls V. von 1532, welche das neue Recht den ungelehrten Schöffen nahebringen sollte (siehe oben S. 53), fand in Deutschland Eingang der Inquisitions- (Untersuchungs-) prozeß (von dem die Ketzerinquisition der Kirche nur eine besondere Erscheinungsform darstellt). Das bleibende Verdienst des Inquisitionsprozesses ist die Erkenntnis, daß Verbrechensverfolgung Staatsaufgabe, nicht Privatangelegenheit des Verletzten ist, sein verhängnisvoller

1) Das Strafgesetzbuch zerfällt in einen allgemeinen und einen besonderen Teil. Das Allerwesentlichste aus dem allgemeinen Teil wurde vorgetragen. Die einzelnen Straftaten des besonderen Teils gestatten eine gedrängte Darstellung nicht. Es wird auf den Text des Gesetzes verwiesen.

Fehler, daß er die staatliche Verbrechensverfolgung dem Richter übertrug, der dadurch Richter und Partei in einer Person wurde. Hatte im bisherigen Anklageprozeß gegolten: Wo kein Kläger, da kein Richter, so ist es das Wesen des Inquisitionsverfahrens, daß in ihm der Richter ohne erhobene Anklage, „von Amts wegen" einschreiten darf. Hatte sich der Anklageprozeß zwischen drei Subjekten abgespielt: Kläger, Angeklagter und Richter, so hatte der Inquisitionsprozeß deren nur zwei: Richter und Beschuldigten. Die zweite Eigentümlichkeit des Inquisitionsprozesses lag in seinem Beweisrecht. Er ersetzte, und das war wiederum ein dauernder Fortschritt, die alten auf Glauben und Aberglauben gegründeten Beweismittel: Gottesurteil und Zweikampf durch die heutigen vernunftgemäßen Beweismittel, vor allem die Zeugenaussage, und infolgedessen auch die Belastung des Angeklagten mit dem Unschuldbeweise durch die Belastung des Richters mit der Überführung des Angeklagten. Er war auch ängstlich bemüht, richterlichen Irrtum und richterliche Willkür bei der Überführung durch eine genaue gesetzliche Regelung ihrer Erfordernisse (eine gesetzliche Beweistheorie) auszuschließen: nur dann soll der Verdächtige verurteilt werden, wenn er entweder geständig oder durch zwei Augenzeugen seiner Tat überführt ist. Da man also den Verdächtigen, der nicht so unvorsichtig gewesen war, zu seiner Tat zwei Augenzeugen hinzuzuziehen, sich auch zu einem Geständnis nicht herbeiließ, nicht verurteilen konnte, andererseits aber denjenigen, der etwa kurz nach dem Mord nahe dem Orte der Tat mit blutiger Axt betroffen und im Besitz der Börse des Ermordeten befunden war, nicht wohl einfach laufen lassen konnte, war man genötigt, sein Geständnis zu erzwingen: durch die Folter. So führte die allzugroße Vorsicht der gesetzlichen Beweistheorie zu der größten Unvorsichtigkeit, deren sich ein Strafprozeßgesetzgeber überhaupt schuldig machen kann. Freilich sollte die peinliche Frage nur angewendet werden, wenn der Verdacht der Gewißheit nahe käme, wenn Verdachtstatsachen (Indizien) von so großer Beweiskraft vorlägen, daß wir heute ohne weiteres verurteilen würden, aber man setzte sich darüber, zumal in den Hexenprozessen (Blütezeit: 17. Jh.), immer mehr hinweg. Rechtlos steht der Beschuldigte in düsterer Folterkammer einem erbarmungslosen Inquirenten gegenüber, unfähig, mit lebendigem Wort zum Ohre seines Richters zu dringen, der tief gelehrt und volksfremd, nur auf Grund des toten Schriftwerks von Folter- und Zeugenprotokollen über ihn urteilt (Quod non in actis, non in mundo); das Licht der Öffentlichkeit sieht er erst wieder, wenn man ihn hinausführt, um ihn mit dem Schwerte, dem Rade, dem Feuer zu richten oder ihn an den lichten Galgen zu hängen. Unendlich weit hat sich der Strafprozeß entfernt von dem Rechtsgang des Mittelalters, da öffentlich unter der Gerichtslinde Schöffen aus dem Volke nach mündlichem Redekampf der Parteien ihr Urteil fanden.

Dieses ganze festgefügte Gebäude des Inquisitionsprozesses geriet ins Wanken, als ein aufgeklärteres und menschlicheres Zeitalter aus ihm die Folter herausnahm. Wie revolutionär jener Erlaß war, durch den im Jahre 1740 Friedrich der Große die Folter allererst aufhob, ermißt man erst recht, wenn man erfährt, daß der bayerische Strafkodex von 1751 in der Folter noch ein Überführungsmittel von unanzweifelbarer Berechtigung erblickt, daß noch das österreichische Strafgesetzbuch Maria Theresias von 1768 in schauerlicher Genauigkeit durch sauber gestochene Kupfer die Folterwerkzeuge veranschaulicht, daß im Jahre 1806 der große Strafrechtslehrer Feuerbach die Zustimmung eines so aufgeklärten Herrschers wie Max Joseph von Bayern zur Abschaffung der Folter nur mit Mühe gewann und in andern deutschen Staaten die Folter auch dann noch in Resten weiterbestand. Die Folter beseitigen hieß ja zugleich die gesetzliche Beweistheorie aufgeben, den Grundsatz, daß nur auf Geständnis oder Augenzeugen, nicht auf noch so schwere Indizien hin verurteilt werden könne, und dazu konnte man sich nur schwer und langsam entschließen.

Nur auf dem Hintergrunde dieser geschichtlichen Entwicklung sind die Grundsätze des modernen Strafprozesses verständlich, die sich nach französischem Vorbilde in Deutschland durch die Revolution von 1848 ausbildeten: Anklageprinzip — freie Beweiswürdigung — Mündlichkeit — Öffentlichkeit — Laiengerichte.

Zwei Hebel waren in der Entwicklung des Strafverfahrens wirksam gewesen: das Bedürfnis erhöhten Schutzes des Staates gegen den Schuldigen hatte vom mittelalterlichen Strafverfahren zum Inquisitionsprozeß geführt, das Bedürfnis erhöhten Schutzes des Schuldigen gegen den Staat vom Inquisitionsprozeß zum heutigen Strafverfahren. Auf einem Ausgleich dieser beiden Interessen beruht jeder gute Strafprozeß.

Der heutige deutsche Strafprozeß ist geregelt durch das Gerichtsverfassungsgesetz und die Strafprozeßordnung. Beide stammen aus dem Jahre 1877; ihre Neugestaltung ist seit langem gefordert und immer wieder vergeblich versucht worden.

2. Grundsätze.

Offizialprinzip. Unser Strafverfahren wird beherrscht und durchwaltet von sechs Grundsätzen: Zunächst dem Offizialprinzip (d. h. Amtsprinzip): Verbrechensverfolgung ist Amtssache, Staatssache. In diesem Grundsatze drückt sich der Fortschritt des Inquisitionsprozesses gegenüber dem mittelalterlichen Strafverfahren und der bestimmende Unterschied des Strafverfahrens vom Zivilprozeß aus. Zivilprozesse werden von Privatpersonen im Privatinteresse geführt, Strafprozesse im Staatsinteresse vom Staat. Dort klagt der Verletzte, hier der Staatsanwalt. Dort müssen die Parteien den Beweis antreten (Beweislast), hier erhebt ihn auch ohne Veranlassung der Parteien der Richter. Dort gilt für wahr, was eine Partei behauptet und die andere nicht bestreitet (formelle Wahrheit), hier wird selbst das Geständnis vom Richter noch auf seine Wahrheit nachgeprüft (materielle Wahrheit). Dort kann keiner Partei mehr zugestanden werden, als sie beantragt, hier ist der Richter durch die Anträge der Parteien nicht gebunden, kann den Angeklagten strenger bestrafen als der Staatsanwalt, milder als er selbst es verlangt.

Der Grundsatz der staatlichen Verbrechensverfolgung findet seine Verkörperung in dem öffentlichen Ankläger, dem Staatsanwalt. Der Staatsanwalt allein ist befähigt, Strafanklagen zu erheben (Anklagemonopol), dafür aber auch verpflichtet, bei jedem zureichenden Verdacht einer strafbaren Handlung einzuschreiten (§ 152 Abs. 2 StPO.); nicht Staatsinteresse und Zweckmäßigkeit — ob die Strafe in diesem Falle nötig oder doch nützlich ist — vielmehr allein das Gesetz — daß die Strafe für solche Fälle allgemein angedroht ist — hat ihn bei der Anklageerhebung zu bestimmen (Legalitätsprinzip), ein Grundsatz, der vor staatsanwaltlicher Willkür sichert, aber auch ein Übermaß an bedeutungslosen Strafverfahren verschuldet. An Stelle dieser unbedingten Anklagepflicht tritt freies Ermessen des Staatsanwalts nur dort, wo ausnahmsweise das staatsanwaltliche Anklagemonopol durchbrochen und dem Verletzten selbst vom Gesetze das Recht zur Erhebung der Strafanklage (Privatklage) zugestanden ist: bei gewissen Körperverletzungen, Beleidigungen, Tatbeständen des unlauteren Wettbewerbs und neuerdings in stark erweitertem Umfange (StPO. § 414).

Akkusations- oder Anklageprinzip. Der mittelalterliche Strafprozeß war aufgebaut auf die Privatklage des Verletzten, der Inquisitionsprozeß auf die staatliche Verbrechensverfolgung durch den Richter. Das heutige Strafverfahren entnimmt dem Inquisitionsprozeß den Grundsatz der staatlichen Verbrechensverfolgung (Offizialprinzip), greift aber zugleich auf den mittelalterlichen Grundsatz zurück: Wo kein Kläger, da kein Richter (Akkusations- oder Anklageprinzip), und gelangt durch die Verbindung beider Grundsätze zu dem Prinzip der Staatsanklage und zu dem Amte des öffentlichen Anklägers: des Staatsanwalts, der erst mit jenem Grundsatz aus Frankreich nach Deutschland importiert wurde. Der Inquisitionsprozeß hatte nur zwei Prozeßsubjekte gehabt: Richter und Beschuldigten, hatte dadurch den Beschuldigten in Wahrheit einem mit richterlicher Machtvollkommenheit ausgestatteten Ankläger wehrlos preisgegeben, ihn zu einem rechtlosen Objekt des Verfahrens gemacht, nur dazu da, Beweise gegen sich selbst zu liefern (Folter!). Der gegenwärtige Strafprozeß kennt wieder drei Prozeßsubjekte: Richter, Ankläger und Angeklagten. Er ist gleich dem Zivilprozesse ein Parteienstreit vor dem eben deshalb unparteiischen Richter. Der Angeklagte ist Partei, Subjekt des Verfahrens, in erster Linie dazu da, nicht sich zu belasten, sondern sich zu verteidigen. Ob er etwas (nicht etwa *was* er) auf die Beschuldigung zu erwidern habe, fragt ihn der Richter (§ 136 StPO.); er darf schweigen, er darf ungestraft die Unwahrheit sagen; es wäre Pflichtwidrigkeit, wenn der Richter ihm ein Geständnis ablocken oder abdringen wollte. Als Partei ist der Angeklagte dem Staatsanwalt grundsätzlich gleichgestellt (Waffengleichheit). Um dem geschäftsgewandten und rechtskundigen Staatsanwalt auch tatsächlich ebenbürtig zu sein, kann der Angeklagte immer, *muß* er sogar in schwereren Fällen einen Verteidiger haben (notwendige Verteidigung, § 140 StPO.), der ihm, wenn er sich nicht selbst einen Verteidiger wählt (Wahlverteidiger), vom Gericht bestellt wird (Offizialverteidiger).

Aus dem Parteiprinzip würde bei strenger Durchführung folgen, daß ohne jede Beteiligung des Richters der Ankläger seine Anklage, der Angeklagte und sein Verteidiger die Verteidigung vorbereiteten, und daß auch in der Hauptverhandlung dem Richter nur die Leitung der Verhandlung und schließlich die Entscheidung obläge, die gesamte Vorführung der Beweise, insbesondere die Vernehmung der Zeugen, den Parteien überlassen bliebe (Kreuzverhör). Das ist in der Tat das Wesen des englischen Strafverfahrens, und auch die Neugestaltung des unseren wird sich in gleicher Richtung bewegen. Heute aber erleidet die Durchführung des Parteiprinzips noch mannigfache Ausnahmen. In Strafsachen geringerer Schwere zwar ist die Vorbereitung der Anklage ausschließlich der Staatsanwaltschaft und zu ihrer Unterstützung der Polizei überlassen; sie muß sich nur dann an den Amtsrichter wenden, wenn sie unwiederholbare Beweisaufnahmen (z. B. eine Vernehmung eines Zeugen auf dem Totenbette) oder Zwangsmaßregeln (z. B. Haftbefehl) für notwendig hält, welch letztere sie nur bei Gefahr im Verzuge und grundsätzlich nur vorläufig vornehmen kann (sog. vorläufige Festnahme im Gegensatze zur Verhaftung). In schwereren Strafsachen (§ 176 StPO.) hat dagegen das Vorverfahren zwei Abschnitte: dem „vorbereitenden Verfahren" des Staatsanwaltes folgt die richterliche „Voruntersuchung", und der Untersuchungsrichter, in Wahrheit ein zweiter Staatsanwalt in richterlichem Gewande, ist nichts anderes als der alte Inquirent und wird deshalb bei der kommenden Strafprozeßreform vielleicht beseitigt werden. Auch in der Hauptverhandlung nimmt der Richter nicht lediglich die Stelle eines unparteiischen Leiters der Verhandlungen ein, er verhandelt selbst, er verhört den Angeklagten, er vernimmt die Zeugen, er muß sich dazu auf Grund der einseitig staatsanwaltlichen und untersuchungsrichterlichen Akten des Vorverfahrens bereits vor der Hauptverhandlung ein Bild von der Sachlage gemacht haben und gerät dadurch in die Gefahr, aus der überparteilichen Richterrolle unversehens auf die Seite der Anklage abzugleiten.

Unmittelbarkeit. Die Hauptverhandlung steht unter dem Grundsatze der Unmittelbarkeit oder Mündlichkeit. Unmittelbar, wie im mittelalterlichen Strafverfahren, nicht durch die Vermittlung eines Protokolls wie bei dem Inquisitionsprozeß (Aktenversendung) sollen dem erkennenden Richter die Verteidigung des Angeklagten, die Aussagen der Zeugen, die Gutachten der Sachverständigen zur Kenntnis gelangen. Damit der lebendige Eindruck, nicht die schriftlich festgehaltene Erinnerung dem Urteile zugrunde liege, sind (anders als im Zivilprozeß, der sich oft in einer langen Reihe von Terminen mit großen Zwischenräumen abrollt) Verhandlung und Beweisaufnahme in einer Hauptverhandlung konzentriert, die sich bei Gefahr der Wiederholung in einem Zuge, mit höchstens dreitägiger Unterbrechung, abrollen muß (Grundsatz der Konzentration, § 228 StPO.). Trotz der grundsätzlichen Mündlichkeit des Verfahrens spielt freilich im Strafverfahren das Schriftwerk eine sehr erhebliche Rolle. Lediglich auf Grund der Akten des Vorverfahrens, ohne persönliches Gehör des Beschuldigten und mündliche Zeugenvernehmung ergeht insbesondere der Gerichtsbeschluß über die Eröffnung des Hauptverfahrens. Eben deshalb verfehlt diese Einrichtung ihren Zweck, den nicht hinreichend Verdächtigen vor der öffentlichen Hauptverhandlung zu bewahren, die ja auch im Falle eines Freispruchs noch ein Übel bleibt (semper aliquid haeret). Denn das Gericht wird schwerlich auf Grund derselben Tatsachen, welche die Staatsanwaltschaft zu dem Antrage auf Eröffnung des Hauptverfahrens (der Anklageerhebung) bestimmt haben, seinerseits zu dem entgegengesetzten Beschlusse gelangen, das Verfahren einzustellen, und pflegt deshalb rein formularmäßig die Eröffnung zu beschließen. Und so bewirkt die wohlgemeinte Einrichtung des Eröffnungsbeschlusses nur, daß der Angeklagte von vornherein mit der gerichtlichen Bescheinigung „hinreichenden Verdachtes" vor das erkennende Gericht tritt. Aber auch noch in die Hauptverhandlung reicht, wie schon erwähnt, der Einfluß der Akten des Vorverfahrens, die dem Vorsitzenden zur Vorbereitung dienen und geeignet sind, ihn im Sinne der Ergebnisse des Vorverfahrens voreinzunehmen.

Freie Beweiswürdigung. „Über das Ergebnis der Beweisaufnahme entscheidet das Gericht nach seiner freien, aus dem Inbegriffe der Verhandlung geschöpften Überzeugung" (§ 260 StPO.) — ungebunden durch eine gesetzliche Beweistheorie über Maß und Art der erforderlichen Schuldbeweise, wie sie der Inquisitionsprozeß aufstellte, aber nur zusammen mit der Folter aufrecht erhalten konnte. Es gilt heute der Grundsatz der freien Beweiswürdigung. Genau so frei, wie der Geschichtsforscher seine Quellen, würdigt der Richter die Aussagen des Angeklagten und der Zeugen. Nicht mehr nur auf Grund von Geständnis oder Augenzeugnis kann er verurteilen, er kann auch den Nichtgeständigen schuldig sprechen wegen einer Tat, die niemand sah, wenn Verdachtstatsachen (Indizien) in solcher Fülle vorliegen, daß die Annahme der Unschuld so unwahrscheinlich ist, daß sie als unmöglich erachtet werden muß. Er kann auch dem unbeeidigten Zeugen Glauben schenken, auch dem beeidigten Zeugen den Glauben versagen, je nach seinem Eindrucke von ihrer persönlichen Glaubwürdigkeit; kein gesetzlicher Zeugenkatalog bindet ihn mehr, Zeugen bestimmten Alters, bestimmten Rufs oder Berufs ganz allgemein für weniger glaubwürdig als andere zu halten. Es ist seinem freien Ermessen überlassen, ob über eine wissenschaftliche Frage, etwa die nach dem Geisteszustande des Angeklagten, das Urteil seines eigenen gesunden Menschenverstandes genügend oder das Gutachten eines Sachverständigen erforderlich sei, und ob er sich dann diesem Gutachten anschließen oder sich darüber hinwegsetzen will. Ihn bindet auch, anders als im Zivilprozeß, nicht das Geständnis des Angeklagten, er kann auch den Geständigen freisprechen, wenn er etwa den Eindruck gewinnt, daß das Geständnis unwahr und nur abgelegt ist, um dem Geständigen für den Winter Unterschlupf im Gefängnis zu schaffen (vgl. die ergreifende Justiznovelle „Crainquebille" von Anatole France). Während schließlich im Zivilprozesse der Richter genötigt ist, eine Tatsache, wenn die schwurpflichtige Partei den Eid darüber leistet, ungeprüft für wahr, wenn sie ihn verweigert, ungeprüft für unwahr zu halten, ist dem Strafverfahren der Parteieid — der frühere Reinigungseid des Angeklagten — heute gänzlich unbekannt.

Öffentlichkeit. Die Wahrung aller dieser Grundsätze steht unter der Kontrolle der Öffentlichkeit und damit insbesondere auch der Presse und des Parlaments. Der moderne Strafprozeß hat die im Inquisitionsprozeß verloren gegangene Öffentlichkeit des mittelalterlichen Strafverfahrens wieder hergestellt. Die Öffentlichkeit für jedermann ist jedoch nur für die Hauptverhandlung vorgeschrieben, mit Ausnahmen bei Gefährdung der öffentlichen Ordnung oder der Sittlichkeit. Für die Beweisaufnahmen im Vorverfahren wird die Parteienöffentlichkeit erwogen, d. h. das Recht des Angeklagten, des Verteidigers, des Staatsanwalts auf Anwesenheit; wird sie bei der Reform des Strafverfahrens grundsätzlich eingeführt werden, so wird sie jedenfalls in der Praxis aber durch die Unmöglichkeit eines einseitigen Spielens mit völlig offenen Karten zahlreiche Ausnahmen erleiden.

Laiengerichte. Aber nicht nur zur Anwesenheit, auch zur Mitwirkung in der Hauptverhandlung ist der Laie berufen. Die Strafgerichte erster Instanz sind grundsätzlich, wenn auch nicht ausnahmslos Laiengerichte. Der Grundsatz der Laienbeteiligung ist verstärkt worden durch die Heranziehung der Frauen zum Schöffen- und Geschworenenamt (Reichsgesetz v. 25. 4. 22) (durch Reichsgesetz v. 11. 7. 22 wurden die Frauen auch zum Berufsrichteramt und den übrigen Ämtern und Berufen der Rechtspflege zugelassen).

Wir haben — abgesehen von den Ausnahmefällen, in denen das Reichsgericht in erster und letzter Instanz (Hochverrat, Landesverrat, Spionage, jetzt auch Kriegsverbrechen) oder (nach dem Gesetze zum Schutze der Republik v. 21. 7. 22) der Staatsgerichtshof zum Schutze der Republik urteilt — drei Strafgerichte erster Instanz: 1. das Schöffengericht. Es bildet eine Abteilung des Amtsgerichts und ist besetzt mit dem Amtsrichter und zwei Schöffen. (Eine Art des Schöffengerichts ist das Jugendgericht, s. oben S. 58); 2. die Strafkammer. Sie bildet eine Abteilung des Landgerichts und ist besetzt mit (regelmäßig) fünf Richtern. (Eine Abart der Strafkammern bilden die Wuchergerichte, besetzt mit 3 Richtern und 2 Schöffen.) 3. das Schwurgericht. Es wird gebildet beim Landgericht und besteht aus dem Gerichtshof (3 Richter) und der Geschworenenbank (12 Geschworene). Es sind also die Gerichte für die leichtesten und die für die schwersten Strafsachen Laiengerichte, dasjenige für die mittleren Strafsachen (wohl nicht mehr für lange Zeit) ist nur mit Berufsrichtern besetzt.

Die Art der Laienbeteiligung ist wiederum im Schöffen- und im Schwurgericht verschieden geregelt. Im Schöffengericht treffen Richter und Laien alle vorkommenden Entscheidungen gemeinsam. Im Schwurgericht entscheidet allein die Geschworenenbank über die Schuldfrage (d. h. die Frage: Ist der Angeklagte zu bestrafen?), der Gerichtshof allein über die Straffrage (d. h. die Frage: Wie ist der Angeklagte zu bestrafen?). Diese Arbeitsteilung im Schwurgericht erklärt sich aus seiner Geschichte. Während das Schöffengericht eine Neubildung des 19. Jh. ohne Zusammenhang mit den mittelalterlichen Schöffengerichten ist, blickt das Schwurgericht auf eine lange und interessante Geschichte zurück. Zu uns kam es 1848 aus Frankreich (Assisen), nach Frankreich war es 1791 aus England importiert (Jury), nach England 1066 aus der Normandie mit Wilhelm dem Eroberer übergewandert. Die Eigenschaft der Geschworenen als bloßer Tatrichter hat ihre Ursache nur darin, daß die Geschworenen ursprünglich Zeugen, die Entlastungszeugen des Angeklagten, waren, als solche natürlich über die Strafe nicht mitzubestimmen hatten und diese Beschränkung auf die Schuldfrage nun auch bewahrten, als sie unvermerkt aus Zeugen zu Richtern wurden. Vorzug oder Nachteil des Schwurgerichts sind scharf umstritten. Einerseits bringt die Trennung von Gerichtshof und Geschworenenbank in das schwurgerichtliche Verfahren einen gefährlichen Formalismus (Fragestellung!), entbindet den Wahrspruch über die Schuldfrage von jeder Begründung und damit letzten Endes von der festen Bindung an das Gesetz und bewirkt unter Umständen einen Gegensatz zwischen der Geschworenenbank und dem Gerichtshof, der dann bei der Strafbemessung zu berichtigen sucht, was die Geschworenen nach seiner Ansicht beim Wahrspruch versehen haben („Doppelzüngigkeit des Schwurgerichtsurteils"). Andererseits gewährleistet jene Trennung eine selbständige und unbeeinflußte Laienrechtsprechung und verbürgt in besonderem Maße eine erschöpfende Aufrollung des Prozeßstoffs in der öffentlichen und mündlichen Hauptverhandlung.

In den höheren Instanzen sitzen bis jetzt noch keine Laien. Wir unterscheiden die Rechtsmittel der Berufung und der Revision (Rechtsrüge). Die Revision führt nur dazu, daß die Rechtsanwendung der unteren Instanz einer Nachprüfung unterzogen wird, während die tatsächlichen Feststellungen des Vorderrichters ungeprüft als wahr unterstellt werden. In der Berufungsinstanz dagegen wird nicht nur die Rechtsfrage, sondern auch die Tatfrage nochmals aufgerollt. Berufung ist seltsamerweise nur gegen Schöffengerichtsurteile gegeben, gegen Strafkammer- und Schwurgerichtsurteile nur Revision, so daß die tatsächlichen Feststellungen dieser Gerichte unumstößlich sind. Die Einführung der Berufung gegen Strafkammerurteile ist deshalb eine alte Reformforderung.

Instanzenzug und Prozeßgang. Den Instanzenzug und den Prozeßgang veranschaulichen die folgenden Darstellungen.

Instanzenzug in Strafsachen.

Revisionsinstanz	Strafsenat des **Oberlandesgerichts** (5 Richter)	Strafsenat des **Reichsgerichts** (7 Richter) oder[1] des **Oberlandesgerichts** (5 Richter)	Strafsenat des **Reichsgerichts** (7 Richter)
Berufungsinstanz	**Strafkammer** des Landgerichts (5 bzw. 3 Richter)	fehlt	fehlt
1. Instanz	**Schöffengericht** beim Amtsgericht (1 Richter und 2 Schöffen)	**Strafkammer** des Landgerichts (5 Richter)	**Schwurgericht** beim Landgericht (3 Richter und 12 Geschworene)

Prozeßgang in Strafsachen.

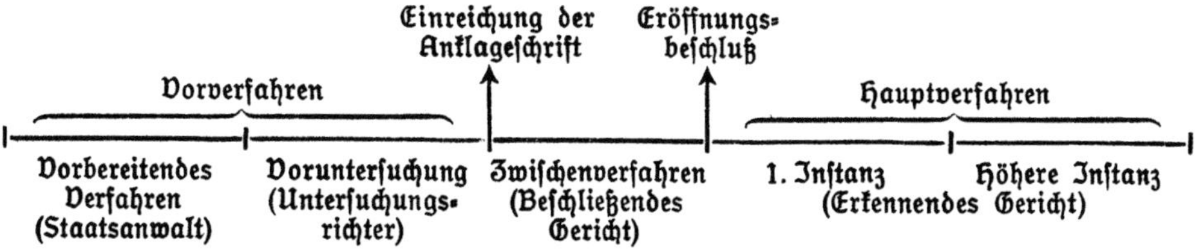

Die notwendige Neuordnung der Strafgerichte hat eine dreifache Aufgabe: Die Einführung der Berufung, die Durchführung der Laienbeteiligung in der ersten und in der Berufungsinstanz und die Einführung eines Verfahrens für die Auswahl der Schöffen und der Geschworenen, das die gerechte Heranziehung aller Volksklassen besser gewährleistet als das heutige. Ein Entwurf zur Neuordnung der Strafgerichte liegt dem Reichstag vor.

Literatur.

Das klassische Werk über Zweck und Grund der Strafe ist Anselm Feuerbachs Revision der Grundsätze und Grundbegriffe des positiven peinlichen Rechts Bd. I, 1799, Bd. II, 1800. Zur Einführung in die Grundsätzlichen Fragen etwa Radbruch, Einführung in die Rechtswissenschaft, 3. und 4. Aufl., 1919, S. 80ff. Zur Einführung in die Soziologie des Verbrechens, Aschaffenburg, Das Verbrechen und seine Bekämpfung, 2. Aufl., 1906. Klassische Darstellung einzelner Kriminalfälle: Feuerbach, Aktenmäßige Darstellung merkwürdiger Verbrechen, 2 Bde., 1828, 1829, neue Ausgabe von W. v. Scholz 1913. Das Urkundenbuch der strafrechtlichen Reformbewegung: v. Liszt, Aufsätze und Vorträge, 2 Bde., 1905. Gesetzestext des Strafgesetzbuchs mit kurzen Anmerkungen, von Kohlrausch in der Guttentagschen Sammlung Deutscher Reichsgesetze,

1) bei Verletzung bloß landesrechtlicher Vorschriften.

26. Aufl., 1922. Lehrbücher des Strafrechts von Liszt, 24. Aufl., Allfeld, 8. Aufl. a. u. Feinsinnig und perspektivenreich Adolf Merkel, Die Lehre von Verbrechen und Strafe, herausgeg. von M. Liepmann 1912. Über die Todesstrafe M. Liepmann 1912, über die Freiheitsstrafen Kriegsmann, Gefängniskunde 1912. Reiches geschichtliches Bildermaterial in Franz Heinemann, Der Richter und die Rechtspflege in der deutschen Vergangenheit (Georg Steinhausens Monographien zur deutschen Kulturgeschichte, Bd. 4). — Zur Einführung in den Strafprozeß dient am besten die Lesung von Aktenstücken an der Hand des Gesetzestextes der StPO.; solche Aktenstücke haben für Lehrzwecke veröffentlicht v. Hippel und Richard Schmidt. Gesetzestext der StPO. mit kurzen Anmerkungen von Kohlrausch in der Guttentagschen Sammlung deutscher Reichsgesetze, 19. Aufl., 1922. Zur Psychologie der Verbrechensermittlung Hans Groß, Kriminalpsychologie, 2. Aufl., 1905 — ein wahres Lehrbuch der Menschenkenntnis.